医疗损害鉴定技术指引

夏文涛　徐洪新　蒋士浩　主编

徐洪新　执行主编

科学出版社

北京

内 容 简 介

本书通过实证研究的方法，分析医疗损害鉴定中常见的难点、重点问题，通过大量案例从理论上探讨医疗过错及因果关系的判定原则，为医疗损害鉴定提供技术指引。本书共5章，第一章主要对医疗损害责任纠纷司法审判案件及鉴定案件进行分析讨论；第二章为常见医疗损害过错类型，包括诊断、用药、与手术有关的过错及过度医疗、知情告知、机会丧失、病历书写等过错的认定原则和方法；第三章为常见疾病医疗损害鉴定技术指引；第四章为《医疗损害鉴定意见书》的制作与评析；第五章为医疗纠纷尸检概述，提出医疗纠纷尸检有关程序规定及要求。

本书可供从事医疗损害鉴定的临床医学专家和司法鉴定人以及医疗损害责任纠纷的司法审判人员、律师、医事法学从业人员使用，也可供临床医师和医学生参考。

图书在版编目(CIP)数据

医疗损害鉴定技术指引 / 夏文涛，徐洪新，蒋士浩主编. — 北京：科学出版社，2020.9

ISBN 978-7-03-065838-8

Ⅰ. ①医… Ⅱ. ①夏… ②徐… ③蒋… Ⅲ. ①医疗事故—伤害鉴定—案例—中国 Ⅳ. ①D922.165

中国版本图书馆 CIP 数据核字(2020)第 147394 号

责任编辑：谭宏宇 / 责任校对：郑金红
责任印制：黄晓鸣 / 封面设计：殷 靓

科学出版社 出版
北京东黄城根北街16号
邮政编码：100717
http://www.sciencep.com

南京展望文化发展有限公司排版
广东虎彩云印刷有限公司印刷
科学出版社发行 各地新华书店经销

*

2020年9月第 一 版 开本：787×1092 1/16
2025年12月第十六次印刷 印张：21 3/4
字数：516 000

定价：190.00元

（如有印装质量问题，我社负责调换）

编　委

主　　编

夏文涛

徐洪新

蒋士浩

执行主编

徐洪新

编　　委（按姓氏笔画排序）

马　剑　连云港正达司法鉴定中心

王　明　连云港正达司法鉴定中心

王建文　南京医科大学法医学系

邓　戎　江苏省镇江市中级人民法院

邓振华　四川大学华西基础医学与法医学院

刘冬梅　司法鉴定科学研究院

刘技辉　中国医科大学法医学系

江　涛　南京市医学会

孙　栋　南京市公安局

严飞翔　江苏省苏州市中级人民法院

李路明　南京海事法院

吴　雪　连云港正达司法鉴定中心

沛臻彦　无锡中诚司法鉴定所

张　红　无锡中诚司法鉴定所

张玲莉　华中科技大学同济医学院法医学系

陆振海　南京医科大学司法鉴定所
陆晓明　无锡中诚司法鉴定所
陈　琼　河南省高级人民法院
陈煜峰　无锡中诚司法鉴定所
卓佩佩　复旦大学上海医学院司法鉴定中心
周　莉　连云港正达司法鉴定中心
郑四龙　江苏省苏州市中级人民法院
赵海淼　江苏省高级人民法院
柯　技　湖北警官学院刑事技术教研室
柏巍巍　江苏省医学会
施晓玲　苏州同济司法鉴定所
夏　晴　司法鉴定科学研究院
夏文涛　司法鉴定科学研究院
徐红平　南通三院司法鉴定所
徐洪新　江苏省高级人民法院
高　峰　江苏省医学会
高　瑛　上海市中医医院
唐　弘　江苏省医学会
曹　婧　无锡中诚司法鉴定所
龚道银　成都中医药大学临床医学院病理教研室
蒋士浩　江苏省医学会
曾　强　江苏省高级人民法院
樊江波　连云港正达司法鉴定中心

致 谢

基金资助项目："十三五"国家重点研发计划资助项目（2016YFC0800701）；

司法部标准项目（SF20181312）；

上海市法医学重点实验室资助项目（14DZ2270800）。

前 言

医疗损害责任纠纷的处理涉及医患双方的合法权益、医疗秩序、医疗安全，一直受到社会各界的高度关注。2020 年 5 月 28 日发布，自 2021 年 1 月 1 日起施行的《中华人民共和国民法典》第七编“侵权责任”中第六章对医疗损害责任做出了法律规定，《最高人民法院关于审理医疗损害责任纠纷案件适用法律若干问题的解释》也明确规定了处理医疗损害责任纠纷的法律原则。在实践中，医疗损害鉴定一直是处理医疗损害责任纠纷的关键及难点，主要是如何确定医疗单位有无过错行为以及判断过错行为对人身损害后果的原因力大小，常会发生同一案例鉴定意见不一致，从而致使纠纷难以妥善处理，医疗损害鉴定往往成为解决责任争议的关键环节之一。

对医疗机构及医务人员的过错认定及过错与人身损害后果之间因果关系的判断是一个带有相当主观性的判断过程，难免存在争议。法学、医学、法医学等学科从不同角度研究了医疗损害鉴定，包括如何开展医疗损害鉴定、如何分析医疗过错的判断原则及因果关系分析技术规范，但迄今尚未形成广泛共识。本书拟在回顾医疗损害鉴定案例、医疗损害责任纠纷司法审判结果的基础上，通过对司法审判判决书及鉴定文书的比较，研究医疗过错、原因力大小鉴定意见的采信情况，研究目前医疗损害鉴定存在的问题，明确医疗损害案例中的常见过错及鉴定中的重点、难点，以期进一步完善医疗损害鉴定的原则和方法，为医疗损害鉴定提供技术指引，促进医疗损害司法鉴定水平的整体提升，为鉴定、仲裁、民事调解与司法审判提供科学依据。

主 编

2020 年 6 月

前言

目录

第一章

医疗损害鉴定与司法审判实践研究

第一节 概 述

医疗纠纷赔偿案件的处理涉及医患双方的权益、医疗秩序、医疗安全乃至社会的稳定，一直受到社会各界的高度关注。《中华人民共和国侵权责任法》（以下简称《侵权责任法》）和《中华人民共和国民法典》（以下简称《民法典》）对医疗损害责任做出了明确的规定。此前《侵权责任法》的施行，统一了医疗纠纷赔偿案件的赔偿标准，结束了医疗纠纷赔偿案件赔偿的"二元化"，即构成医疗事故的应根据《医疗事故处理条例》的规定进行赔偿，医疗事故以外的原因引起的其他医疗赔偿纠纷应根据《中华人民共和国民法通则》的规定进行赔偿。但无论是《侵权责任法》，还是《民法典》，都未能解决医疗损害鉴定的"二元化"问题，医疗损害鉴定如何应对《民法典》带来的新变化成为社会关注的热点和人民法院面临的难点问题。在审判实践中，对医疗损害的鉴定，最能引起社会关注的是由谁来鉴定、怎么认定医疗过错、因果关系怎么认定。

一、关于鉴定机构鉴定人资质

医疗损害鉴定首先面临的问题是由谁来进行鉴定、鉴定什么和如何进行鉴定。在此之前，医疗损害赔偿纠纷案件的鉴定是根据最高人民法院《关于参照〈医疗事故处理条例〉审理医疗纠纷民事案件的通知》规定，原则上委托医学会组织医疗事故技术鉴定，因医疗事故以外的原因引起的其他医疗赔偿纠纷应委托社会鉴定机构进行司法鉴定。医疗损害鉴定长期存在"二元化"运行问题。根据《民法典》的规定，医疗机构承担赔偿责任以诊疗护理行为存在过错为基本要件，而非以构成医疗事故为前提，因此，医疗损害鉴定主要内容为鉴定诊疗护理行为是否存在过错以及行为与结果之间是否存在因果关系等内容，无须做医疗事故技术鉴定。由此带来的问题是医疗损害鉴定应由谁来做？曾存在以下几种观点，而且这几种观点一直存在争议。

第一种观点认为，医学会能做医疗损害鉴定。从资质上，医学会从事医疗事故技术鉴定是基于《医疗事故处理条例》或《医疗纠纷预防与处理条例》的明确规定，虽然《民法典》对医疗损害责任的归责原则、构成要件做出了新规定，以诊疗护理行为存在过错为基本要件，而非以构成医疗事故为前提，医疗损害与医疗事故鉴定的本质在于认定医疗过错。因此，不能简单否定医学会的鉴定权。不全需要通过登记取得鉴定资质，全国人民代表大会常务委员会（简称全国人大常委会）发布的《关于司法鉴定管理问题的决定》（以下简称《决定》）针对的是法医类、物证类和声像资料三大类鉴定实行登记管理制度，更重要的是医疗损害鉴定的内容也不都属于法医类鉴定，全国人民代表大会常务委员会法制工作委员会（简称全国人大法工委）曾对医疗事故技术鉴定与法医类鉴定的区别专门有过函复，认为医疗事故技术鉴定中“尸检、伤残鉴定”属于法医类鉴定，言下之意，其他内容不属于法医类鉴定。因此，法医类鉴定与医疗损害鉴定内容是有区别的，并非所有类别的司法鉴定都实行登记管理制度，很多类别的鉴定资质是通过法律法规的直接规定取得的，如传染病鉴定、职工工伤和职业病的劳动能力鉴定等，同样，医学会的鉴定权是《医疗事故处理条例》或《医疗纠纷预防与处理条例》明确授权的，医学会具有医疗损害鉴定权而无须登记取得鉴定权。

从鉴定内容上，医疗损害鉴定主要包括医疗行为有无过错、医疗过错行为与损害后果之间是否存在因果关系、医疗过错行为在医疗损害后果中的原因力大小及伤残等级等，核心内容是判断医疗行为是否符合法律法规及医疗、护理诊疗常规，与既往医学会组织专家开展医疗事故技术鉴定的主要内容是一致的，同属判断医疗行为的技术鉴定，因此，判断的内容具有同质性。医学会既然有权做医疗事故技术鉴定，也应当有权做医疗损害鉴定。

从技术条件上，诊疗行为具有高度的专业性、临床科学性，只有具备丰富的专业知识和临床经验的专家才能做出正确判断。医学会长期从事医疗事故技术鉴定，积累了丰富的经验。医学会拥有大量医学专家群体，了解医学各学科的最新发展动态，掌握最先进的诊断治疗技术，专家具有丰富的临床实践经验，在鉴定过程中能从医学科学和医疗专业的视野审视医疗行为，能使鉴定结论更具科学性，更符合实际。

第二种观点认为，医疗损害鉴定不能由医学会鉴定，只能由法医类鉴定机构鉴定。医学会鉴定的授权来自《医疗事故处理条例》或《医疗纠纷预防与处理条例》，只能做医疗事故鉴定，不适合做医疗损害鉴定。解决涉诉的医疗损害纠纷不再是单纯的技术问题，而是法律问题，符合司法鉴定的本质属性。根据《决定》，司法鉴定实行登记管理制度，医学会未取得相应资质，医疗损害鉴定应由法医作为主导的司法鉴定机构承担。况且，医学会与医疗单位存在着显而易见的联系，不符合第三方评定的要求，而司法鉴定机构则具有天然的优势。

第三种观点认为，医学会和社会鉴定机构开展医疗损害鉴定各有优缺点，应当在改良后开展医疗损害鉴定。

医学会组织的专家进行医疗事故技术鉴定的优点：① 医学会组织专家鉴定在程序上保证了相对的公开和中立。医学会负责鉴定的组织工作，从而保证了鉴定工作的中立性，增加了患者和公众的信任度。鉴定工作由专家组完成，通过随机方式选择确定鉴定专家，鉴定方式为合议制，鉴定意见以专家鉴定组成员过半数意见通过为准，鉴定程序公开。② 医学会拥有大量医学专家群体。医疗损害鉴定是一项科学性、技术性、专断性很强的工作，鉴定内容涉及医学领域的各个分支学科，医学会通过建立本辖区具有高级职称的医学鉴定专家库，拥有大量的各分支学科医学专家，为解决鉴定时遇到的专业难题提供有力的人力资源保障。③ 临床医学专家掌握医学各学科的发展前沿。专家库的鉴定专家绝大多数为科研、临床一线的资深专家，了解医学各学科的最新发展动态，掌握最先进的诊断治疗技术，也具有丰富的实践经验，在鉴定过程中“站得高，看得远”，能从更高的视野审视医疗行为，使鉴定结论更具科学性，更符合实际。

医学会组织的专家进行医疗事故技术鉴定的缺点：① 鉴定专家不签名、不出庭作证。② 异地鉴定难以被采纳。异地鉴定等先进、公平的鉴定方式没有得到采纳，仍然按照行政管理上逐级鉴定的模式进行鉴定，不符合《决定》规定的鉴定机构互不隶属的要求。

社会鉴定机构司法鉴定的优点：① 能从证据角度采信鉴定证据。社会鉴定机构根据司法部《司法鉴定程序通则》开展工作，鉴定人员来源于经过专门培训的法医学鉴定人员和临床医生，他们经严格审查后从事鉴定工作，在鉴定工作中能从证据角度采信鉴定证据，从而得出鉴定结论。这种采信证据的原则与审判采信证据的原则一致。② 具有法律上的鉴定资质且能出庭作证。鉴定人员具有司法行政部门核准的鉴定人资质，能根据法律的规定出庭接受双方当事人的询问，经庭审质证，使鉴定意见可能成为定案的有效证据。

社会鉴定机构司法鉴定的缺点：① 医学各科的专业技能不足，往往需要依赖临床医学专家。医疗纠纷案件的医疗鉴定始终离不开医学专家，不管是医学会组织的专家医疗事故技术鉴定，还是社会鉴定机构司法鉴定，都需要医术精湛的医学专家对医疗行为进行判断。社会鉴定机构中的法医鉴定人员，不可能精通临床各科的知识，社会鉴定机构的临床医生大多不是临床医学专家，即使是某一分支学科的专家，也不会是精通其他各科的医学专家。客观上，纵观具有法医病理、法医临床鉴定资质的社会鉴定机构现状，只有少数鉴定机构隶属于三级医院，绝大部分鉴定机构隶属于二级医院或是个人合伙的鉴定机构，很少有能力独立承担医疗纠纷案件的技术鉴定工作，只能通过会诊形式依赖临床医学专家进行技术鉴定工作。② 医疗纠纷案件的医疗鉴定是很复杂的鉴定工作，进行的是“同行行为评议”，鉴定人需要有很高的技术水平和实践经验才能做出客观、公正、科学的评判，而司法行政部门核准鉴定机构的鉴定资质时，没有“医疗损害技术鉴定”这一项特定的资质。在实际工作中，往往是由具有法医病理或法医临床资质的社会鉴定机构来进行医疗技术鉴定。

正是由于上述正反的认识，北京、上海、江苏、浙江等地法院根据最高人民法院下发《最高人民法院关于适用〈中华人民共和国侵权责任法〉若干问题的通知》精神：“人民法院适用侵权责任法审理纠纷案件，根据当事人的申请或者依职权决定进行医疗损害鉴定的，按照《全国人民代表大会常务委员会关于司法鉴定管理问题的决定》《人民法院对外委托司法鉴定管理规定》及国家有关部门的规定组织鉴定。”制定了适合当地的有关医疗损害鉴定的具体规定，总的来说，医学会和法医类鉴定机构鉴定两者共存，有的以医学会鉴定为主，有的以社会鉴定机构鉴定为主。

江苏省的医疗损害鉴定是在以医学会鉴定为主、法医类鉴定机构鉴定为辅的基础上，于2017年对医疗损害鉴定进行了立法，即出台了《江苏省医疗纠纷预防与处理条例》及相关配套管理办法，明确了医学会、法医类鉴定机构开展医疗损害鉴定的合法性，医学会为专家鉴定，法医类鉴定机构为鉴定人鉴定；明确医疗损害鉴定须召开专家听证会；由省卫生计生行政部门会同省司法行政部门组建医疗损害鉴定专家库，明确专家库的建立办法及邀请专家的规则；明确医疗损害鉴定过程中的操作规范。从运行2年余的情况看，不管是医学会的鉴定，还是法医类鉴定机构的鉴定，鉴定的质量和效率都得到社会公众较广泛的认可。

2017年12月，《最高人民法院关于审理医疗损害责任纠纷案件适用法律若干问题的解释》对鉴定意见的鉴定人身份做出了与民事诉讼法明显不同的表述，即从事医疗损害技术鉴定的人界定为“具备相应鉴定能力、符合鉴定要求的专家”，从专业技术层面对鉴定人提出了技术能力的实质性要求，而非鉴定资质。因此，没有必要再一味地纠缠于由谁来鉴定的问题，甚至专家辅助人的专家意见经庭审质证后，也可以成为证据。为此，笔者不再对由谁来鉴定的问题展开更多的阐述。

二、关于医疗损害的诊疗过错

过错作为过错责任的一个必不可少的判断标准，具有绝对重要的意义。但是，过错本身也是法学界始终争论不休的一个焦点问题。学界有主观过错说、客观过错说、主客观相结合过错说的学术观点。主客观相结合过错说认为过错是一种主观过错和客观过错要素相结合的概念，认为“过错就是行为人未尽自己应尽和能尽的注意而违反义务，因而为法律所不容忍的行为意志状态”。这一学说的好处在于，它并不是片面地只考虑主观或客观，而是将行为人的主观心理状态和客观行为结合在一起进行考虑。其认同行为本身的违法性，但是并不忽略做出行为时行为人的心理状态，但还是主要以行为本身的违法性为主要考虑。主客观相结合过错说应当适用在我国判断医疗损害过错的判断中。

笔者认为，主客观相结合过错说符合医疗行为的特征。医疗行为的特殊性及医学本身的高风险性，使得医疗机构及其医务人员经常难以对患者接受诊疗以后的效果做出确定的保证，因此，只是由于没有达到预期的效果就追究其责任的做法是不科学、不合理的。医疗机构及其医务人员应当仅对其采取的诊疗方法及应当遵守的医疗规范负有责任。将归责条件着眼于是否符合医疗行为的基本特征。另外，这种判断原则也符合我国国情和医疗现状。作为一个正处于发展中的社会主义国家，无论是现代医学水平的发展还是医务人员具体业务水平的提高，都处于上升的阶段，与发达国家难免还存在一定的差距，因此，医学作为一门具有探索性的学科，一味加重医疗机构的责任，将在一定程度上阻碍其发展。在判断过错时不仅要考虑到患者及其家属合法权益的保障，还应当将医学的长足发展列在考虑范围内，应当具有一定的前瞻性和引导性。在法律公平原则的基础上，平衡患者的合法权益与医学有效发展之间的关系，才能真正实现双方利益的共同续存。

《民法典》将医疗过错界定为“医务人员在诊疗活动中未尽到与当时的医疗水平相应的诊疗义务”。《最高人民法院关于审理医疗损害责任纠纷案件适用法律若干问题的解释》对医疗过错认定的依据做出了规定：“对医疗机构及其医务人员的过错，应当依据法律、行政法规、规章以及其他有关诊疗规范进行认定，可以综合考虑患者病情的紧急程度、患者个体差异、当地的医疗水平、医疗机构与医务人员资质等因素。”司法解释从两个层面加以规定，一是从“法律、行政法规、规章以及其他有关诊疗规范进行认定，”二是“可以综合考虑患者病情的紧急程度、患者个体差异、当地的医疗水平、医疗机构与医务人员资质等因素。”上述法律及司法解释的规定只是明确了过错的判断原则，在实际判断过程中仍缺乏具体的判断标准，鉴定及司法实践中难以把握。对于明确的过错，如错用药物、手术操作错误等容易判断。但更多的是推定过错，其较为复杂，导致具体案件医疗过错的认定随意性较大，常常造成同类型医疗争议的鉴定意见相差甚远，从而影响了鉴定的权威性，也造成了医疗实践的混乱。因“专家评判”的本质仍是主观判断，不同医疗机构、不同经历的专家会对同一医疗行为做出不同的评判，在司法实践中，法官最怕的是同一医疗纠纷案件，有两种或多种鉴定意见。为此，本书拟从一些具体案例，找出规律性评判方法，供在鉴定及审判中参考。

三、关于医疗损害的因果关系

《民法典》第一千二百一十八条规定："患者在诊疗活动中受到损害，医疗机构或者其医务人员有过错的，由医疗机构承担赔偿责任。"过错医疗行为与患者损害后果之间存在引起与被引起的关联性，可称为医疗损害中的因果关系。因果关系的有无是医疗侵权成立与否的关键。对医疗损害中因果关系的特点进行系统的归纳概括，有助于理解因果关系的特殊性，对是否构成医疗侵权，准确划分责任具有重要意义。

医疗损害鉴定的因果关系应当是事实因果关系，即根据医疗过错行为判断与损害后果之间的因果关系，而非法律层面的因果关系（考虑诸多因素）。医疗损害鉴定因果关系具有复杂性、隐蔽性等特点，多数案件表现为多因一果或多因多果，单纯明确的一因一果关系相当少见。在分析因果关系时要考虑诸多方面的原因：医方的诊疗过错行为、患者疾病严重程度、医疗机构的条件水平、医务人员的技术水平、医务人员沟通能力与具体的告知情形、患者的依从性、患者的体质和基础疾病、外界介入因素等。各种作用因素交织且互相影响、相互渗透并非各因素间的简单叠加，在相关依据不充分的情况下很难准确区分某一因素的原因力大小。在出现多种原因的情况下，医疗损害中的因果关系中经常表现出原因的竞合，有患者自身因素与医疗过错行为的竞合及前后不同医疗过错行为竞合等情形。

医疗损害因果关系常表现为直接因果关系（误切、误用药物）、间接因果关系（加重、诱发）、临界型因果关系、机会丧失（误诊、选择），所以，医疗损害鉴定中分析医疗损害因果关系是一件十分复杂且专业性极强的工作。判断医疗损害因果关系的主体应是掌握某一个医疗领域专门知识的专家。医疗损害因果关系的鉴定应在明确存在医疗过错的前提下，进一步明确存在过错的医疗行为与损害后果之间是否存在事实上的因果关系。

在判断医疗过错与损害后果的因果关系时，应先明确医疗损害后果。医疗损害后果是指在诊疗护理过程中，医疗过错对患者所产生的不利事实，直接表现为患者的死亡、残疾、组织器官的损伤及健康状况相对于诊疗前有所恶化等情形。鉴定时选择不同的损害后果会有不同的因果关系。例如，手术操作不当引起感染，医疗过错针对感染应判断为存在因果关系，但因最终未造成残疾，故针对最终后果就应判断为不存在因果关系。关于损害后果不难做出判断，根据具体案件，选择恰当的损害后果，笔者不再做进一步的专门探讨。

长期以来，医疗损害因果关系的判断比较混乱，原因一是没有评判标准；二是在因果关系的定量判断上，常见 3 种不同的表述，即参与度、责任程度、原因力。《最高人民法院关于审理医疗损害责任纠纷案件适用法律若干问题的解释》将因果关系定量表述为 6 个等级：鉴定意见可以按照导致患者损害的完全原因、主要原因、同等原因、次要原因、轻微原因及无因果关系，表述诊疗行为或医疗产品等造成患者损害的原因力大小。

1. 完全原因　医疗过错行为在患者的损害后果中起完全作用，即损害后果完全由医疗过错行为所造成。完全原因参与程度的理论数值范围为 96%～100%，理论参与均值为 100%。

2. 主要原因　医疗过错行为在患者的损害后果中起主要作用，即损害后果主要由医疗过错行为造成，其他损害因素在损害后果中起次要作用。主要原因参与程度的理论数值范围为 56%～95%，理论参与均值为 75%。

3. 同等原因　医疗过错行为与其他损害因素共同造成患者的损害后果，且医疗过错行为与其他损害因素在损害后果中所起作用基本相当，属同等作用。同等原因参与程度的理论数值范围为45%~55%，理论参与均值为50%。

4. 次要原因　医疗过错行为在患者的损害后果中起次要作用，即损害后果主要由其他损害因素造成。次要原因参与程度的理论数值范围为16%~44%，理论参与均值为30%。

5. 轻微原因　医疗过错行为在患者的损害后果中起轻微作用，即损害后果主要由其他损害因素造成。轻微原因参与程度的理论数值范围为5%~15%，理论参与均值为10%。

6. 无因果关系　医疗过错行为在患者的损害后果中没有作用，即损害后果完全由其他损害因素造成。无因果关系参与程度的理论数值范围为0~4%，理论参与均值为0。

通常情况下，医疗损害因果关系以原因力大小作为鉴定意见，即原因力为“完全原因”“主要原因”“同等原因”“次要原因”“轻微原因”“无因果关系”。少数情况，分析认为原因力介于“完全原因”“主要原因”“同等原因”“次要原因”“轻微原因”“无因果关系”中两种因果关系类型之间、难以确定的，原因力大小可表述为具体参与程度。值得一提的是，对因误诊、漏诊或未告知选择治疗方案的医疗过错，与损害后果有因果关系的，应分析原因力大小；医疗过错造成患者丧失生存机会、康复机会、错误受孕、生产和出生的，在指出医疗过错后，表述为具体的机会丧失，一般不再分析原因力大小。

医学诊疗活动属于高度专业性技术领域，仅凭普通大众的生活经验无法对医疗行为与损害后果之间的因果关系做出科学判断。特别在举证责任分配给患方承担时，借助专业的医学鉴定几乎是唯一的取证手段。在医疗侵权案件中法官凭借通常的经验法则与伦理法同样无法判断，故而主动提示原告申请实施专门的鉴定。在司法实务中，医疗损害鉴定对因果关系的认定成为侵权责任成立与否的关键证据。几乎所有的医疗侵权案件都会先进行医疗损害因果关系鉴定。虽然法律规定鉴定意见在提交法庭后，法官应对其进行合法性审查，审查主要涉及鉴定程序和鉴定人员资质。法官对鉴定意见的实质审查往往显得力不从心。因此，医疗损害鉴定的因果关系结论多直接被法官采纳。

因果关系分析属于主观分析，本书将通过案例，以医疗损害鉴定技术指引形式提供一些评判的方法，供鉴定人员鉴定及司法审判时参考。

（徐洪新）

第二节　医疗损害责任纠纷案件鉴定与裁判结果分析

一、医疗损害审判案件概况及重新鉴定原因分析

笔者收集了数市近两年医疗损害责任纠纷司法审判案件1 818件，其中判决案件620件，约占34.1%；调解或撤诉案件1 198件，约占65.9%。620件判决案件均进行了医疗损害鉴定，其中重新鉴定案件229件，重新鉴定比例约占36.94%。229件重新鉴定的案件，两次鉴定意见一致的为137件，不一致的为92件，重新鉴定鉴定意见更改率约达40.17%。

根据上述统计可以看出，60%以上的医疗损害责任纠纷司法审判案件通过调解或撤诉结案，约占统计案件总数的65.9%。这些调解或撤诉的案件因法律文书中未详细说明医疗损害鉴定情况，故无法进行统计分析。但根据近几年对部分中级人民法院及基层人民法院调研走访的反馈意见，即便是以调解或撤诉的方式结案，大多数案件都经过医疗损害鉴定这一重要环节，这从侧面表明了医疗损害鉴定在医疗损害责任纠纷赔偿案件中有着十分重要的作用。620件判决案件，均经过了医疗损害鉴定，说明医疗损害赔偿案件具有高度的专业性，医疗行为是否有过错，法官一般不具备这个判断能力，只有具备专业知识的专家才能判断，鉴定意见往往决定了案件的审判结果。

需要特别指出的是以医疗损害鉴定作为主要依据的司法判决书中（不包括撤诉、调解、裁定案件），重新鉴定比例过高，约达36.94%，这一比例明显高于其他鉴定比例。根据判决书中的描述，医疗损害鉴定重新鉴定比例过高主要有以下几个原因。

（一）因鉴定资质提起重新鉴定

鉴定的"二元化"通常是当事人提出重新鉴定的主要理由。当法医类鉴定机构实施了医疗损害鉴定时，当事人常以鉴定时没有相应学科专家进行鉴定不符合"同行评议"的"原则"而提出重新鉴定的申请。有时甚至会针对鉴定人的专业背景提出异议，如鉴定人曾是骨科医生，当事人认为骨科医生对神经外科的医疗行为做出判断超出了鉴定人的专业范围。当医学会组织专家鉴定，当事人会针对鉴定人的资质提出异议，认为其不具备司法鉴定人的执业资格。出现此种情形时，承办法官往往无所适从，只能同意重新鉴定。另外，鉴定的"二元化"有时也会表现在伤残等级鉴定适用标准的"二元化"，这也是当事人提出重新鉴定的理由。

（二）因《鉴定意见书》分析说明欠规范、欠充分而提起重新鉴定

【案例1】

患者李某。因直肠息肉病理提示"直肠类癌"于2016年3月5日入住某医院，3月8日行腹腔镜辅助下直肠癌根治术，术后第4天患者出现腹痛，后腹痛加重，持续不能缓解，至3月13日腹腔引流管引流出黄色粪汁类似物约100 mL，考虑有直肠吻合口瘘可能，后患者出现发热及腹膜炎体征，遂于2016年3月14日急诊行Hartman术。术后引流管及腹壁切口处仍有脓性液体流出，予腹腔冲洗、抗感染等治疗，脓性分泌物未减少。后续患者在外院行剖腹探查+广泛粘连松解+结肠切除吻合+横结肠双腔造瘘术。

初次鉴定分析认为：患者"直肠癌"诊断成立，医方术前履行了相关风险告知，选择腹腔镜辅助下"直肠癌根治术"的术式选择正确，术后予以补液、抗感染等治疗，符合医疗常规。术后1周发现吻合口瘘，行Hartman术，近端左下腹造瘘，远端关闭，符合结肠直肠吻合口瘘的手术治疗原则。吻合口瘘是最常见的严重并发症，其发生与医疗行为无因果关系。患者认为该鉴定分析简单，没有针对患方提出的手术操作、术后观察及术后过早拔除胃肠减压管进行分析，要求重新鉴定。

【案例2】

患者王某，男性，77岁。于2016年3月10日因咳嗽、咳痰伴气喘1月余，加重2天到某

医院住院治疗，医方予二级护理，3 月 11 日 17:00 许突发呼吸困难，气喘加重，烦躁不安，医方即给予抢救治疗，于当晚 21:15 停止抢救，自动出院后死亡。

初次鉴定认为：医方对患者“肺部感染、心力衰竭”的入院诊断成立，入院后治疗及发生呼吸困难后的抢救符合诊疗常规，但医方在对患者的诊疗过程中存在以下不足：① 医方对患者病情重视程度不够，就患者病情的严重性及预后与患方沟通不到位；② 针对患者病情应给予一级护理、陪护；③ 医方病历管理制度不完善，归档不及时。综上，医方医疗行为存在不足，但由于未行尸检，医方医疗行为与患者死亡之间是否有因果关系无法确定。患方认为，该鉴定意见过于草率，对疾病的严重程度及如何抢救没有进行详细的分析论证，不能让人信服，要求重新鉴定。

（三）因鉴定意见明显依据不足而提出重新鉴定

【案例 3】

患者顾某。因“食管癌术后 4 年余，气喘 10 d 余”于 2015 年 4 月 24 日到某医院住院治疗。入院诊断为食管癌术后纵隔胸膜转移，予多西他赛 60 mg/d d(1—8)+氟尿嘧啶 0.75 mg/d d(1—5)维持 22 h/d+顺铂 20 mg/d d(1—5)化疗，化疗后出现Ⅳ度骨髓抑制，于入院后 15 d 突然出现意识丧失，心跳骤停，呼吸微弱，血压下降，经抢救无效死亡。

初次鉴定认为：患者有食管癌病史，外院正电子发射体层成像（positron emission tomography，PET）/CT 检查结果并经肿瘤专科医院会诊该患者有化疗指征，提供化疗方案。入院肝肾功能等辅助检查无绝对禁忌证，采用的化疗方案不违反医疗常规。临床上，骨髓抑制是化疗后常见的不良后果，严重者可导致死亡，患者顾某化疗后出现病情恶化并最终死亡，与 CT 提示肺部感染及可能存有自身体质特殊等疾病的基础上发生Ⅳ度骨髓抑制致病情恶化有关，但医院在行化疗过程中存在以下过错：① 患者顾某有食管癌病史多年，入院 CT 检查示双侧胸腔少量积液，但医院未进一步行相关检查如穿刺、胸腔镜等以取得病理学依据，对患者病情认识不够；② 2014 年 4 月 25 日查白细胞 3.6×10^9/L，使用粒细胞刺激因子升白细胞后，于 4 月 27 日开始化疗，化疗前未能再次复查白细胞，化疗前准备不充分；③ 患者有肺部感染且化疗前白细胞计数较低，化疗后发生骨髓抑制的概率增高，医院未能进行充分的告知与沟通，对病情重视不够，沟通和告知不够。综上分析，患者顾某在医方进行化疗后死亡与化疗后出现骨髓抑制有关，医方对患者行化疗过程中存在过错，医疗过错行为在患者顾某死亡中的原因力大小为轻微原因。患方认为，上述 3 项过错中任意一项过错得到纠正都有可能不至于发生患者死亡的严重后果，最终将医疗过错仅认定为死亡后果的轻微原因明显依据不足，要求重新鉴定。

（四）因鉴定意见不明确而提起重新鉴定

该类重新鉴定的理由，通常与未行尸体解剖或发生损害后果的可能原因众多、难以充分排除其他原因、无法得出明确意见有关。

【案例 4】

患儿王某某，于 2015 年 5 月 7 日出生。因“胎龄 36^{+5} 周早产、窒息复苏后气促 15 min”入住某医院新生儿科，入院诊断为早产儿、小于胎龄儿、低出生体重儿、新生儿肺炎、新生儿窒息、高危儿，经治疗后病情好转于同年7月2日出院，出院诊断为新生儿败血症、早产儿、小于胎龄儿、新生儿肺炎、新生儿窒息、新生儿高胆红素血症、低血糖、电解质紊乱（低钠血症、低钙血症）、先天性心脏病、弥散性血管内凝血。在住院期间，患儿头颅CT检查结果提示"考虑早产儿脑未完全髓鞘化伴早产儿脑损伤可能"。2015年8月7日，患儿王某某再次入住同一医院，同年9月4日出院，出院诊断为婴儿肝炎综合征、新生儿低血糖、喂养不当、中度脱水、新生儿败血症、新生儿高胆红素血症、新生儿肺炎、先天性心脏病、脐疝。后在外地医院诊断为脑萎缩。

初次鉴定认为：医方对患者的医疗行为存在以下过错。① 第一次住院时头颅CT检查结果提示"考虑早产儿脑未完全髓鞘化伴早产儿脑损伤可能"，医方对病情变化未与患儿家长沟通，对患儿当时神经系统的病情未及时诊断及进一步检查和复查；② 第2次住院时在患儿肝功能异常的情况下，医方使用抗生素应谨慎选择；③ 医患沟通不到位（对新生儿低血糖的风险和预后告知不到位等）；④ 病历书写不规范[腰椎穿刺（以下简称腰穿）后无腰穿记录、用氧治疗告知书无患方家长签字等]。患儿目前脑萎缩诊断成立，临床上，小儿脑萎缩的原因有脑先天发育异常、脑缺血缺氧、感染、代谢异常等。患儿为早产儿，在疾病诊疗过程中，存在反复低血糖、感染、先天性心脏病、脐疝、视神经疾患、婴儿肝炎综合征等，但根据现有资料无法明确患儿左侧脑萎缩的原因，故医方的过错行为与患儿目前的后果之间是否存在因果关系无法确定。患方认为该鉴定意见不明确，要求重新鉴定。

（五）因原鉴定人有对关键事实进行推断之嫌而提起重新鉴定

【案例5】

患者。因"双下肢静脉曲张十余年"于2015年10月17日至某医院进行治疗。10月20日双下肢静脉造影示双下肢浅静脉曲张。10月22日，行右下肢曲张静脉泡沫硬化术。10月24日行左下肢曲张静脉泡沫硬化术，于同年10月27日出院。2014年11月10日，因胸背痛3 d再次至医方住院治疗，并于当日出院。出院诊断为肺动脉栓塞，肺部感染，双下肢静脉曲张泡沫硬化术后。

患者认为医方修改病历、医方及手术医师无资质等过错要求鉴定。初次鉴定认为：根据某省手术分级管理规范，医方及手术医师有资质，医方系二级甲等医院，有开展该手术的资质；手术医师参加过卫生和计划生育委员会（现称卫生健康委员会）培训基地一年的培训，也有资质。患者出院后出现的肺栓塞系难以完全避免的手术并发症。医方存在的不足：患者之前复印的手术记录中"分别分次注入聚桂醇泡沫硬化剂100 mL"和启封病历手术记录中"分别分次注入聚桂醇泡沫硬化剂10 mL"，根据医疗常规和患者当时情况，单次手术中，不可能注入100 mL聚桂醇泡沫硬化剂。分析认为患者复印的手术记录存在笔误，但医方违反了病历修改流程，在病历书写和病历管理上有缺陷。医方的不足和发生患者肺栓塞之间无因果关系。患者认为，鉴定时用推断代替鉴定，要求重新鉴定。后审理中查明，医方及手术医师均未按有关规定在有关行政部门进行备案，属于超范围手术。

（六）因其他原因提起重新鉴定

鉴定实践中，医疗损害重新鉴定的更改率过高（40.17%），导致当事人找各种理由要求重新鉴定，希望得到对自己"有利"的鉴定意见。

二、医疗损害鉴定采信情况

620件判决案件中，首次鉴定完全采信501件，部分采信39件，不采信80件，首次鉴定采信率（含完全采信和部分采信的情形）约为87.1%。229件案件经重新鉴定，完全采信203件，部分采信10件，不采信16件，重新鉴定采信率约为93.01%（表1－1）。

表1－1 620件医疗损害责任纠纷判决案件鉴定及采信统计（件）

鉴定及采信情况		初次鉴定（620）	重新鉴定（229）
原因力大小	完全原因	19（3.06%）	9（3.93%）
	主要原因	106（17.10%）	34（14.85%）
	同等原因	57（9.19%）	28（12.23%）
	次要原因	118（19.03%）	56（24.45%）
	轻微原因	97（15.65%）	37（16.16%）
	无因果关系	218（35.16%）	64（27.94%）
	不能确定原因	5（0.81%）	1（0.44%）
采信情况	完全采信	501（80.81%）	203（88.65%）
	部分采信	39（6.29%）	10（4.37%）
	不采信	80（12.90%）	16（6.98%）

医疗损害赔偿案件具有高度的专业性，医疗行为是否有过错误，作为法官一般不具备这个判断能力，只有具备专业知识的专家才能判断，鉴定意见往往决定了案件的结果。但上述数据表明，医疗损害鉴定在判决案件中采信率并不高，初次鉴定仅为87.1%，重新鉴定采信率仍不高，仅为93.01%；在两次鉴定意见不一致的情况下，大多采信重新鉴定意见。部分采信或不采信也是在鉴定意见基础上自由裁量或结合证据规则进行微调。

【案例6】

1. 病情摘要

患者冯某，男性，2岁。在某医院就诊前有头孢类抗生素过敏史。2015年2月26日，冯某因“发热、咳嗽、口腔疱疹”到医方就诊，给予5%葡萄糖氯化钠注射液（GNS）100 mL+头孢西丁1.0 g+利巴韦林0.2 g+5%GNS100 mL+阿米卡星0.15 g静脉滴注治疗，冯某注射头孢西丁药物后出现眼红。2月27日医方给予5%GNS100 mL+利巴韦林0.2 g+5%GNS100 mL+炎琥宁80 mg静脉滴注及安乃近0.125 g肌内注射治疗。2月28日，医方未询问冯某是否有头孢类药物过敏史情况下给予头孢西丁1.0等药物静脉滴注治疗等，冯某静脉注射后出现面部皮疹。2015年3月1日起，冯某因体温在40℃左右至当地其他医院诊治，后转入外地医院治疗，诊断为渗出性多形红斑、上呼吸道感染、肝功能损害。

2. 鉴定意见

鉴定认为：冯某使用头孢西丁出现眼红现象，再次使用之前未询问是否有头孢过敏史，违反头孢类抗生素使用原则；冯某经诊断为渗出性多形红斑，其原因有多方面如感染、药物、食物等，且冯某的病症与自身过敏体质、感染有关，不排除医方在对冯某诊疗过程中，使用头孢西丁药物诱发或者加重渗出性多形红斑的病情，医方的诊疗过错原因力为次要原因。

3. 法院判决情况

法院认为,目前并无证据证实冯某除了使用头孢类药物之外,存在其他药物、感染、食物等诱发因素,唯一可以确认的诱发因素为不当使用头孢类抗生素,且在2015年2月26日冯某使用头孢类药物出现眼红不适症状后,某医院在2月28日使用头孢类药物前未询问是否有过敏史,过错程度较大。综上,结合各方因素,认定某医院承担主要责任且承担责任的比例为70%。

【案例7】

1. 病情摘要

患者陈某,男性,25岁。2014年5月28日上午,因"左踝外伤后疼痛伴红肿"至某医院外科急诊就诊,诊断为左踝外伤,左踝软组织感染?给予抗感染治疗,并嘱门诊随诊。

5月29日,患者再次就诊,予以青霉素抗感染治疗,并嘱休息、左下肢抬高制动。5月30日查体见左踝内侧红肿,中央破损1.5 cm×1.8 cm,有脓性分泌物,诊断为左踝外伤伴软组织感染,予换药及青霉素抗感染治疗3 d。6月2日,查体:左小腿中下段红肿,小腿下段胫前侧2 cm×2 cm溃烂,医方继续换药,给予抗感染治疗。6月6日,患者因"外伤后左小腿前部红肿破溃渗液10 d"住院治疗,查体:左小腿肿胀,自胫骨结节以下见片状红肿,压痛不明显,左踝前侧可见一直径4 cm皮肤伤口,伤口周围红肿,压痛明显,局部皮温高,踝关节活动后不适,足趾活动良好。诊断为左小腿软组织感染,遂于6月11日、17日分别行左小腿软组织病灶切除术+创面负压封闭引流(vacuum sealing drainage,VSD)及清创缝合术,于7月3日出院。

2. 鉴定意见

鉴定认为:患者伤口系浅表感染,无全身中毒症状,医方普外科门诊予换药、抗感染治疗符合普外科治疗原则,医方换药使用自粘性软聚硅酮银离子泡沫敷料不违反医疗原则;患者为左内踝软组织感染创面,有脓性分泌物,按外科感染创面处理常规,应每日换药,观察创面情况,予以全身抗感染治疗,而医方门诊换药并嘱其5~7 d再换药,换药不及时,与患者创面延迟愈合有一定的因果关系,其原因力大小为轻微原因。

重新鉴定认为:医方在门诊期间的治疗延误了治疗时机,造成患者感染扩大的后果,该医疗过错与损害后果之间具有一定的因果关系,考虑为同等原因。

3. 法院判决情况

在审理案件过程中,患者认为在其门诊治疗期间,医方所使用的"药贴"一面有药一面没有药,是"黑药膏",虽然医方当庭提交了自粘性软聚硅酮银离子泡沫敷料实物,并证明此即为本案患者所换药中使用的药物,但是医方的医务人员在对患者门诊治疗的病历中仅记载为换药,医疗收费票据中也仅记载换药,对于换药所使用的药品的规格和名称均未记录,故无法认定某医院换药所使用的药品符合医疗原则。法院认为,被告在患者门诊治疗期间,延误了治疗时机,未对患者软组织感染的变化发展做出有效的应对治疗,致使左小腿感染扩大,不得不实施病灶切除及清创缝合术,故医方的医疗过错与损害后果之间原因力大小应为全部原因。

三、判决案件中医疗损害鉴定原因力分析

620例判决案件中,初次医疗损害原因力:不能确定原因5件,无因果关系218件,轻微

原因 97 件，次要原因 118 件，同等原因 57 件，主要原因 106 件，完全原因 19 件。重新鉴定 229 件中，医疗损害鉴定原因力：不能确定原因 1 件，无因果关系 64 件，轻微原因 37 件，次要原因 56 件，同等原因 28 件，主要原因 34 件，完全原因 9 件(表 1－1)。

医疗鉴定损害率指鉴定案件中医方的过错与损害后果有因果关系比例，包括轻微原因、次要原因、同等原因、主要原因、完全因果关系，此为从整体上表述医疗损害鉴定的客观公正的一项重要指标。统计数据表明，620 件判决案件中，初次医疗鉴定损害率为 64.3%，重新鉴定案例的医疗鉴定损害率 71.62%，与初次鉴定相比，提高了 7.32%。

在 229 件重新鉴定案件中，92 件鉴定意见不一致，经调取 86 件两次鉴定的材料，初次鉴定原因力大小分别为不能确定原因 1 件、无因果关系 37 件、轻微原因 17 件、次要原因 15 件、同等原因 7 件、主要原因 6 件、完全原因 3 件。重新鉴定原因力大小分别为不能确定原因 1 件、无因果关系 2 件、轻微原因 13 件、次要原因 32 件、同等原因 18 件、主要原因 15 件、完全原因 5 件(表 1－2)。

表 1－2　86 件初次鉴定与重新鉴定不一致原因力统计(件)

	初次鉴定	重新鉴定
完全原因	3(3.49%)	5(5.81%)
主要原因	6(6.98%)	15(17.44%)
同等原因	7(8.14%)	18(20.93%)
次要原因	15(17.44%)	32(37.21%)
轻微原因	17(19.77%)	13(15.12%)
无因果关系	37(43.02%)	2(2.33%)
不能确定原因	1(1.16%)	1(1.16%)

根据表 1－2，重新鉴定加重原因力程度的案例有 39 件，占 45.34%，主要集中在次要原因、同等原因、主要原因和完全原因；经重新鉴定，判定为无因果关系的案例则较初次鉴定明显减少，下降 40.69%。

以上统计表明，在整体上，通过重新鉴定，因果关系是可以从无因果关系变更为有一定因果关系；在因果关系的程度上，从整体上，重新鉴定多为加大医疗过错的原因力大小。分析原因，有可能初次鉴定大多系于本地鉴定，较异地鉴定更可能在一定程度上影响鉴定意见，另外，鉴定随着不断深入，能更多地发现医疗过错，但主要原因是因果关系的判断和原因力大小的评定本质上带有相当的主观性，有时确实难以找到明确的鉴定标准。

【案例 8】

1. 病情摘要

某产妇，因“停经 40^{+5} 周，阴道流液 1 h 余”于 2016 年 1 月 10 日入住某医院。入院诊断为 G4P1 妊娠 40^{+5} 周待产枕右横(ROT)，胎膜早破，脐带绕颈，巨大儿，阴道炎。

入院后医方向患方交代巨大儿经阴道分娩可能出现的风险，患方表示接受阴道分娩。1 月 11 日 05:12 在常规消毒下会阴侧切娩出一成活男婴，产程中发生肩难产，医方行屈大腿法、耻骨上加压法娩出胎儿。产后发现新生儿左上肢活动受限，左手活动有握力，肌力弱，请儿科及骨科会诊后，考虑左臂丛神经损伤，建议外院专科检查，1 月 14 日出院。其后患儿多次在外地医院就诊，诊断为左侧臂丛神经损伤，同年 4 月 28 日、9 月 6 日行臂丛神经探查修复术。

2. 鉴定意见

两次鉴定均认为产妇在妊娠期定期产前检查，医方对产妇妊娠期的体重控制不力（入院待产时已有 76 kg，产妇身高 159 cm）；产前未按常规做 OGGT 试验，无法掌握其是否存在妊娠糖尿病，医方也未能全面衡量妊娠糖尿病对分娩造成的高危因素；在产前已考虑胎儿系巨大儿的情况下，医方未将可供选择的分娩方式完全告知患方并阐述其中优劣，未能明确建议患方行剖宫产术以便规避阴道分娩对巨大儿可能造成的意外。但初次鉴定的因果关系为轻微原因，重新鉴定的因果关系为主要原因。同样的过错，因果关系相差较大，其原因在于没有较为客观的判断标准。

【案例 9】

1. 病情摘要

患者，女性，52 岁。2013 年 11 月 19 日因“发现左乳肿块 3 月余”入住某医院。入院诊断为左乳肿块。11 月 20 日穿刺活检：（左乳）浸润性腺癌。

11 月 22 日行左乳癌改良根治术+背阔肌皮瓣一期乳房重建术。术中先行前哨淋巴结活检，快速病理：未见淋巴结转移，决定暂不行腋淋巴结清扫术，行左乳切除。11 月 24 日查体：皮瓣血供可，皮瓣左上见皮肤呈紫红色，左胸骨旁、左背部分别引流血性液体 50 mL、100 mL；11 月 25 日左胸骨旁、左背部分别引流血性液体 90 mL、100 mL；11 月 26 日左胸骨旁、左背部分别引流血性液体 25 mL、25 mL，予切口换药、红光照射、乙醇湿敷等处理。11 月 27 日术后病理：淋巴结（2/3）见癌转移；11 月 28 日，左乳单纯切除标本：浸润性导管癌Ⅱ级，脉管内见癌栓，乳头、皮肤及基底切缘均未见癌累及。11 月 30 日出院，出院时患者皮瓣左上皮肤呈紫红色，左胸骨旁及左背部引流液尚有 30 mL 和 40 mL。

2013 年 12 月 10 日患者左乳癌术后近 1 个月再次入住医方，12 月 11 日起予 FEC（氟尿嘧啶 750 mg+注射用盐酸表柔比星 140 mg+环磷酰胺 1 000 mg）方案行第 1 个疗程化疗。入院时患者左乳重建皮瓣内侧见一暗紫色区域，范围约 2.5 cm×2.0 cm，双侧腋下未触及明显肿块；12 月 23 日查体见重建部分外侧有渗出。诊断：左乳癌术后，皮瓣坏死。12 月 24 日行左乳皮瓣坏死清创术+旋转皮瓣缝合术+左腋下淋巴结清扫术。术中左腋下见数枚明显肿大淋巴结，12 月 27 日术后病理：送检左腋下淋巴结（0/16）未见癌转移。12 月 29 日出院。2013 年 12 月 29 日、2014 年 1 月 21 日、2014 年 2 月 10 日、2014 年 3 月 4 日、2014 年 3 月 6 日分别在该院化疗。

2. 鉴定意见

初次鉴定认为手术皮瓣坏死为术后并发症，医方无过错。

重新鉴定认为医方存在过错，其理由：① 医方术前履行了部分告知义务，如皮瓣坏死和术中、术后病理结果不符等，但术前未将备选手术方案（保留、切除、一期再造、后期再造）及手术优缺点向患者交代详细以便患者做出选择。② 医方术中根据快速病理结果决定暂不行腋淋巴结清扫术符合诊疗规范，但手术记录中未描述皮瓣搏动情况和皮缘出血情况，对隧道松紧度和旋转后的血供及针对血供的处理（如使用罂粟碱）亦未描述。③ 2013 年 11 月 24 日发现部分皮瓣坏死，在伤口未愈合、有渗液的情况下对患者采用全身化疗不利于伤口愈合。在患者手术创面换药多日无改观、手术区引流液尚未明显减少情况下，嘱其出院，不符合出院标准，亦未合理完成诊疗义务。④ 术后常规病理检查示前哨淋巴结(2/3)癌转移，医方未及时告知患方，也未将病理诊断、病理号写入出院记录中，存在过错。综上所述，患者第一次手术后皮瓣长期不愈时，医方对患者手术创面观察未能尽到应有的注意义务，处理措施不够积极，化疗、出院时机选择不恰当，致使患者第一次手术皮瓣坏死，长期不愈，导致其第2次手术切除坏死皮瓣。医方的诊疗行为与手术皮瓣坏死有一定因果关系，原因力大小为主要原因”。

四、两次鉴定意见不一致案件的过错统计

229件案件经重新鉴定，92件结论不一致，经调取86件两次鉴定的材料进行统计，并对过错涉及的科室进行统计（表1－3），以在审查鉴定意见及是否启动重新鉴定时作为参考。

表1－3　86件两次鉴定意见不一致案件过错统计（件）

过错类型		案件数	比例	涉及较多的科室
与手术有关的过错(38)	术中操作错误	17	44.19%	涉及15个科室，其中涉及案例较多的科室是骨科、普外科、产科、脑外科
	术后处理不当	11		
	手术选择错误	4		
	手术时机错误	4		
	术前检查不完善	1		
	术后观察不严	1		
诊断有关错误(17)	诊断错误	10	19.77%	涉及12个科室，其中涉及案例较多的科室是普外科、心血管内科、消化内科、肝胆外科
	延误诊断	7		
用药错误		9	10.47%	涉及7个科室，其中涉及案例较多的是神经外科
产前检查环节错误		8	9.30%	主要涉及产科
丧失机会过错		6	6.97%	涉及神经外科、神经内科、骨科、普外科、泌尿外科、新生儿科
处理不当过错		2	2.33%	涉及骨科、普外科
知情说明环节错误		2	2.33%	涉及消化内科、头颈外科
沟通不够		1	1.16%	涉及普外科
观察不当		1	1.16%	涉及消化内科
未进行现场抢救		1	1.16%	涉及消化内科(过敏性休克)
转医环节错误		1	1.16%	涉及新生儿科

（一）过错类别

（1）与手术有关的错误案件38件（术中操作错误案件17件、术后处理不当案件11件、手术选择错误案件4件、手术时机错误案件4件、术前检查不完善案件1件、术后观察不严

案件 1 件）。

（2）诊断有关错误案件 17 件（诊断错误案件 10 件、延误诊断案件 7 件）。

（3）用药错误案件 9 件。

（4）产前检查环节错误案件 8 件。

（5）丧失机会过错案件 6 件。

（6）处理不当案件 2 件。

（7）知情说明环节错误案件 2 件。

（8）沟通不够案件 1 件。

（9）观察不当案件 1 件。

（10）未进行现场抢救案件 1 件。

（11）转医环节错误案件 1 件。

（二）38 件与手术有关涉及的科室案件分布

骨科案件 9 件、普外科案件 8 件、产科案件 3 件、脑外科案件 3 件、泌尿外科案件 2 件、胸外科案件 2 件、甲乳科案件 2 件、妇科案件 2 件、肝胆外科案件 1 件、心血管内科案件 1 件、血液科案件 1 件、神经内科案件 1 件、眼科案件 1 件、口腔科案件 1 件、烧伤科案件 1 件。前两位的是骨科、普外科。

（三）18 件与诊断有关涉及的科室案件分布

普外科案件 4 件、心血管内科案件 3 件、消化内科案件 2 件、肝胆外科案件 2 件、产科案件 1 件、新生儿科案件 1 件、神经内科案件 1 件、耳鼻喉科案件 1 件、传染病科案件 1 件、骨科案件 1 件、肾内科案件 1 件。前两位的是普外科、心血管内科。

（四）9 件与用药错误涉及的科室案件分布

脑外科案件 3 件、神经内科案件 1 件、妇科案件 1 件、肿瘤外科案件 1 件、消化内科案件 1 件、骨科案件 1 件、麻醉科案件 1 件。脑外科最多。

两次鉴定意见不一致的过错类别集中在手术有关的错误、诊断有关错误、用药错误、产前检查环节错误这 4 类，共占 83.73%，分别占 44.19%、19.77%、10.47%、9.3%，其中与手术有关的案件最多。

【案例 10】（手术操作错误）

1. 病情摘要

患者陈某，男性，68 岁。于 2013 年 10 月 26 日因“外伤后致左大腿中部肿痛、畸形、活动受限半小时”至某医院就诊。X 线检查提示：左股骨中段骨折、对线对位差。入院诊断为左股骨骨折，面部软组织伤。于 11 月 1 日在硬麻下行左股骨骨折切开复位+钢板螺钉内固定术，术后予以抗炎等对症治疗。11 月 2 日 X 线提示：左股骨中段骨折、对位对线佳。于 11 月 19 日出院。

2014 年 2 月 7 日患者因大腿肿痛至医方摄 X 线片提示：内固定钢板在加压孔一侧发现断痕。嘱患者患肢制动，并予以外固定，患者拒绝。当晚医方再次主动至患者家中，嘱患者予以外固定治疗，患者拒绝。2月9日患者因大腿局部疼痛剧烈再次至医方复诊，X线片提示钢板加压孔处裂痕加重，予以石膏外固定。

2月19日患者因“左大腿外伤术后4月余伴肿痛12 d”至外地专科医院就诊，诊断为左股骨粉碎性骨折术后再骨折伴钢板断裂，于2月25日行左股骨骨折术后切开内置物取出+骨折再复位内固定术，于3月14日出院。7月20日行X线检查提示：内固定对位对线佳，部分骨痂形成。

2. 鉴定意见

初次鉴定认为医方不存在过错。

重新鉴定认为医方诊疗行为中存在的过错：① 根据医方手术记录描述，结合术后X线检查，医方所植入患者体内锁定钢板近端固定与远端固定相比失衡，且两枚螺钉固定于骨折线上，未能达到有效固定作用，故医方手术操作存在不足；② 患者出院时医方虽予以交代“患肢3个月内禁止负重”，但基于术中内固定未能达到有效固定作用，医方对此认识不足，未能及时予以外固定以限制患肢活动，存在过错。鉴定认为医方在手术操作过程中存在不足，所植入患者体内锁定钢板近端固定与远端固定相比失衡，且两枚螺钉固定于骨折线上，未能达到有效固定作用，与钢板发生疲劳性断裂导致断端再骨折之间存在一定的因果关系，进而导致增加了再次手术的过程。但鉴于患者本人出院后未能遵医嘱，过早下地负重，加之2014年2月7日患者在内固定钢板发现断痕，骨折断端未移位的情况下，医方先后两次要求予以外固定制动，患者均拒绝，亦与患者骨折断端移位之间存在一定的因果关系。综上所述，医方在诊疗行为中存在过错与二次手术的发生存在一定因果关系，建议其原因力大小为次要原因。

【案例11】（术式选择错误）

1. 病情摘要

患者郑某。2015年12月14日因“左腰痛3个月”入住某大学附属医院，CT（2015年12月8日）提示：左肾下极腹侧实质内示结节状脂肪密度影，CT值为−81，截面约11 mm×16 mm，边界清楚。入院诊断为左肾错构瘤。

2015年12月22日，郑某在腹腔镜下行左肾上腺部分切除术+左肾错构瘤切除术，术中因肾实质出血明显，加之脂肪囊出血明显，且瘤体位置缝合困难，与患者家属沟通后转开放手术。术后病理为左肾血管平滑肌脂肪瘤，左肾上腺皮质结节状增生。2015年12月23日，郑某手术部疼痛伴发热，医方予以镇痛、抗感染等对症治疗。后手术部疼痛明显伴发热，体温38℃，引流管引流出约150 mL暗红色血性液体，彩超提示：左肾实质血供差。急行左肾切除术。术后病理提示：左肾缺血性梗死。

2. 鉴定意见

初次鉴定认为医方对左肾错构瘤切除的手术难度及可能导致的后果估计不足，致手术过程中由腹腔镜手术改开放手术，肾动脉两次夹闭，使肾缺血时间延长，肾血管内血栓形成风险增加，与患者左肾切除有一定因果关系，其原因力大小为次要原因。

重新鉴定认为医方诊疗过程中存在过错：① 根据CT检查提示患者左肾下极腹侧实质内示结节状脂肪密度影，CT值为−81，截面约11 mm×16 mm，边界清楚；术后病理亦证实为血管平滑肌脂肪瘤，即错构瘤。但患者发现左肾错构瘤已有四五年，且经密切随访，并无明显变化。通常情况下，无症状、直径小于4 cm的肾错构瘤由于自发性破裂的风险不大，除非高度怀疑恶变倾向，一般采取保守观察，无单独行手术切除的指征。故医方对左肾错构瘤切除术的手术指征把握不严谨。② 鉴于患者左侧肾上腺内侧肢增粗与左肾错构瘤同时存在，从一次手术径路可以同时治疗两种病变的愿景出发，医方与患者沟通后，选择行肾上腺部分切除术同时切除左肾错构瘤，符合一般诊疗原则。但通常进行附加手术的原则是以不增加手术难度、不增加手术风险、不增加手术负担为前提。该患者左肾错构瘤位于左肾下极腹侧实质内，医方对左肾错构瘤切除的手术难度及可能发生的不良后果预估不足，放宽了手术指征，存在一定过错。由于医方对左肾错构瘤切除术的手术指征把握不严谨，对患者左肾错构瘤切除的手术难度及可能导致的后果预估不足，致使手术过程中由腹腔镜手术转为开放手术，肾动脉两次夹闭，肾缺血时间延长，肾血管内血栓形成风险增大，最终患者因左肾动脉内血栓形成导致左肾贫血梗死而切除，故医方的诊疗过错行为与患者左肾切除存在一定的因果关系。鉴于腹腔镜或开放手术过程中均需要临时阻断肾动脉，肾动脉内血栓形成是临床较少见的并发症，加之由于手术创伤过大，手术时间较长，与术后早期一般的正常临床表现难以区分。故综上所述，医方的诊疗过错行为与患者左肾切除之间的原因力大小为主要原因。

【案例 12】(手术时机错误)

1. 病情摘要

患者陈某，因“咳嗽、气喘”到某大学附属医院就诊，根据胸部增强 CT 在内的相关检查，患者诊断为肺部感染，肺部占位？患者 2014 年 6 月 11 日前往医方拟入呼吸科进一步检查和治疗，但医方认为存在骨折病情，故收住骨科。

住院期间 CT 显示，患者存在“两肺弥漫多发结节考虑转移可能，右上肺炎症，右侧大量胸腔积液(局部包裹)伴右肺膨胀不全，纵隔内轻度肿大淋巴结，两肺散在纤维化病灶，右下叶支气管闭塞，右下肺团块状软组织影，右肺门结构不清……”2014 年 6 月 24 日，医方在全麻下行闭合复位 PNA 内固定术。术后第 2 天患者出现胸闷气急症状并加重，2014 年 6 月 29 日，经院内各部门会诊确定为心肌梗死、肾衰竭，2014 年 7 月 2 日转入重症监护病房(intensive care unit，ICU)。在 ICU 治疗 20 d 后患者生命垂危，于 2014 年 7 月 22 日出院后死亡。

2. 鉴定意见

初次鉴定认为，医方在对患者陈某的诊疗过程手术时机不当，存在过错，增加了患者术后诊疗费用，但与患者死亡无直接因果关系。

重新鉴定认定医方存在以下过错：① 入院诊断“右股骨转子间粉碎性骨折”欠准确，对造成骨折的病因欠考虑。根据患者的病情特点，结合入院前影像学检查结果，如果对 6 月 1 日和 6 月 11 日两张 X 线比较，在 6 月 1 日住院到 6 月 24 日手术近 2 周时间行右髋 X 线复查及 CT、ECT 等检查，有可能会明确发生骨折的病因，考虑存在“右股骨转子间病理性骨折(肺癌转移)可能”。医方未尽到谨慎细致的诊疗义务。② 术前患者一般情况很差，虽无手术绝对禁忌证，但风险极大。医方未告知患方手术或保守治疗的利弊，病案中未见到明确的沟通记录，未充分尊重患者的知情权，沟通欠充分。③ 在患者炎症尚未完全控制，低蛋白血症(当日 23.3 g/L)未有效纠正的情况下，手术时机把握不当。鉴定认为，患者符合晚期肺癌的病情特点。患者在术后第 5 天发生急性广泛前壁心肌梗死及多脏器功能不全可能的因素有肿瘤晚期的自然转归，冠状动脉基础疾病，手术应激反应，高龄、晚期癌症、炎症、卧床、创伤、手术等因素所致血液处于高凝状态等。综上所述，恶性肿瘤晚期所致慢性消耗、多脏器功能不全是患者死亡的主要原因。手术是患者发生急性广泛前壁心肌梗死及多脏器功能不全的诱因，医方存在的医疗过错行为加速了患者原始疾病的进展，在提高患者带瘤生存质量的同时也缩短了患者的预期寿命。故医方的医疗过错行为与患者死亡之间存在因果关系，原因力为次要原因。

五、未采信鉴定意见的16件案件情况

16件未采信鉴定意见的案件中，涉及以下事项：鉴定材料的案件4件、医疗机构或医护人员资质的案件3件、丧失机会的案件2件、注意义务的案件2件、定残标准错误的案件1件、法律关系的案件1件、法官自由裁量的案件3件（表1－4）。

表1－4　16件未采信鉴定意见案件事由

序号	鉴定认定的原因力	审判确定的赔偿责任比例	理　由
1	次要	75%	部分医护人员未获得执业资格证书，保护未成年人
2	不能确定	80%	鉴定材料不足（影像资料、肝素使用剂量不明确）
3	轻微	35%	鉴定明确的过错外，还存在违反手术分级制度
4	有过错无因果关系	70%	医方超范围执业，术前预防不足，术后指导锻炼不够
5	轻微	100%	早期处理延误了治疗时机，未对软组织感染做出有效的治疗，致感染扩大，不得不实施病灶切除及清创缝合术
6	轻微	40%	医方作为大型省属三级甲等综合性医院，未尽到与其医疗水平相应的诊疗义务，诊疗活动亦存在不规范之处
7	同等	60%	对同等原因的理解不能机械地认为承担责任的比例就是50%，酌定承担60%的民事赔偿责任，系综合考虑侵权方和受害方的利益平衡，符合司法为民的价值判断和社会效果
8	轻微	0	患者在交通事故中得到超过医疗损害主张的赔偿
9	有过错无因果关系	20%	法院认为医方的诊疗过错与患者的损害后果之间，存在一定的间接因果关系，酌定医院承担20%的赔偿责任
10	/	/	伤残标准适用错误
11	完全（对后期治疗）	30%（对死亡）	诊断延误，为后续治疗造成困难，使有限的生命在一定程度上失去了通过顺利治疗而得以延长机会。依据相当因果关系判断标准并结合医方在医疗行为中存在的过错，认定诊疗行为与患者死亡之间存在因果关系，并酌定承担30%的赔偿责任
12	次要	50%	综合鉴定意见及医院存在篡改病历等过错
13	次要	70%	以不当使用头孢类药物为诱发因素，且在患者使用头孢类药物出现眼红不适症状后，医方仍使用头孢类药物，且未询问是否有过敏史，过错程度较大。综上，结合各方因素，认定医方承担主要责任，比例为70%
14	次要	0	医方虽未明确诊断，但对患者的治疗方案应与目前基本一致，无明显区别，患者目前状况与自身疾病的特殊性存在相关性，故医疗费用与医方接诊行为之间不具有因果关系

续　表

序号	鉴定认定的原因力	审判确定的赔偿责任比例	理　由
15	无过错	20%	医方未能举证证明其在抢救过程中使用了扩容、纠酸药物，不符合过敏性休克的抢救规范，存在医疗过错
16	次要	完全	不能证明损害后果为肱骨外科颈骨折时合并损伤，且不能排除系手术中牵拉所致的情况下，判决医院承担全部赔偿责任

（曾强，徐洪新）

第三节　医疗损害鉴定分析

一、概况

笔者共收集数家机构在一定时间段内已完成的 1 256 件医疗损害鉴定文书，其中涉及医疗过错（主要过错）统计如下：诊断错误案件 72 件，诊断延误案件 149 件，用药错误案件 69 件，手术选择时机错误案件 139 件，术中操作错误案件 244 件，产前检查环节错误案件 19 件，知情告知环节错误案件 117 件，转医环节错误案件 19 件，丧失机会错误案件 238 件，其他错误（病历书写、违反管理规范等）案件 45 件，其他情况案件 312 件。

1 256 件鉴定案件中，按原因力大小判定结果的案件：不能确定因果关系案件 16 件（占 1.27%），无因果关系案件 296 件（占 23.56%），轻微原因案件 193 件（占 15.37%），次要原因案件 243 件（占 19.35%），同等原因案件 205 件（占 16.32%），主要原因案件 267 件（占 21.26%），完全原因案件 36 件（占 2.87%）。

上述数据表明，医疗过错主要集中以下几类：与手术有关的过错（383 件案件）、丧失机会的过错（238 件案件）、诊断有关的错误（221 件案件）、知情告知环节错误（117 件案件），占 76.35%；医疗损害率 75.16%，这与 2018 年某省医疗损害鉴定率为 75%一致，也与本章上一节判决案件重新鉴定的医疗鉴定损害率为 71.62%基本一致。

二、各类过错统计及分析

（一）诊断错误

72 件诊断错误案件中，按错误程度（范围）大小区分情形如下（表 1－5）：

（1）诊断完全错误案件 17 件（完全原因案件 3 件、主要原因案件 5 件、同等原因案件 3 件、次要原因案件 5 件、轻微原因案件 1 件）。

（2）诊断大部分错误案件 11 件（主要原因案件 6 件、次要原因案件 4 件、轻微原因案件 1 件）。

（3）诊断部分错误案件 44 件（主要原因案件 9 件、同等原因案件 9 件、次要原因案件 18 件、轻微原因案件 6 件、无因果关系案件 2 件）。

诊断错误以诊断部分错误情形最多,原因力大小以次要原因较多。

表 1-5　鉴定意见判定为诊断错误的案例情况(件)

案件数	诊断完全错误	诊断大部分错误	诊断部分错误	合计
轻微原因	1	1	6	8
次要原因	5	4	18	27
同等原因	3	0	9	12
主要原因	5	6	9	20
完全原因	3	0	0	3
未定原因	0	0	2	2
合计	17	11	44	72

【案例 1】

1. 病情摘要

患者张某,男性,74 岁。2014 年 9 月 4 日 17:00 因"上腹部疼痛 5 h"收住某医院消化内科。入院诊断为腹痛待查,急性胰腺炎? 原发性高血压,阵发性心房颤动。予禁食、抗感染、醋酸奥曲肽减少胰酶分泌、奥美拉唑抑酸护胃、硫酸镁解痉止痛及补液等治疗。9 月 5 日患者腹痛明显缓解,体温 38.5℃左右,面色潮红,皮肤灼热无汗,予头部冷敷。9 月 6 日 07:34 患者行上腹部 CT 平扫+增强检查示:肝脏多发囊肿,回盲部肠壁可疑增厚,肠梗阻,胆总管下段结石可能,腹腔少许积液。患者体温 38.0℃,仍感腹痛,感胸闷心慌,气喘。查体:心率 150 次/min、心律不齐,腹部胀气,满腹压痛,无明显反跳痛,肠鸣音无亢进。09:49 普外科会诊考虑诊断为阵发性心房颤动,腹痛待查,急性胆囊炎,胆总管结石,肠系膜血管栓塞可能。建议:① 控制快速心房颤动;② 查尿淀粉酶、腹部 B 超、D-二聚体;③ 胃肠减压,开塞露通便;④ 向家属交代病重,建议转上级医院诊治。予胃肠减压、开塞露通便处理。

当日患者转至上级医院,入院诊断为肠系膜血管栓塞,心房颤动,急性腹膜炎,感染性休克。入院后急诊在全麻下行剖腹探查术,术中探查见小肠距十二指肠悬韧带 5 cm 至回盲部肠壁水肿、色暗,局部肠管色黑,未见肠管破裂,肠系膜分支血管未见明显搏动,腹腔见暗褐色液体 500 mL,术中考虑患者全小肠坏死,手术意义不大,术中病情告知家属,家属放弃手术。术后予重症监护,呼吸机辅助通气,去甲肾上腺素持续静脉泵入,并予强效抗感染、补液扩容、预防应激性溃疡、减少肠液分泌,改善微循环、维持水电解质平衡等对症支持治疗。9 月 7 日 7:00 患者心跳减慢,血压进行性下降,予加大去甲肾上腺素持续静脉泵入处理。8:30 患者再次出现心跳减慢,血压进行性下降,指脉氧测不出,予抢救治疗,疗效不显。8:55 告知病情后患者出院。出院诊断为肠系膜血管栓塞,急性腹膜炎,腹腔感染,感染性休克,多脏器功能衰竭,冠心病,心房颤动,原发性高血压。患者出院后于当日死亡。

2. 分析论证

诊疗过错分析:① 患者入院时"腹痛待查,急性胰腺炎?"的诊断尚不明确,第 1 天鉴别诊断中提及需要排除肠梗阻,入院第 2 天主任查房考虑肠系膜栓塞,医方未及时做进一步的检查(腹部增强 CT 或血管造影),也未及时请普外科会诊,争取明确诊断。② 对急性腹痛诊断不明确的患者应仔细观察全身和腹部情况,但从病程记录来看,医方从 2014 年 9 月 5 日

9:16~2014年9月6日8:50无查体记录,医方对患者的观察不仔细。③肠鸣音情况前后描写不确切、不一致,有时记载肠鸣音减弱,有时记载肠鸣音不亢进,第2天患者出现高热,医方未进一步关注,调整治疗。④由于诊断错误,医方使用奥曲肽不严谨,该药可致内脏小动脉收缩,会加重肠缺血,从而导致肠坏死。

因果关系分析:根据患者病情发展情况及其在上级医院剖腹探查术中所见,患者肠系膜血管栓塞诊断成立,患者死亡原因系肠系膜血管栓塞导致全小肠坏死和感染性休克、多脏器功能衰竭。肠系膜上动脉栓塞患者早期腹部体征不明显,早期诊断较困难,且该病预后凶险,即使早期得到确诊,全小肠完全坏死的最终死亡率也极高,尽管肠系膜上动脉栓塞早期诊断可以采用动脉切开取栓术,但是这种手术的效果也很差,并发症多。因医方诊疗过程中的过错行为一定程度上延误了对患者疾病的诊疗,使用奥曲肽会加重患者肠缺血致肠坏死的病情,故与患者最终死亡之间存在一定的因果关系,原因力考虑为次要原因。

(二)诊断延误

140件诊断延误案件中,按延误程度大小区分情形如下(表1-6):

(1)诊断完全延误案件32件(完全原因案件1件、主要原因案件15件、同等原因案件5件、次要原因案件9件、轻微原因案件2件)。

(2)诊断大部延误案件34件(完全原因案件1件、主要原因案件11件、同等原因案件11件、次要原因案件9件、轻微原因案件2件)。

(3)诊断部分延误案件74件(完全原因案件1件、主要原因案件11件、同等原因案件15件、次要原因案件30件、轻微原因案件15件、无因果关系2件)。

诊断延误以诊断部分延误情形最多,原因力以次要原因较多。

表1-6　鉴定意见判定为诊断延误的案例情况(件)

案件数	诊断完全延误	诊断大部分延误	诊断部分延误	合计
轻微原因	2	2	15	19
次要原因	9	9	30	48
同等原因	5	11	15	31
主要原因	15	11	11	37
完全原因	1	1	1	3
未定原因	0	0	2	2
合计	32	34	74	140

【案例2】

1. 病情摘要

患者于2010年1月2日至某医院门诊就诊,医方予人绝经期促性腺激素(human menopausal gonadotropin,)75 U注射,隔日1次,共3次。1月16日予人绒毛膜促性腺激素(human chorionic gonadotropin,HCG)10 000 U注射治疗。2月15日因"促排卵后胸闷口渴1个月,症状加重1 d"收住医方,入院诊断为卵巢过度刺激综合征。2月16日查血糖21.6 mmol/L,糖化血红蛋白12.3%,转入内分泌科治疗,修正诊断为糖尿病酮症酸中毒,予对症治疗。3月5日出院。

2. 分析论证

诊疗过错分析：① 患者于2010年2月15日入住医方，入院时患者尿常规示葡萄糖3+、酮体3+，医方未能及时检查血糖，未能采取有效治疗措施。目前无任何资料或文献表明，使用HMG、HCG会导致糖尿病。患者于2010年2月19日血生化检查示糖化血红蛋白12.3%。提示该患者血糖升高至少已3个月。② 患者于2010年2月15日收住医方妇产科，入科时诊断为卵巢刺激综合征。妇产科未能根据患者入院时尿糖、尿酮的异常情形进行分析、鉴别诊断，未能及时行血糖检查以了解病情，未能及时请内分泌科专科会诊，并使用葡萄糖盐水静脉输液存在过错。

因果关系分析：糖尿病酮症及糖尿病酮症酸中毒为临床急症，病情凶险，此类患者应该尽早明确诊断及采取有效的抢救措施，但医方存在的过错为一定程度上的误诊误治，与患者糖尿病酮症酸中毒的病情加重存在一定的因果关系，因目前鉴定资料中没有患者因口干就诊的病历记载，且患者入院时已存在糖尿病酮症，医方的过错与患者糖尿病酮症酸中毒之间的原因力为同等原因。

（三）用药错误

69件用药错误案件中，按错误性质区分情形如下（表1-7）：

（1）药物性质相反案件6件（主要原因案件1件、同等原因案件2件、次要原因案件1件、轻微原因案件2件）。

（2）药物种类错误案件39件（主要原因案件7件、同等原因案件13件、次要原因案件10件、轻微原因案件9件）。

（3）药物剂量错误案件22件（主要原因案件4件、同等原因案件10件、次要原因案件5件、轻微原因案件3件）。

（4）药物种类和剂量错误案件2件（主要原因案件1件、次要原因案件1件）。

用药错误以药物种类错误情形最多，原因力以同等原因较多。

表1-7　鉴定意见判定为用药错误的案例情况（件）

案件数	药物性质相反	药物种类错误	药物剂量错误	药物种类和剂量错误	合计
轻微原因	2	9	3	0	14
次要原因	1	10	5	1	17
同等原因	2	13	10	0	25
主要原因	1	7	4	1	13
完全原因	0	0	0	0	0
未定原因	0	0	0	0	0
合计	6	39	22	2	69

【案例3】

1. 病情摘要

患者马某，女性，12岁。2015年10月19日，患者因“呕吐、腹泻2 d”在某医院就诊。患者呕吐物为胃内容物，伴腹泻，黑色水样便，有口干，乏力，有小便。查体：神清，两肺无啰音，心律齐。血常规：白细胞计数 7.6×10^9/L，中性粒细胞比例 63.8%，血红蛋白 127 g/L，血小板 379×10^9/L。尿酸 671 μmol/L，血糖 3.6 mmol/L，诊断为急性胃肠炎，高尿酸血症。予左氧氟沙星、奥美拉唑及补液支持治疗，地衣芽孢杆菌活菌胶囊（整肠生）及蒙脱石散剂对症治疗。

2015 年 10 月 21 日，医方复诊，患者腹泻好转，仍感上腹隐痛，无恶心呕吐。查体：神志清，心肺（−），剑突下压痛，予以依替米星、兰索拉唑治疗。

10 月 22 日再次复诊，患者仍有腹泻，解稀便多次，恶心，干呕。X 线：腹部立卧位未见明显异常。予以依替米星及兰索拉唑治疗。

10 月 23 日，患者因"腹泻、呕吐 2 d，胸闷气急 2 d"入住医方。入院诊断为急性心肌心包炎，心功能 4 级，急性胃肠炎。入院后予一级护理，清淡饮食，限制钠盐、水分摄入，吸氧，利尿减轻心脏负荷，维持水电解质平衡处理，抗炎抗感染等治疗。20:30 患者恶心呕吐，呕吐物为绿色液体，予盐酸甲氧氯普胺 10 mg 肌内注射。21:12 复查肾功能电解质提示：血肌酐 121 μmol/L，尿酸 1 081.5 μmol/L，血钾 7.4 mmol/L，血钠 136.2 mmol/L。21:50 肾内科会诊意见：建议复查肾功能、电解质，可予碳酸氢钠纠正酸中毒，若血钾大于 6.5 mmol/L，可考虑血液透析，但患者有肿瘤，插管时可能会出现插管不成功甚至引起肿瘤破裂，风险极大。22:05 患者胸闷气急明显，躁动不安，全身湿冷，心电监护示：呼吸 30 次/min，心率 124 次/min，血压 208/192 mmHg，调节硝酸甘油微泵 6 mL/h。心脏彩超示：少量心包积液。予急查床旁超声示肝占位、子宫右侧旁及左中上腹包块，肠系膜增厚，肠间隙积液，双肾积水。予碳酸氢钠 125 mL 静脉滴注。23:00 复查电解质示：尿酸 1 083 μmol/L，血钾 8.6 mmol/L，血钠 135 mmol/L，予异丙肾上腺素静脉滴注。10 月 23 日 23:40 因"室性逸博"予心脏临时起搏器植入。10 月 24 日拟休克、代谢性酸中毒、高钾血症、肾功能不全、急性心肌心包炎、心功能 4 级、急性胃肠炎、肝占位，01:00 入 ICU，入 ICU 时心跳呼吸骤停，立刻予胸外心脏按压，简易呼吸器辅助通气，肾上腺素静脉推注，同时补液升压，碳酸氢钠纠酸，行气管插管，01:15 气管插管成功，予呼吸机辅助通气，01:35 患者出现一过性自主心跳恢复，并于 01:47 起开始予电除颤 3 次，心肺复苏约 1 h，患者自主心跳仍未恢复，心电图示一直线，于 2015 年 10 月 24 日 02:00 宣布死亡。

2. 分析论证

诊疗过错分析：① 医方 2015 年 10 月 19 日首次接诊，根据患者病史和血常规检验，诊断急性胃肠炎成立，给予左氧氟沙星、奥美拉唑及补液支持治疗，以及地衣芽孢杆菌活菌胶囊和蒙脱石散剂对症治疗。并医嘱复查肾功能，其诊治行为未违反医疗常规。10 月 21 日、22 日第 2 次和第 3 次接诊。在患者前次肾功能检验示血尿酸偏高的情况下，未能进行肾功能复查，在血常规检验没有明确提示感染的情况下，使用依替米星的依据不足，存在加重患者肾功能损害的必然性。② 2015 年 10 月 23 日，患者入住医方心内科。入院后 21:12 查血钾为 7.4 mmol/L，21:50 请肾内科会诊，建议进行降钾治疗，如复查血钾大于 6.5 mmol/L，可考虑血液透析。鉴于患者当时血钾已达 7.4 mmol/L，已具有紧急血液透析或床旁血液滤过指征，医方考虑血液透析风险大，并与患方充分沟通，但 22:46 复查血钾已达 9.4 mmol/L，证明医方仅给予药物降低血钾而未及时给予血液透析或者床旁血液滤过，存在严重过错。

因果关系分析：鉴于没有进行尸体病理解剖，确切死亡原因尚不能明确。但是，患者此次就医过程中主要临床表现为急性肾损伤、严重代谢性酸中毒及高钾血症。据此分析，不能排除高钾血症是导致患者死亡的可能性。患者的基础疾病不甚明确，临床资料表明患者存在腹部多发肿块，预后难料，加上该患者病情进展迅速，治疗难度较大，故其死亡与自身疾病因素存在一定的因果关系。但是，某医院未对患者肾功能异常予以复查，在用药指征不足（腹泻、呕吐致血容量不足）的情况下使用肾毒性药物依替米星及盲目补钾，以及没有及时行血液透析或床边血液滤过与患者死亡之间存在一定的因果关系，其原因力为主要原因。

（四）手术选择时机错误

139 件手术选择时机错误案件可分为以下 4 种情形（表 1－8）：

（1）错误实施手术案件 38 件（完全原因案件 9 件、主要原因案件 19 件、同等原因案件 3 件、次要原因案件 3 件、轻微原因案件 3 件、无因果关系案件 1 件）。

（2）错误选择手术案件 43 件（完全原因案件 2 件、主要原因案件 18 件、同等原因案件 12 件、次要原因案件 8 件、轻微原因案件 3 件）。

（3）手术时机不当案件 57 件（完全原因案件 2 件、主要原因案件 18 件、同等原因案件 8 件、次要原因案件 21 件、轻微原因案件 8 件）。

（4）错误选择手术+手术时机不当案件 1 件（主要原因案件 1 件）。

手术选择时机错误以手术时机不当情形最多，原因力以主要原因较多。

表 1－8　鉴定意见判定为手术时机选择错误的案例情况（件）

案件数	错误实施手术	错误选择手术	手术时机不当	错误选择手术+手术时机不当	合计
轻微原因	3	3	8	0	14
次要原因	3	8	21	0	32
同等原因	3	12	8	0	23
主要原因	19	18	18	1	56
完全原因	9	2	2	0	13
未定原因	1	0	0	0	1
合计	38	43	57	1	139

【案例 4】

1. 病情摘要

患者吴某，女性，22 岁。2015 年 4 月 14 日 15:03 因“月经紊乱 2 个月”入住某医院妇产科。彩超提示：两侧附件区均可见右侧大小为 5.5 cm×4.1 cm×2.7 cm，左侧大小为 7.3 cm×3.6 cm×4.5 cm 的液实混合性团块，边界清，团块实体组织内均可探及彩流信号，多普勒显示多为动脉频谱，阻力指数为 0.67～0.7，其中左侧团块较大暗区内可见细密光点沉积，改变体位可见光点移动。入院诊断为双侧卵巢肿瘤性质待查。医方认为患者月经紊乱 2 个月，彩超提示双侧附件包块，其诊断明确，手术指征存在。4 月 16 日 10:10～10:45 于脊椎麻醉（后文简称腰麻）下行双侧输卵管切除术+盆腔脓肿切开引流术，术中探查见子宫大小正常，双侧输卵管充血，增粗扭曲，积脓呈腊肠样变，右侧卵巢增大积脓约 5 cm×5 cm 大小与右侧输卵管粘连，左侧卵巢与左侧输卵管粘连完全包裹与肠管粘连。根据患者病情及术中所见，手术医师向患者家属及本人交代病情，同意切除双侧输卵管。首先清理右侧卵巢内脓液，分离粘连，充分游离出右侧输卵管，自伞端钳夹切断右侧卵巢输卵管系膜及峡部，7号丝线缝扎，同法处理左侧输卵管。病理诊断：符合（双侧）输卵管积脓伴急、慢性炎症。

2. 分析论证

诊疗过错分析：① 根据病史、妇科检查、影像学资料及实验室检查，该患者应考虑盆腔炎性肿块可能性大，宜先行抗感染治疗，复查B超等相关检查，再决定进一步治疗方案，医方诊断考虑不全，治疗方案欠妥，选择积极手术治疗，治疗过程稍显匆忙。② 术中明确双侧输卵管积脓，结合患者已婚未孕，年龄22岁，手术宜保留输卵管。③ 医方术中向患者家属交代行双侧输卵管切除，未详细记录术中情况及手术方案的选择，仅有家属签字，沟通不充分，记录不完善。

因果关系分析：患者系已婚未育女性，医方在行双侧输卵管切除前应慎重。术中既已明确为双侧输卵管积脓，应予保留输卵管。关于双侧输卵管积脓，有多种治疗方案可供选择，即便医方选择手术切除，其于术前也应将各种治疗方案，包括各种手术、非手术的利与弊，以及对今后生育功能的影响进行充分告知，并嘱患方签字。虽然患者家属已签字同意切除双侧输卵管，但关于各种治疗方案的优缺点及可能发生的并发症、后遗症等均无文字记载，无法证明医方已充分告知，也无法证明患方有充分的选择。综上分析，认为患者双侧输卵管的切除与医方诊疗行为中存在的过错有因果关系，鉴于探查术中所见，患者双侧输卵管病变已较为严重，保守治疗亦不一定能保住双侧输卵管功能，故建议原因力为主要原因。

（五）术中操作错误

244件术中操作错误案件可分为以下3种情形（表1－9）：

（1）明确操作错误案件146件（完全原因案件15件、主要原因案件84件、同等原因案件19件、次要原因案件19件、轻微原因案件8件、无因果关系案件1件）。

（2）可能操作错误案件52件（主要原因案件21件、同等原因案件19件、次要原因案件8件、轻微原因案件4件）。

（3）不排除操作错误案件46件（主要原因案件13件、同等原因案件17件、次要原因案件11件、轻微原因案件4件、无因果关系案件1件）。

术中操作错误以明确操作错误情形最多，原因力以主要原因较多。

表1－9　鉴定意见判定为手术中操作错误的案例情况（件）

案件数	明确操作错误	可能操作错误	不排除操作错误	合计
轻微原因	8	4	4	16
次要原因	19	8	11	38
同等原因	19	19	17	55
主要原因	84	21	13	118
完全原因	15	0	0	15
未定原因	1	0	1	2
合计	146	52	46	244

【案例5】

1. 病情摘要

患者朱某，男性，29岁。2014年4月22日因"发现右锁骨上包块2年，增大半个月"入住某医院。患者约2年前在无意中发现颈部右侧锁骨上一肿块，约花生米大小，无红肿热痛，无麻木不适，与饮食无明显关系，一直未引起重视，半个月来，发现该包块增大。入院查体：右侧锁骨上局部隆起，可触及一约7 cm×6 cm包块，无压痛，实性、质地韧，界限清楚，活动度差，表面未及明显血管搏动。入院诊断为右锁骨上肿块性质待定。2014年4月23日9:00在全麻下行右锁骨上肿块切除术，术中见一肿块，灰白色，大小约6 cm×4 cm，周围有包膜，游离肿块，见肿块表面与一臂丛神经侧支相连，切除标本后，皮下放置皮片一根，自切口引流。术后病理诊断为右锁骨上神经鞘瘤。4月30日患者一般情况可，诉有右上肢轻度乏力、麻木不适，查体：右上肢肌力尚可，右肩活动可，右锁骨上局部无红肿、压痛，切口愈合良好，并于当日出院。

8月29日患者因"右上肢无力4月余"再次入住医方，入院诊断：臂丛神经损伤，予药物营养神经，肢体综合训练等治疗，9月23日患者出院。

2014年10月10日患者因"右颈部术后出现右上肢活动感觉障碍6个月"入住外地医院，肌电图：右臂丛神经损伤。入院诊断：右臂丛神经损伤。10月13日在全麻下行右臂丛神经探查修复术。10月16日患者出院。

2. 分析论证

诊疗过错分析：① 医方诊断为右锁骨上肿块性质待定，于手术前未行穿刺活检，以及在术中切除肿块前仍未能做局部活检，以明确肿块性质。② 医方术中发现有一臂丛神经与肿块有关联，却未能请相关专业医师进行会诊，协同处理，也未见其在手术过程中采取相应处理措施避开神经，尽到应有的保护义务。③ 患者于手术后第7天出院，并诉有右上肢轻度乏力、麻木不适，医方未予以足够重视，当时即应进行相应检查，如肌电图等，如能早期明确诊断，早期施行神经修复，可能会达到一定修复效果。④ 医方术前虽有鉴别诊断分析（淋巴结核、慢性淋巴结炎、恶性肿瘤淋巴转移），但相关工作也未进行，与患者就手术风险沟通针对性也不充分，在术前谈话中虽有神经、血管损伤记录，但未具体交代右锁骨区域神经损伤可能发生的情况（麻木、肌萎缩、关节障碍）。

因果关系分析：① 根据术后病理提示，患者所患右锁骨上神经鞘瘤系周围神经中常见的肿瘤，起源于周围神经鞘，肿瘤生长缓慢，大多无神经功能障碍，为良性肿瘤，预后较好，但也有受累神经支配区而出现麻木、疼痛、乏力症状。结合患者入院时情况，术前并无神经受累表现，术后第7天出院时诉有右上肢轻度乏力、麻木不适，此后因症状持续进展，曾先后至医方康复科、外地医院就诊，患者目前"右臂丛神经损伤"明确。② 患者右锁骨上肿块切除手术系在医方普外科进行，虽然在肿块切除过程中有损伤神经组织的可能，但其并非完全难以避免的并发症。由于医方在切除肿块前未能明确其性质（术前、术中无活检），且术中已发现肿块与神经相连，而未请相关专业医师协同处理，及采取措施避开神经，故考虑患者"右臂丛神经损伤"系医方手术所致，并非疾病的自然转归。患者于手术后第7天出院时诉有"右上肢轻度乏力、麻木不适"，也未能引起医方重视，从而延误患者右臂丛神经损伤的早期明确诊断、早期神经修复。综上分析，医方的医疗行为存在过错，与患者目前状况之间有因果关系，原因力为完全原因。

（六）产前检查环节错误

19件产前检查环节错误案件可分为以下3种情形（表1－10）：

（1）明显存在漏诊（检）案件15件（主要原因案件7件、同等原因案件2件、次要原因案件2件、轻微原因案件4件）。

（2）可能存在漏诊（检）案件3件（主要原因案件1件、次要原因案件1件、轻微原因案件1件）。

（3）不排除存在漏诊（检）案件1件（次要原因案件1件）。

产前检查环节错误以明显存在漏诊（检）情形最多，原因力以主要原因较多。

表1－10 鉴定意见判定为产前检查环节错误的案例情况（件）

案件数	明显存在漏诊（检）	可能存在漏诊（检）	不排除存在漏诊（检）	合计
轻微原因	4	1	0	5
次要原因	2	1	1	4
同等原因	2	0	0	2
主要原因	7	1	0	8
完全原因	0	0	0	0
未定原因	0	0	0	0
合计	15	3	1	19

【案例6】

1. 病情摘要

某产妇于2014年7月11日07:00因“停经40周，下腹隐痛不适2 d”入住某医院。产检：宫高33 cm，腹围115 cm，估计胎儿大小4 000 g，胎方位ROA，胎心140次/min，胎头已衔接，胎膜未破，子宫颈扩张1指；骨盆测量：25－29－19.5－9.2 cm。B超示：双顶径9.4 cm，羊水池5.4 cm。初步诊断：G5P1妊娠40周待产ROA。于07:30以2 U缩宫素加入500 mL葡萄糖注射液中以8滴/min开始静脉滴注。13:00宫缩开始，18:00人工破膜，19:00子宫颈扩张2 cm，21:00子宫颈扩张3 cm，22:30宫口开全，23:05娩出成熟女婴，胎肩娩出困难，阿普加评分（Apgar评分）：1 min 9分、5 min 10分，23:10胎盘、胎膜娩出，会阴Ⅰ度裂伤。新生儿体重5 500 g，左上肢无肌张力，右上肢活动正常。X线无明显骨损伤。考虑为左臂丛神经损伤可能，予维生素K_1、加兰他敏、维生素B_6肌内注射。7月13日出院。出院诊断：G6P2，妊娠40周ROA分娩、巨大儿、新生儿左臂丛神经损伤。

2014年7月13日外地某儿科医院检查，诊断为分娩性左臂丛神经损伤。肌电图报告：左上肢臂丛神经损伤，累及上、中、下干，诊断为左分娩性臂丛神经损伤，10月24日在全麻下行左臂丛神经探查松解术。2017年5月29日~6月2日再次在该院住院治疗，5月30日全麻下行左臂丛神经探查修复术。

2. 分析论证

诊治行为过错分析：① B超检查报告过于简单，仅有胎儿双顶径，无头围、胸围、臀围，产前对胎儿的体重预估不足，没有进行必要的超声测量胎儿肩径及胸径，以预测发生肩难产的潜在风险。② 产程进展缓慢，目前无依据表明医方曾建议剖宫产结束分娩，病历中也未记载相关告知沟通的记录。③ 发生肩难产时，病历中无记录反映医方如何处理肩难产的方法，无法明确采取的助娩手法是否规范。

因果关系分析：肩难产是巨大儿常见的并发症，胎儿体重越大，发生率越高，而且，一旦发生肩难产，难以改由剖宫产终止妊娠。而臂丛神经损伤是肩难产常见的并发症。医方产前对胎儿的体重预估不足，没有进行必要的超声测量胎儿肩径及胸径，以预测发生肩难产的潜在风险。产程中无客观依据证明医方曾建议剖宫产，病历中助娩手法无记录，出现肩难产时的处理可能存在牵拉过度等不规范操作。患方无法提供产前建卡及妊娠前检查相关情况，从而可能影响医方对胎儿体重的正确评估。综上所述，医方的上述过错与患儿左臂丛神经损伤之间存在一定的因果关系，其原因力为同等原因。

（七）知情告知环节错误

117 件知情告知环节错误案件可分为以下 5 种情形（表 1－11）：

（1）失去选择权案件 13 件（主要原因案件 2 件、同等原因案件 4 件、次要原因案件 3 件、轻微原因案件 3 件、无因果关系案件 1 件）。

（2）失去预警机会案件 18 件（主要原因案件 5 件、同等原因案件 3 件、次要原因案件 6 件、轻微原因案件 4 件）。

（3）失去知情权案件 83 件（完全原因案件 4 件、主要原因案件 19 件、同等原因案件 23 件、次要原因案件 12 件、轻微原因案件 23 件、无因果关系案件 2 件）。

（4）失去选择权加知情权案件 2 件（同等原因案件 1 件、轻微原因案件 1 件）。

（5）失去预警机会+知情权案件 1 件（次要原因案件 1 件）。

知情告知环节错误以失去知情权情形最多，原因力无明显差异，主要为轻微原因、次要原因、同等原因、主要原因。

表 1－11　鉴定意见判定为知情告知环节错误的案例情况（件）

案件数	失去选择权	失去预警机会	失去知情权	失去选择权加知情权	失去预警机会加知情权	合计
轻微原因	3	4	23	1	0	31
次要原因	3	6	12	0	0	21
同等原因	4	3	23	1	1	32
主要原因	2	5	19	0	0	26
完全原因	0	0	4	0	0	4
未定原因	1	0	2	0	0	3
合计	13	18	83	2	1	117

【案例 7】

1. 病情摘要

患者章某，男性，45 岁。2015 年 2 月 13 日因“咳嗽伴左侧胸痛 3 月余”入住某医院。

入院查体：左上肺呼吸音稍低，可闻及少量湿啰音，右肺呼吸音粗，未闻及干湿啰音。胸部增强CT示：左肺上叶前段占位，考虑新生物；两肺间质性改变。入院诊断为左上肺占位，左上肺癌？2月17日纤支镜检查病理诊断：电支镜刷片见大量纤毛柱状上皮及部分红细胞、炎性细胞。肺泡灌洗液离心涂片见纤毛柱状上皮、红细胞及炎性细胞。2月23日拟行胸腔镜下左上肺叶切除术，术中探查发现肿块侵犯左下肺动脉，肺门见多枚质硬淋巴结侵及，改行胸腔镜左全肺切除+心包修补术。2月26日术后病理诊断为左上肺结核性肉芽肿性炎；左下肺灶性尘埃沉着伴纤维组织增生慢性炎；肺门淋巴结8枚，其中4枚见结核性肉芽肿，另4枚反应性增生；术中取（肺门）淋巴结2枚，其中一枚为结核性肉芽肿，另一枚反应性增生。确定诊断为左上肺肺结核。请呼吸内科会诊，予抗结核治疗，3月9日患者出院。

2. 分析论证

（1）医疗行为过错分析

1）根据患者的病史、症状体征，结合入院后的相关辅助检查（① 胸部增强CT示：左肺上叶前段占位，考虑新生物；两肺间质性改变。② 纤支镜检查病理诊断：电支镜刷片见大量纤毛柱状上皮及部分红细胞、炎性细胞；肺泡灌洗液离心涂片见纤毛柱状上皮、红细胞及炎性细胞。③ 肿瘤标志物检查结果均为阴性），术前诊断肺癌的依据不足。医方在患者左上肺占位性质不明确的情况下，未能完善进一步的检查（如穿刺、结合菌素试验、结核感染T细胞检测、肺癌特异性标志物检测等）以鉴别诊断。

2）虽然在手术知情同意书中载明"患者及其家属拒绝行穿刺活检、ECT、PET－CT等检查，后果自负，并签字为据。"并有患者家属签名，但纵观其病案资料，术前的病程记录、术前讨论记录及术前两次住院患者（或家属）知情谈话记录中均未有需行相关检查以鉴别诊断的内容记载，且手术知情同意书中记载"拟行胸腔镜左上肺叶切除术以达到切除肿瘤的目的"，故综合分析，医方对该患者的诊断思路单一，未能认识到鉴别诊断的重要性和必要性，且对此向患者及其家属沟通交代不到位，未能让患者及其家属理解行相关检查的重要性和必要性。

3）医方术中未行快速病检以明确肿块性质，行左全肺切除缺乏依据；行左全肺切除系改变既定手术方案，术中更改手术方式未能履行书面告知义务。

（2）因果关系分析：由于医方在未明确诊断的情况下行手术切除，缺乏手术指征，且术中扩大手术范围又未行告知义务，医方医疗行为中存在的过错与患者左肺切除之间有因果关系，其原因力为主要原因。

（八）转医环节错误

19件转医环节错误案件中，按转医过程分为以下3种情形（表1－12）：

（1）未予任何转医机会案件0件。

（2）转医选择错误案件3件（主要原因案件1件、次要原因案件1件、轻微原因案件1件）。

（3）转医选择延误案件16件（主要原因案件5件、同等原因案件3件、次要原因案件4件、轻微原因案件4件）。

转医环节错误以转医选择延误情形最多,原因力无明显差异。

表 1-12　鉴定意见判定为转医环节错误的案例情况(件)

案件数	未予任何转医机会	转医选择错误	转医选择延误	合计
轻微原因	0	1	4	5
次要原因	0	1	4	5
同等原因	0	0	3	3
主要原因	0	1	5	6
完全原因	0	0	0	0
未定原因	0	0	0	0
合计	0	3	16	19

【案例 8】

1. 病情摘要

患儿钱某,男性,2015 年 1 月出生。其母于 2015 年 1 月 17 日因“停经 37^{+1} 周,不规则腹痛 2 d 余,阵腹痛 4 h”入住某医院。专科检查:宫高 34 cm,腹围 99 cm,先露头,胎膜未破,宫口扩张 2 cm。B 超提示:耻骨上胎头,双顶径约 9.3 cm,胎心率 139 次/min,胎盘附着于子宫前壁,Ⅱ级,最大羊水暗区深度约 34 mm,浊度(++)。2012 年在我院行子宫下段剖宫产术。入院诊断:① G2P1 妊娠 37^{+1} 周临产 ROT;② 瘢痕子宫;③ 胎盘早剥? ④ 强直性宫缩? 入院后完善相关检查,向产妇及家属交代病情。于当日 12:55 行子宫下段剖宫产术。于 13:00 分娩一活男婴,发育一般,清理呼吸道血性分泌物约 10 mL,哭声不畅,皮肤稍发绀,肌张力弱,心率弱而慢,Apgar 评分 6 分,再次清理呼吸道,刺激足底,面罩吸氧后新生儿状况无改变,向家属交代病情,根据该产妇临产时症状和术中所见,考虑有胎盘早剥致胎儿功能缺氧、缺血缺氧性脑病,需立即转上级医院诊治,家属表示理解,同意转院。根据某市儿童医院门诊病历记载“2015 年 1 月 17 日 14:00,患儿神志不清,强刺激无反应,呼吸微弱,全身皮肤苍白,心率 50 次/min,脐部大量渗血”,后经抢救无效死亡。

2. 分析论证

诊疗过错分析:新生儿分娩后哭声不畅,皮肤稍发绀,肌张力弱,心率弱而慢,医方予以复苏后状况未改善,建议其转院至上级医院,根据《实用新生儿学(第 4 版)》关于“危重新生儿转运”中规定:“危重新生儿转运常由各医院具有 NICU 工作经验的新生儿专业医师及护士担任,熟练掌握新生儿窒息复苏技术、转运流程、患者抢救和所有仪器的使用。转运小组至少由一名医师和护士组成,具有独立工作及和团队协助与沟通能力。”但医方未主动联系上级医院,亦未能提供转诊交通工具,同时转诊途中医方未安排医护人员陪护,违反危重新生儿转诊制度。

因果关系分析:因新生儿死亡后未做尸体解剖,无法明确死亡原因,但根据医患双方提供的鉴定材料,结合现场调查,考虑新生儿的死亡与其脐部出血导致失血过多和窒息具有相关性。新生儿失血过多与窒息系转诊途中发生的,医方在转诊途中未安排医护人员陪同,从而未能在转诊途中密切关注新生儿情况并予以必要的抢救措施,其过错与新生儿的死亡后果具有一定的因果关系,其原因力为主要原因。

（九）丧失机会的过错

238 件丧失机会的过错案件中可分为以下 3 种情形(表 1-13)：

（1）过错完全丧失机会案件 12 件(完全原因案件 2 件、主要原因案件 6 件、同等原因案件 1 件、次要原因案件 2 件、轻微原因案件 1 件)。

（2）过错致机会减少案件 150 件(主要原因案件 22 件、同等原因案件 44 件、次要原因案件 62 件、轻微原因案件 22 件)。

（3）过错可能致机会减少案件 76 件(同等原因案件 2 件、次要原因案件 18 件、轻微原因案件 56 件)。

丧失机会过错以过错致机会减少情形最多,原因力以次要原因案件、轻微原因案件较多。

表 1-13 鉴定意见判定为丧失机会过错的案例情况(件)

案件数	过错完全丧失机会	过错致机会减少	过错可能致机会减少	合计
轻微原因	1	22	56	79
次要原因	2	62	18	82
同等原因	1	44	2	47
主要原因	6	22	0	28
完全原因	2	0	0	2
未定原因	0	0	0	0
合计	12	150	76	238

【案例 9】

1. 病情摘要

患者张某,女性,72 岁。因"体检发现食管病变 3 d"于 2015 年 7 月 30 日 08:10 入住某医院胸外科,经有关检查,诊断为食管上段鳞癌。

2015 年 8 月 5 日 08:40 在全麻下行左剖胸食管癌根治胸顶胃吻合术。8 月 7 日 14:30 出现嗜睡,呼之能应,血气分析示：酸碱度 7.198,二氧化碳分压 46.0 mmHg,氧分压 65.0 mmHg,予以碳酸氢钠对症纠酸,呼吸机辅助呼吸等治疗,转入 ICU,予以持续无创呼吸机辅助呼吸,注意监测细菌学证据及炎症指标变化,另给予抗感染、加强营养支持、稳定内环境及抗凝活血等治疗。

2015 年 8 月 8 日患者在无创机械通气下呼吸较急促,痰液难以自行咳出,征求家属同意并签字后行气管插管、有创机械通气,插管后吸出大量黄黏痰。8 月 9 日 16:00 患者腹胀,给予开塞露灌肠,21:50 仍腹胀,予以腹腔穿刺见黄色稍浑浊腹水流出,抽取腹水 50 mL,常规送检,提示渗出液,引流液细菌培养：屎肠球菌(D 群)、大肠埃希菌。8 月 10 日请普外科会诊,予以继续禁食,加用脂肪乳氨基酸(17)葡萄糖(11%)(卡文)加强肠外营养支持。8 月 11 日患者痰培养仍为大肠埃希菌生长。8 月 12 日复查血常规白细胞仍较高,提示感染仍未完全控制,继续之前抗感染治疗,并予以拔除左上胸引流管,少量肠内营养支持及中药"大黄、芒硝"腹部外敷增强肠蠕动、改善肠功能。8 月 14 日患者稍腹胀,触诊腹肌稍紧,叩诊移动性浊音可疑阳性,左下腹(反麦氏点)诊断性穿刺,抽出脓性积液,抗生素调整为注射用亚胺培南西司他丁钠。8月15日因患者腹膜炎体征加重，再次诊断性腹腔穿刺，抽出疑似粪便样脓性液体，急请普外科会诊，认为腹腔穿刺抽出粪便样液体，考虑存在吻合口瘘等，有急诊手术指征。8月15日14:30于全麻下行剖腹探查术，探查见左腹腔有大量脓液及粪便残渣，吸引器吸净后见横结肠及大部分小肠呈灰白色，表面可见十余个裂孔，有粪便及肠液不断流出。术中诊断为食管癌术后、肠坏死、感染性休克、肺部感染、呼吸衰竭。普外科医师台上会诊，建议仅行探查术，术中与家属沟通后，家属要求放弃治疗，自动出院。患者出院后于8月16日死亡。

2. 分析论证

诊疗过错分析：① 患者术后第1、2日（2015年8月6日、8月7日）血气分析均提示患者存在代谢性酸中毒（酸血症），医方对此结果未能进一步分析其原因及采取相应治疗。② 患者于手术后第2日（2015年8月7日）查D-二聚体，D-二聚体增高（2015年8月7日21:31报告D-二聚体3.7 μg/mL，参考值：0~0.50 μg/mL），医方给予低分子肝素抗凝治疗，但治疗后未见其继续跟踪D-二聚体的变化趋势，从而对后续治疗方案的调整及评估病情造成影响。③ 2015年8月9日行急诊床边超声检查（2015年8月9日22:09），提示有腹水，当日腹腔穿刺抽出黄色浑浊液体，检验分析示渗出液，但在后续的住院治疗过程中，至2015年8月15日患者病情已严重变化时，仅8月10日记录请普外科会诊，其建议B超复查，无其他意见，医方虽于8月11日行超声检查，但所行系胸腔超声，其后至8月14日也未能再行此检查；8月11日医方行CT检查后亦未能继续随诊，而此期间患者感染征象呈加重趋势，故医方对于8月9日已提示的患者腹腔感染病征未能进一步分析及进行相应诊治，包括及时请相关学科会诊、腹腔超声及CT随诊等。④ 2015年8月14日医方查房时发现患者“腹稍胀，触诊腹肌稍紧，叩诊移动性浊音可疑阳性，反麦氏点诊断性腹腔穿刺抽出脓性积液，腹腔引流液见‘大肠埃希菌+屎肠球菌’生长”等腹部严重病情变化时，仍未能及时请普外科会诊。

因果关系分析：① 患者因早期食管癌行手术治疗，医方术前诊断正确，术前经评估无手术禁忌，手术指征明确，所采取手术方法及术式也均符合规范，然而手术后第10天患者腹部症状凸显，并于当日行剖腹探查，根据术中所见，患者已有肠管多处裂孔、肠坏死及腹腔严重感染等情况，结合生化检验所提示，患者病情已极度恶化，经医患沟通后当日患者即出院，次日死亡。② 患者在术后早期即出现代谢性酸中毒（酸血症），术后第4日腹腔穿刺发现为渗出液，术后第9日腹腔穿刺为脓性积液，至术后第10天腹腔穿刺为肠内容物，并行剖腹探查，术中发现肠管多处裂孔、肠坏死及腹腔严重感染等，此期间患者感染征象呈加重趋势，医方考虑患者肠坏死系肠系膜上动脉栓塞所致，但患者的临床表现，无剧烈腹痛、血便等症状，其与肠系膜上动脉栓塞的临床表现并不相符，结合术中所见，并不支持肠系膜上动脉栓塞诊断。③ 综合分析患者术后病情演变过程，认为医方在第一次手术中即有损伤腹腔肠管的可能（系医疗性副损伤如横结肠、空肠受损），患者腹腔感染与之有关。该患者在术后早期即出现的代谢性酸中毒（酸血症），以及其后所表现的呼吸功能不全、多脏器功能不全等，以上均提示其与腹腔感染造成的全身炎性反应有关，由于医方对患者病情变化的后续观察治疗存在严重缺失，以致延误了患者的病情，丧失了治疗的机会，患者最终因腹腔感染、中毒性休克、多脏器功能衰竭而死亡，故医方诊疗过程中的过错行为与患者死亡有因果关系，其原因力为主要原因。

（十）其他错误

45 件其他错误案件可分为以下 3 种情形(表 1 - 14)：

(1) 病历书写方面错误案件 25 件。

(2) 医疗相关管理错误案件 13 件。

(3) 与医疗关系不明确案件 7 件。

病历书写方面错误较为常见,以病历书写方面错误为主要错误的,鉴定时难以做出意见,因病历书写错误还是修改病历属事实认定,一般由审判认定;医疗相关管理错误一般由卫生健康行政部门做出,鉴定时仅对明确违反管理规定的案件做出意见。

表 1 - 14　鉴定意见判定为其他错误的案例情况(件)

	病历书写方面错误	医疗相关管理错误	与医疗关系不明确	合计
案件数	25	13	7	45

【案例 10】

1. 病情摘要

患者刘某,男性,42 岁。2014 年 1 月 11 日因“外伤致右前臂及全身多处疼痛 3 h”入住某医院。X 线示：右尺骨下段骨折。入院诊断为右尺骨骨折。

1 月 15 日拟行右尺骨骨折切开复位内固定术,患者签字拒绝手术(畸形愈合、右前臂功能障碍后果自负),医方继续予石膏外固定治疗。1 月 20 日医方 X 线示：右尺骨下段骨折,对位、对线良好。2 月 11 日复查 X 线示：右尺骨下端骨折,断端稍错位。2 月 13 日患者出院。出院医嘱：① 继续石膏外固定,患肢勿负重。② 不适骨科随诊。患者于 4 月 1 日至医方门诊 X 线复查示：右尺骨远端骨质断损,未见明确移位,腕关节骨质密度略显疏松。5 月 15 日至医方门诊 X 线复查示：右尺骨下段骨质断损,对位对线尚可,右腕骨质密度减低,桡骨远端骨质毛糙。7 月 2 日患者至医方拆除石膏,医方嘱每日 3 次行肘、腕关节主被动功能训练。7 月 8 日患者至医方门诊复查,查体：右肘关节功能障碍,屈曲 75°、伸展 45°,经门诊治疗后屈肘 90°、伸展 25°。

2. 分析论证

医疗过错分析：① 出院医嘱“不适骨科随诊”过于笼统,无复查具体时间要求,患者执行困难,沟通欠充分。② 患者出院后于 2014 年 4 月 1 日和 5 月 15 日两次到医方复诊,未见到相关就诊记录;住院病历书写欠规范,如入院时专科检查“见头痛、流血,约有 10.0 cm 伤口”,病程记录多次出现“诉手术区疼痛”,均无具体部位描述。违反了《病历书写规范》的相关要求。③ 经现场阅片：2014 年 5 月 15 日 X 线示：右尺骨下段骨折,骨折端有部分连续性骨痂通过,尚未达到临床愈合。此时伤后已 4 月余,应根据骨折愈合情况,适时去除外固定或更换短臂石膏、指导功能锻炼的方法,以促进关节功能恢复。医方给予外固定近 6 个月,不符合前臂骨折康复治疗的原则。

因果关系分析：前臂骨折后,肘关节和前臂功能障碍是保守治疗常见的不良转归,其发生的原因与外伤后组织肿胀渗出和外固定后静脉、淋巴回流不畅、渗出增加、发生纤维粘连有关。患者选择的保守治疗方法不是前臂有错位骨折的最佳治疗方法,原发损伤后骨质愈合延迟及保守治疗需8~16周的外固定是导致患者功能障碍的原因之一;患者自2014年7月2日去除石膏固定后,至再次骨折近4个月时间内未就诊及接受康复治疗,也不利于关节功能的恢复;患者在初次骨折10个月后,右尺骨近端再次骨折,在一定程度上也会影响到肘关节功能的康复。医方存在的医疗过错行为增加了患者发生功能障碍的机会,外固定时间过长加重了患者功能障碍的程度。故综合分析,医方存在的医疗过错行为与患者右肘关节功能障碍有因果关系,其原因力为同等原因。

【案例11】

1. 病情摘要

患者余某,女性,45岁。因"多疑、言行紊乱,总病程29年余,加重2 d"于2014年7月7日至某医院住院治疗。入院诊断为未分化型精神分裂症。入院后给予精神科护理(一级护理),普食,完善相关辅助检查,予以氯氮平、富马酸喹硫平(启维)、注射用丙戊酸钠(德巴金)、艾司唑仑片等药物治疗。10月27日08:43接护工报告,发现患者突然倒地,询问护工后称患者进食过一个包子,后立即清理呼吸道,予以翻身拍背,清理食物残渣20 mL白色黏稠状物,患者表现嘴唇发绀,听诊发现患者呼吸心跳停止,呼之不应,立即就地心肺复苏,予胸外按压及人工呼吸并静脉推注肾上腺素1 mL,拨打120准备送外院急诊,并继续予以胸外按压及人工呼吸,10 min后再次静脉推注肾上腺素1 mL,患者未测得心跳与自主呼吸,瞳孔反应迟钝,09:12转某市第一院继续抢救,患者血压测不出,神志丧失,头面发绀,大动脉搏动未触及,呼吸停止,两瞳孔散大,直径6 mm,对光反射消失,两肺呼吸音消失,心音消失,已无生命体征。即予以气管插管,患者咽喉部被大量黏糊状馒头沫充满,清理咽喉部食物,气管插管无法完成,09:40宣布患者已死亡且时间过长,停止抢救。

2. 分析论证

诊疗过错分析:① 据2014年10月27日09:22病程记录记载,10月27日08:43接护工通知,发现患者突然倒地,询问护工后称患者进食过一个包子;另据医患双方陈述,事发当日早餐过后,医方又给予患者包子/馒头。医方违反了精神科饮食护理规范,非进餐时间发放食物,饮食管理不善。② 2014年10月27日08:43接护工报告,发现患者突然倒地,询问护工后称患者进食过一个包子,医方立即予以翻身拍背,清理食物残渣,但未见其采取压腹等措施记录。

因果关系分析:患者未行尸检,确切的死亡原因不明确,结合患者既往病史、诊疗经过及临床症状体征等分析,临床推断患者符合噎食导致窒息死亡。根据所提供的资料显示,患者于1985年表现为惊恐状态、幻听、被害妄想等,诊断为精神分裂样精神病,予以治疗后,病情一直反复,总病程达29年余,其间应用多种抗精神病药物和情感稳定剂。患者本次于医方住院期间,诊断明确,药物等治疗措施合理,且整个病程中未发现患者有肌张力增高(服用抗精神病药物所引起锥体外系反应)相关描述,也未见医方使用拮抗锥体外系反应的药物(盐酸苯海索等),就此推断患者发生噎食窒息主要是服用抗精神病药物,出现吞咽肌肉运动协调不一致所致,依据不足。本例主要考虑与精神疾患患者"仓促进食、进食过快"等多种因素有关,属精神科突发意外事件。医方为基层医疗机构,其在事发当日早餐过后,违反精神科饮食护理规范,再次给患者发放食物,患者进食后突然倒地,医方即予以清理呼吸道、翻身拍背、胸外按压、人工呼吸及静脉推注肾上腺素等抢救,由于其医疗技术水平和客观条件的局限，抢救方面还停留在基本措施上；在抢救过程中，医方同时联系有条件的医疗机构进行转诊救治，并在120未赶到前持续抢救，并不存在过错。综上分析，由于医方违反精神科饮食护理规范，在非进餐时间发放食物，是导致患者出现吸入窒息的起因，故与患者最终死亡有一定因果关系，鉴于本例患者噎食导致窒息死亡属精神科突发意外事件，建议其原因力为同等原因。

（十一）其他情形

312 件其他情形案件可分为以下 3 种情形（表 1－15）：

（1）完全无过错案件 75 件。

（2）无法认定过错案件 16 件。

（3）有过错但无因果关系案件 221 件。

其他情形的过错指上文未进行归类的过错，有过错但无因果关系的过错即指一些未进行归类的过错。

表 1－15 鉴定意见未定因果关系的案例情况（件）

	完全无过错	无法认定过错	有过错无因果关系	合计
案件数	75	16	221	312

三、有关说明事项

根据上述统计和分析，只能大概了解哪些过错是医疗损害鉴定较为常见的过错，分别有哪些情形。笔者认为，对医疗机构及其医务人员过错的判定，因需要综合考虑患者病情的紧急程度、患者个体差异、当地的医疗水平、医疗机构与医务人员资质等因素，是一个主观判断的过程；同样，因果关系分析也是一个主观判断的过程。因此，医疗过错及因果关系判定只能通过具体同类案例对比分析，才能掌握判定医疗过错及因果关系分析的原则和方法，这是本书第二章、第三章的主要内容。

针对收集的 1 256 件医疗损害鉴定文书，以下有关事项需进行说明：

1. *关于鉴定人* 2017 年 12 月，《最高人民法院关于审理医疗损害责任纠纷案件适用法律若干问题的解释》对医疗损害鉴定人的身份做出了与民事诉讼法明显不同的表述，即将从事医疗损害技术鉴定的人界定为"具备相应鉴定能力、符合鉴定要求的专家"。

收集的鉴定文书中，鉴定人为司法鉴定人或临床专家，司法鉴定人的职称有初级职称、中级职称或高级职称，这与《最高人民法院关于审理医疗损害责任纠纷案件适用法律若干问题的解释》并不相符，有待进一步改进。

2. *关于医疗损害后果* 医疗损害后果是指在诊疗护理过程中，医疗过错对患者所产生的不利事实，直接表现为患者的死亡、残疾、组织器官的损伤及健康状况相对于诊疗前有所恶化等情形。

对于患者死亡案例，因未进行尸体解剖，部分案例鉴定意见归责于医方或患方，笔者认为不合理，应进行客观分析，在可能的情况下，可以从临床角度分析判断死亡原因，从而有助于化解医患矛盾。

关于适用的伤残标准，有的适用《人体损伤致残程度分级》标准，有的适用《医疗事故分级标准（试行）》。笔者认为应统一医疗损害鉴定的伤残评定标准，伤残等级因适用不同的伤残标准有时相差较大，这会激化医患矛盾。

3. 关于原因力的表述　《最高人民法院关于审理医疗损害责任纠纷案件适用法律若干问题的解释》第十二条规定“鉴定意见可以按照导致患者损害的全部原因、主要原因、同等原因、次要原因、轻微原因或者与患者损害无因果关系，表述诊疗行为或者医疗产品等造成患者损害的原因力大小。”

收集的鉴定文书中，因果关系表述混乱，有的表述为直接因果关系、间接因果关系，有的表述为责任程度。原因力表述为参与度的百分比且过于细化，确定百分比时精确到个位数。这些表述均与《最高人民法院关于审理医疗损害责任纠纷案件适用法律若干问题的解释》不符。

4. 关于机会丧失的表述　涉及机会丧失的案例，鉴定意见表述形式不一，部分案例不适合表述为原因力大小但仍判定原因力大小，此并不合理。笔者认为，因误诊、漏诊或未告知选择治疗方案的医疗过错与损害后果有因果关系的，分析原因力大小；医疗过错造成患者丧失生存机会、康复机会、错误受孕、生产和出生的，在指出医疗过错后，表述为具体的机会丧失，不再分析原因力大小。

（徐洪新，陈琼）

第二章
常见医疗损害鉴定过错类型

第一节　概　　述

一、有关法律及司法解释的规定

《中华人民共和国民法典》（以下简称《民法典》）第一千二百二十一条“医务人员在诊疗活动中未尽到与当时的医疗水平相应的诊疗义务，造成患者损害的，医疗机构应当承担赔偿责任。”该条款将医疗机构及其医务人员过错的认定标准界定为“未尽到与当时的医疗水平相应的诊疗义务”，即认定诊疗过错一般应依据诊疗行为发生时的法律、行政法规、规章及相关诊疗规范规定的普遍医疗水平。但我国各地经济社会发展并不平衡，发达地区与不发达地区的医疗水平存在较大差异，不同医疗机构及医务人员能力也参差不齐，故对诊疗过错的认定有必要适当考虑医疗机构及其医务人员资质、地区差异等客观因素。

《最高人民法院关于审理医疗损害责任纠纷案件适用法律若干问题的解释》（法释〔2017〕20号）第十六条对医疗过错认定的依据做出如下规定：对医疗机构及其医务人员的过错，应当依据法律、行政法规、规章以及其他有关诊疗规范进行认定，可以综合考虑患者病情的紧急程度、患者个体差异、当地的医疗水平、医疗机构与医务人员资质等因素。

二、对诊疗义务的理解

《民法典》规定医疗损害侵权以过错为基本归责原则，其中医方故意造成患者损害的少之又少，医疗过失的分析、认定乃是判断过错重中之重，而医务人员是否尽到合理诊疗义务又是医疗过失的核心内容，也是判断医疗过错是否成立的前提。同时，诊疗义务的合理界定能够明确医务人员承担责任的风险与范围，对促进医学的发展、维护患者的利益都具有重要意义。

诊疗义务即《民法典》上的“注意义务”的概念。所谓注意义务，是指一个人（包括法人）在从事某种活动时，具有始终保持谨慎和注意，以避免给他人造成不应有的危险或损害的责任。欠缺或违反应负的注意义务即构成过失。因此，注意义务是判断行为人是否承担过失责任的前提条件，判断行为人的行为是否存在过失，主要就是看行为人是否履行了其应尽的注意义务和履行其注意义务的程度。

医务人员的注意义务，是指医务人员（包括医疗单位）在医疗活动中，应该始终对患者给予高度的注意,以避免患者遭受不应有的危险或损害。第一,这是医务人员的基本义务,要求医务人员在为患者提供医疗服务的过程中,积极履行其应尽的职责,对患者高度谨慎和关心,从而保证患者的生命健康不受医疗危险以外的侵害。第二,也是医疗过失的判断依据。一般来说,普通医务人员有义务具备在同一地区或相似地区并在相同条件下从业的医务人员通常所具有的学识和技术;有义务使用在同一地区或相似地区并在相同条件下从业的医务人员在相同的病例中通常使用的注意和技术;有义务在实施技术或应用学识时,应对患者生命与健康利益具有高度责任心,对患者人格尊重及对医疗工作敬业忠诚,在技能上精益求精,对每个医疗环节固有的风险加以注意。

医务人员的注意义务一般表现为对相关的法律和规章所规定的具体医疗行为的操作规程和医疗惯例是否遵守和执行,具有明确性,容易查明和被人接受。为了避免诊疗行为所带来的损害,医务人员在治疗之前必须对可能发生的损害后果有所认识,并尽可能采取措施防止损害的发生,这就是医务人员的高度注意义务,包括结果预见义务和结果避免义务。

1. 结果预见义务　在确定医务人员是否违反结果预见义务时,需要特别注意以下几点。

(1) 医务人员是否具备必要的医学知识:对于危险是否有预见的可能应以一般医务人员的医学知识为判断标准,不能以医务人员自身的医学知识及经验为判断标准。医务人员欠缺必要的知识、技能而导致错误诊疗,被认为是对注意义务的违反,应负相应的法律责任。

(2) 医务人员对医学新知识是否无知:医务人员对医学新知识欠缺认识而导致医疗损害后果的发生,也可被认为是对此项义务的违反。

(3) 预见义务在于预见发生结果的可能性:结果是否发生本质上是概率问题,发生的概率越高,医务人员应注意的程度越大。医学上的危险即使发生的可能性极低,但有发生的可能且为一般医务人员所知悉时,即有预见的义务。

(4) 注意义务的范围应涉及医疗行为的全部:医疗行为包括诊断、鉴别诊断、治疗方案的确定及实施、病历管理等。这些行为对患者的人身均有可能产生危险。

2. 结果避免义务　在医疗行为实行过程中并不是采取一切措施就必然能排除危险的发生。因此,结果避免义务对已预见的危险的存在采取适当的避免结果发生的措施就显得相当重要。一般而言,避免结果的发生可以采取以下两种方式:

(1) 舍弃危险行为:它要求医务人员舍弃将会给患者带来危险结果的医疗行为。若继续该行为给患者造成损害的即构成过失。这些多发生在外科手术治疗时,对于手术适应证的把握、手术方式的选择及手术中可能的误操作等情形。

(2) 提高注意并采取适当的安全措施:医务人员在认识或预见其医疗行为的危险后,仍继续实行这种医疗行为,若医务人员提高警觉而保持客观必要的更高注意,并采取了各种必要的安全措施而使危险行为不发生损害结果,则意味着医务人员没有过失。若医务人员自信损害结果不会发生而不采取对策,一旦损害结果发生则认定其违反了结果避免义务而应承担过失责任。如果已预见此损害而未采取相应的回避措施或本应预见而未预见此损害结果的,就认为医务人员存在过失。这些情况往往发生在对一些损伤的并发症或后遗症的预见和预防中。

三、本章的要点

对注意义务的理解有助于分析判断医疗过错行为。明确规定的注意义务较易判断，但对高度注意义务，专家因经历和专业背景的不同可能会得出不同的意见。为阐明判断医疗过错及因果关系分析的方法和原则，本章将医疗过错分为诊断有关的过错、用药有关的过错、与手术有关的过错、过度医疗有关的过错、知情告知的过错、机会丧失的过错、病历书写的过错及其他过错，结合常见疾病治疗或手术引起的争议，以案例形式分别论证。本书将医疗损害因果关系以原因力大小作为鉴定意见，原因力分为完全原因、主要原因、同等原因、次要原因、轻微原因、无因果关系。

（蒋士浩）

第二节 诊断有关的过错

医疗损害鉴定中，与诊断有关的过错行为主要包括错误诊断、延误诊断及漏诊等，涉及的有关专科以普外科、心血管内科、急诊科居多。

临床诊断的目的在于确定疾病的诊断，并据此采取有针对性的治疗，使病情向好的方向转化。因此不准确、不及时、不全面的诊断均可属错误诊断。由于医学中的未知性和医疗机构、医生水平、经验及能力的局限性，客观上，在医学实践中只要有诊断，就有可能存在错误，临床上称为误诊，是引发医疗损害责任纠纷的一个常见因素。随着医学科学的发展，各种检查仪器精准度的提高，误诊率大幅度下降。据不完全统计，因诊断过错导致医疗损害的发生率为94.1%，远大于其他原因导致的比例。实践中，出现诊断过错并不一定导致损害结果，对于一些疑难复杂的病例，早期正确的诊断可以使其得到较好的治疗效果，但也有部分病例，及早诊断也并不一定能提高疗效，不同病情要有不同的认定原则。

一、常见诊断有关的过错类型

根据性质和程度的不同，诊断有关的过错可以分为以下几种类型。

（一）错误诊断

错误诊断包括两种情形：一是完全漏诊，即把存在某种疾病诊断为没有疾病；二是完全误诊，即把存在甲疾病诊断为乙疾病。

（二）延误诊断

延误诊断是指各种因素导致诊断时间延长，未能及早诊断。例如，某些疾病，由于病史不详，症状体征不典型，技术设备条件限制或医生思维方法、临床经验及知识水平的局限等，一时未能明确诊断，又未及时会诊，经过较长时间的观察和对症治疗，最后正确诊断。但由于诊断延误，在拟诊过程中选择的治疗方法不利于疾病的好转甚至使疾病恶化，最终诊断时疾病失去治疗机会。

（三）漏诊

漏诊是指各种因素引起的诊断不完全，如患者同时患有几种疾病，表现出多种症状与体征，经治医生只对其中一种或者几种疾病做出了诊断，并进行相应治疗，而遗漏了其他同时存在的疾病，或者未能诊断诊疗过程中新发疾病或并发症。

（四）病因判断错误

对疾病的名称、部位及性质做出了正确的判断，但对病因却做出了错误判断，从而导致治疗措施针对性不强，疗效差。

疾病病因学诊断对于疾病的发展、转归、治疗和预后有着重要的意义。例如，肝硬化是一种肝细胞性弥漫损害引起弥漫性纤维组织增生和结节形成，从而导致以正常肝小叶结构破坏和肝内循环障碍为特点的常见慢性肝病。在治疗中，分析肝硬化的原因尤为重要。引起肝硬化的原因很多，有病毒性肝炎、慢性酒精中毒等，肝硬化的预后与病因、肝功能代偿程度及并发症有关，明确病因并在肝硬化未进展至失代偿期前予以针对治疗，可以有效防止肝硬化向失代偿期发展。又如脑膜炎系软脑膜的弥漫性炎症性改变，由细菌、病毒、真菌等生物性致病因子侵犯软脑膜和脊髓膜引起。该类疾病病因学诊断至关重要，相应的治疗方案也直接影响预后，细菌性脑膜炎如果治疗不及时，可能会在数小时内死亡或造成永久性脑损伤，而病毒性脑膜炎多数能完全恢复。

（五）疾病性质或程度判断错误

对疾病的部位和病因做出了正确的判断，但对局部的病理变化却做出了错误判断，从而导致治疗措施针对性不强，给患者造成不良后果。例如，急性胰腺炎是多种病因导致胰酶在胰腺内被激活后引起胰腺组织自身消化、水肿、出血甚至坏死的炎症反应，临床病理将其分为水肿型和出血坏死型。不同的病理类型在治疗方法上有很大不同，水肿型多选择保守治疗，出血坏死型常亟须手术治疗，误诊将增加死亡风险。

二、常见诊断有关的过错认定及因果关系分析原则

临床常见的错误诊断、延误诊断、漏诊等 3 种类型的责任认定，应遵循以下原则。

（一）准确判定是否存在诊断有关的过错及其过错类型

根据患者门（急）诊病历、住院病历、医学检查检验、影像学检查、双方当事人的陈述及现场检查等资料，依照临床诊疗规范及相关指南，判定诊疗行为是否存在诊断有关的过错及其具体类型。例如，延误诊断，所有疾病的发生发展都有时间性，故临床诊断也需要有合理的时间，判断是否为延误诊断，不能以诊断时间长短作为唯一的标准。

（二）客观分析发生诊断有关的过错的具体原因

导致诊断有关的过错的原因诸多，常见原因主要有以下几个方面。

（1）病史资料不完整，不准确。病史资料对于准确判断病情，准确诊断有很大帮助，实

践中有患方原因未能完整或准确提供病史的,也有经治医方未详细询问病史的情形。

(2)临床检查、观察不仔细。过分依赖检查结果或对检查结果解读错误;经治医生对于病情观察不仔细,重视不足,未进行对应性检查,导致检查不全面以致于造成诊断错误;或者过分依赖检查、检验结果,在症状和体征与检查、检验结果不对应情况下,未能进一步进行查找原因,导致诊断错误。

(3)经治医生医学知识不足,经验不足。医生的医学知识和经验水平与诊断准确性有密切的关系,实践中,因医学知识或经验不足造成诊断错误的常有发生。

(4)病情症状不典型。有些病例早期临床症状不典型或与其他疾病类似,易造成混淆。

(三)客观分析损害后果与诊断有关过错的因果关系及原因力大小

医疗过错行为与患者出现的损害后果存在因果关系是承担民事侵权责任的前提,医疗过错行为在患者损害后果中的原因力大小是承担相应赔偿数额的重要参考依据。

患者损害后果是自身疾病发生发展转归所致,还是诊断过错行为所致,抑或是诊断过错行为与疾病因素共同导致,是鉴定中的难点问题。实践中有时虽存在诊断过错,但并不必然导致损害,也有时虽诊断有误,但治疗上基本符合原则和规范,并未出现明显误治。

根据患者的损害后果,客观分析其发生的原因,在判断责任时应依据法律、行政法规、规章及有关诊疗规范进行认定,要综合考虑患者病情的紧急程度、患者个体差异、当地的医疗水平、医疗机构与医务人员资质及导致诊断过错的具体原因等因素。对于诊断虽有过错,但未造成患者损害后果的,不应认定医疗机构承担责任。

患者有损害后果,因下列情形之一的,也不应当认定医疗机构承担过错责任。

(1)患者或其近亲属不配合医疗机构进行符合诊疗规范的诊疗;或者因患方原因未能完整或准确提供病史而导致诊断过错的情形。

(2)医务人员在抢救生命垂危的患者等紧急情况下已经尽到合理诊疗义务。

(3)限于当时的医疗水平难以诊疗。

第一种情形中,医疗机构及其医务人员也有过错的,应当承担相应的赔偿责任。

三、案例

【案例1】(错误诊断)

1. 病情摘要

患儿陈某,男性,2014年1月出生。2015年12月3日21:40因"呕吐4 h"急诊至甲医院儿科。现病史:患儿4 h前无诱因下出现呕吐,呕吐物为胃内容物,共2次,稀便1次,无发热,无咳嗽。查体:心肺无特殊,腹平软。腹部彩超示:肠系膜淋巴结肿大。诊断为胃肠功能紊乱,肠系膜淋巴结炎,予对症治疗。患儿回家后夜里再次出现呕吐,12月4日4:07再次急诊至乙医院儿科。查体:左侧腹股沟可疑包块,可回纳。彩超示:腹腔未见明显包块。诊断为胃肠功能紊乱,予禁食等处理。12月4日下午患儿仍呕吐,再次至乙医院儿科门诊就诊。查体:一般可,咽红,心肺无异常,腹平软,未扪及包块。予头孢西丁及维生素药物静脉滴注,约17:00离开医院。12月4日20:20患儿因"面色苍白10 min"至三甲医院就诊,查体:面色苍白,四肢发绀冰冷,瞳孔散大,无反应,两肺未及呼吸音,心音未及,腹部无起伏,四肢肌张力无，予以抢救半小时，仍无心跳呼吸，宣布死亡。

2016 年 1 月 26 日，法医病理学检验鉴定意见：患儿陈某，因患肠扭转、肠梗阻引起近端肠壁高度淤血、出血和炎细胞浸润、肠道出血，进而导致全身性炎症反应而死亡。

2. 分析论证

(1) 医方诊疗行为中存在的过错：患儿于 2015 年 12 月 3 日 21:40 和 12 月 4 日 20:20 两次至甲医院就诊，医方处理措施基本符合诊疗常规和规范。

患儿于 12 月 4 日 4:07 因仍呕吐、哭闹急诊至乙医院，医方查体发现左腹股沟可疑包块，予查彩超、对症处理，基本符合诊疗常规和规范，但患儿 12 月 4 日下午仍呕吐再次就诊，医方未认识到病情的严重性，也未给予必要的对应性检查(血常规、电解质、腹部平片检查)以行鉴别诊断，尤其是首次就诊时发现有可疑包块，第 2 次就诊时查体已发现右下腹部手术瘢痕等，应当详细询问病史，结合新生儿期肠扭转病史，高度怀疑为肠扭转，但医方未予考虑，也未建议住院观察，存在错误诊断及治疗措施不对应的过错。

(2) 因果关系及原因力大小分析：根据病历资料和法医学尸体检验所见，患儿系因肠扭转致肠坏死、出血、炎症致急性循环功能障碍死亡。患儿极低位肠扭转且有节段性小肠坏死等，其肠扭转部位少见，加之年龄小，不能表述症状，症状体征也不典型，临床上早期诊断难度较大。患儿肠扭转发病急骤，从发病到死亡仅 2 d，病情发展迅速。乙医院的过错行为与患儿肠扭转未能及时解除存在一定的因果关系，其原因力可考虑为次要原因。

【案例 2】(错误诊断+延误诊断)

1. 病情摘要

患者王某，男性，1997 年 7 月出生。2015 年 5 月 26 日 13:00 许因“左腹部不适”至甲医院就诊。B 超示：双侧输尿管未见明显扩张，双肾、膀胱未见明显异常。之后患者自行离院。26 日 16:00 因“腹痛、解稀水便 8 h 余”至乙医院就诊，血常规示：白细胞 $9.65\times10^9/L$，中性粒细胞百分比 73.9%，泌尿系统超声未见明显异常，予以药物对症处理。26 日 18:00 因“左腹部疼痛不适”至丙医院就诊。B 超示：双肾、膀胱未见异常，双侧输尿管无扩张。之后患者自行离开医院。6 日 22:00 因“左侧睾丸胀痛 1 d”再至乙医院就诊。体格检查：左侧阴囊红肿热痛，双肾区叩击痛(-)，全腹无明显压痛，反跳痛。予 B 超检查拟“排除睾丸扭转”，B 超示：左侧阴囊内所见考虑急性附睾炎可能性大，其他不除外。左侧阴囊积液，双侧睾丸及右侧附睾未见明显异常。诊断为左侧附睾炎，给予药物对症处理。嘱：① 短期复查 B 超；② 建议住院治疗，患者拒绝；③ 随诊。

5 月 27 日 06:27 患者因“左侧腹部及睾丸疼痛不适 1 d”至丁医院急诊。查体：左侧睾丸肿大明显，压痛，左侧腹股沟处压痛。血常规示：白细胞 $10.1\times10^9/L$，中性粒细胞 $7.484\times10^9/L$。诊断为左侧附睾炎，予抗炎等治疗。当日 15:50 左右收住入院。16:44 临时医嘱：彩超常规检查。5 月 28 日 15:39 超声示：左侧睾丸位置上移伴后方混合性团块(睾丸内未见明显彩色血流信号)，考虑睾丸扭转，右侧睾丸、附睾未见明显异常。当日 17:00 行左阴囊探查+左睾丸切除+右睾丸固定术，术后支持对症治疗。术后病理：符合(左侧)睾丸、附睾、精索扭转伴出血坏死。6 月 5 日患者出院。

2. 分析论证

(1) 医方诊疗行为中存在的过错：甲医院和丙医院的诊断与治疗未见明显过错。

患者于2015年5月26日16:00许因“腹痛、解稀水便8 h余”至乙医院门诊就诊，超声示“双肾、输尿管、膀胱未见明显异常”，诊断为“腹痛待查”，予对症治疗，医方诊疗行为未见明显过错。后患者于当日22:00许因“左侧睾丸胀痛1 d”再次至医方就诊，医方根据查体“左侧阴囊红肿热痛”，结合阴囊超声所见诊断为“左侧附睾炎”。复阅超声图像，考虑“左侧睾丸血流减少，睾丸上方杂乱回声，内见扭曲血管状回声”，系睾丸精索扭转早期表现，属于静脉回流不畅、淤血所致，而非急性附睾炎的血流丰富表现，故乙医院对早期睾丸扭转存在错误诊断。

患者于2015年5月27日06:27因“左侧腹部及睾丸疼痛不适1 d”到丁医院急诊就诊。根据患者体检结果和血常规结果医方诊断为“左侧急性附睾炎”，存在过错。直至5月28日15:39才行超声检查，诊断“睾丸扭转”，丁医院对病情认识不足，未能考虑到患者睾丸扭转的可能，过分信赖外院超声报告，超声检查不及时，延误了诊断，存在过错。

(2) 因果关系及原因力大小分析：睾丸扭转的早期诊断在临床上具有重要意义，症状初期可通过徒手复位，症状出现6 h内可通过手术复位，发病时间过长将导致睾丸坏死而需切除。但睾丸扭转疾病的总体挽救率低于50%~70%，临床确诊率为60%~87%，超声亦存在假阳性和假阴性，故睾丸扭转临床诊治具有一定的难度。

患者初期临床表现不典型，故初次至前3家医院就诊时主诉均为左腹部不适，给确诊带来一定困难，但患者再次至乙医院就诊时，乙医院对早期睾丸扭转诊断存在的错误，与患者左侧睾丸切除之间有一定的因果关系。

丁医院延误患者“左侧睾丸扭转”的错误诊断，使病情加重，失去了保守治疗的最佳时机，其诊疗过程中的过错行为亦与患者左侧睾丸切除之间存在一定的因果关系。

鉴于睾丸扭转临床发生率低，加之患者临床表现不典型，就诊过程中未遵从医嘱，多次长途转诊，不利于疾病的观察和及时诊治，也在一定程度上延误了诊断。

乙医院和丁医院诊疗行为存在的过错，均与患者左侧睾丸切除之间存在一定的因果关系，其原因力可考虑为主要原因。

【案例3】(延误诊断)

1. 病情摘要

患者刘某，男性，1966年6月出生。2015年10月6日因“全身酸痛1 d”至甲医院就诊，生化检验：谷草转氨酶139 U/L、乳酸脱氢酶1 713 U/L；诊断为上呼吸道感染，给予补液抗感染治疗。10月7日07:00因“全身酸痛2 d，胸闷、气短1 d”再次至医方就诊并住院，10:27查“心梗三项”(心肌肌钙蛋白、肌红蛋白和肌酸激酶同工酶)，考虑为急性心肌梗死，立即予3粒阿司匹林肠溶胶囊口服处理。告知患者病情危重，建议去上级医院心血管内科专科治疗。当日13:14患者因“持续胸痛17 h”入住上级乙医院，入院诊断：急性非ST段抬高型心肌梗死；2型糖尿病。18:29患者病情突然变化，后经抢救无效，于当日死亡。患者家属认为甲医院存在误诊误治，要求对甲医院的诊疗行为进行鉴定。

2. 分析论证

(1) 医方诊疗行为中存在的过错：在患者首次就诊时，医方没有详细询问病史、仔细检查患者并按规定书写门诊病历，对患者出现生化检验的异常结果(谷草转氨酶139 U/L升高、乳酸脱氢酶1 713 U/L升高)重视不够，未行心电图及心肌酶谱等检查以行鉴别诊断，以至延误患者急性心肌梗死诊断，失去了患者最佳抢救时间。

在患者住院期间，医方未及时行心电图检查，未请心血管内科医师会诊，从而影响确诊。

医方没有心脏介入诊疗条件，可以转有条件的上级医院治疗，但根据现有资料，没有证据证明医方和接诊医院在患者转院前进行了充分的沟通，医方没有尽到转诊义务。

（2）因果关系及原因力大小分析：依据患者的病史、临床表现，结合心电图检查示“广泛前壁导联 ST 段显著压低，aVR 抬高”，该患者死亡因素系急性心肌梗死（非 ST 段抬高型）并发心源性休克，心力衰竭死亡应予认定。

急性心肌梗死是冠状动脉急性、持续性缺血缺氧所致心肌坏死，发病突然，死亡率高，临床最佳治疗时间是发病后 12 h 内。此类疾病应及早发现，及早治疗，并加强入院前处理。

本例患者首次至医方就诊时，在生化检验提示异常结果的情况下，医方没有引起足够重视，未能认真进行鉴别诊断；患者二次就诊时，查“心梗三项”异常后未行心电图检查，从而延误诊断，直至患者在疾病晚期才转至上级医院，失去抢救的时机。医方在诊疗过程中的过错行为与患者死亡之间存在一定的因果关系，其原因力可考虑为主要原因。

【案例 4】（延误诊断）

1. 病情摘要

患者张某，1985 年 3 月出生。2013 年 3 月 12 日因“不正常、发呆、躁动、撞墙 1 个月加重 12 d”在某医院精神科就诊，初步诊断为精神分裂症（紧张型），予以奥氮平口服。3 月 14 日复诊患者精神症状稍有好转，医嘱继续药物治疗。后患者病情无改善，出现神志不清、二便失禁等症状，2013 年 3 月 18 日前往甲医院神经内科就诊。头颅 CT 示：右侧半卵圆中心片状稍低密度影。脑电图提示重度异常脑电图。入院诊断：① 中枢神经系统感染。② 病毒性脑炎？③ 肺部感染。入院后头颅 MRI 示：左侧岛叶沿脑回走行区片状异常高信号。脑脊液检查：白细胞 20/μL，脑脊液蛋白 0.46 g/L，免疫球蛋白正常。予气管切开，呼吸机辅助呼吸，阿昔洛韦抗病毒，头孢哌酮抗感染，甘油果糖脱水减轻脑水肿治疗，病情趋于稳定。2013 年 4 月 3 日转入乙医院神经内科。甲医院出院诊断为病毒性脑炎、肺部感染、继发性癫痫、电解质紊乱。乙医院予脱水降颅压、抗病毒、抗感染、控制癫痫、保肝等治疗。患者病情好转，神志转清，癫痫控制，脑电图明显改善，复查肝功能基本正常，电解质、血常规正常，气管插管拔除，切开处已愈合，2013 年 5 月 3 日出院，出院诊断为病毒性脑炎、症状性癫痫、肺部感染、肝功能异常。

2. 分析论证

（1）某医院诊疗行为中存在的过错：患者因“不正常、发呆、躁动、撞墙 1 个月加重 12 d”于 2013 年 3 月 12 日在某医院精神科就诊，医方对患者出现的症状缺乏详尽分析，未做相关必要的辅助检查以排除神经系统器质性疾病引起的精神症状，诊断为“精神分裂症（紧张型）”，不符合医疗规范。医方在未明确病因的情况下使用大剂量奥氮平，使患者病情被掩盖，从而延误患者的早期诊断和及时治疗。

（2）因果关系及原因力大小分析：根据患者发病时症状、体征、头颅 CT 和 MRI 检查结果、脑脊液检查及脑电图动态变化，该患者“病毒性脑炎、症状性癫痫、肺部感染”诊断明确，其自身疾病亦是病情发展的因素之一。医方在未明确病因的情况下，给予患者大剂量精神类药品，延误早期诊断及治疗。患者现生活自理，能参加工作，目前无器官功能障碍，不构成伤残。某医院的过错行为，导致患者病程迁延，治疗费用增加，建议承担主要责任。

【案例5】（漏诊）

1. 病情摘要

患者李某，女性，1950年3月出生。2014年3月25日因“阴道流血”至某医院妇产科就诊，妇科检查后行液基薄层细胞学检查（thyristor controlled transformer，TCT）检查，诊断为子宫颈Ⅱ°。当日TCT标本送至某医学检验所检测。3月30日宫颈/阴道TCT报告示（报告单上接收时间为：2014年3月29日）：未见上皮内病变或恶性细胞（NILM），炎症反应性细胞改变，请结合临床并定期复查。5月28日某门诊部TCT报告示：高级别鳞状上皮内病变（high-grade squamous intraepithelial lesion，HSIL），不排除鳞状细胞癌，请做阴道镜及活检。6月11日其他医院病理报告示：（子宫颈12点方向）慢性子子宫颈炎伴子宫颈上皮内瘤变（cervical intraepithelial neoplasia，CIN）Ⅲ级，（子宫颈下唇）子宫颈癌鳞状细胞癌（中分化）。同年7月外地某医院诊断为子宫颈中分化鳞状细胞癌Ⅱa期、人乳头瘤病毒（human papilloma virus，HPV）感染、原发性高血压、2型糖尿病，后行多次放化疗治疗。

2. 分析论证

（1）医方诊疗行为中存在的过错：根据现有资料和现场调查，2014年6月外院病理诊断为（子宫颈下唇）子宫颈癌鳞状细胞癌（中分化），回顾患者病史，考虑肿瘤发生发展过程，可以推断患者在3月25日因“阴道流血”就诊时已存在子宫颈癌，医方委托的检验机构于2014年3月30日出具的TCT报告诊断存在错误，医方依据外单位错误报告进行诊治，存在漏诊。

（2）因果关系及原因力大小分析：患者目前状况与自身疾病的特殊性存在相关性，虽然存在漏诊，但因未对患者病情造成实质性影响，即使医方可以在3月份明确诊断，治疗方案也与目前基本一致，但医方在诊疗过程中的过错行为一定程度上增加了患者的痛苦及负担，其原因力可考虑为次要原因。

（李路明）

第三节　用药有关的过错

一、概述

诊疗过程中因对药物的选择、使用或用药反应、后果存在认识上的不一致，经常引发纠纷，需要进行医疗损害鉴定。本书将常见的与用药有关的过错行为分为用药药理性质有误、具体药物选择有误、药物使用方法有误及其药物不良反应。

用药药理性质有误、具体药物选择有误较少见，一旦发生，较容易判断过错。药物使用方法有误属于药物使用不当（包括药物使用途径、剂量、配伍）导致的药物不良反应，是较常见的医疗过错行为，无论个体诊所还是正规医院的临床各科室，都时有发生，此类过错与药物不良反应一并讨论。

药物不良反应（adverse drug reaction，ADR）是指合格药品在通常用法用量下出现的与用药目的无关的有害反应。发生药物不良反应的原因很多，主要与药物及用药机体有关。随着医学科学发展，药物的种类日益增多，药物不良反应的发生率也呈上升趋势。其中，除少数因患者“久病成医”或“病急乱投医”而自行用药或不遵医嘱用药外，大多数由临床用药不合理所致，属医源性因素。

药物种类繁多，由于各自的药理、毒理和代谢动力学等特性迥异，作用方式不同、机制复杂，而产生的药物不良反应表现形式多样，包括药物的副作用、毒性反应、免疫反应、继发反应、后遗反应，有的出现远期的致癌、致畸、致突变等。其结果存在很大差别：① 轻度，出现胃肠不适或皮肤瘙痒，可延长疾病病程、增加患者痛苦、扩大医疗费用。② 中度，引起机体内环境紊乱，导致急、慢性肝肾功能不全，如能及时正确处置，多可以逆转。③ 重度，为身体重要器官受累而造成组织器官永久性损害，严重者危及生命甚至死亡。归根结底，其都与用药有关。

二、鉴定指引

探讨究竟该不该用药，选用什么药物合适，怎样正确用药，是影响医疗服务质量及其疗效的关键环节，值得临床工作者认真思考和慎重选择；同样也是医疗损害鉴定评价的重要内容。

医疗损害鉴定需要关注以下方面。

1. 药物的合理性应用原则

（1）科学性：首先应根据患者临床表现尽早查明病因（或病原体），如从感染部位组织或血液、痰液、尿液取样培养分离致病菌，并行体外药物敏感性试验；酌情进一步完善检查，如血常规、尿常规、血生化、血气分析、肝肾功能、凝血功能、心电图和心肌酶谱及必要的影像学检查等；在有一定临床诊断依据和鉴别诊断的基础上，针对性选择药物种类；对于病情严重复杂的患者，可慎重采取预防性用药或适当的经验性用药，切忌盲目用药。

（2）规范性：应根据患者病情选择药品种类、用量、用法、途径、时机、疗程及溶剂等，尽可能做到适当、适量、适宜、适时、适度用药，在可控范围内选择副作用小、又能最大限度发挥临床效应的药品。否则，如抗菌药物使用剂量过小、疗程不够，不仅起不到抗感染作用，反而容易产生菌种的耐药性；相反，若用药剂量过大、疗程过长，往往又会加重肝肾负担和组织损害。

（3）个体性：按照不同个体（年龄、性别等）及不同时期或阶段（如女性的妊娠期、哺乳期，新生儿发育未完善或老年人器官功能退变或者营养不良）的生理特点、病理状态，个体的免疫力、耐受性、应激能力都会受到不同程度的影响，涉及药物的结合、运输、利用及代谢、解毒、排泄等；有的药物及其衍生物可在体内蓄积而产生更大的副作用。因此，一些慢性疾病在长期用药期间，应定期随访血生化、肝肾功能等，根据具体情况适时减量、停药或选择替代药品，以避免因突然停药而出现反跳、戒断或危象等严重后果。在此，特别强调个体的特殊性，对特异性过敏体质者，首先应详细了解药物过敏（或反应）史，避免使用同类药品，警惕出现交叉反应，在慎重选择药物的同时，不能忽略或轻视该批次药物的使用说明书中注意事项及特殊要求（如皮肤试验）等。

（4）综合性：对病情严重且有多种基础疾病，或病情反复、常规用药仍未改善的患者，应及时调整治疗方案、更换药品种类或采取联合用药的方式，但要注意药物之间有无配合禁忌，特别是在中、西药物或几种药品混合使用时。

2. 药物不良反应的类型　药物不良反应的分类方法有多种。

（1）按发生时间分类：① 急性药物不良反应，通常在一次用药 24 h 内发生或多次摄入（接触）后突然出现，若处理不及时可能导致死亡或转为慢性。② 慢性药物不良反应，一般发生在多次或长期用药后 3 个月以上甚至更久，多数因为组织器官长期受损，造成不同程度的病变和（或）功能障碍；③ 亚急性药物不良反应，时间介于以上两者之间。其结果不同与损害程度及受损部位等有关。

（2）按严重程度分类：轻、中、重度（已如前述）药物不良反应。

（3）按损害范围分类：局域性或全身性药物不良反应。

（4）按受累组织分类：皮肤黏膜、消化系统、神经系统、心血管系统、血液系统、内分泌系统、运动系统、听觉系统、泌尿系统、生殖系统、呼吸系统的药物不良反应。

以上划分看似不同，有的表现单一，有的交叉重叠，有的同时合并存在或先后相继出现，相互之间或许并无本质区别，但临床处理及其后果却有明显差异。进行医疗损害鉴定时重点在于评价与用药有关的医疗行为有无过错，是否因药物使用不当造成患者药物不良反应或产生了哪种药物不良损害后果，此用药不当的医疗过错与不良损害后果之间是否存在因果关系。药物不良反应通常发生于用药过程中或用药后一段时间，如果有证据证明患者在用药前已存在组织器官结构或功能异常的，那么显然是其自身基础性疾病或既往损伤（损害），而与本次用药的医疗行为无直接因果关系，但不能排除在原有病变或异常的基础上本次用药过错（或不当）对病情有进一步加重的可能性。

3. 对药物不良反应的处理　静脉输液较口服药物的不良反应发生率高，其程度轻重可因人而异。尽管有些药物不良反应可能原因不明或机制不清，但不管哪种原因导致的药物不良反应，一旦发生，临床都必须引起重视，应第一时间停用可疑药品，及时采取救治措施，并尽快查明与哪种药物有关。

（1）立即停用可疑药物，尽快明确或排查（排除法）导致药物不良反应的根源，阻断该药继续或持续对患者组织或器官的损害作用。

（2）建立静脉通路并保持通畅，对急性药物反应患者应常规静脉推注肾上腺素，严重者立即采取抗过敏、抗休克治疗措施，必要时进行心肺复苏。

（3）调整治疗方案、选用替代药品。

（4）保肝、护胃、固肾，营养支持、对症处理等。

（5）其他处置，如必要时血液透析、净化。

对特殊体质患者（过敏性体质者）应详尽了解既往病史，尤其是有过药物不良反应（或过敏反应）的，应当在就诊（抢救）记录的显著位置注明同类药品不得继续（或再次）使用。

4. 对用药过错的医疗损害鉴定

（1）鉴定流程和方法：鉴定听证会是鉴定过程中必不可少的重要环节，以便听取医患双方争议焦点，调查核实诊疗经过和必要时的现场活体检查，从而确定患者目前状况或最终结果（有无损害后果及程度）；同时告知鉴定原则、回避原则、鉴定风险和时限及可能解决的医药学专业问题(非法律责任问题);鉴定人按照以上鉴定路径指引,在审查材料基础上,结合现场调查情况,讨论分析、综合评定,最终形成鉴定意见。

对有用药过错致死怀疑者,原则上应有法医病理学死因鉴定意见书;如果尸体已处理无法明确其死因的案件,可以在听证会上告知医患双方鉴定方法和风险,根据现有医疗资料进行文证审查,推定其死因,然后再分析有无用药过错及其因果关系。

(2) 鉴定依据:包括(但不限于)以下相关法律法规、司法解释、《临床技术操作规范》、《临床诊疗指南》、《药理学》(全国统编教材,适合具体案件的版本)、《中华人民共和国药典》(下文简称《药典》)、《法医临床检验规范》等。

三、案例

【案例 1】

1. 病情摘要

患者马某,男性,1974 年 9 月出生。2018 年 10 月 18 日 21:00 左右,因"哮喘发作"联系个体诊所的余某来家为其输液,静脉滴注约 5 min 时马某突感胸闷、气促加重,余某在旁观察发现后立即拔针停止输液,并在其左右肩部肌内注射肾上腺素各 1 支,病情无好转,打车将其送至附近社区医院(21:50)时已无心跳呼吸,经抢救约 20 min,抢救无效宣布死亡。

马某死后经尸体解剖,法医病理学诊断:① 支气管哮喘发作(细支气管痉挛、周围淋巴细胞及嗜酸性粒细胞浸润,肺淤血、水肿,肺气肿,肺大疱形成);② 符合过敏性休克的病理学特征(除支气管周围组织中嗜酸性粒细胞浸润外,两肺间质及血管腔内嗜酸性粒细胞增多;淤血性脾大,脾窦内多量嗜酸性粒细胞反应);③ 心脏肥大(重 415.5 g)、冠状动脉左前降支粥样硬化伴管腔狭窄Ⅲ级,未见急性心肌梗死改变。

2. 医疗行为分析

(1) 门诊只有一张用药处方笺,无体格检查和病历记录,未询问患者"药物过敏史",对本例"哮喘患者"特殊体质属药物不良反应中过敏反应的高发人群不够重视,未尽到谨慎注意义务,不符合诊疗规范。

(2) 在无任何实验室辅助检查、其病情诊断不明的情况下,仅凭听诊闻及哮鸣音就给予抗生素、抗病毒药物联合治疗,缺乏明确用药指征,并将头孢哌酮钠舒巴坦钠+利巴韦林等几种药物混合静脉滴注,操作不规范存在过错。

(3) 本次使用的头孢哌酮钠舒巴坦钠虽不属于《药典》规定必须皮肤试验的种类,但正因为不清楚马某究竟有无青霉素过敏史,以及与头孢类药物是否存在交叉反应,又不能提供该批次药物使用前无须行皮肤试验的药物说明书,故不排除静脉滴注该药未行皮试有导致患者药物不良反应包括过敏性休克的可能。

(4) 该诊所不能提供正规购药渠道的证据,无法证明所用药物(包括施治和急救药)是否在规定的有效期限内使用。

(5) 输液时余某在旁观察,当马某突发异常状况时能够及时发现并立即拔管,虽使可能为过敏原的药物不再继续进入患者体内,但此举同样也阻断了静脉通路,造成之后抢救时静脉给药困难;另外,余某于患者双上臂仅一次肌内注射肾上腺素各 1 支,并不能保证其迅速发挥抗过敏、抗休克的药效;在等车将患者送往医院过程中,因未再采取其他医疗干预措施

(如胸外按压、人工呼吸或给予其他相应急救药物等)对患者病情也有延误。

3. 因果关系分析

从马某发病不适就诊到输液后病情变化乃至最终死亡的过程看：医方一是未针对马某哮喘发病使用解痉平喘药物，不能有效缓解其症状或控制其哮喘发作病情；二是违规将几种药物(抗生素和抗病毒类)混合配制、静脉滴注，临床常有引发药物不良反应的报道，通常静脉给药途径产生的药物不良反应往往快速而且严重，与本例情况相符；三是在患者本身为过敏性特殊体质，又未做皮肤试验情况下静脉输注“头孢哌酮钠舒巴坦钠”，短时间内发生过敏反应且严重休克不能纠正，马某最终的死亡原因经法医病理学鉴定证实为过敏性休克死亡，与余某用药不当的医疗过错行为之间存在因果关系。

马某为过敏性休克死亡，与余某在诊疗(输液)过程中的违规用药的过错行为有因果关系，其原因力(或参与度)为直接、主要原因；根据同等级别医疗评价(不同等级区别对待)的原则，患方自主选择到硬件设施差及诊疗能力和水平低的个体诊所诊疗，使其疾病(“哮喘”发作)不能得到及时正确处置而延误病情，医方用药不规范而增加药物不良反应且危及生命的风险高于正规医院。患者本身体质特殊——过敏体质、支气管哮喘反复发作，并有较严重冠心病等而心肺功能状况不佳，使其过敏性休克后的耐受力、抵御能力较常人下降，继而对最终死亡的后果亦有不良影响，为间接、次要原因。

【案例2】

1. 病情摘要

患者魏某，男性，1987 年 2 月出生。2009 年 1 月 5 日魏某因工作中摔伤，左眼肿胀、视物模糊，就诊于某医院，入院查体：神清，左额皮肤裂伤、左髋部皮肤擦伤；眼科检查：右眼视力 1.0、左眼 0.4，左眼肿胀、上下睑皮肤全层裂伤(长约 2 cm、3 cm 各一处)，结膜下方片状出血。诊断：左眼钝挫伤。急诊行左额及眼睑裂伤清创缝合术，术后抗炎、止血、消肿等对症治疗，静脉滴注维生素 C、维生素 B_6、地塞米松 10 mg q.d.(病程中酌量递减：10 mg→7.5 mg→5.0 mg)。

入院当日因其左髋部皮肤擦伤，查 X 线示双侧股骨头形态未见异常、无外伤征象，住院期间 CT 示：左眼眶下壁骨折，无肌肉嵌顿、无眼球内陷。请眼肌科会诊意见：同意目前诊疗，建议患者加强眼肌训练，眼眶骨折暂无手术指征，可保守治疗。2009 年 1 月 13 日出院时查体左额及眼睑裂伤处皮肤对合好，左眼睑肿胀淤血较前减轻、结膜下方片状出血较前吸收，医嘱：泼尼松(带药 1 瓶，10 mg/片×100)口服 30 mg q.d.(每 3 d 减 1 片)，予眼药外用等院外继续治疗，加强眼肌训练，定期复诊。

魏某泼尼松用药，减量为每日 1 片后直至全部服完，其间因无眼部及其他不适未复诊；同年 10 月患者出现左髋疼痛不适，于外院就诊查体双髋无红肿畸形，左腹股沟区压痛、内收肌紧张、“4”字试验阳性，余双髋关节活动可，于他院行双侧内收肌切断术+介入治疗，术后抗炎，出院时左髋疼痛症状减轻，诊断为双侧股骨头坏死；2010 年 3 月病情加重，因“双髋疼痛跛行 4 个月”入住另一家医院，CT 示双侧股骨头轻度塌陷变形、骨密度广泛不均匀、囊性改变，诊断为“双侧股骨头无菌性(缺血性)坏死”，行双髋人工关节置换术；后与某医院产生纠纷并申请鉴定。

2. 医疗行为分析

(1) 魏某“左眼钝挫伤”诊断成立，根据其损伤部位、类型、程度及临床表现，有抗感染、激素消炎的用药适应证，术后激素的用法、用量并酌量递减符合常规。

（2）出院时改泼尼松口服 30 mg q.d.（每 3 d 减 1 片）早期可行。

（3）本例出院时带泼尼松一瓶（100 片），医方未告知长期使用激素存在的风险及注意事项，未尽到谨慎注意义务；虽有医嘱“定期复诊”，但未详细交代减量至每日 1 片后的具体用法，如是否需要再减量、何时停药为妥？定期多长时间复诊及什么情况下复诊？对此，医方存在激素使用告知不到位的过错，不排除对该患者激素减量为每日 1 片后直至服完有一定误导作用，存在部分过错。

3. 因果关系分析

股骨头坏死的主要病理系股骨头血运受阻引起的股骨头骨质缺血，故多称为股骨头缺血性坏死或股骨头无菌性坏死。常见的原因包括激素性、酒精性、外伤性、老年、儿童等。然而，使用激素导致股骨头无菌性（缺血性）坏死的机制，目前尚不完全清楚，该病的流行病学调查反映，其发生、发展亦与个体对药物作用的敏感性、反应性及体质状况等有关。

魏某左眼外伤后有住院期间激素使用及其出院后长期激素用药史；受伤当日虽有左髋部软组织擦伤的查体记录，但影像学检查提示双侧股骨头形态未见异常、无外伤征象；患者长期使用激素后数月出现双髋疼痛、关节功能障碍逐渐加重，CT 示双侧股骨头塌陷变形、骨密度广泛不均匀、囊性改变，呈“双侧股骨头无菌性（缺血性）坏死”的影像学特征；在无酒精性、外伤性（后者发生在损伤一侧）及其他老年性骨质疏松等证据的前提下，从双侧股骨头无菌性（缺血性）坏死的形成机制、发生时间上与本例激素用药的临床经过相符，两者之间有一定因果关系；考虑医方存在着出院医嘱告知不到位的过错，对患者长期服用激素、未能尽早复诊及影像学检查有一定误导作用，对其股骨头缺血性坏死的早期发现及其病情控制有不利影响，使之痛苦增加、病程延长、相应医疗费用增加。综上，医方过错的原因力为间接、次要原因。

【案例 3】

1. 病情摘要

患者赵某，男性，2004 年 11 月出生。2015 年 7 月 18 日被狗抓伤、流血，于某社区卫生服务中心接种狂犬疫苗共 4 针，第 4 针疗程结束后次日出现发热（39.5℃）遂就诊于该卫生服务中心，诊断为上呼吸道感染，给予克林霉素+地塞米松+热毒宁静脉滴注，布洛芬口服等 2 d 无明显疗效；仍发热反复，又到某医院门诊，查血常规：白细胞计数 14.98×10^9/L（↑），中性粒细胞比例 57.4%、淋巴细胞比例 34.5%（↑），诊断为急性扁桃体炎，静脉给予头孢他啶+地塞米松、小儿电解质及注射用炎琥宁，并口服蒲地蓝消炎，后改为阿奇霉素抗感染、赖氨匹林退热、甲泼尼龙抗炎及补液等对症处理。复查血常规：白细胞计数 12.71×10^9/L（↑）、中性粒细胞比例 51.8%、淋巴细胞比例 32.3%（↑），住院第 3 天患儿精神差、乏力、站不稳，医方考虑其发热时间较长，转上级医院诊治；后在某儿童医院诊断为重症病毒性脑炎，腰椎穿刺查脑脊液：蛋白定性弱阳性、白细胞计数 138×10^6/L、淋巴细胞比例 70%（↑）；再转某大学附属儿科医院进一步诊治。后当地人民法院受理原告患儿赵某及监护人（其父）诉前两家医院医疗侵权责任赔偿，而委托进行医疗损害鉴定。

2. 医疗行为分析

根据《临床诊疗指南》、《药理学》（第 8 版）、上述鉴定路径指引，并结合临床专家咨询意见，无论患儿是急性上呼吸道感染，还是急性扁桃体炎的诊疗，都应当有相关的实验室检查、临床诊断依据和用药指征，规范使用抗生素和糖皮质激素尤其是糖皮质激素，临床通常不建议将糖皮质激素用于常规退热，《药理学》（第8版，人民卫生出版社出版）提出，糖皮质激素可用于严重急性感染，其能增加机体对有害刺激的耐受性、减轻中毒反应，从而有利于争取时间进行抢救；不少学者认为神经系统感染患者早期应用糖皮质激素可减轻脑水肿并降低颅内压，因其具有抑制免疫反应的抗炎作用，故能够减轻或减少神经系统并发症，但该教材同时还强调，目前缺乏有效抗病毒药物，因此病毒性感染一般不用激素，以免因应用激素后机体防御能力减低而使患者感染扩散加剧。鉴于近几年的理论研究及临床实践，临床一般认为单纯性疱疹病毒及EB病毒感染的病毒性脑膜（脑）炎患儿可选用阿昔洛韦等抗病毒药物。因此，在有效控制感染的治疗措施同时，给予患儿糖皮质激素的治疗才是合理的。

（1）医一对赵某的用药情况进行了如下分析。

1）患儿疫苗接种疗程结束后第2天发热（39.5℃）就诊时，首诊医生认为其发热与接种无关（如果是接种所致的不良反应，当疗程结束后药物不再持续进入机体，通常无须特殊处理即可自行缓解），按预防接种相关规定，医一应当考虑受种者需排查有无接种时正处于某种疾病的潜伏期或前驱期而在接种后偶合发病的情形，但对此原因不明的发热医方重视不够，未按常规进行实验室检查和鉴别诊断，未尽到合理的谨慎注意义务。

2）在缺乏细菌感染或严重急性感染证据、无明确用药指征的情况下，医一就给予抗生素和糖皮质激素治疗，不符合用药规范，存在一定过错。

（2）医二对赵某的用药情况进行了如下分析。

1）门诊病历记录过于简单，主诉、病史、体检等项空缺，临床在“急性扁桃体炎”诊断依据不足的情况下，给予静脉滴注“头孢他啶、地塞米松及注射用炎琥宁”，无用药适应证。

2）医二已了解到此前患儿发热外院曾给予“克林霉素、地塞米松静脉滴注”，但无明显疗效，发热仍反复且病因不明，8月11日门诊血常规报告白细胞计数增高以淋巴细胞比例增高为主（白细胞计数14.98×10^9/L、中性粒细胞百分比57.4%，淋巴细胞百分比34.5%），提示为病毒性感染可能性大，却给予“头孢他啶1 d、阿奇霉素2 d”，入院又改为“头孢曲松”，一方面缺乏抗生素用药指征且病程5 d内频繁换药，违反抗生素应用相关指南；另一方面在未选用有效或广谱抗病毒药物前提下，盲目使用糖皮质激素，亦存在过错。由于本例疾病（指病毒性脑炎）早期临床表现不典型，8月9日~8月14日除发热反复、咽红外，无神经系统异常阳性体征，脑部CT检查亦未见明显异常，对于“脑炎”或疑似病毒性脑炎均无充足的诊断依据，故不能认定在此阶段医一和医二对患儿之后确诊的病毒性脑炎存在误诊；当患儿出现精神差、乏力、站不稳时，即建议转上级医院未再延误诊治。

（3）上级医院诊疗概况。

转入某儿童医院，查体见双下肢肌力5^-级，两侧膝腱反射稍亢进，初步出现神经系统体征，查脑脊液常规+生化示：脑脊液无色、透明，蛋白弱阳性，白细胞计数138×10^6/L，中性粒细胞百分比30%、淋巴细胞百分比70%。出院情况：患儿发热反复，昏睡、能唤醒，口齿不清，精神差，双下肢肌张力偏高，肌力4级，两侧膝腱反射减弱，诊断为重症病毒性脑炎。再转某大学附属儿科医院后呈昏迷状，格拉斯哥昏迷量表（Glasgow coma scale，GCS）评分6分，颈略抵抗，双肺呼吸音粗，四肢肌张力增高，双侧克氏征阳性，脑电图报告不正常脑电图，头颅MRI示双侧丘脑及基底节区异常信号。脑脊液检验结果：葡萄糖3.14 mmol/L，氯111 mmol/L，总蛋白 0.82 g/L,腺苷脱氨酶 2.3 U/L;ALB、免疫球蛋白 A(IgA)结果均轻微增高,免疫球蛋白 G(IgG)、免疫球蛋白 M(IgM)值均明显升高,确诊为病毒性脑膜脑炎,入院当日即采取阿昔洛韦抗病毒足量足疗程 2 周(8 月 18 日~9 月 1 日)、甘露醇脱水降颅压 12 d(8 月 18 日~8 月 29 日),入院早期(8 月 18 日~8 月 21 日)给予静脉滴注丙种球蛋白/人免疫球蛋白/人血白蛋白 4 d 交替治疗,增加机体抵抗力,病情基本控制后静脉滴注甲泼尼龙抗炎 4 d(9 月 4 日~9 月 7 日),以减轻脑水肿、渗出粘连等措施。一年后门诊复诊:患儿认知障碍,大小便不能告知合并运动障碍,四肢肌张力高,肱二头肌和肌腱反射亢进,关节挛缩。诊断为病毒性脑炎(后遗症)。

3. 损害后果分析

病毒性脑膜炎是一组由各种病毒感染引起的脑膜急性炎症性疾病,临床以发热、头痛和脑膜刺激征为主要表现,多由肠道病毒引起。若出现脑实质受侵犯症状,则为脑膜脑炎。《病毒性脑炎临床路径(2010 年版)》中诊断依据,急性或亚急性起病,病前 1~3 周有/无病毒感染史;主要表现为发热、头痛、癫痫发作、精神改变意识障碍和(或)神经系统定位体征等脑实质受损征象;脑电图显示局灶性或弥散性异常;头颅 CT/MRI 检查可显示脑水肿、局灶性或弥漫性病变;腰椎穿刺检查脑脊液压力正常或升高,白细胞和蛋白质正常或轻度增高,糖和氯化物正常;无细菌、结核菌和真菌感染依据。治疗方案的选择:① 抗病毒治疗;② 糖皮质激素治疗;③ 抗生素治疗;④ 对症支持治疗。《临床诊疗指南-神经病学分册》(人民卫生出版社,2006 年第 1 版、2018 年第 10 次印刷)指出,病毒性脑膜炎(viral meningitis)是全身病毒感染经血行播散至中枢神经系统的结果,多数病例发生于儿童和年轻人,夏秋季较多。50%~80%的病例由肠道病毒如柯萨奇病毒、ECHO 病毒和非麻痹性脊髓灰质炎病毒引起。临床表现为急性起病,一般为数小时,出现发热(38~40℃)、畏光和眼球运动疼痛、肌痛、食欲减退、腹泻和全身无力等病毒感染的全身中毒症状,以及剧烈头痛、呕吐和轻度颈强直等脑膜刺激征,本病克氏征和布氏征在病毒性脑膜炎时常可缺如,可有一定程度的嗜睡和易激惹,但易被唤醒,唤醒后言语仍保持连贯。若出现更严重的神志障碍或神经系统局限性体征或癫痫发作则意味着脑实质受侵犯,应诊断为脑膜脑炎。诊断要点:① 诊断,根据急性起病的全身性感染中毒症状、脑膜刺激征、脑脊液淋巴细胞轻中度增高、血白细胞数不增高等,并排除其他病因的脑膜炎,确诊脑脊液病原学检查。② 脑脊液检查,压力正常或轻度增高,外观无色清亮,细胞数增多达$(10\sim500)\times10^6$/L,也可高达 $1\,000\times10^6$/L,早期以多形核细胞为主,8~48 h 后以淋巴细胞为主,蛋白可轻度增高,糖正常,PCR 检查脑脊液病毒 DNA 具有高敏感性及特异性。治疗方案及原则:① 本病轻症可自限,主要是对症治疗、支持治疗和防治并发症;② 重症抗病毒治疗可缩短病程和减轻症状,阿昔洛韦是目前最有效的抗Ⅰ型和Ⅱ型疱疹性脑膜炎的药物之一。

纵观赵某在医一和医二及后两家医院的临床表现及其诊疗过程,其发热持续时间较长,与疫苗接种所致不良反应的临床不符;根据临床辅助检查(包括血常规、脑脊液、病原学、影像学等),并结合上级医院的诊疗概况,考虑患儿接种停药后发热持续、反复,符合病毒性脑炎潜伏期或前驱期偶合发病,其间,医一和医二均给予抗菌药物抗感染及糖皮质激素(具体目的不详),但效果不佳,患儿发热反复、病情渐重,之后确诊为病毒性脑膜脑炎,现遗留"极重度智能障碍"的损害后果。

4. 因果关系分析

冻干人用狂犬疫苗为灭活疫苗(注:疫苗质量问题不属医疗损害鉴定范畴),本身不具备感染性和致病性,现有资料尚缺乏该疫苗导致病毒性脑膜脑炎的客观证据,不能认为本例接种疫苗与患儿病毒性脑膜脑炎乃至目前病毒性脑炎(后遗症)之间有因果关系;已如前述,患儿赵某接种后发热及其临床经过,符合某省预防接种异常反应补偿办法和《疫苗流通和预防接种管理条例》中"某种疾病的潜伏期或前驱期"之情形;医方虽抗菌药物使用不规范,但本例患儿未呈现细菌感染征象,未见相关不良损害后果;由于本例疾病(指病毒性脑膜脑炎)早期临床表现不典型,自8月9日~8月14日除发热反复、咽红外,无神经系统异常阳性体征,脑部CT检查亦未见明显异常,其"脑炎"或疑似病毒性脑炎均无充足诊断依据,故不能认定在此阶段医一和医二对患儿之后确诊的病毒性脑炎存在误诊;当患儿出现精神差、乏力、站不稳时,医方即建议转上级医院未再延误诊治。

患儿赵某在医一、医二诊疗早期,除发热反复外,无神经系统感染的异常临床表现,最终明确诊断"重症病毒性脑炎""病毒性脑膜脑炎",有一渐进发展过程,其目前"病毒性脑膜炎(后遗症)",与自身感染的病毒病原体类型复杂、难治且临床早期表现不典型、后期进展快而严重等有因果关系,原因力为直接、主要原因;医一与医二在对该患儿的诊疗过程中均存在用药不当的过错,尤其是糖皮质激素应用不规范,糖皮质激素可抑制患儿免疫反应、削弱其防御机能而产生(潜伏期或前驱期)病毒感染扩散或病情加重的不良影响,与其损害后果之间存在一定因果关系,两者的原因力为间接、次要原因。

【案例4】

1. 病情摘要

患者王某,女性,1986年2月出生。2017年6月15日因"妊娠23^{+5}周,阴道出血5 h"某医院收住。既往妊娠及分娩史:2009年外院无指征行子宫下段剖宫产一子、2016年行胚胎停育清宫术;5月23日曾因少量阴道出血他院B超(5月27日)胎心160次/min,羊水深45 mm,主胎盘位于子宫宫底,其后壁与肌层间有一包块,范围约73 mm×62 mm×33 mm,其内见透声差无回声区及不规则低回声区,副胎盘位于前壁下段、与子宫肌层境界不清,胎盘下缘距宫口约15 mm;考虑帆状胎盘、主胎盘边缘积血块、副胎盘低置伴胎盘植入可能。入院诊断:G3P1妊娠23^{+5}W,胎盘低置状态伴植入,剖宫产史。B超(6月19日):胎儿宫内发育情况可,胎心152次/min,羊水深44 mm,胎盘附着于子宫底壁,胎盘下缘距子宫颈内口大约70 mm,其下缘见范围约67 mm×67 mm×41 mm低回声块、内部回声不均,见暗区内透声差,副胎盘位于前壁下段、与子宫肌层境界不清,完善各项常规检查,告知风险,患方要求保胎,根据孕妇病情先给予硫酸镁、黄体酮以药物保胎,效果不佳,仍有少量阴道流液(色粉红),考虑患者胎膜早破,妊娠周数小,病情复杂凶险,建议转上级医院,并告知途中脑卒中风险,患方理解并于6月23日上午转出。

当日转入上级医院产科,初步诊断为G3P1,妊娠24^{+6}周枕左前(LOA),胎膜早破,副胎盘低置状态伴出血,胎盘植入?瘢痕子宫。第一次医患沟通(6月23日)告知诊疗计划:① 完善各项检查,待结果决定下一步诊疗;② 预后及风险,胎盘低置状态,随时有因大出血、孕妇出血性休克、弥散性血管内凝血而需急诊剖宫取胎可能,如胎盘植入则需子宫动脉介入甚至子宫切除可能,孕妇及家属理解要求保胎(签字);第2次沟通(6月26日):① 凶险性前置胎盘诊断明确，胎盘植入可能性大，B超提示羊水几乎为0，再告相关风险。② 孕妇及家属了解病情放弃保胎，要求引产终止妊娠(签字)。第3次沟通(6月27日14:26)：患者无明显引产禁忌，拟今日行药物注射引产，随时可能出现阴道大出血从而危及生命，明日行子宫双侧动脉栓塞术，引产成功或失败，不排除改其他方式引产如剖宫取胎可能，子宫大出血危及生命切除子宫可能(孕妇及家属签字)。6月28日行子宫双侧动脉栓塞术后病情恶化，脉氧持续下降不能改善，经抢救无效于6月29日死亡。死后进行尸体解剖，法医病理学诊断：肺栓塞(子宫动脉栓塞术术后并发症)、产后大出血及弥散性血管内凝血。

2. 医疗行为分析

(1) 医一对王某诊疗中与用药有关的行为分析：按此等级医院的能力水平和条件，根据入院时孕妇及胎儿情况，结合王某病史、临床表现、B超检查结果等，医一的诊断思路合理，先给予硫酸镁、黄体酮行药物保胎等符合常规，有见医患沟通记录(签字)；临床考虑患者胎膜早破、妊娠周数小，且有"胎盘低置伴植入?"的病情复杂凶险，6月23日上午病情又有变化，再告风险并及时转诊上级医院亦符合相关规定；转院时患者生命体征平稳，胎心无异常，该院对王某用药等诊疗行为未发现过错之处。

(2) 医二对王某诊疗过程中存在如下关键环节：

1) 关于引产术的问题，根据《妇产科学》(第8版)第六章和第十一章常规要求："瘢痕子宫、中期妊娠、凶险型前置胎盘、胎膜早破，如需终止妊娠，可先行子宫动脉栓塞术后再行引产术，也可行剖宫取胎术……"《北京协和医院医疗诊疗常规-妇科诊疗常规》指出："子宫动脉栓塞后的清宫术可作为该类疾病的首选治疗方法，剖宫取胎也是主要治疗方法之一"《临床技术操作规范(妇产科分册)》第173页"妊娠晚期引产(一) 绝对禁忌证：1. 子宫手术史：包括古典式剖宫产、子宫整形术、子宫肌瘤剔除术手术透过内膜进入宫腔、子宫穿孔修补术史；2. 前置胎盘；(二) 相对禁忌证：1. 子宫下段剖宫产史……"

临床常用引产方式有多种，包括依沙吖啶药物引产(可引起子宫内蜕膜组织坏死而产生内源性前列腺素，刺激子宫收缩，直接对子宫肌肉有兴奋作用)和剖宫取胎术等。

一般情况下医二选取依沙吖啶引产术，如单纯出于减少手术创伤和风险的临床考虑亦无可厚非；但结合本例实际情况，从病理生理学角度，王某妊娠中期胎膜早破、胎盘早剥等持续病程较长(5月27日~6月27日)，存在胎盘早剥处创面破裂血管而引起组织内血管扩张、淤血，建立起子宫肌层动静脉瘘(继发性)的可能性极大，自身存在原发性子宫动静脉瘘也不能完全排除；采取羊膜腔内依沙吖啶引产时穿刺(注入生理盐水450 mL+依沙吖啶100 mg)极易增加新的动静脉间的瘘及血流；且在依沙吖啶药物使用后出现规则宫缩后再行子宫动脉栓塞术，有使细小颗粒栓塞剂容易通过子宫原有或新增的动静脉瘘而经血液循环流入肺动脉，增加介入术后肺栓塞(即异位栓塞为术后严重并发症之一)的概率。

因此，医二在王某放弃保胎后采取该引产术的指征把握不严；且先行引产后再予子宫动脉介入栓塞术顺序不当、违反规定，存在过错。

2) 关于双侧子宫动脉介入栓塞术问题，《介入放射学临床与并发症》(人民卫生出版社)第五章第十二节子宫动脉栓塞术并发症指出"欧美学者多主张使用直径>300 μm的颗粒行子宫动脉栓塞术。"根据王某病史、临床表现、B超等辅助检查及诊疗经过，医二采取子宫双侧动脉栓塞术有手术指征，术中造影提示栓塞完毕后为双侧子宫动脉栓塞，其栓塞范围合理，操作无误；因超声检查提示王某有胎盘早剥可能，可导致子宫体部扩张，血管腔容积增大，栓塞剂使用量增多，本例术中使用颗粒范围大（350~2 000 μm）虽不违反原则，但在子宫动脉栓塞术前若能考虑对其动静脉瘘的防范而选用较大颗粒栓塞剂，则宫缩后经扩张血窦或动经静脉瘘流入肺血管而发生肺栓塞的可能性将大大降低。

王某系凶险型前置胎盘有部分胎盘植入，先行妊娠中期保胎不成功，而施行子宫双侧动脉栓塞术是防治产科出血方法之一，有手术适应证；临床专家对现场提问时医方回答的选择栓塞剂的规格和用量及操作过程予以认同，所用可吸收性明胶海绵栓塞剂的颗粒大小为350~560 μm的1瓶、560~710 μm的8瓶、710~1 000 μm的2瓶、1 000~1 400 μm的1瓶、1 400~2 000 μm的1瓶，共13瓶，均在规定范围内，未违反原则；但医二对王某胎盘早剥、病程较长和创面组织反应，血窦开放，及其子宫血管扩张、淤血，有原发性或继发性动静脉瘘可能等个体特殊性考虑不周，采用的栓塞剂颗粒大小跨度大（350~2 000 μm），使其中小颗粒栓塞剂容易进入循环的机会增加，未尽到谨慎注意义务，存在不足。

3）关于以上方案中用药及其手术相关风险的告知问题，审阅医二对王某的诊疗全过程，提示患者入院前就客观存在瘢痕子宫、前置胎盘、胎盘早剥、低置胎盘植入等高危、凶险因素，入院时生命体征平稳，因患者年龄30岁，有保胎要求，以及再生育的条件和要求而考虑先行保胎、保留子宫，符合医疗原则；随着病程进展，如何选择合适的治疗方案临床难度较大及其预后不能尽如人意，而采取多种临床处置措施，医方与患者曾有过多次沟通、谈话记录，其中住院后第1~3次谈话内容包括要求保胎（6月23日）；放弃保胎（6月26日），同时涉及需要介入治疗、剖宫取胎甚至子宫切除可能的选择、风险及预后等；（6月27日）医方告知拟行利凡诺羊膜腔内注射引产术和如果引产失败可能改为剖宫取胎及其他等，以上均有患方签字，履行了告知义务；之后第4~12次谈话是在患者病情突变、危重，需采取急救措施等紧急情况下未见患方签字，医院可选择治疗方案，不违反相关规定。

3. 因果关系分析及鉴定意见

根据王某病史、临床表现和经过，实验室辅助检查及死后解剖和病理学检验所见：王某残存子宫颈之中小动脉及部分血窦内见有网状止血物质栓子存在；肺较多中小动脉内见网状止血物质栓子，较多小动脉及毛细血管腔内见白细胞反应和（或）聚集现象，肺组织水肿，右肺中叶肺组织萎陷；大失血及弥散性血管内凝血征象。证实王某系双侧子宫动脉介入栓塞术后并发症异位（肺）栓塞合并大失血、弥散性血管内凝血为其直接死因。

（1）医一对王某用药等医疗行为未发现过错，王某死亡与医一用药有关的医疗行为无因果关系。

（2）王某在转至医二前自身原有胎膜早破、副胎盘低置状态伴出血（早剥）、胎盘植入，瘢痕子宫等妊娠期产科高危、凶险因素，病程中存在继发性子宫动静脉瘘可能性大，其原发性动静脉瘘也不能完全排除，是发生子宫双侧动脉介入术后并发症，即异位（肺）栓塞和术后大出血、弥散性血管内凝血乃至最终死亡的根本、直接原因，原因力（参与度）为主要原因；医二实施引产术的指征掌握不严，且实施子宫双侧动脉介入栓塞术的先后顺序不当，未充分考虑患者个体特殊性而采用栓塞剂一瓶也有不足，在规则宫缩时栓塞剂有易于进入血液循环并数量增多、使介入术后肺栓塞并发症发生率增加的可能性，对加重患者病情和增加手术风险有不良影响。

医二上述用药有关的过错和不足与王某最终死亡的损害后果之间存在一定因果关系，其原因力为次要原因。

（王建文）

第四节　与手术有关的过错

在医疗损害鉴定中，与手术有关的案件较多，且经初次鉴定后，重新鉴定的比例也较高，鉴定意见的争议也往往较大。与手术有关的过错行为主要包括手术方式选择、手术时机把握、术中具体操作、围手术期观察等方面。如何分析与手术有关的过错及其与损害后果之间的因果关系，有时存在很大的困难。本节以案例形式阐述如何分析常见的医疗过错行为，在明确医疗过错后，根据过错的具体情形，结合患者疾病的复杂性、患者本人的身体状况与疾病特点、具体的损害后果及当时的医疗水平，综合分析因果关系。有关因果关系分析的方法及原则，将在第三章中结合具体常见疾病分别细述。

一、胆道手术引发胆管损伤的常见医疗过错行为

胆管损伤是指创伤或腹部手术误伤引起的肝内或肝外胆管损伤，临床上分为创伤性胆管损伤和医源性胆管损伤两类，后者占绝大多数。近年来因胆道手术，特别是胆囊切除术致胆管损伤引发医疗纠纷的案例比较多见。

【案例 1（对胆道解剖变异认识不足）】

1. 病情摘要

患者王某，女性，1994 年 3 月出生。2017 年 5 月 16 日因“反复右上腹疼痛 1 年余”住某医院诊治。入院查体：腹部平坦、软，右上腹深压痛（+），墨菲征（±）。B 超检查示：胆囊炎、胆囊内多发结石。入院诊断为慢性胆囊炎、胆囊结石。入院次日在全麻下行腹腔镜胆囊切除术，术中见有异常胆管汇入胆囊管，做切断结扎处理，然后完整切除胆囊。病理检查示：慢性胆囊炎、胆囊结石。术后第 3 天出院。

患者出院后一直右上腹发胀、有时隐痛，有时有低热等不适，多次至某医院复诊予以一般对症处理。后患者转至外院行内镜逆行胰胆管造影（endoscopic retrograde cholangiopancreatography，ERCP）检查示：造影剂显示胆囊已切除、右肝管未显影、左肝管正常、肝十二指肠韧带明显挛缩呈冰冻状；遂行 ERCP+十二指肠乳头内镜下括约肌切开术（endoscopic sphincterotomy，EST）+取石术+右肝管支架植入术。术后症状有所改善，但仍有右上腹隐痛、有时低热，目前仍在对症治疗中。

2. 分析

手术医师在术中已清楚发现有“异常胆管汇入胆囊管”的情况，但既没有引起重视探明“异常胆管”的解剖关系，又没有及时请上级医师会诊、指导，而是将“异常胆管”切断结扎了事，无疑存在严重隐患。手术后观察病情不细致，检查不认真，未针对术中异常发现行进一步检查，术后第 3 天即让患者带药回家；其后针对患者多次复诊诉右上腹不适、胀痛、有时低热等症状，也未认真分析和有效处理，留下胆道损伤的后果必然给患者带来人身损害。

关于胆道解剖变异的认识，临床外科手术医师在术前讨论时就要作为一个重要内容引起重视。在施行胆囊切除术时，首先必须辨别清楚胆道的局部解剖，遇上有胆道变异的病例时，手术医师应冷静、细致、认真理顺左右肝管、肝总管、胆囊管、胆总管等的走向和定位，在完全搞清楚肝外胆道的局部解剖关系后，才能施行胆囊切除术。结束手术前必须认真观察手术区域、细致检查有无损伤胆囊毗邻脏器组织、有无胆瘘及出血。手术后要认真观察患者病情及评估恢复情况。患者出现不适主诉或新的症状、体征时，更要认真分析病情、认真体格检查，并及时选择必要的辅助检验、检查项目，体现出对患者的负责精神，尽到合理的诊治义务。

【案例 2(对胆道疾病的病理因素辨认不清及处理失误)】

1. 病情摘要

患者万某，女性，1970 年 8 月出生。2014 年 9 月 17 日因“复发性右上腹胀痛、不适 1 年余”入住某医院。入院时一般情况良好，生命体征平稳，皮肤巩膜无黄染。专科情况：右上腹轻度压痛，无肌抵抗、无包块扪及，无肝大、脾大，腹平坦、软，墨菲征(±)，肠鸣音正常，彩超检查示：胆囊结石、胆囊增大、胆囊壁增厚有胆固醇结晶沉积。入院诊断为胆囊结石伴胆囊炎。经术前准备后当日下午在硬膜外麻醉下行腹腔镜胆囊切除术。术中见胆囊约 10.6 cm×3.7 cm 大小，胆囊壁增厚与大网膜粘连严重，胆囊三角区解剖不清晰，胆囊床位于肝圆韧带右侧旁左移异位，胆总管行径不清，胆囊壶腹处结石嵌顿紧贴并压迫肝总管，未见到胆囊管。予以分离胆囊周围粘连组织，再剥离出胆囊装套取出，手术过程不顺畅。取出胆囊后即见到肝门处有胆汁溢出；考虑肝总管损伤，征得家属同意后中转剖腹探查：见胆囊管上段外侧管壁 1/2 缺损、长达 1.5 cm，管腔内胆汁不断溢出，遂行肝总管-空肠-Roux－en－Y 吻合术+肝总管支撑引流术。术后病理检查示：胆囊黏膜上皮破损及见较多慢性炎性细胞、慢性胆囊炎、胆石症。术后第 10 天出院，出院医嘱：近期低脂饮食、注意肝总管支撑引流情况、适当轻度活动、注意休息。

患者出院后仍有上腹部不适，时有高热、畏寒，每月发作 3~4 次，痛苦不堪。术后半年余因症状加重，一般对症治疗无效，且肝总管支撑引流管亦不慎脱落；至外地医院磁共振胰胆管成像(MRCP)示：左、右肝管近肝门处中断，肝总管狭窄，肝内胆管广泛扩张。在外地多家医院住院治疗，先后行腹腔粘连松解+肝门胆管成形+胆肠吻合术，术后恢复欠佳，时有腹痛、畏寒、发热等“胆管炎”症状出现。其后又施行肝右后叶切除+肝门胆管成形+右肝管 U 型管植入+左肝管直管引流+肝门部胆管空肠吻合+肠粘连松解+盆腔置管引流术。术后症状有所改善，但仍有偶发性右上腹隐痛、腹胀、发热等不适症状，目前还在继续治疗中。

2. 分析

医方对患者施行腹腔镜胆囊切除术中，明知胆囊增大与大网膜粘连严重，胆囊三角区解剖不清晰，胆囊壶腹处结石嵌顿紧贴并压迫肝总管，未见到胆囊管，此时应果断中转手术、请上级医师指导，或许可避免或减少胆管损伤的可能性，强行操作势必增加手术风险。但本例还是在胆囊管上段外侧管壁 1/2 缺损、长达1.5 cm后才决定中转施行补救性手术，实施胆总管-空肠-Roux－en－Y 吻合术。某医院定级为一级医院，无资质做属于三级或三级以上的手术，又未请上级医院指导，违反手术分级管理规定。嗣后，患者在外院多次住院、手术，确诊肝门部胆管狭窄，胆管炎频繁发作，目前恢复仍欠佳。

腹腔镜下胆囊切除术目前已普遍开展。手术医师术中必须对胆道的病理因素和手术操作的困难程度有充分的认识和应对措施。一旦遇到胆道病理因素复杂、局部解剖又不清晰的情况时,势必增大手术难度,而且发生胆管或毗邻脏器的损伤概率也增高。

对于胆囊病变病理因素的认识、判断、处理方法,几乎在所有胆囊切除术时都会遇到。根据胆囊病变病理因素的客观情况,有的手术病例仅是胆囊周围有轻度粘连,胆囊三角区解剖清晰、无解剖变异,切除病变胆囊手术难度不大。有的手术病例炎症严重、粘连广泛、胆囊三角区解剖不清晰,或胆囊自身已处于化脓、坏疽、穿孔等复杂情况,其切除病变胆囊的手术难度就明显增大。本病例又是Mirizzi综合征,是特殊类型的胆囊结石病。Mirizzi综合征形成的解剖因素是胆囊管与肝总管伴行过长或胆囊管与肝总管汇合位置过低,持续嵌顿于胆囊颈部的较大结石或较大的胆囊管结石压迫肝总管,引起肝总管狭窄,反复的炎症发作可导致胆囊肝总管瘘,胆囊管消失,结石部分或全部堵塞肝总管。Mirizzi综合征的临床特点是反复发作胆囊炎及胆管炎,根据嵌顿结石堵塞肝总管的程度,有的病例有黄疸症状。胆道影像学检查可见胆囊增大、肝总管扩张、胆总管正常。

对于胆道病理、解剖因素复杂病例的处理,医疗机构及手术医师都应具备相应能力、条件和资质,手术医师更应具有足够的经验和技能,否则手术失误难以避免。另外,医方无资质开展这项手术,术中又未请上级医院指导,补救措施又不完善,术后恢复不佳。

【案例3(胆囊切除术时机不当、操作失误)】

1. 病情摘要

患者程某,女性,1984年5月出生。2018年12月24日因“右上腹疼痛伴呕吐8 h”入住某医院。查体:腹软,右上腹压痛(±),墨菲征(±),肠鸣音正常。B超示:胆囊炎、胆囊结石。入院诊断:胆囊炎、胆囊结石。入院当日上午行腹腔镜胆囊切除术,术中见胆囊被大网膜、十二指肠粘连包裹;稍做分离后显露出充血水肿的胆囊,胆囊内有数枚结石,顺行切除胆囊。术后第2天诉右上腹胀痛,小便发黄,巩膜中度黄染。B超示:胆囊切除、肝总管直径0.9 cm、壁毛,显示肝内部分,胆总管则未显示。MRI示:肝总管起始部梗阻,胆囊缺如。因患者对手术不满、情绪激动,术后第3天转至上级医院诊治。诊断:肝外阻塞性黄疸、胆囊切除术后。行剖腹探查+肝内胆管引流术。术中见胆总管中段缺如,肝总管在左右分叉处被结扎切断,术后黄疸逐渐改善。半年后患者再次行胆总管-空肠-Roux-en-Y吻合术,恢复良好出院。

2. 分析

患者入院当日上午就施行胆囊切除术,术前准备工作实际上难以全部完成,仓促手术缺乏必要的依据。从手术记录探查所见,仅是右上腹被大网膜、十二指肠等粘连包裹,稍做分离就显露出充血水肿的胆囊,似乎手术区域解剖还比较清晰,而且顺利切下胆囊。但是,为何发生肝总管左右交叉处被结扎切断?不难推断,其与手术医师对手术时机的选择、胆道解剖的认识、术中操作的不细致有直接关系。

外科手术是一种创伤性的治疗手段,具有风险性。临床外科医师在实施胆囊切除术时,要充分考虑患者的个体特异性、病情差异及年龄等多种因素,严格掌握手术适应证和禁忌证,还要征得患者及家属同意手术签署意见书后,才能实施手术治疗。手术前准备工作必须完备,术前讨论应全面分析病情、考虑各种情形,对手术中可能发生的意外和防范措施要有充分的思想准备及处置办法，手术方案的选择要慎重和正确，手术操作要认真细致，术后管理要重视等，才能保证手术成功。

【案例 4（胆管损伤处理不当）】

1. 病情摘要

患者周某，女性，1963 年 8 月出生。2017 年 6 月 28 日因“体检发现胆囊结石 2 年、发作性右上腹隐痛半年”至某医院诊治。有原发性高血压史 5 年，药物控制尚可。入院诊断为胆囊结石伴胆囊炎、原发性高血压。经术前准备次日下午行腹腔镜胆囊切除术。术后第 1 天患者出现腹胀，术后第 2 天出现巩膜黄染，考虑有胆总管损伤，再行手术探查，术中见胆总管已切断，故行胆总管-空肠-Roux-en-Y 吻合术。术后经引流、输血、抗感染治疗，病情缓解，黄疸消退。术后 2 个月，患者又出现黄疸伴畏寒、发热，在上级医院拟诊阻塞性黄疸、胆总管结石伴感染，抗感染、解痉、保肝等治疗无效。后转外地医院诊治，行 T 管引流胆肠吻合术+肝门成形术，术后症状有改善。不久后，仍有胆管炎症状，且体质急剧下降，出现贫血、低蛋白血症，还明确有食管静脉曲张，因无手术适应证，予以抗炎、输血、输人血白蛋白、保肝、退黄处理，病情改善仍不明显，后又行 ERCP 术不顺利，再行 T 管引流术，术后病情持续恶化、渐趋危重，相继出现梗阻性黄疸加重、消化道出血、急性肾衰竭等症状，自动出院后死亡。

2. 分析

本案例在再次手术行胆总管-空肠-Roux-en-Y 吻合术时，采用“拉入式”吻合法不妥，而且在胆肠吻合时未采用外翻方法，致使吻合口狭窄出现伴反复胆管炎、胆汁性肝硬化、肝肾衰竭，最后死亡。

施行胆囊切除术时发生胆管损伤的常见原因有：① 手术医师对胆道局部解剖或胆道变异认识不足；② 手术医师对胆道疾病的病理因素处理经验不足；③ 手术操作不够细致，缺乏认真辨别、认真复核的良好习惯；④ 采用腹腔镜下切除胆囊时，钛夹夹闭胆囊管位置不当或热源性胆管损伤；⑤ 剥离胆管周围组织过多，引起胆管周围血管丛致缺血性损伤。本案例胆道损伤发生的原因主要在于手术医师对胆道解剖的认识不足及手术操作不细致。胆道损伤后如何处理确是技术上要求较高的问题。修复措施在时间上合理、术式上正确、术后管理上不失误，因此可以获得较满意的结果；否则，其预后难以定论。

【案例 5（腹腔镜下胆囊切除术操作失误，致胆管损伤）】

1. 病情摘要

患者朱某，女性，1965 年 9 月出生。2018 年 10 月 24 日因“体检发现胆囊结石 2 年，右上腹反复发作隐痛半年”至某医院诊治。入院诊断为慢性胆囊炎、胆囊结石。经术前准备于次日在全麻下行腹腔镜下胆囊切除术，手术顺利，病理诊断为慢性胆囊炎、胆囊结石。术后第 3 天出现黄疸、上腹部胀痛，复查 B 超见肝内胆管中度扩张，复查肝功能胆红素升高，当日行剖腹探查，术中见右上腹胆汁样液体约 300 mL，吸净后即见一钛夹夹闭胆总管前壁约 2/3，胆总管前壁有一小穿孔有胆汁不断溢出，取出钛夹、修复胆汁漏口，并做胆总管 T 管引流。术后患者胆红素逐渐下降，恢复良好出院。

2. 分析

本案例钛夹夹闭胆囊管发生胆管损伤，分析其原因可能为：① 手术医师没有完全探明胆囊三角区的解剖关系，仅依据自己的操作习惯而造成失误；② 钛夹夹闭胆囊管后，没有认真检查、验证夹闭位置是否准确在位，有否损及周围组织、是否存在隐患；③ 完成腹腔镜下胆囊切除术后，手术医师没有认真检查是否存在胆漏等异常情况。若手术医师术中认真细致操作、复查验证，应当可以避免因损伤胆管而发生的胆瘘，从而避免对患者造成损害。

腹腔镜下胆囊切除术目前开展得很普遍。除胆囊自身解剖、病理、手术医师操作水平等因素外，微创手术是用电刀解剖或电凝止血，会电热传导效应而造成胆管壁的热损伤和炎症反应，从而发生迟发性胆管损伤。施行腹腔镜胆囊切除术时，对其并发症的防治更应予重视。

二、阑尾切除术常见的医疗过错行为

【案例 6（阑尾炎术后感染致肠瘘）】

1. 病情摘要

患儿夏某，男性，2009 年 4 月出生。2018 年 7 月 7 日因“转移性右下腹痛 1 周余”至某医院诊治。入院查体：腹平、右下腹麦氏点压痛（+）及肌抵抗（+）。彩超检查示：右下腹探及一不均质管状回声区，大小约41 mm×15 mm，周围可见少量液性暗区。初步诊断为急性阑尾炎。当日行阑尾切除术，术中见阑尾长约 10 cm、直径 1 cm；体根部充血、水肿，表面脓苔附着；头体部发黑、坏死。术中诊断为坏疽性阑尾炎。术后予腹腔放置引流管、抗感染等处理。术后第 3 天拔除引流管、第 7 天拆线时见切口脓性液体渗出，予换药、抗感染等治疗未见好转。术后第 20 天在局麻下行清创引流术。经换药 11 d 切口基本愈合出院。

患儿出院后半月余切口疼痛、发红、有脓液且有窦道形成，经窦道造影见不规则瘘管影，造影剂经瘘管进入升结肠。考虑处理上有难度，遂转上级医院治疗，经 CT 检查示：腹腔内异物（粪石）。B 超检查示：伤口内窦道形成。经术前准备后行窦道探查+切除术，术后 1 周出院，恢复良好，无功能障碍。

2. 分析

医方因无小儿外科，对小儿阑尾炎的特点认识不足，而是按成人急性阑尾炎一般的处理原则进行诊治，难免在过程中存在一些不够细致之处。医方诊断明确，手术也及时，但术后管理欠细致，具体表现在切口感染发现太迟，术后第 7 天拆线时才发现。切口脓液又未行细菌培养及药敏试验。扩创手术时既无手术知情同意书，又无监护人签字认可，还缺少手术记录，病程记录也很不详细。嗣后发生肠瘘与清创、扩创手术操作不当有重要因果关系。

小儿急性阑尾炎因大网膜发育不全，不能起到足够的保护作用，穿孔率较高，并发症和死亡率也较高。小儿阑尾炎病情发展较快且较重，有时右下腹体征不明显、不典型，但有局部压痛和肌紧张。医生在诊断小儿急性阑尾炎要仔细、耐心以取得患儿的信赖和配合，再经轻柔的检查，左、右下腹对比检查，仔细观察患儿对检查的反应，从而做出判断。治疗原则是早期手术，并配合输液、纠正脱水，应用广谱抗生素等。

【案例 7（术中残留部分阑尾和粪石，术后切口感染）】

1. 病情摘要

患者李某，男性，1986 年 2 月出生。2017 年 1 月 9 日因“转移性右下腹痛 45 h”至某医院住院。查体：体温 37.3℃，腹平、右下腹麦氏点压痛，反跳痛明显，结肠充气试验（+）、腰大肌试验（+）。血常规：白细胞计数 10.8×10^9/L、中性粒细胞百分比 85.9%，血红蛋白 149 g/L。初步诊断为急性阑尾炎。当日在局麻下行阑尾切除术，术中见腹腔少许脓性渗液，阑尾长约

8 cm、直径 1.0 cm，阑尾体部、头部与后腹膜致密粘连，体部充血水肿、头部已呈灰黑色，给予阑尾切除术，腹腔放置负压硅球引流管 1 根。术后予以抗炎、止血等处理。病理诊断为急性坏疽性阑尾炎。术后切口感染，经换药切口好转出院，嘱门诊继续换药。

门诊换药 1 月余，切口仍然不愈合。至外院行剖腹探查，术中见残余阑尾组织 2.0 cm×1.5 cm，腔内可及一枚粪石直径约 1.0 cm。遂行回盲部切除+回肠升结肠吻合+窦道切除+残余阑尾切除术。术后病理诊断为盲肠急慢性肉芽肿性炎，伴肉芽组织形成，阑尾部分慢性炎，肠系膜淋巴结反应性增生。治愈出院。

2. 分析

医方对患者的诊断正确，有手术适应证，手术也及时，但对于腹膜后阑尾炎与后腹膜致密粘连的病理因素考虑不周。仅凭麦氏切口仅长 5 cm 且局麻下手术操作切除后腹膜阑尾是不合适的。这与嗣后发生切口感染、阑尾部分残留有相关性。如果手术医师能及时改变麻醉方式及延长切口等，或许能改变患者的情况。另外，术后发生切口感染、肠瘘、残留部分阑尾和粪石，造成了不良后果；医方的不当诊疗为导致患者在外院行二次手术切除盲肠和肠瘘窦道，对患者造成一定的人身损害存在因果关系。

阑尾多属腹膜内器官，其位置多变。阑尾基底部与盲肠的关系恒定，因此阑尾位置随盲肠位置改变而改变。本例阑尾位于盲肠后位、与后腹膜致密粘连，手术有一定难度。

【案例 8（阑尾化脓穿孔处理不恰当）】

1. 病情摘要

患者杨某，男性，1964 年 3 月出生。2017 年 4 月 8 日因“下腹部疼痛 3 d”收住某医院。入院体检：生命体征平稳。专科情况：腹部平坦，未见胃肠蠕动波及腹壁浅表静脉曲张，下腹部肌紧张，右下腹压痛（+）、反跳痛（+），未及包块，肝脾未及，结肠充气试验（+）、腰大肌试验（-），叩诊呈鼓音，肝肾区无叩击痛，肠鸣音 4 次/min，无气过水声。血常规示：血红蛋白 161 g/L、白细胞计数18.6×10^9/L。腹部 X 线透视：右下腹大量积气。初步诊断为腹痛待查，急性化脓性阑尾炎合并穿孔可能。当日在连续硬膜外麻醉下行剖腹探查术，术中见阑尾已化脓、尾部穿孔，予行阑尾切除术。术后患者仍腹痛、腹胀且加重，术后第 8 天转二级医院，诊断为弥漫性腹膜炎、腹腔脓肿，行腹腔冲洗引流术，感染控制后出院。

2. 分析

患者因下腹部疼痛 3 d 入院，主要疼痛区、压痛、反跳痛在右下腹，医方急性阑尾炎的诊断正确，注意到发病时间已 3 d、症状进行性加重，考虑阑尾已化脓穿孔符合当时情况，所以及时手术并选择右下腹直切口切除阑尾。但术中见腹腔脓液较多，仅用纱布将手术区的脓液蘸掉，未做腹腔冲洗，亦未放置引流，致使术后弥漫性腹膜炎加剧。嗣后转至上级医院行二次手术时，腹腔内严重感染，有恶臭脓液约 1 500 mL，经充分冲洗引流后痊愈。医方对弥漫性腹膜炎处理不恰当，是腹腔感染加剧、不得不行再次手术的主要原因。

本例中，医方在术前、术后的诊断中始终没有“急性弥漫性腹膜炎”这一重要诊断，忽视了腹腔感染这一严重病情。医方选择右下腹直切口进腹，只是为了切除阑尾时容易操作，其实这一切口的设计是为了便于探查腹腔。医方认识上的失误导致术中没有针对弥漫性腹膜炎进行规范处理，只是用纱布将视野下的脓液蘸掉，难免导致腹腔感染加重。这也提示手术只是外科的治疗方法之一，更重要的是医师对疾病要有深入正确的认识，要根据患者具体情况分析病情,做出正确的判断,选择合理的治疗方案,才能达到预期的效果。

【案例9(阑尾脓肿处理失误)】

1. 病情摘要

患者张某,男性,1987年5月4日出生。2018年9月1日因“右下腹疼痛3 d、加重1 d”收住某医院。查体:右下腹压痛、反跳痛,局部轻度肌紧张。血常规示:白细胞计数14.3×10^9/L。诊断为腹痛待查,急性阑尾炎可能。次日修正诊断为急性阑尾炎,右下腹肿块(肿瘤待排除,炎性肿块待排除),当日上午在全麻下行腹腔镜探查术。术中见回盲部有6 cm×5 cm大小肿块,回盲部充血水肿,结肠小肠及阑尾紧密粘连,分离困难,遂中转进腹剖腹探查,鉴于肿块与后腹壁固定,取5 mL注射器穿刺未抽出液体,考虑炎性肿块、阑尾脓肿、结肠肿瘤可能,未予特殊处理即止血关腹。术后症状改善,13 d后出院。

出院2个月后,患者因“头痛、发热4 d”至某医院住院治疗。入院查体:右下腹部有3 cm×5 cm包块,无肝大、有叩击痛。CT示:肝右叶多发低密度影,考虑多发性肝脓肿可能性大。肠镜活检病理诊断示:(回盲部)黏膜慢性炎伴淋巴组织增生。住院近1个月经抗感染、保肝、对症处理,好转出院。约6个月后,患者因“反复右下腹疼痛10个月”再次至某医院住院治疗,入院诊断为慢性阑尾炎,阑尾脓肿?当日行腹腔镜阑尾切除术,术中见腹腔内略有炎性粘连,腹腔少量积脓,阑尾位于回盲前位,大小约3.0 cm×0.6 cm,呈慢性炎症改变,无脓苔。1周后治愈出院。

2. 分析

患者因“右下腹疼痛3d、加重1 d”入院,医方对病史询问不详细、入院体检不全面、辅助检查资料又不完整,仅凭右下腹压痛、反跳痛、轻度肌紧张,在未做鉴别诊断、不能明确是急性阑尾炎还是阑尾脓肿的情况下,施行腹腔镜探查术(缺乏指征)。探查术中既不认识阑尾脓肿,还贸然多此一举地做炎性肿块穿刺术;继之又中转开腹探查手术,仅做止血及置管腹腔引流,违反了诊疗常规,给患者增加创伤和痛苦,存在过错。

患者第一次入院时,肝功能已提示总胆红素25.3 μmol/L,医方未引起重视。肝脓肿的发生与患者有阑尾脓肿病史有关。阑尾炎症时,由于抗感染措施不力又未及时去除阑尾炎性病灶,其细菌和脓性栓子可进入门静脉内,引起门静脉炎甚至发生细菌性肝脓肿。

医方对阑尾脓肿缺乏认识,没有认真鉴别诊断,在诊断不十分明确的情况下,没有做疑难病例讨论,便仓促做了手术探查,在诊治程序上存在严重失误。

三、甲状腺疾病手术的常见过错

【案例10(甲状腺手术致甲状旁腺功能减退)】

1. 病情摘要

患者王某,女性,1975年2月出生。2019年1月因“颈前肿块2月余”入住某医院诊治。入院查体:颈部活动自如,甲状腺不肿大,甲状腺右叶下极扪及3 cm×2.5 cm肿块,质韧、表面光滑、随吞咽上下活动,颈部淋巴结不肿大。B超示:甲状腺肿大,甲状腺多发混合性包块(左叶较大包块伴多发点状钙化灶)。入院诊断为结节性甲状腺肿腺瘤期。血电解质:钙2.25 mmol/L。经术前准备后在全麻下行双叶甲状腺次全切除术,术中见甲状腺左叶约5.0 cm×3.0 cm×3.0 cm大小,其内可及多个结节,位于中部最大约2.5 cm×2.0 cm×1.5 cm;甲状腺右叶约 5.5 cm×4.0 cm×3.0 cm，其内充满大小不等结节，最大约 2.5 cm×2.0 cm×2.0 cm。术中快速病理检查示：结节性甲状腺肿腺瘤期。术后送右叶甲状腺切下组织病理检查示：（双叶甲状腺）结节性甲状腺肿腺瘤期。

术后当晚患者即出现手、足、口周麻木，急查电解质：钙 1.58 mmol/L，予以 10%葡萄糖酸钙静脉滴注症状好转，经 2 周治疗后患者仍有手、足、口周麻木，时有抽搐、癫痫样发作，嘱其带药出院、门诊随诊。出院医嘱：口服左甲状腺素 50 μg/g.d. 口服及碳酸钙 D_3片 3 片/t.i.d.。嗣后患者至外院检查多次，血钙 1.47～1.59 mmol/L，血清甲状旁腺激素<3 pg/mL。外院确诊为甲状腺术后，甲状旁腺功能减退症。患者术后长期服用碳酸钙 D_3片，至今仍常有口唇、手足麻木，时有上肢抽搐和癫痫样发作，对症治疗仍在继续中。

2. 分析

患者结节性甲状腺肿腺瘤期诊断成立，施行双叶甲状腺次全切除术具有适应证。术后出现甲状旁腺功能减退。医方的诊疗行为存在过错。

（1）病史询问不详细、体格检查不认真。入院检查、B 超检查、术中探查所见，对甲状腺结节肿块大小、部位都存在明显差异；发病起因、病情演变、临床症状等都缺乏明确的记述。

（2）甲状腺次全切除术属于三级手术，医方术前无讨论记录，缺乏对患者手术的重视。手术记录未显示术中切下甲状腺组织标本时查看是否存在一并切除甲状旁腺的情形。

（3）手术医师和助手在病案中缺查房记录、一般病程记录和医患沟通记录，提示医方对患者诊疗全程的病情掌握存在缺陷。

（4）术后当日患者出现口唇、手足麻木及抽搐症状时，医方仅做检查电解质 7 项，未深入分析病情查明原因，未能进一步寻求妥善的处理方法。

（5）患者出院前手足、口周仍有明显麻木症状，医方让其带药出院不妥，且未向患方说明上述症状的真实原因，未充分履行告知义务。

（6）医方病理检查送检标本仅提供右叶甲状腺组织，但病理报告结论为双侧甲状腺结节腺瘤期。

医方的诊疗行为对患者病史询问不详细、体格检查不认真、术前准备不规范、手术操作不细致，从而造成甲状旁腺损伤严重后果，致使患者忍受终身药物依赖。医方的不当诊疗行为与患者的人身损害存在因果关系。

【案例 11（异位甲状腺误切）】

1. 病情摘要

患者陈某，女性，2005 年 9 月出生。2011 年 2 月 22 日因“发现舌根部无痛性肿物 2 月余”入住某医学院附属医院诊治。入院查体：舌根部可触及一隆起性肿物，大小约 1.5 cm×1.0 cm×1.0 cm、呈紫蓝色、质软、界清、固定、无触痛，波动感（+）、压迫试验（-）、体位移动试验（-），无明显语言不清，开口度、开口型正常，咬合关系可，舌运动正常。B 超示：甲状腺大小右侧叶 2.3 cm×0.7 cm×1.0 cm，左侧叶 2.4 cm×1.0 cm×0.7 cm，峡部厚约 0.2 cm，实质回声不均匀，双侧颈部未探及明显肿大淋巴结。彩色多普勒血流显像（color Doppler flow imaging，CDFI）：甲状腺血流丰富。入院诊断为舌根部肿物：① 舌异位甲状腺；② 血管瘤。2 月 25 日行舌根部肿物扩大切除术，术中快速病理示：（舌根部）黏膜鳞状上皮下见纤维组织和大片腺体样结构，腺上皮立方和柱状，呈甲状腺样结构，考虑为异位甲状腺。术后病理示：（舌根部)符合异位甲状腺、呈结节性甲状腺肿。术后予以抗感染、补液支持治疗。2月27日查三碘甲状腺原氨酸(T_3)1.45 nmol/L,甲状腺素(T_4)77.53 nmol/L。3月7日出院,嘱门诊随诊,定期甲状腺功能检测。

其后,患者多次在外院诊治,7月18日在某大学附属医院做B超示:双侧颈部未探及典型甲状腺组织回声,建议行核医学检查;游离T_3(FT_3)1.71 pmol/L、游离T_4(FT_4)0.01 pmol/L,促甲状腺激素(thyroid stimulating hormone,TSH)>100.00 μU/mL;诊断为甲状腺功能减低症,予补充甲状腺素等对症治疗,症状有改善。患者还曾至某市立医院超声检查示:甲状腺体积偏小、质地均匀;FT_3 4.8 pmol/L、FT_4 19.23 pmol/L,TSH 11.75 μU/mL。还曾至某市医院超声检查示:甲状腺弥漫性病变,双侧颈部多发淋巴结;FT_3 4.41 pmol/L、FT_4 16.85 pmol/L,TSH 12.64 μU/mL。临床考虑倾向于亚临床甲状腺功能减低,治疗仍继续中。

2. 分析

可以从以下几方面考虑医疗过错与损害后果。

(1) 医方术前即考虑不能排除舌根部肿物为异位甲状腺,但仅行颈部B超检查,未行进一步检查评估颈部甲状腺功能,存在缺陷。

(2) 异位甲状腺自身可能仍存在一定的分泌功能,行异位甲状腺切除术后可能在一段时间内发生甲状腺功能低下甚至难以恢复,需依赖药物治疗,部分患者颈前甲状腺代偿机制完成后症状可逐渐消失。医方术前已考虑舌根部肿物可能为异位甲状腺,拟行异位甲状腺切除术,但术前谈话未向患方详细告知行异位甲状腺切除术后可能会出现一段时间的甲状腺功能低下,可能需药物替代治疗,使患方丧失是否接受手术的选择权,存在过错。

(3) 根据患者术后在多家医院的检查结果,证实患者颈前区甲状腺组织存在,但腺体偏小、质地不均匀。术后患者呈现甲状腺功能减退症状,经药物替代治疗以来,甲状腺分泌功能检查指FT_3、FT_4已趋正常数值范围内,TSH仍偏高,属于亚临床型甲状腺功能减低的情形。

(4) 患者目前的甲状腺功能低下属于异位甲状腺切除术的并发症,但医方医疗行为中存在过错行为与患者目前的状况亦有一定的因果关系。

四、肠梗阻手术治疗常见的过错

【案例12(粘连性肠梗阻非手术治疗时机掌握不当)】

1. 病情摘要

患者蔡某,男性,1973年12月出生。2017年4月8日因“肛门停止排便排气2 d,伴腹痛及呕吐1 d”入住某医院诊治。一年前患者因“外伤性脾破裂”在外院行脾切除术。入院查体:体温38.5℃、心率92次/min、呼吸18次/min、血压130/86 mmHg,神志清楚,腹部平软,无胃肠型及蠕动波,脐周轻度压痛,肠鸣音不亢进,未闻及气过水声及金属音。血常规:白细胞计数$23×10^9$/L,中性粒细胞百分比89.6%。腹部透视可见数个气液平。入院诊断为粘连性肠梗阻。予以禁食、持续胃肠减压、抗感染、纠正水电解质紊乱及酸碱失衡等非手术治疗。住院期间患者腹痛一直时轻时重,亦未排便通气,病情无明显好转,于11 d后转上级医院治疗。

患者转入上级医院时查体:体温38.5℃,心率160次/min,呼吸26次/min,血压70/40 mmHg;腹部膨隆、全腹压痛、移动性浊音(+),左上腹叩诊鼓音。腹部X线示:腹部散在多个气液平。入院诊断为急性肠梗阻、感染性休克。立即给予吸氧、继续胃肠减压、监测生命体征、抗休克等综合抢救措施。当日下午患者腹胀加剧,呈板样腹,血压一度测不出,腹膜刺激征进行性加重。经与家属充分沟通后,当晚在全麻下行剖腹探查术,术中见小肠重度扩张、呈紫黑色,部分已坏死。术中患者平均动脉压下降至30 mmHg,患者家属要求结束抢救治疗,自动出院。据家属在鉴定会上陈述,患者于出院次日凌晨死亡。

2. 分析

根据患者病史、体征及各项检查分析,医方对患者粘连性肠梗阻诊断明确,在首诊医院住院期间无明显绞窄性肠梗阻临床表现,当时采取非手术治疗未违反治疗原则。然而医方对粘连性肠梗阻的复杂性和严重性认识不足,从病因分类上粘连性肠梗阻归属于机械性肠梗阻,起病时可能是不完全梗阻,随着病情进展可以发展至完全性梗阻。完全性梗阻时,患者将出现严重的水电解质紊乱、酸碱失衡和感染、中毒等严重并发症,重者有生命危险。患者不可能长期承受这种损害,而且完全性肠梗阻发生绞窄的可能性也很大。

医方在施行非手术治疗阶段存在以下过失:① 本案在非手术治疗阶段病程观察不细致,病程记录欠认真、欠完整,上级医师查房对病情分析不深刻,无法反映患者病情演变真实过程,一旦时机掌握不够及时,诊治行为上出现失误必将对患者造成难以预测的不良结局。② 对肠梗阻的非手术治疗应严格遵循相关原则,特别是在一定的时间内科学观察临床表现的变化,并对是否需中转手术的时机做出准确的评估。继续非手术治疗还是转为手术治疗,是直接关系到患者治疗效果的关键性问题。本例患者入院时处于粘连性不全梗阻状态,采取非手术治疗是可取方法,但诊治过程中疗效不明显,应认真分析病情、考虑是否需转为手术治疗这是临床外科医师需要认真对待的问题。完全性肠梗阻非手术治疗 11 d,事实上该患者早已具备了手术适应证,如果早些进行手术,结果可能不是这样。③ 患者转至上级医院时已处于休克状态,事实上转院所需时间并不长,病情恶化出现如此快,无疑与前期非手术治疗不当有关。

【案例 13(机械性肠梗阻未及时手术治疗)】

1. 病情摘要

患者魏某,男性,1937 年 7 月出生。2018 年 8 月 6 日因“右中下腹持续性胀痛、阵发性加剧 12 h”入住某医院诊治,入院查体:体温 35.6℃、心率 82 次/min、呼吸 18 次/min、血压 210/120 mmHg。既往有原发性高血压史 10 余年,未行正规降压治疗;8 年前行阑尾切除术。专科检查:右下腹一陈旧性手术瘢痕,长约 5 cm、愈合好,腹稍胀、以中下腹为明显,右下腹及脐周有压痛,无明显肌紧张及反跳痛,右下腹麦氏切口下内侧可及一稍有活动度的肿块约 4 cm×4 cm,有压痛,肠鸣音亢进,可闻及气过水声,移动性浊音(-)。腹部 X 线示:小肠梗阻。初步诊断为腹痛待查(粘连性肠梗阻可能性大,结肠肿瘤待排除)。医方给予禁食、胃肠减压、支持治疗、维持水电解质酸碱平衡处理。2 d 后上级医师查房病情分析认为粘连性肠梗阻可能性大,且症状无加重趋势,加用脂肪乳、人血白蛋白支持治疗。复查腹部平片示肠腔少量积液,未见明显气液平。5 d后患者腹痛腹胀有所改善,无肌紧张及反跳痛,右下腹包块摸不清,肠鸣音存在,治疗不变。7 d 后患者又出现腹胀腹痛、右下腹肌紧张,但反跳痛不明显、肠鸣音不亢进。病史记载:向家属交代病情,如腹痛腹胀继续加重,则有可能需行剖腹探查手术。10 d 后肠梗阻仍未解除,不排除肠道肿瘤,应家属要求转院治疗。

当日患者转入其他医院(二级医院)诊治,入院查体:一般情况欠佳,精神差,答题尚清楚;腹平,未见胃肠型及腹壁静脉曲张,全腹未扪及包块,肝脾肋下未及,下腹部压痛、肌紧张明显、反跳痛明显,移动性浊音阳性,肠鸣音低下,直肠指检未见异常。入院诊断为肠梗阻,肠坏死;肠占位病变可能。经术前准备第2天行肠松解减压+小肠部分切除术,术中见乙状结肠系膜处形成内疝+小肠坏死,两段分别约20 cm、25 cm,松解减压后切除坏死肠段并吻合,腹盆腔冲洗,置引流管两根,双套管一根。术后第4天发热、尿量偏少、精神差,给予碱化尿液、补钾、输注人血白蛋白治疗后,精神好转且排便、排气,24 h尿量达1 900 mL。经内外科病例讨论,调整治疗方案,加强支持治疗及抗感染治疗,恢复顺利,治愈出院。

2. 分析

根据患者病情,肠梗阻诊断正确,因有阑尾切除手术史,考虑肠梗阻由肠粘连所致;又因其高龄,右下腹可扪及包块,所以又考虑有肠肿瘤的可能。患者入院时已有腹膜炎体征,先予非手术治疗观察病情演变缺乏依据。患者经非手术治疗期间曾出现少量排便、腹痛似有好转,医方仍然期待肠梗阻进一步缓解,以便做肠镜检查,明确是否有肠肿瘤存在。但入院第6天,患者肠梗阻症状明显加剧,右下腹肌紧张,腹痛加剧,还是没有果断采取手术治疗的决定,存在医疗行为上的过失。

在患者病情没有改善的情况下,家属将患者转至其他医院,该院做术前准备后剖腹探查,术中发现小肠疝入乙状结肠系膜,形成内疝,小肠坏死,遂行小肠部分切除、肠吻合,得以治愈。

肠梗阻,尤其是绞窄性肠梗阻,病情凶险,不单是肠道有失通畅,而且会引起水电解质、酸碱平衡紊乱和感染、中毒,重者有生命危险。患者入院6 d,非手术治疗症状无根本性缓解,就应及时考虑行手术治疗。本例患者非手术治疗未取得理想疗效且病情仍在加剧,已出现局限性腹膜炎表现,提示可能有肠管绞窄,医方延误了手术时机,与肠坏死的发生存在因果关系。鉴于患者81岁高龄,又有高血压多年病史、心血管功能不健全、痛阈低、反应差、临床表现不典型,其诊治过程存在相当大的困难;而且内疝又是肠梗阻中相对少见的情形,加之因为是闭袢性肠梗阻,极易发生绞窄、肠坏死,为其不良后果发生的客观原因。

五、腹部疝手术治疗常见的过错

【案例14(疝修补术中损伤膀胱)】

1. 病情摘要

患儿陈某,男性,2012年12月出生。2018年12月27日因"左腹股沟可复性包块、包皮不能上翻5年"收住某医院。查体:左腹股沟可扪及一包块降至阴囊内,可回纳至腹腔,站立或咳嗽时出现,平卧时即消失,浅环可容纳1指,咳嗽时按压浅环有冲击感,阴囊透光试验(-);阴茎包皮不能上翻,龟头不能外露,开口如针孔大小,无异常分泌物。初步诊断为左腹股沟斜疝,包茎。次日在基础+连续硬膜外麻醉下行左腹股沟斜疝高位结扎、包皮环切术。术中分离疝囊时,因膀胱充盈且与疝囊有粘连,分离过程中膀胱破损约3 cm,即予可吸收肠线缝合膀胱黏膜,丝线全层加强,浆肌层包埋,术后留置导尿管,并予补液、抗炎、止血、膀胱间断冲洗等治疗。

术后第7天拔除导尿管,皮肤切口拆线。5 d后患儿诉小便次数多,尤以夜间为甚且小便终末疼痛,查小便常规正常。观其排尿状况:小便射程正常,尿线粗,无中间停顿,但尿末有滴沥,继续抗感染治疗。术后23 d患儿至某儿童医院请专家会诊,考虑膀胱损伤后仍处于恢复期,继续予以抗感染治疗,同时观察排尿情况。术后36 d医患双方达成共识:患儿转上级医院进一步诊治。

2. 分析

医方对患儿诊断"左腹股沟斜疝、包茎"正确,有手术适应证,术式选择正确,但术中损伤膀胱且当即修补,愈合良好。膀胱损伤系因膀胱在充盈情况下及手术医师对疝囊辨别有误,分离疝囊过高等技术因素有关。腹股沟疝手术的操作规范明确、清晰,因为腹股沟区的解剖变异极少,所以手术的程式化很强。

小儿腹股沟疝高位结扎的关键之一是找准疝囊,一般不会伤及膀胱。只有在寻找疝囊时分离位置过高、过于向内侧处才会误将膀胱切开。疝囊高位结扎不是高位寻找,手术医师这一手术失误导致膀胱损伤存在医疗行为上过失。

【案例15(腹股疝修补术后致睾丸萎缩并切除)】

1. 病情摘要

患者张某,男性,1977年10月出生。2018年10月27日因"发现右腹股沟可复性包块1月余"收住某中心卫生院诊治。入院查体:腹平坦、软,右腹股沟包块约3 cm×2 cm,按压不痛可还纳至腹腔,咳嗽及行走后复现,平卧时肿块消失,示指尖于外环口嘱咳嗽有冲击感。外生殖器外观正常,左、右睾丸及附睾等大,形态正常。初步诊断为右腹股沟斜疝。入院当日在硬脊膜外麻醉下行右腹股沟斜疝高位结扎+无张力补片修补术。术后予以抗感染、补液等对症处理。术后第2天患者要求出院,出院医嘱:继续抗感染治疗,术后7 d来院拆线,加强营养,3个月内避免咳嗽、便秘、体力劳动。

手术后整1个月,患者因右侧睾丸疼痛至某医院诊治,彩超示:右侧睾丸回声异常,形态缩小(结合临床);左侧睾丸未见明显异常。此后,右侧睾丸疼痛、缩小症状无好转,入住某集团总医院治疗。入院诊断为右侧睾丸萎缩,入院第3天行右侧睾丸切除术。术后病理检查示:(右侧睾丸)睾丸曲细精管萎缩伴梗死。术后治愈出院。

2. 分析

根据患者病史、症状及体征,医方对患者诊断明确且具备手术适应证,采取右侧腹股沟斜疝高位结扎+无张力修补术合理,符合诊疗规范。但医方在手术中不够细致、手术操作欠慎重,存在损伤右侧睾丸供血系统过失而未发觉;手术后第2天竟然应允患者自动出院,丧失术后对患者的正常观察和及时处理时机,不符合诊疗原则。

患者出院后一直有右侧睾丸不适感,但未及时去医方复诊。约1个月后患者至外院诊治,经临床体检及B超检查,证实患者右侧睾丸萎缩,并施行"右侧睾丸切除术",病理检查示:(右侧睾丸)睾丸曲细精管萎缩伴梗死。

患者因"腹股沟斜疝(右侧)"至医方行"右侧腹股沟斜疝高位结扎+无张力修补术"后发生睾丸萎缩,并导致行"右侧萎缩睾丸切除术"的后果,无疑与医方手术操作不慎、损伤右侧睾丸供血系统有关。医方于术后第2天即应允患者出院,致使其未能系统观察病情,丧失及时补救的机会,加重病情发展,有违医疗原则。医方诊疗行为发生过失与患者的人身损害后果之间存在因果关系。

【案例16(疝修补术后切口感染)】

1. 病情摘要

患者李某,男性,1966年5月出生。2012年2月8日因"右斜疝术后3年,右腹股沟可复性包块2年"入住某医院。查体:一般情况良好,心肺(-),腹部(-),右腹股沟区见长约5 cm的手术切口瘢痕,可见约成人拳头大小的质软包块,未坠入阴囊,包块可回纳至腹腔内,压住内环口包块不出现,咳嗽时有冲击感。入院诊断为右侧腹股沟斜疝复发。2月10日行右斜疝无张力疝修补术,术后予抗感染、对症治疗。2月17日未拆线患者出院。2月28日因"右腹股沟复发性斜疝术后半个月、切口疼痛伴发热1周",再次入院。查体:手术切口处隆起约10 cm×4 cm包块,红肿、压痛、有波动感。入院诊断为右斜疝术后切口感染。2月29日行感染切口引流术,术中吸除淡黄色脓液约40 mL,清洗创面后又见乳白色絮状液约10 mL从创底部溢出;术中插入导尿管后,尿液中亦见到絮状物,考虑膀胱有炎症,经抗炎、膀胱冲洗、创口换药等处理,创口愈口慢,3月14日转至某医学院附属医院治疗。

3月14日患者至某医学院附属医院治疗,入院诊断为右斜疝术后切口感染。经换药、抗炎等对症治疗、创口分泌物减少,红肿消退,4月6日行疝补片取出+清创引流术,术后经换药、抗炎及对症处理,创口基本愈合,6月20日出院。回家后不久,创口又有刺痛感觉,而且在一小口处有脓液流出;6月21日再次住院治疗,经创口清洗造影提示切口处窦道形成,6月26日行窦道切除+清创缝合术,术后创口愈合良好,7月20日出院。7月25日患者又因"切口红肿、疼痛3 d"第3次至某医学院附属医院住院治疗。经抗炎、换药,创口分泌物明显减少后,8月9日再次行"扩创术",术后创口愈合慢,分泌物多,9月4日出院,并至某市医院诊治。9月8日行"窦道切除+扩创术",术中在膀胱右侧取出残留玫瑰花补片1个且布满脓苔,彻底清洗创面后,经抗炎、换药、膀胱冲洗及营养支持等治疗,10月11日治愈出院。

2. 分析

患者"右侧腹股沟复发性斜疝"诊断明确,具备手术适应证。2月10日施行"无张力疝修补术"选择术式正确,2月17日嘱其出院、3 d后来院拆线。2月28日患者因"右斜疝术后半个月、切口疼痛伴发热1周"再次入院,医方拟诊"疝修补术后切口感染及泌尿系感染",2月29日行"感染切口引流"及抗感染治疗,但医方未能关注到此时切口下补片已成为异物,仅靠引流、换药难以控制感染。因切口感染难以愈合,医方劝其转院治疗。

同年3月14日、6月21日、7月25日患者先后3次至某医学院附属医院住院治疗,施行"补片取出+清创引流"及"窦道切除术",第一次住院98 d、第2次住院29 d、第3次住院41 d,切口好转出院。9月4日患者又因"右斜疝术后切口感染4.5个月"至某市医院诊治,施行"切口窦道切除+扩创术",术中清除膀胱右侧玫瑰花补片1个,住院37 d,10月11日治愈出院。

医方提供的病案资料存在以下不足:① 术中使用人工材料补片,但未见医患双方签署的协议书;② 手术后病程记录没有按《病历书写规范》规定连续记录3 d;③ 医患沟通不充分,记录不完整,患者多次诉术后"刀口疼痛、腹部不舒服",医方未予妥善应答等。

疝手术属于Ⅰ类切口、无菌手术,发生切口感染的概率应该相对极低。患者切口感染是由人工材料补片排异所致,还是手术过程中因某一环节中感染所致,无佐证材料可确定。医方对患者切口感染处理存在不够严谨和主动,以及诊治行为中的一些不足和病案记录上内容不完善，与嗣后患者切口感染多次住院、多次手术存在因果关系。

【案例 17（嵌顿疝手法复位致回肠穿孔、感染性休克）】

1. 病情摘要

患儿万某，男性，2016 年 1 月出生。2018 年 2 月 12 日因“左侧腹股沟区可复性肿块半年，不能还纳 3~4 h”于 2012 年 2 月 7 日 19:00 左右至某医院门诊就诊，予以手法复位后回家。患儿回家后 23:00 许发热、进食后呕吐伴腹胀。6 月 8 日 9:10 再次至医方就诊并收住院，入院查体：体温 37.9℃（腋下），体重 12.5 kg，神志清楚，腹部膨隆，腹肌紧张，肠鸣音弱，移动性浊音（±），左腹股沟部扪及一大小 5 cm×4 cm×3 cm 肿块，质软、有压痛，站立哭闹时肿块明显，平卧休息时肿块无法消失，手法复位可将其还纳入腹腔。左侧外环口松弛，可容纳一拇指；左侧阴囊肿胀、皮肤发红。右侧腹股沟区及阴囊正常。立位腹部平片示：肠梗阻。初步诊断为左腹股沟斜疝，肠梗阻。予以禁食、胃肠减压、补液对症支持治疗。当日 11:30 患儿出现高热（39.1℃、腋下），腹部彩超示：腹水，肠管扩张。腹腔穿刺抽吸到淡红色浑浊液体，有臭味。医方向患儿家长告知患儿病情较重，怀疑有肠坏死、穿孔可能，建议剖腹探查，但患儿家长未接受，要求暂时观察治疗。13:10 再次与患儿家长沟通，详细告知不手术将导致病情更严重并有生命危险。患儿家长要求转某市医院治疗。

2012 年 6 月 8 日 15:51，患儿转入某市医院治疗。入院查体：体温 38.8℃，脉搏100 次/min，呼吸22 次/min，神志模糊、精神差、面色苍白、无力哭闹；全腹膨隆、腹肌紧张、压痛及反跳痛明显、移动性浊音（±）、肠鸣音消失，未扪及包块，左腹股沟斜疝已回纳入腹腔内，胃肠减压在位。初步诊断为急性腹膜炎，嵌顿性左腹股沟斜疝复位后，感染性休克。19:45 行左腹股沟区探查+回肠穿孔修补+腹腔引流+腹股沟阴囊引流术，术中打开疝囊见暗黄色混有粪汁样液体溢出，腹腔内大量粪汁，伴有块状植物残渣，扩大切口后见距回盲瓣约 15 cm 处回肠系膜对侧缘穿孔，直径约 1 cm。术后回肠破裂边缘组织病理检查示：炎性细胞浸润伴片状坏死，肠壁溃疡。22:25 因全麻未醒、气管插管辅助呼吸、全身冰凉、末梢循环发绀转入 ICU 抢救治疗。6 月 11 日患儿仍昏迷不醒，头颅 CT 检查示：双侧额顶叶、枕叶广泛异常密度影。查血小板 $15.2\times10^9/L$。予以低分子量肝素钙、脱水及营养脑细胞治疗。6 月 14 日患儿仍处于昏迷状态，出现抽搐。复查头颅 CT 示：两侧小脑、大脑半球弥漫性缺血、肿胀；两侧大脑半球散在小出血灶。全 X 线胸片示：两肺弥漫炎症。停用低分子量肝素钙，继续予以营养脑细胞等治疗。6 月 18 日转入普通病房。7 月 3 日复查头颅 CT 示：两侧大脑半球广泛异常密度，考虑缺血、肿胀；两侧大脑半球出血灶较 6 月 14 日部分吸收。7 月 14 日患儿出院，出院情况：神经淡漠、精神可、答题基本准确、反应迟钝；心肺功能正常；腹平软，无压痛及反跳痛，肠鸣音正常，切口愈合良好。但存在广泛性脑损害后遗症。

2. 分析

可以从以下几方面考虑医疗过错与损害后果。

（1）患儿嵌顿疝就诊，经手法复位后应予留院观察，轻易让患儿回家将无法系统观察复位后患儿病情的变化，医方的上述处置存在过错。

（2）6 月 7 日晚门诊急诊时医方不能提供门诊病历记录（医方认可未予书写），无法论证患儿就诊时症状、体征、嵌顿疝可否复位及手法复位操作过程记录等至关重要的事实依据，医方在上述病历书写方面有违相应规范的要求，存在过错。

（3）6 月 8 日 1:00 左右，患儿嵌顿疝手法复位后约 5 h 出现发热、腹痛腹胀等症状，与医方的手法复位不当致回肠破裂有相关性；结合 6 月 8 日某市医院手术探查结果，无疑可认定其为医方手法复位不当所致，存在过错。

（4）6 月 8 日 11:30 根据患儿症状、体征及 X 线检查均提示腹膜炎，已经考虑肠破裂、肠坏死存在的可能，此时医方应结合小儿外科特点必须就地急诊手术治疗或立即转上级医院治疗，没有暂时再观察非手术治疗选择的余地。在患儿家长未能正确理解患儿病情严重性、预后风险的情况下，医方竟然接受患儿家长“要求暂时观察治疗”的要求，有违相关诊疗规范，延误了及时抢救患儿的关键时机，存在过错。

综上所述，患儿目前的状况与感染性休克后广泛性脑损伤有相关性。首诊医院对患儿行嵌顿疝手法复位后，鉴于复位手法不当致使患儿回肠破裂，腹腔感染；复位后未能将患儿留院观察，严密观察病情变化；次日患儿病情加重来院复诊时，腹膜炎症状明显，医方未予及时手术或立即转院，延误了抢救患儿的关键时机，致使病情进展为腹膜炎、感染性休克、弥散性血管内凝血、广泛性脑损害。医方的不当诊疗行为与患儿目前受损害后果存在因果关系。

六、大隐静脉曲张手术治疗常见的过错

大隐静脉曲张手术引发意外的情形大多为以下几种。

（1）经治医师思想上对手术重视不够，认为大隐静脉曲张手术是小手术、风险小，大胆放手让低年资外科医师操作及管理而出现意外。

（2）术前讨论不认真，对相关体征及辅助检查资料缺乏核实和分析，从而留下隐患。

（3）医患沟通不到位，术后注意事项交代不清楚。

（4）术后疏于认真观察和检查，致使术后异常情况未予及时处理等，引发纠纷。

【案例 18（大隐静脉曲张术后并发肺栓塞死亡）】

1. 病情摘要

患者张某，女性，1945 年 6 月出生。2012 年 2 月 27 日因“左下肢血管迂曲扩张 10 余年”入住某医院诊治。入院查体：体温 36.5℃，心率 85 次/min，呼吸 18 次/min，血压 163/90 mmHg；左下肢大腿根部沿大隐静脉曲张走向见迂曲静脉团，足靴区无明显褐色皮肤色素沉着，左下肢大隐静脉曲张瓣膜功能试验（Trendelenburg 试验）（+），深静脉通畅试验（Perthes 试验）（-），左侧腘窝处扪及一直径约 4 cm 肿块，质韧、表面光滑、边界清楚、囊性感、活动度不大、无压痛感。心电图示：窦性心律，大致正常。胸部 X 线片示：两肺未见明显活动性病变。左下肢 B 超示：左腘窝内暗区；左下肢深静脉血流通畅。入院诊断为左下肢大隐静脉曲张，左腘窝囊肿，高血压。3 月 2 日在腰麻下行左下肢大隐静脉高位结扎+抽剥术，术后予以弹力绷带包扎患肢、抬高患肢、抗感染、5%葡萄糖溶液 250 mL+丹参多酚 200 mg 静脉滴注等治疗。3 月 3 日、3 月 4 日左下肢血循环良好、活动功能无障碍。3 月 5 日病理检查示：（左下肢）符合大隐静脉曲张。3 月 8 日 22:10 患者突发胸闷、颜面及口唇发绀，生命体征不稳，即给予吸氧、侧卧、心电监护。实验室检验：心肌酶谱正常，凝血酶原国际标准化比值（international normalized ratio，INR）1.00，纤维蛋白原 2.1 g/L，凝血酶时间 16.8 s，D-二聚体 1.638 μg/mL。临床考虑大面积肺栓塞，给予肝素 6 000 U 静脉推注，并肝素静脉维持，胸外按压、呼吸机辅助呼吸等抢救。3 月 9 日 00:05 死亡。

2. 分析

根据患者临床症状、体征、专科检查及影像学检查，证实左下肢大隐静脉瓣膜功能试验阳性、深静脉通畅试验阴性、B 超提示左下肢深静脉血流通畅，医方诊断明确，无手术禁忌证，选择“大隐静脉高位结扎+剥脱术”术式正确，手术顺利。术后弹力绷带包扎患肢、抬高患肢、关注患肢血液循环、未用止血剂，加用丹参多酚等治疗符合规范。根据病案记载，术后3月3日~3月8日，患者左下肢术后一直不肿胀、不胀痛、血循良好，无任何功能障碍。3月8日22: 10患者突发胸闷、颜面及嘴唇发干，呕吐一次为胃内容物，生命体征不稳，临床考虑大面积肺栓塞，经奋力抢救无效而死亡。患者死亡原因临床推断为肺动脉栓塞，因未做行尸体解剖检验，确切死因及临床推断的肺栓塞栓子来源不能明确。

医方在诊疗行为中存在一些过错：① 对患者术后应早期活动告知不到位，指导不具体，任其术后一直卧位休息；② 病程记录不完整、内容欠具体详细，护理记录单记述内容过于简单；③ 患者高龄、有手术创伤、有高血压基础疾病，自身存在高危因素，医方注意不够。患者术后第6天发病又很突然，发病前无任何临床先兆，突发急性肺栓塞在临床上难以预料。虽然医方在诊疗过程中存在一些过错，但与患者突发肺栓塞以致死亡之间无因果关系。

【案例19（大隐静脉曲张术前检查项目不全及术后使用止血剂不当）】

1. 病情摘要

患者程某，女性，1967年9月出生。2010年7月14日因“双下肢血管迂曲扩张5年”收住某医院诊治。入院查体：双下肢内侧及各方多处蚯蚓样团块隆起。左小腿稍粗、轻度触痛，足靴区有抓痕及色素沉着、无溃疡，深静脉通畅试验(-)；右小腿中段内侧团块质软，无明显触痛，足靴区无明显色素沉着及溃疡，深静脉通畅试验(+)。B 超示：两下肢大隐静脉曲张，深静脉血流通畅。胸部X线片与心电图检查未见异常。临床诊断为双下肢大隐静脉曲张症。7月15日在硬膜外麻醉下行双下肢大隐静脉高位结扎+剥脱术，手术过程顺利，术后予抗感染、止血及对症处理。7月16日~7月19日连续4 d使用0.9 g二乙酰氨乙酸乙二胺。患者于7月22日出院。出院医嘱：注意切口卫生，注意休息，加强功能锻炼，门诊随访。

2010年7月28日（术后第13天）患者因“左下肢疼痛、肿胀、发热感4 d”至医方复诊。B 超检查示：左侧股总静脉血栓形成。当日转至某市医院诊治，入院诊断为左下肢深静脉血栓。入院当日即行下肢静脉造影+下腔静脉滤过器植入+左下肢深静脉插管溶栓术。8月2日造影示：仍有残余血栓。8月3日转至某省医院诊治，当日行下腔静脉造影+左下肢深静脉造影+溶栓导管拔除术，8月10日行下腔静脉造影+可回收滤过器取出术，8月16日出院。

2010年2月22日第2次至某市医院复诊，入院诊断为左下肢深静脉血栓溶栓术后，晕厥待查。患者于8月30日出院，出院诊断为左下肢深静脉血栓溶栓术后；血管迷走性晕厥。10月2日因“睡眠差、紧张、害怕、烦躁不安40 d”至其他医院门诊就诊，诊断为抑郁症。

2. 分析

根据患者病史体征及入院时辅助检查资料，医方对患者诊断“两下肢大隐静脉曲张”明确。但入院体征中有“左小腿稍粗、轻度触痛、足靴区瘙痒；右小腿深静脉通畅试验(+)”记述，医方应怀疑有深静脉瓣膜功能不全的可能性，故术前行血管彩超及血管 Doppler 检查或静脉造影检查很有必要。大、小隐静脉瓣膜关闭不全、伴有交通支瓣膜关闭不全，而深静脉通畅且瓣膜功能良好者，此为绝对手术适应证；若大、小隐静脉瓣膜关闭不全，伴有深静脉通畅，而瓣膜功能轻至中度不全者，此为相对手术适应证。因此，医务人员施行大隐静脉曲张手术时，应严格把握手术适应证，术前应该检查的项目尽可能齐备。患者术后深静脉血栓形成，无疑与术前检查不到位和评估失误、手术创伤、卧床休息时间过长、饮食改变等诸多因素有相关性；特别是医方在患者使用止血剂指征不是很明确的情况下，使用二乙酰氨乙酸乙二胺止血剂且用量偏大，持续4 d，与患者深静脉血栓形成亦有一定的因果关系。医方的不当诊疗行为存在过错，但患者发生深静脉血栓后，医方及时明确诊断并转上级医院血管外科处理，目前恢复情况虽不理想，仍在继续治疗中。

【案例20（动脉硬化闭塞症误诊为大隐静脉曲张致截肢后果）】

1. 病情摘要

患者何某，男性，1944年4月出生。2010年6月30日因“左下肢浅静脉扩张3年伴疼痛1个月”入住某医院诊治。患者既往有原发性高血压史15年左右，未做正规治疗，断续服药血压控制不稳定。入院查体：血压150/90 mmHg，左下肢无水肿，浅静脉轻度扩张、无迂曲呈蚯蚓状团块；彩超检查示：左下肢深静脉无异常。入院诊断为左下肢原发性大隐静脉曲张，原发性高血压。当日在硬膜外麻醉下行左侧大隐静脉高位结扎+剥脱术，术中见静脉血管管壁变薄，内有血栓形成，术后予抗感染等治疗。7月15日患者左下肢内侧见一约1.0 cm×1.2 cm皮肤溃疡，经加强抗感染治疗及换药处理后，溃疡无好转趋势，且逐步恶化，于8月3日出院。出院时患者左下肢溃疡尚有6 cm×3.5 cm，有少量肉芽形成，触及易出血，末梢血循环欠佳，足背动脉搏动微弱。

出院当日患者转至某市医院诊治。入院查体：左小腿胫前中下部大片皮肤坏死缺损，约占胫前近一半面积，创缘及创面深至骨筋膜表面，有较稠厚发臭渗液。入院诊断为左小腿伤口感染坏死不愈合伴胫骨前缘骨外露，予以抗感染、换药等对症治疗。9月3日行左小腿外侧肉芽创面游离植皮术治疗；9月20日在持续硬膜外麻醉下行左小腿中上段截肢术；10月8日转入骨科，10月9日硬麻下行左大腿中段截肢术，10月13日病理检查报告示：左下肢镜下见血管内膜增厚，平滑肌组织增生变性伴血栓形成。患者于10月25日出院。

2. 分析

患者因“左下肢浅静脉扩张3年，疼痛1个月”首次就诊并入住某医院，医方对患者病情缺乏全面认识，漏诊动物硬化闭塞症的诊断。在诊断未完全明确情况下，入院当日下午错误施行左下肢大隐静脉高位结扎+剥脱术，导致患肢动脉缺血加重、溃疡不愈合、发黑、水泡及骨外露。鉴于治疗上的困难，于2010年8月3日转到上级医院诊治。入院时查体：左小腿胫前区中下部大片皮肤坏死缺损、创面深达骨筋膜表面等；首诊医院行大隐静脉曲张高位结扎+剥脱术已1月余、出现溃疡且急剧恶化亦有半个多月的时间，医方未曾对该患者病情认真分析研究，仍然采用换药、坏死组织清除、真空负压引流、植皮、抗感染等多种措施应对，病情非但毫无好转征兆，反而进一步恶化至左小腿下段出现坏疽，遂于9月20日施行左小腿中上段截肢术，术后残肢端仍然不愈合。请骨科会诊后才明确诊断，10月8日转至骨科施行左大腿中段截肢术。医方在对患者左小腿创面非手术治疗无效的情况下行截肢术未违反诊疗原则，但术前未能认真、深入分析病情查找非手术治疗无效的原因，致使左小腿截肢后伤口不愈合而不得不再行左大腿中段截肢术。医方的诊疗行为存在过错。

综上分析意见：① 患者左大腿截肢与首诊某医院（一级医院）在未完全明确病因的情

况下，轻率行左下肢大隐静脉高位结扎+剥脱术有直接因果关系，但患者自身患有左下肢动脉硬化闭塞症，左下肢血供障碍，且该病临床症状表现随病变进展速度、侧支循环多寡而呈多样性或隐匿性，临床上诊断有一定难度。医方的诊疗行为存在过错。② 患者从首诊医院转至上级医院某市医院（三级医院）诊治时，医方对患者病情缺乏全面了解与认真分析，存在延误诊断、处理不及时过错，造成第一次截肢术未达治愈目的，而进行第2次截肢手术，医方的诊疗行为亦存在过错。③ 两家医院的诊疗行为均存在过错，给患者造成人身损害，应共同承担赔偿责任，应给患者安装义肢，改善其生活质量。

七、骨科手术常见的过错

【案例21（左股骨粗隆间骨折，切开复位动力髋螺钉（dynamic hip screw，DHS）内固定术手术操作不符合诊疗规范，后遗左髋关节活动障碍）】

1. 病情摘要

患者，男性，1969年6月出生。因“左髋部跌伤疼痛3 h余”于2013年3月9日收住某医院，CR片显示：左股骨粗隆间骨折。初步诊断为左股骨粗隆间骨折。3月10日在联合麻醉下行左股骨切开复位DHS内固定术，术中见股骨转子间粉碎性骨折，大转子下多块碎骨块，经牵扯固齿钳外固定后对位可，取一135°定位器置于大转子下2 cm处，取1根克氏针经定位器钻入股骨颈，C臂机透视见克氏针在股骨颈内，长约85 mm，骨折对位好，选用8.5 cm长DHS螺钉，装入滑槽钢板。术后予抗炎、止血、补液等对症治疗。3月17日CR片显示：左股骨粗隆间骨折，鹅颈钉内固定复位对位良好，髋关节在位。患者于3月22日出院。

3月29日因“左侧股骨粗隆间骨折术后3周疼痛、活动障碍”收住某县级医院。诊断为左股骨粗隆间骨折内固定装置障碍，行非手术治疗。4月10日出院。5月11日某老年病医院X线片显示：股骨粗隆粉碎性骨折金属内固定术后表现，未见明显骨痂形成。12月10日某县级医院X线片显示：左股骨上段内固定术后，局部见内固定影。2014年12月8日某市医院X线片显示：左侧髋关节在位，股骨上段骨折，内固定术后，对位尚可。

2. 分析

根据某县级医院2013年3月29日CT显示，DHS固定系统中的拉力螺钉部分位于股骨头、颈外。此时距患方术后19 d，与术后拉力钉切割、移位通常发生在3个月内不完全符合。分析发生原因可能为：① 医方手术操作时不能举证已行C臂机正侧位透视，拉力钉未能置入合适部位；② 置钉位置不在合适部位，加之患者早期负重，终致拉力钉切割出股骨头、颈外。

患者目前存在的左髋部疼痛和左髋关节活动障碍的原因与患者原始损伤和骨折延迟愈合等因素有关。骨折延迟愈合的原因有：① 患者的原始损伤严重，骨折粉碎，为不稳定性骨折；② 负重过早；③ 内固定失效使骨折端失去力学上的稳定性；④ 医方未及早发现潜在的或已存在的影响骨折愈合的不稳定因素（如拉力钉位置不良），未能采取相应的预防措施。本案患者伤后X线改变、手术记录记载术中所见（股骨转子间粉碎性骨折，大转子下多块碎骨块），均表明其骨折类型为不稳定性骨折，虽然DHS内固定术不是禁忌证，但一般首股骨近端防旋髓内钉（proximal femoral nail antirotation，PFNA）髓内固定更合理。综上所述，医方在诊疗过程中存在的过错与患者的损害后果存在一定的因果关系。

通过本案可以认识到临床工作中应吸取的教训。一是针对股骨转子间粉碎性骨折的情形选择治疗效果更好的内固定方法。根据本病例骨折类型为不稳定性骨折，虽然DHS内固定术式不是禁忌证，但选择PFNA髓内固定更合理。二是手术操作要按照相关诊疗规范进行。进行骨折切开复位内固定手术，手术结束前要了解骨折复位及内固定情况，以明确是否达到治疗目的，应进行正侧位X线检查，由此来判断手术效果能为将来病情的演变或发生医疗纠纷留下充分依据和证据，这一点任何时候都不能马虎。本病例手术后未行正侧位X线检查，鉴定中无法证明当时的手术是否按照诊疗规范实施的，更不能证明手术效果是达到目标的。三是手术后要及时了解患者病情的动态变化，要定期复查，及时发现诊治中出现的问题，及时采取措施纠正。本病例在出院前曾有X线检查，但未能判断出手术是存在问题的（鉴定专家组阅片2013年3月17日左髋关节右后前位片：左股骨转子间骨折，DHS内固定术后观，骨折端有短缩移位，拉力钉位于股骨头颈部外上1/4区域）。直到出院后，手术后19 d在外院才发现问题，严重影响了病情的恢复。

【案例22（左侧股骨颈骨折，左髋关节置换术手术时机把握不当并发感染）】

1. 病情摘要

患者，男性，1951年4月出生。2012年6月12日患者因“左髋关节疼痛伴活动受限10 d”入住某医院，诊断为左侧股骨颈骨折。6月16日行左髋关节切开引流术，术中切开关节囊见大量乳白色脓液渗出，予冲洗、引流。脓液培养无细菌生长，7月4日出院。

8月4日患者再次收住某医院。8月6日行左侧全髋关节置换术，术后切口少量渗液，予换药、抗感染处理。8月22日出院，出院时切口少量渗液。

2013年5月7日患者因“右髋疼痛、活动受限2个月，加重5 d”第3次收住某医院，诊断为右侧股骨颈骨折。予牵引、抗感染治疗。

5月10日18:00患者出现神志不清，面色苍白，于当日19:30转至某县级医院，诊断为右股骨颈骨折，上消化道出血，失血性休克，左髋关节人工关节置换术后，褥疮。入院后转ICU监护治疗，5月13日转入骨科。5月31日行右侧人工髋关节置换术，6月15日出院。7月10日患者因“左侧髋关节人工关节置换术后伴切口间断渗液1年”再次收住某县级医院，诊断：左髋关节人工关节置换术后伴感染；右髋关节人工关节置换术后。7月11日行左髋关节脓肿切开引流术，术中见关节液浑浊，并掺杂较多豆腐渣样物，清理髋关节腔时见较多条索状及块状炎性肉芽组织，并取出一长约5 cm无菌手套皮筋，术后行抗感染、换药治疗。8月26日患者至某省医院住院治疗，9月2日行左侧髋关节清创+人工假体取出+旷置术，9月10日出院。2014年5月19日行左侧人工假体取出术+髋关节滑膜切除术，5月26日出院。

2. 分析

患者第一次就诊时，根据患者伤后临床表现和术中所见，入、出院诊断“左股骨颈骨折”“左髋关节化脓性关节炎”明确，行左髋切开引流、闭式灌洗术，术中关节腔分泌物送病原学检查，术后予广谱抗菌药抗感染治疗，闭式灌洗近2周。病理诊断：符合化脓性炎症改变。医方的诊疗行为基本符合化脓性关节炎的诊疗原则。但针对患者出院诊断中“左髋关节化脓性关节炎”的处理，住院期间抗生素使用疗程只有9 d，出院医嘱中无有关抗感染治疗的记录，违反了抗菌药物临床应用指导原则中关于治疗骨关节感染的要求，为以后感染的迁延留下隐患。

根据《外科学》(第7版,人民卫生出版社)、《临床诊疗指南-骨科分册》、《实用骨科学》(第3版,人民卫生出版社)和抗菌药物临床应用指导原则,并结合专家共识,年龄大于65周岁的头下型股骨颈骨折后,可选用人工关节置换术,如存在感染或人工关节置换后出现感染,应进行系统规范的抗菌治疗,每月复查红细胞沉降率和C反应蛋白,待其降至正常水平(时间为6~8周)后,再连续复查3个月均显示正常才能手术。化脓性关节炎的治疗应及时进行病原学检查,选用敏感抗生素,并进行闭式灌洗引流。急性化脓性关节炎抗生素应用药2~4周。

患者第2次住院时,在已明确存在术侧关节化脓性感染的情况下,6周即行手术,理论上存在手术的禁忌证。要排除该禁忌,术前必须监测和动态观察红细胞沉降率、C反应蛋白、降钙素原等感染性指标,同时行病原学检查和必要的影像学检查,以明确感染是否控制。只有血清学完全正常后才能排除手术禁忌,进行手术。医方未进行上述相关检查,且围手术期未能规范使用抗生素,违反了全髋关节置换术的手术适应证和治疗骨关节感染等相关诊疗规范。

感染是人工关节置换术后最严重的并发症,感染率约1%。在患者左股骨颈骨折合并化脓性关节炎且无证据表明感染已控制的情况下,任何植入性或遗留异物均不利于感染的控制,某医院的诊疗行为与患者的损害后果之间存在因果关系,医疗过错为直接因素。患者原始疾病存在左髋化脓性关节炎,其自然病程也可能出现骨坏死、关节功能障碍,但不能作为医方减责的理由。

【案例23(股骨颈骨折闭合复位内固定术后,未能履行功能锻炼的告知,致股骨颈骨折后延迟愈合、不愈合)】

1. 病情摘要

患者,男性,1968年2月出生。2014年10月16日因"左髋部及左肩部外伤疼痛,活动障碍1 h"入住某医院,X线示:① 左股骨颈骨折;② 左肱骨结节处隐约线样骨折线,考虑骨折可能。入院诊断为左股骨颈骨折、左肩关节脱位。于当日在硬膜外麻醉下行左股骨颈骨折闭合复位内固定术,术中予C臂机正位透视,置入空心钉。术后予抗炎、活血舒络等对症处理,于2014年10月26日出院。嘱患者:① 抗炎;② 注意休息;③ 门诊复诊。

2015年2月3日(2月25日补发报告)患者于某市医院X线片显示:左侧股骨颈骨折经螺纹钉内固定术后改变,左侧股骨颈变短,断骨稍呈错位改变;右侧耻骨上支骨折。

2. 分析

股骨颈骨折后骨折延迟愈合或不愈合的原因主要包括:① 医源性因素,手术适应证和术式错误,骨折复位不满意和固定不牢,术后不合理的过早负重和功能锻炼。② 局部因素,骨折断端有软组织嵌入,严重粉碎性骨折,骨折处骨缺损,骨折处血运差、感染等。③ 生物学因素,骨折愈合的生物学过程异常,如骨痂形成、矿化、改建塑形异常等。多数骨延迟愈合、不愈合的原因是骨折端血供不良、骨缺损、骨折端不稳定、负重、锻炼不当和感染。年轻人股骨骨折多为高能量损伤,与老年人低能量所致骨折相比,其有更高的不愈合率,达25%~60%。

手术后的功能锻炼要有明确具体的医嘱告知。对骨科患者,特别是实施了内固定和外固定的患者,手术后什么时间负重,什么时间进行功能锻炼,在出院医嘱和复诊的病历中都要详细地告知医嘱,目前普遍存在告知定期复查、适当锻炼等,但对复查的具体时间、负重的具体时间、锻炼的具体方式缺乏交代会导致患者不了解疾病的性质、何时随访、如何正确康复训练而出现错误,此种情形医方是要负有责任的。本病例的出院医嘱过于简单,未交代功能锻炼的具体方式、负重行走的时间、复查时间，未充分履行告知义务。

（蒋士浩）

第五节　过度医疗的过错

一、概述

过度医疗是指医疗机构或医务人员违背临床医学诊疗规范和伦理准则，不能真正提高诊治价值，只是徒增医疗资源耗费的诊治行为。过度医疗包括过度检查、过度治疗、过度护理。过度医疗的定义虽然很明确，但在现实中有时却又非常难以界定，对过度医疗的判断迄今仍缺乏具体的量化指标，在不同经济文化背景下，人们对过度医疗的认识也存在显著差异。根据《民法典》第六十三条规定："医疗机构及其医务人员不得违反诊疗规范实施不必要的检查。"由此可见，过度医疗是与道德相违背的，也是法律及相关制度所禁止的。

过度医疗是相对的，也是医疗损害鉴定的内容之一。鉴定中仍然需明确是否违反诊疗规范，是否存在医疗过错，有无造成损害后果，过错行为与损害后果之间是否存在因果关系。一般来说，对过度医疗判定的基本准则是：对患者的诊疗总体上是有利、无利还是很可能造成不必要的伤害。在治疗中，要看所实施医疗操作的目的何在，治疗是否产生预防作用，是否减轻了患者的痛苦，是否能延长患者的寿命。另外3个附加条件是患者的经济能力是否能承受、患者的心理是否能承受、治疗中是否能体现患者的权利。

过度医疗在现实中是非常难以界定的。因为，临床医学非常复杂，每个患者的情况都不一样，即使是同一种病也有不同的临床表现，同一种病的不同时期治疗方法也不同。就拿通常的"感冒"来说，做CT那就是过度医疗，但如果做常规的血液检查那就不一定了，很多病症相似，医生需要实验室检验作为确诊的依据，有时医生采取全面检查的手段，其中哪些检查是正确诊断所必需的、哪些是多余的，都是由医生根据自己的经验和水平而定的，因此，对过度医疗的判断也就没有一个具体的量化指标。此外，在不同经济文化背景下，人们对过度医疗的认识也不同。

二、案例

【案例1（食管癌未明确诊断植入食管支架）】

1. 病情摘要

患者，男性，54岁。因"咽部异常感2~3个月"于2014年6月7日到某医院门诊，行胃镜检查示食管距门齿26 cm可见一隆起样病变，中央凹陷，边缘黏膜呈堤样隆起，表面覆有大量白色钡剂，取3块活检，质硬，易出血，管腔狭窄，无法进镜。告知患者后，予行食管支架置入术。当日胸部CT检查提示食道中下段管壁增厚。6月10日病理检查示黏膜中度慢性炎，鳞状上皮乳头瘤样增生，局部轻度不典型增生。

6月13日入住某胸科医院，6月18日行食管镜检查示：食管支架安置后，近端有肉芽。6月20日活检病理示鳞状上皮轻度增生。

7月4日转入某市医院，于7月9日拟胃镜下取出食管内金属支架，但取出困难，取5块组织活检，病理示食管癌。

7月14日转入某医院，入院诊断为食管恶性肿瘤，于7月16日起予紫杉醇与顺铂联合化疗方案（TP方案）化疗。8月13日再次入住某医院，8月22日行食管中段癌切除术，食管支架在术中取出。

10月30日在某市医院行放射治疗。

2015年5月17日食管气管瘘。7月15日患者于家中口吐鲜血送至某市医院，经抢救无效死亡。

2. 分析论证

医方根据胃镜检查及自身临床经验判断患者为食管癌，却未就食管癌的所有治疗方式方法与患者进行沟通，如外科手术治疗、放化疗等，侵犯了患者的知情选择权。手术是治疗食管癌首选方法。在胃镜活检病理报告未回报，亦未对患者病情及生存情况做出评估时，直接植入难以取出的支架，不符合作为首选的治疗方式，不符合诊疗规范。

医方的诊疗行为既违反食管支架置入术的适应证，又不符合治疗原则，同时存在过度医疗现象。

【案例2（脑动脉瘤介入放8枚弹簧圈再出血死亡）】

1. 病情摘要

患者，女性，43岁。因诊断为蛛网膜下腔出血（Hunt－Hess Ⅱ级）；前交通动脉瘤破裂出血可能，行前交通动脉瘤栓塞术，在放置第8枚（最后一枚）弹簧圈时，血压突升至200/100 mmHg，继续放置此弹簧圈完毕，复查造影示动脉瘤闭塞，有造影剂外泄，CT示再发蛛网膜下腔出血，血液聚集在纵裂及脑底池。5 d后抢救无效死亡。

2. 分析论证

医方在术前、术中、术后都未与家属进行充分的沟通。

脑动脉瘤支架植入，一般放置不超过3枚，本案例共放置支架8枚，明显过度，而且在放置第8枚（最后一枚）弹簧圈时，血管破裂，患者最终死亡，总费用11万多。

【案例3】

2010年5月8日，龙某的5岁女儿，误吞一根3 cm长的铁制弯针，被送至某医院治疗。医院对女孩进行抽血化验、胃镜检查等救治措施，发现弯针已到达肠道。5月10日，女孩大便时将弯针排出。随后，龙某接女儿出院，发现医疗费高达3 366.30元，收费清单上竟有217个检查项目，包括梅毒、艾滋病、类风湿检查等。

临床诊疗过程中应实施全面的检查，但须具有针对性和必要性，本例患儿仅5岁，上述部分检查项目确属过度，加之医患沟通不足，终酿成纠纷。

（蒋士浩）

第六节　知情告知的过错

《医疗纠纷预防和处理条例》第十三条规定："医务人员在诊疗活动中应当向患者说明

病情和医疗措施。需要实施手术,或者开展临床试验等存在一定危险性、可能产生不良后果的特殊检查、特殊治疗的医务人员应当及时向患者说明医疗风险、替代医疗方案等情况,并取得其书面同意。”该条例第二十三条还规定:“患者死亡的,还应当告知其近亲属有关尸检的规定。”《民法典》第一千二百一十九条规定:“医务人员在诊疗活动中应当向患者说明病情和医疗措施。需要实施手术、特殊检查、特殊治疗的,医务人员应当及时向患者说明医疗风险、替代医疗方案等情况,并取得明确同意。”医务人员未尽到前款义务,造成患者损害的,医疗机构应当承担赔偿责任。

从上述法律法规可以看出,在医患关系中,患者享有知情同意权,即患者对自己疾病的病因、诊断方法、治疗原则及可能的预后等享有知晓的权利。相应地,医疗机构负有告知说明义务和注意义务,医疗机构在实施诊疗行为之前,应当将患者病情、医疗措施、医疗风险、替代医疗方案等如实告知患者,否则要承担相应的法律责任。知情告知贯穿治疗的整个过程,也是容易引起医疗纠纷的高危因素,很多治疗本身没有多少问题,但因为沟通告知不充分而引起矛盾。

一、常见过错情形和认定原则

(一)病情告知不充分

与病情告知有关的事项包括疾病的诊断、疾病治疗相关情况、治疗中病情变化等。

1. *疾病的诊断告知不充分* 疾病的诊断告知包括医师知道的和应当知道的诊断,此处的“知道”是指按照医学标准做出的要求。对于患者就诊中的主要疾病,一般医生都会有某种程度上的告知,但有时检查中顺便发现的一些问题会不会引起医生的重视就难说,常常容易遗漏。

2. *疾病治疗相关情况告知不充分* 疾病治疗相关情况告知包括疾病治疗所需的医疗费用、治疗大约时间、疾病最终的转归等情况告知。对一些重症患者,尤其是肿瘤患者,如果医生不能充分告知患者治疗的情况、疾病的转归等,家属在花费了大量的人力、物力、财力后得不到理想的结果,往往会产生纠纷。

3. *治疗中病情变化告知不充分* 治疗中病情变化主要指治疗过程中可能出现的病情加重、不可避免的并发症以及相应的并发症出现后需要采取的措施等。很多疾病在治疗过程中病情加重或出现一些并发症,对于这些可能出现的并发症及相应的处理措施医务人员应当进行告知,让患者心中有数,减少损害后果的发生。

(二)医疗措施告知不充分

医疗措施的告知涉及整个治疗过程的多个方面,如药物选择告知、治疗方法告知、手术方案告知、出院医嘱告知等方面。

1. *药物选择告知* 药物有医保与非医保、国产与进口之分等,不同药物的疗效不同。经治医生应当将所使用药物充分告知患者,以便患者根据自己的经济状况,做出合理的选择。

2. *治疗方法告知* 任何一种疾病治疗可能存在多种方法,不同的方法各有利弊,疗效与风险各不相同。在诊断明确的情况下,临床医生有义务将不同治疗方法的利弊告知患者,而不能直接决定,否则即存在过错。

3. *手术方案告知* 同一种疾病、损伤,手术的方案可能有多种,但不同的手术方案会有各自的优点，也有其缺点。随着腔镜在临床治疗中的广泛使用，腔镜手术已经逐渐取代了传统的手术，传统的手术创伤大、恢复慢，但视野清晰；腔镜手术创伤小、恢复较快，但腔镜产生的热辐射（热传导）副作用的案件也越来越多。

4. 出院医嘱告知　临床医生往往注重住院中治疗相关情形告知，容易忽视出院医嘱的告知，出院医嘱的告知中最常出现的问题是随访，出院医嘱中的随访往往达不到告知的要求。对于出院医嘱的告知，需要根据不同的病情，有针对性地进行说明、告知。

（三）医疗风险告知不充分

医疗风险的告知包括药物副作用告知、手术知情（麻醉）同意书告知、特殊检查风险告知、转诊风险告知、放弃治疗风险告知等方面。

1. 药物副作用告知　俗话说，“是药三分毒”，任何药物或多或少均存在副作用，临床上是否对每一个药物的副作用均需要详细告知，笔者认为这样要求没有意义也不现实，这里所指的副作用是指特定的药物治疗中若可能发生的严重的副作用或者存在可能致残的副作用，则应当必须进行充分的告知。如果这些药物的特定副作用没有告知，则应当认定风险告知不充分，而且往往会认定与后果之间存在因果关系。

2. 手术知情同意书告知　对每位患者来说，手术是一个比较大的事件，任何手术、麻醉都可能发生风险，可能产生某些特定的并发症甚至造成相当严重的后果，手术前必须要将相应的并发症、风险充分地告知患者。鉴定中经常碰到的是格式的“手术知情同意书”，但其缺乏足够的针对性，从而导致同一科室不同的患者的风险告知均基本相仿，有的甚至未行术前谈话，在这种情况下进行手术，一旦术后出现意外则必然产生矛盾。

3. 特殊检查风险告知　临床上，心脑血管造影检查中随时可能出现血管破裂出血死亡，昏迷患者的CT检查中会出现呼吸心跳停止，心血管病变严重患者进行肺功能检查中可能会诱发心血管意外事件，这些检查都具有相当的风险，但有些时候检查又必须做，故在检查前必须将可能出现的风险做出告知。鉴定中常常出现告知不到位发生意外而产生纠纷。

4. 转诊风险告知　随着医疗分科越来越细，各科医生的专业限制越来越明显，加之不同等级医院的医疗水平差异及患者对自身疾病利益的考虑等因素，转科转院现象也越来越常见，在转诊过程中也存在着相应的风险。

5. 放弃治疗风险告知　患者或其亲属具有决定是否接受治疗的权利，但医生不能因此而擅自终止治疗，必须要将放弃治疗的风险进行必要的沟通交代，在充分沟通基础上才能停止治疗。

（四）尸体解剖的告知

在2010年以前的规定中，患者死亡后如家属对患者死亡原因提出异议，医方应当向死者亲属提出尸体解剖的建议。但根据2010年卫生部发布的《病历书写基本规范》及相应的配套解释，医务人员应当向所有死亡患者亲属提出尸体解剖的建议，说明尸体解剖的目的、有关尸体解剖的规定等，由死者亲属签字，拒绝尸解亦应当由死者亲属签字。医疗实践中，许多医务人员对该新规定仍不了解，仍沿用以前的观点。这种过时的观念经常导致患者尸体已经火化，事后患者亲属对死亡原因提出异议，如果根据相关的病历再难以分析死亡原因,则医方需要承担相应未告知尸体解剖导致死亡原因不明的法律后果。

（五）告知对象错误

《医疗纠纷预防和处理条例》《病历书写基本规范》均规定,需取得患者书面同意方可进行的医疗活动,应当由患者本人签署知情同意书。患者不具备完全民事行为能力时,应当由其法定代理人签字;患者因病无法签字时,应当由其授权的人员签字。由此可见,医疗机构履行告知义务的对象应当是患者本人,无法取得患者本人同意时才可告知患者近亲属或者其他授权代理人。

二、因果关系与原因力大小分析

知情告知不充分,并不必然与损害后果存在因果关系,还需要具体问题具体分析。在因果关系分析中,如果医方出现的上述知情告知缺失或不足的过错与相应的治疗有关,进而与产生的损害后果之间存在关联性,则要考虑过错与损害后果之间存在因果关系,如果这一过错与治疗、病情发展没有关联性,则二者之间没有因果关系。由于上述知情告知的要求中很多均与药物的使用、治疗方法的选择有直接关系,所以部分知情告知的过错往往在后果中的原因力大小会被判定得很重,主要原因就是患者有选择决定权。如因尸体解剖未告知导致死亡原因不明,原因力大小无法分析时,法律上医方可能承担相应的责任。

三、案例

【案例1(因药物风险未告知而导致的医疗纠纷)】

1. 案情摘要

患者孟某,因"头痛3 d"于2017年12月25日至某医院就诊,医方诊断为脑出血、原发性高血压。住院期间予以神经节苷脂等药物治疗。2018年1月5日早晨,孟某突发右侧肢体乏力,左侧巴氏征阳性等症状,并进行抢救措施。2018年1月6日至外地医院就诊,2018年1月8日因"突发四肢无力3 d"入院,经检查后诊断为吉兰-巴雷综合征等。

患方认为:① 医方在使用神经节苷脂产品前,未根据新修订的说明书进行充分的风险分析;② 医方在使用神经节苷脂产品治疗前,未将用药风险及可能损害后果告知患方,并在未征得患者及其家属同意并签字的情况下进行治疗;③ 医方在使用神经节苷脂治疗过程中,患者出现皮肤瘙痒等症状时未给予重视。患者患吉兰-巴雷综合征与医方在诊疗过程中使用神经节苷脂产品有直接因果关系。

医方认为:① 患者因"头晕3 d、加重2 d"入院,入院后经检查为脑出血、高血压;② 患者入院后完善相关检查,给予对症治疗,症状一直平稳;③ 患者在治疗的第11天出现右侧肢体乏力等症状后,请神经内科会诊,考虑急性脑梗死可能,并予以进一步检查及治疗;④ 告知病危及脑梗死症状可能加重,建议转神经内科继续治疗,患者及家属拒绝,并转院。患者入院后医方按诊疗常规进行救治,诊疗过程中患者出现病情变化及产生的相应后果为自身疾病所致,医院治疗过程符合规范,无过错。

2. 病情摘要

孟某于2017年12月25日20:00因"头痛3 d"至医方就诊,头颅CT示:右侧基底节区脑出血，破入脑室。既往口服降压药，医方以脑出血、原发性高血压收住入院。入院查体：神志清楚，自主体位，未见其他明显神经系统阳性体征。入院后告病重，予心电监护、一级护理、止血、神经节苷脂营养神经等对症治疗。2018 年 1 月 5 日之前，除了 2017 年 12 月 28 日 14:00～12 月 29 日 14:00 期间体温有一过性增高外，其余时间体温基本正常、症状平稳。

2018 年 1 月 5 日早晨，患者主诉右侧肢体乏力，查体：右上肢肌力 2 级，右下肢肌力 3 级，左侧肢体肌力 5^- 级，左侧肢体巴氏征阳性，右侧肢体巴氏征可疑阳性，并立即复查头颅 CT 见右侧基底节区脑出血基本吸收，未见新发脑出血。请神经内科会诊后，考虑急性脑梗死，继续予以活血、加用调脂等治疗。

2018 年 1 月 5 日 10:06 患者四肢肌力仍有下降，病理征阳性，考虑并发脑梗死，继续予以控制血压、营养脑神经、调脂等治疗。

2018 年 1 月 6 日早晨，查体右上肢肌力 2 级，右下肢肌力 3 级，左侧肢体肌力 5^- 级，左侧肢体巴氏征阳性，右侧肢体巴氏征可疑阳性，考虑并发脑梗死，随后家属要求转上级医院进一步治疗。

2018 年 1 月 6 日至外地医院就诊，门诊记载四肢肌力 0 级，双侧腱反射阴性；2018 年 1 月 8 日 08:56 以“突发四肢无力 3 d”收住入院，入院查体四肢肌力 1 级，入院后完善相关检查，其中神经节苷脂抗体谱检测检验结果 GM1 抗体 IgG 阳性，经检查后诊断为吉兰-巴雷综合征等，住院期间予以对症治疗。

3. 检验记录

被检者神志清，轮椅推入室，应答切题，检查合作。双肩关节肌力 5 级，双肘关节背伸肌力 5 级，屈肌力 4^- 级，双腕关节背伸肌力 3 级，屈肌力 3 级；双髋关节肌力 5 级，双膝关节屈肌力 3^+～4^- 级、伸肌力 4^- 级，双踝关节背伸肌力 1～2 级，跖屈肌力 3^+ 级。双侧膝反射（-）。

4. 分析说明

根据委托方提供的材料，某医院分别于 2017 年 12 月 26 日、2017 年 12 月 28 日、2018 年 1 月 1 日、2018 年 1 月 5 日开具关于购买神经节苷脂的处方笺及使用该药，医患双方均无异议。同时孟某四肢瘫痪后经检查被诊断为吉兰-巴雷综合征，对此双方亦无争议。

（1）关于某医院诊疗行为的评价：孟某因“头痛 3 d”至医方就诊，医方根据血压测量及头颅 CT 检查结果，结合其既往口服降压药，以脑出血、原发性高血压收住入院，医方诊断正确。患者入院后体格检查：神志清楚，自主体位，未见其他明显神经系统阳性体征。医方在将病情与患者家属进行了沟通、告知的情况下，予以止血、降压、营养神经等治疗，后期复查见脑内血肿基本吸收，处理原则符合临床治疗规范。

医方存在如下过错：

1）病历书写不规范：根据医方病程记录记载，孟某 2018 年 1 月 5 日早晨突发右侧肢体乏力，病程记录右上肢肌力 2 级，右下肢肌力 3 级，左侧肢体肌力 5^- 级，同日 10:06 左右及 1 月 6 日 09:18 病程记录肌力与 1 月 5 日早晨记载一致；而在该医院的护理记录单中，2018 年 1 月 5 日 06:35 右上肢肌力 2 级，左上肢肌力 3 级，双下肢肌力 4 级，2018 年 1 月 5 日 16:00、20:00 及 2018 年 1 月 6 日 01:30 均记载为患者四肢肌力 2 级。2018 年 1 月 6 日转至外地医院门诊就诊，四肢肌力 0 级。病程记录与护理记录中四肢肌力情况的记载完全不一致。

2）对神经节苷脂药物的副作用认识不足：在 2016 年 11 月 10 日国家食品药品监督管

理总局发布的《总局关于修订单唾液酸四己糖神经节苷脂钠注射剂说明书的公告》(2016 年第 172 号)中,明确记载神经节苷脂有导致神经系统损害及精神障碍的不良反应,其中包括了吉兰-巴雷综合征,出现症状时间一般在用药后 5~10 d。在听证会期间,询问医方后表示没有关注此类文件,从而导致对神经节苷脂引发吉兰-巴雷综合征等不良反应的认知不足,从而没有对此类药物的效益及风险进行评估。

3) 未将用药风险及可能损害后果告知患方:虽然神经节苷脂引起的吉兰-巴雷综合征的总体概率比较小,但对可能导致重大损害的药物副作用无论概率多小,都要向患者及其家属进行相关风险的告知与沟通,并在患者或其家属签字的前提下再行治疗。根据提供的病史资料,没有发现告知的证据,听证会调查中医方亦承认没有和家属提到这一点。

4) 出现四肢活动障碍后诊断错误而导致处理不及时:患者在 2018 年 1 月 5 日早晨突发四肢肌力下降、巴氏征阳性的情况下,医方虽然邀请神经内科进行了会诊,会诊后均考虑为急性脑梗死,而没有考虑到吉兰-巴雷综合征,也没有做其他抗体之类的检查。因为诊断错误,相应的治疗被延误。

5) 患方在接受神经节苷脂药物治疗期间出现皮疹时未予重视:听证会期间,患者表示在 2017 年 12 月 28 日左右开始出现皮肤瘙痒的症状,2018 年 1 月 5 日早上在打针处出现皮疹。鉴于 12 月 28 日的病程记录及护理记录中均未提及皮肤瘙痒的症状,据此不能作为本次鉴定的依据,但也不排除医院漏记的情况。而在 2018 年 1 月 5 日 12:20 的护理记录中明确记载患者神经节苷脂补液时左臂留置针穿刺点前方出现 5 cm×4 cm 风疹块伴痒感,随后停止补液,更换补液及皮条,于同日 15:00 风疹块消失。对此情况,医方未考虑到患者可能出现神经节苷脂副作用的情形及进行相关检查、更换药品,而是在 1 月 6 日继续使用神经节苷脂,导致患者病情加重。

(2) 孟某吉兰-巴雷综合征与使用神经节苷脂之间关系的分析

1) 孟某因“脑出血、原发性高血压”于 2017 年 12 月 26 日住院,住院期间定时测量体温,除 12 月 28 日 14:00~12 月 29 日 14:00 体温有一过性的升高(最高体温为 38.5℃)外,随后直至 2018 年 1 月 6 日孟某体温基本稳定,考虑其间体温升高为脑出血后应激性反应,同时住院期间血常规白细胞正常,也没有其他明显的感染存在,故没有自身感染导致吉兰-巴雷综合征的依据。

2) 孟某住院期间行神经节苷脂营养神经,在用药后第 11 天(2018 年 1 月 5 日)出现了四肢瘫痪、病理征阳性等症状。而神经节苷脂药物就是在用药后 5~10 d 开始出现不良反应,孟某吉兰-巴雷综合征的发生时间与神经节苷脂药物的使用密切相关。

3) 孟某在外地医院住院过程中,经过检查神经节苷脂抗体谱,检验结果为 GM1 抗体 IgG 阳性,说明孟某自身对神经节苷脂有过敏的情况,所以神经节苷脂有导致孟某吉兰-巴雷综合征的可能。

综合上述分析,孟某吉兰-巴雷综合征(四肢瘫痪)与使用神经节苷脂之间具有密切关系。

(3) 关于医方过错与孟某损害后果之间因果关系及原因力大小:由于医方对神经节苷脂药物的副作用认识不足,在使用该药前没有对此类药物的效益及风险进行评估,亦未将用药风险及可能损害后果告知患方,患方出现四肢活动障碍后诊断错误而导致治疗不及时;故医方的过错与患者的损害后果之间存在因果关系。

鉴于临床上引起吉兰-巴雷综合征的原因是多方面的，而神经节苷脂为临床上脑出血患者营养神经的首选药物，神经节苷脂引起吉兰-巴雷综合征的根本原因为孟某自身体质问题，同时孟某自身脑出血在一定的程度上也增加了诱发吉兰-巴雷综合征的可能。故分析认为：孟某吉兰-巴雷综合征的发生是自身体质与医方过错两因素共同导致的结果，根据现有资料，无法分清两方面因素的轻重程度，考虑医方的过错在患者损害后果中的原因力为同等原因。

（4）鉴定意见

某医院诊疗行为存在过错，与孟某的损害后果之间具有因果关系，原因力为同等原因。孟某目前四肢肌力下降，生活部分不能自理，其损害后果评定为四级伤残。建议自身疾病的误工期限以 150 d 为宜，护理期限以 60 d 为宜（其中 2 人护理 10 d，1 人护理 50 d）；营养期限以 60 d 为宜；建议实际误工期限以至鉴定前一日为宜，护理期限以至鉴定前一日为宜（其中住院期间 2 人护理，其余为 1 人护理）；营养期限以 120 d 为宜。孟某评残后需部分护理依赖（按 50%的比例计算）。上述的伤残程度、延长的临床三期、护理依赖程度建议按上述原因力大小处理。

【案例 2（因出院医嘱告知缺失，导致的医疗纠纷）】

1. 案情摘要

患者茆某，2016 年 5 月 1 日“因腹痛 2 h 余”至医方门诊就诊，次日收住入院。医方进行了相关检查后初步诊断为左侧输尿管下段结石、左肾积水、左肾周炎。入院后于 5 月 5 日行经尿道左侧输尿管镜下钬激光碎石术+左侧输尿管双“J”管置入术。术后第 2 天，患者突发肺栓塞，随后转科继续治疗，并于 5 月 21 日出院。出院后茆某陆续在医方及其他医院就诊，后因病情变化出现左侧输尿管狭窄在医方行左侧输尿管双“J”管置入失败后转外地某医院行左输尿管切断+膀胱再植术等，后期复查见左肾萎缩。

某司法鉴定中心鉴定认为，医方对茆某的诊疗行为存在过错，该过错与茆某的损害后果之间存在次要因果关系，建议参与度以 15%~20%为宜，伤残程度评定为六级伤残，现患方不同意以上鉴定结果，申请重新鉴定。

重新鉴定中患方陈述认为：① 患者在有手术禁忌证的情况下仍继续行输尿管镜下钬激光碎石术，违反诊疗及技术操作规范；② 医方输尿管镜碎石取石术术后处理存在明显不当；③ 2016 年 12 月第 2 次住院，在双“J”管放置失败的情况下，未再采取其他必要措施，进一步加重了患方肾功能的损害；④ 术后未采取预防深静脉血栓形成的措施。

医方陈述认为：① 患者入院诊断明确，手术指征明确；② 手术前相关手术风险已做交代；③ 患者在拔出输尿管支架术后未及时复诊，耽误治疗时间。

2. 病情摘要

2016 年 5 月 1 日 15:30，患者“因腹痛 2 h 余”至医方门诊就诊，门诊主诉初为左下腹痛，后转为脐周，呈持续性隐痛，伴恶心、呕吐胃内容物 2 次，尿常规见红细胞（+++）。5 月 2 日 09:06，患者主诉左侧腰背部疼痛不适 12 h，伴肉眼可见血尿，伴恶心、呕吐入院。否认高血压、糖尿病、冠心病病史，医方拟肾盂积水收住入院。查体：体温 36.8℃，心率 80 次/min，血压 120/80 mmHg。双肾区无膨隆，左右双肾双合诊未触及双肾下极，左侧输尿管走行区压痛，右侧输尿管走行区无压痛，左肾区无叩击痛，右肾区无叩击痛。B 超检查示：左肾大小约 117 mm×53 mm，集合系统分离约 9 mm；右肾大小约 116 mm×44 mm，大小形态正常，皮髓质分界清，诊断为左肾轻度积水。腹部 CT 检查示：左侧输尿管下段结石伴左肾积水，左侧肾周围炎。

5月3日查尿常规白细胞阴性；血常规白细胞计数8.42×10^9/L[参考值$(4\sim10)\times10^9$/L]，中性粒细胞计数6.23×10^9/L(参考值$2\sim8\times10^9$/L)。

5月5日行经尿道左侧输尿管镜下钬激光碎石术+左侧输尿管双“J”管置入术，术中经尿道置输尿管镜于膀胱，寻及左侧输尿管开口，经输尿管镜操作孔道置斑马导丝于左输尿管并保留，退镜后在斑马导丝引导下，扩张左输尿管口，并缓慢进镜，见输尿管中下段狭窄，予3号输尿管导管及斑马导丝扩张狭窄段，缓慢进镜，在狭窄段上方见一约1.0 cm×0.6 cm大小结石，予封堵器封堵于结石后方，置钬激光光纤，充分显露结石，直视下将所见结石碎至2 mm以下，并取出部分结石。置镜于膀胱，在斑马导丝引导下，经斑马导丝置6Fr型号的双“J”管(DR管)(DJ管)于左输尿管，退镜后，置18Fr导尿管保留导尿。术后予以补液抗感染、解痉等治疗。

5月6日患者下床活动时感心慌，小腿胀痛不适，予心电监护，血氧饱和度91%，急查血栓三项：D-二聚体41.9 μg/mL(↑)，纤维蛋白(原)降解产物97.9 μg/mL(↑)，抗凝血酶Ⅲ 72%(↓)；肺动脉计算机体层摄影血管造影(computer tomographic angiography，CTA)检查示左右两侧肺均有栓塞，立即予肝素抗凝治疗，并请血管外科会诊。

5月8日转胸外科继续治疗，数字减影血管造影(digital substraction angiography，DSA)下行左下肢深静脉顺行造影检查示左侧髂静脉、股静脉、腘静脉无血栓形成，血流通畅无狭窄，胫前静脉部分血栓形成，有少许血流通过，予抗凝活血补液等治疗。病情好转后于5月21日出院。出院医嘱泌尿外科及血管外科门诊随访。

出院后患者至医方门诊拔除双“J”管(拔管未有门诊病历记载，患方陈述术后23 d左右，医方陈述为术后1个月左右)。

2016年10月2日苗某因左肾输尿管结石术后5个月至医方复诊，查全腹CT示：左侧肾盂积水，左侧输尿管上、中段扩张。

2016年11月29日患者至上级医院就诊，2016年12月1日行CT尿路成像示：左侧最大直径约0.61 cm，右侧最大直径约0.80 cm；左肾体积较小，显影较淡，左侧输尿管中上段，肾盂及肾盏扩张。

2016年12月6日患者因“间断性左侧腰背部疼痛半年余”至医方就诊，医方拟左肾积水、左侧输尿管狭窄收住入院，入院后于12月8日行左侧输尿管双“J”管置入术，置管失败后患者要求转上级医院就诊。

2016年12月12日患者至外地医院就诊，查肾动态显像+肾小球滤过率(growth factor receptor，GFR)示：左肾血流灌注减低，功能重度受损(左肾GFR值11.56 mL/min)，右肾血流灌注、功能正常(右肾GFR值57.57 mL/min)。肾动态显像+肾有效血浆流量(effective renal plasma flow，ERPF)测定示：左肾ERPF值明显减低，右肾ERPF值正常，总ERPF值稍减低。12月20日查尿路成像MR平扫示：左侧输尿管下段梗阻，其上方尿路积水。

2016年12月26日患者在外地医院住院行左输尿管切断+膀胱再植术。术后病理诊断：左输尿管管壁平滑肌部分区萎缩，纤维组织增生。

2017年2月28行单光子发射计算机断层成像(singlephoton emission computed tomography，SPECT)显像示：左肾放射性分布稀疏，右肾形态规则，肾内灌注基本均匀，双肾总GFR为53.8 mL/min，其中左肾GFR为6.9 mL/min，右肾GFR为46.9 mL/min。2017年3月

1日患者再次入院，并在住院期间行膀胱镜下行双“J”管拔除术，术后予对症支持治疗。

2018年3月29日肾动态显像+GFR测定示：右肾血流灌注、功能正常（右肾GFR值45.19 mL/min），左肾萎缩，血流灌注减低，功能重度受损（左肾GFR值5.06 mL/min）。

2018年12月30日肾动态显像+ERPF测定示：总ERPF值低于正常值，左肾ERPF值明显低于正常值，右肾ERPF值正常。

2018年3月29日上腹部CT示：左肾缩小，未见结石；下腹部CT左输尿管入膀胱间质部区域见点状高密度影，小结石。

2019年4月8日肾脏增强CT示：左肾萎缩。

3. 分析说明

根据委托方提供的材料，茆某左侧输尿管结石、左肾积水诊断成立，医患双方均无异议。

（1）对医方诊疗行为的评价：茆某因“左侧腰背部疼痛12 h”至医方就诊，查体左侧输尿管走行区压痛，腹部CT检查见左侧输尿管下段结石、左肾积水；B超检查示左肾轻度积水，医方拟左侧输尿管下段结石、左肾积水收住入院，医方诊断明确，具有手术指征。

医方存在以下过错：

1）医方左肾周围炎的诊断问题：虽然茆某在入院时行腹部CT检查诊断有左肾周围炎，但在入院后检查无发热，血常规检查白细胞、中性粒细胞均在正常范围值内，尿常规白细胞阴性，上述情况均与左肾周围炎临床表现不相符，故仅根据影像表现诊断茆某左肾周炎依据不足。

2）医方病历书写不规范：根据茆某主诉在术后23 d左右至医方复诊拔除双“J”管，但现有材料中缺乏该诊疗行为的记载；除拔除双“J”管没有记录外，茆某因服用华法林，每月定期至医方进行复诊，医方对此也没有详细的记载；2016年10月2日，茆某至医方复诊（术后5个月第一次专科门诊复诊记录），门诊病历记载仅有主诉和现病史，无诊断、处理措施及接诊医生签名，违反病历书写规范要求。

3）医方出院医嘱交代不详细：输尿管结石术后远期并发症主要是输尿管狭窄或闭塞，同时钬激光对输尿管黏膜的损伤是引起输尿管狭窄的高危因素，医方在这种情况下更应该详细交代患者后续定期复诊、何时拔除双“J”管及拔除双“J”管后可能出现的并发症及需要复查等情况（但医方并无相关的门诊病历记载），而不是简单的门诊随访。作为一个没有医学常识的普通患者，在没有出现特别明显的症状时，如没有特意交代，他不会重视定期复查，当开始出现明显的症状时，则表明病情已开始加重。

4）医方对患者的病情重视不够：茆某2016年10月2日至医方复诊，次日行全腹部CT，检查发现左侧肾盂积水，左侧输尿管上中段扩张，此时茆某已经出现左侧输尿管狭窄的表现，而医方却未引起重视，没有对患者行进一步治疗。同时医方也未予以相关风险告知，未尽一般谨慎注意义务（无相关门诊病历记载），从而延误患者病情。

5）医方在术后未采取任何预防深静脉血栓形成的措施：患者本身无高血压、糖尿病及冠心病病史，同时也非高龄患者，不符合具有高凝倾向的情况，但手术治疗本身就具有创伤性，后期是有可能出现静脉血栓的情况的，即使是非高凝患者，也需要预防静脉血栓的形成。纵观整个病历材料，医方术前有预防血栓的讨论分析，说明医方认识到可能出现血栓的情形，医方在术后至肺栓塞前无预防深静脉血栓的相关措施记载。

（2）关于诊疗过错行为与损害后果之间因果关系及原因力大小：医方在明知输尿管结

石术后可能会出现输尿管狭窄或闭塞的情况下，没有详细交代出院医嘱，告知患者出院后何时门诊复查，在拔出双“J”管后，医方依旧没有将相关的风险及可能出现的并发症予以告知，从而延误了患者左侧输尿管狭窄的早期诊断及治疗；在2016年10月3日复查CT时，患者出现左肾积水，左侧输尿管上、中段扩张后医方没有重视患者的病情（医方在CT报告上书写的“肾功能及电话号码”，达不到应有重视手段），进一步延误了患者最佳的治疗时间。故医方的诊疗行为与患者损害后果之间存在因果关系。

鉴于输尿管结石、肾积水系患者的自身疾病，行左输尿管镜下钬激光碎石术后出现左输尿管狭窄属于手术难以避免的并发症，输尿管狭窄、肾积水本身会引起一定程度的肾功能障碍，2016年10月3日CT复查后，患者在医方人员有所提醒的情况下对自身的病情发展亦未引起足够重视。考虑患者目前后果系医方过错与患者（自身疾病及重视不够）两个因素共同导致的结果，难以区别作用的大小，故考虑医方的过错在患者损害后果中的原因力为同等原因，建议以50%左右为宜。

4. 鉴定意见

某医院诊疗行为存在过错，与茆某的损害后果之间具有因果关系，原因力为同等原因，建议以50%左右为宜。

（徐红平）

第七节　机会丧失的过错

一、概述

医疗损害鉴定通常需要判断医疗过错与损害后果之间的因果关系，即分析医疗过错行为与损害后果的因果关系，是无因果关系还是轻微原因、次要原因、同等原因、主要原因、完全原因。但遇到因误诊、漏诊或未告知选择治疗方案的医疗过错时，需要分析医疗过错与损害后果之间的有因果关系时，很难分析原因力大小。医疗过错造成患者丧失生存机会、丧失康复机会或者造成错误受孕、生产和出生，这些情况没有办法用因果关系的原因力大小来表述。

在此，需要提及“机会丧失”这一概念。机会丧失理论正是从传统因果分析方法的局限性中产生，进而帮助于解决那些实践中难以获得应有赔偿的具体案例。例如，某一患者所患疾病治愈率很低（如恶性肿瘤等），按传统因果关系分析方法，医疗过错行为如延误治疗等并未导致恶性肿瘤患者的直接死亡，如分析为医疗过错与患者死亡无因果关系时，虽然从最终结果方面似乎并无明显偏颇，但却因未考虑到医方行为对患者的生存机会可能造成的不良影响及带来的加重或促进病情的危害，事实上忽略了受害人的合法权益。因为，虽然恶性肿瘤总体上治愈率低下，但在个案并非必然完全无法治愈，在医方诊疗行为中的延误治疗可能会影响患者获得合理治疗（包括某种治愈可能性并不高的治疗方法，或者可能延长患者生存期的方法）的最佳时机，导致病情加速恶化，从而缩短了患者的预期生存时间，对患者的预期权益造成损害；如果简单地认定医疗过错与患者死亡有一定的因果关系，在逻辑上可能也难以成立。在此种情况下，如何客观地分析，就可以借鉴机会丧失理论及其分析方法。

机会丧失分析方法起源于20世纪的英、美等国家，鉴于传统因果关系分析判例带来的部分不公，以机会丧失理论为基础的判例逐渐增多。直到1981年由美国田纳西大学法学院Joseph H. King教授提出的机会丧失理论，初步形成了较为完整的理论体系。其又被称为存活机会丧失理论，是指当医方的行为剥夺了患者获得更有利结果或避免损害发生的机会时，医方需要对患者丧失的这种机会承担赔偿责任。该理论认为应当将机会丧失作为一种特定的损害后果，医方的自身过错导致患者治愈机会或生存机会减少，医方应为机会丧失这一结果本身承担责任。根据机会丧失理论分析案件有以下几个特点：① 并非着眼于医疗损害结果，法院判决及医方赔偿的依据是机会丧失这一结果；② 患者提供证据的着眼点在于侵权行为与丧失机会之间的因果关系，而非侵权行为与损害结果之间的关系；③ 赔偿责任的大小以机会丧失的具体情况为依据，而不是以因果关系的层次划分。机会丧失理论的主流学说是依据比例关系确定赔偿责任，即"比例因果关系学说"。该学说可判断患者的最终机会丧失后果的可能性，医方应承担与这种可能性大致相当的赔偿责任，在判定因果关系可能性时参考的是流行病学的统计资料。

我国医疗纠纷的鉴定与审判实际存在两大问题，其一是因医学文献及流行病统计学迄今仍欠统一、完善，难以准确判断相当部分案件中机会丧失的多寡；其二是在司法实践中如何认识机会丧失的情形，以及如何认识其与最终损害后果之间的关系，尚未形成系统、统一的认识和可供指导的原则，对于案件的审判难以提供更有价值的帮助。因此，在遇到机会丧失案件的鉴定时，鉴定人仍应从事实层面因果关系及原因力的分析着手，避免与现行鉴定与司法审判脱节。首先，在认定医疗损害时应先区分损害的来源，是由患者疾病本身引起还是由医疗行为引起，然后再从损害的类型入手，确定丧失机会的种类，针对不同的损害结果，如丧失康复机会、丧失生存机会、错误出生、错误受孕等进行具体分析。其次，分析医疗损害和机会丧失具体结果之间的因果关系。医疗过错与损害结果有明确因果关系的，分析原因力大小；医疗过错造成患者丧失生存机会、康复机会、错误受孕、生产和出生的，难以分析因果关系，在指出医疗过错后，表述为机会丧失的具体情形，可不分析因果关系的原因力大小。

医学的目的即是为生存、康复、健康提供机会，诊疗过程中的任何过错都可能造成这些机会的丧失。自2010年我国某中级人民法院在审理一起医疗损害纠纷案件中首次将机会丧失作为损害事实予以认定并做出判决，近几年应用机会丧失理论的实践案例越来越多。截至目前全国已有多个省市及自治区的法院出现了相似的案例，其中包括浙江、江苏等地的判例增多。这进一步说明机会丧失理论在医疗损害等鉴定审判实践应用中越来越多，有望逐渐被我国各级法院采纳。机会丧失理论是对传统因果关系理论的一个有效补充，对解决现实侵权案例具有积极意义。应用机会丧失理论来指导司法鉴定实践中的医疗损害责任纠纷鉴定逐渐成为一种趋势，也在鉴定人、法官、律师对机会丧失理论实际应用中不断探索和完善。适时引入机会丧失理论用于医疗损害侵权案件的鉴定与审判实践无疑符合各方面的需要。

二、案例

【案例1】

1. 案情摘要

患者杨某，男性，60岁。2016年10月11日，因"左侧下颌骨恶性肿瘤术后19年，局部多次复发，并有肺部转移（已手术）”入住某医院，诊断为左下颌骨恶性肿瘤术后，于10月17日出院；2017年7月患者再次入住该院，医方考虑左面部恶性肿瘤复发可能，予转院后行手术治疗。患者认为“其在某医院住院期间2016年10月14日的MRI检查已显示颅底有一肿瘤，该院未能检出，导致其左眼失明”，医方认为其对患者的诊治不存在过错。

2. 病情摘要

(1) 2012年9月3日~9月13日杨某在其他医院的出院小结。1年前患者因“左侧颞下窝血管外皮肉瘤术后”行颌面部增强CT检查发现肿瘤复发，遂行颅颌联合根治+颞肌瓣修复术，术后出现左侧面部麻木不适及口歪、眼斜等症状，1个月前行MRI复查时考虑左侧颞下窝血管外皮肉瘤术后复发。专科检查：颌面部不对称，左侧颞面部、颧面部、腮腺咬肌区、面颊部凹陷畸形，左侧颌下、耳后、耳前及颞部可见手术瘢痕，双侧额纹不对称，左侧消失，左眼睑闭合不全，左侧鼻唇沟变浅，龇牙时下唇偏向右侧，双侧面部感觉不对称，左侧耳颞部感觉减退，左下唇麻木，开口型不偏斜，张口度三横指，咬合关系可，伸舌向右侧运动受限。住院诊疗情况：颌面部增强CT检查（2012年8月16日）提示左侧颞下窝血管外皮肉瘤术后放疗复发术后再复发，放弃手术治疗。出院诊断为颅底恶性肿瘤（左侧颞下窝血管外皮瘤术后复发）。

(2) 2016年10月11日~10月17日某医院住院病历。主诉：左侧下颌骨恶性肿瘤术后19年。现病史：患者19年前（1997年）曾因左侧颞下颌窝及下颌骨恶性肿瘤行手术治疗，术后病理报告提示恶性血管内（外）皮细胞瘤，术后曾行放化疗，2004年、2005年、2010年因肿物复发再次行手术切除治疗，2012年行伽马刀治疗。现患者自觉左侧眼眶区有疼痛不适感，拟“左下颌骨恶性肿瘤术后、疼痛待查”收住入院。专科检查：颌面部不对称，左侧颞区、下颌骨升支局部凹陷明显，口唇无畸形，双侧颞下颌关节无压痛，张口无受限，皮肤无色素沉着，颌下及颈淋巴结未及肿大，无明显神经功能障碍。恒牙列，咬合关系正常，舌运动不受限，口腔卫生状况一般，涎腺导管口无红肿，无明显异常分泌，左侧下颌升支缺如，多枚牙齿缺如，口内未触及明显新生物。住院诊疗情况：入院后，诉左眼有长期不适感，2016年10月12日眼科会诊右眼视力（V_{OD}）0.6，左眼视力（V_{OS}）0.3，双眼压Tn。左眼角膜透明，前房中深，瞳孔对光（+），可见色素颗粒，角膜后沉着物（keratic precipitates，KP）（-），晶体稍混，眼底未见明显异常。诊断：陈旧性虹睫炎（OS急发期）。全身骨扫描检测（2016年10月14日）示：左下颌骨肿瘤术后，左侧上颌窦炎症，胸骨柄交界处退行性改变可能，腰$_1$（L_1）椎体骨岛可能。头颈部MRI检查示（检查日期：2016年10月14日；报告日期：2016年10月17日）：两侧额叶少许腔隙灶，左颌面部术后改变，左侧中耳乳突炎，颈部未见明显异常信号灶。

患者一般情况良好，未见明显复发征象，准予出院，定期肿瘤科复查。出院诊断为左下颌骨恶性肿瘤术后。

(3) 医方医疗保险病历。2017年1月6日，左眼红数月，专科检查：右眼视力1.0，左眼视力0.8，双眼压Tn，左眼上睑下垂，左眼各方向运动受限，左眼结膜轻度充血，角膜透明，瞳孔对光反射存，直径3 mm，虹膜纹理清晰，晶状体无明显混浊。初步诊断：左眼结膜炎，左眼动眼神经麻痹，左眼外展神经麻痹。2017年2月22日，左眼复诊，自诉扎痛不适，右眼视力1.0，左眼视力0.2。左眼上睑下垂，眼球固定，各方向运动障碍，结膜混合充血，角膜中央可见条状上皮点状剥脱，前房(-)，瞳孔对光迟钝，晶体表面色素沉着，晶体混浊。初步诊断同前。2017年3月23日，右眼视力0.8，左眼视力0.2。左上睑下垂，眼球各方向不能活动，瞳孔区色素沉着。2017年4月6日，右眼视力1.0，左眼视力0.15。左眼上睑下垂，眼球固定，各方向运动障碍，结膜混合充血，角膜中央可见条状上皮点状剥脱，前房(-)，瞳孔对光迟钝，晶体表面色素沉着，晶体混浊。2017年9月28日，诉左眼疼痛不适，右眼视力1.0，左眼视力光感。左眼上睑完全遮盖角膜，结膜充血(+~++)，角膜白色混浊，上皮糜烂，周边新生血管长入，眼内窥不入。

(4) 2017年7月26日~8月1日某医院出院记录。住院诊疗情况，入院后血常规、肝肾功能检查未见明显异常。胸部CT检查，右肺尖结节，两上肺气肿，双肺纤维灶，胸主动脉硬化。头颈部增强CT检查：下颌骨恶性肿瘤术后，左侧颞部占位性病变，颈部淋巴结增大，根据患者头颈部CT，考虑患者左面部恶性肿瘤复发可能。出院诊断：下颌骨恶性肿瘤术后，原发性高血压。

(5) 2017年8月22日~9月8日其他医院出院小结。入院时情况：颅底肿瘤术后6年，复发半月余。8月29日行海绵窦区肿瘤切除术，术后对症支持治疗。术后病理检查：海绵窦符合血管外皮瘤，低度恶性(复发)。出院诊断：颅底恶性肿瘤(海绵窦区血管外皮瘤)。

3. 体格检查

被鉴定人步行入室，神志清，对答切题，诉左眼失明。右眼裸眼视力0.8→0.5Ds→1.0；左眼裸眼视力0.02，矫正不能提高；伪盲试验(-)。左眼上睑不能抬起，完全下垂，眼睑闭合，眼球运动各方位受限，眼球固定，有新生血管伸向角膜，角膜混浊明显，模糊见瞳孔直径0.6 cm，光反应消失，下方虹膜后粘连，眼底窥不见。右眼角膜清，瞳孔0.3 cm，瞳孔领见色素沉着于晶体前囊前，眼底未见明显异常。

视觉电生理检查：左眼潜伏期延迟，振幅明显下降。

4. 阅片所见

2016年10月14日某医院头颈部MRI平扫显示：蝶鞍左侧可见一异常信号病灶，大小约3.0 cm×1.5 cm，T1WI等略高信号，T2WI等信号，但不均匀，黑水序列呈高信号，包埋局部血管。

2017年8月7日其他医院头颈部MRI平扫+增强+血管重建显示：蝶鞍左侧可见明显强化的肿块病灶，大小约5.0 cm×4.0 cm。

5. 分析说明

现有资料表明患者杨某患血管外皮细胞瘤，经手术及放化疗后多次复发又多次手术治疗，2012年开始出现左侧面部麻木不适及口歪、眼斜、左眼睑闭合不全等症状，2016年到医方就诊前已有左眼睑闭合不全，双侧面部感觉不对称，左侧耳颞部感觉减退，左下唇麻木等颅神经受损表现，导致其眼轮匝肌收缩功能障碍和面部肌肉的随意运动障碍，即表现为患者长期左眼不适感，眼睑闭合不全，逐渐引起结膜充血、干燥，角膜受累，直至继发角膜溃疡、视功能障碍的症状与体征。杨某2016年10月入住医方行MRI检查亦为排除肿物复发转移可能，2016年10月14日其在该院MRI检查已提示蝶鞍左侧可见一异常信号病灶，而医方对该片的检查报告未能提示肿瘤，对已多次复发多次手术的患者未尽到高度注意义务，存在漏诊的过错，致患者未能及时知晓其肿瘤复发，而丧失尽早治疗的机会，致肿瘤邻近区域颅神经的侵害未能及时消除。患者肿瘤多次复发、多次手术切除及进行多次放化疗,加上本次肿瘤复发的漏诊、延误诊治均可导致神经麻痹,引起其左眼视力明显下降的不良后果。综上,患者目前视功能障碍的主要原因是其自身疾病的自然转归,医方的漏诊在其视功能障碍中也有一定的关系,其原因力为次要原因。

【案例 2】

1. 案情摘要

患者周某因“体检发现腹腔肿瘤半个月”于 2017 年 9 月 8 日至医方门诊就诊,并于同年 9 月 17 日入住医方胃肠外科,医方于 9 月 20 日对其行腹腔镜手术,切除患者肿瘤,同时切断股神经,患者术后出现下肢疼痛、肌肉萎缩等后遗症。患方认为医方手术存在重大错误,是否切断神经应由患者本人决定。医方认为,其整个治疗过程符合规范,切除肿瘤需切断神经及时与患者家属沟通,并取得同意,符合医疗程序。

2. 病情摘要

患者于 2017 年 9 月 17 日~2017 年 9 月 25 日至医方胃肠外科住院治疗。入院时主诉:体检发现腹腔肿瘤半个月。现病史:患者半个月前体检 B 超发现左侧腹腔占位,来某院查腹部 CT 提示左侧中腹部腹腔内囊性占位。既往史:有高血压史,长期口服非洛地平,控制可。体格检查:四肢无肌肉萎缩、肌张力变化或肢体瘫痪等。专科情况:腹平坦,左下腹饱满,可扪及一 8 cm×6 cm 肿块,边界欠清,无压痛,移动性浊音阴性,肠鸣音可。初步诊断为腹腔肿瘤(小肠间质瘤? 淋巴瘤?),高血压。

2017 年 9 月 19 日术前讨论记录:(主任意见)患者诊断为腹腔肿瘤,但影像检查有局限性,且穿刺未发现恶性细胞(?),手术目的明确,一则可以明确诊断,二则可减轻肿瘤负荷,或可予根治性切除。术后病理及患者情况决定是否行放化疗或口服抗肿瘤药物,以延长生存时间。术中可能发现肿瘤浸润广泛、侵犯其他重要脏器,发现非胃来源肿瘤的可能,术中可能改变手术方式。术中必要时可使用吻合器吻合,可简化操作,减少并发症的发生。术后仍继续加强补液支持治疗,注意围手术期安全,防治并发症。手术有一定风险,具体情况告知患者及家属,签署手术知情同意书。

2017 年 9 月 20 日手术记录摘要:肿瘤位于左侧后腹膜,肿块大小为 10 cm×8 cm,超声刀打开肿块,包膜完整,沿包膜分离肿块,见肿块两端为神经组织,请骨科台上会诊,考虑神经鞘瘤可能,建议手术切除。术中联系患者家属,将手术探查结果及术后可能风险及并发症告知,患者家属愿意承担风险,要求切除肿瘤。遂以 Hem－o－lok 结扎肿块两端神经组织,完整切除肿块。标本经家属过目后送病理。术后诊断为后腹膜肿瘤(神经鞘瘤?),高血压。

2017 年 9 月 27 日病理检查报告:肉眼所见,囊性肿块,大小为 10 cm×7 cm×3 cm,肿块壁厚 0.5~1.8 cm,囊内容物流失。镜下所见,肿块由梭形细胞组成,细胞纤细,部分区域细胞免疫组化结果:S－100(+),NF(－),CD56(+),SMA(－),Ki－67(<2%+)丰富、细胞核呈栅栏状,部分细胞稀疏,间质水肿,局部可及梗死灶;病理诊断“后腹膜”神经鞘瘤。

(术中)手术知情同意书:术中发现肿瘤位于后腹膜,神经来源,侵犯股神经,如要切除肿瘤,需要切断股神经,今后会引起股四头肌萎缩甚至会有肌无力、下肢麻木等后遗症,也可以不切除肿瘤也即不切断股神经……患者家属经过商量后决定切除肿瘤(同时切断股神经)。手术知情同意书上有患者妻子及儿子手写签名字样。

周某2017年11月10日~2017年11月22日及2018年6月6日~2018年6月13日两次在医方疼痛科住院，予药物镇痛、营养神经、改善麻木，多次行左股神经+股外侧皮神经诊断性阻滞，左腰$_{2\sim4}$($L_{2\sim4}$)神经根脉冲射频，股神经脉冲射频+隐神经阻滞，患者症状缓解后带药出院。2017年11月16日肌电图报告单提示左股神经高位(腹股沟以上)完全性损伤电生理表现。

3. 体格检查

周某神志清，坐轮椅由他人推行入室，可扶双拐短距离步行，步态不稳，腹部见散在的三处点状瘢痕及一处条状瘢痕，右下肢未见明显异常，左下肢肌肉萎缩，膝反射及跟腱反射消失，病理征阴性，左下肢股神经支配区触痛觉、针刺觉消失，左足趾位置觉减退，左下肢肌力2^+级。

4. 阅片所见

2017年9月12日CT示腹盆腔平扫及增强示左侧中腹部后腹膜囊性占位，边界清晰、光滑、包膜完整，最大径约9 cm。

5. 分析说明

手术切除作为治疗肿瘤的方法之一，应尽可能减少患者的痛苦和损害。当医方预见到不良结果可能发生时，有义务采取必要的措施防止该结果的发生或者减轻该结果发生的严重程度。医方术中发现肿瘤体积大，但包膜完整，且患者是体检时发现，在术前也没有神经损伤的阳性症状或体征，故术中是否切断股神经应更为谨慎。后腹膜股神经鞘瘤良性多见，根据目前医疗水平，还可行肿瘤剥离等术式，若患者得到恰当的治疗，则存在不损伤或部分损伤神经的可能。医方术中明知切断股神经会导致肢体功能障碍，未考虑行肿瘤剥离等术式来避免损害的发生或减轻损害发生的严重程度，而是施行了切除肿瘤同时切断股神经的术式，虽有家属签字同意，但医方告知不充分，未给予患方更多的选择，且未尽到高度注意义务和不良后果回避义务。同时，由于该病的复杂性及肿瘤生长与神经紧密程度的不确定性，即使医方剥离肿瘤，也有可能损伤股神经而导致下肢功能障碍。综上，患者目前的左下肢后遗症为股神经损伤所致，医方对患者的医疗行为存在过错，该过错与患者目前损害后果之间存在因果关系，原因力考虑为主要原因。

【案例3】

1. 病情摘要

患者杨某，女性，59岁。2014年3月25日因“阴道流血”至医方妇产科就诊，医方予以TCT检查，TCT标本由医方送至某医学检验所检测，2014年3月30日子宫颈/阴道TCT报告示未见上皮内病变或恶性细胞。5月28日外地某门诊部有限公司TCT报告示：鳞状上皮内高度病变，不排除鳞状细胞癌，请做阴道镜及活检。6月11日某大学附属医院病理报告示：(子宫颈12点方向)慢性子宫颈炎伴子宫颈上皮内瘤变Ⅲ级，(子宫颈下唇)鳞状细胞癌(中分化)。同年7月患者至外地某大学医院就诊，诊断为子宫颈中分化鳞状细胞癌Ⅱa期、人乳头瘤病毒感染、原发性高血压、2型糖尿病，后在该院进行多次放化疗。2015年9月2日病理会诊意见：(某医学检验所TCT片：T2014023748)涂片内未见肿瘤细胞证据(注：细胞变性明显，结构不清，建议重新复查)。目前患者仍需治疗。

2. 医疗过错分析

(1) 2014年3月30日检验机构细胞病理学诊断结果提示未见上皮内病变或恶性细胞。

根据该份病理学检查报告的病史收集，患者在医方的临床诊断为子宫颈Ⅱ°；结合患者为老年人、绝经合并阴道出血且该份病理学诊断存在假阴性的可能，医方对于患者病情重视程度不足。

（2）2014年6月11日患者在外院病理诊断证实子宫颈癌鳞状细胞癌（中分化），回顾患者病史，肿瘤在3月25日~6月11日基本不会产生实质性变化，故临床上可以推断患者在3月25日因"阴道出血"就诊时已存在子宫颈癌，医方存在漏诊。

3. 因果关系分析

（1）根据现有资料分析，2014年3月25日患者首次就诊于医方，主诉"阴道流血"应为子宫颈癌的临床症状；同年6月11日在外院确诊子宫颈癌。专家鉴定组认为，如果医方可以在3月份明确诊断，患者的治疗方案应与目前基本一致，无明显区别，故患者目前状况与自身疾病的特殊性存在相关性。

（2）医方在接诊患者期间，予以宫颈刮片细胞学检查可行。但对于患者的病情重视程度不足，现有资料无法证明医方曾书面要求患方进行定期复查，其过错造成患者子宫颈癌的漏诊。患者自身疾病的危重性无疑会对患方造成精神及经济负担，虽然患者病情因漏诊未造成实质性影响，但医方存在的上述问题在一定程度上增加了患者的痛苦及负担，建议医方承担责任的原因力为次要原因。

【案例4】

1. 病情摘要

患者吴某，男性，26岁。因"右下腹痛12 h"于2013年7月23日16:30收住某医院。入院查体：体温37℃，心率80次/min，呼吸18次/min，血压120/80 mmHg，一般情况可，表情痛苦，查体合作，心肺无异常，四肢活动正常。专科检查：腹部平坦，无肠型，无蠕动波，腹肌略紧张，右下腹麦氏点压痛明显，反跳痛明显，墨菲征(-)，肝脾肋下未及，腹部无包块，移动性浊音阴性，双侧肾区无叩痛，肠鸣音正常(4次/min)，无气过水声。实验室及器械检查：血常规(2013年7月23日)见白细胞计数13.50×10^9/L，中性粒细胞百分比75.5%；双肾彩超未见明显异常，双侧输尿管未见明显扩张，阑尾区肠管稍扩张，胀气多；尿常规隐血(+)。入院诊断：急性化脓性阑尾炎。

当日18:25~19:25在连硬麻醉下行阑尾切除术，术中记载：行右下腹探查切口，长约6 cm，依层进腹，见有少量脓性分泌物。沿结肠带向下找到盲肠及阑尾，阑尾位于盲肠后位，长约7 cm，粗1.5 cm，浆膜水肿、充血。术后予抗感染、补液治疗。

7月30日术后病理检查报告：阑尾一条，长约8 cm，最大直径0.8 cm，浆膜外见脂肪包裹，中腔积脓；病理诊断：急性单纯性阑尾炎伴积粪。

8月3日出院查体：生命体征平稳，神清，腹部平软，无压痛、反跳痛，未及包块，肠鸣音可，右下腹切口上段少量淡黄色渗液。出院情况：一般情况可，无发热畏寒。

11月23日因"右下腹痛3个月，伴有黑便3 d"至外地医院就诊，B超示：下腹部积液，性质待查，建议进一步检查。诊断：腹痛待查，阑尾结肠粘连，内痔。予对症治疗。

11月26日因"右下腹痛3个月，加重伴便血3 d"至某市人民医院就诊。诊断：腹痛待查，粘连性肠梗阻？炎症性肠病？肠结核？阑尾术后。11月27日查全腹部CT示：升结肠壁增厚伴钙化，近端结肠及回肠远端扩张，腹膜及大网膜多发结节灶，腹盆腔积液，考虑结核可能大，恶性肿瘤不除外；电子肠镜示：结肠镜插至升结肠，见一枚实质性肿块，边界不清，表面溃烂，质硬，易出血，肠腔狭窄，不能进一步深插，横结肠、降结肠、乙状结肠及直肠黏膜光滑，色泽正常，血管纹理清晰，未见溃疡及新生物，肛门口未见痔核。肠镜诊断：结肠占位，可疑癌。活检病理示：（升结肠）黏液腺癌；钡灌肠示：升结肠狭窄梗阻。患者12月4日出院。出院诊断：升结肠癌，阑尾术后。

12月4日患者因“反复右下腹痛伴便血4月余”收住某大学附属肿瘤医院，诊断：升结肠黏液腺癌。12月6日全麻下行腔镜下腹盆腔探查+回肠预置造瘘术，术后予抗炎对症支持处理；12月11日出院。出院诊断：升结肠黏液腺癌。

后患者在其他医院化疗治疗，2015年5月27日死亡。

2. 医疗过错分析

（1）术中见腹腔有脓性分泌物，应常规行细菌培养+药物敏感试验以指导抗生素的使用。

（2）当发现阑尾炎病变仅表现为浆膜水肿、充血时，腹腔的脓性分泌物应该引起高度重视，并采取必要的补救措施，包括分泌物的常规检查、术中阑尾附近组织的探查、术后进一步检查（尤其病理报告不支持“脓性分泌物”时）。

（3）升结肠虽然不是阑尾手术的常规探查部位，但外院的辅助检查结果术前B超已示盲肠和末段回肠扩张，除了局部炎症的刺激引起的肠管麻痹扩张、应该考虑扩张部位远端有病变存在的可能。

（4）患者术后一直有右下腹痛，医方仅仅认为是切口脂肪液化，未做更深层次的分析和检查。

（5）术后病理切片仅见一处取材，不符合病理标本的检查及取材规范，无法判定阑尾切缘是否有肿瘤组织存在。

3. 因果关系分析

（1）患者自2013年7月23日因首发腹痛行阑尾切除术后，一直腹痛，2013年11月26日因症状加重再次就诊，经检查发现并诊断为升结肠黏液腺癌已为晚期，说明其第一次在医方就诊及手术时已非恶性肿瘤早期，考虑为进展期。

（2）升结肠黏液性癌自身的生物学特性决定其恶性程度高，病变进展速度快，预后差、死亡率高，故死亡是其自身疾病发生、发展的必然转归。但如能尽早手术、治疗，很大程度上可能会适当延长患者的生存期。

（3）医方的过错行为客观上导致了升结肠黏液性癌漏诊或延迟诊断，因此医方的过错行为与患者的生存期缩短之间存在一定的因果关系；患者术后一直腹痛、却未能及时就诊，很大程度上也导致了诊断治疗时机一失再失，因此推定医方过错行为的原因力为次要原因。

（沛臻彦，陆晓明，张红）

第八节　病历书写的过错

病历是指医务人员在医疗活动过程中形成的文字、符号、图表、影像、切片等资料的总和，是医务人员对患者诊疗行为的档案再现，也是一个医疗机构水平的体现，更是具有法律效力的医疗文件。卫生部2010年1月22日专门以“卫医政发〔2010〕11号”文件形式印发了《病历书写基本规范》的通知，其中第三条明确了病历书写的基本要求，即应当客观、真实、准确、及时、完整、规范。但现实中，病历书写中出现的不规范问题仍层出不穷，很多鉴定案件或多或少有错误存在，有些错误甚至成为激发医患矛盾的导火线。

一、常见病历书写的过错情形和认定原则

1. *病历书写不客观* 客观性是哲学的一个中心概念，指从不同观点或角度来思考或判断某件事物的合理性，是一个事物不受主观思想或意识影响而独立存在的性质，与主观性相对应。按照国家卫生健康委员会的相关规定，住院病历有客观病历与主观病历之分，但无论是客观病历还是主观病历，其制作均必须要具备客观性。病历书写的客观性指医务人员记录要能够客观地反映患者的主诉、症状、体征、辅助检查结果、手术情况、沟通交流、诊疗分析等诊疗全过程，不能凭自己的主观想象书写。

2. *病历内容不真实* 病历内容的真实性是指医务人员必须如实记录患者的病情变化、诊疗过程。病历的真实性与客观性有时是一致的，没有客观记录不等于不真实，但记录不真实显然是不客观。实践中经常出现医生不认真询问病史、不认真检查患者，想当然、凭印象写病历，有的医生之间互相模仿签字或代替签字，有的医生代替患者或非患者委托代理人签字。这些都造成了病历的失真，事后极容易导致患者的质疑，因病历不真实引起的矛盾往往比较容易激化。

当然，鉴定中也要注意，病历记录不真实与虚假病历、篡改病历性质是不同的，在鉴定中应当区别对待。记录的不真实指原始记录与实际情况之间存在差异，可以进一步查证事实，而虚假病历、篡改病历则指对已形成的病历进行篡改、重新制作的行为，这在法院审理中属于篡改病历情形，无须进行医疗损害鉴定。

3. *病历记录不准确* 病历书写的准确性通俗地说就是要求病历记录正确无误，即应当避免出现矛盾或错误。现实中，尤其现在电脑的复制粘贴功能的使用，极大地方便了病历的记录，也方便了病历的识别，但带来了许多的错误，比较多的如患者体温的记录、出入量、病情症状描写、病情变化的时间等方面的错误，还有一些低级错误，如将患者的姓名、年龄、左右记录错误。前后矛盾错误主要体现在门诊病历记录与住院病历不一致、病程记录与护理记录不一致、病程记录与医嘱单不一致、转出科室与转入科室记录不一致等。这些记录的不准确有时虽然不至于影响对疾病的治疗，也不至于给鉴定带来实质性影响，但这种错误产生的根本原因就是医务人员责任心不强，也会让患方对医务人员的其他诊疗行为也存在责任心不强产生合理怀疑。

4. *病历书写不及时* 病历书写的时间要求，《病历书写基本规范》中有明确的规定，入院记录应于患者入院后 24 h 内完成；首次病程记录应于患者入院后 8 h 内完成；主治（或以上）医师首次查房记录应于患者入院后 48 h 内完成；因抢救急危重症患者未能及时书写病历的，应在抢救结束后 6 h 内据实补记，并注明抢救完成时间和补记时间；术后第一次病程记录于手术后即时完成；有创诊疗操作记录应当在操作完成后即时书写；手术记录应当在手术完成后 24 h 内完成；转出记录由转出科室医师在患者转出前书写完成（紧急情况除外）；转入记录由转入科室医师于患者转入后 24 h 内完成；死亡记录应在患者死亡后及时完成（最迟不超过 24 h）。

现实中，有些医务人员法律意识淡薄，在工作中只重视医疗，不重视病历书写，认为只要把患者治好就行了。因此在抢救患者时能全力以赴、尽心竭力，却不能及时完成抢救记录的书写，对危重患者在术前、术中和术后的一些重要病情记录在被催促的情况下仓促补上“回忆录”，从而失去病案记录的时效性，这种情况极易引起医疗纠纷。医疗纠纷产生后，患方往往要求进行病历的封存，如果在封存前本应已完成的病历仍未完成，在鉴定时则很容易会被视为没有采取相应措施，或者形成医方无法证明也已采取适当的医疗行为。

5. 病历内容不完整或缺失　病历需要记录哪些内容，《病历书写基本规范》中有详细的规定，其中门（急）诊病历内容包括首页、病历记录、化验单（检验报告）、医学影像检查资料等；住院病历内容包括住院病案首页、入院记录、病程记录、手术知情同意书、麻醉同意书、输血治疗知情同意书、特殊检查（特殊治疗）同意书、病危（重）通知书、医嘱单、辅助检查报告单、体温单、医学影像检查资料、病理资料等。

（1）门（急）诊病历记录不完整或缺失：《病历书写基本规范》第十三条规定“门（急）诊病历记录分为初诊病历记录和复诊病历记录。初诊病历记录书写内容应当包括就诊时间、科别、主诉、现病史、既往史，阳性体征、必要的阴性体征和辅助检查结果，诊断及治疗意见和医师签名等。复诊病历记录书写内容应当包括就诊时间、科别、主诉、病史、必要的体格检查和辅助检查结果、诊断、治疗处理意见和医师签名等。急诊病历书写就诊时间应当具体到分钟。”

现实中，由于门诊患者多，临床医生工作量大，相当多的医生不注重门（急）诊病历的书写，对初诊患者往往存在书写项目不全，主要表现在既往史、过敏史不写，体格检查特别简单；对于复诊患者，很多医生就不写病历，有时就几个字“复诊，病史同上”。

（2）病程记录不完整或缺失：病程记录是指继入院记录之后，对患者病情和诊疗过程所进行的连续性记录。内容包括患者的病情变化情况、重要的辅助检查结果及临床意义、上级医师查房意见、会诊意见、医师分析讨论意见、所采取的诊疗措施及效果、医嘱更改及理由、向患者及其近亲属告知的重要事项等。根据《病历书写基本规范》规定，首次病程记录应当在患者入院 8 h 内完成。日常病程记录对病危患者应当根据病情变化随时书写病程记录，每日至少 1 次，对病重患者至少 2 d 记录一次病程记录，对病情稳定的患者至少 3 d 记录一次病程记录。另外，还必须有上级医师查房记录。

（3）手术记录不完整或缺失：手术记录是指手术医师书写的反映手术一般情况、手术经过、术中发现及处理等情况的特殊记录，应当在术后 24 h 内完成。特殊情况下由第一助手书写时，应由手术医师签名。手术记录内容包括一般项目（患者姓名、性别、科别、病房、床位号、住院病历号或病案号）、手术日期、术前诊断、术中诊断、手术名称、手术医师及助手姓名、麻醉方法、手术经过、术中出现的情况及处理等。

（4）化验报告或检查记录单等缺失：化验报告或检查记录单是诊断及治疗的重要依据，必须完整地保存。

（5）医患沟通记录单不完整或缺失：医疗过程中，部分医务人员不严格执行相关规定，未能将患者的病情、医疗措施、医疗风险等及时如实告知患者，部分病情告知书是格式化的，没有针对不同病情进行详细针对性的解释；有些危重患者医生可能已多次向家属交代过病情，却没有危重患者病情告知书，病程记录中也缺乏交代；有时由于医务人员疏忽大意，改变治疗方案或手术方案时只是口头征求患者意见，事后没有补充签字，造成不必要的医疗纠纷。

6. 病历书写不规范 《病历书写基本规范》对病历的书写提出了完整的要求,也可以说是广义的病历书写规范,本节所指的病历书写不规范主要是指狭义的书写不规范,重点是病历的修改、签名、审核等方面。《病历书写基本规范》第七条规定:“病历书写过程中出现错字时,应当用双线划在错字上,保留原记录清楚、可辨,并注明修改时间,修改人签名。不得采用刮、粘、涂等方法掩盖或去除原来的字迹。”第八条规定:“病历应当按照规定的内容书写,并由相应医务人员签名。实习医务人员、试用期医务人员书写的病历,应当经过本医疗机构注册的医务人员审阅、修改并签名。”第十条规定:“对需取得患者书面同意方可进行的医疗活动,应当由患者本人签署知情同意书。患者不具备完全民事行为能力时,应当由其法定代理人签字;患者因病无法签字时,应当由其授权的人员签字;为抢救患者,在法定代理人或被授权人无法及时签字的情况下,可由医疗机构负责人或者授权的负责人签字。因实施保护性医疗措施不宜向患者说明情况的,应当将有关情况告知患者近亲属,由患者近亲属签署知情同意书,并及时记录。患者无近亲属的或者患者近亲属无法签署同意书的,由患者的法定代理人或者关系人签署同意书。”

鉴定中经常出现的问题是随意涂改、删除后重新打印、医务人员没有签名、患方签名的人员资格不符合规定要求。产生医疗纠纷后,患方往往不认可。

二、因果关系与原因力大小分析

医疗损害鉴定案件中,病历书写问题一直是一个难题,鉴定案件中经常会遇到这种问题,但如果仅从病历书写、制作的角度来说,可以说均难以认定这些病历方面的过错与损害后果之间存在因果关系。笔者认为,实际鉴定中在对病历过错及其与损害后果之间因果关系及原因力大小分析时,关键要透过现象看本质,要分析病历书写过错对治疗方案的选择、病情变化的观察处理、手术时机的选择、转院转科的处理、患者知情同意权的告知、患者的复诊、死亡原因的分析等方面是否产生影响及产生的影响程度,从而判定是否存在因果关系并分析原因力大小。

三、案例

【案例 1(因病历书写不及时而考虑医方对患者术后病情观察存在过错)】

1. 案情摘要

2017 年 4 月 25 日,黄某因“反复胸闷胸痛 9 h”至某医院急诊,医方经过检查诊断为急性 ST 段抬高型心肌梗死,急诊行 PCI 手术,4 月 26 日 17:59 左右病情变化,后抢救无效死亡。

患方认为:① 医方的病历存在缺少、漏记、事后补写、缺少影像资料等不规范行为。② 手术的适应证掌握不严,术后护理存在过错;上述的过错与患者的死亡有因果关系,医方应当承担全部责任。

医方认为:① 医方根据患者的检查结果,诊断为急性 ST 段抬高型心肌梗死,向患者家属告知了病情的严重性,实施 PCI 手术,术后复查心电图 ST 段回落,证明手术成功;② 患者 4 月 26 日突发心脏破裂至急性心脏压塞而死亡是疾病本身的并发症所致,故诊疗行为符合规范。

2. 病情摘要

黄某因“反复胸闷胸痛 9 h”于 2017 年 4 月 25 日 05:00 急诊至医院就诊,经过心电图检查示：V_1、V_2导联ST段弓背抬高3~3.5 mm，提示急性前间隔心肌梗死，Ⅱ、Ⅲ、aVF、V_5、V_6导联ST段呈水平型、下斜型压低1.5~3 mm。心肌酶谱检查：肌钙蛋白0.067 ng/mL，肌红蛋白211.8 ng/mL，肌酸激酶同工酶MB（CK－MB）11.25 ng/mL（该院参考值：肌钙蛋白0~0.014 ng/mL，肌红蛋白25~72 ng/mL，CK－MB 1.39~6.22 ng/mL）。诊断为急性ST段抬高型心肌梗死，在告知风险后急诊行PCI手术，冠状动脉造影显示：左前降支近端次全闭塞、D1开口部位90%局限性狭窄，左回旋支近端30%狭窄。术后进入冠心病监护病房（cardiac care unit，CCU）。术后复查心肌酶谱指标较上一日下降。

4月26日17:59第2次解大便后突感气促、呼吸困难，后抢救无效死亡。

3. 分析说明

（1）对医方诊疗行为的评价：患者黄某因“反复胸闷胸痛9 h”急诊至医方就诊，心电图检查提示V_1、V_2导联ST段弓背抬高3~3.5 mm，Ⅱ、Ⅲ、aVF、V_5、V_6导联ST段呈水平型、下斜型压低1.5~3 mm；心肌酶谱示肌钙蛋白、肌红蛋白、CK－MB均升高，医方诊断为急性ST段抬高型心肌梗死，医方诊断正确。

根据《临床诊疗指南-心血管分册》，急性ST段抬高型心肌梗死的治疗原则是尽快恢复心肌的血液灌注，到达医院30 min内开始溶栓或90 min内开始介入治疗，以挽救濒死的心肌、防止梗死扩大或缩小心肌缺血范围，故支架介入属于首选治疗方案，医方在告知风险后急诊行PCI手术，符合临床诊疗规范；根据观看提供的手术影像资料，造影显示左前降支近端D1开口部位严重狭窄，左回旋支近端轻度狭窄，术后狭窄得到了解决，说明医方手术成功。

但医方存在以下过错：

1）病历书写不规范：根据2010年卫生部颁发的《病历书写基本规范》，手术记录应当在术后6 h内完成，但患者死亡距离手术已远远超过6 h，在封存病历中没有手术记录，委托方亦不认可手术记录的真实性。同时，提供的部分病历复印件与封存病历复印件对比，明显存在事后添加的内容。

2）术后注意事项及护理告知不足：所有急性ST段抬高型心肌梗死患者均应使用缓泻剂，以防止便秘时排便用力导致心脏破裂或引起心律失常、心力衰竭。医方对术后注意事项及护理注意事项仅在病程记录中有所记载（病程记录不被委托方认可），没有发现与患者及家属的沟通交流记录。

（2）死亡原因分析：根据委托方补充提供的光盘，从公安接处警录像资料中基本能够认定，患者死亡后医方向患方提出尸体解剖的交代，鉴于患者死亡后未进行尸体解剖，确切的病理死亡原因现无法明确。根据提供的资料，患者解大便后突感气促、呼吸困难，继而迅速出现神志不清、血压下降至不能测到、心跳呼吸停止，床边B超提示心包积液，故临床推断为左心室破裂导致急性心脏压塞死亡。

（3）因果关系及原因力大小分析：患者左心室破裂导致急性心脏压塞死亡，属于自身疾病的并发症，但医方存在术后注意事项及护理告知不足，上述的不足对患者及家属对术后预防会产生一定的影响，同时根据委托方提供的法庭认证意见及补充认证意见，委托方对封存病历以外的手术记录、病程记录、医嘱单等均没有认可，导致鉴定人及咨询专家对医方术后的病情观察真实情况难以了解。医方上述的过错对患者死亡存在一定的法律上参与作用。鉴定人综合分析，患者死亡的根本原因是自身疾病的并发症，医方的过错对死亡具有一定的参与作用，原因力为轻微原因。

4. 鉴定意见

某医院的诊疗行为存在过错，与黄某的死亡后果之间存在因果关系，原因力为轻微原因。

【案例2(手术知情同意书及手术记录中的术前诊断书写不完整导致医患双方对知情告知是否充分产生争议)】

1. 案情摘要

2018年3月21日，王某因“发作性头晕1周”至当地某医院就诊，行影像检查示右侧大脑后动脉P1段纤细，P2段动脉瘤，为进一步治疗于2018年4月8日转至医方就诊，医方拟右侧大脑后动脉P2段动脉瘤收住入院，入院后次日行脑血管造影术，术后诊断为右侧大脑后动脉P2段动脉瘤、右侧大脑中动脉M1段动脉瘤。2018年4月11日行动脉瘤栓塞术，术中右侧大脑中动脉M1段动脉瘤破裂，经多次抢救无效后于2018年4月15日死亡。

患方认为：① 医方仅告知患者家属右侧大脑后动脉P2段动脉瘤，在未告知右侧大脑中动脉M1段动脉瘤的情况下行手术治疗。② 医方在对右侧大脑中动脉M1段动脉瘤大小没确定时，贸然行手术治疗导致动脉瘤破裂。患者死亡完全是医生的工作失误造成，医生的失误和患者死亡之间具有直接的因果关系。

医方认为：术前诊断明确，相关的手术风险亦与患者的家属进行了充分的告知，对患者治疗行为没有违反诊疗常规，在整个治疗和抢救过程中不存在医疗过错。

2. 病情摘要

王某于2018年3月21日因“发作性头晕1周”至某医院门诊就诊，2018年3月29日行颅脑MRI、MRA检查，影像诊断两侧额顶叶腔隙性缺血灶；右侧大脑后动脉P2段纤细伴局限性隆起，4月4日行脑部CTA检查示右侧大脑后动脉P1纤细，P2段动脉瘤。

2018年4月8日15:10，患者为进一步诊疗至医方就诊，医方拟右侧大脑后动脉P2段动脉瘤收住入院。入院后查体：体温36.8℃，血压130/80 mmHg，神志清，言语正常，对答切题。双侧瞳孔等大等圆，对光反应灵敏，四肢肌力正常，肌张力不高，双侧生理反射存在，病理征未引出。

4月9日13:25行脑血管造影术，术中造影显示右侧大脑后动脉P2段起始部狭窄伴远端囊性突起，大小为3.6 mm×2.3 mm，考虑夹层动脉瘤，右侧大脑中动脉M1段有一囊性突起，大小为2.7 mm×2.0 mm，考虑动脉瘤，右侧椎动脉较细，余造影血管未见明显异常。术后诊断为右侧大脑后动脉P2段动脉瘤、右侧大脑中动脉M1段动脉瘤。

4月10日的手术知情同意书及4月11日手术记录的术前诊断中均仅有右侧大脑后动脉P2段动脉瘤记录，没有记载右侧大脑中动脉M1段动脉瘤。

4月11日11:40行动脉瘤栓塞术，术中造影显示右侧大脑后动脉P2段起始部狭窄伴远端囊性突起，大小为3.6 mm×2.3 mm，SL－10微导管在Transend PLATINUM微导丝引导下进入动脉瘤瘤体内，经SL－10微导管缓慢向瘤体内依次释放Axium 3D弹簧2 mm×4 cm一枚、2 mm×2 cm一枚，Microplex10弹簧圈1.5 mm×4 cm一枚，Axium Helix弹簧圈1.5 mm×2 cm一枚，共释放4枚弹簧圈，造影显示动脉瘤未再显影，撤出SL－10微导管，Headway微导管在SOFT TIP微导丝引导下进入右侧大脑后动脉P3段，撤出微导丝，LVIS支架2.5 mm×13 mm

经 Headway 微导管释放在右侧大脑后动脉 P2 段覆盖动脉瘤口及近端狭窄血管，释放后造影显示血管狭窄解除、动脉瘤未再显影、载瘤动脉通畅；造影显示左侧大脑前动脉及右侧大脑后动脉显影，右侧大脑中动脉 M1 段有一动脉瘤大小为 2.7 mm×2.0 mm，瘤体不规则。Headway21 微导管在 SOFI TIP 微导丝引导下进入右侧大脑中动脉上干分支，LVIS 支架 3.5 mm×20 mm 经 Headway21 微导管定于为右侧大脑中动脉，经 Headway 微导管释放 LVIS 支架 3.5 mm×20 cm（2.0 cm）一枚，支架完全覆盖动脉瘤瘤颈，SL－10 微导管在 Transend PLATINUM 微导丝引导下超选进入动脉瘤瘤体，Axium 3D 弹簧圈 2 mm×4 cm 经 SL－10 微导管缓慢释放于动脉瘤瘤体内，弹簧圈突出瘤体外，患者血压开始上升，考虑动脉瘤破裂，立即予中和肝素，予以按压右侧颈内动脉，快速将 HyperForm 球囊在 X－pedion 微导丝引导下进入右侧 M1 段打起球囊，并控制血压，血压缓慢下降。查体可见患者神志为全麻状态，双侧瞳孔直径 4.5 mm，光反射消失，无自主呼吸，保留气管插管，刺痛肢体无反应。急诊予复查头颅 CT 显示全脑肿胀、蛛网膜下腔出血伴有造影剂外漏。予以降低颅内压、保护脑神经等对症支持治疗。4 月 12 日，患者意识昏迷，呼吸机辅助呼吸，血压下降后给予升压药物维持血压，继续扩容等治疗。

4 月 13 日 02：30 分许，心电监护提示测不出血压，心率进行性下降，双侧瞳孔对光反射消失，双侧颈内动脉、股动脉搏动消失，予紧急床边心肺复苏、静脉推注肾上腺素、补液扩容、去甲肾素维持血压等，02：35 自主心跳恢复，心电监护提示室性心动过速，双侧颈内动脉、股动脉搏动恢复。07：25 患者再次出现心率进行性下降，血压及脉氧测不出等，予紧急床边心肺复苏等抢救措施。07：31 自主心跳恢复，双侧颈内动脉、股动脉搏动恢复。09：01 患者再次出现心搏骤停，血压及脉氧测不出，予紧急抢救等措施，09：06 自主心跳恢复，抢救成功。

4 月 15 日 02：40，患者突发心搏骤停等，予紧急抢救，02：53 自主心跳恢复，抢救成功。15：40 患者再次突发心搏骤停等，予紧急抢救，16：07 患者心率未恢复，双侧颈内动脉及股动脉搏动均消失，心电图呈一直线，临床宣布死亡。

3. 分析说明

根据委托方提供的相关病历材料及影像学片，患者右侧大脑后动脉 P2 段动脉瘤、右侧大脑中动脉 M1 段动脉瘤诊断明确，双方对此无争议。

（1）诊疗行为分析：王某因右侧大脑后动脉 P2 段动脉瘤至医方就诊，入院后医方为进一步了解脑血管病变状况行脑血管造影术，术前将相关的风险及对策向患者家属进行了告知，并在患者家属签字的前提下行手术，上述处理符合规范。

医方在行脑血管造影术后，诊断右侧大脑后动脉 P2 段动脉瘤、右侧大脑中动脉 M1 段动脉瘤，手术指征明确，后为进一步治疗选择动脉瘤栓塞术，手术方案选择正确，术前将相关风险予以告知（手术知情同意书仅记载右侧大脑后动脉 P2 段动脉瘤），并在患者家属签字的前提下行手术，上述处理符合规范。

患者手术过程中右侧大脑中动脉 M1 段动脉瘤破裂后，患者血压升高，医方立即予中和肝素、予以按压右侧颈内动脉等治疗措施；此外，在患者动脉瘤破裂后生命体征不平稳，多次出现心率下降、双侧颈内动脉、股动脉搏动消失等病危情况时，医方紧急予以抢救措施，患者抢救成功，抢救措施无过错。

在王某死亡后，医方向患者家属交代是否进行尸体解剖，但患者家属拒绝尸检并在医患沟通记录中进行了签字，故医方已履行了尸体解剖的告知义务。

（2）关于医方的过错认定：医方在术前由手术医师将相关的手术方法、手术风险进行了当面告知并由患者丈夫签署了手术知情同意书，对此患方予以承认。本案中最大的争议要点在于医方术前是否告知有两个动脉瘤需要手术，即患方是否知道手术中进行两个动脉瘤的栓塞手术。现将各方的陈述及听证会调查情况归纳如下：

1）患方认为：医方在4月10日的手术知情同意书及4月11日手术记录的术前诊断中均仅有右侧大脑后动脉P2段动脉瘤，没有记载右侧大脑中动脉M1段动脉瘤；故患方术前仅同意进行右侧大脑后动脉P2段动脉瘤的栓塞手术，术前不知道（医方没有告知）做右侧大脑中动脉M1段动脉瘤栓塞手术。

2）医方陈述：① 手术知情同意书及4月11日手术记录的术前诊断系由于电子病历系统电脑自动生成，包括后面的“需要在全麻麻醉下进行动脉瘤栓塞术”，而且仅生成第一诊断，医生无法修改，患者完整的诊断在电子病历中可全部找到（请委托方进一步查证）。② 术前曾两次就两个动脉瘤的手术风险告知患者家属，一次是科主任医师在查房期间向患者家属告知脑血管造影术后诊断右侧大脑后动脉P2段动脉瘤、右侧大脑中动脉M1段动脉瘤，并将手术相关情况告知患者家属；另一次是手术医师于4月10日晚上（手术前1 d）亲自向患者家属详细沟通，沟通过程中通过手机中所拍两个动脉瘤的图片及画图的方式将两个动脉瘤所采用的手术方式及相关手术风险均进行了告知，同时告知了相关的手术费用，一个瘤一般8万~10万元，两个瘤大约16万元，家属完全知道是两个瘤，在完全知情后签署了手术知情同意书。③ 术前讨论中专门讨论了两个动脉瘤的手术问题。

3）听证会调查中：患方丈夫承认术前手术医师跟他说过手术费用大约要16万元，并提到了弹簧圈的问题，4月10日20:00多手术医师与其进行了谈话，给其看了手机上的图，同时谈了手术的风险，后签了字。但其术前不知道有两个动脉瘤，其是在4月11日手术中医生开门出来说第2个瘤术中破裂有30%死亡的可能性时才知道的。

关于术前交代签字问题。提供的病历资料中有患者丈夫于4月8日及4月10日的两次在手术知情同意书上签字。听证会中患者丈夫陈述只有4月10日的交代签字，造影前没有谈话签字，4月8日的签字系4月10日晚上医生让他签的，他没有看，当日晚上签了两个字。医方陈述两次是分别谈话签字的，手术知情同意书是一式两份，如果患方出院时要，就给患者一份，如果患者不要，就存在档案中。在鉴定人再次询问患者丈夫既然认为4月8日手术知情同意书的字系4月10日补签，当日也仅签了2个字，为何病历中4月8日有“手术知情同意书”“术前医患沟通记录”两个地方的签字，患者丈夫回答由于时间长了，记不清楚。

鉴于医方术前是否告知患方行两个动脉瘤栓塞手术（即患方是否知道手术中进行两个动脉瘤的栓塞手术）这一事实医患双方陈述不一，而这一事实的认定已超越了医疗损害技术鉴定的范畴，故请委托方结合上述的情况进一步查证确认。

如果委托方认定医方告知了两个动脉瘤，则医方仅仅是病历书写不规范；如果委托方认定医方没有告知右侧大脑中动脉M1段动脉瘤，则医方侵犯了患者知情同意权进行右侧大脑中动脉M1段动脉瘤介入术，违反医疗规范。

（3）因果关系及原因力大小分析：基于上述分析，因医方的过错种类需委托方查证确认，相应的因果关系也随过错的不同而不同。

如果委托方认定医方告知了两个动脉瘤栓塞（患方知晓两个动脉瘤手术），则医方仅仅是病历书写不规范，医方术前进行了充分的风险告知，手术方法、术中操作没有违反规范，动脉瘤的破裂属于手术无法控制的并发症，破裂出血后医方进行了必要的抢救，患者的死亡属于自身疾病发展所致，与医方的病历书写不规范没有因果关系。

如果委托方认定医方术前没有告知右侧大脑中动脉M1段动脉瘤，则医方侵犯了患者知情同意权，进行右侧大脑中动脉M1段动脉瘤介入术违反医疗规范，患者最终因右侧大脑中动脉M1段动脉瘤破裂而死亡，医方的过错与患者的死亡后果之间存在直接因果关系，医方承担全部责任。

4. 鉴定意见

如果委托方认定医方告知患者右侧大脑中动脉M1段动脉瘤栓塞手术，则医方存在病历书写不规范，其诊疗行为与患者的死亡之间没有因果关系；如果委托方认定医方没有告知患者右侧大脑中动脉M1段动脉瘤栓塞手术，则医方侵犯了患者知情同意权，医方的过错与患者的死亡之间存在直接因果关系，其原因力为全部原因。

（徐红平）

第九节 其他过错

本节将讲述在医疗损害鉴定中遇到的一些其他过错。

一、产前检查常见的过错

（一）唐氏筛查结果接近高风险，未能告知可行羊水穿刺以明确诊断

【案例1】

1. 病情摘要

患者，女性，1987年1月出生。2012年3月23日因“妊娠剧烈”入住某医院。2011年3月31日因妊娠26^{+2}周，发现胎儿畸形（超声提示胎儿唇裂）行引产术。4月28日至该院建卡行产前检查。5月11日行血清学检查，5月18日报告示：唐氏21-三体分析1/300。6月5日，因低风险也有生畸儿，防止遗漏行B超检查，报告示：胎儿双顶径45 mm，腹径42mm，股骨径29 mm，有胎心，羊水45 mm×48 mm，胎盘下缘距子宫颈内口40 mm，胎盘附着部位为前壁，胎盘级数0级，胎盘厚度18 mm，NF 5.2 mm，鼻骨长6.3 mm，左侧脑室6.1 mm，右侧脑室6.1 mm，肾盂：目前妊娠周数较小，双肾盂未显示，宫内妊娠，单活胎，超声检查不能完全排除胎儿细小结构的畸形。10月5日因“G3P0，妊娠38^{+2}周，胎心偏慢”入住该院，当日行子宫下段剖宫产术，娩出一男婴，2 550 g，后新生儿被诊断为唐氏综合征。

2. 分析

《胎儿常见染色体异常与开放性神经管缺陷的产前筛查与诊断技术标准》的规定，羊膜腔穿刺术指征：孕妇预产期年龄大于等于35岁；孕妇曾生育过染色体异常患儿；夫妇一方有染色体结果异常；孕妇曾生育过单基因病患儿或先天性代谢病患儿；唐氏综合征、18三体综

合征(爱德华综合征)产前筛查高风险;其他需要抽取羊水标本检查的情况。根据上述标准,该孕妇并非唐氏综合征产前筛查高风险者,无确定的羊水穿刺的指征,但结合孕妇的病史(病史中未检、胎儿唇裂引产 1 次)及唐氏筛查结果(21 -三体风险 1/300,接近高风险 1/270),医方应引起重视,应向患方详细告知产妇有高危因素,可行羊水穿刺以明确诊断胎儿是否患有唐氏综合征,并告知羊水穿刺的风险,供患方选择是否进行羊水穿刺检查。医方虽行 B 超检查显示其结果正常,但未进行可行羊水穿刺的相关告知,供患方选择是否进行羊水穿刺检查,存在过错。

人们对产前筛查、优生优育越来越重视,虽然胎儿先天性遗传性疾病或畸形是孕妇自身的问题,目前医学科学还存在许多尚未认知的领域,但作为专科医生应当根据孕妇的病史,结合检查结果,全面分析做出判断,并且要将可能情况告知于患者,让其做出选择,对此医方负有高度的专业注意义务,未尽到此义务就要承担一定的责任。

(二)未按照规范进行系统产前超声检查导致畸形儿出生

【案例 2】

1. 病情摘要

患者,女性,1992 年 7 月出生。2012 年 8 月 18 日因“停经 43 d、阴道少量流血 10 h”至某市妇幼保健院就诊,经血 β-HCG+黄体酮、超声检查后,诊断为先兆流产。2013 年 1 月 4 日彩超示:双侧前臂及其内的尺、桡骨可见,双手可见,胎儿一侧肾液性分离 6 mm。3 月 9 日彩超示:因胎儿体位关系,面部、部分肢体显示不清,胎儿一侧肾液性分离 10 mm。3 月 26 日彩超示:胎儿一侧肾盂宽 11 mm,因胎儿体位关系部分肢体、脊柱骶尾部无法显示。3 月 30 日和 4 月 5 日至某市医院超声检查提示胎儿右肾接合部光带分离约 10 mm 和 9 mm。4 月 14 日孕妇因“停经 39^{+5} 周,阴道流水 3 h 余”收住某市妇幼保健院,当日剖宫娩出一成熟男婴,重 2 950 g。新生儿出生后,发现其右耳、右前臂、右腕、右拇指等发育畸形。2014 年 1 月 12 日新生儿收住某大学医学院附属儿科医院,X 线示:右尺骨弯曲畸形,桡骨远段部分缺如,右拇指发育不良。

2. 分析

根据某省超声医学工程学会 2011 年 8 月 20 日发布《某省产前超声检查操作规范(试行)》的规定,妊娠中晚期超声检查内容:检查时按颅骨、颅内结构、眼、鼻、唇、脊柱、颈部、胸廓、肺、四腔心、左右心室流出道、膈肌、腹壁、肝脏、肠、双肾、膀胱及四肢长骨(上肢检查至尺桡骨远端,下肢检查至胫腓骨远端)顺序进行检查。

该患者 2013 年 1 月 4 日的彩超检查为系统产前超声检查,按照规范,上肢检查应至尺、桡骨远端,医方在进行尺、桡骨检查时仅描述可见,未检查到尺、桡骨远端,未能发现胎儿一侧上肢长骨远端发育异常,存在漏检。

二、医院管理常见的过错

非医护人员导尿

【案例 3】

1. 病情摘要

患者张某,男性,70 岁,因“尿频、进行性排尿困难 9 年,加重 1 个月”入住某二级医院。

专科检查：前列腺鸡蛋大小（B超6.2 cm×4.8 cm×4.0 cm），残余尿168 mL。入院诊断：前列腺Ⅲ度增生；尿动力学（由非技术人员操作）结果示：不稳定性膀胱。检查后次日发热，体格检查：阴茎尿道口可挤出少量脓液，经抗生素治疗后好转。医方决定暂不手术，继续药物治疗2个月后在连续硬膜外麻醉下行耻骨上经膀胱前列腺摘除术，手术经过顺利。术后继续抗感染治疗。术后半个月拔除尿管，能解小便，但有尿失禁、排尿困难，于术后2个月在麻醉下行经尿道瘢痕切除术，术中见前列腺窝处黏膜光滑，在膀胱颈5点钟方向电切一0.5 cm大小的活瓣状组织。尿道扩张后保留导尿管。但是拔管后仍排尿困难，又保留尿管。

第1次术后因尿道括约肌强烈痉挛导致尿失禁、排尿困难相继行耻骨上膀胱造瘘+经尿道瘢痕电切+尿道包皮植入术，效果不佳仍有尿失禁，考虑尿道外括约肌受损，经尿道造影示尿道球部后端及膜部尿道有狭窄，最终行尿道球部悬吊术后仍尿失禁，略有改善。出院后患者认为乙方未能告知和使用非专业人员致残提出鉴定。

2. 分析

尿动力学检查是神经泌尿学领域的重要检查，其适用范围广，但并非每一个患者都要做复杂检查，泌尿外科医生的要求是为下尿路功能紊乱患者选择最合适的检查。最需要全面尿动力学检查的下尿路功能紊乱有尿失禁、膀胱出口梗阻、神经性膀胱、儿童排尿功能紊乱及失禁。前列腺根治术或电切术后可能发生非神经源性尿失禁，应行尿动力学检查，确定有无不稳定膀胱、低顺应性膀胱或外括约肌损伤。

患者第一次住院前列腺鸡蛋大小（B超6.2 cm×4.8 cm×4.0 cm），残余尿168 mL，具有行尿流动力学检查指征。第一次住院，尿动力学检查后发生尿路感染虽不是完全可以避免且可以治愈，但因非卫生技术人员操作，而造成尿路感染，尽管已控制，但仍存在过失。之后患者诊断为前列腺增生症，不稳定膀胱有相对手术适应证，术后出现排尿障碍（尿失禁），其是术后复杂的并发症，难以避免，医方虽做了告知，但前列腺摘除后的诊断和处理存在缺陷，对出现的并发症处理欠完善但与首诊医院的过失无关。

对于医疗机构聘用取得医师资格但未经医师注册取得执业证书的人员从事医师执业活动的，按照《医疗机构管理条例》第四十八条的规定："违反本条例第二十八条规定，使用非卫生技术人员从事医疗卫生技术工作的，由县级以上人民政府卫生行政部门责令其限期改正，并可以处5 000元以下的罚款，情节严重的，吊销其《医疗机构执业许可证》。"对于取得医师资格但未经医师注册取得执业证书而从事医师执业活动的人员，按照《中华人民共和国执业医师法》第三十九条规定："由县级以上人民政府卫生行政部门予以取缔，没收其非法所得及其药品、器械，并处十万元以下罚款。"

三、护理常见的过错

外固定支架固定术致骨髓炎

【案例4】

1. 病情摘要

患者，男性，1949年9月出生。2012年2月4日因"车祸致右腕部肿痛、活动受限1 h"入住某医院。X线示：右桡骨远端骨折（Colles骨折）合并尺骨茎突骨折。22:00在臂丛神经麻醉下行复位外固定支架固定术，于桡骨下端及第二掌骨植入两枚shance螺钉，经C臂机透视复位满意后，将外固定支架固定牢固。术后予抗炎、补液等治疗。2月12日出院，出院医嘱：加强功能锻炼，定期复查X线，随诊。

4月9日、4月22日复查X线示：右侧桡骨远端骨折合并尺骨茎突骨折后，支架固定中，位置可，少量骨痂形成。

术后12周去除外固定支架，支架去除10 d后出现右第二掌骨远端钉道处疼痛，自行口服抗生素无效。

6月1日因“右腕关节外固定支架固定术后4个月，掌骨钉道处疼痛1个月”再次入住某医院，查体：右第二掌骨远端无发红、发热，无皮肤破溃、流脓，轻度肿胀，远端钉道瘢痕处扪及约0.5 cm×0.5 cm大小硬结，触痛显著，未扪及波动感。X线示：右手第二掌骨远端骨皮质变薄破坏，未见骨膜反应，提示右手第二掌骨远端骨髓炎可能。予补液、抗炎等治疗。4 d后右第二掌骨远端钉道处硬结稍有缩小，疼痛有所缓解。6月5日因患者要求转外院治疗，予出院。

6月6日转入某人民医院，查体：右手背部可见肿胀，钉道愈合可，皮温稍高，活动尚可，轻压痛。诊断为右第二掌骨慢性骨髓炎。MRI检查示：右桡骨骨折断端周围斑片状骨髓水肿；右侧第二掌骨病灶，考虑炎症性病变可能伴周围软组织肿胀；右侧尺骨远端及右侧钩骨小片骨髓水肿；右手及腕部软组织轻度肿胀。6月10日出院。

6月27日某大学附属医院诊断为右手背部感染。

7月10日因“右桡骨远端骨折术后5个月，右第二掌骨处反复肿痛2个月”第3次入住该院，7月11日在局麻下行右第二掌骨骨髓炎切开排脓、清创、创口纱条引流。7月25日出院。

2. 分析

患者右第二掌骨骨髓炎的发生本属于术后钉道并发症，造成感染的原因复杂，其发生以目前的医学条件尚不能完全避免。发生感染的前提是皮肤上的细菌侵入钉道，但医方违反钉道护理常规，病历中未见术后钉道护理医嘱，护理记录单未见钉道护理记录。第一次出院医嘱中亦未见交代保持钉道清洁、消毒等内容。医方的上述过错未能最大程度减少皮肤上的细菌，以减少发生感染的机会，感染发生后未能及时、有效处置，与患者出现右第二掌骨骨髓炎存在因果关系，骨髓炎造成的后果是增加了患者痛苦。

四、转院常见的过错

（一）出诊人员无相应资质

【案例5】

1. 病情摘要

患者，男性，1964年12月出生。2013年3月25日08:50至某诊所就诊，咽痛，咳嗽3 d，否认有青霉素及其他药物过敏。诊断为扁桃体炎，予以生理盐水100 mL+头孢噻肟钠2 g+地塞米松10 mg+利巴韦林100 mL静脉滴注。08:55输注头孢噻肟钠约3 mL，突然出现烦躁不安、呼吸急促并拔除输液皮条（患者自行拔除）。听诊两肺呼吸音粗，心率100次/min，血压无法测及，考虑过敏性休克，予以平卧位、口咽通气道保持呼吸道通畅，皮下注射肾上腺素1 mg，吸氧、重新建立静脉通道（未成功）等措施，电话联系120急救。某市急救中心病案记载“急救医师：王某；出车时间：2013 年 3 月 25 日 09:02；到达现场：09:05；离开现场：09:06；到达医院：09:20。主诉：呼吸、意识丧失 10 min。现场情况：患者自 10 min 前突然出现抽搐，呼吸丧失，生命体征全无，一面给予心肺复苏术，同时积极送往医院。诊断：猝死？120 急救车转至某医院。体温、血压、指脉氧无法测出，心率 35 次/min，予以胸外按压、气管插管接呼吸机辅助呼吸等处理，10 min 后心跳恢复，经抗感染、营养神经、高压氧等处理。5 月 2 日患者转至某部队医院，入院诊断为缺血缺氧、肺部感染、心肺复苏后、气管切开术术后，入院后予以对症处理，7 月 23 日出院。鉴定时患者处于植物状态。

2. 分析

某市急救中心存在以下过错：① 实际出诊人员无相应资质；② 未针对过敏性休克的患者配备必要的抢救措施予以抗过敏处理；③ 120 未能就近转诊患者；④ 120 急救未能现场实施救治措施，病历资料无法如实描述当时救治情况，故无法评判是否符合救治原则；⑤ 急救病历存在伪造情形，120 诊断猝死，但诊所病历记录存在自主呼吸心跳，到达医院病历记录心率 35 次/min；⑥ 出诊医生和实际签名人员不符。

（二）120 对现场病情判断不确切，将不需要转院的患者转院

【案例 6】

1. 病情摘要

患者，女性，51 岁。于 2017 年 2 月 25 日 16:00 点左右来某卫生室就诊，来时患者述咳嗽、咳痰、体温 36.2℃，听诊双肺呼吸音粗，轻度湿啰音，脉搏 75 次/min，律齐，余(-)，诊断为气管肺炎。经青霉素皮试(-)，为患者输注青霉素和氨茶碱两组体液。先滴注氨茶碱，待青霉素皮试 20 min 观察显示阴性后，又先试滴约 2 mL 配好的青霉素液体，以观察有无不适，并交代患者如有不适及时告知。待氨茶碱滴注完后给予青霉素静脉滴注。17:35 值班医生观察到患者面部微红，并有散在丘疹，立刻关闭输液，并询问患者有无不适，患者才说 10 min 前有胸闷感。立刻给予肌内注射氯苯那敏 10 mg、地塞米松 5 mg，接着又给予肾上腺素 0.3 mg 皮下注射。并通知另外一名医生前来，同时给予 250 mL 生理盐水、地塞米松 5 mg、50%葡萄糖溶液 40 mL、维生素 C 10 mL 更换输液器后滴注。测血压 150/90 mmHg，心率 86 次/min，律齐。患者自述胸闷减轻，无其他不适。18:10 左右患者肢体抽搐，体温 37.1℃，诉轻微胸闷，测血压 158/90 mmHg，听诊双肺轻度湿啰音，心率 85 次/min，律齐。立即给予加入 8 mL 葡萄糖酸钙的 50%葡萄糖溶液 20 mL 静脉推注，大约 15 min 患者诉胸闷减轻，抽搐症状缓解，继续观察。20:15 左右续 250 mL 生理盐水、地塞米松 5 mg、维生素 C 1.0 mL 静脉滴注。约几分钟，患者又出现抽搐，诉胸闷、呼吸无力。立即将患者平卧，肾上腺素 0.1 mg 皮下注射，舌下含服速效救心丸 15 粒。并与患者儿子沟通后拨打某医院 120。当时患者意识清醒，测量血压 125/85 mmHg，脉搏 85 次/min。予 50%葡萄糖溶液 40 mL、维生素 C 20 mL、地塞米松 5 mg 静脉推注后，患者诉症状缓解，等待 120。120 于 21:10 到达。询问患者：患者自述姓名，并说呼吸无力。接诊医生给予肾上腺素 0.5 mg 颈静脉推注后患者立刻出现烦躁、抽搐，大叫两声后意识丧失，无自主呼吸。立即给予心脏按压，医生撬开患者口腔，保持呼吸通畅。抬上救护车，继续按压 2 min 后自主呼吸恢复，意识心跳恢复。陪同患者到达某医院急诊室，后入住 ICU 观察治疗。3 月 20 日治愈出院。

2. 分析

根据现场调查，患者当时的症状体征及反复测量血压未下降，不支持过敏性休克的诊断。患者因静脉输注氨茶碱和青霉素过程中出现寒战、抽搐，临床推断可能系输液反应。卫生室在处理患者输液过程中发生的输液反应，对病情判断不确切，反复使用肾上腺素，并静脉使用，处置不符合规范，病程中出现的呼吸、心搏骤停不排除与静脉使用的氨茶碱和肾上腺素共同作用有关。120 急救存在的过错：120 到达现场急救时，未能准确判断病情，并进行记录；未能准确实施相应的现场急救措施，未能全面告知病情及风险，未明确就地抢救还是转院等。

（三）120 对现场病情判断不确切，将不能转院的患者转院

【案例 7】

1. 病情摘要

患者，女性，1954 年 9 月出生。2012 年 6 月 17 日因“头、颈、腰部砸伤后半小时，声音嘶哑，呼吸困难”至某医院就诊，查体：神清，心率 62 次/min，血压 180/100 mmHg，喉部皮肤有擦伤。头颈部 CT 示：未见明显脑挫裂伤、出血，颈部及胸廓皮下及软组织内积气，气管损伤，纵隔内积气，双肺上尖未见明显破裂及出血。五官科会诊考虑颈部外伤；处理：地塞米松 10 mg（已用）；观察呼吸情况，如出现呼吸困难，考虑气管切开；喉部 CT；建议转上级医院。某市急救中心出诊时间 2012 年 6 月 17 日 11:17，到达患者身边时间 11:47。查体：昏迷，呼吸困难，咯血，颈部水肿、发绀，杵状指，头部血肿。未行气管切开术，未气管插管。初步诊断为气管闭合性损伤；上呼吸道梗阻。病情判断为危重。救治措施：吸氧，吸痰（喉浅），地塞米松 20 mg、洛贝林 3 mg、呋塞米 20 mg，心肺复苏。病危通知：患者病情危重，在现场救治、搬运及转送医院途中存在风险，甚至死亡，特通知家属，通告时间 2012 年 6 月 17 日 11:50，患者家属签字。患者选择送往某市医院，由于患者病情极其凶险，转院过程中患者发生脑卒中风险极大，建议就地抢救，其家属坚决要求转院，一切后果自负，患者家属签字。到达医院时间为 2012 年 6 月 17 日 12:25，接诊病情记录：心率 0/min、呼吸 0/min、血压 0/0 mmHg，抢救转归：死亡（途中）。

2. 分析

患者因颈部外伤入院，入院时已出现呼吸困难、声音嘶哑等症状，属于颈部外伤危重急症，随时有可能发展致气道阻塞而窒息死亡。咽喉部软组织内有血肿形成，对于此类颈部外伤的患者，应当预见到有呼吸道阻塞的可能及危重性，并积极采取相应预防措施。医方虽然限于自身条件和能力，积极联系转院不违反诊疗规范。但某市急救中心救护车到达后，没有根据患者病情变化，对病情进行判断，也没有采取进一步措施及相关病历记录，应当立即进行气管插管，实施就地抢救，而不是盲目转院。

（四）急救医疗站未能及时转运患者

【案例 8】

1. 病情摘要

患者，男性，1943 年 5 月出生。2016 年 11 月 30 日 17:00 左右因突发胸闷拨打 120 急救

电话。某市急救医疗站17:48接诊,18:15接到患者并送某县级医院,有心脏肥大史。初步诊断为胸闷待查,急性冠脉综合征可能。予半卧、测血压、吸氧、0.9%生理盐水250 mL、硝酸甘油静脉滴注等治疗。18:40患者到达某县级医院急诊,初步诊断为心肌梗死。予心电监护,吸氧4 L/min,床边心电监护等处理,并予硝酸甘油静脉滴注、硫酸氯吡格雷300 mg口服、阿司匹林300 mg嚼服等治疗。

19:19患者家属再次拨打120,要求转至某市医院。20:10某市急救医疗站120始送患者,21:06送达某市医院,入院诊断为急性广泛前壁心肌梗死、Killip Ⅰ级。21:45在局麻下行急性选择性冠状动脉造影术+支架植入术。术后转入ICU治疗,患者血压偏低,经积极处置后患者循环仍不稳定,且氧饱和度偏低,尿少,行肾脏替代治疗。患者又存在腹胀、消化道出血,予禁食、静脉营养等治疗。12月16日患者转回某县级医院,12月17日出院,12月18日在家中病故。

2. 分析

某市急救医疗站第2次接到120呼救后,没有充分认识患者病情的危重性和紧迫性,违反了就急、满足专业需要的原则,未及时出动应急车辆转运危重患者。现有资料表明,自19:19患者家属第2次拨打120,要求将患者转至某市医院,至20:10发车间隔约51 min。延误了患者的救治,存在过错,影响患者的救治效果及预后。

心肌梗死是心血管疾病中的急危重症,极有可能在很短时间内危及生命,“时间就是心肌,心肌就是生命”。某县级医院不具备开展急诊PCI治疗的条件,而患者广泛前壁心肌梗死急需转运至有条件的医院,应尽早疏通梗死冠状动脉。某市急救医疗站共有三组值班车辆,事发时两组外出执行任务,一组站内待命,未能安排转院不符合上述有关规定。

(蒋士浩)

第三章 常见疾病医疗损害鉴定技术指引

第一节 甲状腺手术并发症的医疗损害鉴定技术指引

一、概述

甲状腺是人体非常重要的内分泌器官，是机体最大的内分泌腺，对人体内钙平衡的调节起着重要作用。甲状腺疾病临床常见，其类型有单纯性甲状腺肿、甲状腺功能亢进、甲状腺炎、甲状腺腺瘤及甲状腺癌等，有较高的发病率，对患者的日常生活造成不利影响。手术是甲状腺疾病常见的，也是有效的治疗途径，但因各种原因而引起的手术并发症也是影响手术及治疗效果较为严重的因素之一。

甲状腺手术后常见的并发症有呼吸困难和窒息、喉返神经损伤、喉上神经损伤、甲状旁腺功能减退、甲状腺危象等。医疗损害案件的鉴定中涉及的甲状腺术后并发症的情形基本是喉返神经损伤和甲状旁腺功能减退。因此，本鉴定指引，仅对此两种并发症进行分析。

喉返神经损伤发生率约0.5%。大多数是因手术处理甲状腺下极时，不慎将喉返神经切断、缝扎或挫夹、牵拉造成永久性或暂时性损伤。少数也可由血肿或瘢痕组织压迫或牵拉而发生。损伤的后果与损伤的性质（永久性或暂时性）和范围（单侧或双侧）密切相关。喉返神经含支配声带的运动神经纤维，一侧喉返神经损伤，大都引起声音嘶哑，术后虽可由健侧声带代偿性地向患侧过度内收而恢复发音，但喉镜检查显示患侧声带依然不能内收，因此不能恢复其原有的音色。双侧喉返神经受损，视其损伤全支、前支或后支等不同的平面可导致失声或严重的呼吸困难甚至窒息，需立即做气管切开。由手术切断、缝扎、挫夹、牵拉等直接损伤喉返神经者，术中会立即出现症状，而由血肿压迫、瘢痕组织牵拉等所致者，则可在术后数日才出现症状。切断、缝扎引起者属永久性损伤，挫夹、牵拉、血肿压迫所致则多为暂时性，经理疗等及时处理后，一般可在3~6个月逐渐恢复。

甲状旁腺功能减退系因手术时误伤及甲状旁腺或其血液供给受累所致，血钙浓度下降至2.0 mmol/L以下，严重者可降至1.0~1.5 mmol/L，神经肌肉的应激性显著增高，多在术后1~3 d出现症状。多数患者起初只有面部、唇部或手足部的针刺样麻木感或强直感，严重者可出现面肌和手足伴有疼痛的持续性痉挛，每日发作多次，每次持续10~20 min或更长，严重者可发生喉和膈肌痉挛，引起窒息死亡。经过2～3周后，未受损伤的甲状旁腺增大或血供恢复，起到代偿作用，症状便可消失。

二、鉴定指引

在医疗损害鉴定过程中因对并发症有不同的观点，加之对于医方过错的认定不同，常导致同样情形的并发症，鉴定意见有所不同，有时相差甚远。甲状腺手术后并发症在医疗损害鉴定过程中需要注重对以下几个方面的把握。

1. *术前检查*　术前除全面体格检查和必要的化验检查外，还应包括颈部摄片，了解有无气管受压或移位；喉镜检查，确定声带功能；测定基础代谢率，了解甲状腺功能亢进程度；血清学检查；等等。

2. *手术方式的选择、手术范围的确定*　手术应根据患者的病情确定合理的甲状腺切除范围，不能盲目扩大手术范围，以降低损伤喉返神经及甲状旁腺的概率。

保护甲状旁腺的手术原则：单侧手术的，以清扫彻底为原则，策略性主动移植甲状旁腺；双侧手术的，以保护甲状旁腺为第一位，必要时可局部清扫淋巴结；对于低危组甲状腺癌，可采用甲状腺近全切除代替全切除，既不影响患者后续的治疗，也能有效防止永久性甲状旁腺功能低下的发生。

3. *术前对并发症的预计及预案*　对于手术中可能出现的并发症，在术前讨论中必须要有所涉及，并且应提出应对的预案。如果术前讨论没有相关内容的记录，则不能认定医方在术前对手术并发症有认识、有应对预案。

4. *术前的知情告知*　《民法典》第一千二百一十九条："医务人员在诊疗活动中应当向患者说明病情和医疗措施。需要实施手术、特殊检查、特殊治疗的，医务人员应当及时向患者说明医疗风险、替代医疗方案等情况，并取得其书面同意；不能或者不宜向患者说明的，应当向患者的近亲属说明，并取得其书面同意。"

术前在与患者及其家属签署手术知情同意书时，一定要明确甲状腺手术有导致喉返神经、甲状旁腺损伤的可能，以及损伤会出现的症状、预后等，才能证明医方术前针对手术风险、手术并发症，尽到了病情的知情告知义务。

5. *术中操作*　手术操作过程的判断是医学鉴定中的难点，由于手术过程的不可恢复性，对手术操作过程是否符合诊疗常规、规范的判断只能依靠手术记录来进行分析判断。鉴定中常遇到的情形是手术记录对于手术过程的记录十分简单，对于术中常规采取的动作未予以描述记录，而医疗损害鉴定中对于手术过程中未予记录的部分无法认可，故也提醒在临床实践中根据手术实际操作客观详细描述手术过程的重要性。

甲状腺手术中导致喉返神经损伤的因素主要有手术操作、喉返神经的解剖、喉返神经损伤变异等。评判手术操作是否符合规范，手术记录应描述术中探查喉返神经的情况，是否有解剖异常、是否有粘连严重难以分离的情形，术中如何分离、保护喉返神经。对于非全麻患者，应描述在确认声音无任何改变的情况下，再系紧线结。随着医学技术的发展，术中神经监测（IONM）可有效降低喉返神经损伤发生率，如术中应用神经监测技术，也可证明医方在术中采取了保护喉返神经的措施。

甲状旁腺紧密附于甲状腺左右二叶背面，数目不定，一般为4枚，每侧上下各1枚，呈卵圆形或扁平形,外观呈黄、红或棕红色,平均重量每枚 35~40 mg。上对甲状旁腺相对固定,多数位于以喉返神经与甲状腺下动脉交叉上方 1 cm 处为中心、直径 2 cm 的一个圆形区域内(约占 80%)。下对甲状旁腺有 60%位于甲状腺下、后、侧方,其余可位于甲状腺前面或与胸腺紧密联系,或位于纵隔。甲状旁腺与其周围的脂肪在质地和色泽上很难区分,寻找的诀窍之一是通过追踪甲状腺下动脉的细小分支确定甲状旁腺(上、下两对甲状旁腺都受甲状腺下动脉支配)。

手术记录应描述术中探查甲状旁腺的数量、切除甲状腺后检查其中是否有甲状旁腺、发现甲状旁腺误切后重新将甲状旁腺种植于胸锁乳突肌中等操作过程。上述手术过程的描述记录对证明医方在术中尽到了保护甲状旁腺的义务尤为重要。当然,如术中应用纳米碳甲状旁腺负显影技术,也可证明医方在术中采取了保护甲状旁腺的措施。

6. *术后观察、治疗* 术后应在患者清醒后与其交流,以评判其声音,观察患者进食时特别是饮水时有无发生呛咳、误吸等情况,若患者表现为声音嘶哑或呛咳,应及时给予针灸理疗、使用促进神经恢复的药物、告知患者应缓慢进食流质饮食等对症处理,同时需要积极行相关检查以寻找患者声音嘶哑的原因,明确是否为喉返神经损伤所致。判定喉返神经损伤的指标:以手术及术后出现声音嘶哑且经喉镜检查见声带麻痹或运动障碍为标准。术后 3 个月内发音恢复正常,喉镜检查声带运动正常者为暂时性损伤;>3 个月喉镜检查声带运动不正常者为永久性损伤。

手足抽搐多发生于术后 1~3 d。因此在术后护理时要严密观察,注意患者的面部、口唇周围和手、足有无针刺和麻木感。发生手足抽搐后,应限制肉类、乳品和蛋类等食品(因含磷较高,影响钙的吸收),给予患者高钙低磷食物,如绿叶蔬菜、豆制品和海味等。抽搐发作时,立即静脉注射 10%葡萄糖酸钙或氯化钙 10~20 mL。症状轻者可口服葡萄糖酸钙或乳酸钙 2~4 g,每日 3 次,以解除痉挛;症状较重或长期不能恢复者,可加服维生素 D_3,每日 5 万~10 万 U,以促进钙在肠道内的吸收。口服双氢速甾醇(DT10)油剂能明显提高血中钙含量,降低神经肌肉的应激性。术后应定期检测血钙以调整钙剂的用量。永久性甲状旁腺功能减退者可行同种异体甲状旁腺移植。

7. *对预后的告知* 手术切断、缝扎引起的喉返神经损伤属永久性损伤,挫夹、牵拉、血肿压迫所致的损伤则多为暂时性,经理疗等及时处理后,一般可能在 3~6 个月逐渐恢复。患者术后发生喉返神经损伤时,应行医患沟通,将患者出现喉返神经损伤的事实、损伤类型、预后、可能发生的危险等详细告知患者。

对于患者术后发生手足麻木、抽搐等症状的,症状轻者可恢复,而症状较重者则不能恢复。患者发生该情形时,医师也必须与患者沟通,书面告知患者其有可能不能恢复的后果及后续需定期监测血钙水平、长期服用钙剂等。

三、损害后果及原因力分析

医疗损害鉴定对某一个有争议的医疗行为是否存在过错,是否造成了损害后果,过错与损害后果之间是否存在因果关系及原因力大小进行判定,分析的内容就是要依据法律法规、诊疗常规规范,正确的医疗行为应该怎么做而争议的医疗行为实际是怎么做的,是否存在过错进行分析。针对甲状腺手术后发生喉返神经损伤、甲状旁腺功能减退的鉴定病例,在鉴定过程中应该分析并发症发生的原因，分析医方在术前是否预见并发症发生的可能性并给予预案，是否在术前就并发症的发生及预后与患者及其家属进行了沟通告知，术中是否采取了相应的措施防范并发症的发生，术后是否及时观察到发生并发症、给予及时正确的处理并对患者进行病情及预后、注意事项的告知。因此，在确定了医疗机构存在医疗过错后，对医疗过错行为与患者损害后果之间的原因力大小的判断应综合分析，要考虑到患者的病情（是否有手术指征、所需的手术范围、本身是否有解剖结构的异常、是否手术难度增大）、术前术中是否尽到了防范并发症发生的注意义务、术后是否及时发现并发症的发生并给予及时有效的处理等情形，对医疗过错行为在损害后果中的原因力大小给予明确。

四、案例分析

【案例 1】

1. 案情摘要

患者张某，1988 年 12 月出生。2016 年 7 月 22 日患者因"体检发现颈前区左侧肿块半月余"入住某医院。患者于 7 月 5 日体检发现颈前区左侧有一肿块，无压痛。查甲状腺彩超示：甲状腺左叶下极见低回声团块，大小约 1.7 cm×1.3 cm，境界清，形态规则，内回声欠均质，见多发小光斑；CDFI 检及稍丰富血流信号；甲状腺右叶腺体回声尚均质，未见明显肿块声像。甲状腺穿刺病理（甲状腺左叶肿块穿刺涂片）：考虑甲状腺乳头状癌，建议术后快速病理进一步明确诊断。入院查体：甲状腺I度肿大，甲状腺左叶可及一肿块，大小约 1.7 cm×1.3 cm，肿块质硬，表面不光滑，境界欠清，无压痛，活动度一般，随吞咽上下移动，右叶及峡部未及明显肿块，颈部各区未及肿大淋巴结。入院诊断为甲状腺左叶乳头状癌。入院后予完善相关检查，排除手术禁忌，择期手术。

7 月 25 日复查颈部超声：颈部多发淋巴结，甲状腺左叶实质性肿块伴钙化。CT 示：甲状腺左叶占位，甲状腺癌可能。当日行术前讨论（术后可能出现的意外及防范措施）：术后可能引起手足抽搐，因此术中要注意保护甲状旁腺，术后若出现该症状，注意其血钙浓度。

7 月 25 日签署普外科手术知情同意书，告知："拟诊断为甲状腺左叶乳头状癌；拟行甲状腺左叶全切术（备甲癌根治术）；医疗风险：术中送快速病理检查，若左叶提示为癌，考虑甲状腺左叶结节较小，根据术中探查，有保留甲状腺右叶可能，有甲状腺全叶切除+颈部淋巴结清扫术可能；有损伤周围神经血管、甲状旁腺等组织可能；有终身甲状腺素替代治疗可能；备选治疗方案：甲状腺占位无保守治疗措施，临床考虑恶性，手术是唯一根治手段。"

7 月 26 日 17:10~19:10 行甲状腺全叶全切+中央区淋巴结清扫术。手术记录：术中探查见甲状腺左叶可及一枚肿块，大小约 1.7 cm×1.3 cm，肿块质硬，境界不清，表面不光滑，活动度差，颈部未触及肿大淋巴结，行甲状腺左叶切除术，要注意保护喉返、喉上神经及甲状旁腺组织。切除标本送快速病理检查，结果示：（甲状腺左叶）甲状腺乳头状癌，最大径1.7 cm。遂改行甲状腺全叶切除+中央区淋巴结清扫术。

术后予心电监护、止痛、制酸、化痰、补液等对症支持治疗，注意声音呼吸情况，注意有无面部麻木、手指抽搐麻木等低血钙的表现。

7 月 27 日患者无口唇手指麻木、手指抽搐。

术后病理示：（甲状腺左叶）甲状腺乳头状癌，肿块最大径 1.7 cm，癌组织穿透甲状腺包膜侵及周围软组织，并紧靠标本边缘，神经及脉管均未见癌组织累及，另见少量甲状旁腺组织；（甲状腺右叶）甲状腺组织；（中央区淋巴结）查见淋巴结5/5枚见癌转移，另见少量异位胸腺组织；病理分期：Ⅰ期（T3，N1c，M0）。

7月29日患者诉手脚麻木感较重。考虑可能存在术后甲状旁腺损伤、低钙血症，予葡萄糖酸钙4 g静脉补钙。修正诊断为甲状腺左叶乳头状癌，Ⅰ期（T3，N1c，M0）。

7月30日查血钙1.68 mmol/L（↓），血钾3.18 mmol/L（↓）。继予静脉补充葡萄糖酸钙。

8月1日患者诉手脚麻木较前略有改善。复查血电解质示：血钙1.85 mmol/L（↓），血钾3.81 mmol/L。嘱继服骨化三醇及碳酸钙D_3片补钙、注意复查电解质。

8月2日患者出院，出院情况：无吞咽困难及声音嘶哑，无呛咳，无抽搐，偶有手麻脚麻。出院医嘱：清淡饮食，注意休息，避免受凉；如有不适情况随诊；外院行I^{131}内照射治疗，门诊随诊；出院带药：左甲状腺素长期口服替代治疗；骨化三醇1片b.i.d.，碳酸钙D_3片1片t.i.d.。

9月6日外院核素甲状腺显像ECT示：甲状腺术后改变，少量甲状腺组织残留。9月13日患者入住外院，入院诊断为甲状腺恶性肿瘤，甲状腺机能减退，甲状旁腺机能减退。行I^{131}治疗。9月16日SPECT示：甲状腺残留显影；双侧下颈部局灶性放射性摄取，考虑转移。当日患者出院。

2. 分析论证与鉴定意见

（1）医方的诊疗行为分析

1）根据患者入院时的主诉、体格检查情况，结合甲状腺彩超、甲状腺穿刺病理（考虑甲状腺乳头状癌，建议术后快速病理进一步明确诊断），医方诊断甲状腺左叶乳头状癌正确。

2）医方在患者入院后予完善相关检查、排除手术禁忌、择期手术，符合临床诊疗思路。根据患者病情，给予手术治疗有指征。术前签署普外科手术知情同意书，医方对患者的诊断、手术风险、拟行手术方案及根据术中情况变更手术方式等均进行了告知，尽到了告知义务。

3）根据手术中所见，医方先行甲状腺左叶切除术，切除标本送快速病理检查，根据病理结果甲状腺乳头状癌，最大径1.7 cm，改行甲状腺全叶切除+中央区淋巴结清扫术，医方采取的手术方案正确。术后病理亦证实患者系甲状腺乳头状癌。

4）纵观医方的病历资料，术前讨论（术后可能出现的意外及防范措施：术后可能引起手足抽搐，因此术中注意保护甲状旁腺，术后若出现该症状，注意其血钙浓度）、普外科手术知情同意书（医疗风险：有损伤周围神经血管、甲状旁腺等组织可能；有终身甲状腺素替代治疗可能）、手术记录（注意保护喉返、喉上神经及甲状旁腺组织）、术后病程记录（注意声音呼吸情况，注意有无面部麻木、手指抽搐麻木等低血钙的表现），体现了医方在术前、术中、术后均重视了手术易致喉返神经、甲状旁腺损伤的可能，在术前给予预案、术中给予保护、术后给予关注。但是根据手术记录，医方没有在切下甲状腺标本时检查是否有甲状旁腺被误切，若发现误切，则应及时给予自体移植，对此医方存在过错。

5）患者术后出现手麻脚麻的症状，医方考虑可能存在术后甲状旁腺损伤、低钙血症，予检查血钙水平，证实血钙水平下降，即予葡萄糖酸钙静脉补钙。并于此后监测患者血钙水平、持续给予葡萄糖酸钙静脉滴注，符合诊疗常规规范。

6）后续术后病理报告见所切组织中包括少量甲状旁腺组织，证实术中误切了甲状旁腺。患者术后持续有手麻脚麻的症状，持续监测血钙一直低于正常水平，说明患者存在术后甲状旁腺功能减退。根据现有资料，未见医方针对此病情、预后、治疗措施、注意事项等与患者沟通告知的记录。出院记录中也未有"患者可能会永久性甲状旁腺功能减退，需终身替代治疗"的记载。不能体现医方对患者尽到了病情告知义务。

（2）因果关系及原因力分析

1）根据该患者术后多次复查甲状旁腺、血钙水平，结果均支持永久性甲状旁腺功能减退。

2）患者术前检查无甲状旁腺功能减退的临床表现，术后出现手足、口周麻木等症状，术后病理证实部分甲状旁腺被误切，故分析患者的甲状旁腺功能减退的原因与术中甲状旁腺损伤有关。鉴于患者系甲状腺癌，医方给予手术治疗正确，手术方式选择恰当，术中误切甲状旁腺系该类手术可以预见但难以完全避免的并发症，加之患者自身病情（双侧甲状腺癌伴中央区淋巴结转移），手术范围大，手术本身就存在损伤甲状旁腺的风险，对此医方在术前签署的普外科手术知情同意书时已向患者明确告知，且医方在诊疗过程中重视该并发症，在术前有预案、术中有保护、术后有关注。而且患者术后因病情所需行 I^{131} 治疗，该治疗对甲状旁腺功能亦有损伤可能，故患者目前状况主要与其自身疾病所需治疗有关。

3）医方存在的在切下甲状腺标本时未检查是否有甲状旁腺被误切的过错，致患者丧失了采取自体移植有效补救措施的机会，加之其对患者甲状旁腺功能减退病情的告知不到位，上述过错与患者目前状况之间亦存在一定的因果关系，综合分析，原因力为次要原因。

【案例 2】

1. 案情摘要

患者李某，女，1959 年 7 月出生。2018 年 1 月 24 日患者因"发现双侧甲状腺包块 5 d"入住某医院。患者 5 d 前发现双侧颈部有大小不一肿块，右侧颈部较大，约 2 cm×1 cm，质韧，不伴疼痛，无压痛。外院颈部 B 超示：甲状腺峡部低回声结节，（TI－RADS 4B 类），建议穿刺活检；甲状腺双侧叶囊实性结节（TI－RADS 3B 类）；双侧颈部低回声团（肿大淋巴结）。入院查体：甲状腺触诊不满意，右侧颈部可触及一 2 cm×1 cm 肿块，甲状腺峡部可触及一直径约 1 cm×1 cm 肿块，质韧，界清，无疼痛，轻度压痛。入院诊断为双侧甲状腺占位。

入院后予完善相关检查，排除手术禁忌，择期手术。1 月 25 日查电解质示：钙 2.32 mmol/L，钾 3.75 mmol/L，磷 1.22 mmol/L。

1 月 26 日签署普外科手术知情同意书，告知："术前诊断为双侧甲状腺占位；拟行甲状腺大部切除术；意外及并发症：术中损伤喉返神经、喉上神经、气管、甲状旁腺等周围重要组织；根据术中探查情况决定切除腺叶情况，如病变弥漫则存在全切除术可能，如术中不能触及结节则不予处理，术后随访复查；若术中病理报告为恶性，则行根治手术，有根治性全切除可能；若术中病理难以确定，则待术后常规病理报告决定是否需行再次手术。"

1 月 26 日 09:00~12:00 行甲状腺癌根治术+双侧喉返神经探查术。手术记录：术中见甲状腺峡部偏近右侧有一枚 1.2 cm×1 cm 质硬白色结节，右叶中下极一枚褐色囊实性包块，大小约 3 cm×2 cm，左叶下极有一枚约 1.2 cm×1 cm 褐色结节。考虑峡部甲状腺癌可能性大，遂先行甲状腺峡部切除术，送快速病理检查，30 min 病理提示：甲状腺乳头状癌。遂行甲状腺癌根治术。

术后予止痛、化痰、补液、调节免疫等对症处理，观察患者呼吸发言情况。

1月26日21:53护理记录：患者主诉手麻脚麻。23:22查电解质示：钙1.90 mmol/L(↓)，钾3.23 mmol/L(↓)，磷1.26 mmol/L。

1月27日00:28予葡萄糖酸钙静脉滴注。

1月28日患者诉双手麻木减轻。查电解质示：钙1.69 mmol/L(↓)，钾3.12 mmol/L(↓)，磷1.55 mmol/L(↑)。继予碳酸钙D_3片口服+葡萄糖酸钙静脉滴注。

1月29日患者仍感双手麻木。继予碳酸钙D_3片口服+葡萄糖酸钙静脉滴注。

1月30日电解质危急值回报：钙1.74 mmol/L(↓)，钾3.26 mmol/L(↓)，磷1.75 mmol/L(↑)；甲状旁腺激素0.0 pg/mL(↓)。至床旁查看患者，未诉明显不适，继予葡萄糖酸钙静脉滴注。

1月31日术后病理示：① 甲状腺峡部切除标本，甲状腺乳头状癌，最大径1.3 cm，脉管神经未见癌组织侵犯，标本环周切缘未见癌残留；② 甲状腺右侧切除标本，结节性甲状腺肿伴局灶腺瘤形成趋势和出血囊性变；③ 甲状腺左侧大部切除标本，结节性甲状腺肿伴局灶腺瘤形成趋势和局灶出血；④ 淋巴结清扫组织，查见淋巴结1/7枚见癌转移，另见少量甲状旁腺组织。病理分期：Ⅱ期(T1b，N1，M0)。

1月31日，患者诉双手麻木无缓解。当日予出院，出院医嘱：注意休息，加强营养；保持伤口清洁干燥，术后1周拆线；出院带药：左甲状腺素、碳酸钙D_3片、骨化三醇、乌苯美司，两周后复查甲状腺功能；不适随诊；继续抗肿瘤治疗。

2月24日患者因“胸闷气短、肢体麻木、恶心3 d”至其他医院急诊就诊，查总钙1.57 mmol/L(↓)，钾3.12 mmol/L(↓)。诊断为低钾血症、低钙血症。

3月19日查全段甲状旁腺激素<0.7 pmol/L(↓)。

4月23日查钙1.53 mmol/L(↓)，全段甲状旁腺激素<0.7 pmol/L(↓)。

5月28日、6月12日、7月9日、7月31日血清甲状旁腺激素均为0.10 pg/mL(↓)。

9月3日查：总钙1.89 mmol/L(↓)，血清甲状旁腺激素0.20 pg/mL(↓)。

2. 分析论证与鉴定意见

(1) 医方的诊疗行为分析

1) 根据患者入院时的主诉、体格检查情况，结合外院颈部B超，医方入院诊断双侧甲状腺占位成立。

2) 医方在患者入院后予完善相关检查、排除手术禁忌、择期手术，符合临床诊疗思路。根据患者病情，给予手术治疗有指征。术前(1月26日)签署普外科手术知情同意书，医方对患者的诊断、手术风险、拟行手术方案及根据术中情况变更手术方式等均进行了告知，尽到了告知义务。

3) 根据1月26日手术中所见，医方考虑峡部甲状腺癌可能性大，先行甲状腺峡部切除术，并送快速病理，根据病理提示甲状腺乳头状癌，行甲状腺癌根治术，医方采取的手术方案正确。术后病理亦证实患者系甲状腺乳头状癌。

4) 纵观医方的病历资料，虽术前手术知情同意书中提及：“意外及并发症：术中损伤喉返神经、喉上神经、气管、甲状旁腺等周围重要组织”，但术前讨论中无术中需注意保护甲状旁腺及如何保护甲状旁腺的讨论记录，手术记录中无如何保护甲状旁腺及切除甲状腺标本后检查甲状旁腺有无误切的操作记录，分析认为医方术中对甲状旁腺的保护措施不力，未能完全尽到保护甲状旁腺的注意义务。术后病程记录中嘱“观察患者呼吸发言情况”，亦未提及观察患者有无手脚麻木情况，也体现医方对于甲状旁腺在术中易受损未能给予重视。

5）患者术后当日即出现手麻脚麻的症状，医方立即给予电解质检查，证实血钙水平下降，医方及时给予葡萄糖酸钙静脉滴注处理，并于此后监测患者血钙水平、持续给予葡萄糖酸钙静脉滴注，符合诊疗常规规范。

6）后续术后病理报告见所切组织中包括少量甲状旁腺组织，证实术中误切了甲状旁腺。患者术后持续有手麻脚麻的症状，持续监测血钙水平一直低于正常水平，且甲状旁腺激素水平为0.0 pg/mL，说明患者存在术后甲状旁腺功能减退。根据现有资料，未见医方针对此病情、预后、治疗措施、注意事项等与患者沟通告知的记录。术前普外科手术知情同意书中未有“甲状旁腺功能低下有终生服药的可能”的记载，出院记录中也未有“患者可能会永久性甲状旁腺功能减退，需终身替代治疗”的记载。不能体现医方对患者尽到了病情告知义务。

（2）因果关系及原因力大小分析

1）该患者术后多次复查甲状旁腺、血钙水平，结果均支持永久性甲状旁腺功能减退。

2）患者系甲状腺癌，医方给予手术治疗正确，手术方式选择恰当，术中误切甲状旁腺系该类手术可以预见但难以完全避免的并发症，对此医方在术前签署手术知情同意书时已向患者明确告知。患者术前检查无甲状旁腺功能减退的临床表现，术后当日即出现手足、口周麻木等症状，分析患者的甲状旁腺功能减退的原因与医方在术中对甲状旁腺的保护措施不力有关。加之在患者出院时对患者甲状旁腺功能减退病情、可能会永久性甲状旁腺功能减退且需终身替代治疗等告知不到位。一系列过错显示医方对于该类手术会引起甲状旁腺受损及可能发生甲状旁腺功能永久性减退需终身替代治疗认识不足、警惕性不高。综合分析，医方存在的上述过错与患者目前甲状旁腺功能永久性减退之间有因果关系，鉴于患者系双侧甲状腺癌伴中央区淋巴结转移，手术范围大，手术本身就存在甲状旁腺损伤的风险，故医方承担同等责任。

【案例3】

1. 案情摘要

患者张某，女，1951年10月出生。2014年3月21日因“发现颈前部肿块30余年”入住某医院。患者于30余年前无意中发现颈前部有肿块，约绿豆大小，无疼痛，无呼吸困难、声音嘶哑、呛咳误咽、手足麻木等情况，发现后未予以治疗。入院查体：气管居中，甲状腺Ⅱ度肿大，甲状腺可及多发肿块，最大约3 cm，质中，界清，活动度可，可随吞咽上下移动，局部皮肤无红肿，颈侧区未扪及肿大淋巴结。3月18日B超示：双侧甲状腺多发实性结节，考虑节甲可能。甲状腺功能示：FT_3 4.76 pg/L，FT_4 0.83 ng/L，TSH 1.81 μU/mL。初步诊断为甲状腺功能亢进伴甲状腺肿块。

入院后完善各项常规检查，排除手术禁忌，择期手术。术中拟快速病理，根据病理结果决定进一步手术方案。

3月28日在全麻下行腔镜辅助下双侧甲状腺次全切除术。术中：置腔镜于切口处沿颈白线切开至甲状腺固有包膜，向外侧牵开颈前肌群，见双侧甲状腺Ⅲ度肿大伴多发结节，较大的直径约3.5 cm，表面血管迂曲扩张，决定行腔镜辅助下双侧甲状腺次全切除术。在甲状腺外科包膜及固有包膜之间小心分离，分别分离、钳夹并离断甲状腺上动、静脉，甲状腺中静脉及甲状腺下动、静脉，气管前方间隙内分离、钳夹并离断甲状腺峡部，断端缝扎，使甲状腺腺叶游离，于拟定切除线上楔形上钳，将甲状腺组织次全切除，保留腺体背侧部分，创面止血后缝合甲状腺组织，约成人拇指末节大小，同法处理对侧。

3月29日病理报告示：（左甲状腺）结节性甲状腺肿伴腺瘤形成，灶区细胞丰富，生长活跃，请注意观察，随访；（右甲状腺）结节性甲状腺肿伴慢性淋巴细胞性甲状腺炎。

术后予以颈部负压引流、补液等对症处理，葡萄糖酸钙、碳酸钙 D_3 片等药物应用。

护理记录单记载：3月30日00:30患者诉头皮、双手、胸前部麻木。予10%葡萄糖酸钙20 mL静脉滴注。

后多次静脉使用钙剂直至4月4日患者出院，出院情况：患者无呼吸困难，无声音嘶哑、误咽、呛咳、失音等症状，出院带药碳酸钙 D_3 片和骨化三醇。

8月25日患者因“声音嘶哑伴呼吸困难、胸闷5月余”再次入住医方。患者于同年3月份曾在本院行甲状腺手术，术后即出现声音嘶哑、饮水呛咳，伴轻度吸气性呼吸困难、胸闷，起床后症状持续性加重，并出现气急、轻微活动后喉喘鸣、四肢麻木感，曾来科室就诊，查电子喉镜（8月23日）：双侧声带麻痹，建议患者住院（患者拒绝）。今觉呼吸困难、胸闷、气急症状加重入院。入院查体：颈前见陈旧性瘢痕，平静时见轻微吸气性三凹症，稍活动后加重，闻及明显吸气性喉喘鸣音。诊断为双侧声带麻痹，喉梗阻Ⅱ度，上呼吸道感染。

8月26日查甲状旁腺激素3.60 pg/mL（↓）；血钙1.64 mmol/L（↓）。

入院处理：病重、一级护理、心电监护、注意呼吸情况、床边备气管切开包、吸氧，磺苄西林、地塞米松抗感染，阿昔洛韦抗病毒，盐酸氨溴索氯化钠化痰，补钙等治疗。

8月27日患者转外地某医院。8月28日外地某医院耳鼻喉科电子鼻咽喉镜检查示：双声带麻痹，鼻窦炎？当日下午即在该院急诊科行气管切开术。

8月31日患者因“气管切开术后3 d”第3次入住医方。入院后予气管切开护理，伤口换药，补充甲状腺素、补钾、补钙、抗感染、化痰、消肿等治疗。9月11日出院。

11月20日患者因“气管切开术后2月余”第4次入住医方。诊断为气管切开术后、双侧声带麻痹；双侧甲状腺切除术后。查血钙始终低于正常，未检查甲状旁腺激素。予补充甲状腺素、补钾、补钙、抗感染等治疗。12月7日患者出院。

2. 分析论证与鉴定意见

（1）医方的诊疗行为分析

1）患者因“发现颈前部肿块30余年”入住医方，医方根据患者病史、查体情况、B超及甲状腺功能检查，入院诊断双侧结节性甲状腺肿成立。

2）患者入院后医方予完善各项常规检查，排除手术禁忌后于2014年3月28日11:00在全麻下行腔镜辅助下双侧甲状腺次全切除术。医方采用双侧甲状腺次全切除术，具有手术指征，但并非绝对手术指征（肿块巨大压迫气道或胸骨后生长、疑甲状腺癌或继发甲状腺功能亢进内科治疗无效）。

3）医方诊疗行为中存在以下过错：患者无明显甲状腺功能亢进症状，医方仅凭甲状腺功能 FT_3 略增高，诊断患者为甲状腺功能亢进，依据不足，也未按照甲状腺功能亢进的要求做术前准备（口服复方碘溶液后 7 d 就手术，术前也未复查甲状腺功能及检查代谢状态）。

腔镜辅助下双侧甲状腺次全切除术并非该疾病（结节>3 cm 时）的常规术式，尤其在不能排除甲状腺癌的情况下（本例医方在发现患者多发结节性甲状腺肿不能排除癌症的情况下，术前应考虑进一步行细针穿刺细胞学检查）。

医方术前未行喉镜检查。

根据病历资料，医方术前讨论没有提及手术有致喉返神经损伤、甲状旁腺功能减退的风险及应对预案，手术记录中也没有描述保护喉返神经和甲状旁腺的具体措施。

医方于患者术后 36.5 h 护理记录中有手足麻木等表现和使用钙剂的记录，但病程记录和出院记录均没有此方面的记录和分析。出院时也未嘱患者在内分泌科门诊监测甲状旁腺激素和血钙，亦未告知患者喉返神经损伤、甲状腺功能减退可能出现的风险。

（2）因果关系及原因力大小分析

1）医方术前并未排除患者是否存在甲状腺癌，且通过检查发现其甲状腺肿大结节已超过 3 cm，却仍然采取腔镜辅助下双侧甲状腺次全切除这一对手术操作者专业水平要求很高的非常规术式。而根据患者术后临床表现（活动后呼吸困难、手足麻木）、外地某医院耳鼻咽喉科检查报告（双侧声带完全性麻痹）、多次血甲状旁腺激素水平，以及所采取的治疗措施（气管切开术等），可以判定患者术后确存在双侧喉返神经损伤及甲状旁腺功能部分丧失，目前需长期补钙、补甲状腺素、气管套管辅助呼吸。

2）由于医方术前讨论没有提及手术有致喉返神经损伤、甲状旁腺功能减退的风险及应对预案，手术记录中也未描述如何采取措施保护患者喉返神经和甲状旁腺，故无法证明其在操作过程中做到了应尽的保护与注意义务。据此分析，患者双侧喉返神经损伤及甲状旁腺功能部分丧失的损害后果主要与医方手术操作不当有关。鉴于甲状腺手术本身有致喉返神经损伤、甲状旁腺功能减退的可能，故综合分析，医方诊疗过程中存在的过错行为，与患者目前人身损害后果之间有一定因果关系，其原因力为主要原因。

五、结语

综合以上不同原因力大小案件的分析，总结如下：甲状腺手术所致喉返神经损伤及甲状旁腺功能减退系甲状腺手术的常见并发症，如医方对患者的诊断明确，手术有指征，术式选择正确，术前已预计到并发症发生的可能并给予预案，并且向患者进行了书面告知，术中采取了一系列措施以尽可能避免并发症的发生，术后给予严密观察及时发现并发症的发生并给予及时正确的处置，则医方无过错。上述各环节也是评判医方诊疗行为中有无过错的重要节点，任何一个环节出错，医方都必须对患者的损害后果承担责任。如存在术前检查患者因其病情已有声音嘶哑或声带麻痹或运动障碍，患者病情所需的手术切除、清扫范围大，术中解剖结构的异常，手术难度大等情况，则可作为医方的减责理由。当然，在评判医方过错的原因力大小时也应兼顾医院的等级。

（柏巍巍）

第二节 主动脉瘤及主动脉夹层的医疗损害鉴定技术指引

一、概述

动脉瘤是由于动脉壁的病变或损伤,形成动脉壁局限性或弥漫性扩张或膨出的表现。为便于临床决策而进行分类和标准化,血管外科协会审计报告特别委员会定义动脉瘤为动脉血管直径超过正常动脉管径50%时的永久性局限性扩张。动脉瘤可以发生在动脉系统的任何部位,而以主动脉、颈动脉和肢体主干动脉较为常见。

主动脉夹层是指主动脉腔内的血液从主动脉内膜撕裂口进入主动脉中膜,使中膜分离,并沿主动脉长轴方向扩展,从而造成主动脉真、假两腔分离的一种病理改变。在《卢瑟福血管外科学》中,主动脉夹层纳入主动脉瘤的章节中,但二者并非同一种疾病,主动脉夹层可以发生在大小正常的主动脉,也可以发生在扩张的病变主动脉,主动脉夹层可以发展成夹层动脉瘤。两者在临床表现、治疗措施上有相似之处。主动脉瘤及主动脉夹层早期无症状,出现临床表现后疾病发展速度快且症状、体征与心脏等疾患相混淆,容易漏诊或误诊,死亡率高。所以在医疗损害赔偿纠纷案件中,主动脉瘤及主动脉夹层病例数量明显高于其他类型的动脉瘤。本文因篇幅有限,专门讨论主动脉瘤及主动脉夹层的鉴定指引。

主动脉瘤发生在升主动脉的占45%、发生在降主动脉的占35%、发生在主动脉弓和胸腹主动脉的各占10%。自然病程进展快,预后差,动脉瘤破裂为死亡的主要原因;最终破裂与瘤体大小、是否合并主动脉夹层有关。已确诊未经治疗者破裂时间平均为2年,生存时间小于3年。腹主动脉瘤破裂死亡率高达90%。确诊后行侵入性治疗,包括手术置入人工血管、腔内介入技术和杂交治疗。主动脉夹层在美国的年发病率为0.5~2.95/10万,主动脉夹层动脉瘤的自然经过十分险恶,若未能及时诊断和治疗,24 h内死亡率达25%,48 h达33%,1周达50%,2周达75%,3个月死亡率达90%以上。死亡原因多为夹层破入心包致心脏压塞或破入胸膜腔、气管、支气管、食管致大出血、急性发病时的休克、重要器官缺血等。

二、鉴定指引

1. 关于诊断　主动脉瘤早期多无临床表现,根据发生部位的不同,临床表现多样,如上腔静脉梗阻综合征、主动脉关闭不全、呼吸困难、吞咽困难、远端动脉栓塞等。主动脉夹层的临床表现:① 疼痛是本病最主要和突出的表现。约90%的患者有突发性胸或胸背部持续性撕裂样或刀割样剧痛,反射到背部,特别在肩胛间区沿夹层发展(即大动脉走行)方向传导和转移引起胸、腹壁和下肢疼痛。当瘤体侵犯到骨质或神经时,可出现肢体放射性疼痛。1/3~1/2患者伴有面色苍白、出冷汗、四肢发凉等休克样表现。② 心脏表现,约半数患者出现主动脉瓣关闭不全,可出现听诊区杂音。③ 95%以上的患者可伴有高血压。④ 脏器或肢体缺血表现,夹层累及腹主动脉或髂动脉,可出现急性下肢缺血,体检常有脉搏减弱甚至消失,肢体发凉、发绀等表现。⑤ 破裂症状,在不同的发生部位引起相应症状,如主动脉破裂可破入心包腔，引起心脏压塞。动脉瘤与动脉夹层的临床表现早期较为隐匿，部分与其他疾病的症状和体征有交叉，易发生漏诊。需与急性心绞痛、心肌梗死、肺动脉栓塞、下肢动脉闭塞症、急腹症等鉴别。

根据病史及临床表现，结合影像学检查可予以确诊，影像学检查是明确诊断的重要依据。检查方式如下：① 彩色多普勒超声检查可以明确有无动脉瘤、瘤的部位和大小，可以作为筛选和随访的主要方法；② CTA 可以确诊动脉瘤，能明确瘤体的大小、部位、与周围组织的关系、动脉壁的钙化、瘤内血栓及动脉瘤破裂后形成的血肿，为进一步手术提供较为精确的信息；③ MRA 诊断动脉瘤的作用与 CTA 大致相同，肾功能损害的患者可以酌情选择 MRA；④ 若以上 3 种检查还不能诊断或不能明确动脉瘤与其他重要动脉关系时，应做 DSA 检查。实验室检查主要为了了解病情，对诊断意义不大，可有红细胞、血红蛋白降低，白细胞增高，血小板降低，凝血功能异常等。

2. *关于治疗*　胸主动脉瘤、腹主动脉瘤破裂死亡率高，确诊后须行侵入性治疗，包括手术置入人工血管、腔内介入技术等。但其因死亡率高，应充分告知患者家属手术的高风险。

主动脉夹层治疗包括镇静、急性期控制疼痛、降低血压及心室收缩速率，防止夹层进一步扩展或破裂及其他一些严重并发症，并严密监测各项指标及手术治疗。因为第一破口的位置是早期预后的关键预测因素，所以大多数患者目前在诊断时被分为 Stanford A 型或 Stanford B 型来指导初始的治疗。夹层累及升主动脉者为 Stanford A 型，仅累及降主动脉及其远端者为 Stanford B 型。对绝大多数 Stanford A 型夹层患者来说，及时行升主动脉移植物置换术是非常恰当的治疗措施，因为 Stanford A 型夹层患者在出现症状后数小时、数日内具有非常高的致命性心脏主动脉并发症（主要包括主动脉破裂或夹层累及心脏）。Stanford B 型夹层患者可以采用药物治疗作为初始治疗措施，除非出现一种或多种并发症。

3. *关于术后观察及处理*　动脉瘤及动脉夹层的手术具有高风险，手术后监护非常重要，对病程密切观察和及时处理也是决定手术是否成功的因素之一。

动脉瘤术后监护要点如下：① 维持血流动力学稳定，应严密监测生命体征的变化，特别是患者的意识、瞳孔、血氧饱和度和呼吸频率、节律的改变，注意有无心律失常。为防止吻合口出血及脑血管意外的发生，术后更应注意监控血压，保持血压平稳。每日监测生化指标，保证电解质和肾功能正常。应根据血气分析、血生化、中心静脉压和尿量来调整静脉输液的量、成分和浓度。② 呼吸系统管理，术后常规呼吸机辅助呼吸，听诊双肺呼吸音，监测血氧饱和度的变化，定时查血气，根据氧分压及二氧化碳分压的情况，调节呼吸机参数。③ 抗感染，主动脉人造血管置换手术创面大，因此预防感染十分重要。④ 动脉栓塞的观察，动脉壁钙化严重者，手术操作时阻断动脉可导致肢体栓塞。近端阻断时间长，肢体易出现血栓。上述情况均可导致下肢急、慢性缺血。因此，术后应及时了解肢体血运情况，包括皮色、皮温、静脉充盈、肢体动脉搏动情况，发现异常时行多普勒超声检查。⑤ 神经系统观察，脑部并发症是主动脉人造血管置换术后常见并发症。在患者未清醒前，仔细观察双侧瞳孔是否等大等圆、对光反射情况等，清醒后要记录清醒的时间和程度，注意有无脑缺氧症状，观察认知能力和精神状态。截瘫、偏瘫是主动脉夹层手术常见、严重且迄今尚未完全解决的并发症。患者清醒后应仔细观察肢体活动、感觉，皮温、颜色是否正常，有无运动障碍，以及进行颅神经检查和运动、感觉的生理反射检查。

4. 关于因果关系及原因力大小的判断 在主动脉瘤及主动脉夹层出现急诊症状时，医方在诊疗上是否合规，是否完成规范的体格检查（包括血压的监测），以及充分的辅助检查（影像学及实验室检查），术后对病情观察和处理是否到位是判定医方是否存在过错的依据。

关于因果关系问题，需要注意的是：一方面，主动脉瘤及主动脉夹层病情发展快，死亡率高，但不能作为对医方豁免责任的理由；另一方面，若医方按照诊疗规范进行诊断及鉴别诊断的相关检查，并予以积极抢救，即使最终发生死亡结果，也应判定医方不存在过错。

在原因力大小的判断上，考虑到主动脉瘤及主动脉夹层疾病本身特点，病情进展快，症状与体征常与其他疾病混淆，易发生漏诊或误诊，在医方有过错的情况下，常判定医方过错的原因力为次要以下原因。

三、案例

【案例 1（胸主动脉夹层动脉瘤破裂出血致死，医方漏诊）】

1. 案情摘要

患者刘某，男性，1970 年 9 月出生。与某医院发生医疗损害赔偿纠纷。当地人民法院委托对医院医疗行为有无过错；如有过错，其过错行为与患者的损害后果之间有无因果关系及原因力大小进行鉴定。

2. 病情摘要

患者刘某于 2014 年 12 月 9 日 01:00 许因“左腰部疼痛半小时”至某医院急诊，有尿结石病史。查体：腹软，无压痛，左腰部压、叩击痛（+）。尿常规检查提示：隐血（+++），红细胞 4~8 个/Hp。诊断为尿路结石。处理：① 0.9%生理盐水 100 mL+盐酸丙帕他莫（川可平）2.0 静脉滴注 q.d.×2；② 5%葡萄糖 500 mL+山莨菪碱 10 mg 静脉滴注 q.d.×2；③ 地佐辛 1 支肌内注射 s.t.；④ 多饮水，明日查 B 超并请泌尿外科会诊。

12 月 9 日，12:30 患者再次至医方就诊，仍感左侧腰部疼痛，上腹部有轻度疼痛。查体：左肾区叩击痛（+），上腹剑突下轻压痛。行肾、输尿管、膀胱 B 超检查报告：右肾下盏可见两枚 0.9 cm 的强回声伴声影；超声泮托拉唑钠：右肾结石。处理：① 双氯芬酸钠盐酸利多卡因（雅兵）75 mg 肌内注射 s.t.；② 0.9%氯化钠 250 mL+泮托拉唑钠 40 mg 静脉滴注 s.t.。

15:00 患者双下肢出现麻木，活动尚可，腰痛明显减轻。处理：① 腰椎间盘 CT 排除腰椎间盘突出；② 0.9%氯化钠 20 mL+葡萄糖酸钙 10 mL 缓慢静脉推注；③ 0.9%氯化钠 500 mL+10%氯化钾 10 mL 静脉滴注 s.t.；④ 随诊，继续观察。腰椎间盘 CT 平扫检查报告：L_4/L_5椎间盘轻度膨出；腰椎退行性变。

17:20 患者突然意识丧失，伴小便失禁，血压测不出。查体：无意识，双侧瞳孔散大，光反应消失，四肢不活动。立即予胸外按压；气管插管接呼吸机；向总值班、急诊科主任汇报；肾上腺素 1 mg 静脉推注、每 3 分钟重复 1 次；氯化钠 250 mL+多巴胺 0.1 静脉推注 s.t.；氯化钠 250 mL×2 静脉滴注 s.t.。19:30 宣告患者死亡。

尸体解剖报告书。病理诊断：① 升主动脉及主动脉弓部动脉夹层瘤伴出血，血肿形成；② 心肌断裂，灶性心肌纤维增生变性，管状动脉硬化；③ 肺水肿，肺淤血；④ 右肾肾盂结石；⑤ 肝脂肪变性；⑥ 内脏淤血（脑、心、肺、肝、脾、胰、肾、肾上腺等）。死亡原因及分析：动脉瘤破裂出血，心脏压塞死亡。动脉瘤破裂出血，流入心包腔，使心包扩张，心包腔压力增高，心脏舒张压力增高，逐步至无法舒张至心脏收缩舒张功能丧失，继而心脏停搏而死亡，即动脉瘤破裂出血导致失血性休克死亡。

3. 分析论证

(1) 2014年12月9日01:00许患者因“左腰部疼痛半小时”至医方就诊，诊断为尿路结石，予止痛、解痉及输液治疗；12:30患者再次就诊，行B超检查后予止痛、止血及输液治疗；15:00患者双下肢出现麻木，继续予输液、补充电解质治疗，并行腰椎间盘CT平扫检查；17:20患者突然意识丧失、伴小便失禁、血压测不出，予胸外按压、气管插管接呼吸机及肾上腺素、多巴胺等抢救治疗。患者于当日19:30死亡。

(2) 医方诊疗行为中存在的过错

1) 病历书写不规范：患者首次就诊系急诊，病历记录时间未具体到时、分；不按规定修改病历。

2) 医方在对患者诊疗期间：查体不详细，病历中无血压、心率等生命体征检查的记录和心肺听诊等查体的记录。

3) 未行必要的鉴别诊断：患者首诊被诊断为尿路结石，经止痛、解痉及输液治疗，后于当日12:30因疼痛未能缓解再次就诊，尤其15:00患者双下肢出现麻木症状，医方虽予腰椎间盘CT平扫检查，但未行详细查体，亦未请会诊及行相应辅助检查以行鉴别诊断。

(3) 因果关系及原因力大小分析：依据尸体解剖报告，证实患者死亡原因为主动脉夹层动脉瘤破裂出血（主动脉升部及弓部夹层5 cm×2.2 cm×2 cm血肿，主动脉背侧紧贴心包及纵隔处见暗红色区）致心脏压塞（心包壁见大量红细胞外溢，血肿形成），心跳呼吸停止。

纵观患者病情，分析如下：① 患者病情特殊，胸主动脉夹层临床少见且患者既往一般有高血压等病史，发病时表现为撕裂样胸、背部疼痛，向其他部位放射，亦可以有其他凶险的症状表现。但此患者无高血压既往史的主诉，发病时仅表现为腰部疼痛，后出现下肢麻木，症状不典型。② 患者首诊主诉腰疼，就诊后的尿常规有异常，后经超声检查证实有肾结石；后患者出现双下肢麻木，行CT提示有腰椎病变。相关检查能部分解释症状，亦是导致误诊的原因。③ 医方为二级医院，技术水平等限制导致不容易根据病史和临床表现怀疑有主动脉病变的可能。基于上述因素，加之此病临床少见，早期诊断困难，且此病发病急、进展快、死亡率高，故患者自身所患疾病是导致其死亡的主要因素。

医方对此急诊患者没有行基本生命体征的检查、记录，对患者就诊过程中的症状及主诉未能重视，致未能行相关检查以鉴别诊断，与患者的死亡亦有一定的因果关系，原因力为次要原因。

4. 鉴定意见

医方医疗行为中存在的过错与患者死亡之间有一定的因果关系，原因力为次要原因。

5. 评析

本病例是较为典型的主动脉夹层动脉瘤破裂致死的案件。医方对急诊患者没有完成必要的查体（包括基本生命体征检查），未行必要的鉴别诊断，与患者的死亡有一定的因果关系，原因力判定为次要原因，是考虑疾病本身特点的影响因素。

【案例2（胸主动脉夹层诊断错误，无手术适应证）】

1. 案情摘要

患者岳某，男性，1961年1月出生。与医一和医二发生医疗损害赔偿纠纷。当地人民法院委托对两家医院医疗行为有无过错；如有过错，其过错行为与患者的损害后果之间有无因果关系及原因力大小；患者的伤残等级进行鉴定。

2. 病情摘要

(1) 医一门诊病历记载：2018 年 5 月 5 日，患者胸背部、腰部撞伤 40 min。查体：右侧胸背部、腰部压痛。初步诊断为胸部损伤，肋骨骨折，主动脉夹层。请胸外科会诊。建议转上级医院进一步就诊。告知转院途中脑卒中风险，有出现大血管破裂、猝死的风险。

(2) 2018 年 5 月 5 日~2018 年 5 月 26 日医二病历记载：2018 年 5 月 5 日，患者因“外伤后胸部剧烈疼痛 6 h 余”入院。患者 6 h 前因车祸致胸部剧烈疼痛，撕裂样，伴有大汗淋漓，不伴有胸闷、气急，无呼吸困难，否认心前区疼痛，就诊当地医院急诊，查胸部 CT 提示：多发性肋骨骨折，主动脉夹层而转诊医二急诊，急诊查胸腹部 CT 及 CTA 示：主动脉弓、降主动脉粥样硬化，腹主动脉起始部局部动脉夹层，降主动脉及腹主动脉管壁小溃疡形成，主动脉弓、降主动脉、腹主动脉及两侧髂内动脉多发混合斑块形成，两下肺少许创伤性湿肺，两肺纤维灶，右侧锁骨肩峰端骨折，右侧部分肋骨骨折，左侧部分肋骨骨皮质稍扭曲。急诊予控制血压，拟诊“创伤性主动脉夹层”收住院。

入院查体：右侧胸部触痛，无胸膜摩擦感，无皮下捻发感，叩诊呈清音，双肺呼吸音清，未闻及干湿啰音，心界不大，心尖搏动位置正常，未闻及心包及胸膜摩擦音，各瓣膜听诊区未闻及病理性杂音。入院后监测生命体征，予止痛、抗炎、化痰等对症支持治疗。2018 年 5 月 7 日，术前讨论：结合 CTA 检查，诊断明确为主动脉夹层(Stanford B 型)，其夹层破口位于左锁骨下动脉开口处稍远，目前 CT 显示尚未影响到主动脉弓。病情凶险，主动脉夹层随时可能发生破裂导致死亡，有手术指征，手术首选主动脉内支架置入术，创伤小，恢复快。

2018 年 5 月 11 日，患者在气管插管麻醉下行主动脉支架植入术，手术经过顺利。术后予心电监护、气管插管呼吸机辅助呼吸、注射用哌拉西林钠他唑巴坦钠抗炎、止酸等处理，予观察足背动脉搏动情况，予水化、碱化尿液保护肾功能。

2018 年 5 月 26 日，患者恢复好，予出院。出院诊断为创伤性主动脉夹层，右侧多发性肋骨骨折(右侧第 1、2、4、5、6、7、8、9、10 肋)，右侧锁骨肩峰端骨折，右下肺挫伤，右侧胸腔积液。

3. 鉴定过程

专家组阅片：2018 年 5 月 5 日胸腹部 CTA 示胸主动脉、腹主动脉呈动脉粥样硬化改变，主动脉弓、腹主动脉起始部见粥样斑块、主动脉壁增厚，并见钙化；CTA 动脉期，见胸主动脉、腹主动脉壁稍增厚，密度较均匀，没有见到典型主动脉壁内血肿征象，未见主动脉夹层改变，胸主动脉及腹主动脉均见粥样斑块的小溃疡。

4. 分析论证

患者岳某于 2018 年 5 月 5 日因胸背部、腰部撞伤 40 min 至医一就诊。查体见右侧胸背部、腰部压痛。诊断为胸部损伤，肋骨骨折，主动脉夹层。后转院至医二入院治疗。急诊胸腹部 CT 及 CTA 示：主动脉弓、降主动脉粥样硬化，腹主动脉起始部局部动脉夹层，降主动脉及腹主动脉管壁小溃疡形成，主动脉弓、降主动脉、腹主动脉及两侧髂内动脉多发混合斑块形成，两下肺少许创伤性湿肺，两肺纤维灶，右侧锁骨肩峰端骨折，右侧部分肋骨骨折，左侧部分肋骨骨皮质稍扭曲。查体见右侧胸部触痛。入院后予止痛、抗炎、化痰等对症支持治疗,于 2018 年 5 月 11 日行主动脉支架植入术,术后对症处理。

主动脉夹层指主动脉腔内的血液从主动脉内膜撕裂处进入主动脉中膜,使中膜分离,沿主动脉长轴方向扩展形成主动脉壁的真假两腔分离状态。病因有高血压和动脉硬化,结缔组织病,先天性心血管病,严重外伤,医源性损伤等。

(1) 关于医疗行为有无过错：首先,关于医一的诊疗有无过错。患者岳某因“胸背部、腰部撞伤 40 min”于 2018 年 5 月 5 日至医一急诊。查体：血压 163/101 mmHg,神清,右侧胸背部、腰部压痛。医方初步诊断为胸部损伤,肋骨骨折,主动脉夹层。请胸外科会诊。建议转上级医院进一步就诊。告知转院途中脑卒中风险,有出现大血管破裂、猝死的风险。符合转诊条件,未违反诊疗规范。

其次,关于医二的诊疗有无过错。2018 年 5 月 5 日转院至医二入院治疗。当日行 CT 及 CTA 检查,影像学检查报告记载：主动脉弓、降主动脉粥样硬化,腹主动脉起始部局部动脉夹层,降主动脉及腹主动脉管壁小溃疡形成,主动脉弓、降主动脉、腹主动脉及两侧髂内动脉多发混合斑块形成。而临床认为结合 CTA 检查,诊断明确为主动脉夹层(Stanford B 型),其夹层破口位于左锁骨下动脉开口处稍远,目前 CT 显示尚未影响到主动脉弓,诊断为创伤性主动脉夹层,并于 2018 年 5 月 11 日行主动脉支架植入术。

专家组现场阅片认为创伤性主动脉夹层诊断依据不足,医方行主动脉支架植入术,存在过错。

(2) 关于目前后果及因果关系：患者目前一般情况可,诉爬楼有气喘。医方过错增加了患者的医疗费用支出。

5. 鉴定意见

医一未违反诊疗规范;医二创伤性主动脉夹层诊断依据不足,医方行主动脉支架植入术,存在过错。医方过错增加了患者的医疗费用支出。

6. 评析

本病例系诊断错误。原因力为完全原因。主动脉瘤及主动脉夹层确诊依据就是影像学诊断。本例中,医方的临床诊断与影像学诊断不一致时,并未组织相关科室讨论及会诊,对手术指征把握有误,这正是医患争议的焦点。这与目前的医疗大环境有关,手术指征掌握宽泛已成为一种普遍现象。所以说,在医疗损害鉴定中,对手术指征的评价是鉴定的重要内容之一。

【案例 3(医源性损伤所致主动脉夹层)】

1. 案情摘要

患者耿某,女性,1948 年 6 月出生。与某医院发生医疗损害赔偿纠纷。当地人民法院委托对医院医疗行为有无过错;如有过错,其过错行为与患者的损害后果之间有无因果关系及原因力大小进行鉴定。

2. 病情摘要

2013 年 1 月 31 日患者因“反复胸痛半个月,加重 1 d”入住某医院,入院查体：心率 70 次/min,血压 140/105 mmHg,心前区无局部隆起及凹陷,未触及震颤,叩诊心脏相对浊音界不大,心音低钝,各瓣膜听诊区杂音不明显。心电图示：窦性心律,V_1 ~ V_6、Ⅰ、aVL 导联 T 波倒置。诊断为冠心病、急性广泛前壁心肌梗死、原发性高血压 2 级(极高危)。入院后予卧床休息,心电监护,降低心肌氧耗、抗感染、抗血栓等治疗。

2月4日行多导管冠脉造影术+冠状动脉非洗脱支架植入术,术中因右锁骨下动脉及头臂干发育异常,改股动脉,左主干(LM)无异常,左前降支(LAD)开口及近段次全闭塞,T1MI血流2级,左回旋支(LCX)、右冠状动脉(RCA)血管未见异常。在LAD狭窄处植入一枚4.0 mm×22 mm裸支架。患者术中出现心绞痛,予硝酸甘油后改善,术后约6 h患者出现胸痛、肩背部痛,持续不能缓解,CTA检查提示主动脉夹层,转胸外科予心电监护、绝对卧床休息,药物降压,抗感染等治疗。2月6日行升主动脉人工血管旁路移植术。次日行主动脉覆膜支架植入术。术后对症支持治疗。6月6日出院。

3. 调查材料(包括现场体检、现场阅片、现场读片等)

专家对冠状动脉手术操作的光盘进行阅读:① 经右侧桡动脉造影示主动脉弓部出现造影剂滞留,提示出现与手术操作相关的主动脉夹层;② 后经股动脉造影提示主动脉夹层扩大到降主动脉;③ 冠状动脉造影提示LAD开口次全闭塞,血管未见明显狭窄,植入支架后狭窄消失。

4. 分析论证

(1) 根据患者病史、体格检查、辅助检查,冠心病,急性心肌梗死,原发性高血压2级诊断明确。患者有冠脉介入治疗适应证,医方常规诊疗措施及介入治疗符合医疗原则。

(2) 患者行冠状动脉介入治疗后6 h,出现胸痛、肩背疼痛,持续不能缓解,行CTA检查证实主动脉夹层诊断明确。主动脉夹层为冠状动脉造影介入治疗的并发症。在治疗过程中出现损伤性主动脉夹层与血管变异、操作失当及血管内膜病变斑块形成三大因素有关。结合本例患者情况及造影操作光盘提示,患者介入治疗后出现的主动脉夹层,与医方对患者血管变异认识不足、术中操作欠妥当有一定关系,与患者高龄、主动脉硬化、血管变异等自身因素也密切相关。

(3) 患者出现主动脉夹层后医方予心电监护、绝对卧床休息、药物降压、抗感染及手术治疗。经再次手术,目前患者存在人工血管植入,需要长期服用药物。医方对患者主动脉夹层的处理符合诊疗规范,处理措施得当。

(4) 综上所述,医方医疗行为中出现的过错与患者出现损伤性主动脉夹层有一定的因果关系,其原因力大小为次要因素。

5. 鉴定意见

医方在对患者的诊疗行为中存在一定过错,该过错与患者目前的损害后果有一定因果关系,其原因力大小为次要因素。

6. 评析

本病例属于损伤性主动脉夹层,医源性损伤明确,但医患争议的焦点是原因力大小。鉴定时考虑患者高龄、主动脉硬化、血管变异等自身因素,判定医方过错的原因力为次要因素。

【案例4(主动脉夹层术后观察及处理不及时)】

1. 案情摘要

患者胡某,男性,1973年8月出生,与某医院发生医疗损害赔偿纠纷。当地人民法院委托对某医院医疗行为有无过错;如有过错,其过错行为与患者的损害后果之间有无因果关系及原因力大小进行鉴定。

2. 病情摘要

2013 年 12 月 28 日患者因“胸腹部闷痛不适 3 h 余”入住某医院，查体：面容与表情安静，自主体位，心前区无隆起，心尖搏动在第五肋间左锁骨中线内 0.5 cm，心界无扩大，心率 78 次/min，心律齐，CTA 检查提示Ⅰ型主动脉夹层。诊断：主动脉夹层Ⅰ型。入院后入 ICU 监护。

12 月 31 日患者在全麻下行 Bentall（带主动脉瓣人工血管升主动脉替换术）+主动脉弓置换+降主动脉支架血管成形术。手术 9:30 开始，18:00 结束。术后入 ICU，入科时患者动态血压 80/45 mmHg（在多巴胺、去甲肾上腺素及肾上腺素维持下），第 1 小时胸腔引流量在 200 mL 左右，患者血压在药物维持下依然下降，在 50~70/35~45 mmHg，予加快补液速度，输血，增加血管活性药物剂量，患者血压无明显回升趋势。会诊后医方认为患者目前血压完全可以接受，进一步可予甘露醇降颅压，呋塞米应用增加尿量，同时加大补液速度，密切监测生命体征，加强抗感染，预防应激性溃疡，维持内环境稳定。

12 月 31 日 22:20 患者血压及血红蛋白在大量输血下仍有下降，调整引流管后迅速引流液体约 2 000 mL，继续观察。

12 月 31 日 23:00 患者引流量 2 300 mL，决定再次手术。23:23 患者心率下降至 65 次/min，予肾上腺素静脉推注，但患者心率仍呈下降趋势，23:25 心率 50 次/min 予心肺复苏，23:26、23:30 再次予肾上腺素应用，患者心率升至 135 次/min，动态血压 95/50 mmHg。患者循环不稳定，需快速补液维持。2014 年 1 月 1 日 0:20 患者心率 115 次/min，送至手术室再次手术，术中探查创面无出血，予关胸后行血管造影，1 月 1 日 1:45 患者入导管室后突发血压不稳，循环始终难以维持，经抢救无效，于 2:20 死亡。

某医学院病理解剖诊断报告书：冠状动脉左前降支距吻合口 1 cm 及 2.5 cm 处，动脉粥样硬化Ⅲ级，血管周围心外膜脂肪组织弥漫出血伴中性粒细胞浸润（范围 2 cm×3 cm）；左旋支冠状动脉粥样硬化（Ⅰ级），右冠状动脉起始部粥样硬化（Ⅲ级），周围心外膜脂肪组织弥漫性出血（范围 0.9 cm×0.9 cm）；降主动脉内膜增厚，粥样硬化，少量炎细胞浸润；左心前壁少数心肌细胞收缩坏死，个别纤维病灶，心尖部片状瘢痕，部分心肌纤维肥大，局灶心肌纤维断裂。左肺门上方血凝块 6 cm×6 cm×2 cm，左肺背侧胸腔内血凝块 13 cm×10 cm×4 cm，左胸腔脊柱旁及后肋膈角处血凝块 13 cm×8 cm×3 cm，左肺尖部胸腔血凝块 7 cm×8 cm×3 cm，升主动脉根部偏右侧与人造血管之间有血凝块 5 cm×4 cm×0.8 cm。

3. 阅片记录

2013 年 12 月 28 日某医院 CTA：升主动脉、主动脉弓、降主动脉及腹主动脉管腔呈双腔改变，波及右髂总动脉，腹主动脉假腔内可见少许造影剂渗入。

4. 分析论证

（1）根据患者胸腹部闷痛不适 3 h 余病史，CTA 检查提示Ⅰ型主动脉夹层。医方诊断主动脉夹层Ⅰ型明确，有手术指证，手术方式选择正确。主动脉夹层（Ⅰ型）为致死性极高的凶险性疾病，无论手术与否均存在较高的病死率。医方与患者及家属沟通后，邀请外地某主任来院手术，手术方式为 Bentall+主动脉弓置换+降主动脉支架血管成形术。医方对术式选择正确，符合该疾病的治疗原则。

（2）患者术后血压呈持续性下降，在调整引流管、左侧胸腔引流出大量液体后，医方虽予加快补液速度、输血、增加血管活性药物剂量等措施，但在未能及时发现患者循环不稳定、血红蛋白持续下降的原因，未能及时采取进一步有效的处理措施，存在一定过错；医方病历书写不规范，多处病程记录缺医师签名，存在一定过错。

(3) Bentall+主动脉弓置换+降主动脉支架血管成形术手术治疗目的是切除破坏最严重的主动脉段，阻止血液进入假腔(包括主动脉的原始撕裂口以及后续的撕裂段)。手术能解决近端破口及恢复远端真腔血流，尚无法从根本上全程解决主动脉夹层的问题(如降主动脉、腹主动脉等)。患者手术后存在远端夹层再破裂的固有风险性。此风险性难以预料，非人为因素可控，是疾病发展的自然过程。

(4) 主动脉夹层Ⅰ型病情重，手术风险大，易出现术后出血、再破裂等并发症，即使及时发现、及时处理，其预后亦可能较差。患者死于失血性休克，与其自身疾病有关，医方在诊疗过程存在一定的医疗过错，其原因力大小为次要因素。

5. 鉴定意见

医方在对患者的诊疗过程中存在过错行为，该过错行为与患者死亡之间存在一定的因果关系，其原因力大小为次要因素。

6. 评析

为数不少的医患纠纷是发生在手术之后。术后对病情的仔细观察和及时处理是保证手术质量、提高医疗效果的重要保障。本病例中，医方在术后对患者的体征、监测数值等变化未及时发现及处理，存在过错，同时考虑主动脉夹层Ⅰ型手术本身风险性大，死亡率高，故宜判定原因力大小为次要。

(施晓玲)

第三节　冠状动脉支架植入术并发症的医疗损害鉴定技术指引

一、概述

冠状动脉粥样硬化性心脏病简称冠心病，指冠状动脉发生粥样硬化引起管腔狭窄或闭塞，导致心肌缺血缺氧或坏死引起的心脏病，是心血管疾病中较常见的一种疾病。由于病理解剖和病理生理变化的不同，冠心病有不同的临床表现，1979 年世界卫生组织曾将之分为 5 型：① 隐匿型或无症状性冠心病；② 心绞痛；③ 心肌梗死；④ 缺血性心肌病；⑤ 猝死。近年根据发病特点和治疗原则不同分为两大类：① 慢性冠状动脉疾病；② 急性冠脉综合征。前者包括稳定型心绞痛、缺血性心肌病和隐匿性冠心病等；后者包括不稳定型心绞痛、非 ST 段抬高型心肌梗死和 ST 段抬高型心肌梗死。

PCI 是指采用经皮穿刺技术送入球囊导管或其他相关器械，解除冠状动脉狭窄或梗阻，重建冠状动脉血流的技术，是心肌血流重建术中创伤性最小的一种，在治疗冠心病过程中起到了重要的作用。PCI 的基本原理是通过球囊或支架的机械性挤压使狭窄的冠状动脉重新塑形、内腔扩大、血流通畅。

PCI 治疗适应证包括：① 稳定型心绞痛经药物治疗后仍有症状，狭窄的血管供应中到大面积处于危险中的存活心肌的患者；② 有轻度心绞痛症状或无症状但心肌缺血的客观证据明确，狭窄病变显著，病变血管供应中到大面积存活心肌的患者；③ 介入治疗后心绞痛复发，管腔再狭窄的患者；④ 急性心肌梗死的患者：ST 段抬高和新出现左束支阻滞的、ST 段抬高并发心源性休克、适合再灌注治疗而有溶栓治疗禁忌证的、无 ST 段抬高，但梗死相关动脉狭窄严重，血流≤T1MI 血流 2 级；⑤ 主动脉冠状动脉旁路移植术后复发心绞痛的患者；⑥ 不稳定型心绞痛经积极药物治疗，病情未能稳定，心绞痛发作时心电图 ST 段压低>1 mm、持续时间>20 min，或血肌钙蛋白升高的患者。

但是 PCI 手术仍有诸多未能解决的临床问题，如 PCI 术后并发症包括冠状动脉痉挛、冠状动脉夹层、冠状动脉急性闭塞、急性心肌梗死、无复流现象、支架内再狭窄、晚期支架内血栓的形成及围手术期心肌损害等。

PCI 术后并发症的产生大多与自身因素有关，但医疗行为对 PCI 术后恢复预后有着极大的影响。医疗损害鉴定的主要任务是对医疗行为正确与否的判断，PCI 术后并发症的产生与治疗相关的因素有关，主要包括：① 术前评估不足，没有严格掌握手术适应证；② 不遵守操作常规，技术不熟练；③ 术后并发症未能及时发现，未能及时采取有效措施处理等。

二、鉴定指引

冠心病 PCI 术后相关医疗纠纷在医疗损害鉴定过程中需要注重对以下几个方面的把握。

1. *PCI 术前评估及适应证选择是否得当*　具有 PCI 术适应证是医疗机构开展治疗的合理性前提。术前评估主要就是权衡收益和风险，收益大于风险即可为相对适应证，反之，则为相对禁忌证。术前评估对手术方式的选择、手术结果及预后等密切关联。术前评估主要须考虑以下因素：① 患者全身情况能否耐受操作；② 心肌缺血严重程度；③ 病变形态、特征，手术操作成功的可能性；④ 处理并发症的能力；⑤ 远期效果。术前有心电图、冠状动脉造影等检查，明确病变狭窄程度及心肌缺血情况，首先要对病变的严重程度有个把握，然后结合自身其他方面的情况选择是否手术或介入治疗及确定治疗时机等。对于病变狭窄程度<50%，且无明确客观缺血证据者可不行 PCI，而对于左主干狭窄伴多支病变、弥漫性狭窄病变者不宜行 PCI，应视全身状况等考虑行冠状动脉旁路移植术，这都属于 PCI 相对禁忌证。

2. *术前准备是否充分*　① 术前应继续口服原有抗心绞痛药物；② 抗血小板制剂应用，术前 3 d 开始口服阿司匹林，对于未服用过阿司匹林的急诊 PCI 者应于治疗前立即给予 300 mg水溶性制剂口服。对计划行支架植入术者还应口服氯吡格雷或噻氯匹定；③ 对合并肾功能不全的患者应于术前 2~3 h 开始持续静脉滴注生理盐水或 5%葡萄糖，直至术后 10 h 出现充足尿量，对于合并其他疾病的应注意多种药物相互作用并进行相应处理；④ 充分告知，对于手术方式的选择要充分告知并明确可选择的手术方式、各手术方式的优缺点，让患者及家属明确手术的可能后果，确定治疗方案。

3. *PCI 术中操作是否得当*　治疗路径一般选择股动脉、桡动脉，特殊情况下也有选择尺动脉、肱动脉等。对于造影结果不明确或不可靠的情况，如开口病变、血管重叠及分叉病变等，在术中可以辅以血管内超声技术（IVUS）以明确支架大小、膨胀是否充分及定位是否准确等，IVUS 指导有助于明确闭塞开始点及帮助判断指引导丝走行在真腔，从而提高 PCI 成功率。

支架的选择对于 PCI 成功率有极其重要的影响，支架本身就是一种异物，会带来一定的风险。第一代药物洗脱支架（DES）采用永久材料涂层，可增加晚期和极晚期血栓形成和内皮化不良风险。新一代 DES 进行了改良和优化，降低了新生内膜过度增生、再狭窄率及晚期和极晚期之间血栓形成的发生率。对于一些开口处病变、左主干合并分叉病变等应优先推荐新一代支架。

对于无法充分扩张的纤维性或严重钙化病变，置入支架前采用旋磨术可提高钙化病变 PCI 成功率。

完全生物可降解支架置入前需要在血管病变处行充分预扩张，当球囊导管预扩张效果不理想时，可考虑应用旋磨术。

4. 术后监测是否得当 ① 术后应长期服用阿司匹林等进行抗血小板治疗。② 严密观察血压、心率等生命体征，复查心电图、记录尿量，注意血容量的补充。注意穿刺部位局部有无出血、血肿，经股动脉穿刺途径者，注意足背动脉搏动情况。术中或术后有可疑缺血征象者如长时间胸痛、分支闭塞、心电图 ST－T 改变或血流动力学不稳定者，应于术后 6～8 h 和 24 h复查血清标志物。③ PCI 术后患者一旦出现胸痛、胸闷等情况，要高度注意，及时行心电图、心肌酶谱检查，必要时行冠状动脉造影。

5. 并发症的处理是否及时得当

（1）急性冠脉闭塞：大多数发生在术后或离开导管室之前，也可发生在术后 24 h，可能由主支血管夹层、壁内血肿、支架血栓、斑块及支架结构压迫等因素所致。患者会立即出现血压降低、心率减慢，甚至很快导致心室颤动、心脏停搏而死亡。术中发现急性冠脉闭塞时应立即在冠状动脉内注射硝酸甘油，除外冠状动脉痉挛。若不能缓解，可重新沿导丝引钢丝插入球囊导管，在闭塞处扩张，使血管再通，并置入支架。急性血栓闭塞可静脉注射血小板膜糖蛋白Ⅱa/Ⅲb 受体拮抗药。血流动力学不稳定时，除用升压药物外，应立即经皮穿刺插入主动脉内球囊反搏导管。急性冠脉闭塞造成大面积心肌缺血，尤其血流动力学不稳定者，若介入治疗不能使之再通，应及早行急诊冠状动脉旁路移植术。若闭塞血管较小或在血管远端，心肌梗死范围小，一般情况良好，试图血管再通不成功，也可以内科药物治疗。回病房后突发急性胸痛，心电图提示急性冠脉闭塞者，应急诊冠状动脉造影，根据情况按上述原则分别处理。

（2）无复流：推荐冠状动脉内注射替罗非班、钙通道阻滞、硝酸酯类、硝普钠、腺苷等药物，或应用血栓抽吸及置入主动脉球囊反搏术（IABP），可能有助于预防或减轻无复流，稳定血流动力学。关于给药部位，与冠状动脉口部给药比较，经灌注导管在冠状动脉靶病变以远给予替罗非班可改善无复流患者心肌灌注。

（3）冠状动脉穿孔：是少见但非常危险的并发症。冠状动脉发生穿孔时，可先用直径匹配的球囊在穿孔处低压力扩张封堵，对供血面积大的冠状动脉，封堵时间不宜过长，可间断进行，其对小穿孔往往能奏效；如果穿孔较大或低压力扩张球囊封堵失败，可置入覆膜支架封堵穿孔处，并停用血小板膜糖蛋白Ⅱb/Ⅲa受体持抗剂，做好心包穿刺准备。监测活化凝血时间(ACT)，必要时应用鱼精蛋白中和肝素。若介入手段不能封堵破口，应行急诊外科手术。若出现心脏压塞则在维持血流动力学稳定的同时立即行心包穿刺或心包切开引流术。指引导丝造成的冠状动脉穿孔易发生延迟心脏压塞，需密切观测，若穿孔较大，必要时应用自体脂肪颗粒或弹簧圈封堵。无论哪种穿孔类型，都应在术后随访超声心动图，以防延迟发生的心脏压塞。

(4) 支架血栓形成：支架内血栓的预防措施包括以下几个。① 术前及围术期充分双联抗血小板和抗凝治疗，对高危患者或病变，可加用血小板膜糖蛋白Ⅱb/Ⅲa受体持抗剂，但应充分权衡出血与获益风险。② 选择合适的介入治疗方案，应权衡利弊，合理选用球囊扩张术、药物涂层支架置入术支架贴壁要尽可能良好，建议高压力释放支架(必要时选用后扩张球囊)，尽量减少支架两端血管的损伤，对选择性患者，可选用IVUS指导。③ 强调术后充分使用双联抗血小板治疗。一旦发生支架血栓，应立即行冠状动脉造影，建议行IVUS或CT检查，明确支架失数原因，血栓负荷大者可选用血栓抽吸，可应用血小板膜糖蛋白Ⅱb/Ⅲa受体持抗剂持续静脉滴注48 h，球囊扩张或重新置入支架仍是主要治疗方法，必要时可给予冠状动脉内溶栓治疗，应检测血小板功能、了解有无高残余血小板反应性，以便调整抗血小板治疗，对反复、难治性支架血栓形成者，必要时需外科手术治疗。

(5) 支架脱载：较为少见，多见于病变未经充分预扩张(或直接支架术)、近端血管扭曲(或已置入支架)、支架跨越狭窄或钙化病变阻力过大且推送支架过于用力时，或支架置入失败、回撤支架至指引导管内时，支架与指引导管同轴性不佳、支架与球囊装载不牢导致支架脱载。术前充分预判病变特点及预处理病变(如钙化病变采取旋磨术预处理等)是防止支架脱落的有效手段。发生支架脱落后，若指引导丝仍在支架腔内，可经导丝送入直径≤1.5 mm小球囊至支架内偏远端，轻微扩张后，将支架缓慢撤入指引导管。若因支架近端变形无法撤入指引导管，可先更换更大外径指引导管重新尝试；也可经另一血管路径，送入抓捕器，将支架捕获后取出。如上述方法无效，可沿指引导丝送入与血管直径1∶1球囊将支架原位释放，或置入另一支架将其在原位贴壁。必要时行外科手术，取出脱载支架。

(6) 出血：预防措施包括所有患者PCI术前均应评估出血风险，建议用CRUSADE评分评估出血风险，建议采用桡动脉路径；对出血风险高的患者(如肾功能不全、高龄、有出血史及低体重等)，围术期优先选择出血风险较小的抗栓药物，如比伐卢定、磺达肝癸钠等；PCI术中根据体重调整抗凝药物剂量，监测活化凝血时间，以避免过度抗凝。

出血后是否停用或调整抗血小板和抗凝药物，需权衡出血和再发缺血事件风险进行个体化评价。出血后通常首先采用非药物一般止血措施，如机械压迫止血，记录末次抗凝药或溶栓药的用药时间及剂量、是否存在肝肾功能损害等，估算药物半衰期，评估出血来源；检测全血细胞计数、凝血指标、纤维蛋白原浓度和肌酐浓度，条件允许时行药物的抗栓活性检测；血流动力学不稳定者应静脉补液和输注红细胞：必要时使用内镜、介入或外科方法局部止血；若出血风险大于缺血风险，尽快停用抗栓药物。若上述方法效果不满意，可进一步采用药物治疗的方法，应用鱼精蛋白中和肝素，以硫酸鱼精蛋白1 mg/80～100 U肝素剂量注射，总剂量一般不超过50 mg，鱼精蛋白可中和60%的低分子量肝素(LMWH)，LMWH用药不足8 h者，可以硫酸鱼精蛋白1 mg/100 U抗Xa活性剂量注射，无效时可追加0.5 mg/100 U抗

Xa 活性。在停用阿司匹林或替格瑞洛 3 d、氯吡格雷 5 d 后，应再次权衡出血和再发缺血事件的风险，适时恢复适度的抗栓治疗。

（7）动脉夹层：PCI 过程中出现损伤性动脉夹层一般与血管变异、操作失当及血管内膜病变斑块形成有关。轻度内膜撕裂通常不影响手术结果。严重的夹层，如造影剂在管腔外滞留呈“帽状”、螺旋状夹层、管腔内充盈缺损、血流减慢或完全闭塞者，应紧急置入支架。

（8）穿刺处血管局部并发症：股动脉穿刺并发症及其防治概括为以下几点。① 穿刺点及腹膜后血肿：少量局部出血或小血肿且无症状时，可不予处理。血肿较大、出血过多且血压下降时，应充分加压止血，并适当补液或输血。若 PCI 后短时间内发生低血压（伴或不伴腹痛、局部血肿形成），应怀疑腹膜后出血，必要时行超声或 CT 检查，并及时补充血容量。② 假性动脉瘤：多普勒超声可明确诊断，局部加压包扎，减少下肢活动，多可闭合。对不能压迫治愈的较大假性动脉瘤，可在超声指导下向瘤体内注射小剂量凝血酶治疗，少数需外科手术治疗。③ 动静脉瘘：少部分可自行闭合，也可做局部压迫，但大的动静脉瘘常需外科修补术。④ 动脉夹层或闭塞：可由指引导丝或导管损伤血管内膜或斑块脱落引起。预防的方法包括低阻力和（或）透视下推送导丝、导管。

桡动脉穿刺并发症及防治：① 桡动脉术后闭塞，术前常规行艾伦试验（Allen 试验）检查桡、尺动脉的交通情况，术中充分抗凝，术后及时减压，能有效预防。② 桡动脉痉挛，较常见，穿刺时麻醉不充分、器械粗硬、操作不规范或指引导丝进入分支均可增加痉挛发生概率。桡动脉痉挛时严禁强行拔出导管，应首先经动脉鞘内注射硝酸甘油、维拉帕米或地尔硫䓬，直至痉挛解除后再进行操作。③ 前臂血肿，可由导丝穿孔桡动脉小分支或不恰当应用桡动脉压迫器造成，预防方法为透视下推送导丝。术后局部压迫时注意明确穿刺点。④ 筋膜间隙综合征，当前臂血肿快速进展引起骨筋膜室内压力增高至一定程度时，常会导致桡、尺动脉及正中神经受压，进而引起手部缺血、坏死。一旦发生，应尽快外科手术治疗。

针对冠状动脉支架植入术的相关鉴定案例，在鉴定过程中应该分析是否存在行 PCI 的手术指征，是否适合行 PCI 术，PCI 术是否及时有效，PCI 术操作过程是否符合规范要求，是否存在附加损害，PCI 术后监测是否到位，是否注意术后并发症的及时诊断、及时有效处理等。既要考虑医疗行为是否存在过错，又要考虑患者的自身因素。

在冠状动脉支架植入术引起的医疗损害案件中，一般患者自身心功能较差且有的合并多种疾病，考虑到自身疾病的严重性及病程进展的迅速性，医疗过错与医疗损害后果之间的因果关系呈现出不同的类型。在具体鉴定案件中，在确定了医疗机构存在医疗过错后，对医疗过错行为与损害后果之间的原因力大小的判断上应综合分析，既要充分考虑患者的个体因素（年龄、基础疾病、心功能等）对病情发展的影响，又要考虑并发症的发现及处理难度等情况。

三、案例

【案例 1】

1. 病情摘要

患者张某，女性，1930 年 3 月出生。因“反复胸闷、气喘 3 年半，加重 1 周”于 2012 年 11 月 30 日入住某医院。曾在外院行冠状动脉 CTA 提示冠状动脉狭窄。入院查体：双肺呼吸音粗，两下肺散布细湿啰音，心率 110 次/min，心律不齐，心房颤动，心音低钝，心尖部可闻及 2/6 级收缩期杂音。血常规检查提示白细胞计数 $7.7×10^9$/L，中性粒细胞百分比 71%。12 月 1 日肺部 CT 检查提示两肺间质性改变伴感染，入院诊断为心功能 3 级、缺血性心肌病、心律失常–心房颤动、肺部感染。予以利尿、改善微循环及对症处理。

12 月 3 日医方就冠状动脉造影及 PCI 等潜在的风险及对策与患方进行了书面告知，其中记载了麻醉及造影剂并发症、感染等内容，在局麻下行冠状动脉支架植入术，术中造影见左主干无狭窄，左前降支近端狭窄 80%、中远段狭窄 85%（最狭窄），回旋支近端狭窄 70%，中间支狭窄 60%，右冠状动脉近端狭窄 50%，T1MI 血流 3 级，在左前降支置入3.0 mm×28 mm Bule 支架，重复造影提示无残余狭窄，T1MI 血流 3 级。术毕返回病房。

当日 16:40 患者突然出现胸闷、气短、出汗，血压 80/50 mmHg，血糖 7.9 mmol/L。予以复方氯化钠静脉滴注扩容，多巴胺、间羟胺升压，后患者症状消失。

12 月 4 日约 10:00 患者再次出现血压下降、出汗，血压 90/60 mmHg。予以补充血容量、抑酸、防止上消化道出血、改善心功能等支持治疗。

12 月 6 日患者转入 ICU，查血生化提示谷丙转氨酶 2 617 U/L、乳酸脱氢酶 1 452 U/L、谷草转氨酶 2 399 U/L、肌酐 393.0 μmol/L、尿素氮 25.44 mmol/L。继续予以输血、补液纠正水电解质紊乱、维持内环境稳定，其后尿量达到 60 mL/h 以上。依据 ICU 护理记录记载，予以翻身、拍背、口腔护理及会阴护理等措施。

12 月 7 日血常规检查白细胞计数 $10.33×10^9$/L，中性粒细胞百分比 80.9%。查体：双肺呼吸音粗，可间断闻及呼气相哮鸣音，心率 87 次/min，各瓣膜听诊区杂音不明显，双手背和足背中度凹陷性水肿。

12 月 8 日予以抗感染处理，5%葡萄糖+头孢唑林钠静脉滴注。患者精神状况较前好转，可主动进食，但量少。

12 月 10 日患者生命体征平稳，转入心脏监护病房。其后治疗期间患者出现呼吸困难，呼之不应，口唇发绀，两肺听诊痰鸣音及哮鸣音明显。予以解痉平喘、高流量面罩吸氧但仍未见好转。当日再次转入 ICU，查体：心率 104 次/min、血压 114/61 mmHg，浅昏迷状态，双侧瞳孔直径 3.0 mm，光反射存在，两肺呼吸音粗，可闻及干湿啰音及哮鸣音，双手背及足背出现中度凹陷性水肿，生理反射存在，病理反射未能引出。予以监测生命体征、尿量、肾功能等变化，纠正水电解质紊乱，稳定内环境、抗感染等处理。

12 月 12 日经处理后患者病情未见明显好转，应患方要求转入某医学院附属医院急诊 ICU，诊断为肺部感染、呼吸衰竭、多脏器功能障碍综合征（急性肾衰竭、急性肝功能不全、冠心病、心房颤动、心功能 3 级、PCI 术后）。终因抢救无效，患者于 2012 年 12 月 16 日死亡。

2. 分析论证与鉴定意见

（1）过错分析

1）依据病历记载，12 月 7 日血常规检查提示白细胞计数 $10.33×10^9$/L、中细粒细胞百分比 80.9%，体格检查提示双肺呼吸音粗、可闻及哮鸣音，以上表现提示患者已有明确的肺部感染，但医方未及时予以抗感染治疗（12 月 8 日应用抗生素）。

2）在使用抗生素处理后患者精神状况好转，但未及时行痰培养进而未能采取针对性抗感染处理措施，其诊疗行为中的抗感染力度不足也在一定程度上造成了患者术后肺部感染控制不力。

（2）因果关系分析：患者未进行尸检，确切死亡原因不明，但据现有病史、临床症状等分析，推断其死因系肺部感染、呼吸衰竭诱发的多脏器功能衰竭可能性较大。患者高龄，有心房颤动病史，肺功能差，客观辅助检查已明确存在慢性心功能不全；以上病变诱发肺部感染的概率大，且感染不易控制，这是患者自身基础疾病所决定的。依据患者入院诊断，有行冠状动脉支架植入术的手术指征，医方的术中操作未违反常规。但由于患者自身基础条件差，术后出现低血压、感染加重等征象，引起循环系统低灌注，造成重要脏器（如肝脏、肾脏等）缺血性改变，医方的诊疗行为如监测生命体征、纠正水电解质紊乱及维持内环境稳定等并不能逆转患者的病情加重，患者的最终结局主要由术后自身免疫力低下及基础疾病较重所致。

医方在诊疗期间虽已查明患者术后出现感染并进行性加重，并且在使用抗生素处理后患者精神状况好转，但未及时行痰培养进而未能采取针对性抗感染处理措施，其诊疗行为中的抗感染力度不足也在一定程度上造成了患者术后肺部感染控制不力，故认为医方的过错与患者的死亡之间存在一定的因果关系，建议原因力为轻微原因。

【案例 2】

1. 病情摘要

患者赵某，女性，1949 年 6 月出生。2015 年 9 月 1 日因“发作性胸痛 30 年，再发 1 周”入住某医院。原发性高血压史 30 年。入院专科检查：血压 160/120 mmHg，神清，两肺呼吸音粗，未闻及干湿啰音，心率 77 次/min，律不齐，心音低钝，未闻及病理性杂音，腹平软，肝脾肋下未及，四肢肌力及肌张力正常。心电图：部分导联 ST－T 段改变；心脏彩超：双房、左心室增大，节段性室壁运动异常伴下壁基底膨出，左心室壁不均匀性增厚，升主动脉瘤样增宽，二尖瓣中量反流，三尖瓣少量反流，主动脉瓣少量反流，左心功能减低，中度肺动脉高压。入院诊断为冠心病，高血压，肾动脉支架植入术后，心房颤动。

9 月 3 日在局麻下行冠状动脉造影术+经皮冠状动脉成形术+支架植入术，术中于左前降支病变处植入 2.25 mm×24 mm、2.4 mm×38 mm、3.0 mm×38 mm PE 支架 3 枚。术后予以抗凝、调脂、扩张冠脉等治疗。

9 月 4 日患者右臂穿刺点愈合良好，右下肢股动脉穿刺点皮下淤血，皮下可触及较大血肿，注射器穿刺抽出约 25 mL 血性液体。后予以制动及局部处理。

9 月 7 日患者出现左侧肢体偏瘫，神志模糊，沟通不应，查 CT 示：脑多发腔梗。经神经内科会诊建议脱水降颅压、抗自由基脑保护治疗。

9 月 8 日病情好转，转入神经内科予以抗血栓、活血化瘀、脱水、输血、清除氧自由基及改善代谢等治疗。

血红蛋白数值：9 月 1 日 129 g/L、9 月 2 日 123 g/L、9 月 5 日 102 g/L、9 月 7 日 68 g/L、9 月 8 日 65 g/L、9 月 9 日 63 g/L、9 月 10 日 74 g/L、9 月 11 日 68 g/L、9 月 12 日 71 g/L、9 月 15 日 86 g/L。

9 月 17 日入住烧伤整形科，专科检查：右腹股沟创面直径约 10 cm，表面黑色痂皮覆盖，痂皮边缘间有渗液渗出，有异味；基底肿胀，质硬。诊断为右腹股沟手术后皮肤坏死，冠心病，脑梗死，高血压。予创面清创换药等治疗。12 月 2 日转至康复科治疗。

2. 分析论证与鉴定意见

（1）过错分析

1）医方在术后拔管时间过早，对穿刺部位观察不仔细、处理不到位，未能及时有效止血，是患者后期出现贫血、右腹股沟皮肤坏死的主要原因。

2）在患者血红蛋白数值明显下降的过程中，医方没有及时纠正贫血，无详细的血压监测记录。并且在诊断脑梗死后给予脱水治疗，从而导致脑血流灌注不足。

3）医患沟通不到位：关于心房颤动的发生、发展及预后等与患方沟通不够。慢性心房颤动患者有较高的栓塞发生率。过去有栓塞病史、瓣膜病、高血压、糖尿病、老年患者、左心室扩大、冠心病等使发生栓塞的危险性更大。

（2）因果关系分析：穿刺部位出血为临床可以预见但难以完全避免的并发症，但医方在此并发症发生后未能给予及时有效的诊治，是患者后期出现贫血、右腹股沟皮肤坏死的主要原因；右股动脉穿刺点大量渗血导致患者短期内发生严重贫血，血红蛋白从129 g/L下降至68 g/L，医方没有及时纠正贫血，并且在诊断脑梗死后给予脱水治疗，从而导致脑血流灌注不足。另外，该患者有原发性高血压史30年、心肌梗死史，再加上患者为老年女性等，其自身病情也是栓塞发生的高危因素。综合考虑，医方过错行为与患者脑梗死原因力为同等原因。

【案例3】

1. 病情摘要

患者顾某，男性，1949年9月出生。2015年3月15日因“突发胸闷5 h”入住某大学附属医院。诊断为冠心病，急性广泛前壁心肌梗死，心功能1级（Killip分级）。当日11:15急诊行CAG+血栓抽吸术+冠状动脉内支架植入术。术后给予阿司匹林100 mg q.d.、阿托伐他汀40 mg q.n.等抗凝、抗血小板、调脂、稳定斑块等治疗。3月20日出院，出院带药：阿司匹林100 mg q.d.、阿托伐他汀40 mg q.n.等

4月1日复诊，加用硫酸氯吡格雷75 mg q.d.抗血小板，阿托伐他汀改为20 mg q.n.。

5月27日复诊，查心脏彩超示：左心室壁节段性运动异常，心尖部血栓形成。加用华法林2.5 mg q.d.。6月3日查INR：2.15。

6月10日复诊，诉有皮肤瘀斑，嘱INR检查。

6月17日复诊，仍诉皮肤瘀斑、齿龈出血，并伴肌肉酸痛，查INR 4.19，医嘱华法林1片减至3/4片q.d.，停用阿司匹林，阿托伐他汀20 mg减至10 mg q.n.。

2015年6月19日因“突发意识不清3 h余”再次住某大学附属医院。诊断为右小脑半球出血，右额颞顶枕硬膜下血肿，脑疝，心肌梗死支架术后，凝血功能障碍。入院后给予重症监护，呼吸机控制呼吸，开放深静脉通路，止血、预防感染等治疗。6月21日00:10，患者突发心脏停搏，予心肺复苏等抢救无效，经家属商议，要求自动出院，予以自动出院。当日患者死亡。

2. 分析论证与鉴定意见

（1）过错分析：医方术后抗凝药物使用监测不充分。2015年5月27日复诊，查心脏彩超示：心尖部血栓形成。为防止血栓脱落栓塞造成严重后果，医方加用华法林2.5 mg q.d.，抗凝治疗（组成三联药物抗凝、抗血小板）有指征。但是，在加用抗凝药物情况下，患者出血风险相应增加，医方应当更加密切地监测INR，并且充分告知患者及其家属相关的风险。医方嘱患者复查INR的频率为1周1次，在监测INR和抗凝药物的使用管理上存在不足。

2015 年 6 月 17 日复诊，仍诉皮肤瘀斑、齿龈出血，并伴有肌肉酸痛，查 INR 4.19，医嘱华法林 1 片减至 3/4 片，q.d.，停用阿司匹林。根据患者出现出血症状，在 INR(4.19) 明显超过正常值情况下，对于是否应当停用所有的抗凝药物，虽然目前的心血管内科诊疗指南和专家共识没有一个明确的标准，但是，综合评估继续用药和停药的利弊（即权衡出血与血栓的利弊），对本例患者而言，停药更为妥当。因此，医方此时没有及时充分地停用抗凝药物，存在过错。

（2）因果关系分析：华法林治疗开始阶段应每日监测 INR，直至 INR 连续 2 d 在目标范围内，然后每周监测 2~3 次共 1~2 周，稳定后监测次数逐渐减少至每 4 周查 1 次。

对于门诊患者，用药前常规测定 INR，第 3 天必须测定 INR，如果此时 INR 在 1.5 以下，应该增加剂量至 0.5 mg/d；若 INR 在 1.5 以上，可以暂时不增加剂量，等待 7 d 后测定 INR 的结果。INR 第 1 周至少查 3 次，1 周后改为每周 1 次，直到第 4 周。INR 达到目标值并稳定后，每 4 周查 1 次。

医方在使用三联药物抗凝、抗血小板治疗后，初始阶段未及时监测 INR 及抗凝药物的使用经验存在不足，2015 年 6 月 17 日没有及时停用抗凝药物，经验性判定患者尚能接受抗凝药物减量后的治疗，与患者脑出血死亡之间存在一定的因果关系。另外，该患者自身存在基础疾病，而且其基础疾病是脑出血的高危因素，不同个体对药物耐受性及敏感性存在差异，且在 6 月 10 日患者并没有遵从医嘱当日进行 INR 检查。综上所述，医方存在的过错与患者死亡之间存在一定的因果关系，其原因力为同等原因。

（周莉，马剑）

第四节 急腹症的医疗损害鉴定技术指引

一、概述

（一）急腹症概述

据全国高校统编教材《外科学》（第 8 版，人民卫生出版社）、《腹部急症学》（第 2 版，人民卫生出版社）、《急腹症与腹部损伤诊疗学》（人民军医出版社），腹部急症（急腹症）是指腹腔内、盆腔内和腹膜后组织或脏器发生了急剧性病理变化，以急性腹痛为主要表现同时伴有全身反应的一类综合征。严重者常需行手术治疗，故“急腹症”一词一般是指“外科性急腹症”。具有发病急、进展快、病情重、需紧急处理的特点。

依据临床诊疗原则，急腹症的诊断需关注以下方面。

1. 病史采集　全面收集病史及客观分析是诊断急腹症的关键，询问病情应有针对性和系统性，避免对患者进行暗示和诱导。其包括既往史、腹痛的诱发因素、腹痛的部位和特点、伴随症状等，育龄期妇女还应注意月经史和婚育史。

2. 体格检查　是诊断急腹症的基本方法，完整的体格检查是临床诊断的重要客观依据。① 体温、脉搏、呼吸、血压等基本的生命体征，是急腹症诊断和病情轻重缓急的重要依据，如急性阑尾炎的体温升高是病情严重加重的表现；肠梗阻伴体温升高则有坏死感染的可能；若出现脉细速、血压下降、脉压缩小等，表示已经进展到休克阶段。② 皮肤与黏膜的改变以及神志意识、体位等临床表现，同样是判断疾病及其并发症严重程度的重要指标。如内出血的患者可出现面色苍白，出冷汗、轻度烦躁不安等。③ 一般来说，腹部压痛最明显的部位往往是病变部位。肌紧张、压痛、反跳痛是腹膜炎的指征，急性胃穿孔时腹壁常呈板样强硬，即板状腹；麦氏点的压痛表明阑尾有炎症，墨菲征阳性为急性胆囊炎体征，等等。④ 叩诊的重点应注意有无肝浊音界消失及移动性浊音。肝浊音界无缩小或消失，提示空腔脏器穿孔如急性胃穿孔等；移动性浊音多为腹腔内积液或积血。⑤ 诊断性腹腔穿刺是协助急腹症诊断的一项重要手段。抽出不凝血液提示腹腔内实质性脏器破裂、腹腔血管损伤或异位妊娠破裂出血等；抽出脓性液体提示化脓性腹膜炎或其他腹腔感染；含有食物残渣应考虑胃十二指肠破裂或穿孔；抽出粪臭样液体考虑空、回肠甚至大肠破裂或穿孔。对于一些特殊情况，还需进行妇科检查或男性科检查。

3. 辅助检查　一般血、尿、大便常规检查，血红蛋白和白细胞计数可帮助出血和炎症诊断。腹部超声可鉴别或明确腹水、胆道结石、尿路结石等；腹部 CT 对急性胰腺炎的诊断和病情的判断具有重要意义；X 线检查时，应注意以下几种情况：① 当腹腔内有游离气体并可见膈下有镰刀状暗影时，提示胃肠穿孔或破裂；② 腹腔内阶梯状气液平是肠梗阻的典型表现，出现咖啡豆征时，提示肠梗阻并多系较窄；③ 若中腹部见有局限性孤立的气液面或亮影则多为肠麻痹的表现，常见于急性胰腺炎。

（二）腹部损伤与急腹症

导致腹部损伤的原因有很多。锐器伤、枪弹伤等可造成开放性腹部损伤，多发生于斗殴、意外灾害等方面；闭合性腹部损伤较多见，多见于作业事故、交通事故或打斗等直接暴力。腹部脏器伤最多见的是脾、肾和小肠，其次是肠系膜、肝、胃和结肠。十二指肠、胰腺、胆囊、直肠的损伤较为少见。而医源性损伤中，胆道损伤最为多见。

腹部损伤的诊断与一般腹部疾病的诊断程序相同。首先采集病史，明确损伤部位、伤后最早的症状、早期急救经过和身体的基本状况；其次通过视、触、叩、听重点检查腹部体征；然后选择必要的辅助检查，如血常规、尿常规、影像学检查、腹腔穿刺等。

腹部损伤的处理方法一般按照以下流程进行。首先应抓住主要矛盾，处理危及生命的紧急情况，如休克、窒息、大出血、昏迷等；其次需判定有无严重的腹部之外的损伤，如颅脑外伤、脊柱或骨盆骨折等易导致大出血的损伤；单纯的腹部损伤是开放性还是闭合性，开放伤是单纯腹壁损伤还是合并腹内脏器损伤，确定有腹内脏器损伤后，再明确是实质性器官损伤，还是空腔脏器抑或是腹膜后损伤。若腹部确有损伤，一时又不能确定诊断者，应留院观察，以防止迟发性器官破裂或出血。高度怀疑腹内有严重损伤者，应及早行手术探查。

二、鉴定指引

（一）手术时机的选择

急腹症的医疗损害鉴定过程需要注重以下方面的把握。

急腹症的诊疗需要“稳、准、快”。在选择治疗方法时，一定要掌握好适应证，根据病情和患者条件进行全面分析，使治疗方法切合患者实际；诊断一旦确立和治疗方法一旦决定之后，一切处理和治疗措施均应迅速进行，保守治疗均可视为手术治疗的术前准备。

对于手术时机的把握：① 对腹内出血的患者，应在积极治疗休克的同时迅速进行剖腹手术。② 患者如有休克应先治疗休克，力争在收缩压回升至 90 mmHg 以上后进行手术；若仍未纠正提示腹内有进行性大出血，则应在抗休克的同时，迅速剖腹止血；空腔脏器穿破者多系失液引起的低血容量性休克，一般可在纠正休克前提下手术。但经积极抗休克治疗仍不见好转，应在继续抗休克的同时进行剖腹探查。③ 有腹内严重出血合并腹部以外创伤需手术医师先施行剖腹探查控制出血，然后再对腹部以外严重创伤进行手术治疗。④ 合并颅脑损伤危及生命时，先施行颅脑手术，后行剖腹探查手术。⑤ 合并严重胸部损伤，如开放性气胸、心脏损伤、胸腔大血管损伤等，应先行胸部手术，而后行剖腹探查手术。⑥ 对于临床常见急腹症类型，应遵循相应的临床指南或规范。例如，对于绞窄性肠梗阻患者应立即手术，对于其他急性肠梗阻患者，在 48 h 内进行手术效果较理想；对于急性胆囊炎患者，48 h 之内实施手术是最佳手术时机，最长不建议超过 72 h 等。

此过程中医疗过错行为主要表现为未能及时抢救危重症，未能及时、有效地开展治疗等。

（二）手术方式及操作过程

急腹症的手术治疗一般分为剖腹探查手术和腹腔镜手术。

剖腹探查手术是急腹症中诊断和治疗的重要方法。观察病情过程中如果发现有以下情况，应及时行剖腹探查手术。剖腹探查的指征包括：① 有明显腹膜炎体征；② 腹部 X 线片显示膈下游离气体或肾周围、腰大肌周围有积气，疑有腹膜后十二指肠伤、升结肠或降结肠腹膜后破裂者；③ 腹部有移动性浊音，疑有腹内出血者；④ 腹腔穿刺或灌洗阳性者；⑤ 损伤后有早期休克征象等。

剖腹探查手术要求术者动作迅速、轻柔、细致，全面探查和重点探查相结合。一般来说，探查的顺序是先探查脾、肝、肠系膜、肾、盆腔脏器等，后探查胃、肠。探查中可根据术前怀疑是哪个脏器结合血凝块集中及淤血的区域常为出血灶，寻找受伤脏器，及时控制活动性出血。内脏损伤的处理应遵循先止血、后修补的原则。实质性脏器和空腔脏器同时都有损伤时，应先处理实质性脏器，以便尽早止血；有血管损伤时，应先处理血管损伤，然后处理其他脏器损伤。

随着微创理念的逐渐深入，腹腔镜手术逐渐成为治疗急腹症的重要术式，和传统剖腹探查手术相比，其具有创伤小、术中出血量较少、术后排气快等显著优势。腹腔镜在临床应用中能快速诊断急腹症患者的具体病灶位置，在很大程度上缩小手术的范围的同时开阔手术视野，为术者提供相应参考，为急腹症患者的诊断、治疗提供依据，并可取得较为理想的治疗效果。多项研究表明，腹腔镜术在治疗胃肠穿孔、急性肠梗阻、急性阑尾炎等方面均取得良好效果。

此过程中医疗过错行为主要表现为手术方式选择有误，术中操作失误损伤其他血管、脏器等。

对于急腹症的医疗损害鉴定病例，根据病历记载及手术记录，确定损害后果并不难。在鉴定过程中首先应明确损害后果，分析不同类型急腹症的诊疗行为是否及时、有效，采取的治疗方法是否符合诊疗规范，来判断是否存在医疗过错；随后判断损害后果与医疗过错行为是否存在因果关系；最后，根据原发损伤的部位、类型、严重程度及患者自身因素，综合分析医疗过错行为在损害后果中的原因力大小。

三、案例

【案例1】

1. 案情摘要

陈某，男性，68岁。2016年6月13日，陈某因外伤后腹部疼痛就诊于某医院，手术治疗后出现并发症，伴贫血等表现。陈某认为经治医院在诊疗过程中存在医疗过错，诉至人民法院要求赔偿。

2. 病情摘要

2016年6月13日18:30，陈某因"骑自行车摔伤致腹部疼痛7 h"至某医院就诊。患者回到家中进食后感腹痛症状加重，伴恶心、呕吐，呕吐物为胃内容物，呕吐后腹痛无缓解，遂至医院就诊。腹腔穿刺抽出少量不凝血，考虑腹腔内出血。查体示血压103/66 mmHg，腹部移动性浊音(+)，CT扫描符合腹部闭合损伤伴小肠系膜巨大血肿形成，伴腹水、盆腔积液。初步诊断为失血性休克，腹部闭合伤，腹腔内出血。血常规：白细胞计数12.20×10^9/L(↑)，中性粒细胞计数10.03×10^9/L(↑)，红细胞计数3.20×10^{12}/L(↓)，血红蛋白90 g/L(↓)，血细胞比容28.4%(↓)。19:20~21:40行剖腹探查+肠系膜血肿清除+回肠部分切除+回肠双造口+腹腔冲洗引流术。术中探查见腹腔内有大量积血，约1 000 mL，全小肠系膜见巨大血肿，距回盲部约140 cm处有一长约10 cm颜色暗红色肠管，表面无光泽，未见肠蠕动，回肠多处挫伤。术中诊断为腹部闭合伤，肠系膜巨大血肿，部分回肠缺血坏死。因术中不能确定肠管缺血坏死范围，不能一期行肠切除吻合术，按损伤控制手术原则，行回肠双造口，3 d后行二期探查术。

6月14日行造口开放，予营养支持、促进排痰、抗感染等治疗；6月16日白细胞计数10.90×10^9/L(↑)，中性粒细胞计数8.81×10^9/L(↑)，血红蛋白70 g/L(↓)。16日行回肠造口回纳术，术中探查见造口断端肠系膜血管搏动良好，挫伤小肠及系膜有小血肿，腹腔内膜性粘连。予肠外营养支持、抗感染、输入人血白蛋白、增强免疫力等治疗。6月20日诉腹痛明显，伴有发热，肛门未排气、排便。白细胞计数26.30×10^9/L(↑)，中性粒细胞百分比92.6%(↑)。腹腔引流液呈黄褐色粪渣样，有恶臭味，结合腹膜炎体征，考虑肠瘘(吻合口瘘可能性较大)，目前血压低，血象高，考虑合并感染性休克。急行剖腹探查术见腹腔内有约800 mL混有肠液的脓性液体，吸尽脓液后见肠管轻度水肿，小肠表面有脓性脓苔，原回肠吻合口系膜缘有1.5 cm瘘口，有肠液流出。予行回肠吻合口切除+近端回肠造口+远端回肠造瘘+腹腔冲洗引流术。后继续予肠外营养支持。

9月21日，回肠外伤造瘘术后3个月，陈某至另一医院行剖腹探查+造口还纳+回肠侧侧吻合术。10月25日复查CT片示回肠肠腔扩张，周围肠系膜结构紊乱增厚，符合回肠术后肠系膜机化改变。

3. 分析论证与鉴定意见

根据陈某本次腹部外伤后的临床症状、体征及多项临床辅助检查结果，分析认为，医方做出失血性休克、腹部闭合伤、腹腔内出血等临床诊断成立。入院1 h剖腹探查，术中探查见全小肠系膜见巨大血肿，回肠多处挫伤距回盲部约140 cm处有一长约10 cm无光泽、无蠕动的暗红色肠管，考虑到不能确定肠管缺血坏死范围，无法行一期肠切除吻合术，医方选择实施剖腹探查+肠系膜血肿清除+回肠部分切除+回肠双造口+腹腔冲洗引流术适时且术式得当，符合临床一般诊疗原则。术后给予纠正贫血、补充白蛋白、肠外营养等治疗措施亦符合当时实际情况。术后发生吻合口瘘后急行剖腹探查并行回肠吻合口切除+近端回肠造口+远端回肠造瘘+腹腔冲洗引流术的手术时机、方式亦符合临床一般诊疗原则。

目前，临床上对于肠道创伤分期手术，无论肠管造口还是外置，其肠管还纳时间一般以术后4~6周为宜，以利于吻合口愈合；若术后4~6周，肠管还纳时机仍不成熟，再次手术可延长至术后3~6个月进行。二期手术时机的选择主要根据综合评估患者全身身体状况来决定，如腹腔内肠管粘连、水肿及炎症是否减轻或消退等。陈某二期手术距离第一次手术仅3 d。对于腹部闭合性损伤致多处肠管广泛挫伤、缺血坏死并全小肠系膜巨大血肿形成的患者而言，肠壁水肿及炎症在伤后数日内通常处于高峰期，且难以在短时间内缓解或消退。病史记载，陈某术后3 d的辅助检查结果提示其仍存在较为严重的贫血、低蛋白血症及感染等表现。据现有送鉴材料分析，首次手术后短时间内未见肠管继续坏死、腹腔引流液性状发生改变等急需手术的情形。据此认为，医方的二期手术时机选择不当，存在过错。

陈某二期手术后4 d即发生吻合口瘘，从该吻合口瘘发生的部位、大小、时间及腹腔感染等表现的演变过程分析，该瘘口出现于回肠造口回纳术后，与医方的二期手术时机选择不当之间关系较为密切，存在过错。

吻合口瘘是肠道手术较为常见的并发症之一，特别是肠道术后1周内尤为高发。吻合口瘘的发生固然与手术时机、手术方式及手术操作密切相关，同时与患者的自身身体条件亦有一定的关联性。陈某本次腹部外伤后即存在低蛋白血症、贫血、感染等表现，这些自身因素均有可能是其术后吻合口瘘发生的重要原因。考虑到陈某腹部原发损伤较为严重，伤后7 h才至医方就诊，就诊时全小肠系膜已形成巨大血肿，并伴有回肠多处挫伤，以至于不能确定肠管缺血坏死的范围，这给手术治疗带来相当大的难度。分析认为，陈某腹部外伤的严重性、复杂程度及其延迟就诊等自身因素与本例吻合口瘘的发生并再次接受手术治疗等损害后果之间亦存在一定的因果关系。

综上，医方在对陈某实施的诊疗过程中存在二期手术时机选择不当等过错，该过错与损害后果（吻合口瘘的发生并增加实施回肠造口回纳术、再次剖腹探查、回肠吻合口切除并回肠再次造口术）等损害后果之间存在因果关系，系主要原因。

4. 评析

本案例中主要的医疗过错是二次手术时机选择不当。损伤控制性外科理念是基于对严重损伤后机体病理生理改变的认识而发展起来的，即根据伤者全身状况、手术医师的技术、后续治疗条件等，为伤者设计包括手术在内的最佳治疗方案，将伤者的存活率和生活质量放在首位，而非仅仅追求手术成功率。对于严重腹部创伤患者，损伤控制性原则可较好地评估患者病情，指导临床合理诊治，通过实施损伤控制性手术治疗可较好地改善患者预后。临床上损伤控制性外科的治疗程序通常包括首次简短剖腹探查术、ICU复苏及确定性手术。造口还纳时机取决于造口的原因、腹壁切口或腹腔内有无感染、肠道的炎症和水肿情况及患者的全身情况等因素。

病史记载，陈某术后3 d的辅助检查结果提示其仍存在较为严重的贫血、低蛋白血症及感染等表现，短时间内不具备二期手术指征；且肠道手术后吻合口瘘的发生除与肠道损伤及自身身体条件有关外，还与手术时机的选择及手术操作密切相关。陈某二期手术后4 d即发生吻合口瘘，与医方的二期手术时机选择不当之间关系较为密切，存在过错。考虑到陈某腹部外伤的严重性、复杂程度及其延迟就诊等自身因素，与损害后果之间亦存在一定的因果关系。故综合分析认为，医疗过错系主要原因。

【案例2】

1. 案情摘要

患者贾某，女性，28岁。2016年10月10日，贾某因胆石症急性发作就诊于某医院，术后出现并发症。贾某认为经治医院诊疗过程中存在医疗过错，诉至人民法院要求赔偿。

2. 病情摘要

2016年10月10日，贾某因“右上腹疼痛1周”至某院就诊。贾某1周前进食高脂食物后突发右上腹疼痛，呈持续性绞痛，无缓解期，伴有后背胀痛及恶心、呕吐，均为胃内容物，未见咖啡色液体及鲜血。血常规示：白细胞计数9.00×10^9/L，中性粒细胞百分比85.3%（↑）；彩超示：胆囊炎、胆囊结石；肝功能示：谷丙转氨酶296.9 U/L（↑），谷丙转氨酶566.0 U/L（↑），碱性磷酸酶297.8 U/L（↑），总胆红素62.0 μmol/L（↑）。药物治疗无明显好转，后住院诊治。患者全身皮肤黏膜未见黄染、出血点及瘀斑，墨菲征（+），剑突下及右上腹压痛（+）。入院诊断为胆总管结石，胆囊结石伴急性胆囊炎（胆石症伴急性），慢性浅表性胃炎。10月11日上腹部MRI+MRCP示：胆囊内多发结石、胆囊炎，胆总管下段结石，肝脏脂肪浸润，肝内肝管及胰管未见扩张。经积极输液治疗后腹痛好转。生化检查肝功能异常、胆红素升高，均考虑与此次发病有关，建议先行ERCP术取石，解除胆道梗阻再行胆囊切除治疗。

10月19日行ERCP取石术。术中插入造影导管后，X线示胆总管直径约0.6 cm，其内可见数枚充盈缺损，呈类圆形，直径约0.6 cm，所示充盈缺损影可以移动。取出结石数枚及少许胆泥，取石后造影，充盈缺损消失。

术后2 h患者有阵发性腹痛，无恶心、呕吐。血常规示白细胞计数1.23×10^9/L，红细胞计数3.96×10^{12}/L，血小板计数253×10^9/L，血红蛋白115 g/L，中性粒细胞百分比83.1%，淀粉酶96.3 U/L。患者阵发性腹痛考虑与手术有关，监测淀粉酶正常，暂不考虑有继发性胰腺炎。10月21日夜间患者诉有明显腹痛，以全腹为主，为持续性胀痛，程度呈进行性加重，不能平卧，恶心。查体示：精神差，痛苦面容，贫血貌，全腹均有压痛，右上腹拒按，腹肌紧张，未触及异常包块，血压最低80/60 mmHg，心率在120～130次/min。急查血常规示：血红蛋白90 g/L；CT示：肝周、盆腔积液，肝包膜下可见少量气体。腹腔诊断性穿刺抽出不凝血，考虑ERCP术后腹腔内出血，同时合并失血性及感染性休克表现。急行剖腹探查术+肝左外叶切除术+胆囊切除术+胆总管探查术+T管引流术+右上腹引流术。进腹后探查见腹腔内有不凝血，约1 200 mL，见左肝表面巨大血肿，约15 cm×15 cm，表面包膜已经破裂，出血从裂口流出。右上腹及肝断面各放置橡胶引流管一根，T管引出。术后诊断为失血性休克，腹腔内出血，肝左外叶巨大血肿伴包膜破裂出血，胆总管结石ERCP取石术后。10月26日病理诊断符合肝破裂，慢性胆囊炎，胆囊结石。11月2日拔除T管。11月8日辅助检查：白细胞计数3.54×10^9/L（↓），中性粒细胞百分比62.9%，红细胞计数3.34×10^{12}/L（↓），血红蛋白105 g/L

(↓),血小板计数 289×10^9/L。谷丙转氨酶 647.9 U/L(↑),谷草转氨酶 285.2 U/L(↑),总胆红素 19.1 μmol/L(↑)。患者于 11 月 11 日出院。

2016 年 11 月 11 日,因"肝部分切除术后肝功能异常伴发热近 1 个月"至另一医院就诊。查体:血压 105/70 mmHg。腹部切口敷料干燥无渗液,T 管及文氏孔引流管在位且通畅,剑突下、右下腹部、右背部压痛,墨菲征(-)。予保肝、抗感染治疗。11 月 18 日 T 管造影未见明显异常。11 月 21 日拔除文氏孔引流管,当夜出现体温升高,最高 38.1℃,伴有畏寒,无寒战,呕吐 1 次,为胃内容物,右下腹疼痛。急查血常规:白细胞计数 14.39×10^9/L(↑),中性粒细胞百分比 91.2%(↑),总胆红素 22.4 μmol/L(↑),谷草转氨酶 117.0 U/L(↑),γ-谷氨酰胺转移酶 142.0 U/L(↑)。予物理降温后症状稍缓解。12 月 7 日出院,出院诊断为腹腔感染,肝功能异常,肝左外叶切除术后,胆囊切除术后。12 月 28 日因"手术瘢痕化脓 1 周"再次入院。予抗感染、穿刺引流等治疗,2017 年 2 月 9 日拔除引流管。2 月 11 日无畏寒发热、腹痛,无不适主诉,予出院。

3. 分析论证与鉴定意见

根据贾某入院时临床症状、体征,并结合多项临床辅助检查结果及 ERCP 术中所见,分析认为,医方做出胆总管结石,胆囊结石伴急性胆囊炎(胆石症伴急性)等诊断成立,术后病理学检验结果亦支持上述诊断。急性胆囊炎发病率居急腹症的第 2 位,约 95%的发病由结石性胆道梗阻而继发细菌感染引起。目前临床上,胆囊结石合并胆总管结石的治疗以内镜和腹腔镜联合应用为主。根据贾某所患胆道系统疾病的特点,分析认为,医方选择先行 ERCP 取石术,再择期行胆囊切除术的治疗方案符合临床一般诊疗原则。术后因短时间出现腹腔大量积血、肝破裂等,医方急行剖腹探查术+肝左外叶切除术+胆囊切除术+胆总管探查术+T 管引流术+右上腹引流术等治疗亦符合当时实际情况。

ERCP 是十二指肠镜经口腔进入,通过食管进入胃,再通过胃幽门部进入十二指肠,在十二指肠找到乳头开口,通过逆行插管将造影管从十二指肠乳头插入胆管或胰管后注入造影剂,使其显影,是胆道和胰腺疾病较为常用的诊断性治疗手段。ERCP 亦会产生一定的并发症,如急性胆管炎、急性胰腺炎、上消化道出血及穿孔等。但对于既往无明显肝脏病变或肝内胆管结石的患者而言,ERCP 取石术中一般不应损伤肝脏,尤其是肝外胆管的 ERCP 取石术损伤肝脏的情况较为少见。若术后短时间内发生此类损害后果,通常认为与手术操作相关。

本例中,贾某术前摄片及术后病理学检验结果均提示其肝内胆管未见扩张,肝脏未见器质性病变及外伤性改变。ERCP 取石术后 2 h 出现即出现持续性腹痛,次日加重,摄片示其肝左叶外侧段血肿形成伴包膜破裂出血、积气,肝脾周围积液等,手术探查得到证实。贾某肝左叶破裂致腹腔大量积血并行肝左外叶切除术与 ERCP 取石术在时间上存在延续性、在解剖部位上存在一致性,两者之间存在直接因果关系,医方操作不当,存在过错。

ERCP 虽是目前临床上较为成熟的诊疗手段之一,但仍有一定的并发症。本例患者同时合并胆总管结石、胆囊结石伴急性胆囊炎,且胆总管内结石种类不一,其病情较为复杂,这给 ERCP 取石术带来一定难度,与其损害后果的发生之间亦存在一定的因果关系。

综上所述,经治医院在对贾某的诊疗过程中存在 ERCP 取石术操作不当致肝左叶破裂出血经再次手术治疗后合并感染、窦道形成等医疗过错,上述过错与增加实施肝左外叶切除术、术后因继发感染及手术切口窦道形成致病程延长等损害后果之间存在直接因果关系，医疗过错系主要原因。

4. 评析

临床上对于胆囊结石合并胆总管结石的治疗可选择先行 ERCP、EST，再行腹腔镜胆囊切除术。此方案不仅具有创伤较小、术后疼痛轻、恢复快等特点，还可以及早明确胆总管结石的大小、部位和数目，避免腹腔镜术后内镜取石失败再中转剖腹的二次创伤，亦可避免胆总管切开探查，同时内镜治疗还有助于明确胆囊管、肝总管和胆总管三者之间的解剖关系，显示肝外胆管的解剖及变异，可降低腹腔镜切除胆囊术中损伤胆管的概率。临床行 ERCP 常见并发症包括胆道残余结石、胆道出血、胆道穿孔、急性轻度胰腺炎、切口感染等。对于既往无明显肝脏病变或肝内胆管结石的患者而言，肝外胆管的 ERCP 取石术中一般不应损伤肝脏。

本案贾某术前摄片及术后病理学检验结果均提示其肝内胆管未见扩张。ERCP 取石术后次日即出现持续性腹痛，摄片及手术探查提示其肝左叶破裂。后因肝左叶破裂致腹腔大量积血合并失血性、感染性休克等表现，经剖腹探查术后又相继出现腹腔感染、肝功能异常、切口化脓感染及窦道形成等损害后果，分析认为，上述损害后果发生的根本原因系 ERCP 取石术，直接原因系肝左叶损伤致腹腔大量积血合并休克且再次手术。考虑到贾某同时合并胆总管结石、胆囊结石伴急性胆囊炎，病情较复杂，其自身因素亦给 ERCP 取石术带来一定难度，故认定医疗过错在损害后果中起主要作用。

【案例 3】

1. 案情摘要

患者黄某，男性，1968 年 12 月出生，2014 年 11 月 9 日死亡。2014 年 11 月 9 日 18: 10 许，黄某因外伤就诊于某医院，后伤情恶化，经抢救无效死亡。现黄某家属认为某医院在对黄某的诊疗过程中存在医疗过错，诉至人民法院要求赔偿。

2. 病情摘要及相关资料摘要

（1）病情摘要：2014 年 11 月 9 日 18: 24 许，黄某因“左侧下胸部刀刺伤约半小时”至某医院就诊。患者系中年男性，神志恍惚，血压 85/59 mmHg。胸廓无畸形。腹平，左上腹部一刀刺伤口，出血。处理：氯化钠 500 mL，林格氏液 500 mL，持续吸氧，需胸外科会诊（18: 45，患者病情危重，需住院），胸部+上腹部 CT（因该院 CT 机坏，不能拍片，至某中医院行 CT 检查，途中意外、风险已告知患者及会诊医师）。患者于当日 18: 49 到达某中医院，在 CT 室门口出现叹息样呼吸，遂急推入抢救室，心电监护示直线。立即抢救患者：胸外心脏按压，气管插管，应用肾上腺素等。经积极抢救 30 min 后，心电监护仍为直线，告知患者家属，宣布死亡。

该医院急诊病史摘录：11 月 9 日 18: 44，由于本院 CT 机故障，由该院急诊科大夫陪同监护下送病患去某中医院行 CT 检查。

11 月 9 日某中医院医嘱清单及发药清单（19: 47～21: 30）：盐酸肾上腺素针-甲 1 mg/支，0.9%氯化钠（软包）500 mL（500 mL/袋），大抢救，临床多导心电图，大换药等。

（2）资料摘要：当地县公安局于 2014 年 11 月 13 日行法医学尸检。

尸体表面于胸腹部左上腹距左乳头 13 cm 处有一 3 cm×1.4 cm 创口，创角上钝下锐，创缘整齐，创腔深达腹腔。

常规切开颈、胸、腹部，分离胸部皮肤皮下组织及肌组织，左侧锁骨中线肋弓下缘处有一3.8 cm×14 cm创口，周围肌组织有一1 cm×13 cm软组织血染区……切开腹膜，腹腔内1 500 mL血性液体及血凝块，检查腹腔脏器，见胃前壁两处创口，胃大弯侧创口大小为5.3 cm×2 cm，胃小弯侧创口大小为3 cm×1.5 cm，胃壁两处创口的上缘创角周围可见小片状出血；肝左叶脏面有一3.5 cm创口，创缘整齐，创角一锐一钝，创腔深13 cm，创底位于肝右叶。

鉴定意见：黄某系被单刃锐器刺破肝脏出血死亡。

3. 分析论证与鉴定意见

根据委托人提供的鉴定材料分析认为，黄某于2014年11月9日18:10许被他人持械（如刀等）刺伤腹部，14 min后就诊于某医院，临床病历记载为神志恍惚，血压85/59 mmHg，左上腹部一刀刺伤口，出血等，就诊当时已出现失血性休克表现，并伴有腹部出血，医方急诊给予补液、持续吸氧等抗休克治疗措施符合腹部创伤的急诊处理原则。后由于该医院CT机故障，转至某中医院CT室门口时出现叹息样呼吸，经积极抢救30 min后，宣布死亡。

11月13日尸检鉴定书记载“腹腔内1 500 mL血性液体及血凝块，胃大、小弯处各有一处创口，肝左叶脏面有一3.5 cm创口，创腔深13 cm，创底位于肝右叶”，说明本例损伤属严重的腹部脏器致命复合性损伤，结合尸检鉴定意见分析，其根本死因符合腹部刀刺伤致肝破裂出血，直接死因系失血性休克。

外伤性肝破裂指的是腹部外伤中较常见而严重的损伤，并发症多，病死率高。早期的诊断是提高肝破裂治疗效果的关键，在临床上应该根据外伤史、体征、再结合各种检验及B超、CT及腹腔穿刺等检查，一般不难做出诊断。一旦确诊为肝破裂，均需要及早进行手术治疗。手术治疗的原理是止血、清创、清除或切除失去活力的肝组织，并修补裂口防止裂口无效腔、防止胆汁漏出。

黄某入院时已出现失血性休克的临床表现，并伴有腹部出血，分析认为具有急诊输血、剖腹探查的手术指征。而医方选择先行胸部、上腹部CT检查，且在腹部开放性损伤伴有失血性休克的情况下，转院行CT检查，很可能耽误抢救生命的宝贵时间。据此认为，医方对于本例病情的严重程度认识、估计不足，在一定程度上减少了黄某获得正确救治及生存的机会，存在过错。

当然，据黄某尸检鉴定书记载并分析认为，本例属严重的腹部脏器致命复合伤，伤后短时间内腹腔积血量大，肝脏创腔从左叶脏面延伸至肝右叶，深达13 cm，胃壁见多处创口。临床上，合并多个腹部脏器损伤和复杂性肝破裂的死亡率高达50%。且肝脏质地脆弱、缺乏弹性、管腔丰富，一旦破裂出血，通常难以止血。因此，考虑到黄某病情的严重性，即便临床上能及时、有效地开展治疗，仍有较大的死亡可能性。

综上所述，黄某死因为腹部刀刺伤致肝脏出血合并失血性休克，该原发损伤病情十分危重，抢救成功率较低。某医院在对其输血、剖腹探查等治疗上存在延误，在一定程度上减少了黄某获得正确救治及生存机会等医疗过错，其与死亡之间亦存在一定的因果关系，系轻微原因。

4. 评析

目前临床上，腹部开放性损伤的治疗原则主要为能排除腹内脏器损伤时，可行清创缝合术;不能排除腹内脏器损伤时,需行剖腹探查术。失血性休克的治疗原则包括需立即进行生命体征监测,然后进行血常规和血型、血液生化检查,迅速补液、补血,并在扩容的基础上应用血管活性药物维持组织灌注,然后积极查明出血原因,制止继续出血包括进行外科手术治疗等。抢救肝外伤的基本原则为加强复苏,立即手术止血,清除失活的肝组织,积液、积血和胆汁的通畅引流,术后支持治疗。

创伤性肝破裂是临床上一种较常见的腹部损伤疾病,通常病情发展迅速,致残率和死亡率较高。黄某入院时已出现失血性休克的临床表现,并伴有腹部出血,结合致伤物、致伤部位分析,本例具有急诊输血、剖腹探查的手术指征。而医方选择先行胸部、上腹部 CT 检查,并在腹部开放性损伤伴有失血性休克的情况下,转院行 CT 检查。分析认为,医方在诊治过程中存在对于病情的严重程度认识不足,未抓住开放性腹部损伤合并脏器破裂治疗的最佳时机,医方的诊疗行为存在延误诊断、延误治疗的过错。

黄某入院时已出现失血性休克的临床症状并伴腹部出血,结合致伤方式,应高度怀疑腹内脏器损伤合并腹腔大出血的可能性。医方未能及时纠正休克、急行剖腹探查,不符合一般诊疗规范,存在过错。解剖证实其根本死因系腹部刀刺伤致肝破裂出血,直接死因系失血性休克。由于原发损伤病情危重,类似伤情的死亡率高,临床救治存活率低,故分析认定医疗过错在死亡后果中起轻微作用。

【案例 4】

1. 案情摘要

患者韩某,男性,42 岁。2013 年 9 月 29 日,韩某因交通伤被送往某医院就诊,经手术治疗后发现仍有异常。韩某认为首诊医院的诊疗过程存在过错,诉至人民法院要求赔偿。

2. 病情摘要

2013 年 9 月 29 日 9:20,韩某因“车祸后腹部疼痛及右小腿疼痛、畸形、骨外露,伤口流血不止 2 h”至某医院就诊。患者车祸当即感腹部疼痛,右小腿疼痛。入院查体:神志清,精神差,急性痛苦面容,面色苍白,诉四肢发凉,心率 100 次/min,呼吸 25 次/min,血压 86/45 mmHg;腹膨隆,全腹压痛,移动性浊音阳性;右踝关节上方见一不规则伤口,长约 15 cm,见骨外露,断端粉碎性,见骨折块并肌肉断裂,CT 示肝包膜下血肿,腹腔少量积血。腹腔诊断性穿刺抽出暗红色不凝血。入院诊断为腹部闭合性损伤,肝脾破裂(可能),肠系膜破裂(可能);失血性休克;右侧胫骨下段开放性粉碎性骨折,右侧腓骨多处骨折,额部开放性伤口。急行剖腹探查术+肠系膜、胰腺、肠系膜静脉修补+骨折切开复位内固定术。手术经过:患者取平卧位,取右侧腹直肌切口,术中见腹腔大量血性液体,探查肝、脾、肾未见异常,术中见肠系膜多处破裂,给予止血后修补;见腹膜破裂,裂伤长约 10 cm,边缘不整齐,可见多根血管断裂,给予结扎止血;见肠系膜静脉两处破裂,直径约 0.2 cm、0.2 cm,给予修补,见血流可通过;予胰腺被膜缝合,关闭后腹膜,冲洗腹腔,留置引流管。术中输注去白细胞悬浮红细胞 4 U。患者生命体征平稳,血压恢复至 110/70 mmHg。麻醉记录单记载术中出血 2 500 mL。

9 月 29 日 14:15 转入市医院。患者神志清,精神差,呈贫血貌,血压 85/57 mmHg;腹部膨隆,腹肌紧张,全腹轻度压痛及反跳痛。血常规示白细胞计数 9.65×10^9/L,红细胞计数 1.95×10^{12}/L,血红蛋白 59 g/L,给予快速输血、静脉补液等治疗后贫血貌逐渐好转。入院继续对症治疗,腹腔渗液较多,腹部增强 CT 示肠系膜静脉管腔狭窄、闭塞。

10月2日转入某上级医院。患者神志清，正常面容，血压160/80 mmHg；腹平坦，腹壁全腹压痛明显，无反跳痛，腹肌稍紧张，腹壁见两根引流管及探查切口，敷料覆盖，引流管通畅。入院诊断为肠系膜破裂修补术后；右侧胫腓骨骨折术后；肠系膜上静脉栓塞（可能）。

上级医院病程记录摘录：10月1日、10月3日CT示双侧少量胸腔积液，少量腹水；11月3日全消化道造影示胃明显扩张、积液，内未见明显异常密度影，胃肠蠕动差；11月6日腹部X线示腹腔内部分钡剂残留。

11月7日患者诉稍恶心不适，饮食差，大便1 d未解。内科会诊：精神可，每日呕吐3次。DR示十二指肠部分肠管显影，约4 h后造影剂仍未到达空肠，终止检查。考虑十二指肠降部不通，建议胃镜明确诊断，区分功能行（性）梗阻及动力行（性）梗阻。

11月12日胃镜示胃底，胃体黏膜皱襞规整，黏膜无黄染，胃角光滑锐利，胃窦黏膜充血，幽门开、闭情况可，球腔未见异常，十二指肠降段见大量食物残留，冲水后见两条尼龙线。诊断意见为食管正常，胆汁反流性胃炎，十二指肠降段食物残留。建议行胃镜下异物取出术。

11月14日患者诉未恶心，呕吐，一般情况可。在胃镜下行异物取出术，胃镜示十二指肠降段可见大团潴留物，给予冲洗，以活检钳将黑色异物取出，可见远端一管腔，内镜不能通过，可窥见内有黑色异物。

11月15日腹部CT示肠系膜上下动脉未见明显异常，肠系膜根部囊性密度影，并少量渗出，考虑炎性包裹性积液；11月16日全消化道造影示十二指肠球部充盈良好，黏膜规整，球后肠管狭窄，对比剂通过明显迟缓（未见对比剂外漏），余段肠管未见异常征象。11月21日患者未诉不适症状，一般情况可。予办理出院。

3. 分析论证与鉴定意见

根据委托人提供的鉴定材料分析认为，韩某在发生车祸2 h多后送至首诊医院，入院时血压86/45 mmHg，心率100次/min，呼吸25次/min，四肢发凉，全腹压痛，移动性浊音阳性，腹腔诊断性穿刺抽出不凝血及小腿伤口流血不止等，上述表现提示其因车祸损伤致大量失血（包括腹腔内出血及下肢骨折、创口出血等），入院时已处于失血性休克状态。此外，麻醉记录单显示术中出血量达2 500 mL，在整个麻醉过程中，韩某的血压于9:30～11:45许波动于75～100/30～60 mmHg，心率105～125次/min，支持其入院后至手术期间的相当时间段内处于休克状态，病情危重。据此，首诊医院做出的临床诊断依据充分，足以成立。在当时情况下先以控制出血、纠正休克、挽救生命为主要原则，医方急诊行全麻下剖腹探查等手术治疗，符合临床治疗原则，所选择的手术方式亦符合诊疗规范，不存在明显过错。

据2013年11月7日的病程记录，韩某在转入上级医院后，诉有恶心不适，饮食差，会诊病程记录每日呕吐3次。在出现上述胃肠道症状后行胃镜检查见十二指肠降段大团潴留物，给予冲洗并取出黑色异物（两条尼龙线）。根据病历材料，无法证实胃镜下提示的两条尼龙线和黑色异物与首诊医院的手术有直接关系，即难以判定该尼龙线为首诊医院手术遗留。其理由包括：① 类似上述尼龙线弹性大、不易牢靠结扎且不易吸收，一般不作为腹部手术的缝线。② 根据首诊医院手术记录，其所实施的术式并不涉及十二指肠腔内，难以与腔内胃镜检查中取出线条这一事实相联系。③ 若在剖腹探查手术过程中，医方确实在缝合胰腺被膜时缝扎到十二指肠部位，其线结也应从腹腔内取出（即需行剖腹探查或者腹腔镜手术），而无法从十二指肠腔内胃镜取出。并且，韩某此后病情资料也未见因该尼龙线引起的进一步损害证据。

腹部创伤是对伤员生命的严重威胁，早期诊断和及时、适当的处理是降低损伤死亡率的关键，对腹部损伤的预后关系极大。首诊医院处理及时、得当，韩某转入某市医院后，经进一步影像学检查发现肠系膜血管闭塞，主要与创伤后肠系膜血管损伤、血栓形成直接相关，经临床处理，未见造成明显损害的证据。腹部手术愈合过程中胃肠道动力差、影响消化吸收也是临床常见情况，多数经对症支持治疗后可以缓解、治愈。本案目前也未见因此遗留明显后遗症。

综上所述，首诊医院在对韩某的诊疗过程中不存在明显的医疗过错，目前难以判定十二指肠降段的两条尼龙线及食物残留与首诊医院的手术直接相关，据此判定该院的医疗行为与韩某的后果之间存在因果关系的依据不足。

4. 评析

韩某入院时已处于失血性休克状态，且病历资料显示入院后至手术期间的相当时间段内仍处于休克状态，病情危重。首诊医院根据其查体及辅助检查，做出腹部闭合性损伤、肠系膜破裂（可能）、失血性休克等诊断依据合理、充分，明确诊断后积极处理危及生命的紧急情况，包括休克、大出血等，并在纠正休克的同时急行剖腹探查，及时止血，术后予引流、抗感染、抗凝、输血等对症支持治疗。医疗行为符合诊疗规范，不存在过错。韩某转入上级医院后（术后 40 d 余）出现恶心不适等胃肠道症状，随后胃镜证实其十二指肠降段潴留两条尼龙线及食物残渣，据现有资料分析，难以判定该情况与首诊医院医疗行为之间存在因果关系，且后续未见因此引起进一步损害。

（卓佩佩，夏文涛）

第五节　腹腔镜手术所致损伤的医疗损害鉴定技术指引

一、概述

腹腔镜手术是利用气腹将腹腔扩张，使腹壁和腹内脏器分离后，通过内镜进行腹腔手术。与传统的开腹手术相比，腹腔镜手术有着许多优点，如切口小，手术效果好，术后患者痛苦少、康复快、住院时间短等，但也有一定的缺陷和特殊性，如腹腔镜手术在二维影像下操作，手术视野受二维影像的限制；手术器械多为电手术器械或其他有能量的器械，可能发生能量器械的损伤；并发症的发生有一定的不可预测性；并发症的及时诊断及处理有一定的难度。

正是因为有着明显不同于开腹手术的特点，腹腔镜手术的并发症分为以下情形：① 腹腔镜特殊并发症，指腹腔镜手术特有的并发症，包括穿刺并发症（血管损伤及脏器损伤）、气腹相关并发症（皮下气肿、气胸、气栓及 CO_2 吸收引起的并发症）和能量器械相关并发症；② 手术相关并发症，包括出血、膀胱输尿管损伤及胃肠道的损伤等；③ 其他并发症，包括麻醉并发症、神经损伤、切口疝。后两种并发症并不是腹腔镜手术所特有的，而是不管是否使用腹腔镜进行手术均有可能发生的并发症。

腹腔镜手术现已成为普外科、妇科及泌尿外科常见的手术方式，其特殊及常见的并发症占一定比例，腹腔镜手术的并发症与手术的难度、手术医师熟练程度有关。文献报道腹腔镜手术并发症的发生率为0.22%~1.54%，中转开腹率为0.3%~1.6%。据刘彦的《腹腔镜妇科手术并发症的特点及防治》中统计，初学者（手术例数在100例以内）手术时发生并发症的概率是100例手术经验者的4倍。

在医疗损害鉴定案件中，因腹腔镜手术并发症引发的纠纷并不鲜见。并发症是指在某一种疾病的治疗过程中，发生了与这种疾病治疗行为有关的另一种或几种疾病。手术并发症是指手术操作而引起的其他组织器官的损伤、缺失、功能障碍等。并发症不能作为医方过错完全豁免的理由，并发症有的可以避免，有的难以避免，如何准确界定并发症的归责，目前尚无标准或公认准则可循。在实践中，鉴定专家对并发症持有不同的观点，因此会导致同样损伤情形的腹腔镜手术并发症，鉴定意见存在差异，甚至出现截然相反的结论。本文结合案例分析，总结腹腔镜手术所致损伤的鉴定指引，以期统一鉴定规范。

二、鉴定指引

（一）关于手术指征

在腹腔镜手术开展的初期，腹腔镜手术的适应证限制得比较局限，仅适用于一些比较小的、容易做的手术。但是现在随着腹腔镜技术的开展越来越深入，越来越广泛，几乎所有的泌尿外科手术都可以采取腹腔镜手术的方法。真正要进行开腹手术的只占到整个泌尿外科手术的10%左右。大概70%的普外科手术可以通过腹腔镜来解决，妇产科也可以通过腹腔镜、宫腔镜手术联合起来一块解决，所以腹腔镜手术开展的范围及适应证都是极为广泛的，一般情况下凡是能够耐受普外科手术且手术医师的技术成熟、器械无限制性要求的患者，都可以采取腹腔镜手术。

虽然腹腔镜手术的适应证广泛，但仍要做好术前准备，需对疾病及全身条件进行全面评估。若病灶局部粘连严重、固定不移动且侵犯到周围的组织，则采用开腹手术更安全。腹腔镜手术的禁忌证有：① 严重的心、肺、肝、肾功能不全。② 盆、腹腔巨大肿块，肿块上界超过脐孔水平或子宫妊娠周数大于16周，子宫肌瘤体积超过妊娠4个月时，盆、腹腔可供手术操作空间受限，肿块妨碍视野，建立气腹或穿刺时均可能引起肿块破裂。③ 腹部疝或横膈疝，人工气腹的压力可将腹腔内容物压入疝孔，引起腹部疝的嵌顿。腹腔内容物经膈疝进入胸腔，可影响心肺功能。④ 弥漫性腹膜炎伴肠梗阻，由于肠段明显扩张，气腹针或套管针穿刺时易造成肠穿孔。⑤ 缺乏经验的手术医师。⑥ 严重的盆腔粘连，多次手术如肠道手术、多发性子宫肌瘤剥出术等造成重要脏器或组织周围致密、广泛粘连，如输尿管、肠曲的粘连，在分离粘连过程中造成重要脏器或组织的损伤。需要特别指出的是，对于腹腔镜手术，心血管疾病和肺部疾病并不是绝对的禁忌证。然而，人工气腹对心血管疾病和肺部疾病的影响是显著的，老年患者耐受性差，80岁以上患者的死亡率增加，故应慎重选择腹腔镜手术。

（二）关于手术操作及并发症的处理

腹腔镜手术中出现并发症与手术操作有关，但不能简单地视为医疗存在过错，出现并发症后，应及时干预处理，避免损害后果进一步加重。腹腔镜手术的特殊并发症和常见并发症的相关因素及治疗措施如下：

(1) 出血：① 有的是穿刺并发出血，如腹腔镜气针或者 Trocar 穿刺引起的机械性损伤导致出血，可能与气针及 Trocar 穿刺的“盲穿”、腹膜后血管位置的变异等有关；有腹部手术史者，腹腔内粘连容易发生腹部血管损伤包括腹膜后大血管、盆腹腔脏器血管或大网膜血管及腹壁血管的损伤，其中腹膜后大血管损伤为严重的并发症。② 有的是常见的手术并发出血，如附件手术中卵巢血管及卵管系膜的血管的出血；子宫手术中子宫血管的出血；淋巴结切除或者其他腹膜外手术操作中盆腔各级血管的出血及肠系膜血管的出血。

处理措施：电凝治疗、缝合止血及必要时开腹止血，特别是腹膜后大血管的损伤应开腹手术处理，术后腹壁血肿可进行保守治疗，必要时手术治疗。

(2) 气腹相关并发症：如 CO_2 气体进入腹膜外间隙、CO_2 气体的吸收及 CO_2 进入血管。

处理方式：① 皮下气肿可自行吸收，一般不需要特殊处理；② 气胸或者气栓应马上停止手术，输液、吸氧，必要时穿刺排气。

(3) 邻近器官损伤和能量器械相关并发症：如胃肠道损伤，可能与腹部手术史、胃肠胀气、腹腔内粘连、穿刺技术差或者能量器械使用不当等有关。

处理原则：① 术中发现的破裂，可进行腹腔镜下或者开腹修补。② 术后高度怀疑肠道损伤者，应及时开腹探查，如泌尿系统的损伤，包括膀胱或者输尿管的损伤。相关因素如输尿管膀胱与子宫附件解剖位置相比邻；盆腔粘连、解剖不清或手术视野受限，增加手术的困难性及损伤的机会；手术技术相对不熟练。治疗方式：术中发现的膀胱输尿管损伤，应腹腔镜下修补或开腹修补；术后发现的膀胱损伤，先保守治疗，保留尿管长期开放 2 周，同时预防性应用抗生素，保守治疗失败则手术治疗；术后早期(24 h 内)发现的输尿管损伤，应以手术治疗为主；术后晚期发现的输尿管损伤，则应先考虑膀胱镜下输尿管内置双“J”管，置管困难或拔管后仍漏尿者应手术治疗。

关于腹腔镜手术发生损伤的鉴定原则，建议如下：① 腹腔镜手术并发症发生率虽不高，但也难以完全避免。鉴定时不能“一刀切”，既不能因为发生率不高，出现损伤就认定医疗行为存在过错，也不能因为是并发症而一概地作为医疗过错豁免的理由，应该具体情况具体分析；② 在手术操作中，解剖结构不清或腹腔镜手术困难者应立即中转开腹，中转开腹不属于手术失败，反而未中转手术方式导致损害后果者则存在过错；③ 若出现并发症，并采取积极补救措施，即使造成脏器损伤、出血等情形，若未遗留明显功能障碍者，可不予评残。但对多支出的医疗费用问题在鉴定书中应提及并判定原因，因为医疗费用亦是医疗损害赔偿的内容之一；④ 反之，若出现并发症，但病情观察不仔细，延误诊断及丧失最佳治疗时机，并遗留相应功能障碍，则应予以评残。

(三) 关于医疗机构及手术医师的资质

医疗机构及手术医师是否具备法定资质，不属于医疗损害赔偿的鉴定范畴，而是应由人民法院向卫生行政主管部门进行核实后予以确认。但在医疗损害鉴定时，若患方对资质问题已产生异议，鉴定专家可了解涉事医疗机构及手术医师的资质问题，必要时可告知委托单位对资质问题自行确认。具体规定参见《普通外科腹腔镜诊疗技术管理规范》。

（四）关于知情告知

《民法典》第一千二百一十九条："医务人员在诊疗活动中应当向患者说明病情和医疗措施。需要实施手术、特殊检查、特殊治疗的，医务人员应当及时向患者说明医疗风险、替代医疗方案等情况，并取得其书面同意；不能或者不宜向患者说明的，应当向患者的近亲属说明，并取得其书面同意。"

从本质上来讲，患者病情是客观存在的事实，绝大多数情况下，医方是否告知，或告知是否充分并不会对病情的预后产生影响。但《民法典》强调了患者的知情及选择权，体现了对患者健康权、生命权、身体权或隐私权的尊重。《最高人民法院关于审理医疗损害责任纠纷案件适用法律若干问题的解释》第十一条规定"委托鉴定书，应当有明确的鉴定事项和鉴定要求。鉴定人应当按照委托鉴定的事项和要求进行鉴定。下列专门性问题可以作为申请医疗损害鉴定的事项：（一）实施诊疗行为有无过错；（二）诊疗行为与损害后果之间是否存在因果关系以及原因力大小；（三）医疗机构是否尽到了说明义务、取得患者或者患者近亲属书面同意的义务；（四）医疗产品是否有缺陷、该缺陷与损害后果之间是否存在因果关系以及原因力的大小……"在委托鉴定事项中，诊疗有无过错及医疗产品有无缺陷均需判定与损害后果之间是否存在因果关系，但关于告知问题，并未要求与损害后果是否存在因果关系。

在行腹腔镜手术前，医方应向患方充分告知传统的直视下开腹手术和腹腔镜下手术的优缺点。患方具有选择权，若其要求行"后者方式"手术，医方应详细介绍术中可能损伤附近脏器及出血，若术中出血无法止住及其他原因有中转手术方式的可能。患方应签署手术知情同意书。鉴定时应审查有无书面告知及告知内容是否充分。

三、案例

【案例1（腹腔镜下行阑尾切除术伤及输卵管）】

1. 案情摘要

患者陈某，女性，1989年9月出生。与某医院发生医疗损害赔偿纠纷。当地人民法院委托对医院医疗行为有无过错；如有过错，其过错行为与患者的损害后果之间有无因果关系及原因力大小；患者的伤残等级进行鉴定。

2. 病情摘要

2007年10月25日患者因"转移性右下腹痛48 h"入住某医院，查体：右下腹麦氏点压痛明显，无反跳痛，无移动性浊音，腰大肌试验(-)。诊断为急性阑尾炎。当日行腹腔镜阑尾切除术，术中见大网膜包裹阑尾，阑尾充血水肿，腔内有出血，予以阑尾切除并用钛夹闭合创口。术后病理为急性单纯性阑尾炎，腔内见粪石形成。患者于10月29日出院。2013年8月6日患者至某市妇幼保健院行子宫输卵管造影检查见两侧输卵管梗阻。9月28日患者因婚后不孕入住某中心医院，诊断为原发性不孕，双输卵管梗阻。10月1日行腹腔镜下盆腔粘连松解术+双侧输卵管通液术+宫腔镜检查术+宫腔镜下插管通液术+异物取出术，术中见右侧输卵管峡部有长约1 mm中断，伞端粘连闭锁为盲端，左侧卵巢表面见膜状组织覆盖，并与左输卵管、肠管、腹膜多处粘连，左侧阔韧带后叶见一枚钛夹，予取出。术后予对症支持治疗。患者于10月7日出院。

3. 鉴定过程

体检：脐下、右腹直肌平脐、下腹中心见5 mm戳孔瘢痕，显示不明显，全腹部无压痛、反跳痛。阅片：见2枚钛夹，各位于阑尾区及左附件区，子宫显影良好，左输卵管全长未显影，右输卵管峡部显影不清晰，但隐约可见，且其后的输卵管全长几乎显影，但无腹腔弥散，提示右侧输卵管伞端闭锁。

4. 分析论证与鉴定意见

（1）关于诊疗过程的分析：2007年10月25日患者因"转移性右下腹痛48 h"入住某医院，查体：右下腹麦氏点压痛明显，无反跳痛，无移动性浊音，腰大肌试验(-)。诊断为急性阑尾炎。根据病史、体检及辅助检查结果，医方诊断急性阑尾炎明确，有在腹腔镜下行阑尾切除术的手术指征。采用对盆腔干扰较小的腹腔镜手术也有减少手术性粘连风险的优点，对年轻未孕女性更为适合。

根据10月25日11:30的术前医患沟通记录，医方向患方介绍了传统的开腹阑尾切除术和腹腔镜下阑尾切除术，介绍了后者具有创伤小、切口小、恢复快的优点。患方要求行腹腔镜下阑尾切除术。医方同时介绍了术后有肠粘连、肠梗阻、残端切口感染的可能，术中若出血无法止住及其他原因有中转手术方式的可能，对此，患方表示理解，并签署了手术知情同意书。医方履行了告知义务。但医方未详细介绍开腹手术的优缺点并与患方进行充分沟通，存在过错。

急性阑尾炎患者行阑尾切除术是外科最常见的手术，但医方还是组织了术前病历讨论，并经科室、医务处及院领导三级审批，体现了医方的重视，医方履行了谨慎仔细的诊疗义务。

根据医方的手术记录，手术操作符合手术规范，经过顺利，无术中发生误伤右侧输卵管等意外情况的记载。

使用钛夹是腹腔镜手术中的步骤之一，无须在同意腹腔镜手术后，再次告知。

（2）关于因果关系分析与鉴定意见

1）腹腔镜阑尾切除术，由于切除阑尾前，已向腹腔内充入了大量CO_2气体，将肠管、网膜推开，所以，手术视野开阔、清晰，因此，不存在因手术视野狭小、不清而导致误伤等可能性。

2）关于右侧输卵管峡部有"1 mm中断"的问题。首先，1 mm是十分短的长度，又是整条输卵管的截面断裂，术中对右侧输卵管峡部的误伤竟达到如此"精细和精准"的程度，令人难以想象；其次，从医方手术记录中的手术操作过程来看，提起阑尾，阑尾长约8 cm，距根部约0.5 cm，游离出阑尾系膜及阑尾，分别上钛夹并切断阑尾，查无出血，取出阑尾，放出CO_2气体，撤出器械，逐层缝合切口，术毕。手术过程清晰、有序，不可能损伤右侧输卵管。再次，某市中心医院手术记录中有关"右侧输卵管峡部有1 mm中断"的问题，应结合两侧输卵管，尤其是右侧输卵管自峡部至伞部粘连、梗阻的病理改变来全面分析。最后，"右侧输卵管峡部有1 mm中断"若为手术操作损伤，必须术中缝合止血，但根据某市中心医院的手术记录，无缝线瘢痕的记录。根据以上几点，"右侧输卵管峡部1 mm中断"应是粘连所致，而非术中手术器械损伤引起。

3）钛夹是腹腔镜下阑尾切除术中不可或缺的医疗器材，钛夹与人体组织具有高度相容性，腹腔镜阑尾切除术中常规放置两枚钛夹（一枚夹闭阑尾腔，一枚用于止血）符合腹腔镜阑尾切除术的手术操作规范。钛为常规医用金属材料，属惰性金属，对人体环境干扰极小，腹腔镜手术时经常用钛夹闭合血管及阑尾管腔。阑尾断端愈合后,钛夹随肠蠕动脱落至盆腔也属正常情况。至于其包裹在左侧阔韧带的原因,分析可能为盆腔已存在粘连使钛夹不能掉入盆底,并且滑入左侧阔韧带后,患者仍有新的盆腔感染,才使钛夹被包裹固定于此。

4)关于盆腔粘连,急性阑尾炎(尤其阑尾炎多次发作)、阑尾手术切除及其他原因均可能造成患者盆腔炎症和组织粘连,输卵管、卵巢位于盆腔内,自然难以避免炎症侵袭和粘连。输卵管炎症、粘连则可引起输卵管阻塞、不通,进而导致不孕。任何腹腔内手术,因都有手术创伤,均有引起术后粘连的可能,剖腹直视手术如此,腹腔镜手术也一样,只是腹腔镜手术引起的组织间粘连的程度较轻微而已,这是腹部手术常见的手术并发症,难以避免。同时,急性阑尾炎患者的阑尾切除术属于Ⅱ类手术,属于可能存在感染的手术。回顾本例,患者术后体温正常,恢复良好,腹部切口愈合好,没有术后感染的征象,手术3 d后就出院了,说明手术未造成盆腔感染。

5)再次手术记录显示双侧盆腔均为慢性炎性粘连性改变并以左侧为重,而阑尾位于右下腹部,即便引起慢性粘连也应以右侧为主,造成双侧输卵管病损的可能性极小。且根据鉴定专家组现场阅片:见2枚钛夹,各位于阑尾区及左附件区,子宫显影良好,左输卵管全长未显影,右输卵管峡部显影不清晰,但隐约可见,且其后的输卵管全长几乎显影,但无腹腔弥散,这提示右侧输卵管伞端闭锁,说明上行性感染致双侧输卵管不通的可能性大。且教科书中女性盆腔粘连、输卵管不通最主要的原因是生殖道的上行性感染,患者第2次手术所见情况应更符合上行性感染的推断。

6)综上所述,患者盆腔内炎症、粘连,双侧输卵管闭锁、不孕与医方在诊疗行为中存在的过错之间无因果关系。

5. 评析

在本病例中,患方怀疑医方行腹腔镜下阑尾切除术,损伤了子宫附件,造成输卵管中断。鉴定意见书中详细分析输卵管中断1 mm可能的原因,以及与6年前的腹腔镜行阑尾切除术之间的因果关系问题。本病例系判定输卵管中断是否属于腹腔镜手术并发症,腹腔镜下阑尾切除术虽有可能会损伤附近脏器,但结合阑尾切除手术记录及6年后盆腔手术所见分析,确定“输卵管中断1 mm”并非腹腔镜阑尾切除术所致。

【案例2(腹腔镜下胆囊切除术损伤胆总管造成胆漏)】

1. 案情摘要

患者李某,男性,1993年7月出生。与某医院发生医疗损害赔偿纠纷。当地人民法院委托鉴定医院的诊疗行为是否存在过错;若存在医疗过错,则判定过错行为与患者人身损害后果之间是否存在因果关系;若有过错且有因果关系,则判定原因力大小。

2. 病情摘要

2017年7月4日患者李某因“右上腹痛3 h余”住某医院。查体:体温36.2℃,心率85次/min,呼吸19次/min,血压120/70 mmHg,神志清楚,精神可,巩膜无黄染,心肺听诊无异常,腹平坦,腹壁静脉无曲张,未见肠型及蠕动波,腹壁软,右上腹压痛,无反跳痛及肌抵抗,未触及包块,墨菲征(+),肝脏未触及,脾脏未触及,肾区、肝区无叩击痛,肋脊点无压痛,膀胱未触及,叩诊无移动性浊音,肠鸣音3~4次/min,未闻及气过水音。2017年7月4日上腹部B超:脂肪肝趋势,胆囊炎伴结石,胰脾声像图未见明显异常。入院诊断为胆囊结石伴急性胆囊炎。术前准备,2017年7月6日(入院后第3天)在全麻下行腹腔镜胆囊切除术,术后予抗炎补液处理。2017年7月8日查体:皮肤巩膜轻度黄染,复查谷丙转氨酶465 U/L,谷草转氨酶172 U/L。患者肝功能受损,考虑有胆道梗阻可能,转至上级医院进一步治疗。出院时查体:腹腔引流管引流通畅,引出少量淡血性液体,肠鸣音正常。

2017年7月8日患者因"腹腔镜下胆囊切除术后,皮肤黄染3 d"住上级医院,入院查体:腹平坦,可见腹腔镜胆囊切除术穿刺切口,未见肠型及蠕动波,腹壁软,右上腹轻压痛,无反跳痛及肌抵抗,未触及包块,胆囊未触及,肝脏未触及,脾脏未触及,肾区、肝区无叩击痛,肋脊点无压痛,叩诊无移动性浊音,肠鸣音2~3次/min,未闻及气过水音。腹腔引流基本无液体引出。2017年7月8日MRCP:胆总管未见显影,胆囊未见,腹腔少量积液,双侧胸腔少量积液。入院诊断为梗阻性黄疸,胆囊切除术后。7月9日全麻下剖腹探查,术中右上腹未见积液,大网膜与胆囊床无明显粘连,胆囊已切除,胆总管横断,两断端相距约3 cm,术中讨论后行肝总管-空肠-Roux-en-Y吻合术,术后继续监护吸氧补液抗炎对症处理。2017年8月5日患者无发热,半流饮食,食欲可,大小便可,巩膜及皮肤不黄,腹部切口未及红肿,切口上缘少量脂肪液化,换药后肉芽新鲜,切口皮肤基本对合,肠鸣音正常。患者出院。

2018年6月25日谷草转氨酶30.7 U/L,谷丙转氨酶65 U/L。2018年6月25日超声:肝外胆管未见明显扩张,肝、胰、脾未见明显异常,腹腔未探及明显包块与积液。2018年6月25日MR:胆总管空肠吻合术后,胆囊及胆总管未见明确显示。

3. 现场鉴定

患者神志清,巩膜无黄染,腹平软,上腹部见正中切口瘢痕长约14 cm,右侧腹部可见引流口瘢痕约4处,瘢痕处无红肿、渗出,全腹无压痛及反跳痛,肝脾肋下未及,未及明显肿块,无移动性浊音,肠鸣音正常。

4. 分析论证与鉴定意见

根据2013年9月17日某市卫生局《关于确认某等的通知》,以及手术医师2014年12月6日取得主任医师资格,对照某省手术分级管理规范2010版,腹腔镜下胆囊切除术系三级手术,医方及手术医师可以开展该手术。

根据患者入院时病史、体格检查、超声,医方入院诊断正确,给予对症治疗后行腹腔镜下胆囊切除术,有手术指征。专家组认为医方在手术中医源性损伤导致患者胆总管离断,虽给予术中造影,但未中转开腹,存在过错。医方过错行为和患者目前人身损害后果之间存在因果关系。患者系急性胆囊炎缓解期,胆囊三角区水肿,手术有一定难度。综上,医方过错的原因力为主要原因。

5. 评析

(1) 关于过错与因果关系:本病例系腹腔镜下胆囊切除术中并发损伤胆总管。笔者参加此次鉴定专家组,在现场询问时,手术医师反映手术时发现胆囊三角区解剖结构不清,术者请上级医师指导后仍继续在腹腔镜下手术,并未中转开腹(以上情况手术记录中未予以描述),致使未能及时发现并处理胆总管损伤。鉴定意见明确医疗过错之处,亦同时分析患者疾病对手术复杂性的影响程度。原因力考虑为主要原因。

(2) 不足之处:医疗损害鉴定中无须对医疗机构及手术医师的资格进行判断,相关事实由法官确定即可。

【案例3(腹腔镜下全子宫切除术损伤输尿管造成尿漏)】

1. 案情摘要

患者丁某,女性,1960年12月出生。与某医科大学附属医院发生医疗损害赔偿纠纷,某卫生局委托对医疗事故争议进行再次技术鉴定:医疗行为有无过错;如有过错,其过错行为与患者的损害后果之间有无因果关系及原因力大小;患者的伤残等级进行鉴定。

2. 病情摘要

2015年2月11日丁某因"绝经后出现少许阴道流血"在当地医院就诊,查B超示:右侧卵巢相对增大,CA125数值略高,予抗感染治疗。3月26日查B超示:右侧宫腔实性包块(33 mm×29 mm×22 mm、包膜完整),宫腔积液;3月30日复查B超示:子宫肌层回声不均,右附件区不均质回声(37 mm×16mm),性质待查。2015年4月4日因"发现右附件实性包块9 d"收住某大学附属医院妇科。入院专科检查:阴道畅,子宫颈已萎缩,未见赘生物,无举痛,子宫前位,已萎缩,质中,右附件区可扪及一3 mm×4 cm包块,表面光滑,质地中等,活动度可,无压痛,左侧附件区未及包块;初步诊断为盆腔包块性质待定,右侧卵巢肿瘤?

4月7日行宫腔镜检查+诊刮术,刮出内膜组织少许送病理。4月8日在全麻下拟行腹腔镜下右侧附件切除术,术中切除右侧输卵管,快速病理示:右侧输卵管腺癌;遂行全子宫+双附件+大网膜+阑尾切除+盆腔淋巴结活检术,术后予抗炎、止血、补液等治疗。4月10日细胞学检验报告:盆腔冲洗液涂片查见异型细胞。4月11日患者肛门已排气,保留尿管畅,色清,腹腔引流管在位通畅,引流量少,拔除尿管。4月13日患者小便已自解,腹腔引流出暗红色液体20 mL。当日宫腔诊刮病理诊断:宫腔见少许宫颈鳞状黏膜上皮并见增生纤维组织内有空泡样细胞伴细胞异型,结合免疫组化,考虑慢性炎伴组织细胞反应。4月14日手术病理诊断为右侧输卵管低分化浆液性癌,癌组织浸润达浆膜层;输卵管与腹壁粘连处见少许异型细胞,组织机械性损伤明显;左侧输卵管萎缩性改变,未见癌细胞累及;双侧卵巢及大网膜未见癌细胞累及;左髂外淋巴结(0/3)、左髂总淋巴结(0/2)、右髂外淋巴结(0/3)、右髂总淋巴结(0/4)未见癌转移;全子宫见内膜呈萎缩性改变,慢性子宫颈炎及子宫颈内膜炎;阑尾见慢性阑尾炎。

4月15日患者突然诉下腹胀痛,无发热,急查B超示:盆腔未见明显包块声像及积液,双肾、输尿管、膀胱未见明显异常。4月16日腹腔引流液较前明显增多,24 h腹腔引流量690 mL,色淡黄。4月17日患者小便刺痛不适,腹腔引流液检查示:尿素97.47 mmol/L、肌酐3 383.9 μmol/L,考虑尿瘘可能;泌尿外科建议行中腹部及盆腔CT检查,并予抗生素预防感染。4月18日CT提示:左侧输尿管下端瘘,当日在全麻下行膀胱镜检查+左输尿管双"J"管置入术,术中探查左输尿管距膀胱入口处2 cm内侧壁1/3见苍白坏死,长约1 cm;术后予补液、抗炎、止血等治疗。4月21日予注射用紫杉醇酯质体(力朴素)+注射用奈达铂方案化疗。

4月23日患者阴道阵发性排出水样物,下腹隐痛,予加强营养支持,继续观察病情。4月27日患者阴道仍有阵发性水样物排出,行亚甲蓝膀胱灌注,阴道未见蓝色液体流出;查阴道引流液生化示:尿素93.83 mmol/L、肌酐2 290.2 μmol/L;腹腔引流液生化示:尿素108.59 mmol/L、肌酐3 664.2 μmol/L;请泌尿外科会诊,考虑行输尿管膀胱再植术。患者阴道流液量仍偏多。经外院专家会诊,于4月30日在全麻下行膀胱镜检查+左侧输尿管膀胱再植术,术后予预防感染等治疗。5月10日拔除腹膜后引流管。5月19日予注射用紫杉醇酯质体+注射用奈达铂方案化疗，并予止吐、增强免疫力治疗。5月21日拔除导尿管，小便自解通畅，无尿频、尿急、尿痛。患者病情好转，于6月3日自行离院，6月8日办理出院。

3. 分析论证与鉴定意见

（1）诊疗过程的分析：根据患者病史、多次B超检查及妇科检查，医方诊断盆腔包块性质待定，“右侧卵巢肿瘤”的临床诊断成立，根据患者时年55岁，2个月来出现绝经后阴道出血及妇科检查、B超检查结果，存在右侧卵巢肿瘤的可能，有手术指征。经医患双方沟通，患方签署手术知情同意书后，医方在全麻下行腹腔镜下右侧附件切除术，手术知情同意书中载明“中转开腹可能”。术中快速病理诊断为右侧输卵管腺癌，再次与家属沟通并征得同意后，遂行全子宫+双附件+大网膜+阑尾切除术+盆腔淋巴结活检术，在决定扩大手术范围后，医方选择继续腹腔镜下手术，未选择开腹手术未违反诊疗常规和规范，手术过程顺利，达到手术治疗目的。

患者绝经后阴道少量出血，经医患沟通后，医方予宫腔镜检查+诊刮术以排除宫腔内病变，有指征，符合诊疗规范。

发生左侧输尿管瘘后，医方及时请泌尿外科和外院专家会诊，先后行双“J”管置入术和输尿管膀胱植入术，使患者达到临床治愈。

参照《中国泌尿外科疾病诊断治疗指南（2014版）》输尿管内留置双“J”管，不仅能够保持输尿管的通畅，避免肾积水、肾绞痛、尿液漏出，同时还能起到支架的作用，减少发生输尿管狭窄的可能，因此在任何输尿管损伤的治疗过程中，都应考虑采用恰当的方式留置双“J”管。患者术后10 d经CT和输尿管镜检查确诊为左侧输尿管瘘，此阶段盆腔组织充血、水肿及炎症反应较重，故不宜首选开放性手术修补瘘口，医方选择留置输尿管双“J”管，符合诊疗常规和规范。

术中或术前预先留置输尿管导管，以防损伤，该法对预防输尿管误损伤有一定的意义，但由于该法属有创性操作，临床不作为常规处理，故医方术前及术中均未预先插入输尿管导管，未违反诊疗常规和规范。

（2）医方在诊疗过程中存在的过错：医方手术知情同意书签署欠规范，在腹腔镜手术前未等诊刮病理结果，存在过错。

患者4月15日出现下腹痛，4月16日腹腔引流液增多，4月17日才考虑输尿管瘘可能，直到4月18日CT检查和输尿管镜检查才确诊为左侧输尿管瘘，表明医方对输尿管损伤的认识不足。

（3）因果关系及原因力大小分析：患者于4月15日（术后第7天）出现下腹胀痛，4月16日腹腔引流液增多，4月18日CT及输尿管镜检查，确诊左侧输尿管瘘。盆腔手术发生输尿管瘘，其形式多样，尿漏发生时间亦不尽相同。依据病历、CT和输尿管镜检查“左侧输尿管近膀胱入口2 cm处内侧壁1/3见苍白坏死，长约1 cm”的结果，此处是左侧输尿管与左侧子宫动脉交汇处，也是左侧输尿管距子宫下段、子宫峡部的距离较短处，是临床医师在子宫全切除术中，处理左侧子宫动脉时最易误伤到左输尿管的地方，根据医方手术记录，患者的子宫大小、形态正常，左侧子宫下段及峡部与周围器官、组织无粘连等病变，且患者手术第7天之后才逐渐发生的尿瘘，故手术操作直接导致输尿管损伤的依据不足，分析为手术热损伤输尿管所致，局部组织水肿、坏死，逐渐形成尿瘘，为腔镜手术的远期并发症，对此类尿瘘，临床上早期无法判断，亦无特殊预防措施。

患者系右侧输卵管低分化浆液性癌，有术后辅助化疗的指征，在发生手术并发症后不宜行腹腔化疗，医方实施了静脉化疗，对患者输卵管癌的预后无明确影响。

目前患者左侧输尿管瘘已临床治愈，无不良反应。患者术后出现左侧输尿管瘘，属于难以完全避免的手术并发症，医方在诊疗过程中虽存在过错，但未违反相关的诊疗常规和规范，故不构成医疗损害。

由于医方对腹腔镜术后出现远期并发症的认识不足，处理上稍有延迟，故患者后期尿瘘的治疗费用由医方承担。

4. 评析

本病例系腹腔镜下全子宫切除术并发输尿管损伤导致输尿管瘘，鉴定意见为属于难以完全避免的手术并发症，医方在诊疗过程中虽存在过错，但未违反相关的诊疗常规和规范，故不构成医疗损害，但由于医方对腹腔镜术后出现远期并发症的认识不足，处理上稍有延迟，故患者后期因输尿管瘘的治疗费用由医方承担。在鉴定分析中医方在诊疗过程中虽存在过错，但未违反相关的诊疗常规和规范的描述有误，问题是既然未违反相关的诊疗常规和规范，何来诊疗存在过错。笔者建议可称之“技术有缺陷，但属于难以完全避免的并发症，且出现输尿管瘘后进行对症处理，故未违反诊疗规范”。

【案例4(腹腔镜下肠粘连松解手术造成肠瘘)】

1. 案情摘要

患者刘某，男性，1958年4月出生。与某A医院(医一)、某B医院(医二)发生医疗损害赔偿纠纷。当地人民法院委托对医方诊疗行为是否存在过错，与患者损害后果是否存在因果关系及原因力大小；患者的伤残等级进行鉴定。

2. 病情摘要

患者刘某有胃癌手术史，因“肛门停止排便、腹部胀痛等症状”于2014年9月11日入住医一外科。入院查体：腹部膨隆，柔软，全腹部压痛阳性，尤以脐周为甚，无明显反跳痛，无肌紧张，叩诊呈鼓音，肠鸣音稍亢进，移动性浊音(-)；入院诊断为完全性肠梗阻，胃癌术后。入院后予禁食及胃肠减压、抗感染、营养支持等治疗。9月14日考虑患者病情缓解不明显，在全麻下行腹腔镜下腹腔探查术，术中诊断为粘连性肠梗阻，行腹腔镜下肠粘连松解术。术后患者安返病房，继予胃肠减压、抗感染、营养支持等治疗。

当日20:00许，患者出现腹痛难忍、大汗淋漓；查体：右下腹及脐周偏左压痛明显，无反跳痛，无肌紧张，肠鸣音较弱；考虑分离粘连创面所致，予以盐酸曲马多100 mg静脉滴注，约30 min后症状缓解。9月17日晨患者仍感腹部胀痛不适，感畏寒发热、恶心、呕吐等；查体：全腹部压痛阳性，轻度反跳痛，伴轻度肌紧张，肠鸣音明显减弱，移动性浊音阴性；考虑肠瘘或分离创面渗出可能，建议转上级医院进一步诊治。

当日患者转至医二急诊，腹部平片示：两膈下见积气透亮影，肠管积气伴气液平；腹部B超示：腹水，双侧胸腔积液；血常规示：白细胞计数25.4×10^9/L、中性粒细胞百分比95.4%；收住普外科。入院查体：体温36.2℃、心率102次/min、血压81/57 mmHg，神志清，急性痛苦貌，腹部稍膨隆，腹肌紧张，全腹压痛，伴轻度反跳痛，肠鸣音亢进；初步诊断为腹痛待查：消化道穿孔？弥漫性腹膜炎，肠粘连松解术后，腹水，胸腔积液。考虑患者有感染性休克，予抗感染、抗休克治疗。

16:30急诊在全麻下行剖腹探查术。术中诊断为小肠穿孔、腹腔脓肿、弥漫性腹膜炎、感染性休克、横结肠损伤、肠粘连松解术后、腹水、胸腔积液；行小肠部分切除+腹腔脓肿清除+横结肠修补+腹腔引流术+盆腔引流术。术后患者安返病房，予胃肠减压、补液、抗感染、营养支持等治疗。术后病理诊断为部分肠壁坏死，肠壁血管扩张、充血，急慢性炎症细胞浸润，部分肌层断裂，符合(小肠)肠瘘。

9月23日患者诉切口左侧腹痛，切口下段有脓性渗液，上段切口有黄褐色渗液；腹腔脓液培养提示豚鼠气单胞菌，予调整抗菌药物加强抗感染治疗；另考虑横结肠破损处肠瘘，予腹部切口双套管持续冲洗引流。患者病情好转，10月13日开始胃管内滴入生理盐水500 mL，稍感恶心、呕吐。10月14日消化道造影示：胃大部切除术后，胃动力消失，吻合口通畅，腹部肠管积气扩张伴液平，考虑为粘连性肠梗阻。10月16日予留置空肠营养管行肠内营养支持治疗，继予切口双套管持续冲洗引流等治疗。患者病情稳定，营养状况好转，诊断为横结肠瘘，于10月31日在全麻下行升结肠双腔造瘘术。患者术后恢复顺利，左下腹造口肠管红润，无坏死，有排气排便，于11月25日出院，嘱半流质饮食等。

3. 分析论证

(1) 医疗过错分析：根据现场调查结合相关病历资料，患者2014年9月11日入住某A医一，主要临床表现为肛门停止排气排便、腹部胀痛不适，入院查体提示全腹部压痛阳性、肠鸣音稍亢进等，“完全性肠梗阻”诊断成立，医方予胃肠减压、抗感染、营养支持等治疗，符合肠梗阻治疗原则。

患者既往有胃癌手术史多年，反复发作肠梗阻，临床考虑为粘连性肠梗阻可能性大，在保守治疗效果不佳的情况下，医方于9月14日行腹腔镜探查不违反医疗原则。

医方在腹腔镜探查证实为粘连性肠梗阻且粘连严重、复杂的情况下，手术医师资质及处理经验不足，予电凝钩、剪刀交替松解梗阻处的粘连肠管，手术操作不当，存在医疗过错行为。

患者腹腔镜手术当晚出现腹痛难忍、大汗淋漓，医方对病情异常认识不足，未及时行相关检查以鉴别诊断，在诊断不明的情况下使用盐酸曲马多镇痛治疗，延误患者手术并发症的及时诊治，存在医疗过错行为。

患者于9月17日转至医二急诊，行腹部平片、腹部B超等检查，予收住入院；弥漫性腹膜炎诊断明确，考虑消化道穿孔可能，且伴休克症状，医方予抗感染、抗休克等治疗，完善术前准备，当日下午16:30在全麻下实施急诊手术，手术时机无明显延误。

根据手术探查，患者明确为小肠穿孔、腹腔脓肿、横结肠损伤，医方在患者明确存在严重腹腔感染的情况下，对小肠行一期部分切除吻合、横结肠修补，未考虑造瘘，手术方式选择不当，增加患者术后并发症的风险，存在医疗过错行为。

(2) 损害后果分析：患者小肠穿孔经行小肠部分切除吻合，术后未发生小肠瘘，考虑临床治愈。

患者横结肠损伤经修补治疗效果不佳，并发横结肠瘘，于10月31日行升结肠双腔造瘘术；目前患者仍遗留造瘘。

(3) 因果关系及原因力大小分析：根据患者病情演变的过程、损伤的部位及程度，小肠穿孔、横结肠损伤与医一腹腔镜手术操作不当直接相关；患者自身腹腔严重粘连，也是其发生损害后果的病理基础因素。

医一术后延误诊治，导致患者严重腹腔感染，增加后期处理的难度，对不良预后亦有不利影响。

医二手术方式选择不当，与患者术后发生横结肠瘘存在一定因果关系。

综上分析，医一的医疗过错与患者小肠损伤的损害后果存在因果关系，原因力为主要原因；医二对该损害后果无因果关系。

关于患者横结肠造瘘的损害后果，主要与腹腔镜手术损伤横结肠、严重腹腔感染有关，对于横结肠损伤的手术方式选择为次要因素；患者出院后未积极诊治，对该损害后果亦有不利影响。综合考虑两医院的过错程度及与该损害后果的关联程度，两医院过错原因力为主要原因；建议在主要原因中，医一承担70%，医二承担30%。

4. 评析

本案较为复杂，涉事医院有两家，在分析时需将每家医院是否存在过错，以及与后果存在因果关系的比例界定清楚，以便人民法院对鉴定意见的采用。此病例系腹腔镜下肠粘连松解术损伤肠管导致小肠穿孔，首诊医院在手术操作及术后病程观察及处理上存在过错，而患者自身病变增加手术难度。转诊后的医院在手术方式选择上欠妥。鉴定意见中对两处损伤分别界定原因力大小，说理透彻，便于法官的理解。原因力大小的判断，与案例2一样，也同时考虑患者自身病情的影响因素，所以确定医方过错为主要原因。

（施晓玲）

第六节　子宫切除术后并发症的医疗损害鉴定技术指引

一、概述

子宫位于盆腔中部，膀胱与直肠之间，呈倒置扁梨形，正常成年女性子宫大小7 cm×5 cm×3 cm，宫腔容量约5 mL。子宫分为底、体、峡、颈4个部分，其上端钝圆，下段窄细。位于两侧输卵管子宫口以上的部分为底，下段窄细部分为颈，是炎症和肿瘤的好发部位；底与颈之间为体，体的下部与颈之间狭窄部分为峡；子宫峡部在妊娠后随妊娠期逐渐扩展形成子宫下段，产科常在此处剖宫取胎。子宫两侧缘的上部与输卵管相接处称子宫角。子宫前方与膀胱、尿道相邻，子宫后方与直肠相邻。

子宫切除的原因很多，最常见的原因为子宫肌瘤，其次为功能失调性子宫出血、子宫腺肌病（瘤）、子宫颈癌、子宫内膜癌、卵巢恶性肿瘤等。产科急症如胎盘前置、胎盘早剥、胎盘植入、子宫破裂、产后宫缩乏力、产后弥散性血管内凝血、大出血等也是子宫切除的原因。

子宫切除是常见的妇科手术，手术可分为全子宫切除术、子宫部分切除术（次全切除术）、扩大子宫切除术。全子宫切除术是把子宫连同子宫颈全部切除；部分切除是只切除子宫的上部留下完整的子宫基底部和子宫颈或仅留子宫颈（次全切）；广泛切除指除子宫切除外，同时切除全部区域淋巴结，或扩大切除需切除的输卵管、卵巢和阴道上部组织。

子宫切除可经腹部或阴道进行，前者称经腹子宫切除术，后者称经阴道子宫切除术。近些年随着腹腔镜手术技术的发展，由于其具备术中出血少、术后创伤疼痛小、康复快、住院时间短等优点，腹腔镜下子宫切除术已在临床工作中广泛开展。

子宫切除根据所采取的不同切除方法（经腹、阴式、腹腔镜下）和手术方式（全切、次全切、广泛切），可出现不同的并发症。常见的并发症包括膀胱、输尿管、肠管损伤，膀胱功能障碍，肛门直肠功能紊乱，阴道残端出血，尿道感染，尿潴留，腹部切口愈合不良，盆腔感染，下肢静脉血栓形成，皮下气肿，肩部疼痛，性功能下降等。在医疗纠纷鉴定工作中比较多见的为膀胱、输尿管、肠管损伤后出现的阴道瘘及阴道残端出血等。

二、鉴定指引

子宫切除出现不良并发症在医疗损害鉴定过程中应注意的问题有以下几个。

（一）手术方法的选择

目前切除子宫的方法主要有经腹子宫切除、经阴道子宫切除、腹腔镜下子宫切除，不同的切除方法各有不同的优缺点和适应证。

1. *经腹子宫切除*　是应用较广泛的手术途径。开腹手术能够保证良好的视野暴露，视野宽阔，在直视下进行操作，有效地降低了手术难度，能够在一定程度上减少手术并发症。适应证广泛，尤其是适合于子宫体积>妊娠 14 周或者合并重症粘连者。其缺点为手术切口大，遗留的瘢痕明显。

2. *经阴道子宫切除*　即在阴道处切除子宫，避免了腹部伤口，且术中出血少，手术时间短。但术前应充分了解患者子宫大小，子宫活动度，阴道的容量及弹性，若子宫体积<妊娠 14 周、无盆腔手术史、子宫附件无疾患，行经阴道子宫切除则是安全的；若合并盆腔炎、盆腔手术史、子宫阔韧带肌瘤、子宫内膜异位症、子宫恶性肿瘤、子宫附件病变，则不适合行经阴道子宫切除术。

3. *腹腔镜下子宫切除术*　因其具有创伤小、出血少、恢复快等特点，十多年来妇科腹腔镜技术发展迅速、广泛应用于子宫切除术中，尤其是新型腹腔镜手术能够放大手术视野，从而保证手术操作者能够容易识别输尿管、直肠，同时也具有血块清除彻底、止血等优势，适合于<14 妊娠周数大小子宫肌瘤、子宫内膜异位症/子宫腺肌病、卵巢良性肿瘤、CIN Ⅲ的患者。

为了防止手术并发症的发生，合理地选择手术方法是关键。并发症的发生率与子宫大小及肌瘤生长部位有关；子宫越大，并发症发生率越高。特别是巨大子宫肌瘤及特殊部位的肌瘤，如子宫颈肌瘤，影响手术野的暴露和增加了手术的难度，容易造成出血或邻近器官的损伤。因此，子宫>14 妊娠周数的患者，应慎重选择腹腔镜手术。另外，并发症的发生率与腹腔手术史及盆腔粘连有关；粘连是腹部手术最常见的并发症，有腹部手术史、子宫内膜异位和盆腔炎性疾病者是盆腔粘连的高危人群，粘连会导致术野暴露困难，使手术难度增大，增加了并发症的发生率，因此应重视既往有腹部手术史及术前诊断为盆腔子宫内膜异位症或慢性盆腔炎疾病的患者，开腹为首选或及时中转开腹。

（二）手术方式的选择

1. *全子宫切除术* 指将子宫全部切除，保证无病灶残留，降低疾病的复发率，适用于45岁以上、无生育要求、阴道流血而严重贫血的子宫肌瘤患者或子宫肌瘤恶变、早期子宫颈癌患者等。但全子宫切除会对子宫周围组织造成一定的影响，如对子宫动脉和韧带等结构造成破坏，使卵巢的血供受到影响，从而影响卵泡的发育。

2. *次全子宫切除术* 指保留子宫颈，其余部分进行切除。行次全子宫切除术有以下两种情况：第一种情况指其适用于子宫肌瘤或其他子宫良性疾病，如功能失调性子宫出血、子宫腺肌病/瘤等，需切除子宫而子宫颈正常的年轻妇女；或者子宫颈无严重病变，而患者一般情况不佳、伴有严重并发症，不能耐受全子宫切除术者；或有广泛粘连行全子宫切除术困难者。次全切最大的弊端是发生残端子宫颈病变，即子宫颈残端癌。其多于术后2年发现，癌的发生有两种可能性：第一，可能在次全切除子宫时子宫颈已有癌变；第二，为真性癌，次全切时子宫颈正常，术后经过癌前病变至原位癌至浸润癌发展而来。第二种情况是为了预防子宫颈残端癌，在严格掌握子宫次全切除术适应证的前提下，术前必须明确子宫颈有无严重病变，进行详细的子宫颈常规检查，包括妇科检查、HPV 检测、TCT 等。必要时行阴道镜下宫颈活检。子宫或子宫颈病变有恶变趋势或已恶变，为子宫次全切除禁忌证。

3. *广泛性全子宫切除或扩大切除* 也称根治性子宫切除，包括全部清除区域淋巴结及广泛性子宫切除。子宫切除必须从膀胱侧窝分离，切断前后及两侧各连接子宫的韧带及结缔组织，切除主韧带周围的脂肪组织，近盆壁处切除，在全部切除阴道旁结缔组织后切除阴道，切缘一般距病灶3~4 cm。适用于子宫颈癌Ⅰb~Ⅱa期或Ⅰa期中有脉管浸润及融合性浸润者。

因为其手术范围的因素，手术使直肠在盆腔中相对位置发生改变；同时盆腔自主神经的损伤导致术后盆腔功能障碍，发生膀胱功能障碍（如尿潴留）、肛门直肠功能紊乱（如便秘）、性功能障碍等并发症。因此应严格掌握手术适应证，避免不必要的并发症发生。

（三）常见并发症发生原因及注意要点

1. *膀胱损伤* 子宫、膀胱或盆腹腔存在严重粘连是膀胱损伤最常见的发生原因。

（1）手术技术操作因素：子宫切除术中，找准膀胱与子宫颈间隙后分离膀胱腹膜反折是避免膀胱损伤手术技术操作的关键。如存在子宫膀胱粘连，为了找到子宫颈与膀胱间隙，宜从子宫颈两侧向内逐渐分离，自子宫颈及阴道前壁分开膀胱，再紧贴子宫瘢痕处切开腹膜反折，推开膀胱。术中一旦发现尿袋有血尿，应怀疑膀胱损伤，及时请泌尿外科会诊修补。如果盆腹腔存在严重粘连，规避术中损伤较为有效的措施是术前先行两侧输尿管插入输尿管导管和膀胱内注入适量亚甲蓝溶液作为术中标志；在术中如发现子宫反折腹膜与子宫粘连严重，膀胱子宫凹陷变浅，可及时将手术方式调整为子宫次全切除术，以避免在勉强分离子宫反折腹膜下推膀胱过程中误伤膀胱。

（2）手术器械热损伤因素：腹腔镜切除子宫手术中需使用能量平台，热量器械。这些器械造成的电热损伤具有隐匿性，术中难以发现，常于术后7~10 d出现膀胱阴道瘘。因此，手术时应避免长时间电凝膀胱剥离面，以免发生迟发性膀胱坏死形成膀胱阴道瘘。

2. *输尿管损伤* 盆腔粘连、子宫内膜异位症、盆腔手术史、宫颈肌瘤等是输尿管损伤发生的高危因素。

（1）手术技术操作因素：妇科盆腔手术位置深，手术视野差，特别是盆腔肿瘤浸润，盆腔组织粘连严重，在分离肿瘤，游离子宫、处理动脉时可造成输尿管直接损伤或输尿管鞘膜受损，引起输尿管坏死，形成输尿管阴道瘘；或者是手术中结扎止血不当，使输尿管血液供应障碍造成输尿管损伤；或者因输尿管移位、变形而损伤；或手术中的创面缝扎失误而损伤。因此术中分离膀胱子宫颈间隙除了将膀胱下推至子宫颈外口以下外，尤其要将膀胱两侧充分分离，这样可以最大限度地将输尿管推开，从而减少手术损伤的机会；有附件炎性包块时常有输尿管移位，应先分离粘连，恢复正常解剖位置再行子宫切除术或术前或术中膀胱镜下放置输尿管导管，避免输尿管损伤；缝合阴道残端时不能过深过多，避免误伤输尿管。

（2）手术器械热损伤因素：腹腔镜下子宫切除过程中使用热量器械不当易引起热损伤，输尿管发生热损伤后 7～10 d 可因损伤局部组织变性坏死而出现输尿管阴道瘘。因此，术中处理子宫动脉时尽量贴近子宫体，减少电凝时间，避免大面积电凝。另外，在分离切断输尿管邻近组织时，尽量使用超声刀、剪刀或缝扎止血，以减少热损伤机会。

（3）输尿管损伤后的处理：输尿管损伤后，治疗处理不恰当可发生输尿管狭窄、闭锁，继发肾积水和肾功能障碍，应引起重视。其治疗措施应根据患者的损伤情况、损伤时间而定。损伤轻、病程短者可在膀胱镜下或输尿管镜下放置双"J"管，一般保留 4～8 周能使损伤小的瘘口愈合。放置双"J"管的目的是引流尿液并防止、减少尿液外渗，同时避免因为输尿管黏膜损伤而形成的腔内粘连现象，缓解出现的梗阻，防止肾积水，保护肾功能。对损伤较重、放置双"J"管后瘘口不能愈合者，于 2～3 个月后行输尿管再吻合术或膀胱输尿管吻合术。

3. 直肠损伤　常见原因为：手术切开子宫颈后壁阴道黏膜时，未充分游离推下直肠而损伤；盆腔炎症或子宫内膜异位症使直肠粘连于子宫后壁，当切开子宫颈后壁时误伤直肠；手术时未认清直肠窝膨出的腹膜，盲目钳夹、切开误伤直肠。

直肠损伤后与阴道间出现病理通道，即直肠阴道瘘，又称粪瘘。表现为粪便经直肠瘘口流入阴道，经阴道排出。根据瘘的位置不同，其分为高位瘘、中位瘘和低位瘘。瘘口位于阴道直肠间隔上段且有腹膜覆盖者称为高位瘘；瘘管累及阴道直肠间隔且在阴道中下段者称为中位瘘；低位瘘位于齿状线上下。一般高位瘘要经腹进行手术修补；中、低位单纯型直肠阴道瘘经阴道进行修补手术。修补是否成功，手术时间的合理选择是关键。手术直接损伤直肠者，应立即请普外科修补。当直肠阴道瘘形成后，因有炎症，应在损伤后 4～6 个月炎症消退后再行手术修补。

子宫切除发生直肠损伤和直肠阴道瘘的报道并不多见，术中规范操作正确判断和分析病情，可以减少手术副损伤。应注意：① 盆腔粘连严重、解剖关系不清的复杂病变患者，应行开腹或中转开腹手术；② 难度较高的手术，分离粘连后，应仔细检查肠管，可予直肠内注入亚甲蓝、注气等方法检查直肠是否损伤，以便及时发现及时修补；③ 术后严密观察，如患者术后出现肛门排气不畅、低热，超声检查阴道残端不规则液性暗区，应及时做美蓝试验：生理盐水 200 mL+亚甲蓝 20 mg 注入直肠，阴道顶端置干棉球 1 个，观察 15 min、30 min 后看棉球有无蓝染。以便及时发现尽早治疗。

4. 出血　指子宫切除后阴道残端出血。

（1）早期出血（术后 3 d 以内）：多因术时血管结扎不牢或滑脱，可发生腹腔出血，或形成腹膜后血肿,需行剖腹探查止血或阴道残端缝合止血。一般子宫切除术后 3 d 内阴道出血量较多,且出现直肠膀胱刺激症状者,应及时行 B 超检查诊断。

(2) 中期出血(术后 7~14 d):多因术中止血不彻底,术后渗血继发感染,炎症累及血管断端,一般出血量不多。

(3) 晚期出血(术后 1 个月以后):多数原因是阴道残端感染累及血管组织坏死脱落后,或者是阴道残端息肉形成后引起的出血,多表现为血性分泌物。

中、晚期出血多采取保守治疗。

避免出血的发生应注意的是:① 手术时机,尽量避开月经期前后 3~5 d,此期盆腔血管充血,易引起术中、术后出血;② 术前做好充分准备,术前发现有阴道炎或盆腔炎者须先行治疗控制炎症后再手术,术前常规阴道灌洗 3 d 或碘伏棉球擦洗阴道 3 d,每日 2 次;③ 术中严密止血,彻底止血后再缝合阴道残端,一般 0 号肠线 U 字间断缝合,使阴道断端内翻,创面平整,既加速创面愈合又能达到止血作用,并减少阴道残端出血和后期阴道残端肉芽或息肉形成。

5. 腹膜播散性平滑肌瘤病(leiomyomatosis peritonealis disseminate,LPD) 是一种腹腔内多发性结节状生长并突出于腹膜表面为特征的良性疾病,通常见于生育期妇女。此病临床极为罕见,到目前为止,文献报道不足 200 例。该病的发病机制不明确,目前认为其发病与雌孕激素、腹膜化生、遗传因素及医源性因素有关。

随着腹腔镜技术的进步及手术科室的应用普及,腹腔镜下子宫肌瘤核除术及子宫切除术已成为医院普遍实施的手术,但继发于子宫肌瘤腹腔镜术后的腹膜播散性平滑肌瘤病发病率逐年升高。腹腔镜子宫肌瘤切除术中需应用电动旋切器将肌瘤切碎取出,有时肿瘤的小碎片或含肿瘤细胞的液体很容易被忽视而寄生于腹壁、肠管、大网膜等部位,通过从邻近组织中汲取营养而继续生长,从而导致子宫肌瘤腹膜种植,故很多学者认为腹膜播散性平滑肌瘤病发病与医源性因素有关,属于腹腔镜手术切除子宫肌瘤和子宫的手术并发症。

目前如何预防和早期发现与医源性因素相关的腹膜播散性平滑肌瘤病,已经引起妇科手术医师的高度重视:① 子宫肌瘤患者术前充分评估排除隐匿性恶性或潜在种植可能,建议切除的肌瘤组织装入标本袋中,在袋内用手术刀旋切取出;② 不建议为子宫肌瘤患者实施子宫切除术时或肌瘤切除术时使用腹腔镜能量粉碎器;③ 术中若使用电动旋切器,建议将标本装入标本袋内旋切,防止肌瘤碎屑散落盆腹腔;④ 肌瘤取出后用生理盐水反复冲洗盆腹腔。

腹膜播散性平滑肌瘤病缺少典型的临床症状甚至没有任何临床症状,所以往往只是因为某些其他的主诉体检时才发现子宫或盆腔肿物。手术探查发现为多发的、灰白色结节,外观与子宫肌瘤相同,大小不等,分布于盆腔脏器表面,如子宫、大网膜、肠系膜、肠壁、子宫韧带、盆腹腔腹膜处,甚至于在切口部位被发现,腹膜播散性平滑肌瘤病预后较好,手术是唯一的治疗方法。

三、损害后果、过错及原因力大小分析

如前所述,所有发生与子宫切除有关的不良并发症均为损害后果。法医鉴定时重点分析医疗过程中有无过错,过错与损害后果的因果关系及原因力大小。

（一）医疗过错分析

1. *告知不充分*　因告知不充分产生的医疗纠纷在临床工作中很常见，因此引起的医疗事故和医疗赔偿案件也不少，但医疗风险的充分告知仍然被有些医生忽视。表现为以下几点：① 术前未充分告知可行的治疗方案、医疗风险及发生并发症的风险及预防措施，所有的手术患者都是统一内容的手术告知书，对于既往存在盆腔手术史、盆腹腔粘连、子宫较大，术中出现并发症概率较大的患者没有进行有针对性的风险特别告知，以及如何规避风险的措施、方案在病历中没有体现。② 除了手术治疗外，其他可行的替代治疗方案，以及各种治疗方法的优缺点没有明确告知。③ 切除子宫时是否需要切除输卵管、卵巢，术前必须充分告知患者附件切除的利弊，以保障其知情选择权；无生育要求的女性应告知切除输卵管、卵巢为预防和降低卵巢癌的发病率有手术意义，也要告知附件的切除对女性内分泌的调节也有不利的影响。④ 术后尤其是出院后还需要专科观察治疗的患者没有履行相关告知义务，如子宫切除出现阴道流液，或明确诊断为输尿管损伤，放置双"J"管观察期间出院医嘱应明确告知复查时间，及患者如何观察尿量、尿色、定期复检，复查复检的内容有书面记载；⑤ 术中因病情的需要改变手术方式，增加手术内容应及时向患方告知，并征得其签字同意等。

2. *手术风险评估不充分*　没有严格掌握手术适应证和积极干预高危因素。例如，伴有严重心脑血管、肝肾疾病的患者，肿瘤巨大、盆腔解剖关系变异或严重粘连的高危患者不宜选择腹腔镜手术，或应中转开腹，其手术风险术前没有进行充分评估并告知患者及家属。另外，对术前有高血压、肥胖、血栓史等血栓形成高危因素患者，没有在术前对其出现相关并发症（下肢静脉血栓、肺动脉栓塞、冠心病、高血压脑血管疾病发作）的危险值进行评估，制订预防方案，术后进行防范，如小剂量阿司匹林的应用等，以致出现严重并发症家属难以接受。

3. *手术操作不当或经验不足*

（1）一般子宫切除手术中发生大出血、输尿管完全或不完全离断、直肠撕裂伤、膀胱较大的破损，或在单纯子宫切除手术中发生了邻近脏器的损害都与手术操作不当有关。

（2）对解剖关系不熟悉、盲目钳夹、离断导致的副损伤，如在直肠影响下，左侧输尿管距子宫下段子宫颈峡部的距离较短，此处是输尿管与子宫动脉交汇处，在子宫全切血管处理过程中，容易误伤左侧输尿管，要求手术医师在此处血管处理过程中，首先要先将膀胱两侧充分分离，最大限度地将输尿管推开后再行血管离断，电灼止血时间不宜过长。

（3）在术野严重粘连的情况下，未及时与家属沟通，并改变治疗方案或中止手术，而强行分离、切除，导致发生严重并发症。

（4）手术记录过于简单，尤其有难度的手术，不能反映术中操作是否尽到了高度注意义务。

（5）手术器械选用不当，如腹腔镜能量器械的使用不当，造成电灼伤或继发播散性腹膜平滑肌瘤病。

（6）腹腔镜切除子宫技术要求高，经验丰富、技术操作熟练的医生可以减少并发症的发生风险，当然，手术助手也要有相应腹腔镜手术的技术水平，才能较好地配合术者的手术操作，确保手术质量，若使用实习生、进修生为第一助手，在术中很难做到好的配合，从而易发生并发症。

4. *术后处理不当*　手术出现了并发症有的是难以避免的，与医疗本身存在的风险因素有关，不一定是医疗过错。但并发症出现后，医生对其具有及时发现和治疗的救治义务。实际医疗工作中，往往有因为出现术后并发症处理不当而加重了原发损害的事件。主要有：

① 延误诊断和治疗，如子宫切除术后患者出现阴道流液，应引起医生的重视及时行相关检查，明确损伤部位后采取适当措施，如病程<2 周，瘘口<2 cm，尿道无狭窄、无明显梗阻、无感染者及时置入双“J”管，1~3 个月后瘘口可自愈。若诊断延误、局部炎症加重等使损伤加重，则增加手术难度和患者的痛苦。② 置管时间及拔管时间不合理，置管时间不够或置管时间过长均不利于瘘口的愈合，容易继发输尿管的狭窄或闭锁、肾积水，最终因肾功能严重受损而切除肾。③ 修补时机不合理：相邻脏器损伤修补术后仍然发生漏尿瘘或粪瘘，提示修补手术不成功，多与修补时机过早、瘘口周围软组织的炎症没有消退有关。

（二）因果关系及原因力大小

子宫切除既可以治疗原发性疾病，也可以引起副损伤，即手术并发症。手术并发症的发生有时不一定是过错，通常指难以预见、难以防范的，或可以预见但难以防范的并发症。如子宫颈癌子宫广泛切除术后出现的尿潴留、膀胱功能障碍等并发症是可以预见的，但目前医疗技术水平难以完全避免，术前应明确告知并签字，在手术操作无过失的情况下发生，则为自身疾病所必须接受的手术治疗所导致的并发症，不属医疗过错。但也不是所有并发症都能免责，如可以预见、可以防范的并发症就不能免责。例如，本章节所述的大部分并发症并不是难以预见和难以防范的。

因果关系或原因力大小的评定目前没有统一标准，应结合病情具体情况具体分析。损害后果的发生与医方违反医疗常规规范直接有关者多为主要因果关系。例如，子宫切除输尿管损伤行断端吻合术，为了防止吻合口瘘，术中应放置引流管，但由于医生的疏忽未放置引流管，术后因吻合口瘘没有及时有效引流，从而导致腹腔感染、感染性休克的严重后果。另外，盆腔无粘连、子宫不大（<12 妊娠周数）、行子宫切除时发生严重并发症多认为与手术操作失误有关为主要因果关系；术后并发症的处理不及时、方法不合理、时机不恰当与加重损害有直接因果关系者多为主要因果关系；若手术难度大，在医疗风险较高时出现操作失误的过错则为次要原因。例如，子宫肿瘤术前行放射治疗，因子宫直肠间隙粘连，手术分离过程中发生直肠撕裂性损伤，在考虑其直肠损伤的病理基础后评定为次要因果关系。若损害后果与自身疾病因素、医疗过错因素均有关，则为同等因果关系。例如，因盆腹腔粘连手术风险提高，因手术操作而引起的副损伤，属于难以完全避免的并发症，但手术分离时，如何保护相邻脏器无相关记录，不排除存在操作失误因素，当两种原因均有可能时，为同等因果关系。如果医疗过错为损害后果发生的间接因素或诱发因素则为轻微因果关系。

因果关系或原因力大小的评定是一个复杂的过程，其结果直接影响司法鉴定的效果，因此在评定的过程中，除了根据过错原因、病情复杂程度来考虑外，还要结合患者的个体差异、医院的等级、医院所在地、医疗条件等因素综合分析。

四、案例

【案例 1】

1. 病情摘要

（1）某医院住院病案摘录

1）入院时间：2016 年 7 月 16 日。

2）入院情况：因“进行性痛经3年”入院。有剖宫产史。检查：腹部平坦，下腹可见一陈旧性横形手术瘢痕，腹部软，无压痛，无反跳痛。妇科检查：外阴正常，阴道通畅，子宫颈光滑，无子宫颈举痛，阴道穹空虚，子宫前倾前屈位，如妊娠15周大小，活动可，无压痛，双附件未触及包块。

3）入院诊断：子宫腺肌病，瘢痕子宫。

4）诊疗经过：于7月19日行经腹全子宫切除术+双侧输卵管切除术，手术顺利，术后予以抗生素预防感染、补液等治疗。术中补充诊断为盆腔粘连。病理：子宫腺肌病；慢性子宫颈炎及子宫颈内膜炎；（双侧）卵管黏膜显慢性炎。术后第6天，切口未拆线，自动出院。

5）出院时间：7月25日。

6）出院诊断：子宫腺肌病，瘢痕子宫，盆腔粘连。

（2）患者第二次入院某医院住院病案摘录

1）入院时间：2016年10月11日。

2）入院情况：主因“全子宫切除术后，阴道不规则流液2个多月”入院。妇科检查：外阴正常，残端光滑，阴道穹处可见少许积液，双附件区未触及明显异常。

3）入院诊断：阴道流液原因待查，膀胱阴道瘘？子宫切除术后。

4）诊疗经过：入院后行亚甲蓝试验阳性。诊断为膀胱阴道瘘，予留置导尿管，营养支持治疗。于10月31日行膀胱镜辅助下经阴道膀胱阴道瘘修补术。术中见阴道残端偏右侧可见直径约1 cm息肉样突起，色红，触血，摘除息肉，在膀胱镜监测下于该处探针探查，膀胱内可见探针，考虑该处有瘘口，瘘口距两侧输尿管开口位置较远，术中诊断膀胱阴道瘘。手术经过顺利。

2. 分析论证

（1）某医院对患者的诊疗行为是否存在医疗过错：该患者2016年7月16日以“进行性痛经3年”为主诉入住某医院，入院后医方根据其主诉、病史、妇科检查情况，结合有关辅助检查结果，初步诊断为子宫腺肌病，瘢痕子宫成立。入院后医方对患者所患子宫腺肌病、瘢痕子宫的治疗方案，在7月28日的病程记录中进行了充分讨论和分析，但在手术知情同意书中对于该患者除全子宫切除术以外的其他替代治疗方案没有明确告知，送鉴病历材料中也未见其他有效的书面告知记录，故医方存在告知不全面的医疗过错，其过错影响了患者的知情选择权，与该患者的损害后果（子宫和双侧输卵管被切除）之间存在一定的因果关系。

医方术前向患者及家属告知了全子宫切除术术中或术后可能出现的并发症、手术风险（包括邻近脏器如膀胱、输尿管的损伤等）并征得患方同意后签字，于2016年7月19日对该患者行经腹全子宫切除术+双侧输卵管切除术+粘连松解术，术中探查发现子宫下段及宫体前壁与膀胱广泛粘连，后壁与肠管广泛粘连，给予全子宫切除术+双侧输卵管切除术+粘连松解术，术后给予预防感染、观察生命体征变化等处置符合诊疗规范，术后第6天出院。术后第9天出现间断阴道流液，多次在该院复查期间，医方未及时完善相关辅助检查明确诊断，存在过错，不利于对病情的控制。

2016年10月11日该患者以“全子宫切除术后，阴道不规则流液2个多月”为主诉再次入住该院，经该院行亚甲蓝试验后诊断为膀胱阴道瘘并行留置导尿管、营养支持等治疗，在患者病情平稳后，医方经向患方告知手术风险并征得其签字同意后行经阴道膀胱阴道瘘修补术。根据术中探查所见，结合患者疾病发生、发展过程，考虑其术后出现膀胱阴道瘘与医方在子宫切除术中缝合阴道断端时操作欠谨慎、损伤膀胱有关，行经阴道膀胱阴道瘘修补术及术后对症治疗，目前患者恢复尚可。

（2）该院的医疗过错与该患者的损害后果之间是否存在因果关系及原因力大小

根据患者的病史、产科检查情况，其所患子宫腺肌病具有一定的子宫切除术的手术适应证，医方选择全子宫切除术+双侧输卵管切除术具有一定的合理性，故该患者子宫及双侧输卵管被切除主要与其自身疾病的诊治需要相关。但因该疾病行子宫切除术时除需考虑到疾病的特点外，还需要结合患者的生育意愿、保守治疗效果及患者本人的手术意愿，故该院存在的术前对替代治疗方案告知不全的医疗过错与该患者的损害后果（子宫及双侧输卵管被切除）之间存在一定的因果关系，其原因力应为次要原因。

该患者全子宫切除术+双侧输卵管切除术+粘连松解术后出现膀胱阴道瘘，其原因一方面考虑与患者子宫与膀胱广泛粘连、手术操作较为困难、手术本身存在一定的风险性有关，属于现有医疗技术尚难以完全避免的手术并发症之一，医方在术前已经做了风险告知；另一方面，该院在手术过程中未尽到高度注意义务，手术操作欠谨慎，术后患者出现阴道流液时医方未及时完善相关检查明确诊断，其上述过错与该患者术后出现膀胱阴道瘘及引起的相应损害后果之间亦存在一定的因果关系。综合以上因素分析认为，该院的医疗过错在该患者术后出现膀胱阴道瘘的损害后果中的原因力为同等原因。

3. 鉴定意见

某医院对患者的诊疗行为存在医疗过错，其过错与该患者的子宫及双侧输卵管被切除损害后果之间存在因果关系，其原因力为次要原因；该院的医疗过错与该患者术后出现膀胱阴道瘘的损害后果之间亦存在因果关系，其原因力为同等原因。

【案例 2】

1. 病情摘要

（1）某医院住院病情摘要

入、出院日期：2017 年 2 月 2 日~2017 年 2 月 19 日。发现子宫颈病变 7 d。1 个月前无明显诱因出现同房后阴道少量流血，持续 3 d，无下腹坠痛。2017 年 1 月 25 日行宫颈活检，病理回报：鳞状上皮细胞癌（子宫颈 3、6、9、12 点方向取材）。专科情况：外阴发育正常，阴道通畅，子宫颈肥大，表面见乳头状糜烂样改变，可见活检瘢痕，质略硬，阴道穹完整。子宫前位，宫体大小约 6 cm×5 cm×3 cm，质地中等，形态尚规则，活动度尚可，压痛（-）。双附件未及病变，压痛（-）。三合诊：右侧骶韧带增厚。活检：鳞状上皮细胞癌（子宫颈 3、6、9、12 点钟方向取材）。临床诊断：子宫颈癌 Ⅰb 期。

2 月 4 日手术记录：① 手术名称，腹腔镜下广泛性子宫切除术+双侧输卵管切除术+一侧卵巢切除术+盆腔淋巴结清扫术。② 手术经过，肠管与左侧盆壁粘连，子宫大小约 6 cm×5 cm×3 cm，表面光滑，探查腹膜表面、阑尾、升结肠表面、膀胱表面、侧盆壁、子宫直肠陷凹，外观未见异常，打开右侧输尿管隧道，同时结扎并离断子宫动、静脉，游离输尿管距子宫颈 2 cm，分束结扎并离断主韧带，同法处理左侧对应组织，查各创面无活动性出血，双输尿管蠕动正常。

2 月 11 日术后第 7 天，无发热，腹腔引流管通畅在位，引出淡黄色液体约 100 mL。阴道无流血。

2月16日腹腔引流管引流液体约1 000 mL,给予输冰冻血浆。

2月15日术后第11天,无发热,未排气,轻度腹胀。腹腔引流管通畅且在位,引出淡黄色液体约150 mL。继续胃肠减压、抗炎、补液对症治疗。

2月17日体温38.5℃,腹腔引流量350 mL。术后发热,不除外盆腔感染可能且腹腔引流量较多,给予静脉滴注抗生素对症治疗。

2月18日昨日体温37.9℃。腹腔引流管通畅,引出淡黄色液体约3.5 mL。

2月19日腹腔引流管通畅,引出淡黄色液体约10 mL。拔除腹腔引流管;家属要求出院,今日出院。出院医嘱:注意休息,加强营养;1周后返院继续化疗;病情变化随诊。

2月2日检验报告单:尿沉渣白细胞891/μL,白细胞(高倍)162/HPF,红细胞60/μL,红细胞(高倍)11/HPF。

2月11日病理报告单:子宫颈中分化鳞状细胞癌(1×0.5×0.2 cm),镜下浸润癌灶,间质浸润2 mm,水平扩散10 mm,子宫体(-),阴道断端(-),左、右宫旁(-),左附件(-),右输卵管(-)。各组淋巴结转移情况:左盆腔(0/10)右盆腔(0/8),阴道壁外软组织(0/1)。

(2)其他医院住院病案摘要

1)入、出院时间:2017年7月15~23日。

2)主诉:子宫颈癌术后发现漏尿5个月。2017年2月因子宫颈癌在当地医院手术,术后发现下体有漏尿,每日2~3片成人纸尿裤,一直未予治疗,之后漏尿量逐渐增多。6月26日查泌尿系三维(CTU)提示:子宫切除术后改变,考虑左侧输尿管下段阴道瘘;盆腔积液。初步诊断为左侧输尿管阴道瘘,子宫切除术后。

7月19日膀胱镜检查:双侧输尿管口可见,左侧输尿管口可见喷尿,左侧输尿管逆行插入5F输尿管导管,进至3 cm后阻力明显,注入亚甲蓝溶液,可见阴道内纱布蓝染。诊断为左侧输尿管阴道瘘。

3)手术记录:手术名称为机器人辅助腹腔镜左侧输尿管阴道修补术。

2. 分析论证

(1)医方诊疗行为是否存在过错

1)根据被鉴定人入院前宫颈活检病理所见,子宫颈癌Ⅰb期诊断成立,存在手术适应证。但术前尿常规检查见尿白细胞、红细胞明显升高,提示可能存在尿路感染,医方未予复查和对症处理,术前准备不充分,会增加术后输尿管阴道瘘的发生概率。

2)送检材料中缺乏术前讨论记录,提示医方术前未就手术方式、范围、并发症及其防治办法进行讨论,存在过错。

3)根据手术记录、术后病理及听证会获悉情况,本例癌症较为局限,宫旁组织无受累,输尿管周围组织结构清晰,并无明显增加手术难度的因素记载,术后发生输尿管损伤,不排除与手术操作不当因素(如热损伤)有关。

4)病历记载被鉴定人术后腹腔引流管引流量持续无明显减少,术后第7天出现腹胀、全腹痛,第10天腹腔引流量明显增多,并出现发热,普外科会诊建议完善全腹CT相关检查,但医方未完善相关检查,未对病情进行分析,仅给予胃肠减压、抗炎、输血浆等对症处理,延误了并发症的诊断和治疗,存在过错。

（2）医方过错与损害后果之间的因果关系及原因力大小

1）损害后果：被鉴定人子宫颈癌术后出现输尿管阴道瘘，行左输尿管远端狭窄段切除，输尿管膀胱吻合术，目前无漏尿。

2）输尿管阴道瘘为腹腔镜下广泛性子宫切除术术后常见的并发症，为术前可预见但不能完全避免的并发症，与手术电损伤及术后感染有关，医方术前曾进行过告知，有发生输尿管阴道瘘诊疗风险的基础原因。但术前尿常规提示可能存在泌尿系感染，未行排除和治疗，增加了术后输尿管阴道瘘发生的概率。针对并发症医方术后检查不及时，未对病情进行分析，延误了并发症的诊断和治疗，使被鉴定人丧失了早期明确诊断进行保守治疗（左输尿管放置双“J”管引流，瘘口自然愈合）的机会，延长了病程，增加了患者的痛苦。综合考虑基础疾病、诊疗风险和医院过错，医疗过错与被鉴定人损害后果之间存在因果关系，原因力为主要原因。

3. 鉴定意见

某医院对被鉴定人的诊疗行为存在过错，医方过错与其目前后果存在因果关系，原因力为主要原因。

【案例 3】

1. 病情摘要

（1）某医院首次住院病历。

入、出院时间：2016 年 4 月 12~22 日。因“发现子宫肌瘤 5 年，月经量多 6 个月”入院。4 月 10 日外院 B 超示：子宫形态失常，大小为 7.1 cm×6.4 cm×9.1 cm，实质回声均匀。肌层可见多个低回声团，其中左侧较大一个大小为 1.8 cm×1.2 cm 稍强回声。入院后于 4 月 17 日在全麻下行腹腔镜下双侧输卵管切除+全子宫切除术。探查子宫约 7 cm×8 cm×9 cm，形态失常，双侧附件外观未见异常，大网膜与腹壁有粘连。术毕剖视子宫见子宫左侧 5 cm×6 cm 肌瘤结节，向黏膜下凸起，子宫肌壁见多枚小肌瘤结节。出院诊断为子宫肌瘤，贫血。

2016 年 4 月 14 日妇科手术知情同意书，手术可能出现的并发症及不良后果：术中导致邻近脏器损伤，如肠管、膀胱、输尿管等。

（2）某医院第 2 次住院病历。

入、出院时间：2016 年 4 月 30 日~5 月 4 日。

因“子宫切除后 13 d，阴道排液 3 d”入院。于当日在椎管内麻醉下行输尿管镜检+双“J”管置入术，镜下找到右侧输尿管开口，见距输尿管开口 4 cm 处，不全离断。植入双“J”管。常规检查膀胱及左侧输尿管无异常。出院诊断为右侧输尿管不全离断。

（3）某职工医院 2017 年 6 月 10 日彩色多普勒超声检查报告单超声所见双肾切面形态大小正常，实质回声均匀，右肾可见前后径为 2.2 cm 液性暗区，左肾集合系统未见明显分离。超声提示为右肾积水。

（4）某大学附属医院 2017 年 7 月 28 日泌尿系 CT 诊断报告单影像所见：右肾体积缩小，肾实质变薄，肾盂、肾盏及输尿管积水扩张。诊断意见：右肾积水，右输尿管扩张积水，右肾实质萎缩。

（5）某职工医院 2017 年 10 月 21 日复查泌尿系 CTU 检查所见：右肾体积萎缩，肾皮质菲薄，右肾盂明显扩张，右输尿管可见扩张，右肾显影明显延迟。诊断意见：右肾萎缩，右肾积水并右肾功能不全,右输尿管扩张。

（6）某省级医院首次住院病历。

入、出院时间：2017 年 12 月 29 日~2018 年 3 月 3 日。因“发现右肾积水 1 年余”入院。2017 年 12 月 25 日门诊查 CTU 提示：右侧输尿管扩张及肾盂积水,右肾皮质变薄。入院后完善相关检查,于 12 月 29 日局麻下行膀胱镜检+输尿管导管置入,镜下见尿液澄清,膀胱容量为 300 mL,残余尿量约 10 mL。膀胱黏膜充血明显,膀胱内未见明显新生物。双侧输尿管口喷尿清晰,输尿管导管进入右侧输尿管口后,上行 3 cm 左右遇明显阻力,导管无法进入,遂放弃置管,退镜。后急诊在局麻下行右侧肾穿造瘘术。2018 年 3 月 2 日逆行尿路造影：右侧输尿管下段膀胱入口狭窄,伴右肾及输尿管扩张积水。肾 ECT 提示右肾功能差,左肾功能良好。

（7）某省级医院第 2 次住院病历。

入、出院时间：2018 年 4 月 19 日~5 月 2 日。

于 4 月 23 日全麻下行腹腔镜下右肾切除术,术后病检提示：送检肾组织,皮质萎缩变薄,肾小球萎缩,玻璃样变性。间质纤维结缔组织增生,慢性炎性细胞浸润。肾盂肾盏部纤维结缔组织增生伴慢性炎性细胞浸润。病变符合肾积水伴肾实质萎缩,无功能肾改变。

2. 分析论证

（1）对某医院诊疗经过的分析：被鉴定人 2017 年 4 月 12 日因“发现子宫肌瘤 5 年,月经量多 6 个月”入院,医方子宫肌瘤诊断明确,行腹腔镜下全子宫切除+双侧输卵管切除术手术方式选择合理,未违反相关医疗原则。

被鉴定人 2016 年 4 月 17 日行腹腔镜下全子宫切除+双侧输卵管切除术。术后 13 d 因“出现阴道排液 3 d”再次入院,当日行输尿管镜检术+双“J”管植入术,术中见右侧输尿管不全离断。分析右侧输尿管不全离断的原因有以下几项。

1）输尿管与子宫周围动脉解剖学位置邻近,且被鉴定人子宫肌瘤数量多,子宫形态失常造成局部正常解剖位置改变,术中容易造成邻近的输尿管损伤。

2）腹腔镜下切除子宫及附件时,需使用能量器械,容易造成子宫周围组织热灼伤,局部组织逐渐缺血坏死,多发生于术后第 7~14 d。被鉴定人术后 10 d 出现阴道流液,考虑与术中输尿管热灼伤,局部组织出现坏死有关,因其输尿管损伤较重,考虑与术中使用能量器械不当有关,医方存在过错。

被鉴定人出现阴道漏尿后,医方于入院当日行双“J”管植入手术,治疗及时,手术方式选择正确。术后 3 个月（2016 年 8 月）拔管后阴道漏尿未缓解,再次植入双“J”管,同年 11 月因双“J”管脱落而拔管,虽然阴道漏尿症状缓解但逐渐出现右侧腰痛,随后肾积水、肾功能受损。分析以上医疗行为及病情发展过程认为,与医方存在双“J”管植入后观察不仔细、拔管不及时、补救措施不力之过错有关。临床实践中,一般双“J”管植入术后 3 个月漏尿症状可以自愈,如漏尿未愈,则应行泌尿系 CTU 等检查,积极寻找漏尿其他可能的原因,并考虑行输尿管吻合术等。医方在植双“J”管 3 个月漏尿未愈,未行相关检查的情况下继续植双“J”管的医疗行为违反了相关医疗常规规范。从而引起右肾积水,最终导致右肾切除的损害后果。

（2）对某职工医院诊疗经过的分析：患者自觉右侧腰部酸胀不适,2017 年 6 月 10 日至某职工医院行超声检查示右肾积水,医方未进一步行 CTU 检查明确诊断,也缺乏告知转上级医院治疗的病历记录,存在过错。该过错延误了诊断及后期治疗,与加重被鉴定人不良损害后果之间存在一定关联。

(3) 被鉴定人就诊行为的影响:被鉴定人2016年11月拔除双"J"管后再未去某市妇幼保健院复查,也未将某职工医院的检查结果反馈给某市妇幼保健院,影响了医院对其病情的后期观察及治疗,亦为造成不良损害后果的原因之一。

综上所述,虽然被鉴定人自身子宫肌瘤造成局部正常解剖位置改变与其不良损害后果发生之间有一定关联,但某医院及某职工医院的医疗过错是被鉴定人右肾切除的主要原因。

3. 鉴定意见

某医院及某职工医院对被鉴定人的诊疗行为存在过错,与被鉴定人右肾切除损害后果之间存在因果关系,原因力为主要原因。

【案例4】

1. 病情摘要

(1) 某医院首次住院病历。

入、出院日期:2017年4月3~11日。

主诉:发现子宫颈癌5 d。现病史:1年前出现接触性出血,无腰腹疼痛。1个月前阴道无诱因出血,色暗红,血量较多,就诊于当地医院,检查高危型HPV16(+),考虑高级别鳞状上皮内病变。宫颈活检提示:(子宫颈2、5、9、12点钟方向活检)高分化鳞状细胞癌。妇科检查:子宫颈呈桶状增大,子宫颈无举痛及摇摆痛,阴道穹空虚,子宫前位,常大,质中,无压痛,活动好,双附件未及明显异常。三合诊:直肠黏膜光滑,无肿物,子宫颈双侧组织无增厚,两侧主韧带软,无明显缩短。初步诊断为子宫颈癌Ⅰb2期。

4月5日盆腔MRI:子宫颈部占位性病变,考虑子宫颈癌,侵及子宫体部;右侧附件区异常信号,考虑小血肿可能性大;盆腔积液;双侧腹股沟区及两侧髂血管旁多发小淋巴结,考虑子宫颈癌Ⅰb2期。因瘤灶较大,可先行新辅助化疗后再行广泛性子宫加盆腔淋巴结切除术,化疗可使病灶缩小利于手术,减少手术并发症。4月6日患者及家属慎重考虑后要求先行辅助化疗后行广泛性子宫切除术+盆腔淋巴结切除术。明日开始PT化疗(紫杉醇加顺铂联合化疗)方案。

2017年4月6日开始PT方案化疗。

(2) 某医院第2次住院病历。

入、出院日期:2017年5月24日~7月18日。

2017年5月26日盆腔MR平扫与2018年2月7日(比较):子宫颈部占位性病变,外形较前缩小;右侧附件区异常信号未见明确显示;盆腔积液较前减少。患者化疗两个疗程后瘤灶缩小,化疗有效,手术指征存在,欲行子宫颈癌根治术。

5月29日手术记录:① 手术名称,腹腔镜下广泛性全子宫切除术+双侧输卵管切除术+盆腔淋巴结切除术+双侧卵巢悬吊术。② 6月2日病理检查报告:子宫颈壁间质浸润深度2.1 cm(子宫颈肌壁厚度2.2 cm);水平扩散1.2 cm。无明确脉管内癌栓。子宫体下段未见癌累及。子宫内膜呈增生期改变,未见癌;(双侧)宫旁软组织未见癌(双侧)输卵管未见癌累及。阴道壁及阴道壁切缘均未见癌组织。③ 淋巴结受累情况:左盆腔淋巴结(0/26),右盆腔淋巴结(0/18)。

5月30日术后第1天一般情况好，低热37.8℃，余无异常。

6月3日术后第5天，间断性低热，自述轻度腹部不适，未排气，继续抗感染治疗。

6月8日术后第10天，发热38.8℃，仍诉腹部不适，复查血象。

6月14日术后第16天，发热38.8℃，仍诉腹部不适，复查血象高，阴道见粪便样液体流出，请外科会诊考虑为直肠阴道瘘，手术治疗。

6月15日手术记录：剖腹探查，结肠造瘘术。手术经过：探查见乙状结肠坠入盆腔，与盆壁组织粘连，小心分离粘连，见阴道断端破裂，可见部分缝线外露，探查见阴道断端附近直肠前壁横行破损，破裂口约2 cm，黏膜外翻，修补破裂口，游离乙状结肠系膜，距破口近端5 cm闭合乙状结肠，近端结肠自左下腹壁另造口引出造瘘。

诊疗经过：术后恢复好，切口定期换药，无感染。转科后给予化疗1周期，化疗后患者出院。

后于2017年8月2~19日住院。完善检查，继续化疗1周期。

后于2017年9月25~28日住院。继续化疗1周期。

2. 分析论证

（1）医方诊疗行为是否存在过错：根据被鉴定人主诉、妇科检查、B超、MR检查及病理活检所见，初步诊断子宫颈癌Ⅰb2期成立，建议辅助化疗后行广泛性子宫切除术+盆腔淋巴结切除术符合诊疗常规及患者病情的需要。治疗前就化疗、手术等风险进行了告知，家属知情同意并签字。

根据术后病理检查所见癌症未侵透子宫颈肌层，阴道壁、子宫体、子宫颈周围组织及盆腔淋巴结未见转移，说明癌症未侵及直肠；手术记录术程顺利；二次手术探查见阴道断端附近直肠前壁横行破损，破裂口约2 cm，黏膜外翻。综上，考虑第一次术中损伤了直肠前壁的可能性大，术中已经考虑到损伤的可能性，放置了肛门引流管进行预防，但未见相应探查记录，提示医方未尽到谨慎注意义务，存在过错。

（2）医方过错与损害后果之间的因果关系及原因力大小。

损害后果：被鉴定人子宫颈癌术后直肠阴道瘘，行结肠造瘘+阴道瘘修补术。

直肠损伤为广泛性全子宫切除术+双侧输卵管切除术+盆腔淋巴结切除术中可预见但不能完全避免的并发症，本例被鉴定人子宫颈癌Ⅰb2期，肿瘤较大，术前曾进行过化疗，术中探查见子宫直肠间隙粘连，分离较困难，存在发生直肠副损伤的病理基础和手术风险，术前曾进行过书面告知。分析术中所见、术后病理及二次手术所见，医方术中未尽到谨慎注意义务，医方过错也是被鉴定人直肠阴道瘘的参与因素之一。综合考虑被鉴定人基础疾病、诊疗风险及医院过错，医方过错与被鉴定人直肠阴道瘘之间存在因果关系，原因力为同等原因。

3. 鉴定意见

某医院对被鉴定人的诊疗行为存在过错，医方过错与其直肠阴道瘘之间存在因果关系，原因力为同等原因。

【案例5】

1. 病情摘要

（1）某医院首次住院病案。

入、出院时间：2017年10月2~31日。

主诉：月经紊乱2月余，阴道流血10 d。

现病史：于2017年8月始出现月经紊乱，月经周期缩短至15~20 d 1次，且月经量较前明显增多，伴血凝块。于10月18日始出现阴道流血淋漓不尽，于10月25日在当地卫生所诊治，予口服云南白药胶囊，无明显效果，阴道仍流血至今。为求进一步诊治入院，门诊查血常规：血红蛋白76 g/L，红细胞计数2.67×10^{12}/L，血小板23.5%。妇科B超提示：子宫前壁回声欠均，肌瘤可能；左侧附件区无回声囊块。

患者入院后积极完善相关检查，于10月28日行分段诊刮术，诊刮物送病理检查，术后予预防感染、补液、积极纠正贫血对症治疗。患者及家属要求今日出院，告知诊刮病理结果未归且贫血改善不明显，建议继续住院治疗，劝阻无效，予签字自动出院。

出院诊断：异常子宫出血，子宫肌瘤，左侧附件区包块，贫血（中度），瘢痕子宫。

2017年11月1日病理诊断：子宫内膜轻度复杂型增生，局部伴轻度EIN（非典型增生）。

（2）某医院第2次住院病案。

入出院时间：2017年11月3~13日。

主诉：诊刮病理提示子宫内膜非典型增生2 d。

初步诊断：子宫内膜非典型增生，子宫肌瘤，贫血，瘢痕子宫。

11月3日查房记录：患者现52岁，建议行全子宫切除术+双侧附件切除术。手术可经腹及经腹腔镜下手术。充分告知各种手术方式及相关的风险及并发症。患者及家属表示理解，要求行腹腔镜全子宫切除术+双侧附件切除术，术前TCT检查已做，充分做好术前准备，如阴道擦洗，每日2次。

11月5日手术记录单：经腹腔镜全子宫切除术+双侧附件切除术。探查见子宫前位饱满，正常大小，色泽红润；双侧输卵管可见陈旧性结扎丝线痕迹，卵巢外观无异常。遂常规行上述手术，手术顺利。

11月6日查房记录（术后第1天）：今继续预防感染、补液、纠正贫血对症治疗。

11月7日术后第2天病程记录：体温37℃。患者昨下午最高体温38.5℃，考虑可能为术后吸收热，予对症处理。

11月8日查房记录：11月7日化验血常规见白细胞计数15.90×10^{9}/L、中性粒细胞百分比90.20%、红细胞计数4.00×10^{12}/L、血红蛋白113.00 g/L、血细胞比容0.37%。因血象高，继续巩固抗感染、补液对症治疗。

11月9日术后第4天病程记录：11月9日血常规见白细胞计数4.60×10^{9}/L、中性粒细胞百分比67.70%、血红蛋白95.00 g/L、血细胞比容0.31%，全程C反应蛋白37.52 mg/L，监测生命体征平稳，复查血常规示血象大致在正常范围，有轻度贫血，今予停用抗生素并继续观察腹部切口愈合情况。

2017年11月12日术后第7天查房记录：2018年9月12日术后病理示子宫腺肌病，子宫内膜呈萎缩改变，慢性子宫颈炎，附件呈萎缩性改变。

出院诊断：子宫内膜非典型增生，子宫腺肌病，贫血，瘢痕子宫。

（3）某中医院住院病历。

入、出院时间：2017年11月23日~12月4日。

入院情况：因"全子宫切除术后18 d，阴道大量流血3 h"入院。阴道通畅，见较多鲜血涌出，阴道残端裂开，见活动性出血点。

住院治疗经过：入院后完善相关检查，于11月23日急诊在全麻下行阴道残端缝合术+输尿管镜探查术，术后予以预防感染、补液等对症处理。

手术记录单：阴道顶端裂开，可吸收缝合线吸收化线断裂，右侧阴道顶端见活动性出血点，行阴道残端缝合术。术后病理示：急慢性炎，并见部分坏死组织。患者失血性贫血，入院后共静脉滴注红细胞5 U。

出院诊断：阴道残端出血，失血性贫血，全子宫切除术后。

2. 分析论证

(1) 某市医院对患者的诊疗行为是否存在医疗过错：患者2017年10月28日以“月经紊乱2月余，阴道流血10 d”为主诉入住某医院，入院后医方依据其主诉、查体情况，结合相关辅助检查结果，初步诊断为异常子宫出血，子宫肌瘤，左侧附件区包块，中度贫血，瘢痕子宫成立，入院后即完善相关检查符合诊疗规范。医方行分段诊刮术并送病理检查符合诊疗规范，术后给予预防感染、补液、纠正贫血等治疗亦符合诊疗规范。

11月1日该院诊刮术后病理提示：子宫内膜轻度复杂型增生，局部伴轻度EIN(非典型增生)，11月3日该患者以“诊刮病理提示子宫内膜非典型增生2 d”为主诉再次入住该院，子宫内膜非典型增生系癌前病变，结合患者年龄、附件B超检查结果等，其存在明确手术适应证，医方建议其行全子宫切除术+双附件切除术符合诊疗规范，术前在手术知情同意书中告知了其病情、手术方式、手术风险(包括伤口裂开、感染等并发症)并征得患者及其家属签字同意，履行了手术风险告知义务。

但医方术前没有对患者进行阴道分泌物的检查和培养，其诊疗行为存在过错，对于指导其后续治疗存在一定的不利影响。

9月7日医方在全麻下对该患者行经腹腔镜全子宫切除术+双侧附件切除术，手术操作符合诊疗规范，术后给予预防感染、补液、纠正贫血等治疗，术后患者出现发热等情况，医方虽给予了抗感染等治疗，在效果不好时抗感染治疗未加强，其抗生素应用较为单一、未给予联合用药进行抗感染治疗，与该患者后续病情进展之间存在一定的因果关系。

(2) 该院的医疗过错与患者的损害后果之间是否存在因果关系及原因力大小：2017年11月23日该患者因“全子宫切除术后18 d，阴道大量流血3 h”入住某中医院，急诊在全麻下行阴道残端缝合术+输尿管镜探查术，术中发现缝合线断裂、右侧阴道顶端有活动性出血点，给予常规缝合；术后继续检查发现患者阴道左、右侧壁有溃疡面、表面覆有脓苔，其后的阴道镜检查和活检、病理检查提示患者阴道壁有急、慢性炎并见部分坏死组织。

根据该患者的病史、临床症状和体征，结合某中医院的手术探查结果、阴道镜检查及病理检查结果，考虑其术后发生阴道大量出血原因为术后阴道残端并发感染、坏死引起缝线断裂、坏死组织脱落致大量出血。

某医院在对该患者的诊治过程中存在手术前辅助检查不完善、术后抗感染治疗不力的医疗过错，是导致患者术后发生阴道残端感染、坏死、缝线断裂并致阴道大量出血的主要原因；另外，考虑到该患者存在贫血等基础性疾病，其对于患者伤口愈合亦存在一定的不利影响，综合以上因素认为，该院的医疗过错原因力应为主要原因。

3. 鉴定意见

某医院对患者的诊疗行为存在医疗过错，其过错与损害后果(术后阴道残端感染、坏死、缝线断裂并致阴道大量出血)之间存在因果关系,该院的医疗过错原因力应为主要原因。

【案例6】

1. 病情摘要

(1) 某附属医院住院病历

入、出院日期:2014 年 7 月 11~19 日。

现病史:患者 2014 年体检发现多发性子宫肌瘤,自诉肌瘤最大 5 cm,未予治疗。2014 年 4 月体检妇科 B 超提示多发子宫肌瘤,最大 7.2 cm×7.0 cm×6.5 cm,发病以来伴尿频、尿急,无月经周期、经期及月经量变化。近日复查妇科彩超:子宫前位增大,大小 94 mm×99 mm×93 mm,肌壁回声不均,可见多个低回声结节,其中前壁的一个大小约 89 mm×63 mm,边界尚清,形态欠规则,CDFI 其内可见较丰富血流信号,可取及动脉血流频谱,阻力指数为 0.55。今日为进一步诊治就诊于我院,门诊以子宫平滑肌瘤收入院。

7 月 12 日行腹腔镜下全子宫切除术,右侧输卵管切除术记录:探查盆腔见子宫如妊娠 11 周大,活动欠佳,前壁下段与膀胱及大网膜粘连,两侧壁外突肌瘤结节约 6 cm,右输卵管积水,双侧卵巢与左输卵管外观未见明显异常,与家属商量后签字决定行全子宫切除术+右输卵管切除术。分离粘连、暴露左侧圆韧带及左侧附件,双极电凝配合凝切左侧输卵管系膜及根部,切除左输卵管;双极电凝配合凝切左侧圆韧带、卵巢固有韧带;肌瘤较大右侧暴露困难,注射垂体后叶素6 U,剥除肌瘤,剥除后出血较活跃,决定改开腹手术。术中出血1 000 mL,术毕安返病房。

7 月 15 日病理检查报告:全切子宫;子宫肌壁间、浆膜下多发性平滑肌瘤,部分伴血液循环障碍;子宫腺肌瘤;子宫内膜呈增生期改变;慢性子宫颈炎;(右)输卵管轻度慢性炎。

出院诊断:子宫多发性平滑肌瘤,子宫腺肌瘤,右侧输卵管慢性炎。

(2) 某大学附属医院住院病历

入、出院日期:2017 年 5 月 6~27 日。

主诉:发现盆腔肿物 1 个月。

5 月 15 日盆腔病损切除术+双侧附件切除术+低位直肠前切除术+后腹膜肿瘤切除术+大网膜切除术+左肝部分切除术+肝圆韧带切除术+肠粘连松解术+腹腔热灌注化疗术记录:腹腔探查示腹盆腔内可见淡血性腹水,共约500 mL,予以吸除;肝脏左叶浆膜面可见直径 1.5 cm 紫黑色质韧肿瘤结节;大网膜中部可及直径 0.5 cm 肿瘤结节;乙状结肠与左侧盆壁紧密粘连,上段直肠系膜处,可及直径 6 cm 表面光滑肿瘤;子宫缺如,直肠膀胱陷凹处可见数个直径 2 cm 肿瘤结节融合成团;盆底腹膜及双侧卵巢周围腹膜可见散在细小肿瘤结节,最大者直径 0.5 cm;右侧髂窝后腹膜表面肿瘤两枚,直径均为 1.5 cm,切除后送冰冻病理检查回报"平滑肌瘤,不除外恶性"。

5 月 22 日某大学附属医院病理检查报告:淋巴结(右髂外动脉旁淋巴结)1 枚,边缘窦内可见梭形肿瘤组织,结合临床,不除外平滑肌瘤病播散至淋巴结;肝海绵状血管瘤(肝左叶肿物);多发性梭形细胞肿瘤组织(直肠+双侧卵巢+盆腔肿物+阴道残端+后腹膜肿物),最大者大小 7 cm×6 cm×4.5 cm,瘤组织呈束状、编织状排列,瘤细胞胞质嗜酸,核轻度异型,核分裂象 1/50 HPF,间质疏松水肿并见小血管扩张,可见散在肥大细胞浸润;局部结节内可见合并子宫内膜异位改变。肿物主要位于直肠系膜区、右卵巢系膜区;大肠两端切缘未见肿瘤;

肠周淋巴结未见转移(0/1);左附件:左卵巢滤泡囊肿,左输卵管未见显著改变;右附件:右卵巢及系膜区可见多发平滑肌瘤结节,部分合并子宫内膜异位改变。综上,并结合临床及病史,符合腹膜播散性平滑肌瘤病伴子宫内膜异位。

2. 分析论证

(1) 关于医方诊疗行为:2014 年 7 月 11 日,被鉴定人以“发现子宫肌瘤伴尿频 1 年余”为主诉,就诊于某附属医院。医方经完善临床体格检查及相关辅助检查后,诊断子宫平滑肌瘤成立,有手术适应证,选择行腹腔镜中转开腹全子宫切除术符合医疗规范。

被鉴定人 2017 年 5 月 6 日发现盆腔肿物经手术治疗诊断为腹膜播散性平滑肌瘤病,该病的发生是否与 2014 年其子宫肌瘤手术治疗有关,文献记载,腹膜播散性平滑肌瘤病是一种非常罕见的良性实体瘤,最先报道于 1952 年,其发病机制尚不清楚,目前存在一些理论及假说,如激素假说、腹膜化生学说、遗传学说、医源性学说。关于医源性学说,由于近年来随着腹腔镜技术广泛开展,子宫肌瘤患者行腹腔镜子宫肌瘤剥除或子宫切除术后,腹膜播散性平滑肌瘤病的发病数量有所增加,故部分学者认为此病为腹腔镜切除肌瘤的并发症,与手术操作存在关联,即肌瘤切除时有小的组织碎片或含细胞的液体未清理干净,遗留在腹盆腔及脏器表面后生长而成。结合被鉴定人子宫肌瘤手术史、行子宫肌瘤及子宫切除术时没有发现该病的存在、手术过程及该病的发病原因,不排除医方存在手术过程中存在未尽高度注意义务之过错,即剥除、切除肿瘤和子宫后盆腹腔清理不干净,从而导致该病。

(2) 损害后果与医疗过错的因果关系及原因力大小:本案损害后果为腹膜播散性平滑肌瘤病。

腹膜播散性平滑肌瘤病目前明确的病因尚不清楚,目前有多种学说观点,但任何一个学说都无法解释所有病例。医源性因素虽然是发病原因的学术观点之一,但其他的原因也不能排除,故认为其医疗过错与腹膜播散性平滑肌瘤病发生之间存在因果关系,原因力大小为轻微原因。

3. 鉴定意见

某附属医院对被鉴定人所行的全子宫切除术过程中存在过错,其过错与被鉴定人后期所发生的腹膜播散性平滑肌瘤病有因果关系,原因力为轻微原因。

(张玲莉,柯技)

第七节 脊柱术后致瘫痪的医疗损害鉴定技术指引

一、概述

外伤或疾病引起脊柱不稳定或畸形或因脊柱结构紊乱导致脊髓(神经根)损伤时,需要进行外科矫正或减压手术。手术方式包括畸形矫正术、复位固定术、融合术、减压术等。脊髓位于脊柱形成的骨性椎管内,脊髓发出脊神经行走于椎间孔内,同时脊柱及脊髓的血供也走行或伴行于脊柱的各解剖结构内,因此脊柱手术后医源性因素可造成脊髓、马尾或神经根损伤,术后出血亦会压迫上述神经组织从而引起功能障碍瘫痪。根据症状的不同可表现为截瘫、四肢瘫、单瘫;根据瘫痪程度的不同可分为完全性瘫痪和不全瘫。脊柱手术最常见的原因是脊柱退变性疾病,最容易引起脊髓损伤的手术部位是胸椎手术。

医源性神经功能损害的诊断并不困难,根据术后的临床表现、影像学检查往往可以明确。例如,脊髓损伤在 MRI 上可有明确的信号改变,硬脊膜外出血压迫可在 CT 或 MRI 上显示,典型的节段性下肢功能障碍及大小便功能障碍可以反映马尾的不同程度损伤等。

医疗损害鉴定的主要任务在于判断医疗行为正确与否,脊柱术后致瘫与治疗有关的因素主要包括: ① 手术方式不当或操作不当损伤神经根;② 术中止血不彻底,导致术后出血压迫脊髓或神经根;③ 术中对马尾或脊髓保护不当,导致脊髓或马尾损伤。

二、鉴定指引

脊柱术后致瘫在医疗损害鉴定过程中需要注重对以下几个方面的把握。

1. *脊柱手术适应证及手术方式的选择* 脊柱手术的方式较多,总体可以分为前侧入路、后侧入路。通常前侧入路手术的指征是当脊髓造影、CT 或 MRI 提示神经组织前侧受压时,才能经脊柱前侧入路解除前侧的压迫。对于腰椎,采用前侧入路手术指征可扩展为使用前方椎体融合来治疗椎间盘源性疼痛和脊柱不稳。后侧入路可以显露全部脊柱的后部结构,是显露棘突、椎板和小关节最直接的入路,另外也可以通过椎板切除在大范围内探查椎管和减压,通常用于脊柱的退行性病变或创伤引起的脊柱疾病。大多数情况下,应根据原发病变的部位来决定显露脊柱的入路。不同的脊柱节段、不同的手术目的,可以选择不同的手术入路及手术方式。对某一特定的手术,应策划最优的手术路径。

医生应严格掌握脊柱退行性变的手术适应证,尤其是颈椎间盘突出手术,有较多患者通过非手术治疗获得较好的疗效,因此颈椎间盘病变的手术主要指征是非手术治疗失败或神经损害加重。而腰椎间盘摘除术的手术时机是除非出现马尾综合征伴有明显神经功能损害时才进行急诊手术,否则就应该在全面检查的前提下择期手术。

2. *手术的操作过程* 脊柱手术是公认的难度较大的手术,不同的病情,甚至相同的病情不同的患者可能采取不同的手术方案。不同的手术方案有不同程度的手术技巧的要求。总之,要注意保护脊髓和脊神经,注意彻底止血。

3. *术后的观察处理* 脊柱手术后对神经系统体征的关注尤为重要,在鉴定中要注意关注护理记录及病程记录中对肌力、感觉、大小便的关注,有时患者可表现为单纯的疼痛。另外,还要关注在患者出现相关临床症状后医生的处理是否及时,有无进行必要的检查或及时二次手术缓解压迫等。

三、损害后果及原因力大小分析

医疗损害鉴定对某一个有争议的医疗行为是否存在过错,是否造成了损害后果,过错与损害后果之间是否存在因果关系及原因力大小进行判定,分析的内容要依据法律法规、诊疗常规规范,正确的医疗行为应该怎么做而争议的医疗行为实际是怎么做的,是否存在过错进行分析。针对脊柱术后致瘫痪的案例,首先要明确患者致瘫痪的原因是什么,是脊髓损伤,是脊神经根损伤,还是马尾损伤。即损害后果的确认主要需要依据临床表现和影像学检查,必要时可辅以肌电图检查了解损伤的部位及程度。其次要了解手术前神经系统的体征,本次手术后表现的神经功能障碍是原有损害的加重还是出现了新的损伤。在大多数案件中,根据损伤的部位与手术路径的一致性及时间上的延续性,可以推定医疗损害手术操作不当所致。通过对手术记录及术后影像学资料的审查,关注手术的程序及是否达到预期效果,同时也可帮助判断造成神经组织损伤的原因。在分析因果关系的类型(原因力大小)时,需要关注原发疾病或损伤的严重程度,术前的神经系统临床表现、手术的利弊取舍及不良后果的发生概率等,综合分析过错的原因力大小。

四、案例

【案例 1】

1. 案情摘要

2016 年 6 月 29 日,唐某因“腰痛伴左下肢放射痛 4 个月”就诊于某医院。入院查体:脊柱呈“S”形侧弯畸形,腰曲稍变浅,双侧腰肌紧张,$L_{3/4}$、$L_{4/5}$棘间及左侧椎旁压痛,腰部间接叩击痛,并沿左大腿前侧放射疼痛至左小腿前外侧,腰部活动略受限。双下肢直腿抬高试验(-),左下肢股神经牵拉试验(+),右下肢股神经牵拉试验(-),左大腿前侧、左小腿前外侧感觉稍迟钝,双下肢肌力、肌张力正常。腰椎 MRI 片示:$L_{2\sim5}$椎间盘变性,$L_{1\sim5}$椎体骨质增生,$L_{2/3}$、$L_{3/4}$、$L_{4/5}$椎间盘膨出,$L_{4/5}$椎间盘合并突出、$L_{3/4}$椎间盘合并脱出。入院诊断为腰椎间盘突出症。

治疗经过:入院后于 7 月 1 日 9:50~11:30 行后侧入路腰椎间盘镜下 $L_{3/4}$腰椎间盘髓核摘除术。术中显露 L_3椎板下缘,用咬骨钳咬除椎板下缘的部分骨质,范围约 1 cm×1.2 cm。显露黄韧带,咬除黄韧带,显露脂肪及硬膜囊,术中可见硬膜囊及神经根紧张,粘连严重,用神经剥离子拨开硬膜囊。显露见 $L_{3/4}$椎间盘髓核组织脱出,用髓核钳夹出脱出的髓核组织,用髓核钳插入椎间盘内,夹除髓核组织。用咬骨钳扩大神经根管,检查神经根由紧张状态转为松弛状态后,患者椎管内出血,用明胶海绵压迫止血……

术后查房记录(7 月 1 日 19:30):腰部切口疼痛,左大腿、左小腿已无疼痛,仍轻微麻木,术后新见左足背麻木,左踝伸屈无力。查体左大腿前侧、左小腿前外侧、左足背部皮肤感觉迟钝,左踝背屈及跖屈、左拇指背伸、左足各趾背伸肌力为 0 级。主任医师查视患者后指出,患者术后左大腿、左小腿已无疼痛,但出现左足背麻木,左踝伸屈无力,考虑有血肿压迫可能,存在二次手术探查指征。

7 月 1 日 20:20~22:20 行经后侧入路切开椎板开窗探查+明胶海绵及血肿清除+神经根松解术。术中显露 $L_{3/4}$左侧椎板,见 L_3左侧椎板下缘部分缺如。以椎板咬骨钳扩大咬除 L_3左侧椎板下缘、L_4左侧椎板上缘,咬除黄韧带,显露硬脊膜。见硬膜囊及神经根处存在明胶海绵及血肿压迫,清除明胶海绵及血肿,予进一步摘除 $L_{3/4}$椎间盘髓核,进一步松解神经根……

术后第 1 天(7 月 2 日)病程记录:引流管通畅,引出暗红不凝液约 50 mL,左大腿前侧、左小腿前外侧、左足背部皮肤感觉迟钝,左踝背屈及跖屈、左拇指背伸、左足各趾背伸肌力为 0 级。

术后第 2 天(7 月 3 日)引流管通畅,引出暗红不凝液约 20 mL。

7月11日10:20病程记录：腰部切口干燥，左小腿肿胀明显，轻微压痛，足背动脉搏动尚好，左大腿前侧、左小腿前外侧、左足背部皮肤感觉迟钝，左踝背屈及跖屈、左拇指背伸、左足各趾背伸肌力为0级。

出院时情况：腰部切口干燥，左小腿肿胀明显，轻微压痛，足背动脉搏动尚良好，左大腿前侧、左小腿前外侧、左足背部皮肤感觉迟钝，左踝背屈及跖屈、左拇指背伸、左足各趾背伸肌力为0级。

2. 评析

（1）根据唐某入院时的症状及体征，结合影像学资料，某医院对唐某拟行手术治疗具有指征，符合诊疗常规。唐某术前虽有左下肢放射痛并局部感觉稍迟钝等表现，但双下肢肌力、肌张力正常，术后出现左足踝部肌瘫等，损害后果的发生在时间上与经治医院手术存在连续性。结合术后病史记录及二次手术探查证实，唐某腰椎管内血肿压迫。就现有材料，可以推定唐某术后出现左足踝部肌瘫等与椎管内血肿压迫有关。对于该类手术，术中应严密观察、保护脊髓及神经，仔细止血，尤其在减压过程中还应特别关注神经、血管的牵拉情况等，经治医院术中观察、止血不够彻底，从而致使术后发生血肿压迫，未尽到高度注意义务，存在过错。

（2）唐某存在明显腰椎退变性疾病，硬膜囊受到明显压迫。医院所行的手术具有一定的难度，出血（血肿压迫）是手术固有的风险，存在不确定性。即使经治医院在术中完全尽到高度注意义务，术中观察、止血等操作非常仔细、彻底，有时也难以完全避免术后血肿压迫的损害后果。综合分析认为，某医院在对唐某的诊疗过程中存在过错，与其术后左足踝部肌肉瘫痪之间存在因果关系，系主要原因。

【案例2】

1. 案情摘要

2016年8月23日，张某因“胸背部疼痛伴双下肢麻木3月余”就诊于某医院，查体：胸背部稍后凸，T_3棘突后方触痛、叩击痛。腰椎活动度（左30°、右30°、屈40°、伸15°），鞍区及会阴部麻木，四肢对称等长，无破溃。双下肢肌张力增强，双上肢肌力5级，双下肢肌力4级，双侧膝、跟腱反射亢进，双侧巴氏征阳性。胸腔积液平线以下皮肤感觉稍减退，四肢末梢血运良好。MRI片示：T_3管内有一占位性病变。入院诊断：T_3椎管内占位。

治疗经过：入院后于8月25日行胸椎管内肿瘤切除术。术中显露棘突及椎板，于T_3、T_4椎弓根置钉，透视确认椎弓根钉位置良好，予咬除L_3、L_4棘突及全椎板，切除黄韧带，触及椎管内有一长约8 cm的肿块。先用0号线沿硬脊膜中线两侧对称各穿引3道，向两侧悬吊，沿中线切开硬脊膜，显露肿瘤，见其大小约2.0 cm×1.5 cm×2.0 cm，无完整包膜，鱼肉状，质软，与脊髓粘连紧密，经小心剥离，见其头、尾部有神经束相连，用双极电凝切断其神经束附着处，取出肿瘤。

术后第1天（8月26日）病程记录：胸骨下端水平面以下无感觉，双下肢无法自主活动，大小便不能自解。

术后第2天（8月27日）病程记录：小便留置尿管通畅，胸骨下端水平面以下无感觉，双下肢无法自主活动。

术后第3天（8月28日）病程记录：小便不能自解，留置尿管通畅，感觉平面较之前稍好转，双下肢无法自主活动。

出院时情况：大便费力，小便留置尿管，感觉平面下降致脐平面以下，双下肢肌力2~3级，左下肢痛觉逐步恢复，右下肢痛觉迟钝，双巴氏征阳性。

出院医嘱：建议继续康复理疗，定期复查，不适随访。

2. 评析

（1）张某术前虽有双下肢麻木无力的表现，但能自主站立、双下肢肌力4级、并无大小便失禁等。术后出现严重的双下肢感觉、运动功能障碍及大小便功能障碍，其损害后果的发生在时间上与经治医院手术存在连续性，在临床表现上与手术平面脊髓损伤后所致的表现相吻合。此类手术的目的应当是尽可能阻止疾病向不良方向发展或延缓疾病向不良方向发展的速度，若经过手术治疗不仅未阻止或延缓疾病的发展，反而加速不良后果的发生，则行此治疗为弊大于利。从手术记录中可见，肿瘤无完整包膜，鱼肉状，质软，与脊髓粘连紧密，经小心剥离，见其头、尾部有神经束相连，用双极电凝切断其神经束附着处，取出肿瘤。若为了更完整地取出肿瘤而势必需要损伤脊髓致患者损害后果加重，则医院应当权衡利弊，并及时与患者家属充分沟通，尊重患方的选择权。若限于医院医疗技术能力有限缺乏处理该类疾病的能力时，则应当及时建议转诊。因此，就现有材料可以认为，经治医院在手术中损伤了脊髓，存在过错。

（2）胸椎管内占位毕竟是张某自身所患疾病，张某入院时已存在双下肢感觉、运动功能障碍，并进行性加重，说明疾病在向不良方向逐渐发展，若不行手术治疗则疾病逐渐发展也会导致更为严重的瘫痪。该部位的椎管内肿瘤对于手术医师来说具有相当大的难度，尤其肿瘤在硬膜内，与脊髓粘连紧密，手术本身是具有损伤脊髓风险的，即使医师完全尽到高度注意义务，术前准备充分，术中操作仔细，也难以完全避免脊髓受损的可能。综合分析认为，医院的过错与张某所患疾病本身均是导致此后截瘫、排便伴排尿功能障碍等的重要因素，难以区分两者孰轻孰重，参与作用基本相当，原因力为同等原因。

【案例3】

1. 案情摘要

2017年2月6日，魏某以“腰部伴左下肢疼痛、活动受限4年，加重4月余”为主诉就诊于某医院。查体：腰椎生理曲度变直，$L_{2/3}$间隙有压痛、叩击痛，放射痛。左臀部伴左大腿内侧感觉减退，双下肢肌张力正常，肌力：屈髋肌（左4级、右5级），伸膝肌（左4级、右5级），踝背伸肌（左5级、右5级），长伸趾肌（左5级、右5级），踝跖屈肌（左5级、右5级）。左侧直腿抬高试验（+），加强试验（+），左侧股神经牵拉试验（+），双侧“4”字试验（-）。MRI片示：$L_{2/3}$椎间盘突出并变性，椎间盘向左后局限突出并钙化，部分椎间盘组织突入椎管内。入院诊断为腰椎间盘突出症。

治疗经过：入院后于2月10日行腰椎间盘髓核切除术、后侧入路腰椎融合术。术中以$L_{2/3}$为中心，取后正中纵形切口，长约15 cm。骨膜下剥离双侧骶棘肌，分别在$L_{2/3}$椎体的双侧椎弓根打入4颗椎弓根螺钉。透视钉位准确后，以椎板咬骨钳咬除L_2左侧椎板及黄韧带，显露出硬膜囊，小心用神经剥离器剥离以保护硬膜囊及L_3神经根。暴露$L_{2/3}$椎间盘左后侧，见椎间盘钙化突起，用尖刀切开突起纤维环，利凿凿掉硬壳，髓核钳摘除突出的和椎间隙内的髓核组织。分别以铰刀及刮刀去除$L_{2/3}$上下终板软骨，将咬除骨粒填塞于椎间隙前缘，以一枚 28 mm×10 mm×9 mm 的椎间融合器置于 $L_{2/3}$椎间隙。再次检查 $L_{2/3}$椎间孔无狭窄,神经根松弛无压迫,安装预弯纵棒及横棒联结,拧紧螺塞,透视见钉棒及融合器位置完美。术中出血 700 mL。

术后第 1 天(2 月 11 日)病程记录:患者右下肢感觉活动可,左下肢活动无力,左膝关节以下感觉麻木,伤口干燥有渗出,引流管通畅,今日共引出血性液体 200 mL。

术后第 2 天(2 月 12 日)病程记录:一般情况好,症状同前,今日给予拔除引流管。

3 月 3 日病程记录:大小便困难,左股四头肌肌力 4 级,左小腿麻木,左小腿肌力 0 级,左足趾微动,左踝关节不能背伸,转康复科进一步康复锻炼。

4 月 11 日肌电图检查示:双侧下肢严重神经源性损害的电生理表现,马尾损伤或脊髓圆锥损伤可能。

出院诊断:腰椎间盘突出症,手术后马尾神经损伤。

出院情况:患者步态不稳,腰部左侧疼痛不适,大小便能自主排出,偶有困难。双下肢肌张力正常,肌力屈髋肌(左 4 级、右 5 级),伸膝肌(左 4 级、右 5 级),踝背伸肌(左 3 级、右 4 级),长伸趾肌(左 3 级、右 4 级),踝跖屈肌(左 3 级、右 4 级)。左小腿麻木,左踝关节背伸活动受限。双侧膝腱反射存在,双侧跟腱反射存在,双侧霍夫曼征(-),双侧髌阵挛及踝阵挛(-),巴氏征(-),提睾反射减弱,鞍区感觉迟钝。

2. 评析

(1) 根据魏某入院时的症状及体征,结合影像学资料,经治医院对其做出的临床诊断成立,拟行手术治疗具有指征,符合诊疗常规。对于魏某所患疾病拟行的手术治疗,目的应当是通过减压、植骨、融合、内固定等阻止或延缓疾病向不良方向发展的速度。魏某术前虽有腰部、左下肢疼痛,左屈髋、伸膝肌力 4 级,但余肢体关节肌力均 5 级,且大小便功能未见明显异常,术后出现双下肢感觉、运动功能障碍及大小便功能障碍,并最终遗留重度排尿功能障碍、左足全肌瘫(肌力 3 级以下)及右下肢相应肌群肌力 4 级以下等。损害后果的发生与经治医院所行腰椎手术在时间间隔上存在连续性,在解剖部位上存在吻合性,在逻辑上存在因果关系。据此,就现有材料可以认为,经治医院在术中未尽到高度注意义务,未能充分保护魏某马尾神经,对其造成损伤,存在过错。

(2) 魏某第 2/3 颈椎($C_{2/3}$)椎间盘突出等系自身所患腰椎病变且伴有侧隐窝狭窄、椎管狭窄、硬膜囊受压等。此类手术本身具有一定的难度并存在一定的风险。即使医院在手术中尽到高度注意义务,对马尾神经进行了充分的保护,也未必能完全避免其受损。综合分析认为医院的过错在魏某的损害后果中的原因力为主要原因。

【案例 4】

1. 案情摘要

2013 年 9 月 26 日,万某因“右眼及头面部外伤后疼痛流血 1 h”就诊于某医院,入院诊断为颈椎过伸性损伤并不全瘫,眼睑裂伤(右),泪小管断裂(右),脑震荡,面部皮肤擦伤,糖尿病。

治疗经过:入院后当日行右眼眼睑清创缝合术。患者左侧肢体活动不灵,行 CT 检查示 $C_{2\sim4}$后纵韧带骨化,椎管变窄。

9 月 27 日病程记录:左上肢及左下肢肌力 2 级。后转入骨科,病程记录右侧三角肌、肱二头肌、肱三头肌的肌力为 4 级,左(右?)手内在肌力为 4 级,左侧三角肌、肱二头肌、肱三头肌的肌力为2^-级，左手内在肌力为0级，双侧肩关节以远皮肤感觉异常。

于9月29日行颈椎前侧入路椎体次全切除减压+髂骨植骨钛网内固定术。术中见$C_{4\sim5}$前纵韧带断裂，定位于C_4椎体，拟行C_4椎体次全切除取髂骨植骨钢板内固定手术，见$C_{3\sim4}$和$C_{4\sim5}$椎间隙变窄，$C_{3\sim4}$后纵韧带钙化与硬膜囊粘连，部分硬脊膜钙化，于颈长肌内侧拟行次全切除C_4椎体，咬骨钳和刮匙交替应用切除至后纵韧带，见$C_{3\sim4}$骨化的后纵韧带和硬脊膜大小约为5 mm×4 mm×6 mm，磨钻打磨骨化的后纵韧带和硬脊膜直至硬脊膜漂浮，摘除骨化的后纵韧带和硬脊膜，于C_4椎体边缘和C_5和C_3椎体的上下缘广泛潜式减压，直至硬膜囊恢复波动，彻底止血。依照C_4椎体次全切除形状，给予修剪钛网，切取椎体和部分髂骨制成骨粒打入钛网……

术后第1天(9月30日)病程记录：双侧上肢肌力为0级，右侧足趾可以屈曲，肌力为1级，其余双侧下肢的肌力为0级。

术后第2天(10月1日)病程记录：自诉四肢仍然无力，右侧肱二头肌的肌力为2^-级，肱三头肌的肌力为1级，右手内在肌力为0级，左侧肱二头肌的肌力为1级，肱三头肌和手内在肌力为0级，右侧足趾可以屈曲，肌力为1级，其余双侧下肢的肌力为0级。

术后第3天(10月2日)病程记录：自诉四肢无力和麻木不适，右侧肱二头肌的肌力为2^-级，肱三头肌的肌力为1级，右手内在肌力为0级，左侧肱二头肌的肌力为1级，肱三头肌和手内在肌力为0级，双侧肘关节以远皮肤感觉异常，右侧足趾可以屈曲，肌力为1级，其余双侧下肢的肌力为0级，双侧髋关节以远皮肤感觉异常。

出院诊断：颈椎过伸性损伤并不全瘫，眼睑裂伤(右)，泪小管断裂(右)，脑震荡，面部皮肤擦伤，糖尿病。

出院情况：右侧肱二头肌的肌力为2^-级，肱三头肌的肌力为1级，右手内在肌力为0级，左侧肱二头肌的肌力为1级，肱三头肌和手内在肌力为0级，双侧肘关节以远皮肤感觉异常，右侧足趾可以屈曲，肌力为1级，其余双侧下肢的肌力为0级，双侧髋关节以远皮肤感觉异常。

出院后转至上级医院，行“颈椎后侧入路单开门椎管减压术”，术中在双侧椎板与关节突交界处用磨钻开槽，左侧磨除双侧皮质为门，右侧磨除单侧皮质为栓，并切除$C_{2\sim3}$和$C_{5\sim6}$的棘间韧带和黄韧带，咬除左侧$C_{3\sim5}$黄韧带，后掀开椎板扩大椎管约1.5 cm，分别在右侧的$C_{3\sim5}$的侧块打入侧块螺钉……出院诊断：颈椎术后，颈后纵韧带骨化症，颈椎管狭窄。此后多次康复治疗。

2. 评析

(1) 经审阅万某术前的影像学资料，其颈椎多节段后纵韧带骨化，其中$C_{2\sim4}$椎体水平更明显，颈椎管狭窄。对于颈椎后纵韧带骨化的患者，有脊髓压迫症状和体征且有进行性加重者，应尽早手术减压。对于手术方式的选择，不同临床专家或学者之间的说法并不完全一致，但是就目前专业书籍的介绍、临床专家普遍的经验，多节段后纵韧带骨化更适合颈椎后侧入路手术或前后联合入路手术，孤立型单节段后纵韧带骨化可适合颈椎前侧入路手术。因此，本例中，经治医院对万某拟行手术治疗是需要的，符合诊疗规范，但在手术方式的选择上欠妥。病史中关于四肢肌力等记录有明显差异，但术前即存在四肢瘫的依据不足。万某术后出现四肢瘫，其损害后果的发生在时间上与经治医院手术存在连续性，在临床表现上与手术平面脊髓损伤后所致的表现相吻合，此后复查的MRI也显示手术节段水平后方颈髓内有损伤信号改变(术前未见损伤信号)。并且，医院手术记录并不能体现医院对脊髓充分保护的手术操作。另外，从术后影像学资料中可见，万某 $C_{2\sim3}$ 椎体水平后纵韧带骨化仍存在，对于硬膜囊的压迫仍未明显解除。因此，综合上述多种因素分析，就现有材料，可推断经治医院在手术中未能使颈髓得到充分的保护，对其造成了损伤，存在过错。

(2) 颈椎多节段后纵韧带骨化是万某自身所患颈椎退行性疾病，从术前影像学表现上看后纵韧带骨化非常严重，若不及时行手术治疗则疾病逐渐发展也有可能导致上述损害后果的发生。该部位的颈椎手术对于手术医师来说具有相当大的难度，即使医师完全尽到高度注意义务、手术方式选择正确、术中操作仔细，也未必能完全避免脊髓损伤。综合分析认为，医院的过错与万某术后四肢瘫的损害后果之间存在因果关系，系主要原因。

（夏晴）

第八节　骨折后神经损伤的医疗损害鉴定技术指引

一、概述

（四肢）骨折后（周围）神经损伤是临床诊疗过程中常见的损伤类型，神经损伤约占外伤总数的10%。上肢神经损伤较下肢神经损伤多见，占四肢神经损伤的60%～70%。医源性神经损伤在临床亦不少见，一项多中心的调查显示，约有17.4%的创伤后神经损伤由医源性因素引起。

神经损伤的诊断主要依靠临床表现，患者主诉和细致地查体是诊断神经损伤的重要手段，尤其是早期的临床表现如手功能和关节主动活动不能，查体见到特定肌群的肌力下降，常常可以准确地帮助定位诊断。神经损伤的程度不同，也会有不同的表现，如损伤的神经支配的相应肌群肌力下降的程度不同等。B超对于完全性离断的神经损伤有一定的作用。肌电图检查对于判断神经损伤的时间、程度、性质具有较高的诊断价值。一般来说，神经损伤的当时就会有临床表现，只要仔细检查，神经损伤的诊断并不困难。

神经损伤的医源性因素很多，主要包括：① 术中直接切断神经，如膝关节前交叉韧带重建术中切断隐神经的髌下支；② 植入物植入时损伤神经，如经皮穿刺内固定时损伤尺神经；③ 为暴露视野牵拉或挫伤神经，如髋关节前侧入路手术损伤股外侧皮神经；④ 因体位牵拉或挫伤神经，如俯卧位损伤尺神经；⑤ 因并发骨筋膜室综合征压迫或神经缺血性损伤，如胫骨干骨折后并发腓总神经损伤；⑥ 非手术原因（如穿刺、注射）损伤神经，如腱鞘炎注射损伤皮神经；⑦ 外固定装置压迫神经，如下肢石膏导致腓总神经损伤；⑧ 局部麻醉损伤神经，如臂丛神经麻醉损伤腋神经；⑨ 其他有创操作损伤神经，如颈部淋巴结穿刺损伤副神经等；⑩ 止血带压迫，止血带过窄、时间过久，术后忘记松解等。

二、鉴定指引

骨折后并发周围神经损伤在医疗损害鉴定过程中需要注重对以下几个方面的把握。

1. 骨折治疗方式和手术时机的选择　随着医疗技术和器械的发展，手术的安全性及效果均显著提高，因此，骨折后的手术适应证越来越宽泛，原则上手术切开复位内固定比闭合复位能达到更好的解剖复位，但若有除手术复位内固定外的替代方案及手术可能损伤神经风险也应在术前充分告知患者。一般而言，四肢骨折手术切开复位内固定手术的禁忌证包括：① 因骨质疏松、骨的质量差不能用内固定治疗者；② 贴骨瘢痕、烧伤、活动性感染或皮炎导致骨折或计划手术部位的软组织覆盖太差；③ 活动性感染或骨髓炎为内固定的绝对禁忌证，但可行外固定支架外固定；④ 骨折片不够大，难以应用内固定或内固定不牢靠是相对禁忌证；⑤ 大的暴力引发严重的关节内骨折，关节面严重破坏，已不能成功进行重建的粉碎性骨折；或患者的全身情况差，不能耐受麻醉或手术；⑥ 无移位骨折或稳定的嵌入骨折其位置可能接受时，无须做手术探查或复位；⑦ 没有足够的设备、人力、训练和经验时。

手术时机的选择对于神经损伤的影响在于局部肿胀、压迫是否会导致术后神经的缺血性损伤。如果有切开复位固定的手术指征，手术实施越早越好，因为局部创伤后将会逐渐出现肿胀，通过肿胀的部位进行手术，会发生切口缝合困难、切口裂开与皮缘坏死。因此对于局部肿胀比较明显的创伤宜先采用临时固定措施，7～10 d 等局部肿胀消退后再行手术较为稳妥。当然在判断手术时机时是需要多方面考虑的。

2. *侵入性医疗操作的过程*　医源性的神经损伤最常见的是术中损伤，但手术过程不可复现，手术记录有时也难以完全体现术中的真实情况，因此在鉴定时有一定的难度。但是，对于术后即刻就发现的神经损伤，经过科学严密的分析，若神经损伤的部位与手术操作部位吻合，可以推断由术中损伤所致。同理，局部穿刺活检、经皮穿刺内固定等造成的神经损伤亦可由此推断。

3. *外固定装置*　外固定支架或石膏对局部的软组织均有一定程度的压迫影响。外固定支架或石膏的范围、方式、时限是否得当均可能影响最终的结局。尤其是对于门诊石膏外固定的患者来说，医院应及时告知患者注意事项及复诊的时间。因此，鉴定时需获取全面的资料，了解医院对相关情况的告知情况。

4. *其他治疗的观察与告知*　骨折后常伴有局部软组织的损伤，手术后的局部炎症反应也是一个持续的过程。术后患者的主诉与医疗记录常常存在不一致性，鉴定时可着重审查护理记录及病程记录对可疑症状的记录和处理，判断医院对病情的关注与处理是否得当。

5. *神经损伤后的处理*　对于术中发现的锐器导致的神经损伤，原则上应在术中马上完成修复，若发现有挫伤，应如实记录并告知患者，待观察 3 周后视情况是否予以重建或修复。术后发现的神经损伤也应完善查体，请专科医生参与诊疗，查找原因，对于可以解除的原因应予以解除，并积极功能康复，评估病情以便进一步采取补救措施。

三、损害后果及原因力分析

医疗损害鉴定对某一个有争议的医疗行为是否存在过错，是否造成了损害后果，过错与损害后果之间是否存在因果关系及原因力大小进行判定，分析的内容就是要依据法律法规、诊疗常规规范，分析正确的医疗行为应该怎么做而争议的医疗行为实际是怎么做的，是否存在过错。针对骨折后并发周围神经损伤的鉴定病例，在鉴定过程中应分析神经损伤是否真实存在，神经损伤的时间、部位、程度，以便于进一步分析神经损伤的原因，以此来确定是否与医疗行为有关，以及医院在发现神经损伤后的处理是否得当，与目前神经损伤的损害后果之间存在多大的因果关系。一般而言，若神经损伤确系手术操作不当所致，则过错的原因力应为主要原因。对于并发骨筋膜室综合征或局部损伤特别严重的患者，则应充分考虑损伤的严重程度、损伤恢复的不确定性及治疗的困难性等，以此综合评定因果关系的类型。对于医疗因素介入前即已存在的神经损伤，需要仔细鉴别医疗前后的神经损伤的表现，若出现了新的损伤或损伤加重，应区别分析新的损伤和加重的部分是否与医疗过错有关。

但值得注意的是，神经损伤的后遗症客观评定及评定时机对于医学鉴定尤为重要。有些患者的神经损伤可能系局部挫伤，经过积极的功能锻炼及康复治疗，可以不遗留明显的损害后果。因此，原则上对于损害后果，若认定为神经损伤则可以在发生损伤后即进行鉴定，但具体神经损伤导致的后遗症的确定应在治疗终结后进行。

四、案例

【案例 1】

1. 案情摘要

2014 年，杜某因“双侧髋部疼痛、活动受限 7 年，加重 1 年”入住某医院，医院行右全髋置换术。入院查体：右腹股沟区中点下方压痛，臀部、髋部压痛、叩击痛，右髋关节内收、内旋活动受限。左髋关节活动受限，左髋关节内收、内旋活动受限。X 线示：双侧髋关节间隙变窄，关节面硬化，边缘不光滑，股骨头形态不规则，内可见多个小囊变。入院诊断为双侧股骨头无菌性坏死。

治疗经过：入院后于次日行右全髋置换术。术中显露关节囊前部及小转子，T 型切开关节囊，至关节盂缘。左下肢屈曲外旋，将股骨头脱位，于小转子上 1.5 cm 处切除股骨头，可见股骨头表面骨质破坏，留股骨头测量大小备用。牵开显露髋臼，切除关节盂缘，用从小到大型号至 48 号髋臼锉锉髋臼，至软骨去除、骨面渗血，冲洗创面，安装髋臼试模测试 48 号髋臼帽合。取 48 号髋臼帽金属外杯，置于髋臼内，保持外倾 45°、前倾 30°，钉孔置于后上，锤紧。3 个钉孔分别钻孔，测深，拧入适长螺钉。将高分子髋臼帽嵌入金属帽内。沿髓腔方向用开口器开口，髓腔蜡刀、锉保持 10°前倾角 0~2 号依次扩髓，测量 2 号生物型股骨柄合适，冲洗髓腔。安置选定的 2 号生物型股骨柄，保持 10°前倾角，微力锤击至位置正常，安装经测试后合适的人工股骨头，将人工股骨头复位，观察髋关节活动在正常范围内。

术后第 1 天：右下肢活动可，右足背部麻木，足趾背伸受限。副主任医师查房后示该患者右下肢有神经损伤症状，考虑由术中牵拉坐骨神经所致。

术后第 2 天：右足背部感觉障碍，足趾、足踝背伸受限。

术后第 3 天：右足背部感觉障碍，足趾、足踝背伸受限。主任查房指示该患者术中坐骨神经牵拉伤。

术后第 9 天：右下肢针扎样疼痛，右足背部感觉疼痛过敏，足趾、足踝背伸受限，今日患者下床站立，可见右下肢较左下肢长约 3.5 cm。

术后 1 月余：神经肌电图报告示右胫前肌、趾长伸肌呈神经源性损害，右腓总神经运动传导伸趾短肌记录复合肌肉动作电位（compound muscle action potential，CMAP）诱发电位未引出，胫前肌记录腓骨小头上刺激潜伏期正常，CMAP 波幅显著降低，右胫神经运动传导速度、CMAP 波幅正常，右腓浅神经感觉诱发电位未引出。

出院时：右下肢仍感针扎样疼痛减轻，足背及足踝部烧灼感，足趾、足踝背伸受限。

出院后：杜某因“右侧全髋关节置换术后髋臼松动，右侧坐骨神经损伤，左侧股骨头坏死”入外院治疗，行右侧髋关节置换术翻修术。

2. 评析

杜某在接受右侧人工髋关节置换术后出现的临床表现及肌电图检查结果符合右侧坐骨神经损伤，而该手术前未见相关临床表现或电生理检查提示其存在右侧坐骨神经损伤。杜某右侧坐骨神经损伤的发生在时间上与经治医院对其所行的关节置换手术存在连续性，在解剖部位上该医院所行手术的操作区域在坐骨神经走行上，手术可以损伤到坐骨神经。并且，从手术记录中，并未发现杜某自身右侧坐骨神经存在解剖变异或其他因素而影响手术的正常操作。据此认为，经治医院在对杜某的手术操作中存在过错，对其右侧坐骨神经造成了损伤。在术中损伤邻近神经，因此认定医院的过错为主要原因，减责理由是考量到原发损伤的严重程度、手术的难度。

【案例2】

1. 案情摘要

2008年，于某因“左肱骨骨折”于某医院住院接受治疗。入院诊断为左肱骨粉碎性骨折。治疗经过：入院当日首次病程记录中查体显示左肱骨中下段肿胀，触压痛，骨擦感。当日术前小结查体显示左上肢下段肿胀，畸形，触及骨擦音，抬腕及拇指背伸功能差。于次日行左肱骨粉碎性骨折切开复位加钢板螺钉内固定术。术中寻及肱肌与肱桡肌间隙，在两肌之间寻找桡神经，并用橡皮条将其牵开，显露出肱骨断端，见肱骨远端呈粉碎性骨折，清理断端组织，将骨块复位，选用上肢加压钢板置于肱骨前外侧，并用螺钉固定(共6枚)，术中断裂钻头1枚，向家属说明，骨折愈合后一并取出，术后冲洗切口，逐层缝合组织，并将桡神经放于原肌间隙。

术后当日：拇背伸及腕背伸功能差，活动不利。

术后第1天：拇背伸及腕背伸功能差，考虑由桡神经牵拉所致，X线示对位对线可，内侧见2块碎骨片。

此后查体均同前。治疗1周后出院。

受伤后3个月：行肌电图检查示神经源性损害(左桡神经近完全性损伤，左正中神经、尺神经、肌皮神经轻度损伤)。

受伤后11个月余：因“左肱骨骨折骨不连，左桡神经损伤”在外院行左肱骨骨折内固定取出+骨折修整植骨+内固定术。术中见桡神经于肱骨中段自后方向前方跨钢板走行，并瘢痕化……

受伤后2年余：肌电图示左桡神经感觉传导速度减慢，运动潜伏期正常，动作电位波幅降低，提示左桡神经不全损伤。

2. 评析

于某入院时的病史及首次病程记录中均未有左桡神经损伤的症状及体征的记录，术前小结虽有抬腕及拇指背伸功能差的记录，但手术记录又未探查显示存在桡神经损伤，即其本次左肱骨骨折合并桡神经原发性损伤的依据不足。而在术后当日于某就出现拇背伸及腕背伸功能差，活动不利等符合桡神经损伤的临床症状及体征，此后至出院的病程记录中均有描述。于某左桡神经损伤表现的出现与经治医院对其进行的手术在时间上具有连续性，第2次手术中所见的桡神经瘢痕化的部位及走行与经治医院对其进行的第一次手术在解剖位置上相吻合。因此，根据现有材料，可以推定于某左桡神经损伤发生在第一次手术之中。而该手术记录中又未见有关对桡神经探查的记录，且手术中出现钻头折断并嵌入骨质中，反映了经治医院在手术中操作不够仔细、谨慎，更无法证明其尽到高度注意义务并充分保护桡神经。同时诸如钻头折断等情况的发生又会使手术时间比预期延长，桡神经受牵拉时间亦会延长，增加了损伤桡神经的机会。在术中损伤邻近神经，因此均认定医院的过错为主要原因，减责理由是考量到原发损伤的严重程度、手术的难度。

【案例 3】

1. 案情摘要

2017 年，王某被石头砸伤右臂，先后到多家医院就诊，6 年后至某大学附属医院行内固定取出术。入院主诉：右肱骨骨折术后 6 年。现病史：患者 6 年前右上臂被石头砸伤致右肱骨骨折，在当地医院行右肱骨骨折切开复位钢板内固定术，术后 2 年钢板断裂，再次行手术。术后患者有右前臂及手麻木、乏力，逐渐加重，现来我院，门诊拟右肱骨骨折尺桡神经损害收入院。

入院查体：右上臂前侧见约 20 cm 长术后瘢痕，凹陷，右前臂尺侧、手尺侧半麻木，右手内在肌轻度萎缩，右手肌力 5^- 级，伸腕乏力，手指屈曲乏力，尺神经肘上 Tinel 征(+?)。

入院诊断：右肱骨骨折内固定术后，右尺、桡神经损伤。

治疗经过：入院 3 d 后行右桡、尺神经探查松解、尺神经肘部前移术。术中先于肱桡肌与肱肌之间找到桡神经，沿桡神经向上游离，桡神经周围广泛瘢痕粘连，予以松解。于肱骨中远段外侧找到钢板螺丝钉，手术室中所有无棱螺丝刀均不配套，取下该螺钉，从"AO 代理公司"调来螺丝刀也不适合，只能放弃取钢板螺丝钉，于肱骨下段骨性隆起部位(此处为螺钉头及骨痂增生部位)内侧肌间隔处找到尺神经，周围粘连，予以松解，此段增粗予以外膜切开松解(此段神经似有细勒痕)，向远端游离神经，尺神经沟处神经嵌压增粗，予以松解，前移至筋膜下。术后 3 d、6 d、9 d 查体均感右手麻木术后无明显改善。

2. 评析

王某在某大学附属医院手术前已存在右手功能障碍等，并经肌电图证实右尺、桡神经损害，术中也证实桡神经周围广泛瘢痕粘连……找到尺神经，周围粘连……此段神经似有细勒痕，向远端游离神经，尺神经沟处神经嵌压增粗等，术后并无明确的病史资料证实其上述神经损伤有加重表现。鉴定时查体所见、近期肌电图复查均未提示王某上述神经损伤较手术(某大学附属医院所行手术)前表现加重。据此认为，某大学附属医院所行手术并未对王某右上肢神经造成新的器质性损伤，该手术治疗加重其右上肢神经损伤的依据不足。

王某诉称的损害后果系医院加重损害，因此在鉴定中着重对王某术前、术后的临床表现及相关检查予以仔细确认，最终认为其诉称的神经损伤加重的情形并不成立，因此损害后果并不成立。

【案例 4】

1. 案情摘要

2015 年 10 月 2 日，叶某在工作期间不慎被重物砸伤左小腿部，被送往某医院。入院查体：左小腿肿胀，压痛阳性，纵向叩击痛阳性，可触及骨擦音及骨擦感。左足背伸、屈曲均可，足底浅感觉不迟钝，足背外侧浅感觉稍迟钝。左足踇趾背伸稍弱，屈曲活动可，毛细血管反应稍慢。X 线示：左胫腓骨上段骨折。入院诊断：左胫腓骨上段开放粉碎性骨折，左腓总神经损伤。

治疗经过：入院后当日急诊行切开减压术。术中于左小腿前外侧近端、中部各做一长约 5 cm 切口，切开皮下、深筋膜、直达骨膜，沿皮下潜行将两伤口内深筋膜完全切开。沿外侧近端、中部各做一长约 10 cm 切口，同上直达骨膜，并将深筋膜潜行切开，向近、远端各延伸约 5 cm。于小腿后做渔网状切口，由近端至远端，总长约 20 cm，均沿皮下将深筋膜切开，直达骨膜。前侧、外侧、后侧各切口切开后均有中等量淤血流出。沿外侧切口向内探查见浅层至中部部分肌肉损伤，减压后左足各趾血运好转，皮温升高，左足浅感觉部分恢复，能分清足背与足趾，不能辨别各趾，背伸不能。

10 月 4 日病程记录：换药见局部肌肉颜色暗红，局部渗血为暗红色，拔出引流条。

10 月 5 日病程记录：换药见外侧切开处仍有渗血，外露肌肉颜色暗红，触之疼痛，收缩不明显，后侧切口创面始终不干燥。

10 月 7 日病程记录：换药见切开处仍有渗血，呈暗红色，外露肌肉颜色暗红，触之疼痛，收缩不明显，患者足跟处可见一直径 2 cm 局部皮肤颜色暗红。

10 月 9 日病程记录：左小腿肿胀较前有减退，换药见切开处仍有渗血，外露肌肉颜色较前日无明显变化。

10 月 12 日病程记录：行切开复位内固定术。术中取左小腿胫骨前侧切口，避开减张切口，长约 10 cm，切开皮肤及皮下，充分暴露骨折处，见骨折远端向内侧移位，刮匙刮除断端淤血。复位骨折处，将胫骨锁定钢板沿切口插入，C 臂机下见骨折位置及钢板螺钉位置均可，冲洗伤口，逐层缝合，冲洗原减张切口，闭合创面。

10 月 14 日病程记录：换药见外侧原两处减张口缝合后，皮缘局部发黑，少量渗出，呈黏液性。考虑骨筋膜室综合征后遗症、减张切口感染，做创面分泌物培养，拆除部分缝合线，冲洗减张口，置入引流条。

10 月 16 日病程记录：外侧减张切口渗液较多，呈咖啡色黏液性。创面分泌物培养+药敏结果回示金黄色葡萄球菌，左氧氟沙星、头孢哌酮舒巴坦均敏感。

10 月 18 日病程记录：打开简易 VSD 后见减张切口远端肌肉坏死、膨出，近端肌肉也坏死，局部潜行渗出较多，刮净渗出物，将已坏死肌肉组织剪除，后见内部肌肉无活力，剪除后局部无渗血，继续清除部分坏死肌肉，再予 VSD 覆盖后，持续负压吸引。

请上级医院教授会诊后，家属要求转入上级医院继续治疗。

出院情况：局部渗出较多，坏死肌肉组织较多，剪除后局部无渗血，小腿远端皮肤触痛觉恢复明显，足及足趾背伸不良。

上级医院入院查体见左踝关节、足趾活动完全受限，左膝部可见几处手术切口，缝线完好，未见炎症渗出。左小腿前侧、外侧可见多处减压切口，其中外侧减压切口大小约7 cm×5 cm，炎症渗出物及肌组织外露，肌组织颜色发暗，按压无弹性，其余小减压切口炎症渗出明显。左小腿感觉明显迟钝，足背动脉搏动微弱。诊断为左小腿骨折术后，左下肢骨筋膜室综合征，左腓总神经损伤，左下肢软组织感染。入院后多次行左下肢清创+VSD 负压吸引术。

1 年后查体见左踝关节主动活动度较前改善，左趾不能活动，左小腿外侧感觉较前好转，针刺感存在。左侧腓骨长肌肌力 1 级，左侧趾长伸肌肌力 1 级，左侧胫骨前肌肌力 1 级，左侧小腿三头肌肌力 2 级。

叶某认为某医院对其诊疗过程有过错从而导致其神经损伤，遂诉至法院要求赔偿。法院受其委托对此进行医疗损害鉴定，鉴定时查体见左踝关节强直于跖屈 35°，右踝关节活动正常。左髋关节屈伸肌力 5 级，左膝关节屈伸肌力 5 级，左踝关节屈伸肌力 1 级，左足趾屈伸肌力 1 级，右下肢肌力 5 级，双下肢肌张力正常，皮肤触痛觉存在。鉴定意见为：某医院在对叶某的诊疗过程中存在一定的过错，与其左足踝部功能障碍之间可以存在一定的因果关系，系轻微原因。

2. 评析

叶某入院当天左下肢肿胀明显并逐渐加重，伴有血液循环障碍，医院考虑骨筋膜室综合征并及时行切开减压术，符合诊疗规范。从此后临床查体记录来看，切开减压处"外露肌肉颜色暗红，触之收缩不明显"，提示有肌肉坏死的可能，需要密切观察，直至10月9日病程记录仍显示"外露肌肉颜色较前日无明显变化"。虽然10月11日病程记录显示左下肢肿胀明显好转，但考虑到骨筋膜室综合征等发展过程、骨折后局部肿胀等病理变化规律以及该患者局部肌肉损伤等实际情况，医院在此时行切开复位内固定术应当更为谨慎，不仅需要对骨折本身进行准确复位与坚强固定，更应对周围软组织条件进行充分评估，对局部肌肉损伤的程度与变化进行仔细探查。若软组织条件不理想，局部压力仍较高，可继续敞开减压切口。而从经治医院内固定手术记录中并未见任何有关肌肉组织探查及减压切口内软组织条件的相关记录，也正是此次手术后不久叶某闭合的原减压切口发生肌肉坏死、感染等。因此，难以认为经治医院已尽到高度注意义务，推定医院存在一定的过错。当然，叶某的原发损伤非常严重，骨筋膜室综合征、左腓总神经损伤等是伴随其左胫腓骨近端骨折而发生的，与原发外伤密切相关。骨筋膜室综合征一旦发生，临床处理也是非常棘手的，随之而来肢体的血管、神经等重要组织结构损伤也不可避免，往往会遗留严重的肢体功能障碍。这是原发损伤的性质所决定的。医院的过错在最终的损害后果中系轻微原因。

（夏晴）

第九节　股骨头坏死的医疗损害鉴定技术指引

一、概述

股骨头坏死为股骨头血供中断或受损，引起骨细胞及骨髓成分死亡及随后的修复，继而导致股骨头结构改变，股骨头塌陷，引起患者关节疼痛、关节功能障碍的疾病，是骨科领域常见的难治性疾病之一。医疗损害鉴定中对于股骨头坏死的病因、治疗方案等多有争议，因而容易导致鉴定意见存在差异。

股骨头坏死的病因较多，创伤、局部放射治疗后及减压病是较少的几种较为明确的直接致病原因。在我国，非创伤性股骨头坏死的最常见的危险因素是酗酒和接受激素治疗后。

股骨头坏死发病原理学说大多来自人体病理学观察或者不同条件下的动物实验结果。目前能够被广泛接受的发病原理为缺血学说，即股骨头缺血可以由血管受损（骨折或脱位）而引发，或者由微血栓性闭塞（血管内凝血）而造成，或者由于血管外挤压（骨髓内脂肪肥大而产生）。随着病因学研究的深入，众多学者认为血管内凝血和微循环内血栓阻塞是非创伤性股骨头坏死的终末病理改变。

二、鉴定指引

（一）股骨头坏死的诊断

鉴定思路：医疗损害鉴定中应当明确股骨头坏死的诊断，同时鉴定检查的主观症状需要与病理基础相符，并且与原始髋部疾病导致的症状体征等进行不同程度的区分与鉴别。

鉴定时，第一步是视诊，观察患者的步态，分析跛行的原因（疼痛、下肢短缩、关节变形挛缩、关节不稳定、肌无力等），观察双下肢是否存在粗细长短的差异和畸形；第二步是触诊，明确是否存在关节肿胀、压痛和叩击痛等，股骨头坏死的典型体征为腹股沟区深部压痛，可放射至臀或膝部，“4”字试验阳性，实际鉴定中，体格检查可有内收肌压痛；第三步是进行关节活动度的检查并测量记录，髋关节活动受限，其中以内旋及外展活动受限最为明显；第四步是配合肌力检查与神经学检查（感觉、反射等）。

股骨头坏死的症状和体征多种多样，疼痛出现时间、发作程度也不尽相同，但都是以病理演变作为基础。而各种临床表现都不是股骨头坏死所特有，许多髋关节疾患都有可能发生，难以通过患者的主观症状和临床检查做出股骨头坏死的诊断。

影像学改变方面，尽管普通 X 线对早期股骨头坏死的诊断意义不大，但是它能够鉴别其他原因引起的髋关节疼痛，因此仍然是最基本的、不可或缺的检查手段。股骨头坏死后出现明显股骨头塌陷时 X 线的表现最为典型，此时关节间隙尚好，骨关节炎的表现不重。需要注意的是股骨头软骨下骨出现早期塌陷时表现为半月征，此征象在股骨头侧位片最容易被发现，因此怀疑股骨头坏死时，除双髋正位片外一定要拍摄髋关节侧位片。

MRI 是诊断股骨头坏死的金标准，其特异性及敏感度均在 99%以上，典型的图像为 T1WI：带状低信号包绕脂肪或坏死骨，T2WI：双线征，T2WI 抑脂：病灶边缘的高信号带。

（二）股骨头坏死的发生时间

鉴定思路：股骨头坏死应当根据被鉴定人提供的确诊病历上提示的临床表现和影像学表现结合鉴定当日所见，区分股骨头坏死与外伤或疾病治疗之间的因果关系，即股骨头坏死的发生时间是否早于外伤时间或者其他因素出现的时间。

据中华医学会骨科学分会关节外科学组于 2016 年 1 月发布的《股骨头坏死临床诊疗规范》载，以宾夕法尼亚大学分期为基础，并做改良，制订中国分期（表 3－1）。

表 3－1　股骨头坏死分期（中国分期）

分期	临床表现	影像学	病理改变
Ⅰ（临床前期，无塌陷） 依坏死面积 Ⅰa 小<15% Ⅰb 中 15%～30% Ⅰc 大>30%	无	MRI（＋） 核素（＋） X 线（－） CT（－）	骨髓组织坏死 骨细胞坏死
Ⅱ（早期，无塌陷） 依坏死面积 Ⅱa 小<15% Ⅱb 中 15%～30% Ⅱc 大>30%	无或轻微	MRI（＋） X 线（＋－） CT（＋）	坏死灶吸收 组织修复

续 表

分期	临床表现	影像学	病理改变
Ⅲ(中期,塌陷前期) 依坏死面积 Ⅲa 小<15% Ⅲb 中 15%~30% Ⅲc 大>30%	急性疼痛发作 轻度跛行 中度疼痛 内旋活动受限 内旋痛	MRI T2W1 抑脂示骨髓水肿,CT 示软骨下骨折 X 线股骨头外轮廓中断,新月征阳性	软骨下骨折或经坏死骨骨折
Ⅳ(中晚期,塌陷期) 依坏死面积 Ⅳa 轻<2 mm Ⅳb 中 2~4 mm Ⅳc 重 4 mm	中重度疼痛 跛行明显 内旋活动受限 内旋痛加重 外展、内收活动稍受限	X 线示股骨头塌陷,但关节间隙正常	股骨头塌陷
Ⅴ(晚期,骨关节炎)	重度疼痛 跛行加重 屈曲、外展、内外旋、内收均受限	X 线示头变窄 关节间隙变窄 髋臼囊性变或硬化	软骨受累 骨关节炎

股骨头血液供应中断后 12 h 骨细胞即出现坏死,但骨缺血 10 d 内仍保持原有密度,6~8 周后,坏死骨边缘被吸收,死骨周边出现低密度区。股骨头缺血性坏死 X 线表现,最早出现于 1 个半月,也有人认为 X 线上看到股骨头密度改变,至少需要 2 个月或更长,因此 X 线上表现股骨头坏死距离外伤时间最少在一个半月以上,对于外伤后一个半月内 X 线上即有坏死表现的,应考虑其坏死与外伤无关。股骨头塌陷发生的时间平均在骨折后 34 个月,最短 12 个月,在鉴定中也需要根据影像学证据来推测与争议的关系。

(三) 股骨头坏死的病因

鉴定思路:医疗损害鉴定中明确股骨头坏死诊断后需要分析病因,结合年龄、基础疾病等因素,就争议的医疗行为或皮质类固醇类药物治疗是否属于致病因素进行考量。在创伤性病因中,尤其需要就股骨颈骨折的分型进行明确,对股骨头血供是否中断进行评判,而非一味地将股骨颈骨折与股骨头坏死之间画等号。

股骨头坏死的病因较多,总体上可分创伤性和非创伤性两大类。创伤性股骨头坏死的主要致病因素包括股骨头颈骨折、髋臼骨折、髋关节脱位、髋部严重扭伤或挫伤(无骨折,有关节内血肿);非创伤性股骨头坏死在我国的主要病因为皮质类固醇类药物应用、长期饮酒过量、减压病、血红蛋白病(镰状细胞贫血、镰状细胞血红蛋白 C 病、地中海贫血、镰状细胞特质等)、自身免疫病。吸烟、肥胖等增加了发生股骨头坏死的风险,被认为与股骨头坏死相关。

1. 创伤性股骨头坏死　鉴定思路:医疗损害鉴定时首先要明确骨折的类型及移位程度,从而判断创伤后股骨头血供的情况。不同类型的骨折及移位程度对于股骨头血供的影响大小不一。

创伤导致股骨头血供受到影响,从而出现股骨头缺血性坏死。股骨头的血供主要来自旋股内、外侧动脉,旋股内侧动脉损伤是股骨头缺血坏死的主要原因。动物实验发现,头下型骨折后股骨头血流可减少83%，经颈骨折则减少52%。股骨颈骨折后股骨头是否坏死主要与残存的血供和代偿能力有关。

根据股骨颈骨折Garden分型，一般认为Ⅳ型（完全移位的骨折）对于血供的影响最大，不可避免已部分或全部失去血供；其次为Ⅲ型（完全骨折，部分移位且股骨头与股骨颈有接触）、Ⅱ型（完全骨折但无移位），影响最小的为Ⅰ型（不完全骨折）。按骨折部位不同：头下型骨折对于血供的影响最大，其次为头颈部骨折、颈中部骨折、基底部骨折。

2. 非创伤性股骨头坏死　鉴定思路：针对诊断明确的非创伤性股骨头坏死，需要根据病程和医嘱记录单等材料，判断糖皮质激素类药物的应用是否有明确的适应证。

非创伤性坏死因素主要包括肾上腺糖皮质激素、乙醇中毒、减压病等。临床上最多见和最容易引起纠纷的是糖皮质激素引起的股骨头坏死。

根据卫生部办公厅于2011年印发的《糖皮质激素类药物临床应用指导原则》记载，各种糖皮质激素的药效学和人体药代动力学特点不同，因此各有不同的临床适应证，应根据不同疾病和各种糖皮质激素的特点正确选用糖皮质激素品种。

不同的疾病糖皮质激素疗程不同，一般可分为以下几种情况：

（1）冲击治疗：疗程多小于5 d，适用于危重症患者的抢救，如暴发型感染、过敏性休克、严重哮喘持续状态、过敏性喉头水肿、狼疮性脑病、重症大疱性皮肤病、重症药疹、急进性肾炎等。冲击治疗须配合其他有效治疗措施，可迅速停药，若无效，大部分情况下不可在短时间内重复冲击治疗。

（2）短程治疗：疗程小于1个月，包括应激性治疗，适用于感染或变态反应类疾病，如结核性脑膜炎及胸膜炎、剥脱性皮炎或器官移植急性排斥反应等。短程治疗须配合其他有效治疗措施，停药时需逐渐减量至停药。

（3）中程治疗：疗程3个月以内，适用于病程较长且多器官受累性疾病，如风湿热等。生效后减至维持剂量，停药时需要逐渐递减。

（4）长程治疗：疗程大于3个月，适用于器官移植后排斥反应的预防和治疗及反复发作、多器官受累的慢性自身免疫病，如系统性红斑狼疮、溶血性贫血、系统性血管炎、结节病、大疱性皮肤病等。维持治疗可采用每日或隔日给药，停药前亦应逐步过渡到隔日疗法后逐渐停药。

（5）终身替代治疗：适用于原发性或继发性慢性肾上腺皮质功能减退症，并于各种应激情况下适当增加剂量。

根据指导原则记载，长期应用糖皮质激素可引起一系列不良反应，其严重程度与用药剂量及用药时间成正比，不良反应中包含自发性骨折甚或骨坏死（如股骨头无菌性坏死）。现有教科书及诊疗规范中并没有给出糖皮质激素与股骨头坏死之间的量数关系、时效关系和确切的发生率。根据一项针对严重急性呼吸综合征（severe acute respiratory syndrome，SARS）患者糖皮质激素用量与股骨头坏死之间互相关系的研究发现，甲泼尼龙总剂量小于2 000 mg时，股骨头坏死发生率为0，甲泼尼龙总剂量为2 000～5 000 mg时，股骨头坏死发生率为17.6%；甲泼尼龙总剂量大于5 000 mg时，股骨头坏死发生率为43.5%，由此可见，股骨头坏死的发生率与糖皮质激素的总用量有关。

（四）股骨颈骨折的治疗

鉴定思路：医疗损害鉴定时，应当首先考虑治疗方案是否正确、手术是否及时、手术是否有指征。骨折的解剖复位是股骨颈骨折治疗的关键因素，直接影响骨折愈合及股骨头缺血性坏死的发生，因此对于移位型股骨颈骨折治疗要判断是否做到解剖复位、骨折端获得加压及内固定。

由于股骨头缺血坏死发生率较高，一般认为股骨颈骨折后应尽早（6～12 h）实施手术。常规在术中切开前关节囊进行关节内减压。Swiontkowski 等治疗了 27 例 12～49 岁的股骨颈骨折患者，均可通过手术达到解剖复位，以 AO 6.5 mm 螺钉固定，行前关节囊切开，所有患者手术时间均在伤后 8 h 之内。结果显示，无骨折不愈合病例，缺血坏死率只有 20%，他们建议术后 12～24 个月内去除内固定物。

股骨颈骨折治疗可以采取手术治疗及非手术治疗。内收型骨折和有移位的骨折、头下型骨折（除年龄过大、全身情况差等不适合手术者）、青少年股骨颈骨折均应采取手术治疗。无明显移位、外展型或嵌入型等稳定型骨折可以采取非手术治疗的方式，但目前大部分人认为除非有手术禁忌证，否则均应考虑手术治疗，以减少股骨头坏死等并发症的发生率。

1. *手术复位及内固定*　总体原则：手术内固定应尽量减少对血供的影响，内固定应坚固并使断端获得加压。

骨折复位可采取闭合复位及切开复位。闭合复位失败后，应该考虑切开复位，即直视下解剖复位。切开复位可采用前侧切口或前外侧切口（Watson－Jones 切口）。有人提出，如存在股骨颈后外侧粉碎，则应选择后方切口以便同时植骨。但大多数医生认为，后方切口有可能损害股骨颈后外侧残留的血供，故应尽量避免。可采取多针固定、钩钉固定、加压螺钉固定、滑动螺钉加侧方接骨板固定等方法。

复位应尽量做到解剖复位。复位判断标准：Garden 指数，正常正位片呈 160°、侧位片呈 180°交角。在正位片影像上<160°和>180°表明严重髋内、外翻，头向匹配不良，股骨头坏死率增高；侧位片影像上允许 20°变化范围。

2. *股骨颈骨折并发症*　股骨颈骨折后股骨头缺血性坏死的医疗纠纷，患方往往认为是医方的原因，而医方一般认为是股骨颈骨折的正常并发症，与医方的医疗行为没有任何关系，因此分析股骨颈骨折后的并发症显得尤为重要，特别是易发生骨股头缺血性坏死的创伤类型的分析更为重要。

由于解剖、生物力学及局部血供的特点，股骨颈骨折不愈合和股骨头缺血性坏死是比较常见的并发症。股骨颈囊内骨折通常需 6 个月才能判断是否愈合，部分病例甚至需 1 年。因此，囊内骨折需 1 年才能明确其愈合程度，2 年后才能决定股骨头是否存活，但仍不能肯定今后是否发展为坏死。年轻人股骨头骨折后不愈合率及股骨颈缺血坏死率，各学者报道不同，分别为 25%（Kuslich）～62%（Protzman 和 Burkhalter）及 45%（Kuslich）～90%（Protzman 和 Burkhalter），多数人认为愈合较差的原因为创伤暴力较大、损伤严重、难以解剖复位等。

股骨头骨折后股骨头缺血坏死的发生率报道差异很大，主要与骨折移位程度、骨折部位所导致的股骨头血供影响大小有关。股骨头是否存活取决于：① 外伤后残留的血供系统是否足够营养股骨头；② 能否在晚期股骨头塌陷之前重建股骨头血供。对于新鲜股骨颈骨折的治疗原则是解剖复位、骨折端获得加压并坚强固定，以保护残留血供，为血供重建提供条件。80%~90%股骨头坏死发生于3年以内,移位程度不同,股骨颈骨折后股骨头缺血性坏死的发生率为11%~84%。其影响因素主要包括:① 年龄;② 骨折类型;③ 复位质量;④ 内固定;⑤ 早期负重;⑥ 不正确的功能锻炼;⑦ 血供。

以下几种创伤类型具有较高骨股头缺血性坏死的发生率。

(1) 移位型股骨颈骨折(Garden Ⅲ、Ⅳ型)后,股骨头被认为不可避免已部分或全部失去血供。

(2) 关节囊内出血使囊内压力增加出现"填塞效应",在一定程度上影响股骨头血供,甚至是晚期股骨头塌陷的原因之一。实际上,只要发生骨折,股骨头血供即受到不同程度的破坏。

(3) 髋关节后脱位合并股骨头、颈骨折(Thompson Ⅴ型,临床上髋关节后脱位多采用Thompson分型)。髋关节后脱位合并股骨头骨折是一种高能量损伤,多与车祸有关,尤其在撞车时未使用安全带、屈髋屈膝撞击引起;其次为摔伤,也有报道称对大转子的直接暴力也能引起此种损伤。该类骨折的并发症主要包括股骨头缺血坏死:Thompson Ⅰ、Ⅱ、Ⅳ型坏死率为6%~40%,Thompson Ⅲ型坏死率高达90%甚至以上,多数学者强调应在受伤后6~12 h复位髋关节,并应在3~6个月避免负重。

值得注意的是,青少年髋部骨折后的手术方案的选择尤为重要,少年儿童骨折患者在治疗中,尤其是施行手术时应尽可能避免损伤骨骺。男性股骨头骨骺闭合年龄平均为17~18周岁,由于其股骨头骨骺尚未完全闭合,因此在内固定术式及内固定材料的选择上,应充分考虑避免损伤股骨头骨骺,以免术后出现股骨头坏死。

内固定物也是股骨头血供的影响因素之一,内固定物的大小、形态、位置等均会对股骨头的血供产生影响。有学者指出,内固定物的体积增大将会影响股骨头的血供。内固定物置于股骨头外上方时将会损伤外侧骺动脉(股骨头主要血供动脉),因此,应避免将内固定物置于股骨头上方。内固定物(如三翼钉)会使骨折端产生一定分离,同时反复的锤击振动会对骨头造成不同程度的损伤。目前认为,应选择置入时对股骨头颈损伤较小的内固定物。

三、损害后果及原因力分析

医疗损害鉴定首先要评判分析医方在医疗行为过程中,是否存在违反相关法律、行政法规、规章及诊疗护理常规规范的过错;分析医疗行为是否尽到了相应的诊疗义务;分析医疗行为时与常规规范是否存在差异,从而判断医方的医疗行为是否存在过错。

其次要分析患者疾病演变过程中出现的损害后果及其与医疗过错之间是否存在因果关系,损害后果涉及多种原因时,应对各种原因在产生损害后果的过程中的作用力大小进行分析,包括直接原因(指患者损害后果完全由医疗过错因素造成)、主要原因(指患者损害后果主要由医疗过错因素造成,其他因素起次要作用)、同等原因(指医疗过错因素和其他因素难分主次)、次要原因(指医疗过错因素诱发或加重患者损害后果)、轻微原因(指患者损害后果主要由其他因素造成,医疗过错因素起轻微作用)、无因果关系(指患者损害后果完全由其他因素造成)。

涉及股骨头坏死的医疗损害鉴定,应当依次从以下3个环节去分析,确保鉴定意见的科学性。

（一）是否存在医疗过错

除外医疗损害鉴定常规需要考量的诊疗常规，股骨头坏死的医疗损害鉴定应当注重手术方案的选择、手术操作的规范性、骨科手术的个体化差异等问题。对于诉求为应用激素类药物导致的股骨头坏死，需要评判激素治疗是否符合临床诊疗规范。

（二）是否存在因果关系

前文对于股骨头坏死的病因和临床症状与影像学证据的时间进行了叙述，因此在分析医疗过错与损害后果之间的因果关系时应当充分论证，合理说明。针对原发疾病导致股骨头坏死的鉴定病例，在鉴定过程中，可以从疾病诊断、疾病成因、坏死时间等角度入手，综合考量医疗机构的医疗过错与股骨头坏死之间的因果关系。

（三）原因力大小的确定

对于已经确定存在因果关系的病例，在分析过错的原因力大小时，需要分析治疗方案是否系最佳选择，针对特殊人群的治疗是否考虑周全，有没有考虑骨骺生长闭合等特殊因素，手术过程中对于植入骨钉等的选择是否合适，激素治疗的规范程度等。在综合分析的基础上对医疗过错行为在损害后果中的原因力大小予以明确。

四、案例

【案例 1】

1. 病情摘要

患者陆某，男性，1976 年 8 月出生。2006 年 10 月 26 日 23:40 因“车祸致头部、左髋部肿痛 1 h”入住某医院。X 线：左股骨颈骨折。西医诊断：左股骨颈骨折，头外伤。10 月 28 日在硬膜外麻醉下行左股骨颈骨折切开复位+空心钉内固定术，术后复查 X 线提示股骨颈骨折对位对线良好。11 月 11 日患者出院。

2010 年 5 月 25 日患者因“左股骨颈骨折术后 2 年”再次入住医方。专科情况：髋关节活动正常。5 月 27 日在硬膜外麻醉下行左股骨颈骨折术后内固定取出术，6 月 2 日患者出院。2013 年 8 月 21 日某大学附属医院影像学检查报告示：左侧股骨头无菌性坏死。

2. 医方存在的医疗过错

（1）术前风险告知欠详细：未告知股骨颈骨折内固定术后，即使已愈合，仍可并发股骨头缺血坏死和塌陷的风险；出院医嘱定期复查欠详细，无具体的负重时间和方式。

（2）住院期间在内固定取出前后未拍片复查，不符合内固定装置取出术的诊疗常规。

（3）主诉为左股骨颈骨折术后 2 年，其时间与实际时间不符，病历书写欠严谨。

3. 分析论证与鉴定意见

（1）患者内固定取出术前 X 线显示骨折愈合良好，取出后 1 个月（距第一次手术 3 年 8 个月左右）即出现股骨头缺血坏死改变，从股骨头缺血坏死的病理过程和患者内固定取出术后的症状看，股骨头缺血性坏死在第 2 次手术前已存在。

（2）内固定取出术手术操作过程在关节囊外（远离股骨颈基底部），无理论和事实证据支持术中损伤血管导致股骨头缺血坏死。

(3) 目前的教科书及相关专著等医学著作尚无股骨颈骨折中空心加压螺钉固定后禁忌手术取出,也无取出与股骨头缺血坏死有关的相关记载。

鉴定意见:本案发生左股骨头缺血坏死与原始损伤有关,属股骨颈骨折并发症,与医方存在的诊疗过错行为无因果关系。

4. 评析

患者车祸致左髋部外伤,外伤史明确。住院后在硬膜外麻醉下行左股骨颈骨折切开复位+空心钉内固定术,约3年6个月后行内固定取出术,取出术前X线显示骨折愈合良好,取出术后1个月即出现股骨头缺血坏死改变,从股骨头缺血坏死的病理过程和患者内固定取出术后的症状看,股骨头缺血性坏死在内固定取出术前已存在。理论和事实证据均不支持关节囊外取内固定术会导致股骨头坏死,因此本案例判定医方的医疗过错行为与股骨头坏死之间无因果关系。本病例中患者的股骨头坏死应当考虑与原发性损伤之间的关联,结合前文所述的根据临床症状与影像学表现确定股骨头坏死的大致时间的分析,最终得出不具有因果关系的鉴定意见。

【案例2】

1. 病情摘要

患者刘某,男性,1997年4月出生。因"跌伤致左侧髋部疼痛伴活动障碍2 h"于2011年9月11日至某县医院就诊,经X线等检查诊断为左股骨颈骨折。于9月12日行左股骨颈骨折切开复位内固定术。9月25日X线示:骨折端对位尚可,内见金属固定影,邻近关节间隙尚清晰。9月30日出院。

2012年11月27日患者因"左侧髋关节进行性疼痛伴活动受限半年余"至某市第一人民医院就诊,诊断为左侧股骨头坏死,于11月29日在全麻下行左侧股骨颈内固定取出+左股骨粗隆下截骨术。

2. 分析论证与鉴定意见

(1) 根据2011年9月15日术后复查平片所示,骨折断端旋转移位,对位欠佳;内固定钉的分布不符合要求,3枚螺纹钉集中于股骨颈上方,其中2枚在股骨颈之外,未能有效固定骨折端;手术未能达到整复固定骨折的治疗目的。

(2) 少年儿童骨折患者在治疗中,尤其是施行手术时应尽可能避免损伤骨骺。男性股骨头骨骺闭合年龄平均为17~18周岁,本例患者就诊时年龄为14周岁,其股骨头骨骺尚未完全闭合。因此在内固定术式及内固定材料的选择上,应充分考虑避免损伤股骨头骨骺。患者为股骨颈头下型骨折,要求内固定物抵近股骨头下,势必会部分穿过股骨头骨骺,为减少对骨骺的损伤,应选用较细且光滑的内固定物,如克氏针之类,医方选用直径较粗的空心螺纹钉欠妥。根据术后X线所示,空心钉穿过了股骨头骨骺线,损伤了骨骺。

(3) 股骨颈骨折内固定术后,要求患肢在骨折愈合前不能负重,由于本病例手术后骨折对位欠佳、固定不牢靠,在骨折愈合前不仅患肢不能负重,还应保持卧床,禁止患侧髋关节活动。医方在病程记录、医患沟通、出院记录中均未向患者明确告知上述注意事项,鉴定现场调查患者术后4月余即下地活动,时间过早。

本病例股骨颈头下型骨折,断端移位,血运损伤严重,此类骨折即使复位良好、固定牢靠,其发生股骨头坏死的概率仍然存在,这也是股骨头坏死、髋内翻的重要原因之一。

鉴定意见:本病例股骨颈头下骨折,断端移位,血运损伤严重;手术中复位不佳,固定不符合手术要求,骨折不稳定;内固定物选择不当,较粗的螺纹钉损伤股骨头骨骺。上述原因综合作用,导致股骨头坏死髋内翻。医方的过错与损害后果有一定因果关系,原因力为主要原因。

3. 评析

患者就诊时年龄为14周岁,其股骨头骨骺尚未完全闭合,医方在内固定术式及内固定材料的选择上,没有充分考虑避免减少损伤股骨头骨骺,医方选用直径较粗的空心螺纹钉欠妥。根据术后X线所示,空心钉穿过了股骨头骨骺线,损伤了骨骺,骨折断端旋转移位,对位欠佳;内固定钉的分布不符合要求,3枚螺纹钉集中于股骨颈上方,其中2枚在股骨颈之外,未能有效固定骨折端;手术未能达到整复固定骨折的治疗目的。综合作用下使股骨头发生坏死髋内翻。医方的过错与损害后果有一定因果关系,原因力为主要原因。股骨颈骨折头下型鉴于其解剖结构及血运关系,在复位良好的情况下依然较易发生股骨头坏死。如医方手术复位良好,且根据患者年龄制定了个体化治疗方案,那么原因力大小应当重新考虑,但该病例中,骨折复位不佳、未能有效固定、损伤股骨头骨骺是原因力为主要原因的直接依据。

【案例3】

1. 病情摘要

患者汤某,男性,1970年1月出生。2013年10月18日因"口角歪斜3 d"入住某医院,患者有银屑病病史。入院诊断为贝尔面瘫。予以扩血管、糖皮质激素、营养神经、活血化瘀、改善内耳微循环等治疗。

2月19日因"左髋部疼痛伴活动受限3个月,加重半月余"收住某医院诊断为左髋关节骨性关节炎,骨质疏松症。

6月30日患者因"左髋部疼痛不适半年余"入住某省医院,入院诊断为双侧股骨头坏死、银屑病。7月2日行左侧全髋关节置换术。

2. 分析论证与鉴定意见

患者于11月1日银屑病复发,与医方使用激素之间有直接的因果关系;某医院对于既往有银屑病的患者使用激素不够谨慎,使用之前未征得患者的同意,但是在临床中,股骨头坏死通常是长期使用激素的不良反应,患者仅为短期使用,且使用剂量不属于大剂量使用,目前患者出现股骨头坏死考虑与糖皮质激素的使用及其自身免疫性疾病、个体比较敏感等多种因素有关。

鉴定意见:鉴于糖皮质激素是治疗贝尔面瘫的常用方法,医方在为患者治疗过程中也考虑到短程用药和逐渐减量,因此判定医方的过错行为与患者股骨头坏死之间存在一定的因果关系,原因力为同等原因。

3. 评析

医方为治疗贝尔面瘫使用糖皮质激素,符合医疗规范,但医院在诊疗过程中对于既往有银屑病的患者使用激素不够谨慎,使用之前未征得患者的同意。根据卫生部于2011年印发的《糖皮质激素类药物临床应用指导原则》记载,糖皮质激素有抑制自身免疫的药理作用，但并不适用于所有自身免疫病治疗，如慢性淋巴细胞浸润性甲状腺炎（桥本病）、1型糖尿病、寻常型银屑病等。因此，考虑糖皮质激素的使用与患者的银屑病复发有直接关系。但是患者仅为短期使用糖皮质激素且使用剂量不属于大剂量使用，因此考虑目前患者出现股骨头坏死与糖皮质激素的使用以及其自身免疫性疾病、个体比较敏感等多种因素有关，故判定医方的过错行为与患者股骨头坏死之间存在一定的因果关系，原因力为同等原因。

【案例4】

1. 病情摘要

患者李某，男性，1968年4月出生。2010年10月19日因“左腕、左髋外伤畸形伴头痛3 h”至某医院住院，查体：左腕肿胀屈曲畸形，左髋部压痛，活动受限，末梢血运正常，余未见明显异常。X线示：左桡骨远端骨折，左髋臼骨折，左髋脱位，CT示：左颞部环池挫伤。入院诊断：左髋臼粉碎骨折、左髋关节脱位、脑挫伤、左桡骨粉碎性骨折。

2010年10月26日在全麻下行左髋臼粉碎性骨折伴脱位切开复位内固定+左桡骨远端粉碎性骨折闭合复位外固定支架术。

2010年12月31日双侧髋关节CT示：① 左髋臼金属内固定术后征象；② 考虑左侧股骨头无菌性坏死，请结合临床并随访复诊。

2013年11月12日患者因“左髋骨折术后3年”至某三甲医院骨科门诊就诊，X线示：左髋骨折术后见创伤性关节炎。建议手术。

2014年1月12日患者诊断为左髋创伤性关节炎；左股骨头颈变形，缺血坏死。

2. 分析论证与鉴定意见

医方术前未告知有发生股骨头缺血性坏死和异位骨化的风险，告知欠详尽，存在过错。

左股骨头坏死与原始损伤的严重程度有关，与医方存在的诊疗过错行为无因果关系；创伤性关节炎的主要原因有：① 原始损伤为复合性髋臼骨折，损伤严重，创伤性关节炎有较高的发生率；② 股骨头脱位发生缺血坏死后，股骨头外形不规则，进一步加重其程度；③ 关节腔内有金属异物；2015年1月23日CT示关节腔内见部分螺钉影，与髋臼骨折后软骨融合？软骨下骨骨吸收、囊性变和股骨头坏死后共同引起创伤性关节炎有关。关节腔内裸露的金属螺钉加重创伤性关节炎的程度；左髋关节周围异位骨化是髋臼骨折的常见并发症，合并颅脑外伤的患者发生率更高；左下肢短缩与股骨头坏死、塌陷有关；左髋关节功能障碍的原因主要与创伤性关节炎和异位骨化相关。

鉴定意见：左髋臼复合性骨折合并髋关节后脱位术后并发股骨头坏死、创伤性关节炎、异位骨化的发生率较高，左髋关节功能障碍也是较常见的并发症，与原始损伤和上述因素有关，与医方存在的诊疗过错行为无因果关系。

3. 评析

患者左髋臼粉碎骨折、左髋关节脱位，术后出现了左髋创伤性关节炎、左侧股骨头坏死。本例鉴定中考虑左髋臼复合性骨折合并髋关节后脱位术后并发股骨头坏死、创伤性关节炎、异位骨化的发生率较高，左髋关节功能障碍也是较常见的并发症，与原始损伤和上述因素有关，与医方存在的诊疗过错行为无因果关系。

（郑四龙，严飞翔）

第十节　骨折致关节功能障碍的医疗损害鉴定技术指引

一、概述

关节功能障碍是指关节活动范围减少或运动无力不能满足正常功能的需要，见于骨骼、关节、肌肉、血管神经损伤后。造成关节功能障碍的原因包括关节结构破坏、关节活动受制约，分为骨性关节活动障碍、纤维性关节活动障碍和神经麻痹性关节活动障碍。近关节部位的骨折、关节内骨折或骨折移位明显者，易致组织粘连从而导致关节功能障碍。本节主要介绍的是关于骨折后引起四肢大关节功能障碍的医疗损害鉴定。

四肢大关节包括上肢的肩、肘、腕关节及下肢的髋、膝、踝关节。肩关节使上臂与胸廓在运动中相关联，是身体上运动幅度最大的关节。肩部活动时，不但盂肱关节活动是必需的，而且必须在肩锁关节、胸锁关节活动的参与下才能完成。肘关节连接上臂与前臂，为手功能的稳定关节，肘关节由肱骨的滑车和小头与尺骨鹰嘴和桡骨小头组成，上尺桡关节亦是肘关节的一个组成部分，包括关节囊和内外侧韧带。腕关节在桡尺骨下端和掌骨之间，由两排腕骨组成，近排腕骨包括舟骨、月骨和三角骨，远排腕骨有大多角骨、小多角骨、头骨和钩骨。髋关节由股骨头和髋臼组成，髋臼的关节面曲率半径与股骨头表面非常适应，髋臼向前向下，几乎可以完全包盖股骨头。膝关节是人体最大的关节，有股胫关节和髌股关节两部分，膝关节的功能概括起来就是调解骨盆与足之间的距离，以完成各种活动。踝关节是由胫骨下端和腓骨下端与距骨鞍状关节面组成，距骨体顶部与胫骨下端相关节，距骨体两侧面分别与内髁和外髁关节。

关节功能障碍主要依靠体格检查来评估，可以结合影像学表现观察关节组成结构的形态变化，加以辅助判断。

医源性因素引起骨折后关节功能障碍，主要包括：① 延误诊断、遗漏诊断致使延误治疗，遗留关节功能障碍；② 诊断及时，但治疗方案选择不当，遗留关节功能障碍；③ 手术操作不当，如复位不理想、钢板长度不足、螺钉数量不够、内固定位置不理想等，致使骨折延迟愈合或不愈合，接受或不接受再次手术治疗，遗留关节功能障碍；④ 围手术期处理不当，引起术后感染并经长时间治疗，遗留关节功能障碍；⑤ 手术中或术后处理中发生再骨折，经治疗后遗留关节功能障碍等。从上述诸多因素中可以发现，医源性因素在骨折后关节功能障碍的患者中所起的作用往往有限，许多时候是骨折本身为主要原因，医疗过错为次要原因，这是此类医疗损害鉴定司法实践中的一大特点。

二、鉴定指引

骨折致关节功能障碍在医疗损害鉴定过程中需要注重对以下几方面的把握。

1. 临床诊断的正确性、及时性　骨折即是骨的完整性和连续性中断。骨折一般多具有外伤史，少数因骨骼疾病发生病理性骨折除外。大多数骨折一般只引起局部症状，严重骨折和多发性骨折可导致全身反应。骨折的局部症状可包括局部疼痛、肿胀和功能障碍，特有体征可包括骨折端移位使患肢外形发生改变（如短缩、成角或旋转畸形等），骨折端的异常活动。骨折的全身表现可包括休克、发热，休克的主要原因往往是出血，而发热一般不超过38℃，多是因为出血量较大在血肿吸收时出现低热，或开放性骨折并发感染时出现高热。影像学检查以X线检查和CT检查为主，X线检查目前仍是四肢骨折最常用的和行之有效的检查方法，但对早期不典型病例及复杂的解剖部位，X线在确定病变部位和范围上受到一定限制，此时CT以其高分辨率、无重叠和图像后处理的优点弥补了X线检查的不足。

基于上述理论，骨折的诊断在临床上一般而言不易漏诊、误诊。但在全身多发伤的患者中，往往因为其他部位的损伤，尤其其他部位损伤较为严重时，临床上容易忽略某些部位的骨折表现，未针对性进行影像学检查，或虽进行了影像学检查但未仔细阅片，从而造成漏诊、误诊。

2. *骨折治疗方式和手术时机的选择*　随着医疗技术和器械的发展，手术的安全性及效果均显著提高，因此，骨折后的手术适应证越来越宽泛，原则上手术切开复位内固定比闭合复位能达到更好的解剖复位，但临床上对于不同部位、不同程度骨折的处理是不同的，一般遵循的原则是首先考虑闭合复位，在闭合复位失败的情况下再考虑切开复位，当然如果术前评估闭合复位基本上无法成功时也可以直接予以切开复位，这就对临床医生的要求比较高，有赖于经验的积累。一般而言，四肢骨折手术切开复位内固定手术的禁忌证包括：① 因骨质疏松，骨的质量差不能用内固定治疗者；② 由贴骨瘢痕、烧伤、活动性感染或皮炎导致骨折或计划手术部位的软组织覆盖太差；③ 活动性感染或骨髓炎为内固定的绝对禁忌证，但可行支架外固定；④ 骨折片不够大，难以应用内固定或内固定不牢靠是相对禁忌证；⑤ 由大的暴力而引发的严重的关节内骨折，关节面严重破坏，已不能成功进行重建的粉碎性骨折；或患者的全身情况差，不能耐受麻醉或手术；⑥ 无移位骨折或稳定的嵌入骨折其位置可能接受时，不需要做手术探查或复位；⑦ 没有足够的设备、人力、训练和经验时。

手术时机的选择对于不同部位、不同类型、不同程度骨折也不尽相同。如果有切开复位固定的手术指征，手术实施越早越好，因为局部创伤后将会逐渐出现肿胀，通过肿胀的部位进行手术，会发生切口缝合困难、切口裂开与皮缘坏死。因此对于局部肿胀比较明显的，宜先采用临时固定措施，等待7～10 d，局部肿胀消退后再行手术较为稳妥。当然在判断手术时机时是需要多方面考虑的。

3. *手术操作的过程*　手术中复位、固定不理想往往是导致术后遗留关节功能障碍的重要原因。复位分为解剖复位与功能复位。骨折端通过复位，恢复了正常的解剖关系，对位（两骨折端的接触面）和对线（两骨折端在纵轴上的关系）完全良好时，称解剖复位。经复位后，两骨折端虽未恢复至正常的解剖关系，但在骨折愈合后对肢体功能无明显影响者，称功能复位。复位方法分为闭合复位和切开复位。固定包括外固定和内固定。外固定主要用于开放性骨折，也有些骨折经切开复位内固定手术后，需加用外固定，包括小夹板、石膏绷带、外展支具、持续牵引、骨外固定器等。内固定主要用于闭合或切开复位后，采用金属内固定物，如接骨板、螺丝钉、髓内钉等，将已复位的骨折予以固定。

若在手术中未能达到解剖复位和功能复位的标准,固定也未能达到理想的状态时,则往往不利于术后的康复治疗,从而不能使患者实现早康复、早锻炼的目标。

4. 围手术期的处理　围手术期是指从决定手术治疗时起,到与本次手术有关的治疗基本结束为止的一段时间,包括手术前、手术中和手术后3个阶段。本节这里所指的围手术期主要涉及的是术前准备与术后处理。术前准备与外伤、疾病的轻重缓急、手术范围的大小有密切关系。手术按照时限性一般分为急症手术、限期手术、择期手术。骨折患者所行手术大部分都为急症手术或限期手术。手术前要对患者的全身情况有足够的了解,查出可能影响整个病程的各种潜在因素。术后处理是围手术期处理的另一个重要阶段,是连接术前准备、手术与术后康复之间的桥梁,术后处理得当能使手术应激反应减轻到最低程度。

术后感染是骨折患者术后常见的并发症,一旦发生并控制不利,往往会经过相当长时间的治疗,并因此遗留明显的关节功能障碍。

5. 骨折后再骨折的问题　与医院诊疗相关的再骨折的发生往往有如下情况:① 术中医院操作不当或手法粗暴导致原无骨折处发生再骨折;② 术后康复锻炼过程中因操作不当导致原无骨折处发生再骨折,或导致原骨折程度加重,断端移位或骨破坏更显著。对于上述再骨折的情况,在司法实践中多认定为医疗过错,而在因果关系及参与度的判定中要具体问题具体分析。

三、损害后果及原因力分析

医疗损害鉴定对某一个有争议的医疗行为是否存在过错,是否造成了损害后果,过错与损害后果之间是否存在因果关系及原因力大小进行判定,分析的内容就是要依据法律法规、诊疗常规规范,正确的医疗行为应该怎么做而争议的医疗行为实际是怎么做的,是否存在过错进行分析。针对骨折后遗留关节功能障碍的鉴定病例,在鉴定过程中应该分析关节功能障碍的原因、程度,对于骨折诊断是否正确、及时,治疗方案选择是否得当,手术操作过程是否正确、规范,围手术期处理是否存在不足等,以便于进一步分析遗留关节功能障碍与医疗行为的相关性,与骨折本身的相关性。一般而言,若因为误诊、漏诊,或治疗方案选择不当,或手术操作不正确、不规范,或围手术期处理存在不足等而延误治疗,若骨折本身对关节影响明显,则过错的原因力多考虑次要原因或轻微原因;若骨折本身对关节功能影响有限,则上述过错的原因力大小可考虑为同等原因以上;而对于因治疗不当发生再骨折的患者,则需判断原骨折与再骨折对于关节功能的影响孰轻孰重,综合评价原因力大小。但需要注意的是,对于关节功能障碍作为损害后果进行评价时,应当在医疗终结、伤情稳定后进行,仍处于治疗或康复过程的尚未稳定的功能障碍不宜过早认定为损害后果。

四、案例

【案例1】

1. 案情摘要

2016年5月6日贺某因"摔伤后致左上肢肿胀、疼痛伴活动受限6 h"就诊于某医院,入院查体:左腕部肿胀,畸形,压痛明显,左腕关节活动受限。X线示:左桡骨远端骨折,移位。

诊断：左桡骨远端骨折。治疗经过：入院后于 5 月 10 日行切开复位内固定术。

出院 2 个月后外院就诊：左桡骨远端骨折术后伴尺骨脱位。

鉴定意见：经治医院在对贺某进行的内固定手术操作中复位不理想，存在过错，与其目前遗留左腕关节功能障碍之间存在因果关系，系次要原因。

2. 评析

（1）从贺某伤后系列影像学资料中可见，其确实具有左下尺桡关节脱位的表现，且并非手术中直接损伤下尺桡背侧韧带或三角纤维软骨而致脱位，符合原发外伤所致。根据贺某受伤后（术前）数次所摄 X 线，其左桡骨远端骨折的诊断明确，符合 Colles 骨折的影像学特征，同时应当怀疑伴有左下尺桡关节脱位。当时医院应当进一步行 CT 检查予以明确诊断并采取针对性复位、固定的处置措施，术前准备期间也具有充足的时间完善检查。因此，可以认为经治医院对贺某左腕关节损伤的复杂性、严重性估计认识不足，未及时发现左下尺桡关节脱位并采取针对性处置措施，存在过错。对于治疗左桡骨远端骨折（Colles 骨折）须尽可能的准确复位，建立稳定、牢固的内固定系统，从而促进骨折早期愈合，使患者能够早期活动，实现患肢的早期负重。从贺某术后复查 X 线中可见，骨折远端向桡掌侧移位，断端对位欠佳，提示手术中复位不理想。据此认为，经治医院的手术操作存在过错。

（2）贺某左桡骨远端骨折非常严重，在临床上处理起来也有相当大的难度，即使经治医院手术复位、固定均十分理想，也不可避免地会遗留左腕关节功能障碍，这是原发外伤的严重程度所决定。因此，贺某原发外伤为其左腕关节功能障碍的根本原因（主要原因）。

（3）综合分析认为，经治医院在对贺某进行的内固定手术操作中复位不理想，存在过错，与其目前遗留左腕关节功能障碍（十级残疾）之间存在一定的因果关系，系次要原因。

【案例 2】

1. 案情摘要

2016 年 4 月 6 日，秦某因“骑车摔倒后右髋疼痛、活动障碍 2 d”就诊于某医院。入院诊断为髋臼骨折（后壁）。2016 年 4 月 12 日行右髋臼后壁骨折切开复位内固定术。1 年后再次住该院，入院诊断为陈旧性髋臼骨折，髋关节骨性关节炎。2017 年 4 月 12 日行右人工全髋关节置换术、右髋臼内固定部分取出术。

鉴定意见：医院在对秦某的诊疗过程中存在过错，与其接受右人工髋关节置换术（九级残疾）之间存在的因果关系，系次要原因。

2. 评析

（1）从秦某术后复查的影像学资料中可见，其内固定位置存在缺陷，右髋臼后上方 2 枚螺钉穿入关节腔。经治医院在内固定手术操作中存在过错，一定程度上加重关节面的破坏，尤其在术后康复期间髋关节的功能活动时，不利于髋关节的功能恢复。而秦某术后长达一年的右髋部疼痛不适也很可能与此有关。此外，秦某接受内固定手术一年后再次入住经治医院，影像学资料显示具有右髋关节骨关节炎表现。临床上对于髋关节骨关节炎患者，若临床症状及影像学表现均十分严重，保守治疗难以取得明显效果时可以予行人工髋关节置换术。但在本案中，考虑到秦某此前内固定手术中螺钉位置不理想穿入关节腔，长时间的右髋部疼痛可能与此有关，加之患者年龄才 46 周岁，此时最理想的方案应给予保髋治疗（即先取出内固定并功能康复治疗）。而据秦某再次住院的病史资料显示，经治医院直接考虑予行右人工髋关节置换术，并未见有关患者坚决主动要求行关节置换手术的记录。据此认为，经治医院对秦某拟行右人工髋关节置换术的治疗方案欠妥，存在过错。

（2）秦某的原发损伤严重，髋臼破坏，内固定手术中也已见股骨头局部压缩变形并部分软骨剥脱，说明其原发损伤已对髋关节的正常解剖结构造成破坏，易遗留明显功能障碍，也易引起骨关节炎改变。即使经治医院在内固定手术中操作完全正确，内固定位置完全理想，也未必能避免此后发生骨关节炎并最终接受人工关节置换的后果。因此，秦某的原发损伤应是其最终接受右人工髋关节置换术的根本原因（主要原因），这是原发损伤的严重性所决定的。故综合分析认为，医院的过错在最终的损害后果中的原因力为次要原因。

【案例3】

1. 案情摘要

2013年7月14日，刘某因“右大腿、右肘部、左髋部、口腔外伤1 h”就诊于某医院。X线示：右股骨干粉碎性骨折；CT片示：左侧髋臼骨折，双肺下叶挫伤。入院诊断为右股骨干粉碎性骨折，右肘部软组织挫伤，口腔外伤牙齿脱落，左侧髋臼骨折，双肺下叶挫伤。当日行切开复位内固定术。术中显露见右股骨干中偏下呈粉碎骨折，骨折端明显移位，清理骨折断端扩髓并通股骨近端，自近端插入髓内钉穿过断端固定复位骨折块，于骨折远端锁2枚锁钉、近端锁1枚锁钉，见牢固稳定上钉帽。

后因感染、右股骨骨髓炎就诊于多家医院，行多次手术治疗，最终遗留右髋、膝关节功能障碍。

鉴定意见为：医院在对刘某的诊疗过程中存在过错，与其术后感染、接受多次手术治疗并遗留右髋、膝关节功能障碍之间存在因果关系，系同等原因。

2. 评析

（1）刘某右股骨中下段骨折系闭合性骨折，此类闭合性骨折的手术系无菌手术，对无菌要求非常高，术中应当严格按照无菌要求操作，尽到高度注意义务。刘某术后感染的发生在时间上与医院手术存在连续性，解剖部位上亦存在吻合性，难以认为该院在围手术期尽到高度注意义务并在手术过程中严格进行无菌操作。

（2）手术等治疗的并发症可分为两种：一是可以避免的并发症，二是难以避免的并发症。对于可以避免的并发症而言，手术中要求医务人员必须予以高度注意，采取积极有效的防范措施，应该是可以防止并发症发生的。对于难以避免的并发症而言，任何医院、在任何情况下只要施行该项治疗（手术），尽管医务人员尽到高度注意义务，但仍很有可能发生。可以避免的并发症没有避免，视为经治医院在治疗中存在过错。对于刘某接受的无菌手术发生感染，推定某医院未能尽到高度注意义务，存在过错。

（3）医院的过错与刘某术后感染之间存在因果关系。刘某原发骨折并未累及髋、膝关节面，正常情况下经手术治疗后未必遗留明显的髋、膝关节功能障碍，但其因术后感染经清创、外固定、截骨、骨搬移等多次手术治疗，延长了病程，局部骨质、周围软组织等难免遭受大面积破坏，对髋、膝关节可造成明显功能障碍。右股骨中下段骨折是刘某原发损伤，骨折严重，呈粉碎性，需要接受内固定手术治疗。感染是手术固有的风险，也是此类手术较为严重的并发症，常是多因素作用的结果，存在不确定性。即使医院完全尽到高度注意义务，严格按照无菌原则操作，也未必能完全避免感染的发生。并且，刘某的原发损伤又有其特殊性，其原发损伤还包括双侧下颌骨颏孔区骨折、左侧髋臼骨折、双肺下叶挫伤，并在骨科手术后不久又需要接受口腔科手术，术后机体的抵抗力（抗感染能力）难免有所下降，口腔科的手术也更易使致病菌入侵体内，增加了发生感染的机会。综上分析认为，某医院的过错与刘某的原发损伤（包括机体抵抗力等）均是导致术后感染、接受多次手术治疗并遗留右髋、膝关节功能障碍的重要因素，难以区分两者孰轻孰重，参与作用基本相当。医疗过错的原因力考虑为同等原因。

【案例4】

1. 案情摘要

2015年2月17日，韩某因“车祸致伤头胸及左髋，胸痛并胸闷憋气6 h”就诊于某医院。入院诊断为胸部闭合性损伤，多发肋骨骨折（左），肺挫伤并血气胸（左），肩胛骨骨折（左），上臂皮肤裂伤（左），脑外伤反应，多发软组织挫伤（腰、左髋、双膝），眉弓皮肤裂伤术后（左）。2月27日行左侧多发肋骨骨折切开复位内固定术+胸腔积液清除术。

2015年3月11日入科诊断为髋臼及股骨头骨折（左），膝后交叉韧带损伤（左）。

3月24日行左髋臼骨折切开复位内固定、取髂骨植骨术、股骨髁上牵引术。

出院诊断：髋臼及股骨头骨折（左），膝后交叉韧带损伤（左），腓总神经不全损伤（左）。

鉴定意见：经治医院在对韩某的诊疗过程中未能及时诊断其左髋部骨折并采取积极的处置措施，存在漏诊、漏治的过错，与目前其左髋关节功能障碍、创伤性关节炎之间存在因果关系，系次要原因。

2. 评析

（1）韩某2015年2月17日受伤当日的影像学资料显示，其左髋臼及股骨头可见不规则透亮影，骨质连续性中断，可见碎骨块，提示左髋臼骨折、左股骨头骨折。结合韩某入院时的临床表现及外院的病史资料，某医院应当对左髋部骨折及时做出诊断，并采取针对性处理，如制动、暂时外固定等。而经治医院在韩某入院后约3周内一直未能关注到其左髋部的伤情并及时明确诊断，未能针对其左髋部骨折采取积极、有效、及时的处理，存在漏诊、漏治的过错。

（2）由于医院未能及时对左髋部骨折进行诊治，患者伤情有进一步加重的表现（从伤后约1个月的影像学资料中可见骨折的程度较前有加重并伴髋关节半脱位），这对此后骨折愈合恢复过程及髋关节的功能均有不利的影响。经治医院的上述过错与目前韩某左髋关节功能障碍、创伤性关节炎之间存在一定的因果关系。然而，左髋臼骨折、左股骨头骨折是韩某遭遇的交通事故外伤所致，原发损伤比较严重，该部位骨折已对髋关节面造成破坏，易引起创伤性关节炎，也易遗留髋关节功能障碍。韩某的损伤情况又有些特殊，其全身多发伤，相对于左髋部骨折，多发肋骨骨折并伴有胸痛、胸闷、憋气等症状，在当时更需要引起医院的关注，也因此其被收入胸外科治疗。对于在胸外科治疗的韩某而言，其胸部损伤及其他多部位的损伤一定程度上也掩盖了左髋部骨折的表现，给临床医生在诊疗上带来一定的困难。因此，就本例而言，韩某原发外伤的严重性、复杂性是导致其左髋关节功能障碍、创伤性关节炎的根本原因（主要原因），医院的过错在上述后果中的原因力为次要原因。

（夏晴）

第十一节　骨折后并发钢板断裂的医疗损害鉴定技术指引

一、概述

（一）骨折治疗的原则与方法

根据《外科学》(第8版,人民卫生出版社)、《骨折治疗的AO原则》(第2版,上海科学技术出版社)、《坎贝尔骨科手术学》(第13版,北京大学医学出版社)、《骨与关节损伤》(第5版,人民卫生出版社)记载:骨折治疗的四项准则包括:①骨折端的解剖复位,特别是关节内骨折;②用牢固的内固定满足局部生物力学的要求;③保留肢体损伤区的血液供应;④使骨折附近的肌肉和关节能够进行无疼痛的自主活动,防止发生骨折病。早期正确的复位是骨折顺利愈合的必要条件。

骨折治疗包括非手术治疗与手术治疗。

非手术治疗通过闭合复位重建骨骼的对位对线,通过骨痂形成达到愈合,如牵引、外夹板固定。

手术治疗又包括各种不同的方式。外固定架、髓内钉或内固定架等内植物均可允许骨块间相对运动,来刺激骨痂形成。外固定主要用于开放性骨折,部分骨折经切开复位内固定术后仍需加用外固定。常用的外固定有夹板、石膏、支具、外固定器等。内固定主要是用于闭合或切开复位后,采用金属内固定物,如接骨板、螺丝钉、髓内钉或带锁髓内钉和加压钢板等,将已复位的骨折予以固定。闭合性不稳定性骨折常用的内固定方法包括钢板和髓内钉固定。

（二）骨折治疗后的主要远期并发症

1. *骨折延迟愈合、不愈合*　原因复杂,主要包括如下因素。

(1) 医源性因素:手术适应证和术式错误;骨折复位不满意和固定不牢;术后不合理的过早负重和功能锻炼。

(2) 局部因素:严重粉碎性骨折,骨折处骨缺损,血运差、感染、软组织损伤程度或嵌入等。

(3) 生物学因素:骨折愈合的生物学过程异常,如骨痂形成、矿化、改建塑性异常等。

(4) 全身性因素:分年龄和健康状况,儿童骨折愈合较快,老年人所需时间更长;健康状况欠佳,特别是患有慢性消耗性疾病者,如糖尿病、营养不良症等,骨折愈合时间明显延长。

2. *钢板断裂*　正常情况下,对骨折行钢板弹性固定后,固定后的最初阶段骨折块间在应力作用下的微动可增加骨痂形成及其强度,缩短愈合时间。随着骨折块间活动度的减低,骨痂逐渐形成,最终骨愈合。在这一过程中,骨折端和钢板共同承受的应力逐渐由愈合过程的骨组织承担,最终骨折愈合后永久性重建骨的刚度。如果骨折块间得不到正常的生理应力刺激，骨折愈合缓慢，应力将集中到骨折区域的钢板上。在持续反复的弯曲应力作用下，在骨折愈合前，应力可导致骨折块和植入物发生形变，形变有两种方式：① 弹性方式，应力所致植入物的形变可以恢复，应力去除后骨折块恢复至原有的位置。② 塑性形变：在多次弹性形变后，应力所致的植入物形变不可恢复，骨折块维持于移位状态。在反复塑性形变后，植入物出现“疲劳”发生断裂。因此无论何种材质，内固定物断裂均存在一定比例。

一般来说，引起钢板断裂的原因可能包括如下因素。

（1）患者原始损伤较重；软组织损伤重，骨折区血供影响大；必须进行的手术治疗操作对血供亦会产生一定影响。

（2）手术操作中复位不好，固定不牢靠：医方选用的钢板、螺钉内固定的钉孔比例不符合手术操作要求，骨折区功能性负荷减少；如果钉孔比例合理，减少骨折区弯曲应力，会增加骨愈合的机会；同时可减少骨折区的应力集中，降低金属疲劳、断板的风险。

（3）不正确的功能锻炼、过早负重、内固定材料不合格等影响骨愈合，钢板失去骨组织保护，始终承受较大应力，加重金属疲劳致断裂。

二、鉴定指引

（一）鉴定原则

骨折后并发钢板断裂的医疗损害鉴定过程中需要注重对以下几个方面的把握。

1. *手术适应证及手术时机的选择* 手术治疗的目标是尽可能地保留损伤肢体的潜在功能。具有手术适应证是医疗机构开展手术治疗的合理性前提。一般需要手术治疗更能获得最佳康复结果的情况包括：① 移位的关节内骨折，适合手术复位和固定；② 经适当的非手术治疗后失败的不稳定骨折；③ 伴有重要肌肉-肌腱单元或韧带撕裂并已证明非手术治疗效果不佳的大的撕脱性骨折；④ 非临终患者的移位性病；⑤ 已知经非手术治疗功能会很差的骨折，如股骨颈骨折；⑥ 具有阻碍生长倾向的移位的骨骺损伤；⑦ 伴有筋膜间室综合征需行筋膜切开的骨折；⑧ 非手术治疗或手术治疗失败后的骨折不愈合，尤其是复位不佳者。

手术时机取决于患者的健康状况和软组织情况。临床上大部分骨折为单一部位的闭合骨折，这类患者可经过适当检查和计划后实施手术。一般来说，患者应在 1~3 d 进行手术以缩短住院时间，并使患者能够早期开展功能锻炼。如果早期已有明显软组织肿胀，建议 7~10 d 待肿胀消退再行择期手术。遇到急性损伤不能准确判断骨折端周围软组织活动的情况，采用外固定架作为临时固定方法再观察软组织情况是较为安全的处理方法。

损伤后手术可分为 3 类，即急诊手术、限期手术和择期手术。需急诊处理的损伤包括开放性骨折、无法复位的大关节脱位、伴有手术区撕裂伤或脱套伤、神经障碍正在加重的脊柱损伤、危及肢体或局部软组织血供的骨折、脱位及并发筋膜间室综合征的骨折。这些情况下，延迟手术有可能导致感染、神经损伤、截肢等严重并发症。开放性骨折最好在伤后 6 h 之内进行清创术，大多数伤口需要在 5 d 内进行延迟的一期关闭或采用皮瓣覆盖。限期手术是指在损伤后 24~72 h 应当进行的手术，如严重开放性骨折的再清创及多发性创伤患者。择期手术是指能延迟 3~4 d 甚至 3~4 周的手术，如胫腓骨粉碎性骨折后先行支架外固定，维持肢体长度后择期行内固定术。对于严重性多发创伤患者，临床提出了损伤控制性骨科治疗，即先快速有效地控制危及生命的出血和感染、纠正严重紊乱的生理状况后，再行下一步手术治疗。

此过程中过错行为主要包括手术适应证掌握欠妥、手术时机选择不当等。

2. *手术方式及操作过程* 手术治疗往往会增加进一步的创伤，因此手术过程应尽量减少感染和损伤区域血管遭到进一步破坏。手术入路应当沿着神经间的界面进入，应避免横断肌肉-肌腱单位。需要注意的是，骨折愈合中，骨内成骨比软骨内成骨愈合快，而骨内成骨又以骨外膜为主。因此任何对骨外膜的损伤均对骨折愈合不利。手术操作中，应仔细计划器械及机械撑开器的放置和应用，尽可能少地破坏骨折处损伤的软组织。

骨折总的治疗原则包括良好复位、坚强固定等。手术治疗中，不同骨折应选择不同的手术方式。例如，股骨干骨折可选择应力分布均匀的髓内钉固定，在固定骨折的同时允许早期负重，因而优于钢板螺钉固定，但若骨折线累及干骺端或者延伸入关节，则不适于髓内钉固定，需切开复位并坚强固定，以维持关节内骨折的解剖复位。内固定选择不当、固定方式不当均有可能导致内固定物断裂或骨不连的发生。因此，鉴定过程中应对植入物的选择类型、固定的方式进行分析。

钢板固定的基本原则是，必须把它放置在骨的张力侧，钢板置于张力侧（或凸侧）可抵消张力，并起到固定作用。钢板需要塑性以维持骨折复位的最大稳定性。任何类型的钢板要发挥功能都需要有足够的螺钉固定。除支撑钢板外，在骨折的上方和下方通常需要6~8枚螺钉固定。骨越粗，应力越大，应选用越长的钢板。对于严重的粉碎性骨折，如果粉碎部分超过骨周径的1/3，就应行松质骨植骨。手术操作过程的判断是医疗损害鉴定中的难点，由于手术过程的不可重复性，对操作过程的判断只能依靠手术记录及伤后影像资料进行分析。锁定加压钢板由于螺钉提供了角稳定性，使应力沿整个内植入物均匀分布，不会在某一个骨-螺钉界面产生应力集中。和普通钢板相比，其不容易出现固定失效，因此在临床上得到了广泛应用。

此过程中过错行为主要包括植入物类型选择不当、固定方式不当、螺钉固定数目不足、未按诊疗规范进行植骨等。

3. *术后康复治疗* 术后处理不当也是钢板断裂发生的重要原因之一。在开放性骨折中，覆盖在骨折处的肌肉活动会刺激软组织并降低它对感染的抵抗力。一般可使用夹板、支架或者足托等外固定对邻近关节进行制动，对有关关节需用夹板将其固定在功能位以防止挛缩。在鉴定过程中应着重对术后是否需外固定、外固定方式是否符合要求、固定持续时间是否足够、拆除外固定的时机是否合适等进行判断。

原则上术后应尽可能早的开始针对肌肉组织的康复治疗，直到肢体功能恢复。决定术后是否可以进行活动和功能负重的最重要因素是医生对于术后骨折稳定性的评估，需根据骨折固定的稳定程度、固定方式及患者全身情况而定，负重的增加可根据术后复查X线，对骨折的稳定度和骨再生的情况加以监控。对于经治医生来说，指导患者进行功能锻炼是骨折治疗的内容之一。活动范围练习和肌力锻炼都应当在医师或理疗师的指导下进行，并告知患者配合康复的重要性。对此的鉴定主要集中在医方是否对锻炼的时机、方法、复查的时间履行了相关的告知义务，在病程记录、出院小结、门诊病历中是否有记录。

此过程中过错行为主要包括术后未采取有效的外固定，对于复查时间、功能锻炼等后续治疗未尽到告知义务。

（二）医疗过错及因果关系分析

医疗损害鉴定的主要内容包括诊疗行为是否违反法律、行政法规、规章及其他有关诊疗规范、常规的规定；医务人员在诊疗活动中是否尽到与当时医疗水平相应的诊疗义务；诊疗过错行为与损害后果之间是否存在因果关系及原因力大小；患者的人身损害、损伤残疾程度等。对于骨折后并发钢板断裂的鉴定病例，损害后果相对比较容易确认，一般表现为延迟愈合、二次手术、病程延长等。在鉴定过程中应当分析骨折后钢板断裂的原因，分析医疗行为中是否采取措施防范骨折后并发钢板断裂，是否注意骨折后并发钢板断裂的及时发现，是否注意骨折后并发钢板断裂的及时处置。普遍认为，在钢板断裂的发生中，全身和局部因素均发挥作用，因此在确定了医疗机构存在医疗过错后，对医疗过错行为与损害后果之间的原因力大小的判断上应综合分析，要考虑到骨折的原始损伤（损伤的部位、类型、严重程度等）、患者的个体因素（年龄、基础疾病等）对钢板断裂发生的影响，综合分析医疗过错行为在损害后果中的原因力大小。

三、案例

【案例 1】

1. 病情摘要

患者管某，男，28 岁。2012 年 11 月 24 日因“骑摩托车时摔倒致左胸部外伤 5 h”至某医院就诊。查体：左肩部肿胀、压痛、活动受限，左锁骨中段区皮肤裂伤。X 线示：左锁骨骨折。诊断为左锁骨开放性粉碎性骨折。11 月 27 日行左锁骨骨折清创复位内固定术，术中见左锁骨中段骨折端成角移位，多枚小碎骨块，11 月 28 日 X 线示：左锁骨中段骨折处以 3 枚克氏针和 3 股钢丝内固定，克氏针穿越骨折线。2012 年 12 月 5 日出院，

2013 年 1 月 8 日复诊 X 线示左锁骨中段骨折处可见断端成角、移位。2 月 1 日行左锁骨骨折内固定钢丝克氏针取出加植骨钢板内固定术，完整取出内固定克氏针 3 枚，3 股钢丝，髓腔钻孔通开髓腔，复位骨折端，人工骨行中心及周围植骨，予以锁骨重建钢板 1 枚、螺钉 6 枚固定（骨折远、近端各 3 枚），活动见骨折固定良好，未见明显异常活动。

2014 年 9 月 2 日管某因“左锁骨骨折术后 2 年，疼痛、活动受限 1 周”至某军区医院就诊。9 月 5 日行内固定物取出、取髂骨植骨再固定术，术中探查见锁骨中段钢板断裂，骨折移位明显。

2. 分析论证与鉴定意见

根据首次住院病史记载、影像学检查及术中所见，某医院对患者做出的临床诊断左锁骨开放性粉碎性骨折成立，具有手术指征，医方选择施行清创复位内固定术符合诊疗常规；根据 2013 年 2 月 1 日相关记载，左锁骨骨折术后内固定物脱出诊断成立，亦具有手术指征，医方选择施行骨折内固定钢丝克氏针取出加植骨钢板内固定术符合诊疗常规。术后医方均予上肢悬吊制动，嘱定期复查，符合诊疗常规。

根据某医院首次手术记录和术后左肩 X 线所见，医方选择以 3 枚克氏针和钢丝固定锁骨骨折断端，术后 1 月余 X 线即显示左锁骨中段骨折处成角、移位，术后 2 个月复查 X 线片示骨折处移位较前增加且 1 枚克氏针已向锁骨下方完全脱出，说明某医院首次施行的克氏针、钢丝内固定，未达到牢固内固定的要求，存在医疗过错。

2013 年 2 月 1 日，管某在某医院行第 2 次手术（左锁骨骨折内固定钢丝克氏针取出加植骨钢板内固定术），本次手术中，医方选择以钢板和 6 枚螺钉进行固定。根据 2 月 3 日、3 月 18 日复查 X 线片示左锁骨中段骨折断端间可见低密度影，提示断端间骨质缺损，植骨不够充分；根据 2014 年 9 月 5 日某军区医院手术中所见，锁骨中段骨折断端可见纤维瘢痕组织，说明管某左锁骨中段骨折处缺乏良好的骨痂修复。经分析认为，某医院在对管某施行的第 2 次手术治疗中，未能进行充分、可靠的植骨，反映出经治医院的诊疗行为未尽到高度注意义务，存在医疗过错。该过错行为在一定程度上可以影响骨折断端间的良好愈合，与管某的左锁骨骨不连、钢板断裂之间存在因果关系。另外，由于该院第一次手术存在的过错行为，造成管某不得不接受第 2 次手术，不仅直接增加了手术创伤，还对锁骨骨折的愈合造成影响。

本例中被鉴定人管某因骑摩托车摔倒受伤，左锁骨中段骨折属于开放性粉碎性骨折，本身属于较高能量的损伤，即便经过正确、及时的治疗，也难以完全避免骨折延迟愈合甚至骨不连的发生，因此管某自身原发损伤亦与其左锁骨骨不连等不良后果之间存在一定的因果关系。

综上所述，医方在对管某的治疗过程中存在医疗过错行为，与管某的不良后果（首次内固定术后的克氏针脱出、第 2 次术后的骨不连、钢板断裂等）之间存在直接因果关系，医疗过错行为的原因力为主要原因。

3. 评析

（1）案例中主要是手术方式、操作过程和术后康复存在过错。患者为锁骨开放性粉碎性骨折，属于高能量损伤，具有手术指征。对于锁骨中段的粉碎性骨折，常规行切开复位内固定，目前主要采用的固定方式为钢板和螺钉内固定。克氏针固定、钢丝捆扎固定等方式由于生物力学强度较低，对于锁骨中段粉碎性骨折且术后活动较多者，其固定的牢固程度常不满意。

首次手术中，医方选择 3 枚克氏针交叉固定，不符合诊疗规范。一般横断性骨折，用 6 孔钢板固定即可，钢板可使骨折端获得加压，而粉碎性或斜形骨折则可用 8 孔钢板，可用拉力螺钉使骨折端获得加压。第 2 次手术中，医方选择以钢板和 6 枚螺钉进行固定，仍未达到锁骨粉碎性骨折的固定要求。术后 2 年复查 X 线片示钢板断裂，患者左锁骨中段骨折处缺乏良好的骨痂修复。因此可以认为，医方在对管某施行的第 2 次手术治疗中，未能进行充分固定及植骨，存在医疗过错。第 2 次术后半年复查 X 线片提示骨折断端周围未见明显骨痂形成，复诊病历中未见到医方对此进行相应处理或采取促进骨折愈合相关措施，反映出医方的诊疗行为未尽到高度注意义务，存在医疗过错。

（2）案例中，医方在手术方式和操作过程均存在过错。第一次术式存在过错，第 2 次手术操作过程存在过错，两次手术均在一定程度上影响骨折断端的良好愈合，与管某的损害后果（首次固定克氏针脱出、二次术后骨不连、钢板断裂、病程延长等）之间存在因果关系。管某原发损伤系高能量损伤（锁骨开放性粉碎性骨折），亦与损害后果之间存在一定因果关系。因此分析认为，医疗过错的原因力系主要原因。

【案例 2】

1. 病情摘要

2016 年 12 月 24 日，姜某因“外伤后左腕关节肿胀伴活动受限 3 d”至某镇卫生院，患者

20年前曾有左腕关节外伤。查体：左腕关节肿胀畸形，伴活动受限，左腕关节皮肤发绀。X线示：左桡骨远端陈旧性骨折畸形愈合后改变，左桡骨下段新鲜骨折伴移位，左尺骨茎突骨折。12月26日行左侧尺桡骨骨折切开复位内固定术。术中暴露骨折端，见左桡骨骨折并错位，清理骨折端，复位后取8孔钢板置于骨折处逐一钻6孔并用6枚螺钉固定。12月29日X线示：左桡骨下段骨折内固定术后改变，骨折断端间隙较宽，断端远近端螺钉间距较大。2016年12月31日出院。

2017年5月1日，姜某因“术后左前臂及左腕部逐渐畸形”再次入院。X线示：骨折断端周围可见少量外骨痂，断端边缘硬化，断端间隙清晰，钢板于原骨折断端处断裂并成角。5月3日行左桡骨骨折术后切开内固定取出并植骨内固定术。术中见钢板断裂，骨折端移位，断端周围骨痂及肉芽组织生长，剥离骨膜，取出固定于桡骨上钢板及螺钉。以一大小合适8孔锁定板固定于骨折断端。术中见断端骨质部分缺损，于右髂骨上取合适骨块植入骨折端处并以螺钉固定、丝线捆扎。2017年5月16日出院。

2. 分析论证与鉴定意见

根据病史记载及阅片所见，姜某“左桡骨下段、尺骨茎突骨折”诊断成立，具有手术指征，医方选择伤后2 d施行切开复位内固定术符合诊疗常规。对于治疗此类左桡骨下段骨折须尽可能地准确复位，建立稳定、牢固的内固定系统，从而促进骨折早期愈合，使患者能够早期活动，实现患肢的早期负重。一般横断性骨折，用6孔钢板固定即可，钢板可使骨折端获得加压；而粉碎性或斜形骨折则可用8孔钢板，尤其对于斜形骨折，可用拉力螺钉使骨折端获得加压。骨折线两端尽量使钢板等长，骨折断端距离远近端最近的螺钉尽可能小于1 cm。当骨折端不能获得有效加压、断端间隙较大时还应予以植骨。

从姜某术后复查X线片中可见，其骨折断端间隙较宽，断端远近端螺钉间距较大，提示复位、固定均不理想，断端间无法得到有效加压，经治医院的手术操作存在过错。从姜某术后约4个月钢板断裂后的X线上看，其钢板断裂应当是在骨折尚未愈合的情况下发生。送检材料未提示姜某发现钢板断裂前左上肢遭遇过其他外伤，也未见内固定材料存在质量缺陷的依据。钢板断裂与骨折尚未愈合有关，即在骨折未愈合的情况下活动所致。而骨折未愈合既与经治医院手术复位、固定不理想有关，又与原发外伤的严重程度有关，且姜某出院后长时间未遵医嘱复诊也使医院未能及时根据其骨折愈合的实际情况给予适时的建议。

据此认为，经治医院的上述过错与姜某的原发外伤均是导致此后钢板断裂并接受二次手术的重要因素，医方的过错与患者损害后果有一定的因果关系，原因力为同等原因。

3. 评析

（1）本案例中，主要是手术操作过程存在过错。前臂尺桡骨之间的解剖关系及旋转功能对于腕关节和肘关节活动至关重要，因此尺桡骨骨折往往需手术治疗，需维持前臂尺桡骨的长度、旋转对位和对线，使关节面平整复位。一般应在尺、桡骨分别做切口，在直视下准确对位，用加压钢板螺钉固定，必要时行松质骨植骨。由于桡骨存在弓形，髓内钉固定慎用。

患者为尺桡骨双骨折，具有手术指征。医方行尺桡骨骨折切开复位内固定术，术后3 d复查X线片见其骨折断端间隙较宽，断端远近端螺钉间距较大，提示复位、固定均不理想，断端间无法得到有效加压，医方的手术操作存在过错；术后约4个月桡骨发生钢板断裂，X线片提示桡骨缺乏良好的骨痂修复，说明术中缺乏有效植骨、钢板螺钉未达到固定要求，存在过错。

(2) 案例中,医方操作过程存在过错。医方进行钢板固定时复位、固定不够理想,与姜某损害后果(钢板断裂、二次手术)之间存在因果关系。姜某原发损伤较严重(左桡骨下段骨折、尺骨茎突骨折),且出院后并未根据医嘱及时复诊,使医方未能及时了解骨折愈合的实际情况并给予适时建议,分析认为医方过错与姜某原发损伤均是导致板断裂并接受二次手术的重要因素,医疗过错的原因力为同等原因。

【案例3】

1. 病情摘要

患者杨某,男性,57岁。2012年12月8日,因"重物砸伤后右大腿疼痛、畸形、出血伴活动受限2 h"至某医院就诊。查体:右大腿下段重度肿胀,明显畸形,可触及骨擦感,闻及骨擦音。大腿远端内、外侧可见开放性伤口,伤口见大量淤血块,出血活跃。右膝关节上方大腿远端扪及皮下空虚感,足部末梢循环减退,感觉减退,皮温低,足背动脉搏动可触及。右膝关节肿胀,浮髌试验(+)。X线片示右股骨远端开放性粉碎性骨折,髁上、髁间均粉碎,关节面破坏。当日行右股骨远端骨折切开复位内固定术。术中探查见右股骨远端粉碎性骨折,股骨髁分离移位,关节面粉碎,髁间嵴骨折,骨折块移位至关节腔,右股四头肌内外侧头断裂并重度挫伤,胫神经严重挫伤,证实诊断。2012年12月30日出院。

2013年1月17日术后复查示钢板于骨折断端处有扭曲、变形;2月17日X线见钢板弯曲变形较前X线片明显,给予石膏夹固定。2月22日患者于家中床上突感右大腿疼痛,急诊查体过程中听到响声,急行X线示内固定接骨板断裂。2月26日,因"内固定物断裂4 d"至另一医院就诊。查体:推入病房,右下肢石膏夹固定。取下石膏后右大腿远端内、外侧可见陈旧皮肤瘢痕,右大腿远端肿胀,压痛明显,可触及骨擦感及异常活动,纵轴叩击痛阳性,右膝关节活动障碍。2月27日复查X线片示右股骨远端骨质不连续,钢板于骨折断端断裂。于3月11日行右股骨远端骨折术后内固定物取出、切开复位内固定及自体髂骨植骨术。2013年4月8日出院。

2. 分析论证与鉴定意见

根据病史记载及阅片所见,杨某右股骨远端开放性粉碎性骨折诊断明确,具有手术指征,医方对其行探查及切开复位内固定术符合诊疗常规。杨某右股骨远端呈粉碎性骨折,髁上、髁间均粉碎,关节面破坏,治疗此类骨折须尽可能地准确复位,建立稳定、牢固的内固定系统,从而促进骨折早期愈合,使患者能够早期活动,实现患肢的早期负重。钢板、螺钉内固定是当时股骨远端骨折固定的常用手术方法。

根据杨某术后影像学资料显示其内固定上方螺钉固定于股骨深度不足,未完全穿越对侧骨皮质;术后1月余复查时可见钢板于骨折断端处有扭曲、变形;2月17日复查X线片示钢板弯曲变形较前X线片明显,医方给予石膏夹固定。随后,杨某术后两个半月即发生钢板断裂,尚在术后禁止负重的3个月期间内(出院时医嘱建议3个月内禁止下地活动,3个月内戴支具床上锻炼),没有证据表明杨某不遵医嘱提前下床负重活动,也没有证据表明其右下肢遭受其他暴力作用。就现有材料,可以认为经治医院的手术未能建立稳定、牢固的内固定系统,存在过错。

当然,杨某右股骨远端粉碎性骨折十分严重,髁上、髁间均粉碎,关节面破坏,对于手术操作、内固定选择及植入带来非常大的难度，即使医院手术方式完全正确、规范，内固定完全合理，也未必能完全避免钢板断裂的发生。由于原发外伤严重，周围血供难免遭受一定的破坏，对骨折的正常愈合难免有影响，若骨折长时间不能愈合，也会使钢板应力集中，从而增加断裂的风险。且首次内固定术后，在医方告知患者骨折粉碎严重，必须石膏外固定，禁止自行去除石膏外固定后，杨某仍表示难以配合石膏外固定并自行松解。

综上，经治医院在对杨某的诊疗过程中存在过错，上述过错与杨某的原发外伤均是导致此后钢板断裂并接受二次手术的重要因素，难以区分两者孰轻孰重，医疗过错的原因力为同等原因。

3. 评析

案例中，主要是手术操作过程存在过错。患者为股骨远端开放性粉碎性骨折，髁上、髁间均粉碎，关节面破坏，系高能量创伤，手术指征明确。股骨髁附着的肌腱、韧带和交叉韧带及关节囊作为复杂的应力传导系统对膝关节功能和稳定起着重要作用。解剖复位、坚强内固定和早期功能锻炼是恢复膝关节功能的三大原则。钢板、螺钉内固定是股骨远端骨折固定的常用手术方法。只要条件许可，此类患者均应尽早开始手术。钢板放置的位置、钢板长度及螺钉数量、螺钉需穿越对侧骨皮质、术后外固定的应用均是需要关注的问题。骨折粉碎严重、断端骨质缺损明显者，可能严重影响术后内固定系统的稳定，必要时可予植骨、双钢板固定等。

【案例 4】

1. 病情摘要

患者杨某，男性，39 岁。2014 年 12 月 11 日因“外伤致右髋部肿痛、活动受限 11 h 余”至某医院就诊。查体：右髋部肿胀，局部压痛明显，可触及骨擦感及异常活动，轴向叩击痛阳性，髋、膝关节活动受限。X 线片示右股骨粗隆间粉碎性骨折，可见游离骨块，骨折移位明显。12 月 15 日行右股骨粗隆间粉碎性骨折切开复位、植骨及钛板内固定术。术中钝性剥离骨膜，完全显露骨折端，见骨折端粉碎严重，骨折线由股骨粗隆至股骨中段，骨折端移位明显，嵌插有大量淤血块及软组织，骨折端周围软组织挫伤严重。将骨折块与骨折端拼凑复位，多枚克氏针临时固定维持复位，于股骨近端外侧放置一块 13 孔股骨近端解剖型锁定钛板。2015 年 2 月 2 日出院。5 月 28 日、7 月 10 日复查 X 线片示钛板于小粗隆水平断裂，骨折断端可见骨痂生长。

2. 分析论证与鉴定意见

根据病史记载及阅片所见，杨某“右股骨粗隆间粉碎性骨折”诊断成立，具有手术指征，医方行选择急诊行右胫骨结节骨牵引、4 d 后行切开复位、植骨、钛板内固定术符合诊疗常规。阅伤后影像学资料，其右股骨粗隆间骨折线自粗隆间向下延伸至股骨上段，断端移位并可见碎骨片，系较为复杂的股骨近端骨折。此类骨折由于股骨内外结构同时破坏，骨折极不稳定，粉碎程度高，在内固定方式的选择上尤为重要。最理想的手术方案应为闭合复位髓内钉固定，复位时应尽可能解剖复位，闭合复位不理想时可予切开复位再行髓内钉固定。医方在对杨某手术方式的选择上未采取最理想方案，存在过错。医方在切开复位钛板内固定术操作中基本符合诊疗规范，钛板长度、螺钉数目符合诊疗要求，钝性剥离骨膜亦是复位、固定所必需。

从钛板断裂后的影像学资料上看,其钛板断裂应当是在骨折尚未愈合的情况下发生。送检材料未提示杨某发现钛板断裂前遭遇过其他外伤,也未见内固定材料存在质量缺陷的依据。钛板断裂与骨折尚未愈合有关,而骨折未愈合主要是右股骨近端粉碎性骨折这一原发损伤所决定的,较为严重,发现钛板断裂距离手术仅5月余,尚未达到此类骨折正常愈合所需的时间,此类严重的骨折本身易引起骨折不愈合或延迟愈合。此外,杨某在出院至发现钛板断裂期间,没有遵出院医嘱进行规范的定期复查的相关记录,未能了解骨折愈合过程的实际情况,也未对尚未愈合的骨折予以足够的重视。因此,杨某钛板断裂的主要原因应是原发损伤以及出院后未遵医嘱定期复查。本案中杨某的损害后果主要为骨折愈合时间的延长及右髋关节功能障碍。骨折愈合时间的延长除了原发损伤严重以外,钛板断裂难免对局部骨质造成再次损伤,延长骨折愈合的时间,钛板断裂后需继续卧床、制动等相应的处理在一定程度上也不利于髋关节功能的恢复。

综上,经治医院在对杨某手术方式选择上存在一定的过错,与杨某的不良后果(钛板断裂、骨折愈合时间的延长及右髋关节功能障碍)之间存在一定的因果关系,原因力为轻微原因。

3. 评析

(1) 案例中,主要是手术方式存在过错。杨某为股骨粗隆间粉碎性骨折,为不稳定性骨折,手术指征明确。此类骨折主要治疗方式包括钢板-螺钉固定及髓内装置固定,髓内钉具有稳定支撑和抗旋转双重作用,可提供更好的稳定性。对于稳定骨折,可考虑钢板-螺钉固定;对于不稳定骨折,最佳方式是髓内钉固定。手术方式的选择上未采取最合适方案,存在过错。

(2) 案例中,医方手术方式存在过错。医方术中未能选择最佳手术方式,与杨某损害后果(钢板断裂)之间存在因果关系。杨某原发损伤(股骨粗隆间不稳定骨折)较重,本身较易引起骨折不愈合或延迟愈合,增加钢板断裂的风险。医方在切开复位钛板内固定术中操作符合诊疗规范,亦尽到术后需定期复查告知义务。杨某在出院至发现钛板断裂期间,没有遵医嘱定期复查的相关记录,使医方不能及时了解骨折愈合实际情况。

(卓佩佩,夏文涛)

第十二节 麻醉术后评估及转运的医疗损害鉴定技术指引

一、概述

麻醉是外科手术治疗的重要环节,存在诸多风险。手术和麻醉虽然结束,但手术及麻醉对患者的生理影响并未完全消除,患者的各种保护性反射仍未完全消失,潜在的危险仍然存在。麻醉恢复期是指停用麻醉药到患者生命体征平稳或清醒的时期,也是具有危险因素的特殊时期。这个时期随时可能突发危及生命安全的并发症,需要在此期间提供密切的监护,以及时发现并处理麻醉后期并发症,保障患者安全,提高医疗质量。

二、鉴定指引

（一）医疗过错行为

医疗过错行为是医疗损害责任的重要前提，鉴定此类过错行为需注意以下几个方面。

1. 麻醉后恢复室（PACU）的监护　PACU接收全麻后未苏醒及术后病情尚未稳定的患者。患者在麻醉医师的监护下从手术室转运到PACU，建立必要的监测并记录生命体征，保持呼吸道通畅、吸氧和输液；保留气管插管及呼吸功能未恢复者以呼吸机辅助或控制呼吸。常规监测内容包括呼吸频率、心电图、血压、血氧饱和度和体温等生命体征，每5～10 min监测和记录以判断恢复程度和速度，对于恢复缓慢者应进行治疗。此外，还需观察意识状态、瞳孔变化、颜面和口唇颜色、伤口、各种管道通畅情况等。

麻醉医师将患者转至PACU后需向值班医师和护士交班，包括手术方式、麻醉方法、麻醉用药、麻醉和手术的异常情况及其处理等；值班医师应全面检查患者并对麻醉后恢复情况做出评价，主要集中在神志、呼吸道及肌力的恢复，至少每15 min测定并记录1次血压、脉搏、心率、血氧饱和度及神志恢复情况。

研究表明，PACU的一般并发症发生率大约为5%；包括呼吸道梗阻、通气不足、低氧血症等呼吸系统并发症，术后低血压、术后高血压、心律失常等循环系统并发症，以及术后恶心呕吐、躁动、苏醒延迟、低体温与寒战等。对于相关并发症，需通过规范、细致的监护观察，以及时发现病情并对症处理，否则可能贻误处理时机从而造成严重后果。对于规范要求的监测内容应及时完整记录相关指标，否则不能证明尽到了观察注意义务。

2. 气管内插管拔管评估　全身麻醉期间为了便于吸入性全身麻醉药的应用，应保持患者呼吸道通畅，进行有效的人工或机械通气。对于难以保证患者呼吸道通畅者（如颅内手术、开胸手术、俯卧位手术等）、因疾病难以保持呼吸道通畅者（如肿瘤压迫气管）、全麻药对呼吸有明显抑制或应用肌松药者，都应行气管内插管。

全麻后拔管指征：① 患者神志恢复，有指令性动作；② 各种反射恢复，包括吞咽反射、咳嗽反射等；③ 自主呼吸恢复，呼吸频率为12～20次/min，潮气量大于6 mL/kg，吸入空气10 min后血氧饱和度高于96%；④ 循环功能稳定；⑤ 未见明显的全麻药及肌松药的残余作用。

延迟拔管指征：① 术前有明显呼吸功能障碍，或手术及麻醉对呼吸功能有明显影响者；② 手术时间过长及手术创伤严重者；③ 术前或术中循环功能不稳定者；④ 苏醒延迟，难以保持呼吸道通畅者。

拔管后密切观察：自主呼吸是否恢复、呼吸道是否通畅、通气及氧合情况等。拔管后应观察20 min左右，确定患者神志、反射、呼吸和循环状态正常。

3. 转出PACU评估　离室标准：① 神志状态，患者的神志清醒，能按照指令活动；定向能力恢复，能辨认时间和地点。② 呼吸方面，自主呼吸恢复并能保持呼吸道通畅；咳嗽、吞咽反射恢复，有清除口腔异物的能力；无呼吸困难，吸空气时血氧饱和度在95%以上，皮肤、黏膜色泽红润。③ 循环系统，血流动力学稳定，心率、血压不超过术前值的±20%并稳定30 min以上，不用血管活性药物或抗心律失常药物；心律正常，心电图无明显急性缺血改变。④ 疼痛或躁动等原因用过麻醉性镇痛药和镇静药者，观察30 min无异常反应。⑤ 局部麻醉或椎管内麻醉者，运动功能和本体感觉恢复，循环、呼吸稳定，不用血管活性药物。⑥ 苏醒程度评价可参考Steward苏醒评分在4分以上方能离开PACU；Aldrete苏醒评分最高分为10分时，说明患者术后恢复良好，一般达9分可以转入普通病房。

病情严重需行呼吸支持者、仍需血管活性药物支持循环功能者应转入重症病房。

4. *术后转运* 在转运患者时，至少应有麻醉科医师、外科医师和卫生员各一人共同护送；麻醉科医师应位于患者的头部，负责观察病情，及时发现和处理紧急情况。接受各种阻滞麻醉并保持神志清醒者，转运中应维持静脉输液通路通畅；接受全麻者，转运中应维持静脉输液通路通畅，并携带口咽通气道和简易呼吸器。危重患者在转运途中，除维持手术期间的有效治疗外，应监测心电图、血压、血氧饱和度，并应准备必要的急救措施。

目前临床实践中，一般情况下外科医师已经不参与术后转运，但麻醉医师负有观察病情以及时发现和处理紧急情况的重要职责，必须参与术后转运。此外，麻醉医师的资质亦应引起注意，需要具备相关经验和处理能力。

5. *紧急情况的抢救* 若患者发生心搏骤停、急性呼吸衰竭等紧急情况，则即刻会造成全身脏器组织的缺血缺氧而危及生命；尤其是脑组织，其对缺血缺氧的耐受较差，5 min左右的缺血缺氧即可导致不可逆性脑损害，即使抢救存活，也容易引发严重缺血缺氧性脑病。因此，在紧急情况下重在及时发现并采取积极的抢救措施。高质量的心肺脑复苏是复苏成功与否的关键，抢救措施是否规范、合理也是重要评价内容。

（二）因果关系及原因力分析

此类鉴定所涉及的损害后果较为严重，危及患者生命，即使心肺复苏成功，也往往遗留各种程度的缺血缺氧性脑病，重者可导致植物状态。如果医方在上述医疗过错行为方面，未能尽到规范、合理的诊疗义务，一般也应明确因果关系的判定。作为承担责任大小的重要影响因素即过错原因力如何判定，须综合考虑患者发生病情变化的原因、医方的过错程度及过错与损害后果的关联程度。在医疗过错程度方面，是明确违反法律法规、诊疗规范的过错，还是未尽一般注意义务或高度注意义务的过错，应作为原因力判定的影响因素。在因果关联程度方面，是必然性的因果关系还是盖然性的因果关系，亦应考虑。

三、案例

【案例1】

1. *病情摘要*

患者邹某，男性，49岁。因“外伤致颈部疼痛及活动受限4 h”于2014年6月16日入住某医院骨科。初步诊断为颈椎骨折、右锁骨骨折、右侧多发肋骨骨折、右侧胸腔积液、面部挫裂伤、脑震荡。6月23日在气管插管全麻下行寰椎骨折切开植骨内固定术+锁骨骨折切开复位内固定术，手术过程顺利，手术全程时间为3 h 45 min，15:20患者转入PACU。

15:43患者意识清醒，能睁眼，潮气量达1 000 mL，能握手配合，拔除气管插管后自主呼吸约16次/min；约1 min后患者出现呼吸困难、发绀，指脉氧饱和度迅速降至56%，心率110次/min，予面罩加压给氧，指脉氧饱和度能缓慢上升至88%；15:53行环甲膜穿刺建立紧急气道，胸外心脏按压，指脉氧上升至80%以上；15:55置入喉罩后接呼吸机给氧，患者指脉氧饱和度恢复至90%以上。16:45经气管切开置管成功，接呼吸机辅助通气。随后患者出现阵发性抽搐，予丙泊酚、咪达唑仑静脉推注控制症状；17: 00 左右出现血压下降，最低 70/45 mmHg，予升压等抢救。

患者经治疗病情无明显好转，长期住院，呈植物状态。

2. 鉴定意见

患者因“外伤致颈部疼痛及活动受限 4 h”入院，根据影像学检查所示，医方诊断寰椎骨折、右锁骨骨折明确，择期行骨科手术有指征，手术方式选择符合常规，手术操作未见违规之处，手术过程顺利。

患者系在俯卧位进行颈椎骨折手术，气管插管全麻下进行手术符合医疗常规。

患者术前气管插管顺利，在较长时间（医方诉 2~3 h）俯卧位气管插管下进行寰椎骨折切开植骨内固定术，术后可能因颈椎解剖位置改变、气道水肿等而形成困难气道；医方对本例患者的特殊性认识不足，仍按常规拔管。

拔管后患者很快出现呼吸困难、呼吸骤停等急性上呼吸道梗阻症状，证实术后形成困难气道。医方对此认识不足，在面罩加压给氧效果不佳、气管插管困难的情况下，直至病情变化后约 1 h 才行气管切开术，抢救措施不及时、不得力。

患者目前呈植物状态，系呼吸骤停后脑缺氧时间过长继发缺血缺氧性脑病所致。

医方在诊疗过程中未尽合理的诊疗义务，存在医疗过错，与患者损害后果存在因果关系。

患者手术部位特殊，需要在俯卧位气管插管下较长时间进行手术，手术及麻醉相关风险也是其发生急性上呼吸道梗阻的因素。

医方存在医疗过错，与患者损害后果存在因果关系，原因力为主要原因。

3. 评析

（1）医方的过错在于拔管时机选择及病情变化后的抢救方面。患者较长时间俯卧位气管插管下进行颈椎手术，术后可能因颈椎解剖位置改变、气道水肿等而形成困难气道；医方估计不足，未能考虑延迟拔管的指征，仍按常规拔管。拔管后患者很快出现呼吸困难、呼吸骤停等急性上呼吸道梗阻症状，医方在面罩加压给氧效果不佳、气管插管困难的情况下，直至病情变化后约 1 h 才行气管切开术。在此期间医方虽然实施了环甲膜穿刺术，但该方法只能作为困难气道的紧急处理措施，应同时准备和尽快施行常规气管切开或气管内插管。医方在紧急情况下的抢救措施不及时、不得力。

（2）患者术后发生急性上呼吸道梗阻是其损害后果的直接因素；因自身疾病所行手术部位特殊，需在俯卧位气管插管下较长时间进行手术，手术及麻醉相关风险也是其发生急性上呼吸道梗阻的因素。如果医方能够识别风险，做出延迟拔管的判断，常规拔管后的急性上呼吸道梗阻就可能避免。患者出现病情变化后，医方及时发现了异常，采取了气管插管措施，因困难气道致插管困难后又进行了环甲膜穿刺，但后续措施不得力，气道开放不充分，对损害后果亦有不利影响。患者的人身损害后果固然有自身因素，但相较于医方在两个环节的处理方面过错，原因力是次要原因。

【案例 2】

1. 病情摘要

患者唐某，男性，21 岁。因“全腹部疼痛 3 d”于 2011 年 4 月 15 日 15: 20 入住某医院外科。入院查体：全腹稍膨隆，未见胃肠型及蠕动波，肝脾肋下未及肿大，全腹部压痛（+），以脐周部明显，反跳痛(±)，墨菲征(-)，肠鸣音存在；血常规示：白细胞计数 21.5×10^9/L、中性粒细胞百分比 87.1%；腹部平片示：肠梗阻；初步诊断为肠梗阻、腹膜炎。入院后予胃肠减压、抗炎、解痉等治疗；18:30 急诊在硬膜外麻醉下行剖腹探查术，术中诊断为坏疽性阑尾炎、穿孔，弥漫性腹膜炎，行阑尾切除术，20:00 手术结束。20:40 患者被送至病房，血压低至 65/35 mmHg，脉氧测不出，听心音消失，呼吸停止，判断呼吸、心搏骤停，予胸外心脏按压、气管插管等抢救。患者自主心跳恢复，于 21:15 转 ICU 监护，予呼吸机辅助呼吸、脑复苏等治疗。患者生命体征平稳，自主呼吸恢复，于 4 月 16 日 00:20 转上级医院。

经治疗，患者意识改善不明显，呈植物状态。

2. 鉴定意见

患者因“全腹部疼痛 3 d”入院，有剖腹探查术的手术指征，经完善术前相关检查及术前准备，入院后 3 h 余进行急诊手术，手术时机在合理范围之内，不存在延误手术的过错。

医方麻醉方式选择为硬膜外麻醉，因麻醉效果不好予追加麻醉药物未违反医疗常规，但追加肌松药(氯琥珀胆碱)的措施不当，对相关麻醉风险认识不足。

根据《临床技术操作规范-麻醉学分册》，关于手术结束后患者的转运，因手术和麻醉结束后潜在的麻醉危险仍然存在，在转运患者时，至少应有麻醉科医师、外科医师和卫生员各一人共同护送；麻醉科医师应位于患者的头部，负责观察病情，及时发现和处理紧急情况。根据现场调查，医方在术后转运过程中无医务人员护送，违反诊疗规范。医方存在医疗过错，以致未能及时发现患者病情变化并采取抢救措施。

患者发生呼吸、心搏骤停考虑与麻醉有关，患者经抢救后心肺复苏成功，但脑复苏未成功，与脑缺氧时间过长有关。患者目前呈植物状态，系严重缺血缺氧性脑病所致，与医方的医疗过错存在因果关系。

医方存在医疗过错，与患者损害后果存在因果关系，原因力为完全原因。患者伤残等级为一级(备注：3 位鉴定专家同意以上鉴定意见，2 位鉴定专家认为原因力为主要原因)。

3. 法院判决

被告医院没有充分证据对该鉴定意见予以推翻，且其申请重新鉴定的理由不符合法律规定的情形，故本院对于该医疗损害鉴定书的鉴定意见予以采纳并作为本案的定案依据。因此，被告的诊疗行为存有过错，且过错与原告的损害后果之间存在因果关系，应承担赔偿责任，原告主张被告赔偿各项损失的诉求，符合法律规定，本院予以支持。判决被告赔偿原告 2 718 060 元。

4. 评析

(1) 医方术中追加肌松药(氯琥珀胆碱)的措施不当，可能增加相关麻醉风险，但其严重过错体现在术后转运过程中无医务人员护送，违反诊疗规范，以致未能及时发现患者病情变化并采取抢救措施。

(2) 患者在送回病房后换床时被发现呼吸、心跳已停止，转运途中何时出现呼吸、心搏骤停无法确定。鉴定组部分专家认为，患者在转运途中发生呼吸、心搏骤停属于难以预料的风险范畴，应考虑适当减轻医方责任。大部分专家认为，患者心肺复苏成功而脑未能复苏，与发现呼吸、心搏骤停的时间密切相关；医方无麻醉医师护送，明确违反诊疗规范的规定，过错明显，直接导致患者途中呼吸、心搏骤停未能及时发现。

在本案例中，关于麻醉医师未能护送患者，医方提出了患者家属行为干扰的抗辩理由。如果所诉属实，应考虑将患者家属行为作为患者损害后果的因素之一，但因无相关证据证明，并未得到支持。

（江涛）

第十三节　椎管内麻醉的医疗损害鉴定技术指引

一、概述

椎管内麻醉是指将麻醉药物注入椎管的蛛网膜下腔或硬膜外腔，脊神经根受到阻滞使该神经根支配的相应区域产生麻醉作用，统称为椎管内麻醉。根据注入位置不同，可分为蛛网膜下腔阻滞（又称脊麻或腰麻）、硬膜外阻滞（又称硬膜外麻醉）、腰麻-硬膜外间隙联合阻滞（简称腰硬联合麻醉）。因椎管内麻醉并发症比较多见，如硬膜外血肿发生率高达2%～6%，故由此引发的医患纠纷也是医疗损害鉴定过程中常见的案例类型。

二、鉴定指引

椎管内麻醉引起的医疗损害案件，在鉴定过程中应注重把握以下几个方面问题。

1. 选择椎管内麻醉是否有适应证

（1）腰麻的适应证：下腹部、腰部、盆腔、下肢、肛门及会阴部位的手术。

（2）硬膜外麻醉的适应证：腹部、腰部、盆腔及下肢的手术，颈部、上肢及胸壁的手术，术后镇痛。如果医方超出上述适应证范围，即应认定违反诊疗常规。例如，下文案例3中，患者是胸椎骨折取内固定，医方选择硬膜外麻醉，麻醉方法选择不当。

2. 是否有椎管内麻醉禁忌证

（1）腰麻的禁忌证有：① 中枢神经系统疾病，如脊髓或脊神经根病变、脑膜炎等；② 感染，如脓毒血症、穿刺部位感染等；③ 脊柱疾病，如脊椎严重畸形、脊柱结核、强直性脊柱炎等；④ 各种原因引起的休克；⑤ 不能合作的小儿、精神病患者；⑥ 合并有严重高血压、心脏病、外伤失血、腹内高压者等为相对禁忌证。

（2）硬膜外麻醉禁忌证有：① 不能合作者；② 穿刺部位有感染者；③ 有严重凝血功能障碍或正在进行抗凝治疗者；④ 有中枢神经系统疾病和颅内压升高者；⑤ 严重低血容量及休克者。

如果患者存在上述禁忌证，医方仍然选择椎管内麻醉，则应认定其违反诊疗规范。

3. 操作方法是否规范

（1）腰麻：操作体位有侧卧位、坐位、俯卧位，最常用是侧卧位；穿刺部位，成人应在L_2以下的腰椎间隙，儿童应在L_3以下的腰椎间隙；穿刺方法有正中穿刺法、旁正中穿刺法。

（2）硬膜外麻醉：操作体位常取侧卧位；穿刺方法有正中穿刺法（直入法）、旁正中穿刺法；置管前检查导管是否通畅、是否有裂痕或残缺等。如果医方违反上述操作规范，即应认定存在过错。例如，下文案例2中，腰麻穿刺点选择偏高（L_{1-2}间隙），增加了脊髓圆锥、马尾神经损伤概率。

4. 麻醉药品使用是否正确

（1）腰麻常用药品（剂量）为普鲁卡因（75~150 mg）、丁卡因（6~10 mg）、丁哌卡因（6~15 mg）。硬膜外麻醉常用药品（一次最大剂量）为氯普鲁卡因（150~900 mg）、丁卡因（37.5~150 mg）、利多卡因（150~500 mg）、丁哌卡因（37.5~100 mg）、罗哌卡因（100~150 mg）。

（2）注药方法：① 试验剂量，一般为2%利多卡因2~5 mL，注药5 min后，未出现腰麻症状，且在相应部位出现感觉减退，表明导管位置正确；② 追加剂量，在注入试验剂量5 min后，并已静脉输液，追加量一般为试验剂量的2~3倍，注药后应密切观察生命体征；③ 维持量，维持量为初量（试验量与追加量之和）的1/2~2/3。如果医方违反麻醉药品使用原则，即应认定存在过错。例如，下文案例3中，硬膜外麻醉一次给药20 mL（1.7%利多卡因+丁哌卡因），医方存在一次性麻醉用药剂量过大的过错。又如，下文案例4中，腰麻使用左旋丁哌卡因，因该药物使用说明书提示了其不用于腰麻，因迄今无临床应用资料，医方存在使用麻醉药品不当的过错。

5. 并发症发生后，发现是否及时、处理是否正确　椎管内麻醉并发症有血压下降、心率减慢、呼吸抑制、恶心呕吐、头痛、尿潴留、腰麻后神经并发症（如脑神经麻痹、粘连性蛛网膜炎、马尾丛综合征、脊髓损伤、腰背痛等）、化脓性脑脊膜炎、全脊椎麻醉、局麻药毒性反应、神经损伤、硬膜外血肿、脊髓前动脉综合征、硬膜外脓肿、导管拔出困难或折断等。

椎管内麻醉在操作过程中及注入麻醉药品后，应密切注意患者感觉、观察生命体征及麻醉效果，做到及时发现、正确处理。例如：① 脊髓损伤的防治，穿刺时应该详细询问患者肢体感觉，以防止损伤脊髓，穿刺针触及脊髓时，患者肢体有电击样异感；如数分钟消失，可继续进行硬膜外麻醉；如异感持续不退，应放弃硬膜外麻醉，并应用糖皮质激素，持续3 d可能会减轻并发症的程度。② 全脊椎麻醉，指大量局麻药进入蛛网膜下隙，全部脊神经甚至脑神经都被阻滞。主要表现为呼吸抑制或呼吸麻痹、心动过缓、血压下降，严重者可发生循环骤停。如能及时发现并立即进行人工呼吸，常可避免发生严重后果。例如，下文案例3中，该医院有麻醉机、有氧源，但实施麻醉人员疏于使用，患者出现急性呼吸、循环抑制时，未能立即正确实施人工呼吸和有效供氧，存在抢救措施不力的过错。③ 硬膜外血肿，穿刺和置管可能损伤硬膜外的血管而引起出血，有凝血障碍者发生硬膜外血肿概率增加。术后应注意下肢运动的恢复情况，怀疑出现硬膜外血肿者应尽早确诊，于24 h内手术多可恢复神经功能。

三、过错及因果关系分析

医疗损害鉴定是对某一个有争议的医疗行为是否存在过错，是否造成了损害后果，过错与损害后果之间是否存在因果关系及原因力大小进行判定。分析时必须依据法律、法规、规范、诊疗常规，分析医方的诊疗行为是否存在过错进行评价。

四、案例

【案例1】

1. 病情摘要

患者江某，女性，1938年7月出生。因“摔伤致左髋部疼痛活动受限3 h”于2017年11

月10日入住某医院骨科。医方根据患者病史、入院查体情况、辅助检查结果，诊断为左侧股骨颈骨折、2型糖尿病、高血压3级（很高危组）；予卧床、低分子肝素钙抗凝等治疗（11月11~22日皮下注射低分子肝素钙4 100 U，1次/d）。2017年11月22日13:30~14:15在硬膜外麻醉下行左侧人工股骨头置换术，术中麻醉满意，术后予抗感染、低分子肝素抗凝（11月22日14:53皮下注射低分子肝素钙4 100 U）、活血化瘀、止痛、支持等治疗。

2017年11月24日上午检见，左下肢肌力2~3级，右下肢肌力0级，膝反射、踝反射未引出，考虑硬膜外血肿。急查胸腰椎CT示：T_{12}椎体平面硬膜外长度约5 cm血肿（2017年11月24日，CT诊断报告：胸腰椎退变，T_{11}下缘~L_1后方硬膜外见梭形高密度影，长度约5.3 cm，脊髓受压，其内见气体密度影，L_1椎体楔形变，$L_?$~S_1椎间盘向后膨隆）。考虑系麻醉并发症，建议手术治疗。

24日14:17患者入住某市医院，急诊腰椎MR示：腰椎序列，生理弯曲存在，T_{11}~L_1椎管内见新月形等T_1T_2信号，内见条形状低信号，境界清楚，硬膜囊受压移位，T_9~S_1椎间盘膨隆，$L_{3/4}$椎间盘向后方突出，压迫硬脊膜囊，局部小关节骨质增生，脊髓信号无殊，考虑硬膜外血肿；腰椎退行性变，T_9~S_1椎间盘膨隆，$L_{3/4}$椎间盘突出。入院检查：会阴部痛触觉消失，肛门括约肌松弛，右侧大腿、小腿及右足皮肤痛触觉消失，右下肢肌张力减退，右侧髂腰肌、股四头肌、踇长伸肌、踇长屈肌肌力0级，左侧髂腰肌、股四头肌肌力0级，左侧踇长伸肌、胫前肌及胫后肌肌力4级。初步诊断为腰椎蛛网膜下腔出血，腰椎硬膜外血肿伴双下肢不全瘫，2型糖尿病，原发性高血压，肺部感染，左侧股骨颈骨折人工股骨头置换术后。

24日15:45~18:40行胸腰段后侧入路T_{11}~L_1右侧半椎板减压硬膜外血肿清除术，术中见暴露该节段硬脊膜，显示约5 cm长硬膜外血肿（T_{11}~L_1）压迫硬膜，硬膜发绀，仔细分离后，取出血肿；术后经抗感染、营养神经等对症治疗后于12月28日出院，出院时患者大小便失禁，会阴部痛触觉消失，肛门括约肌松弛，右侧大腿前侧及外侧皮肤痛触觉较对侧稍减退，右小腿皮肤痛触觉较对侧稍减退，右下肢肌张力稍增加，右下肢髂腰肌、股四头肌、踇长伸肌、踇长屈肌肌力2级，右足跖屈肌力3级，左侧髂腰肌肌力2级、股四头肌肌力2级、踇长伸肌及踇长屈肌肌力3级。

后患者转当地医院康复治疗，2018年9月10日出院时，保留导尿，大便干结，右髂腰肌肌力1^+级，右股四头肌肌力1^+级，踝背屈、拇背伸、跖屈肌肌力3级；左髂腰肌肌力2^+级，左股四头肌肌力3^-级，踝背伸、拇背伸、跖屈肌肌力4级，腱反射消失，病理征（-），坐位平衡0级，站立平衡0级，双侧髋关节及膝关节僵硬，双下肢感觉减退，骶尾部感觉消失。出院诊断为截瘫、褥疮。

2019年3月19日在某司法鉴定所听证时检见，被鉴定人由轮椅推入检查室，左大腿上段外侧、腰背部遗留手术瘢痕，导尿管在位，双下肢肌张力降低，右下肢肌力2级，左下肢肌力4级，双侧膝腱反射未引出，双病理征阴性。

2. 分析论证与鉴定意见

患者江某左侧股骨颈骨折（头下型）诊断明确，有手术指证，择期行左侧人工股骨头置换术，术式选择正确，术前已告知患方相关手术风险及并发症，符合诊疗常规；根据手术记录，手术操作未见违规之处。

医方在诊疗过程中存在以下过错：① 术前检查不到位，麻醉前评估不充分。江某系高龄(79 岁)合并多种基础病(2 型糖尿病,原发性高血压)的患者,医方在患者入院近 2 周的时间里未能给予患者胸腰段 CT 检查(术后 CT 证实该患者有椎间盘突出症),未行术前麻醉讨论,医方存在术前准备不充分的过错。② 围手术期抗凝药物使用不规范。医方未在术前 12 h 停用低分子肝素,手术结束不足 1 h 使用低分子肝素(《中国骨科大手术后静脉血栓栓塞症预防指南》要求手术前 12 h 内不再使用低分子肝素,术后 12~24 h 皮下给予常规剂量低分子肝素,或术后 4~6 h 给予常规剂量的一半,次日恢复至常规剂量),不排除抗凝药物的使用加大了患者术后发生硬膜外血肿的可能。③ 术后对患者观察不仔细。根据病历及结合现场调查,虽未见麻醉操作有违规之处,但现有材料缺少术后麻醉访视记录及相关病程记录,直至术后第 2 天(11 月 24 日)上午医方才有患者左下肢肌力 2~3 级,右下肢肌力 0 级等神经系统检查记录,后经 CT 检查确诊硬膜外血肿,此时距手术结束时间(11 月 22 日 14: 15)已经超过 24 h;医方对患者病情观察疏忽,未能尽早发现硬膜外血肿的发生,存在对患者病情观察不仔细的过错。

患者术前未见双下肢肌力障碍的记录,术后出现双下肢肌力障碍,影像检查及手术证实麻醉相应节段出现硬膜外血肿;结合患者临床诊疗经过及本次现场体检所见,患者目前状况符合术后硬膜外血肿所致截瘫(右下肢肌力 2 级,左下肢肌力 4 级,排尿功能障碍)的临床症状体征。术后发生硬膜外血肿系硬膜外麻醉的并发症,虽然术前麻醉知情同意书中告知了该手术风险,但医方存在的术前准备不充分、围手术期抗凝药物使用不规范的过错,不排除加大了患者术后发生硬膜外血肿的风险;医方术后对患者观察不仔细,未能尽早发现患者硬膜外血肿的发生,延误了早期诊断和及时手术清除血肿的机会;医方的上述过错与患者病情加重、预后不佳之间有因果关系;另患者系高龄老人、自身有多种基础疾病,对硬膜外血肿的发生及其最终后果之间亦有一定不利影响;综合分析,认为医方存在的过错与患者目前状况之间存在因果关系,建议医方存在的过错的原因力为主要原因。

【案例 2】

1. 病情摘要

患者杨某,女性,1982 年 3 月出生。2018 年 4 月 13 日,因"转移性右下腹痛 2 d"入住某医院。入院检查:右下腹压痛,以麦氏点处明显,无反跳痛,结肠充气试验(+),四肢关节灵活。诊断为急性阑尾炎。当日在腰麻下行阑尾切除术,麻醉操作:予左侧卧位,选择 $L_{1/2}$ 间隙穿刺,1%利多卡因局部浸润,予 0.75%丁哌卡因 1.6 mL 回抽脑脊液至 2.0 mL 注入,拔出腰硬联合针,平卧。

术后第 1 天患者诉切口疼痛剧烈,腰部及尿道口疼痛不适。4 月 14 日 15:00 麻醉后随访记载:尿潴留、右下肢无力,背伸不能,考虑局麻药神经毒性向家属交代,嘱予激素、维生素营养神经等治疗。4 月 15 日予维生素 B_{12} 0.5 mg 及地佐辛 5 mg 肌内注射等处理;4 月 17 日患者仍诉腰部疼痛不适,予维生素 C+维生素 B_6+地塞米松静脉滴注等对症处理;4 月 18 日予甘露醇、甘油果糖等治疗;4 月 21 日患者诉切口疼痛轻,右下肢膝关节以下麻木,痛觉迟钝,电话咨询骨科予以甲钴胺等营养神经药物对症处理;4 月 23 日嘱积极做右下肢肌力恢复训练。4 月 28 日神经电生理肌电图示:右侧腓总神经损伤;予抗炎、营养神经、活血化瘀、高压氧及针灸等治疗。

2018 年 8 月 29 日患者病情平稳,诉右下肢麻木、疼痛减轻,足及踝背伸障碍,右股后方疼痛;查体:右髂腰肌、股四头肌、股二头肌肌力 4 级,右腓骨小头处无压痛,右小腿、右足皮肤感觉麻木，右小腿无肿胀，右膝能主动伸屈，右踝、足趾能主动屈曲，屈曲肌力 3^+ 级，右足背伸肌力 0 级。目前患者仍在继续治疗。

2. 医患双方现场陈述

(1) 医方：麻醉注药过程中患者右下肢有酸胀感。

(2) 患方：穿刺过程中右下肢有过电感。2018 年 12 月 13 日专家现场查体：轮椅推入，神志清，回答切题，查体合作，右侧膝腱反射、跟腱反射均减弱，右股四头肌，股二头肌肌力 3 级，右膝能主动伸屈，右踝，足趾屈曲肌力 3 级，右足背伸肌力 1 级，髌下 15 cm 周径左 32 cm、右 27.5 cm，右大腿中、下段，右小腿，右足皮肤感觉减退。

3. 分析论证与鉴定意见

根据患者杨某转移性右下腹疼痛 2 d 病史，右下腹压痛、以麦氏点处明显等体征，医方临床诊断急性阑尾炎明确(术后病理确诊)，有手术指征，手术方式选择得当；选择腰麻方式得当，麻醉药品剂量及浓度符合规范。

医方在诊疗过程中存在以下过错：① 腰麻穿刺点选择偏高($L_{1/2}$间隙)，增加脊髓圆锥、马尾神经损伤概率；② 医方在麻醉操作过程中患者诉右下肢有异感时，未及时停止操作与注药，改变麻醉方式；③ 患者术后第 1 天出现尿潴留，右下肢疼痛、麻木时，应怀疑有马尾神经损伤，未及时请神经内科会诊并给予激素及脱水等对症处理。

患者术后出现右下肢疼痛、麻木，大小便功能障碍，目前存在右下肢瘫(肌力 3 级)的损害后果，符合马尾神经损伤的临床表现。医方的过错与患者右下肢瘫(肌力 3 级)的损害后果之间存在因果关系，但鉴于椎管内麻醉属于盲操作，操作中马尾神经损伤有一定的发生概率，存在不可完全避免的医疗风险，故建议医方过错行为的原因力为主要原因。

【案例 3】

1. 病情摘要

患者郭某，男性，1968 年 10 月出生。患者因“胸椎骨折内固定术后 1 年余”于 2014 年 7 月 1 日上午拟胸椎骨折内固定取出术后入住某医院。当日 17:30 患者入手术室，取 $T_{8/9}$ 间隙予利多卡因局麻后，开始硬膜外穿刺，操作过程顺利，置管顺畅，缓慢注入 1.7%利多卡因+丁哌卡因 20 mL，操作过程中与患者交流时，患者神志、生命体征均正常，测麻醉平面在 T_4 稍下水平，即准备开始手术；17:50 打完连续硬膜外麻醉后患者突然出现意识障碍，呼吸、心搏骤停，呼之不应，即行胸外心脏按压、口对口人工呼吸，持续 6 min 后心跳恢复，同时给予阿托品 1 mg，麻黄碱 20 mg，地塞米松 10 mg 静脉推注，肾上腺素 1 mg 肌内注射，后气管插管，呼吸机维持呼吸；18:00 患者意识恢复，呼之有反应，自主呼吸，散大瞳孔缩小，对光反射恢复，在吸氧情况下血氧饱和度维持在 95%以上。给予吸氧、呼吸兴奋剂、脱水、利尿药物治疗(注：某医院属一级乙等医疗机构，麻醉医生不具有独立从事麻醉执业活动资质)。

2014 年 7 月 1 日 20:05，患者因“心肺复苏术后 1 h”转往某市医院。入院查体：体温 39℃，心率 117 次/min，呼吸机控制，血压 114/67 mmHg，神志昏迷，GCS 评分 2+1+1=4 分，气管插管在位，双肺呼吸音粗，两肺底可闻及少量湿啰音，双侧瞳孔等大等圆，直径约 3.0 mm，对光反射存在，四肢肌张力稍亢进。入院诊断为心肺复苏术后，呼吸衰竭，缺氧性脑病，癫痫样发作，胸椎骨折内固定术后。入院后予呼吸机辅呼吸，7 月 4 日拔除气管插管，予脱水降颅压、改善脑细胞代谢、脑保护减轻脑缺血再灌注损伤、抗感染、护胃、改善心肌细胞代谢、保肝降酶、维持电解质及酸碱平衡、营养支持等治疗。

2014 年 7 月 18 日患者因“阵发性胡言乱语，行为乱，夜眠差 4~5 d”入住其他医院。入院诊断为缺氧性脑病后精神障碍，心肺复苏术后，缺氧性脑病，胸椎外固定术后。入院后予奥氮平、吡拉西坦、尼莫地平等药物及心理疏导等综合治疗，同年 8 月 15 日患者经治疗病情好转出院。2015 年 12 月 21 日，患者因“阵发性胡言乱语，行为乱 1 年半余”再次住院，入院诊断为脑器质性精神障碍，给予吡拉西坦、奥氮平、尼莫地平、阿普唑仑等药物治疗，目前病情尚稳定。

2016 年 2 月 17 日专家现场查体：患者意识清晰，表现安静，偶有情绪不稳，记忆力减退，计算能力下降，注意力集中尚可，定向力有错，思维反应较为迟缓，情感反应迟钝，自知力差。

2. 分析论证与鉴定意见

根据患者入院时病史、症状、体征及 X 线检查结果，某医院有关胸椎骨折内固定术后的临床诊断成立，且有内固定物取出的手术指征。

某医院在诊疗过程中存在以下过错：① 某医院属一级乙等医疗机构，不具备开展二级手术（胸椎骨折内固定取出术）的条件。② 麻醉医生不具有独立从事麻醉执业活动资质。该院麻醉医生虽有麻醉科进修经历，但其专业为社区医学，且仅具有执业助理医师资格，不能独立从事麻醉执业活动。③ 麻醉方法选择不当。根据《临床技术操作规范-麻醉学分册》的相关规定，硬膜外麻醉的适应证不含胸椎手术，《外科学》《麻醉学》就硬膜外麻醉的适应证亦未表述；此外，该患者系胸椎爆裂性骨折患者，椎体骨折出血常渗入椎管内引起椎管内粘连，硬膜外管很难插入到位，麻醉药物常不能向下弥散反而向上渗透直达到胸以上平面，直接影响呼吸功能，包括膈肌功能甚至心脏泵功能；由此可见，对该病例选择硬膜滞麻醉非常危险，医方作为一级医疗机构的技术力量和设备均较弱，选择此麻醉方法实属不当。④ 一次性麻醉用药剂量偏大（详情见前）。⑤ 该医院有麻醉机、有氧源，但实施麻醉人员疏于使用，患者出现急性呼吸、循环抑制时，抢救措施不当，未能立即正确实施人工呼吸和有效氧供。患者麻醉意外后脑部长时间缺氧，其后出现的精神障碍属缺氧性脑病的后遗症，相关损害后果与某医院上述过错行为存在直接因果关系，建议原因力为完全原因。

【案例 4】

1. 病情摘要

患者易某，女性，1967 年 2 月出生。因“发现子宫颈上皮内瘤变 1 个月”于 2015 年 8 月 27 日入住某医院，入院查体：子宫颈见锥切手术瘢痕、焦黑色、无触血，子宫体中位、常大、无压痛，附件无异常；四肢肌力、肌张力正常，深、浅感觉无异常。活检病理提示，子宫颈炎伴子宫颈上皮内瘤变Ⅱ级。入院诊断为子宫颈炎伴子宫颈上皮内瘤变Ⅱ级。8 月 30 日在持续腰硬联合麻醉下行全子宫切除术，麻醉穿刺点为 $L_{2/3}$ 椎间隙（注：患者陈述在穿刺过程中有感觉异常，但当时未向麻醉医生诉说），使用麻醉药品为左旋丁哌卡因，术后予止血、预防感染等治疗。8 月 31 日 19:00，患者诉下床小便时左小腿不能站立，且感觉欠敏感，予拔除镇痛泵、激素、神经营养等治疗。2015 年 9 月 1 日转外院诊治，相关辅助检查提示：影像检查见脊髓圆锥及终丝马尾神经信号未见确切异常改变；肌电图检查见左胫后神经损伤。

2016 年 7 月 13 日鉴定时检见：神清，颅神经检查正常，双上肢、右下肢肌力及肌张力、腱反射正常，左下肢轻度肌萎缩，左下肢远端背屈肌力 0 级，跖屈肌力 0~1 级，左下肢近端肌力 1 级，左下肢肌张力低，腱反射引不出，病理征阴性，L_2 以下痛觉减退。

2. 分析论证与鉴定意见

根据患者临床症状、体征及活检病理提示，子宫颈炎伴子宫颈上皮内瘤变Ⅱ级的临床诊断明确，且有子宫切除术的手术指征；医方选择持续腰硬联合麻醉，麻醉方法合理，穿刺间隙选择未违反诊疗常规；医方发现患者有神经损伤后，相关处置未违反诊疗规范。

医方使用的麻醉药品为左旋丁哌卡因，但该药物使用说明书提示其不用于腰麻，因迄今无临床应用资料，医方在蛛网膜下腔内使用该药品违反了药物使用说明书，存在使用麻醉药品不当的过错。

患者术前肢体运动和感觉功能正常，术后即表现左下肢感觉障碍、运动受限，鉴定期间检见左下肢肌力下降，L_2以下痛觉减退，分析上述损害结果系麻醉穿刺和药物损伤神经所致。结合在麻醉穿刺部位正确的情况下，穿刺过程中损伤神经，考虑存在个体差异；同时，患者在穿刺过程中有感觉异常未向医方诉说，致未能停止药物注射加重了神经损伤。综合分析，相关损害后果与医方使用麻醉药品不当的过错行为存在因果关系，建议原因力为主要原因。

【案例 5】

1. 病情摘要

2017 年 12 月 25 日，产妇郑某因“停经 39 周，不规律下腹痛 2 d”，拟诊“G2P0 妊娠 39 周，待产，ROA，脐带绕颈”入住某医院产科；入院后予完善相关检查、经阴试产，2018 年 1 月 3 日患者及家属拒绝经阴试产，要求行剖宫产终止妊娠，医方告知可能出现的麻醉并发症（如腰麻、硬膜外麻醉及外周神经阻滞可能出现局麻药中毒，术后疼痛、腰疼、尿潴留、神经损伤、硬膜外血肿、感染、全脊麻等并发症）、手术风险，患方签署了手术知情同意书。

次日下午医方在腰硬联合麻醉下为产妇郑某实施了子宫下段剖宫产术，术中患者生命体征平稳（麻醉记录反映：14:25 入手术室，14:55～15:00 普鲁卡因 2 mL 局麻、蛛网膜下腔穿刺、硬膜外穿刺、硬膜外置管、0.5%丁哌卡因 1.2 mL 腰麻，17:00 出手术室；患者未诉麻醉过程中有下肢有触电或其他异常感觉）。

2018 年 1 月 5 日（11:00），患者术后第 1 天，患者自诉双下肢无力、麻木，左下肢尤甚；查体，双下肢肌力减弱，不能上抬，左侧尤甚，伴左下肢触觉减弱；麻醉科会诊建议：氢化可的松 30 mg 静脉滴注，行腰部 MRI 检查排除硬膜外血肿等；同日下午（16:07）神内科会诊检见，左下肢肌力 2 级，右下肢肌力 3 级，左侧腹股沟以下浅感觉减退，予肌电图检查、甲钴胺及地塞米松（5 mg）静脉滴注等处理。

2018 年 1 月 6 日，诉双下肢麻木症状较前好转，神经电生理检查提示双下肢肌运动单位减少，多相波增多，主动募集减弱，腰部 MRI 平扫未见明显异常；神经内科会诊（注：神经内科二次会诊医生均刚取得主治医师资质不足 1 年），予营养神经等对症治疗。2018 年 1 月 8 日，患者感左下肢麻木减轻，要求停药哺乳，医方与患者沟通后，告知其相关风险，左下肢麻木不缓解，肌力减退等，患者仍要求停药哺乳，予停药（停用地塞米松等）继续使用营养神经药物（甲钴胺片）观察。2018 年 1 月 15 日出院时，左下肢麻木症状较前好转，肌力 2 级，嘱继续口服甲钴胺片观察。

外地某医院肌电图/诱发电位报告（2018 年 3 月 23 日/2018 年 4 月 13 日）提示左下肢 H 反射潜伏时延长，左侧腓浅神经感觉传导速度减慢，左侧 L_4-S_1 肌电图静息期见异常自发电位；考虑左侧 L_4-S_1 神经根损伤。腰部 MRI 平扫（2018 年 4 月 13 日）未见明显异常。

2019年1月15日听证时专家检见：患者跛行入室，双上肢肌力、肌张力正常，右下肢肌力、肌张力正常，左下肢肌力4级，左下肢膝腱反射未引出，左小腿轻度肌萎缩；左下肢深浅感觉正常。

2. 分析论证与鉴定意见

医方根据孕妇郑某孕产史、产科检查、辅助检查结果等，2018年1月2日做出G2P0妊娠40^{+1}周，待产，R0A，脐带绕颈，窦性心动过速的临床诊断成立，入院后予完善相关辅助检查、密切监测胎心、经阴试产等处理，符合诊疗常规。后患方要求行剖宫产终止妊娠，医方所选的腰硬联合麻醉，系剖宫产的常规麻醉方式；2018年1月4日行子宫下段剖宫产术，术前已告知了麻醉及手术相关风险，根据麻醉相关记录，医方麻醉操作未见违规之处，麻醉药物选择及剂量符合常规。患者剖宫产术后双下肢乏力伴左下肢麻木，医方安排麻醉科、神经内科会诊，完善肌电图、腰椎MRI等检查，并予营养神经等治疗未违反诊疗原则。

医方在诊疗过程中存在以下过错：① 术后第1天，神经内科会诊时，未认真分析双下肢肌力减退的原因，使用皮质类固醇激素剂量明显偏小（氢化可的松30 mg，地塞米松5 mg），未告知产科激素需使用的疗程时间，以及可能出现的后果。② 术后第2天，神经内科更换其他医师再次会诊时，同样未认真分析患者双下肢肌力减退的原因，未发现治疗方案中皮质类固醇激素剂量使用偏小的问题。③ 医方两次神经内科会诊均由低年资主治医师完成，违反诊疗常规。综合分析，在患者术后出现双下肢肌力下降、左侧较重，且伴左侧腹股沟以下浅感觉减退情况下，医方应考虑到神经损伤，并应积极行皮质类固醇激素冲击剂量治疗；医方存在对患者的病情严重性预估不足、治疗措施不力的过错。

根据郑某术后临床症状、体征及多次肌电图检查结果，结合听证会调查发现及本次查体情况。患者系剖宫产术后出现双下肢无力，以左侧明显；听证会现场专家反复询问，患者在麻醉操作过程中没有触电感或其他异常感觉；术后MRI检查未发现硬膜外血肿及脊髓、神经根等损伤征象；同时考虑麻醉穿刺所致神经根损伤，以单侧多见，且在操作时有明显的触电感或其他异常感觉，损害后果往往以感觉障碍为主；综合分析，其目前状态符合$L_4 \sim S_1$神经根损伤后遗症，基本可排除麻醉穿刺直接所致脊髓、神经根损伤，考虑是麻醉药物损伤神经所致。医方对患者的病情严重性预估不足、治疗措施不力的过错，对患者神经损伤治疗效果及转归有不利影响，与患者损害后果之间存在因果关系；后在使用皮质类固醇激素治疗有好转的情况下，因哺乳原因患方要求停止用药，对患者神经损伤治疗效果及转归亦有不利影响；因二者难分主次，建议医方的诊疗过错原因力为同等原因。

（陆振海）

第十四节　急性缺血性脑卒中静脉溶栓的医疗损害鉴定技术指引

一、概述

脑卒中是一种常见的脑血管疾病，具有高发病率、高致残率和高死亡率的特点。急性缺血性脑卒中(acute ischemic stroke,AIS)占脑卒中的60%~80%,它是各种原因导致的脑组织血液供应障碍,并由此产生缺血缺氧性坏死,进而出现神经功能障碍的一组临床综合征。患者常以突然出现一侧肢体(或面部)无力或麻木、言语不清或理解困难及意识障碍等症状就诊,急诊科和神经内科作为常见接诊科室,尤其强调早期诊断、早期治疗及早期康复。

急性缺血性脑卒中起病急,致死致残率高,治疗手段主要有一般对症处理、血管再通治疗、其他治疗。血管再通治疗包括静脉溶栓、动脉溶栓、血管内机械取栓,其中静脉溶栓是最主要和最常用的恢复血流的措施。我国最常用的溶栓药物为阿替普酶[(属重组组织型纤溶酶原激活剂 rt-PA)]。在有关静脉溶栓治疗急性缺血性脑卒中的医疗损害鉴定中常见争议要点主要涉及:① 溶栓适应证和禁忌证的把握;② rt-PA 超药品说明书用药;③ 治疗方案知情同意;④ 溶栓过程中的监护与处置;⑤ 溶栓并发症的防范和处置。因为血管再通治疗时间窗短,而且溶栓治疗可能出现脑出血等严重并发症,所以溶栓适应证和禁忌证是任何一例鉴定都不能回避的重点。静脉溶栓前必须进行有效的医患沟通,包括获益和风险的告知,国内相关溶栓指南中已将患方签署知情同意书列为开展溶栓治疗的必要条件之一。溶栓开始后的24 h内按要求严密监测,发现病情变化及时检查及处理,溶栓后继发脑出血是鉴定中最常见的损害后果。

二、鉴定指引

(一) 医疗过错行为的判断

1. 急性期的诊断与处理　由于急性缺血性脑卒中治疗时间窗窄,及时评估病情和快速诊断至关重要,医院应建立脑卒中诊治快速通道,尽可能优先处理和收治脑卒中患者。《急诊预检分诊分级标准》(2018版)将急性脑卒中划属Ⅱ级急重患者,响应程序为立即监护生命体征,10 min内得到救治,安排患者进入抢救区。《中国急性缺血性脑卒中诊治指南2018》(以下简称《指南2018》)提出对疑似患者进院至溶栓时间(door to needle time,DNT)尽可能控制在60 min内。诊断流程重点关注:① 病史采集时着重询问患者症状出现的时间,之前有没有出现颅内占位性病变、颅脑外伤、意识障碍及脑卒中相关疾病。② CT或MRI排除脑出血。③ 使用脑卒中量表定量评价神经功能缺损程度,确定血管闭塞部位并辅助早期诊断。目前最常用量表为美国国立卫生研究院卒中量表(National Institute of Health stroke scale,NIHSS)。④ 完善辅助检查,心电图、心肌损害标志物;血糖、生化;血常规和凝血功能;氧饱和度。在以上项目中血糖溶栓开始前必检,对于病史和既往史无特殊的患者,其他项目可边溶栓边等待结果,但需要事先告知并征得患者同意。⑤ 病因分型指导治疗,判断预后。

2. 静脉溶栓适应证和禁忌证的参考依据　中华医学会神经病学分会制订的《指南2018》对3 h内、3~4.5 h静脉溶栓的适应证、禁忌证及相对禁忌证均做了详细的列举。但是国内不同时期、不同组织亦发布过类似的指导性意见,如重组组织型纤溶酶原激活剂治疗缺血性卒中共识专家组制订的《重组组织型纤溶酶原激活剂静脉溶栓治疗缺血性卒中中国专家共识(2012版)》(以下简称《rt-PA共识》)、中华医学会神经病学分会制订的《中国急性缺血性脑卒中诊治指南2014》(以下简称《指南2014》)、2017年中国卒中学会科学声明专家组制订的《急性缺血性卒中静脉溶栓中国卒中学会科学声明》(以下简称《科学声明》)、国家

卫生健康委员会急诊医学质控中心等联合制订的《中国急性缺血性脑卒中急诊诊治专家共识》(以下简称《急诊共识》)、中国中西医结合学会急救医学专业委员会等联合制订的《中国急性缺血性脑卒中中西医急诊诊治专家共识》等。不仅种类繁多且指导性意见不尽相同甚至有前后矛盾之处。例如,在《科学声明》中“我国尚未批准急性缺血性脑卒中发病 3~4.5 h rt－PA 静脉溶栓治疗,目前正在进行临床试验”有悖于 3~4.5 h 静脉溶栓治疗适应证的列举;关于静脉溶栓前的血压控制目标,《急诊共识》中“行静脉溶栓或血管再通治疗时,血压应降至收缩压<180 mmHg、舒张压<110 mmHg”,《rt－PA 共识》中“溶栓前后血压应控制在 185/110 mmHg 以下(Ⅱ级推荐,B 级证据)”,《科学声明》中“若予以药物降压,临床医师需要在静脉 rt－PA 治疗前将血压降低至 180/105 mmHg,且在静脉 rt－PA 治疗后 24 h 内维持这一水平(Ⅰ类推荐,B 级证据)”,《指南 2018》中“准备溶栓及桥接血管内取栓者,血压应控制在收缩压<180 mmHg、舒张压<100 mmHg”。以上文件中的指导性意见均未得到卫生行政部门的明确认可,实践中如何取舍?考虑到 2005 年中华医学会曾受国家卫生部委托组织编写出版过《临床技术操作规范》和《临床诊疗指南》系列丛书,加之中华医学会系目前国内最具影响力的医学学术组织,故笔者建议首先选用医疗纠纷发生前中华医学会发布的最新指导性意见,如有医疗纠纷发生前其他专业组织发布的最新指导性意见,从保护医学发展的角度出发,采用有更利于医方的指导性意见。

3. *rt－PA 超说明书用药*　挽救梗死组织周围的半暗带是缺血性卒中现代治疗的基础,rt－PA 静脉溶栓是建立再灌注有效药物治疗手段。国内使用的 rt－PA 源自德国进口的注射用阿替普酶商品名为爱通立的药物,根据《指南 2018》推荐溶栓时间窗内的用法为:0.9 mg/kg(最大剂量为 90 mg),其中总量的 10%在最初 1 min 内静脉推注,剩余的 90%持续滴注 1 h(Ⅰ类推荐,A 级证据)。缺血性脑卒中治疗时间窗为发作 4.5 h 内。

注射用阿替普酶在国内注册的说明书中有关其药理学特性的描述:“临床数据的分析显示,与症状发作 3 小时内就给予本品治疗的患者相比,在症状发作 3 小时后(3 至 6 小时)才接受本品治疗的患者疗效差,而且风险增高,这导致其收益/风险比值落在原来 0~3 小时可接受的值以外。”适应证:“急性缺血性脑卒中必须预先经过恰当的影像学检查排除颅内出血之后,在急性缺血性脑卒中症状发作后的 3 小时内进行治疗。”治疗急性缺血性脑卒中时的补充禁忌证:“缺血性脑卒中症状发作已超过 3 小时尚未开始静脉滴注治疗或无法确知症状发作时间。”

据此,症状出现在 3~4.5 h 脑卒中患者予 rt－PA 溶栓属于超说明书用药。超说明书用药是指药品使用的适应证、剂量、疗程、途径或人群等未在药品监督管理部门批准的药品说明书记载范围内的用法。临床药物治疗中,超说明书用药普遍存在,是否存在过错,主要从以下几个方面进行评价:① 超说明书用药只能是为了患者的利益,且以无合理可替代药品为前提;② 权衡利益和风险,保证该药物治疗方案是最佳方案;③ 有合理的医学证据支持;④ 须经所在医疗机构药事管理与药物治疗学委员会和伦理委员会批准并备案后方可实施;⑤ 需保护患者的知情权并尊重其自主决定权。

4. *静脉溶栓启动后的监护*　溶栓前已经完善了相关检查,调控了血糖和血压,签署了知情同意书。脑卒中患者急性期可出现脑水肿、高颅压、梗死后出血、吸入性肺炎等并发症,所以严密观察及时处理非常重要,特别对于溶栓治疗的患者,患方更倾向于将并发症的发生与溶栓联系起来，进而引发纠纷。《指南 2018》中静脉溶栓的监护要求：① 患者收入 IUC 或卒中单元进行监护；② 定期进行血压和神经功能检查，静脉溶栓治疗中及结束后 2 h内，每15 min进行 1 次血压测量和神经功能评估；然后每 30 min 1 次，持续 6 h；以后每小时 1 次直至治疗后 24 h；③ 如出现严重头痛、高血压、恶心或呕吐，或神经症状体征恶化，应立即停用溶栓药物并行脑 CT 检查；④ 如收缩压 ≥ 180 mmHg 或舒张压 ≥ 100 mmHg，应增加血压监测次数，并给予降压药物；⑤ 溶栓 24 h 后，给予抗凝药或抗血小板药物前应复查颅脑 CT/MRI。针对脑水肿、高颅压的防治要求适当使用脱水或利尿药物，必要时外科干预。

5. *诊疗过程中的医患沟通* 医疗活动中的医患沟通非常重要，几乎每一起医疗纠纷在鉴定时患方均会主张未得到充分知情。《民法典》第一千二百一十九条要求医务人员在诊疗活动中应当向患者说明病情、医疗措施、具体医疗风险、替代医疗方案等情况，并取得明确同意。具体到急性缺血性脑卒中静脉溶栓患者的告知应重点关注以下方面：① 告知对象是否为患者本人及其近亲属，是否取得患者本人签字或被授权人签字。② 是否及时告知病情危重程度及预后，即是否及时下病重或病危通知。③ 依据自身诊疗水平和条件，是否需要请会诊或转上级医院。④ 治疗方案选择，保守、溶栓或桥接血管内取栓，如需外科干预须有相关告知等。⑤ 选择溶栓治疗(rt－PA 超说明书用药)的获益与风险，治疗费用等，如果相关检查项目未完善，坚持等待可能延误溶栓时间窗的，也应该事先告知。⑥ 患者死亡后是否建议尸检明确死因。⑦ 其他方面的告知，如防跌倒和坠床、配合医护做好深静脉血栓和压疮的防治。在以上诸多事项中，医方如何告知溶栓治疗的获益与风险，往往对患方是否选择溶栓治疗起到决定性作用，务必要求尽可能客观、全面、准确。

6. *溶栓并发症的处理* 急性缺血性卒中早期溶栓治疗对提高生存率和减少伤残率有积极意义，但也可能并发症状性脑出血，此外还可以出现其他并发症如脑水肿高颅压、血管源性水肿、癫痫等。如果并发症已不幸发生，就应该积极去处理，把损害减少到最低。针对症状性出血主要处理措施如下：及时检查凝血功能、血常规、血糖、血生化；视情形决定是否补充纤维蛋白原、血小板；脱水降颅压，控制体温、血压、保障通气，维持生命体征平稳；止血药物应用；必要时请外科、血液科会诊。

（二）医疗损害后果的判断

首先要明确急性缺血性脑卒中在急性期本身就有以下常见并发症，属于疾病自身发展转归，与是否溶栓无关或并非完全由溶栓导致。

1. *脑水肿与颅内压增高* 严重脑水肿和颅内压增高是急性重症脑梗死的常见并发症，是死亡的主要原因之一。

2. *梗死后出血(出血转化)* 脑梗死出血转化发生率为 8.5%～30%，其中有症状的为 1.5%～5%。心源性脑栓塞、大面积脑梗死、影像学显示占位效应、早期低密度征、年龄大于 70 岁、应用抗栓药物(尤其是抗凝药物)或溶栓药物等会增加出血转化的风险。

3. *癫痫* 缺血性脑卒中后癫痫的早期发生率为 2%～33%，晚期发生率为 3%～67%。

静脉溶栓导致的损害后果几乎不涉及纯经济损失，医疗损害鉴定中以人身损害为主要损害后果，精神损害作为人身损害发生后的衍生后果，一般也不对精神损害予以表述。人身损害后果通常表现为继发性脑出血后的死亡和伤残，伤残等级按委托方的要求参照相应的标准评级，此外还可能涉及护理期、误工期、营养期和护理依赖程度的鉴定。此外，笔者倾向于将有溶栓适应证因医方过错行为而未予溶栓的情况，称为溶栓机会丧失，从而作为损害后果的特殊类型。不把未溶栓患者的死亡或者伤残视为损害后果是因为静脉溶栓总体获益率约为32%，相对于自然转归仍属小概率事件，也就是说静脉溶栓获益患者仍是所有溶栓整体中的小部分，大部分溶栓患者仍未明显受益；另外，如果将溶栓机会丧失视为损害后果降低了因果关系成立与否的分析难度，有利于溶栓风险较高的患者获得一部分补偿，但又不会过度加重医方负担；如果将溶栓机会丧失作为损害后果，在因果关系成立的前提下，将给予审判机关或调解组织更大自由裁量的空间，也减小了医疗损害鉴定机构的压力。

（三）因果关系及原因力大小的判断

通过考察医疗过错行为是否参与引起或扩大医疗损害后果，来确定是否存在因果关系和原因力大小。对于"作为型"医疗过错行为，因果关系和原因力较容易判断，如没有明确溶栓适应证或存在明确溶栓禁忌证、溶栓药物超剂量使用等。而对于怠于履行注意义务的"不作为型"医疗过错行为，如延误溶栓时间，超过静脉溶栓时间窗、溶栓过程中血压监测数据缺失、神经系统体征记录不全等，应以其"不作为"视为违反法定义务的作为，其"不作为"使得已经出现的损害没有得到及时正确地处置从而建立因果关系。鉴于此情形下疾病自身或医疗风险起主导作用，"不作为"只是促成作用，故其原因力建议从轻。

（四）小结

急性缺血性脑卒中是神经内科急症，因其高发病率、高死亡率、高致残率引起医学界的高度关注，积极实施静脉溶栓治疗和血管内介入治疗能够改善预后，但同时也伴随着不可完全避免的医疗风险。涉及急性缺血性脑卒中静脉溶栓治疗的医疗损害鉴定，一定要从医疗损害责任的构成要件出发（表3－2）。

表3－2　急性缺血性脑卒中静脉溶栓医疗损害鉴定指引列表

过错行为	因果关系	损害后果	原因力
医方原因错失溶栓或血管内治疗时间窗	有	溶栓或血管内治疗机会丧失或疾病自然进展后残疾	完全原因或主要原因 次要原因或轻微原因
有溶栓适应证，无禁忌证，但治疗方案选择和风险告知沟通不到位	无	症状性出血后残疾或死亡	无
违反溶栓禁忌实施溶栓	有	症状性出血后残疾或死亡	完全原因或主要原因
溶栓过程中监护有漏洞，溶栓结束时 NIHSS 评分无变化	无	症状性出血后残疾或死亡	无
溶栓过程中监护有漏洞，未能及时发现神经症状和体征恶化	有	症状性出血后残疾或死亡	次要原因或轻微原因
CT 证实为症状性脑出血后处置不及时、措施不到位	有	症状性出血后残疾或死亡	次要原因或轻微原因

第一，明确医方有无过错。过错源于法定注意义务的违反，我们无法洞察行为人的内心，但可以从其外部行为进行推断，在《民法典》第一千二百二十二条规定推定医疗机构存在过错的3种情形中，“违反法律、行政法规、规章以及其他有关诊疗规范的规定”是鉴定中使用最广泛的判断标准。

第二，医务人员是否存在医疗过错行为。采用客观的过错判断标准，也就是将医疗过错行为的判断与过错判断统一起来，在完成对是否存在医疗过错行为判断的同时，自然得出医方是否存在过错。客观标准除了广义上的法律、法规以外，具体到该类鉴定，教科书、诊疗指南、科学声明、专家共识、药品说明书均是判断依据，本指引认为应以同期教科书为基础，以同期诊疗指南为指导，参考药品说明书，适当兼顾科学声明与专家共识。重点考察医务人员对溶栓适应证和禁忌证的把握，对围溶栓期的监护和处置，还有明确溶栓并发症发生后的诊断和处置。

第三，静脉溶栓治疗导致的损害后果。医疗过错行为导致的不良后果才属于医疗损害后果，不是所有的不良预后都是医疗损害后果，如与溶栓无明确相关的不良后果如癫痫、脑水肿与高颅压、梗死灶内的出血等，对于脑实质血肿可表现为蛛网膜下腔出血、脑室出血、中线移位等，最终演变成感觉、运动功能障碍甚至死亡。笔者建议可将错失静脉溶栓或血管内介入治疗时间窗的情形，视为“机会丧失”型医疗损害后果。

第四，因果关系和原因力大小。通过考察医疗过错行为是否参与引起或扩大医疗损害后果，来确定是否存在因果关系和原因力。

三、案例

【案例1(肾结石患者术前突发脑梗死)】

1. 病情摘要

患者余某，女性，1958年8月出生。2012年9月1日因“右腰部疼痛不适22 d余”入住某医院泌尿外科。腹部CT检查：右肾多发结石伴囊肿表现。初步诊断为右肾结石、右肾囊肿，准备行手术治疗。9月2日完善术前各项检查，血常规、肝肾功能、血脂、凝血功能、心电图等均无异常。18:00患者突发四肢无力，不语，查体：体温36.5℃，心率60次/min，呼吸21次/min，血压130/80 mmHg，神志模糊，双侧瞳孔等大等圆，直径约2.5 mm，对光反射灵敏，大小便失禁。心电图示：窦性心动过缓，T波改变（$V_3 \sim V_6$低平），行输液治疗，并观察病情。20:00血压160/100 mmHg，予硝苯地平处理。22:01 CT检查：双侧基底节区梗死灶。内科会诊查体：血压128/75 mmHg，神志模糊，反应迟钝，双侧瞳孔等大等圆，直径约3.0 mm，对光反射灵敏，右侧上、下肢肌力0级，左侧肢体肌力、肌张力正常，右侧巴氏征阳性。给予活血化瘀、抗凝、营养神经等处理并转至内科。9月4日CT检查示左侧额颞叶大片状脑梗死，两侧基底节区腔梗。给予抗凝、营养脑神经、活血化瘀、保护胃黏膜、心电监护、吸氧等处理，11月6日患者出院，出院诊断为左侧额颞叶大面积梗死，右侧基底节区梗死，右肾结石、右肾囊肿。

2. 分析论证与鉴定意见

(1) 患者系二级护理肾结石住院患者，既往史无特殊，住院后已完善术前各项检查拟手术治疗。在住院期间发生病情变化，理应得到及时专业的治疗。9月2日18:00患者突发四肢无力，不语，查体：血压130/80 mmHg，神志模糊，双侧瞳孔等大等圆，直径约2.5 mm，对光反射灵敏，大小便失禁。心电图示：窦性心动过缓，T波改变（$V_3 \sim V_6$低平）。患者出现神经系统定位体征，超出泌尿外科诊治范畴，外科值班医生未及时请神经内科会诊，并行相关检查查找原因，仅予补液继续观察，对病情严重性认识不足，20:00 测血压 160/100 mmHg，仅予硝苯地平对症处理，延误时机。22:01 头颅 CT 检查示双侧基底节区见多发斑片状低密度影，提示双侧基底节区梗死。请内科会诊后行抗凝、活血治疗，转内科处理。头颅 CT 检查明显延迟，且明确脑梗死后尚处在 4.5 h 静脉溶栓时间窗内，医方未考虑采取溶栓以尽早恢复缺血区的血流甚至未向患者告知该治疗方案。

(2) 医方未能在住院患者出现神经系统病症时及时明确诊断，对于急性缺血性脑卒中患者采取静脉溶栓治疗或抗血小板治疗；与此类似的对于溶栓时间窗内入院患者，溶栓时间流程管理明显疏漏，以致超时无法实施静脉溶栓甚至血管内介入治疗，笔者倾向于将损害后果直接认定为溶栓或取栓机会丧失，医方延误诊治的过错行为与机会丧失的因果关系比较容易判断，然后结合延误原因中是否合并客观原因和患方自身原因来确定医方延误行为的原因力大小，若单纯是医方的过错行为导致治疗时机延误，原因力建议为主要原因甚至完全原因。

丧失的溶栓机会的价值如何赔偿？依美国法学教授约瑟夫·金的机会丧失理论“至于治愈机会之计算，应依被告不法行为减低被害人治愈病症的可能性比例”。如果专家认为及时溶栓治疗下的有效率为 30%，那么该机会价值为总的伤残损害后果价值×30%。但实务中为便于案例处理，更多的是以错失溶栓机会后急性脑梗死自然转归为损害后果，医方违反诊疗规范没有实施积极溶栓的“不作为”行为没有阻止损害后果的发生，损害后果是自身疾病和医方“不作为”的过错行为共同导致的结果，医方的过错行为具有原因力，考虑到溶栓治疗的获益概率和疾病自身原因在病情转归起主导作用，原因力建议以次要原因或轻微原因为宜。

【案例 2(急性脑梗死静脉溶栓过程中继发脑出血)】

1. 病情摘要

患者李某，男性，1969 年 12 月出生。2015 年 1 月 15 日 12:40 因“右侧肢体乏力 2 h 余”由当地医院 CT 检查初步诊断为急性脑梗死后转往该市某医院。患者有高血压史 20 年，平时用药情况及血压控制不详。入院查体：体温 36.5℃，心率 77 次/min，呼吸 20 次/min，血压 159/102 mmHg，专科检查：神清，对答切题，定向力正常。双侧瞳孔等大等圆，光反射灵敏。口角不歪，伸舌居中，吞咽反射存在，颈软，右上肢肌力 0 级，右下肢肌力 2 级，右侧肢体肌张力低，左侧肢体肌力 5 级，肌张力正常 CT 排除脑出血，诊断为脑血栓形成，原发性高血压Ⅲ期。

入院后查血常规、生化及凝血功能基本正常。13:50 予以 rt－PA 70 mg 溶栓，7 mg 静脉推注，余下 1 h 内微泵静脉推注。溶栓开始时查体：血压 150/96 mmHg，右侧鼻唇沟稍浅，右上肢肌力 0 级，右下肢肌力 3^- 级，右侧病理征阳性。14:00 患者溶栓过程中，无头痛，无胸闷胸痛，无恶心呕吐，右下肢肌力较前好转。查体：血压 159/100 mmHg，神志清，右侧鼻唇沟稍浅，右上肢肌力 0 级，右下肢肌力 4 级，NIHSS 评分 7 分，14:25 患者突发性头痛，伴有胸痛、腹痛剧烈，停止溶栓，余液 28 mg，急查颅脑 CT+主动脉 CTA：第四脑室及蛛网膜下腔出血，脑干延髓出血可能。15:00 患者嗜睡，血压 174/122 mmHg，告病重，予尼莫地平 4 mL/h 泵推。请脑外科急会诊，考虑后循环夹层动脉瘤破裂，予白眉蛇毒血凝酶 2 000 U 静脉推注，氨甲环酸静脉滴注止血。目前患者长期卧床，常有发热，生活完全不能自理。

2. 分析论证与鉴定意见

(1) 该患者诊断急性缺血性脑卒中明确，有溶栓适应证无禁忌证，溶栓过程中按要求进行血压、脉氧和神志监护，突发头痛后即刻停止溶栓，安排头颅 CT 检查发现蛛网膜下腔出血，即予凝血和止血药物应用，告病重建议转上一级医院，医方处置正确。继发颅内出血是溶栓常见的不良反应，溶栓前医方已履行书面同意手续。

该案例中有一个细节，患者首诊当地医院曾开具阿司匹林，但实际是否服用鉴定时无法查明。焦点是，如果患者溶栓前服用抗血小板药物是否还可以继续实施静脉溶栓？《指南2018》溶栓禁忌证之一："急性出血倾向，包括血小板计数低于 100×10^9/L 或其他情况……使用抗血小板药物……可在充分评估、沟通的前提下考虑静脉溶栓治疗。"《科学声明》："静脉 rt－PA 可用于曾服用阿司匹林、氯吡格雷、双联抗血小板及服用华法林且 INR≤1.7 的急性缺血性脑卒中患者（Ⅱb 类推荐，B 级证据）。"《rt－PA 共识》："发病时接受抗凝或抗血小板治疗：因抗凝本身增加出血风险，溶栓随机对照研究均将发病时使用口服抗凝剂、发病前48 h 内使用肝素且部分凝血活酶时间延长作为明确的排除标准，而使用抗血小板药物并不是排除标准。"抗血小板药物增加症状性出血风险，根据《指南 2018》抗血小板药物应于溶栓结束 24 h 后使用，但急性期早期服用抗血小板药物并非静脉禁忌，医方需要权衡利弊并充分沟通，本案例中医方在此方面尚存在可改进之处。

（2）整个脑卒中的诊断和溶栓流程正确，溶栓过程发生病情变化，及时中止溶栓复查CT 发现第四脑室及蛛网膜下腔出血，后经 CTA 证实为后循环动脉瘤破裂继发出血。理论上 rt－PA 对血管内皮基膜的完整性具有破坏作用，故静脉溶栓治疗可能增加颅内动脉瘤破裂的风险，《指南 2014》将"颅内肿瘤、动静脉畸形、动脉瘤"列为静脉溶栓禁忌证。因入院前的普通 CT 平扫很难发现颅内小动脉瘤的存在，故对本属禁忌证的病例实施了静脉溶栓，医疗行为与损害后果有因果关系，但该医疗行为却不能认定为医疗过错。本病例属于《民法典》第一千二百二十四条第三款"限于当时医疗水平难以诊疗"的免责情形。

【案例 3（大面积脑梗死溶栓后继发脑出血）】

1. 病情摘要

患者孙某，男性，1931 年 3 月出生，2017 年 1 月 4 日 19:35 因"头晕摔伤，反应迟钝半小时余"入住某医院，查体：混合性失语，两侧眼球右视受限，右侧鼻唇沟浅，口角左歪，右上肢肌力 4 级，右下肢肌力 3 级，右侧巴氏征阳性。两肺呼吸音粗，血压 210/95 mmHg，心率 74 次/min，心律绝对不齐。NIHSS 评分 12 分。心电图示：心房颤动。头颅 CT 示：双侧侧脑室旁小腔梗灶可能，考虑左侧大脑半球大面积脑梗死。根据病史预估患者发病时间为当晚18:30～18:40。经过降压处理后，评估患者各项指标均达到溶栓条件后于 21:20 开始溶栓，根据患者体重 65 kg，阿替普酶总用量为 59 mg，其中 10%在最初 1 min 内静脉推注，其余持续滴注 1 h，至 22:20 分溶栓结束，过程顺利。

1 月 5 日 00:30 患者血压 181/93 mmHg，躁动不安，00:45 调整尼莫地平至 6 mL/h，02:00患者仍躁动，予奥氮平 1.25 mg 口服。02:30 患者入睡，05:30 患者嗜睡。07:00 左右患者呼之不应，查体：神志浅昏迷，精神软，两侧瞳孔等大等圆，直径 2.5mm，对光反射灵敏，右侧鼻唇沟浅，口角左歪，四肢无活动，双侧巴氏征阳性。考虑梗死后出血可能，立即予甘露醇快滴。复查头颅 CT 示右侧颞枕部及双侧小脑大片脑出血，中线左移，右侧脑室受压变形，脑室系统不大。神经外科会诊考虑脑梗死后广泛脑出血。家属要求保守治疗。9:00 家属决定放弃进一步抢救，予自动出院，当日下午患者病故。

2. 分析论证与鉴定意见

（1）该患者急性缺血性脑卒中诊断明确，有静脉溶栓适应证，3 h 时间窗内启动静脉溶栓，给药途径、方法、剂量均符合《指南 2014》和《rt－PA 共识》的要求。但该患者存在诸多继发脑出血的高危因素：① 年龄大于 80 岁。但在《指南 2014》中，高龄不属于 3 h 内静脉溶栓禁忌证和相对禁忌证。在《指南 2018》中指征进一步放宽，高龄甚至不再属于 rt－PA 溶栓相对禁忌证。② 心房颤动病史。《rt－PA 共识》中有心房颤动是最常见的心源性卒中病因，容易导致严重卒中，其自发出血转换风险较高。但各大溶栓研究均未将心房颤动作为排除标准。③ 左侧大脑半球大面积脑梗死。已知大面积脑梗死是出血转化的高危因素。《指南 2014》将 CT 提示多脑叶梗死（低密度影>1/3 大脑半球），列为静脉溶栓禁忌。本病例鉴定时未将左半球大面积脑梗死进行研判，如果这种“大面积脑梗死”只是早期缺血性改变，是模糊的，不影响溶栓；反之如果为明显低密度，则不应再溶栓。患者有以上 3 项独立的高危因素，需充分权衡风险和获益，溶栓需更加慎重。

患者当日 22:20 溶栓结束，监护记录 00:30 患者血压 181/93 mmHg，躁动不安，00:45 调整尼莫地平至 6 mL/h，02:00 患者仍躁动，予奥氮平 1.25 mg 口服。02:30 患者入睡，05:30 患者嗜睡，07:00 左右患者出现呼之无反应，查体：神志浅昏迷，精神软，两侧瞳孔等大等圆，直径 2.5 mm，对光反射灵敏，右侧鼻唇沟浅，口角左歪，四肢无活动，双侧巴氏征阳性。复查头颅 CT 示右侧颞枕部及双侧小脑大片脑出血，中线左移，右侧脑室受压变形，脑室系统不大。从监护记录可以看出患者神志由烦躁逐渐转为嗜睡、昏迷。血压和神经功能评估不到位，没有按《指南 2018》要求 6 h 内每 30 min 评估 1 次，发现神经症状体征恶化有延误，未能及时安排头颅 CT 检查，更不用说针对症状性脑出血进行紧急处理，结合前述高危因素说明医方对于脑出血风险未予足够重视，对继发性脑出血没有相应防范和处理预案。

（2）本案中该患者存在多项溶栓后出血的高危因素：高龄、心房颤动、大面积脑梗死，选择溶栓治疗意味着医患双方需要共同面对更大的出血风险，但医方在夜间没有对溶栓后出现疑似脑出血的表现予以重视，未及时复查 CT 予以排除，早晨复查头颅 CT 发现右侧颞枕部及双侧小脑大片脑出血，中线左移，右侧脑室受压变形，患者预后极差，整个病程几乎表现为脑出血的自然病程。医方未尽到启动溶栓后的监护和处置义务，与患者脑出血的转归有因果关系，脑出血作为溶栓可以预见但难以完全避免的严重并发症，一旦发生即会遗留永久性感觉和运动功能障碍甚至死亡，积极的干预只能在一定程度上减轻损害，故并发症是病情恶化转归的主要原因，医方的过错行为的原因力建议以次要原因为宜。

（高峰）

第十五节　心肌炎死亡的医疗损害鉴定技术指引

一、概述

心肌炎是指心肌的局限性或弥漫性的炎性病变为主要表现的疾病，最常见病因为病毒感染。不同心肌炎患者的临床表现各异，主要取决于病变的广泛程度和严重程度，少数可完全无症状，轻者可表现为发热、咳嗽、呕吐、腹泻等非特异性症状，重者可表现为严重心律失常、心力衰竭、心源性休克甚至死亡。多数患者发病前 1～3 周有病毒感染前驱症状，如发热、全身倦怠感和肌肉酸痛，或恶心、呕吐等消化道症状。随后可以有心悸、胸痛、呼吸困难、水肿等心功能不全的症状，少数呈暴发性导致急性泵衰竭或猝死。因而，临床诊断的病毒性心肌炎绝大部分是以心律失常为主诉或首见症状，其中少数可因此发生晕厥或阿-斯综合征。心肌炎的诊断主要为临床诊断。根据典型的前驱感染史、相应的临床表现及体征、心肌酶学检查或超声心动图、CMR 显示的心肌损伤证据，应考虑此诊断。

病毒性心肌炎的发病机制包括：① 病毒直接作用；② 病毒与机体的免疫反应共同作用。直接作用造成心肌直接损害。而病毒介导的免疫损伤主要是由 T 淋巴细胞介导。此外还有多种细胞因子和免疫因子（如 NO）等介导的心肌损害和微血管损伤。这些变化均可损害心肌组织结构和功能。

2013 年欧洲心脏病学年会（European Society of Cardiology，ESC）首次提出临床拟诊心肌炎的标准：有以下临床表现患者拟诊为心肌炎。

（1）急性胸痛。

（2）数日至 3 个月新发生的心力衰竭或心力衰竭症状。

（3）心悸，无明显诱因的心律失常、晕厥或心源性猝死。

（4）不能解释的心源性休克。

（一）辅助检查

1. 胸部 X 线检查　胸部 X 线可见心影扩大，有心包积液时心脏可呈烧瓶样改变。

2. 心电图检查　心电图常见 ST－T 改变包括 ST 段轻度移位和 T 波倒置。合并急性心包炎的患者可有 aVR 导联以外 ST 段广泛抬高，少数可出现病理性 Q 波。可出现各型心律失常，特别是室性心律失常和房室传导阻滞等。

3. 超声心动图检查　可正常，也可显示左心室增大、室壁运动减低、左心室收缩功能减低、附壁血栓等。合并心包炎者可有心包积液。

4. 心脏磁共振成像（CMR）　对心肌炎诊断有较大价值。典型表现为 T1 和 T2 信号强度增加提示水肿，心肌早期钆增强提示心肌充血，钆延迟增强扫描可见心外膜下或心肌中层片状强化。心肌损伤标志物检查可有心肌肌酸激酶及肌钙蛋白（T 或 I）增高。

5. 非特异性炎症指标检测　红细胞沉降率加快，C 反应蛋白等非特异性炎症指标常升高。

6. 病毒血清学检测　仅对病因有提示作用，不能作为诊断依据。确诊有赖于检出心内膜、心肌或心包组织内病毒、病毒抗原、病毒基因片段或病毒蛋白。

7. 心内膜心肌活检（EMB）　除用于确诊本病外，还有助于病情及预后的判断。因其有创，本检查主要用于病情急重、治疗反应差、原因不明的患者。对于轻症患者，一般不作为常规检查。

（二）诊断与鉴别诊断

1. 诊断标准　病毒性心肌炎的诊断主要为临床诊断。根据典型的前驱感染史、相应的临床表现及体征、心电图、心肌酶学检查或超声心动图、CMR 显示的心肌损伤证据，应考虑此诊断。确诊有赖于 EMB。

2. 鉴别诊断　应注意排除甲状腺功能亢进、二尖瓣脱垂综合征以及影响心功能的其他疾病如结缔组织病、血管炎、药物及毒物等引起的心肌炎，可采用 EMB 来明确诊断。

（三）治疗

病毒性心肌炎尚无特异性治疗，应该以针对左心功能不全的支持治疗为主。患者应避免劳累，适当休息。出现心力衰竭时酌情使用利尿剂、血管扩张剂、ACEI 等。出现快速型心律失常者，可采用抗心律失常药物。高度房室传导阻滞或窦房结功能损害而出现晕厥或明显低血压时，可考虑使用临时心脏起搏器。

经 EBM 明确诊断的病毒性心肌炎，心肌心内膜持续有病毒相关基因抗原检出，无论组织学是否提示炎症活动（大量炎症细胞浸润），均建议给予特异性抗病毒治疗。丙种球蛋白的疗效目前尚不肯定。

此外，临床上还可应用促进心肌代谢的药物如腺苷三磷酸、辅酶 A、环腺苷酸等。

暴发性心肌炎和重症心肌炎进展快死亡率高，在药物治疗基础上保证心肺支持系统十分重要。

暴发性病毒性心肌炎和重症心肌炎往往发病急骤，临床症状不典型，后果严重等，容易造成医疗纠纷，医方容易漏诊、误诊，其原因主要是无特征性临床症状，如常表现为发热、头痛等感染症状，容易与呼吸道感染相混淆；腹痛、恶心、呕吐等症状与消化道疾病相混淆。尤其是门诊或急诊时，因辅助检查不全面、不及时（如未行心电图检查），诊疗措施不当，延误治疗时机，产生严重后果后，患方难以理解和接受。

二、鉴定指引

病毒性心肌炎在医疗损害鉴定过程中需要注重对以下几个方面的把握。

1. 误诊误治　病毒性心肌炎前驱症状常表现为发热、乏力、鼻塞、流涕、恶心、呕吐等，不具有特异性，常造成医方误诊；医生仅凭自身经验，不做必要的辅助检查而误诊。

2. 主观判断不当　仅注意局部而忽略全身状况；对病情认识不充分，缺乏对风险的预判；未能预估或告知转诊风险等。

3. 用药不当　医生仅针对呼吸道或胃肠道感染症状用药，而未予改善心肌功能的药物；滥用药物及配伍不当等。

4. 护理不当　医护人员应根据患者病情严重程度确定病情等级，同时应根据患者的病情和自理能力的变化动态调整患者的护理分级。病情变化明显的患者，应该严密观察，必要时检测生命体征。

5. 医方管理不当　门急诊管理不严，分诊错误，接诊不及时，使危重患者得不到及时抢救；未书写病历，或病历书写不全面；医患沟通不充分等。

三、过错及原因力分析

医疗损害鉴定对某一个有争议的医疗行为是否存在过错，是否造成了损害后果，过错与损害后果之间是否存在因果关系及原因力大小进行判定，分析的内容就是要依据法律法规、诊疗常规规范，分析争议的医疗行为实际是怎么做的，是否存在过错。针对病毒性心肌炎的鉴定案例，在鉴定过程中应该明确几个方面的内容。

1. 是否存在医疗过错　重点根据当时的症状和体征，分析是否漏诊或延误心肌炎的诊断，治疗措施是否得当。

2. 明确损害后果及医疗过错与损害后果之间的因果关系　判断损害后果是否与医疗过错有因果关系，重点分析医疗过错是否延误治疗或错误治疗。

3. 原因力大小　心肌炎医疗损害鉴定的损害后果一般为死亡，分析原因力大小时主要考虑以下因素后综合分析：① 患者就诊时的症状体征是否典型；② 辅助检查是否及时；③ 病程的发展速度；④ 病情的严重程度；⑤ 治疗是否合理。

四、案例

【案例 1】

1. 病情摘要

患者周某，男性，16 岁。2014 年 11 月 8 日 15:09 至某医院就诊，15:12 经急诊内科护士分诊至消化内科，主诉“发热头痛呕吐 1 d”，查体：一般情况好，心肺(－)，腹平软，肝脾未及。诊断为急性胃炎。予以 0.9%葡萄糖氯化钠+盐酸甲氧氯普安+维生素 B_6+维生素 C+肌苷+氯化钾+0.9%葡萄糖氯化钠 100 mL+注射用泮托拉唑钠、0.9%葡萄糖氯化钠 500 mL+氯化钾静脉滴注，观察等处理。

患者输液后症状未缓解再次挂急诊内科，18:20 行心电图检查示：心室性期前收缩二联律，心动过速，RP 间期缩短，侧壁梗死(近期内)，可能前壁梗死，ST－T 段异常，临界区域的 Q 波，右心室肥大。予以地塞米松酸钠治疗；18:26 血常规示：中性粒细胞百分比 78.8%、淋巴细胞百分比 16.9%；19:00 血生化示：肌酸酶同工酶 62 U/L、肌钙蛋白(+)。

当日 22:30 急诊转至某大学附属医院，诊断为暴发性心肌炎、心源性休克、右束支传导阻滞。11 月 9 日 07:50 抢救无效死亡。

2. 分析论证与鉴定意见

(1) 过错分析

1) 患者首次就诊挂急诊号，医方让患者改挂消化科号无依据。

2) 患者分诊至消化内科专家门诊后，存在以下过错：门诊医生询问病史、体格检查记录过于简单，忽视了对与患者发病和临床诊断相关的一些重要问题的问询，如医方门诊病历记载：发热头痛呕吐 1 d，但某医学院附属医院急诊病历则为：反复发热 1 周，加重 1 d；门诊做出初步诊断，进行对症治疗和留观后，经治医生未明确留观事项、整个留观期间，也无记载医生有进行观察、检查，以进一步明确诊断的应尽诊疗行为，客观上延误了对患者病情的诊治。

3) 患者首次就诊时以“发热头痛呕吐 1 d”为主诉，医方未予检测体温，门诊病历记载：心肺(－)，不符合病历书写规范，应记载心率及心律等。

(2) 因果关系分析：因患者未做尸体解剖，确切死亡原因不明，根据病史、临床症状、相关检查结果等，临床判断患者死于暴发性心肌炎、心源性休克、右束支传导阻滞。根据教科书上面的相关记载,此种疾病无特异性的治疗,死亡率高,患者从就诊至转诊共3 h余,说明该患者病情凶险,患者最终死亡主要系该疾病发生、发展的自然转归。但医方体格检查不仔细、相关辅助检查不够、病情观察欠缺,延误了对患者的诊治,故与患者最终死亡之间存在一定的因果关系,综合考虑原因力应为同等原因。

【案例2】

1. 病情摘要

患者李某,女性,26岁。因“畏寒、发热1 d”于2015年5月12日19:29至某医院急诊就诊。查体:体温38.7℃,神志清,精神可,咽部充血,双侧扁桃体无肿大,两肺呼吸音清,无啰音,心率90次/min,律齐,无杂音,腹平软,无压痛,肝脾无肿大,肠鸣音正常;神经系统检查(-);查尿常规:白细胞(+),酮体(++),尿胆原(+),尿微量白蛋白30 mg/L;血常规:白细胞计数7.43×10^9/L,淋巴细胞百分比17.1%,中性粒细胞百分比73.80%,嗜酸性粒细胞计数0,单核细胞计数0.67×10^9/L,血小板计数152×10^9/L。诊断为感染性发热,急性上呼吸道感染为泌尿道感染。予热毒宁、头孢西丁钠补液,头孢地尼、阿司匹林泡腾片及金莲清热胶囊药物口服治疗。

5月14日05:00患者因“畏寒、发热、腹泻、呕吐2 d”再次就诊,护理记录记载:神志清,体温40.5℃,心率80次/min,血压129/64 mmHg。05:09门诊病历记载:神志清,精神萎靡,重病容,咽部充血,双侧扁桃体无肿大,两肺呼吸音清,无啰音,心率70次/min,律齐,无杂音,腹平软,无压痛,肝脾无肿大,肠鸣音正常;神经系统检查(-);血常规:白细胞计数13.71×10^9/L,淋巴细胞百分比16.5%,中性粒细胞百分比73.30%,嗜酸性粒细胞0,单核细胞1.39×10^9/L,血小板34×10^9/L;电解质无明显异常。诊断为感染性发热,泌尿道感染,胃肠炎,血小板减少症。予头孢地嗪、左氧氟沙星、地塞米松抗炎对症治疗。

07:45心电图:心室性期前收缩,房室传导阻滞Ⅰ度,心室内传导阻滞,QT间期延长,ST-T异常,怀疑右心室肥大。

07:50患者体温39.8℃,心率60次/min,血压64/45 mmHg,考虑患者反复发热、腹泻,补液治疗发热持续不退,告病重,住院进一步治疗。

08:30患者由急诊转入ICU,查体:神志清,精神差,体温39.1℃,心率104次/min,血压54/36 mmHg,血氧饱和度71%,呼吸50次/min,浅表急促。皮肤四肢末梢湿冷,脉搏细弱,不易触及,双肺无啰音,心音低钝,未及杂音。腹软,全腹压痛,以右腹为主,无反跳痛,未及包块,肝脾肋下未及,肠鸣音明显减弱,大约1次/min。心电图示:房室分离,心室率60次/min。立即予气管插管,呼吸机辅助呼吸。

09:04患者突发心搏骤停,急予心脏按压后复律成功,心率163次/min,血压65/33 mmHg,指脉氧持续测不出,血压较低。予去甲肾上腺素、胺碘酮抢救。B超示:胆囊壁水肿,肝、胰、脾、双肾、膀胱未见明显异常,盆腔积液。予抗感染、抗休克、护胃、营养心肌,纠正酸中毒等治疗。

10:06血气分析:PH 7.09,二氧化碳分压31 mmHg,氧分压40 mmHg,剩余碱-19.1 mmol/L,乳酸>15.0 mmol/L。

10:56凝血功能报告:凝血酶原时间35.2 s,凝血酶原活动度18%,INR 3.32,活化部分凝血活酶时间63.9 s,纤维蛋白原浓度1.15 g/L,凝血酶时间18.0 s,D-二聚体5 220 ng/mL。

11:30 医务科组织神经内科、呼吸内科、消化内科及肾内科会诊：考虑患者系感染性休克，造成多器官功能障碍，来势凶猛，与家属交代，宜请外地专家会诊。

11:45 患者血压、氧饱和度持续测不出，心率 159 次/min。

13:00 患者脉搏细速，心率 141 次/min，全身浅表动脉均不能触及，血压测不出。

12:52 血气分析报告：PH 7.21，二氧化碳分压 25 mmHg，氧分压 57 mmHg，剩余碱 −16.4 mmol/L，乳酸>15.0 mmol/L；血氧饱和度 82%。

13:00 患者脉搏细速，心率 141 次/min，全身浅表动脉均不能触及，血压测不出。呼吸机辅助呼吸，36 次/min，有自主呼吸，表浅急促。无尿状态 OCVP：20~40 cmH_2O。

14:57 心电监护出现尖端扭转，室性心动过速，突发心跳停止。急予持续心脏按压、除颤，静脉推注肾上腺素，持续反复实施心肺复苏术 30 min 以上，心跳无恢复，血压测不出，呈电机械分离，直至一条直线。

15:57 患者心电图呈一条直线，临床死亡。

某大学司法鉴定中心司法鉴定意见书示：患者李某系因病毒性心肌炎，致急性呼吸循环功能衰竭而死亡。

2. 分析论证与鉴定意见

（1）医疗过错分析

患者 5 月 14 日 05:00 体温 40.5℃，心率 80 次/min，血压 129/64 mmHg，05:09 心率 70 次/min，律齐，无杂音，患者虽然有体温与心率的分离现象，但是根据患者腹泻、呕吐 2 d 的病史，医方当时考虑沙门菌感染可能，予对症治疗符合诊疗常规及规范；根据患者 05:00 心率 80 次/min 及 05:09 心率 70 次/min，听诊律齐，无杂音的表现，当时未行心电图检查不违反诊疗常规和规范。

07:45 心电图示：加速性室性自主心律，干扰性房室分离，QT 间期延长，医方给予心电监护，下病危，经鉴定会现场调查，医方心内科会诊后，患者由原准备收住消化内科改为心内科住院，07:50 患者血压下降，医方予多巴胺林格氏液静脉滴注，因患者病情加重，又改收入 ICU 病房，前述治疗过程反映医方对患者的病情重视，并随着患者病情的变化及时调整治疗方案，符合临床实践中针对此类患者的处理原则。

医方急诊当班医生临床经验不足，没有能考虑到心脏方面的问题，特别是年轻无心脏病史的患者，未及时行相关检查并予以鉴别诊断，及早使用心肌营养药物，存在过错。

经查证，胸片的医嘱时间为 2015 年 5 月 14 日 09:00，实际摄片时间 2015 年 5 月 14 日 10:51:32，心胸比例异常，有肺水肿表现，此张胸部 X 片为患者突发心搏骤停，心脏按压后所摄，不能反映心脏骤停以前的心肺状况，但可提示患者的预后不佳。

（2）因果关系分析：病毒性心肌炎患者临床表现常取决于病变的广泛程度，轻重变异很大，可完全没有症状，也可以猝死。患者李某的尸检及器官组织的法医学检查结果，其左右心室及乳头肌凝固性坏死，间质见弥漫性炎性细胞浸润，以单核、淋巴粒细胞为主，间质内小血管扩张、淤血。同时组织病理学检验发现，其存在肺出血、肺水肿、脑水肿及多器官淤血等改变。结合患者以畏寒、发热、腹泻、呕吐等症状就诊，心肌炎的临床表现不典型，就诊时血压尚在正常范围，根据当时的临床特点判断心肌炎有一定的难度；患者突发病情变化，疾病本身危重，病情凶险，发展迅速，说明患者心脏器质性病变相当严重，自身疾病的发生、发展系患者突发病情变化和死亡的主要原因。

但医方在诊疗过程中存在的过错行为，未尽到高度注意和保护义务，与患者死亡存在一定程度的因果关系，原因力为轻微原因。

【案例 3】

1. 病情摘要

患者叶某，女性，20 岁。于 2016 年 4 月 18 日因“恶心、呕吐、腹泻 1 d”至某医院就诊，诊断为胃肠炎，予以补液等治疗。

4 月 20 日 08:42 患者因“肠道感染、烦躁原因待查”入住某医院。患者出现畏寒、发热，同时频发呕吐，烦躁不安，有怕风感觉，流涎，接触风后惊恐，同时出现气急加重。入院查体：体温 39℃，心率 90 次/min，呼吸 20 次/min，血压 110/70 mmHg，神志清楚，呼吸稍促，能对答，烦躁不安，推入病房，双侧瞳孔等大等圆，直径 3 mm，光反应存在，口唇不发绀，颈软，气管居中，两侧呼吸运动对称，两肺呼吸音粗，未及明显干湿啰音，无哮鸣音，心率 90 次/min，律齐，心尖区听诊无杂音，腹平软，腹部无压痛，无肌抵抗和反跳痛，肝脾肋下未及，肝肾区无叩痛，全腹部无包块可及，肠鸣音稍亢进，四肢肌力与肌张力正常，双下肢无水肿，生理反射存在，病理反射未引出。血常规检查提示：白细胞计数 24.4×10^9/L，中性粒细胞百分比 85.2%，血糖 14.7 mmol/L。大便常规：黄、水样、白细胞(++)。初步诊断为肠道感染，烦躁原因待查脑炎？电解质紊乱？入院后予以抗炎、补液、退热等对症治疗，症状好转不明显，转上级医院进一步治疗。当日 11:06 患者转院，转院途中休克，经抢救无效死亡。

4 月 26 日某大学司法鉴定所对叶某尸体进行法医学解剖检验，鉴定意见：因患间质性心肌炎（病毒性）引起急性心力衰竭而死亡。

2. 分析论证与鉴定意见

(1) 医方的诊断与治疗：2016 年 4 月 20 日患者因“肠道感染、烦躁原因待查”入住医方，医方根据患者病史及临床症状，结合血常规检查提示：白细胞计数 24.4×10^9/L，中性粒细胞百分比 85.2%；大便常规提示：黄、水样、白细胞(++)，初步诊断为肠道感染，烦躁原因待查脑炎？电解质紊乱？诊断成立。入院后医方予以抗炎、补液、退热等对症治疗，符合诊疗常规规范。

(2) 医方诊疗行为中存在的过错：医方在诊治过程中没有及时行血气分析及心电图检查，存在不足。医方在患者病情加重后转上级医院治疗，未将转诊途中的风险告知患方，转诊途中亦无任何生命体征等相关检查的病历记载，存在一定过错。

(3) 因果关系分析：根据尸体解剖检验，患者死亡原因系病毒性心肌炎。患者因病毒性肠炎起病，累及全身各脏器，尤其侵犯心脏，导致病毒性心肌炎进而形成严重心力衰竭，并伴发严重肺水肿(左肺 780 g，右肺 910 g)，最终在转院途中突发心脏骤停而死亡，属于猝死。

患者所患急性病毒性心肌炎合并肝、胃、肠损害，其病程急骤，高热、高血象，就诊时以胃肠症状为主，无典型病毒性心肌炎症状体征，医方诊断胃肠炎符合诊疗常规规范，医方在患者病情进展加快且加重后转上级医院亦是慎重之举。但医方对患者入院时检查不全面，转院时未对患者病情进行评估，未将转诊途中的风险告知患方，转诊途中亦无任何生命体征等相关检查的病历记载，其诊疗过错行为可能对患者病情的转归存在一定的影响，但难以明确与患者死亡后果之间存在必然的因果关系。

综上所述，患者最终死亡系其自身疾病转归所致。

【案例 4】

1. 病情摘要

李某，女性，41 岁。2015 年 8 月 28 日 07:40 因“腹胀、腹痛，伴恶心、呕吐 2 d”至某医院普内科就诊。2 d 前腹胀、腹痛伴恶心、呕吐，无腹泻，无脓血样便，无里急后重感，无尿频、尿急、尿痛、血尿。体格检查：心肺阴性，上腹部触压痛明显，局部无包块，墨菲征(+)。

07:44 血常规示：白细胞计数 4.3×10^9/L，中性粒细胞百分比 79.6%(↑)，淋巴细胞百分比 11.2%(↓)，嗜酸性粒细胞百分比 0(↓)，血红蛋白浓度 99 g/L(↓)，血细胞比容 30.9%(↓)，平均红细胞体积 75.5 fL(↓)，平均血红蛋白含量 24.2 pg(↓)，血小板分布宽度 17.4%(↑)，C 反应蛋白 52.37 mg/L(↑)，超敏 C 反应蛋白>5.0 mg(↑)。

08:10 超声报告示：肝、胆、脾、胰未见明显异常。

诊断：急性胃炎，胆囊炎。

予 0.9%氯化钠 250 mL+阿莫西林克拉维酸钾粉针 2.4 g(皮试阴性)、5%葡萄糖氯化钠 250 mL+左氧氟沙星 0.3 g、0.9%氯化钠 100 mL+西咪替丁 0.8 g+维生素 B_6 300 mg 静脉滴注。

15:00 许输液结束，患者离院。

8 月 29 日 04:00 患者死于亲戚家中。

某大学司法鉴定所司法鉴定意见书：李某因患广泛病毒性心肌炎(急性期)并发血栓形成、肺动脉栓塞，终致急性心功能及呼吸功能衰竭死亡。

2. 分析论证与鉴定意见

(1) 医方的诊断、治疗：患者以“腹胀、腹痛，伴恶心、呕吐 2 d”为主诉就诊，根据门诊病历记载，未有心脏病史及此次发病心脏相关不适的主诉，故医方首诊未能考虑心脏相关的疾病未违反诊疗原则。

医方的治疗用药及输液用量及输液时间，尚无加重患者疾病的因素存在。

(2) 医方医疗行为中存在的过错：医方接诊患者后病史采集不全面，体检不详细，患者有腹胀、腹痛，且呕吐 2 d，医方未能量血压，未检测血电解质(尤其是血钾)、酸碱平衡情况，对心肺体检情况未能详细记录。

对上腹腹痛明显的患者，未能行详尽的鉴别诊断检查。

(3) 因果关系分析：患者死亡后经某大学司法鉴定所尸检，结果示李某因患广泛病毒性心肌炎(急性期)并发血栓形成、肺动脉栓塞，终致急性心功能及呼吸功能衰竭死亡。

根据该尸检报告的病理检验所描述：该患者心脏心肌间质淤血、水肿，心外膜、内膜及心肌间质广泛多量炎细胞浸润(淋巴、单核和少数分叶核细胞混合)，说明其疾病相当严重，结合其起病急、病程短、进展快，分析考虑患者为暴发性心肌炎，该病死亡率极高，早期临床上可能尚未表现出典型心脏不适的临床表现，故早期诊断比较困难，其死亡系其自身疾病发生、发展的转归。

回顾该患者的病程特点，医方在接诊患者的过程中，存在病史采集、体格检查不全面及未完善有关实验室检查和进行相关鉴别诊断等过错，但由于患者临床表现极不典型，仅门诊就诊一次，故其死亡与医方医疗行为中存在的上述过错无因果关系。

(王明，樊江波)

第十六节　死胎的医疗损害鉴定技术指引

一、概述

妊娠20周后胎儿在子宫内死亡，称为死胎（still birth or fetal death）。临床表现是孕妇自觉胎动停止，子宫停止增长，检查时听不到胎心，子宫大小与停经周数不符，超声检查可确诊。死胎在宫腔内停留过久可能引起母体凝血功能障碍，一旦确诊，应尽快引产。

WHO规定：早期死胎指死胎体重≥500 g或妊娠满22周或身长≥25 cm；晚期死胎指死胎体重≥1 000 g或妊娠满28周或身长≥35 cm；体重较妊娠周数更优先考虑。不同国家和地区有关死胎妊娠周数和体重的定义不同，WHO规定死胎的诊断妊娠周数为妊娠满28周，出生体重≥1 000 g；美国妇产科医师协会（American College of Obstetricians and Cynecologists，ACOG）规定死胎的诊断妊娠周数为妊娠满20周，出生体重≥350 g。国内习惯将在临产前胎儿死亡称为死胎，临产后胎儿死亡称为死产，而国际上将出生前的胎儿死亡统一称为死胎。妊娠满28周到出生后1周这段时期定为围生期，晚期死胎是围生儿死亡的重要组成部分。

二、鉴定指引

按照引起死胎的原因，危险因素可划分为胎盘及脐带因素、胎儿因素、孕妇因素等。根据不同危险因素的内容，在诊疗过程中有无尽到注意义务和告知义务、是否遵守诊疗指南和操作规范是医疗损害鉴定的要点。

（1）胎盘及脐带因素：主要包括前置胎盘、胎盘早剥、前置血管、急性绒毛膜羊膜炎、脐带帆状附着、脐带打结、脐带脱垂、脐带绕颈缠体等，胎盘大量出血或脐带异常，导致胎儿缺氧等。

妊娠28周以后，胎盘位置低于胎先露部，附着在子宫下段、下缘达到或覆盖子宫颈内口称为前置胎盘（placenta previa），为妊娠晚期阴道流血最常见的原因，也是妊娠期严重并发症之一。前置胎盘出血多可致胎儿窘迫甚至缺氧死亡；其治疗原则是抑制宫缩、止血、纠正贫血和预防感染。胎盘早剥（placenta abruption）指妊娠20周后正常位置的胎盘在胎儿娩出前，部分或全部从子宫壁剥离，发病率约为1%，属于妊娠晚期严重并发症，疾病发展迅猛，若处理不及时可危及母婴生命。胎盘早剥出血可引起胎儿急性缺氧，而且胎盘早剥的新生儿可有严重后遗症，表现为显著神经系统发育缺陷等并发症。

前置血管（vasa previa）是指走行于胎膜间、缺乏华通胶保护的脐血管出现在子宫颈内口上方、胎先露下方的状态。若未能产前诊断，在前置血管破裂时，可导致胎儿死亡或其他严重围生期疾病，其围生期死亡率极高。超声检查可在产前发现前置血管，从而引导临床在胎膜破裂前施行及时恰当的措施，防止围产儿死亡。

急性绒毛膜羊膜炎是指胎膜的炎症，通常与破膜时间过长或产程延长有关。绒毛膜羊膜炎大大增加了胎儿和新生儿的死亡率。临床特征是当胎膜破裂时出现孕妇发热，其体温达38℃或更高。除非证实有其他的原因，通常而言孕妇在产程中或在破膜后发热是由于绒毛膜羊膜炎引起的。绒毛膜羊膜炎的处理包括抗生素治疗、退热药及分娩胎儿，最好是经阴道分娩。抗生素治疗必须覆盖阴道和子宫颈的多种微生物环境，也可使用其他广谱的抗生素。在产后应继续使用抗生素直至产妇体温正常。

脐带帆状附着、脐带打结、脐带脱垂、脐带绕颈缠体等脐带危险因素均可导致胎儿宫内急性或慢性缺氧甚至胎死宫内。此类危险因素，多可通过超声检查发现，一旦发现，应加强监护，及时终止妊娠。

在此类医疗损害鉴定案件中，常见的医疗过错行为表现为：① 医方未履行监护义务，未及时行 B 超检查、未监测胎心及观察宫缩；② 未及时终止妊娠、产前评估不充分、选择生产方式不当；③ 应用抗生素不及时，应用催产素依据不充分，速度、剂量不合适；④ 医方未认真履行告知义务，对病情的沟通、告知不足。

（2）胎儿因素：主要包括胎儿严重畸形、胎儿生长受限、双胎输血综合征、胎儿宫内感染、严重遗传性疾病、母儿血型不合等。

根据卫生部 2002 年颁布的《产前诊断技术管理办法》，妊娠 16～24 周应诊断的致命畸形包括无脑儿、脑膨出、开放性脊柱裂、严重的胸腹壁缺损伴内脏外翻、单腔心、致死性软骨发育不全等。超声筛查出以上严重的出生缺陷时建议孕妇到有产前诊断资格的医院进一步明确诊断。

胎儿生长受限（fetal growth restriction，FGR；intrauterine growth retardation，IUGR）指胎儿应有的生长潜力受损，估测的胎儿体重小于同孕龄第 10 百分位的孕龄儿（SGA）。其治疗原则是积极寻找病因，改善胎盘循环，加强胎儿监测，适时终止妊娠。

双胎输血综合征（twin to twin transfusion syndrome，TTTS）是单绒毛膜双羊膜囊单卵双胎的严重并发症，通过胎盘间的动-静脉吻合支，血液从动脉向静脉单向分流，使一个胎儿成为供血儿，另一个胎儿成为受血儿，造成供血儿贫血、血容量减少，从而致使肾灌注不足、羊水过少甚至因营养不良而死亡；受血儿血容量增多，从而可发生充血性心力衰竭、胎儿水肿、羊水过多。双胎输血综合征如果不经治疗，胎儿的死亡率高达 90%。其治疗原则主要是密切监护胎儿生长发育情况及胎位变化，结合孕妇及胎儿的具体情况制订个性化的分娩方案。对于部分 16～26 周的双胎输血综合征，应首选胎儿镜激光术治疗，对于较晚发现的双胎输血综合征合并羊水过多，可采取快速羊水减量术等治疗。

胎儿宫内感染又称先天性感染或母婴传播疾病，是指孕妇在妊娠期间受到感染而引起胎儿的宫内感染。胎儿宫内感染的途径主要有致病微生物经胎盘垂直传播给胎儿、孕妇下生殖道致病微生物的逆行扩散、胎儿分娩时的围生期感染。在妊娠早期发现胎儿宫内感染是预防母婴传播性疾病的重要措施，但是这一类感染常常无明显临床症状而难于诊断。因此，胎儿宫内感染的诊断主要是依靠实验室诊断技术，除了加强产妇孕前检查外，妊娠期需密切监护胎儿生长发育情况及羊水污染程度，羊水污染程度也是反映胎儿在宫内有无感染和窒息的指标之一。

遗传病是指遗传物质发生改变而引起的或者是由致病基因所控制的疾病，常为先天性的，也可后天发病。例如，唐氏综合征、多指（趾）、先天性聋哑、血友病等，这些遗传病发病完全由遗传因素决定，并且出生一定时间后才发病，有时要经过几年、十几年甚至几十年后才能出现明显症状。此类出生缺陷的防治可分 3 级：一级预防是孕前干预，防止出生缺陷胎儿的发生；二级预防是产前干预，包括产前筛查、诊断及可能的宫内干预；三级预防是产后干预,包括早期诊断和早期治疗,防止严重的致残。遗传咨询、产前遗传学筛查和产前诊断及宫内干预是出生缺陷一级和二级防治的主要方法。

新生儿溶血病是指由于母儿血型不合,母亲体内产生与胎儿血型抗原不配的血型抗体,这种抗体通过胎盘进入胎儿体内引起同族免疫性溶血,常见Rh血型系统和ABO血型系统的血型不合。胎儿的血型是由父母双方决定的。如果胎儿从父亲遗传来的血型抗原是母亲所没有的,胎儿红细胞进入母体后使母亲产生相应的抗体,这些抗体再通过胎盘进入胎儿体内,导致抗原抗体的免疫反应,发生溶血,可通过产前诊断和出生后诊断明确。

在此类医疗损害鉴定案件中,常见的医疗过错行为表现为:① 未进行孕前检查,排除由遗传物质发生改变而引起的或者是由致病基因所控制的遗传性疾病;② 医方产前检查不细致,未在合理时机内行排畸B超、羊水筛查等相关检查,对胎儿大小估计有误;③ 医院无产前诊断资格超范围检查,检查医生资质不符合规定;④ 发现问题未及时终止妊娠、产前评估不充分、选择生产方式不当;⑤ 宫内感染检查不细致,对症用药不及时,抗生素等相关药物种类、剂量不合适;⑥ 医方未认真履行告知义务,对病情的沟通、告知不足。

(3) 孕妇因素:主要包括严重的妊娠并发症,如妊娠高血压、抗磷脂抗体综合征、糖尿病、心血管疾病、各种原因引起的休克等。子宫局部因素,如子宫张力过大或收缩力过强、子宫畸形、子宫破裂等致局部缺血而影响胎盘、胎儿等。

孕妇在妊娠期间可发生各种内外科疾病,孕妇在妊娠前已有的各种内外科疾病也可在妊娠期间加重。妊娠与内外科疾病互相影响,若处理不当,可对母儿造成严重危害。除了定期规范产检,密切监测孕妇身体情况外,应于妊娠晚期提前选择好适宜的分娩方式,主张放宽剖宫产手术指征。对于不适宜继续妊娠的情况,如严重的心脏病、高血压、糖尿病、传染性疾病等,建议及时终止妊娠。

受精卵在子宫体腔以外着床称为异位妊娠(ectopic pregnancy),习惯称宫外孕(extrauterine pregnancy)。异位妊娠以输卵管妊娠为最常见(占95%),少见的还有卵巢妊娠、腹腔妊娠、宫颈妊娠、阔韧带妊娠,此外,剖宫产瘢痕部位妊娠近年在国内明显增多,子宫残角妊娠临床表现与异位妊娠类似,随着胚胎的逐渐增大,着床部位张力过大,可引起局部破裂、出血、腹痛等临床症状,危及孕妇和胎儿生命。

在此类医疗损害鉴定案件中,常见的医疗过错行为表现为:① 医方病史询问不详细,未了解孕妇既往身体、妊娠、手术等情况;② 产前检查不细致,对孕妇血压、血糖、心脏等情况监测不足,未予对症性治疗;③ 发现问题未及时终止妊娠、产前评估不充分、选择生产方式不当;④ 医方未认真履行告知义务,对病情的沟通、告知不足。

(4) 其他:病历书写不规范、医疗机构及医务人员无资质等。

三、过错及因果关系分析

死胎类医疗损害案件的损害后果,除了胎儿的死亡,同时还可能伴有产妇的残疾甚至死亡,对照相应标准,这些损害后果通常不难明确,原因力大小的判断成为此类案件的鉴定难点。可能是医务人员的医疗过错行为引起,也有可能是疾病自然地发生、发展及转归。在分析原因力时除了考虑患者自身是否存在导致死胎的基础疾病,也要根据相关诊疗指南及操作规范,结合临床经验加以分析医疗机构的医疗过错行为是否会导致医疗损害后果的发生,医疗过错行为与患者自身疾病因素在损害后果中的占比如何加以判断原因力大小。

四、案例

【案例 1】

1. 案情摘要

产妇裴某，1988 年 11 月出生。2017 年 4 月 7 日 14:00 许因“停经 38^{+4}周，下腹不适”至某医院行一般检查后回家，晚上 22:45 因“下腹阵痛 3 h 余”急诊入院，未闻及胎心，立即 B 超检查提示未见胎心搏动，宫内死胎。入院诊断为 G2P1 妊娠 38^{+4}周临产 LOA、胎死宫内、胎盘早剥？中度贫血。于 4 月 8 日 02:46 自娩一足月女死婴。

2. 病情摘要

产妇裴某，1988 年 11 月出生。妊娠期在某医院建卡产检，2017 年 4 月 2 日超声示：胎儿双顶径 95 mm，羊水指数 85 mm，胎心搏动 151 次/min，胎盘附着于子宫前壁，Ⅱ级。

4 月 7 日 14:00 许因“停经 38^{+4}周，下腹不适”至某医院行一般检查后回家，晚上 22:45 因“停经 38^{+4}周，下腹阵痛 3 h 余”急诊入院，未闻及胎心，立即 B 超检查提示未见胎心搏动，宫内死胎。23:30 收住院，产检：宫高 33 cm，腹围 100 cm，胎方位 LOA，胎心未闻及，先露头，位置−3，胎膜未破，子宫颈质软，后位，长 1.0 cm，宫口容 2 指，无阴道出血。血常规：Hb 85 g/L。入院诊断为 G2P1 妊娠 38^{+4}周临产 LOA、胎死宫内、胎盘早剥？中度贫血。

入院后予吸氧及心电监测，观察产程过程中于 01:40 发现宫缩为不协调性宫缩，予以哌替啶调整宫缩后于 4 月 8 日 02:46 自娩一足月女死婴，重 3 600 g，羊水Ⅰ°，量约 300 mL，胎盘胎膜自娩完整，胎盘娩出后即有两块陈旧性积血块娩出，大小分别约 25 cm×15 cm×10 cm、20 cm×20 cm×5 cm，胎盘表面压迹面积约 8 cm×4 cm×3 cm，会阴Ⅰ°裂伤，逐层缝合，内缝数针，产前产时总出血约 1 500 mL。产后予吸氧、心电监测，促子宫收缩、止血、输血等治疗，观察产后出血过程中发现阴道出血为不凝血，复查凝血试验异常，征求家属意见后转上级医院治疗。

4 月 8 日患者转院，入院诊断为产后出血、G2P2 妊娠 38^{+5}周已产 LOA、胎盘早剥、死胎、弥散性血管内凝血？入院后立即检查软产道，子宫颈 1 点钟方向见长约 2 cm 裂伤，已缝合，有局部渗血，予加固缝合止血，阴道穹完整，术后予抗炎、促宫缩治疗。4 月 14 日出院，出院诊断为产后出血、G2P2 妊娠 38^{+5}周已产 LOA、胎盘早剥、死胎、子宫颈裂伤。

3. 分析论证与鉴定意见

医方诊疗行为中存在的过错与胎儿的死亡之间有一定因果关系，其原因力为次要原因。

（1）本例为胎盘因素导致的死胎，其中的医疗过错行为主要是产妇因下腹不适至医方就诊，医方未行胎心监护，仅听胎心为正常，对于患者提出的 B 超检查未予重视，对了解宫缩和胎心情况判断未尽到责任；该例胎盘早剥，虽然症状不典型，未查到明显诱因，直至分娩后方诊断明确，但 B 超对前壁胎盘的早剥征象应该比较容易判断，本例中医方未履行监护义务，未及时行 B 超检查、未监测胎心及观察宫缩，存在过错。

（2）根据患者体征及检查结果，患者无板状腹、无外伤史、无阴道流血，其胎盘早剥症状不典型，临床上判断困难，如不能明确胎盘早剥，则无法进行剖宫产，很难挽救胎儿性命。患者 4 月 7 日第一次至医方就诊时，医方对病史询问不仔细，仅听胎心，未行胎心监护，未予 B

超检查,与患者的损害后果有一定因果关系。后患者回家自觉有胎动,休息睡觉。当晚20:00多开始腹痛加剧,准备去医院住院,因取住院用品直至晚上22:45到院,发现无胎心。患方晚上腹痛加剧时,即应立刻入院,然其间耽搁了将近3 h,不能排除胎盘早剥及胎心消失发生在20:20~22:45,故综合考虑医方过错行为的原因力为次要原因。

【案例2】

1. 案情摘要

产妇姜某,1988年3月出生。2013年10月29日因“停经14^{+6}周,少量阴道流血6 d”入住某市妇幼保健院,入院诊断为晚期先兆流产,胎盘低置状态,慢性子宫颈炎。11月3日患者感下腹阵痛,于06:40娩出一死胎,30 min后胎盘未娩出。考虑死胎粘连,予以行清宫术。清宫过程中患者突然诉胸闷,随即出现气促、抽搐、晕厥及意识丧失,心电监护提示呼吸、心搏骤停,外周血中找到羊水成分,患者经抢救无效死亡。

2. 病情摘要

患者姜某,1988年3月出生。2013年10月29日因“停经14^{+6}周,少量阴道流血6 d”入住某市妇幼保健院。既往妊娠6个半个月早产2次,早产儿均死亡。2015年2月妊娠2个月稽留流产,此次妊娠早期予以保胎处理。当地医方B超检查示胎盘位置低,予以地屈黄体酮10 mg q8h,口服保胎处理。

此次入院查体:体温36.3℃、脉搏96次/min、呼吸20次/min、血压97/73 mmHg,一般情况可,神清,心肺听诊无明显异常,腹软,无压痛。专科检查:外阴已婚式,阴道畅,少量暗红色血。子宫颈肥大,Ⅱ°糜烂,宫体耻上4指,未及明显宫缩,附件触诊不清。B超(2013年10月29日)示:双顶径32 mm,股骨长16 mm,胎盘Ⅰ级,羊水最大前后径38 mm,胎盘下缘覆盖子宫颈内口。入院诊断为晚期先兆流产,胎盘低置状态,慢性子宫颈炎。予以硫酸镁、固肾安胎丸、地屈黄体酮片治疗。

11月2日19:12患者诉胸闷气促,心慌,请心内科会诊,考虑诊断为心律失常(窦性心动过速),医嘱吸氧、心电监护。患者自觉吸氧1 h后胸闷好转,监护导联影响活动,不舒适,要求停用。心电监护示:心率108次/min、血压109/65 mmHg,氧饱和度98%。患者生命体征平稳,故予以撤除心电监护。

11月3日05:15患者感下腹阵痛,考虑有流产先兆,予以5%葡萄糖+硫酸镁40 mL静脉滴注抑制宫缩保胎处理。06:35患者自感一阵腹痛,并自觉阴道口有异物,医方告知患者及其家属保胎失败,流产难免,患者及其家属放弃保胎,停止使用硫酸镁,立即送产房。06:40患者娩出一死胎,30 min后胎盘未娩出。心电监护示:血压121/78 mmHg,脉搏98次/min,考虑死胎粘连,予以行清宫术。

术中探宫腔约13 cm,刮出胎盘组织约100 g,术中出血50 mL,清宫过程中患者突然诉胸闷,随即出现气促、抽搐、晕厥及意识丧失,心电监护提示呼吸、心搏骤停,立即停止操作,予以心肺复苏,持续胸外按压、气管插管机械通气,地塞米松、罂粟碱、肾上腺素及多巴胺等抢救处理。外周血中找到羊水成分,患者抢救无效,当日13:25宣告死亡。医方死亡诊断为羊水栓塞,呼吸、心搏骤停,晚期流产,胎盘粘连,慢性子宫颈炎。

12月23日某大学医学院法医学系法医病理学检验鉴定书:姜某因妊娠中期流产后急性羊水栓塞、肺动脉高压及腹腔出血而死亡。

2014 年 3 月 25 日某司法鉴定中心意见书：姜某系流产清宫过程中发生羊水栓塞并继发弥散性血管内凝血，终因循环、呼吸功能衰竭致死。

3. 分析论证与鉴定意见

医方在接诊过程中，入院诊断正确，保胎治疗符合常规，产妇娩出死胎后有清宫指征。虽然产妇在住院期间曾出现胸闷、气促及心慌等不适症状，但医方的处理措施未违反医疗原则，并且根据现有资料分析，医方的过错也不会导致产妇的死亡，故综合考虑后认为产妇的最终结局与医方的过错行为之间无因果关系。

(1) 本例为胎盘合并孕妇因素导致的死胎，其中的医疗过错行为主要是患者吸氧 1 h 后自觉胸闷好转，自觉监护导联影响活动，不舒适，要求停用，因患者生命体征平稳，医方予停用心电监护，但未要求患者签字确认；术前小结记录产妇血型为 A(+)，但实际血型为O(+)，病历书写存在过错；产妇于 07: 25 出现心跳、呼吸骤停，医方予以抢救处理，但直至 10: 55 才与患方进行书面沟通，医患沟通不及时。

(2) 依据现有资料分析，产妇于清宫时出现病情变化，发生羊水栓塞，最终因休克继发弥散性血管内凝血，从而导致呼吸、循环功能衰竭致死。结合尸检，考虑病变机制系：① 自身存在肺动脉高压病变的基础性疾病；② 羊水栓塞加重了肺动脉高压症状。上述病理、生理因素诱发多器官供血障碍、弥散性血管内凝血，随后出现低血容量性休克，终因抢救无效死亡。鉴于其死亡的启动因素是在产妇自身存在隐匿性疾病(肺动脉高压)的基础上出现的医疗意外(羊水栓塞)，故其最终结局系难以完全预见及避免的。医方在接诊过程中，入院诊断正确，保胎治疗符合常规，产妇娩出死胎后有清宫指征。虽然产妇在住院期间曾出现胸闷、气促及心慌等不适症状，但医方的处理措施未违反医疗原则，并且根据现有资料分析，医方的过错也不会导致产妇的死亡，故综合考虑后认为产妇的最终结局与医方的过错行为之间无因果关系。

【案例 3】

1. 案情摘要

产妇王某，1990 年 7 月出生。因“停经 37 周”于 2015 年 8 月 17 日至某医院产前门诊就诊。当日 16: 24 因“发现乙肝标志物阳性 9 个月，乏力 1 周”入住某医院感染科。入院诊断为病毒性肝炎(乙型，慢性，轻度)；螺旋体感染；妊娠状态。8 月 24 日因“停经 37^{+6}周，下腹部疼痛 2 h”入住某市公共卫生临床中心，诊断为 G1P0 妊娠 37^{+6}周 LOA 临产；死胎；病毒性肝炎(乙型，慢性，重度)；梅毒；轻度贫血。当日 17: 10 自娩一死女婴。

2. 病情摘要

产妇王某，1990 年 7 月出生。因“停经 37 周”于 2015 年 8 月 17 日至某医院产前门诊就诊。查体：血压 120/80 mmHg，体重 62 kg。血常规：白细胞计数 9.59×10^9/L。肝功能示：总胆红素 33.7 μmol/L(参考值 3.4～17.1 μmol/L)，直接胆红素 17.7 μmol/L(参考值 0～3.4 μmol/L)，谷丙转氨酶 664 U/L(参考值 5～35 U/L)，谷草转氨酶 939 U/L(参考值 8～40 U/L)，γ-谷氨酰转氨酶 148 U/L(参考值 7～32 U/L)，碱性磷酸酶 358 U/L(参考值 40～150 U/L)，乳酸脱氢酶 364 U/L(参考值 109～245 U/L)，总胆汁酸 80.9 μmol/L(参考值 0.1～20 μmol/L)；白带常规：白细胞 8～10/HP，上皮细胞+++/HP。

当日 16: 24 因“发现乙肝标志物阳性 9 个月，乏力 1 周”入住某医院感染科。既往史：

患者9个月前体检发现乙肝标志物阳性(具体不详),未予治疗。3个月院外发现乙肝标志物阳性升高,门诊口服甘草酸二胺片。2个月前院外体检发现梅毒,予驱梅治疗;入院查体:体温36.5℃,心率80次/min,呼吸19次/min,血压150/90 mmHg。发育正常,营养良好,神清,皮肤色泽正常,无黄染,无肝掌征及蜘蛛痣,巩膜无黄染。心肺无异常,肝脾肋下未及,肝区无叩痛。腹部隆起,无压痛及反跳痛,腹部移动性浊音阴性,双下肢无水肿。入院诊断为病毒性肝炎(乙型,慢性,轻度);螺旋体感染;妊娠状态。

8月18日梅毒血清学检查:梅毒螺旋体抗体阳性,梅毒血浆反应素试验弱阳性;乙肝五项检查:乙肝表面抗原阳性,乙肝e抗原阳性(196.50 PEI U/mL),乙肝核心抗体阳性,乙型肝炎病毒大蛋白阳性。予护肝治疗。

8月19日13:55病程记录记载患者诉皮肤瘙痒,皮肤黏膜及巩膜无黄染,予退黄治疗。

8月20日超声检查:双顶径89 mm,一侧股骨长65 mm;胎心率136次/min,律齐;胎盘成熟度Ⅲ级;羊水指数51+28+17+54 mm;胎儿颈部见"U"形压迹;脐动脉S/D:2.4。

8月22日HBV-DNA定量1.0×10^{8} U/mL,患者病毒定量高,予替比夫定抗病毒治疗,继续其他治疗。

8月23日患者感皮肤、黏膜瘙痒难耐,阵发腹痛,自觉胎动减少,请产科会诊。

8月24日患者感皮肤瘙痒难耐,阵发腹痛,自觉胎动减少2 d(见8月24日会诊单),请产科会诊,建议终止妊娠,充分告知可能出现死胎等风险。患者及家属考虑后要求出院转上级医院治疗。

8月24日因"停经37^{+6}周,下腹部疼痛2 h"入住某市公共卫生临床中心,诊断为G1P0妊娠37^{+6}周LOA临产;死胎;病毒性肝炎(乙型,慢性,重度);梅毒;轻度贫血。当日17:10自娩一死女婴,体重2 810 g,脐带50 cm,羊水量中,呈墨绿色、黏稠。

3. 分析论证与鉴定意见

本例患者患有慢性乙肝、梅毒及妊娠期肝内胆汁淤积症,病情较复杂,上述疾病均可对胎儿造成损害,死胎又未行尸检,胎儿死亡由多种因素造成,孕妇自身疾病是胎死宫内的主要因素,故医方过错的原因力为次要原因。

(1) 本例为孕妇因素导致的死胎,其中的医疗过错行为主要是:① 医方对患者产科情况未履行监护义务,患者属于高危孕妇,虽入住感染科,但胎儿的安危仍是住院期间的重点监护内容之一,感染科未及时请产科会诊,纵观本例病历,患者住院期间无胎心率、胎动等监护记录,也未及时行胎心监护等检查,处于产科常规监护丢失状态。② 医方未适时终止妊娠,由于没有产科的介入,医方(感染科)对患者的皮肤瘙痒、胎动减少等改变没有予以足够重视。③ 盲目转院违反相关的转院要求,有悖医疗安全原则,未告知患者转院途中的风险,未履行相应合理和谨慎负责的诊疗义务。④ 医方未认真履行告知义务,沟通记录过于简单、内容片面,不符合有关沟通及病情交代的要求。

(2) 妊娠期肝内胆汁淤积症孕妇妊娠周数进入36周后,胎儿宫内猝死发生率明显上升。因此,妊娠达到36~37周应适时终止妊娠,尤其伴有黄疸、瘙痒的孕妇,更不宜盲目延缓终止妊娠的时间。妊娠36~37周孕妇仍需要延长妊娠周数者,应认真数胎动、监听胎心及动态进行胎心监护检测,以评估胎儿宫内情况,以便及时终止妊娠,规避胎儿猝死。纵观本例,医方既未适时终止妊娠,也未常规听取胎心,了解胎动情况,也没有进行动态胎儿心电监测,直到8月24日患者感皮肤瘙痒难耐，阵发腹痛，自觉胎动减少2 d，感染科才请产科会诊，建议终止妊娠。医方未能常规进行孕情监护及适时终止妊娠，故医方的过错行为与胎儿死亡之间有一定的因果关系。本例患者患有慢性乙肝、梅毒及妊娠期肝内胆汁淤积症，病情较复杂，上述疾病均可对胎儿造成损害，死胎又未行尸检，胎儿死亡由多种因素造成，孕妇自身疾病是胎死宫内的主要因素，故综合考虑医方过错行为的原因力为次要原因。

【案例4】

1. 案情摘要

产妇易某，1988年12月出生。因“停经40^{+5}周，阴道流液1 h”于2014年11月8日02:47入住某医院。初步诊断为G1P0妊娠40^{+5}周LOA待产，胎膜早破，潜伏期梅毒。11月9日行“子宫下段剖宫产术”娩出一男婴，Apgar 1 min评分1分，5 min1分，抢救无效宣布临床死亡。

2. 病情摘要

产妇易某，1988年12月出生。因“停经40^{+5}周，阴道流液1 h”于2014年11月8日02:47入住某医院。孕妇末次月经：2014年1月27日，预产期：2014年11月3日。

孕妇妊娠13^{+2}周建卡，妊娠期产检14次，建卡时发现RPR阳性，1:64，遂于妊娠15周门诊予苄星青霉素联合头孢曲松治疗；妊娠28^{+3}周（2014年8月15日）复查RPR 1:16，再次门诊予苄星青霉素联合头孢曲松治疗第二疗程。但妊娠32周复查RPR上升为1:32，妊娠38周再次复查RPR 1:32。

妊娠期唐氏筛查，系统B超未见异常，口服葡萄糖耐量试验（oral glucose tolerance test，OGTT）未做。

产科检查：宫高33 cm，腹围100 cm，估计胎儿大小3 200 g，胎方位LOA，胎心140次/min，胎心位置左下腹，强度中，先露头，位置S－2，已衔接，胎膜已破，子宫颈质地软，位置居中，长度1 cm，未扩张；盆骨测量：髂前上棘间径25 cm、髂嵴间径27 cm、骶耻外径20 cm、坐骨结节间径9 cm。

高危因素记录：梅毒感染、胎膜早破。

初步诊断：G1P0妊娠40^{+5}周LOA待产，胎膜早破，潜伏期梅毒。

入院后予监测胎心、胎动、宫缩等。

11月8日01:00，孕妇胎膜早破，羊水清，有不规则下腹痛，阴道少量流水流液。予以预防性抗炎补液治疗，必要时应用缩宫素加强宫缩。

11月9日晨阴道检查：宫口容指，质软，位前，先露头，位置S－1；08:39予催产素2.5 U+5%葡萄糖500 mL静脉滴注引产。

11月9日10:30，孕妇出现规则宫缩；18:00宫缩30 s/3～4 min，强度弱，查宫口开2 cm；18:30入产房待产，胎心监护见宫缩30 s/4～5 min，强度40%左右，胎心正常，予催产素5 U+5%葡萄糖500 mL静脉滴注加强宫缩，密切观察宫缩及胎心情况。

20:30孕妇宫口开3 cm，先露棘平，胎心监测提示加速反应可，未见胎心减速，产程进展可。

22:00宫口开全，查枕横位，先露+1，胎心150次/min，羊水清，予徒手转胎头失败。

22:20时（胎心监测时间为22:00左右）胎心突然降至80次/min，予吸氧、静脉推注三联（50%葡萄糖20 mL+维生素C 1 g+地塞米松10 mg）后无明显好转，胎心继续下降最低至

50次/min。

立即联系相关科室，同时汇报，向家属交代目前持续性枕横位，先露+1，有3×4 cm大小产瘤，胎心减慢，考虑胎儿宫内窘迫，需尽快结束分娩，不排除产钳助产或剖宫产可能，即刻上台准备接产。

上级医师检查后示：患者持续性枕横位，先露+1，告知家属短时间内阴道顺娩及产钳助产有困难，继续试产胎儿风险较大，建议立即予剖宫产结束分娩，交代相关手术风险及并发症。

11月9日22:30，将孕妇接至手术室，23:00在腰硬联合麻醉下行子宫下段剖宫产术，指征：持续性枕横位，胎儿宫内窘迫。

23:03娩出一男婴，体重3 600 g，Apgar 1 min评分1分、5 min评分1分，予气管插管、清理呼吸道、正压给氧、胸外心脏按压等抢救，心率40次/min左右，皮肤苍白，仍无自主呼吸、肌张力及反射，继续抢救无效。

11月10日01:20宣布临床死亡。

2015年3月16日某鉴定所尸检鉴定意见：

(1) 足月男性新生儿：① 口唇、十指甲床发绀，肛周见绿色胎粪附着，胃内见淡黄色黏液；肺泡扩张不全，较多肺泡内有胎粪及其他羊水成分吸入，伴肺淤血和多灶性肺出血。② 顶枕部头皮下水肿伴出血，双侧顶骨骨膜下出血，双侧顶结节处骨质菲薄，未形成初级骨小梁，骨化中心小，类骨质少；脑干多灶性出血，脑水肿(470 g)、淤血。③ 心肌间及肾上腺被膜周部分小动脉痉挛。④ 肝细胞水肿，肝汇管区周围及肝被膜下多灶性出血，肝组织间见散在髓外造血。⑤ 脾、胰、肾、肾上腺、甲状腺、垂体、咽喉部黏膜下等脏器组织淤血，伴多灶性出血。⑥ 右手掌纹呈“通贯型”。

(2) 妊娠晚期胎盘和脐带：① 胎盘多灶性梗死；胎膜灶性炎。② 脐带呈灰白色，局部略细，脐血管呈收缩状。

2015年1月22日后，孕妇分别多次至外院就诊，经查抗心磷脂相关指标异常，拟诊抗心磷脂综合征？

3. 分析论证与鉴定意见

医方诊疗行为中存在的过错与患儿的死亡之间有一定因果关系，其原因力为同等原因。

(1) 本例为孕妇合并胎盘因素导致的死胎，其中的医疗过错行为主要是：① 医方对梅毒感染、胎膜早破的高危因素未予以重视及告知；② 医方产前评估不充分，未行进一步检查；③ 应用催产素依据不充分，剂量偏大；④ 医方部分病历记录不严谨，因此导致何时停用催产素没有记录，致使无记录可查；⑤ 医方在患者进入第二产程时，突然出现胎心骤降的情况下，考虑急性胎儿宫内窘迫，首先考虑积极阴道助产，因胎头位置过高，阴道助产困难，后进行剖宫产，总体行为未违反医疗原则，但是总体抢救时间偏长，不排除决定剖宫产时机亦稍偏晚，医方一定程度上存在延误。

(2) 孕妇入院时，存在梅毒感染、胎膜早破高危因素，医方未能行进一步检查，以了解宫内胎儿、胎盘、脐带及羊水情况；应用1%催产素加强宫缩，依据不充分，剂量偏大，对于何时停用催产素没有记录，但医方对于缩宫素滴速控制尚可，从宫缩持续时间与间隔时间上，也未能发现孕妇宫缩过频、过强等情况，就此推断医方应用缩宫素导致胎儿宫内窘迫发生依据不足；从胎心骤降到行子宫下段剖宫产术娩出胎儿，时间共约63 min，总体抢救时间偏长，不排除决定剖宫产时机亦稍偏晚，医方一定程度上存在延误，与胎儿重度窘迫、新生儿重度窒息发生有一定相关性；根据新生儿娩出时的表现、抢救过程及尸检报告，考虑死亡主要与急性胎儿窘迫、新生儿重度窒息有关。虽然孕妇抗心磷脂相关指标异常，怀疑抗心磷脂综合征，但孕妇确有梅毒感染证据。胎盘及脐带病理诊断示：梅毒感染可能，因此亦不能排除胎儿感染梅毒。该案例急性胎儿窘迫发生突然，程度较重，梅毒感染后胎盘、脐带等自身功能可能受到影响，耐受性变差，也具有一定促进作用。综上分析：医方诊疗行为中存在的过错与患儿的死亡之间有一定因果关系，其原因力为同等原因。

【案例5】

1. 案情摘要

产妇薛某，1973年7月出生。2013年10月24日因“停经39周，要求产检”到某镇卫生院就诊。2013年10月28日因感觉胎动减少再次到该卫生院就诊。2013年11月5日引产出死婴，发现死婴脐带绕颈4周。

患方认为：2013年10月24日薛某因“停经39周，要求产检”到该卫生院就诊，彩超检查提示胎心率165次/min，脐带绕颈2周，医方未引起重视，未采取补救措施，未收住院观察、进行剖宫产，10月28日未做任何检查而使用地塞米松，致使胎儿胎动明显减少，进而导致胎儿死亡。

医方认为：2013年10月24日后薛某再未与医方发生任何联系，医方没有2013年10月28日薛某的就诊记录，不承担责任。

2. 病情摘要

产妇薛某，1973年7月出生。2013年10月24日薛某因“停经39周，要求产检”到某镇卫生院就诊。查体：血压110/70 mmHg，体重74 kg，G3P1，宫高33 cm，腹围108 cm，胎心138次/min，胎位LOA，未衔接，胎膜存，宫口未开。彩超检查提示：胎心率165次/min，颈部可及W型压迹，胎颈部可见两条彩带围绕，羊水63 mm。

2013年10月28日薛某因感觉胎动减少再次就诊，接诊医师让薛某到院外诊所注射地塞米松2支，并让薛某带回2支注射。

2013年10月30日薛某在某医院就诊发现死胎。立即转院诊治，彩超检查提示死胎。随即又转某市妇幼保健院诊治，超声检查提示死胎，2013年11月5日引产出死婴，发现死婴脐带绕颈4周。

3. 分析论证与鉴定意见

医方存在的过错行为与孕妇目前的损害后果（胎死宫内）存在一定的因果关系，其原因力为轻微原因。

（1）本例为胎儿合并胎盘因素导致的死胎，其中的医疗过错行为主要是患者系高龄孕妇、瘢痕子宫，检查提示胎儿心动过速、脐带绕颈，羊水偏少，有住院观察、及时了解胎儿宫内情况的指征，如出现胎儿窘迫应及时剖宫产，但医方未充分告知患方相关风险；妊娠期妇女使用地塞米松可增加胎盘功能不全、新生儿体重减少或死胎的发生率，应权衡利弊使用，医方无指征用药存在过错。

（2）根据引产记录脐带绕颈4周分析，胎儿死亡应为脐带绕颈引起的宫内窘迫所致。

医方存在的过错行为与孕妇目前的损害后果(胎死宫内)存在一定的因果关系,其原因力为轻微原因。

(曹婧,陈煜峰,张红)

第十七节　脑瘫的医疗损害鉴定技术指引

一、概述

脑性瘫痪(cerebral palsy,CP)简称脑瘫,是自受孕开始至婴儿期非进行性脑损伤或发育缺陷所导致的综合征,主要表现为运动障碍及姿势异常,常伴有感觉、认知、交流、感知和(或)行为障碍,癫痫,继发性肌肉骨骼障碍。

目前关于脑瘫的病因依然不能明确,在有些脑瘫患儿中甚至找不到明显的危险因素,临床上被证实与孕妇、胎儿、新生儿等许多异常因素有关。当然,存在许多异常因素的患儿并不一定发生脑瘫,这些因素被归纳为危险因素。

二、鉴定指引

脑瘫鉴定的要点和节点:按照脑瘫危险因素的出现时间,划分为产前因素、产时因素、产后因素。根据不同危险因素的内容,在诊疗过程中有无尽到注意义务、遵守诊疗操作常规和规范,是医疗损害鉴定的要点和节点。

1. *产前因素*　主要包括家族社会因素、孕妇因素、围生期保健卡、胎膜早破、羊水过少、胎头位置异常、脐带因素、胎盘因素等。

(1) 家族社会因素:有文献报道这类因素中孕妇的文化程度、家庭经济收入和生育地点与儿童脑瘫的发生关系密切,孕妇文化程度越高,脑瘫发生概率越小。生育所在卫生机构条件越差,脑瘫的危险性越大。孕妇文化程度高的儿童脑瘫患病率低的原因可能与获取医学知识的途径和主动性更加好。经济条件情况好的家庭,会选择妊娠期保健、去条件好的医疗机构分娩有关。

(2) 孕妇因素:文献报道显示,有意义因素有孕妇妊娠期感冒病史、服药史、产前出血、高温工作环境,孕妇妊娠早期感冒及用药史也是危险因素之一,可能与病毒等不利因子感染造成胎儿宫内脑发育障碍有关。另外,孕妇妊娠期在高温环境工作、产前阴道出血都是脑瘫的危险因素。

(3) 围生期保健卡:未定期建立围生期保健卡是脑瘫患儿出生的危险因素之一,因为孕妇未进行系统全面的产前检查,会失去判断胎儿是否健康的时机。

(4) 胎膜早破:可引起羊膜腔感染易发生产后出血,还可诱发早产,早产儿易发生呼吸窘迫综合征,临床上对于胎膜早破的产妇超过 12 h,给予抗生素预防感染、子宫收缩抑制剂、促胎肺成熟,适合条件者还需要终止妊娠。医疗过错行为表现为对胎膜早破重视不足、应用抗生素不及时。这与医务人员临床经验不够、责任心不强、未密切观察产妇等因素均有关。

(5) 羊水过少:近年来由于 B 超的广泛应用,羊水过少的检出率为 0.4%~4%,发病率有所增加，羊水过少可严重影响围生儿的预后。羊水过少是胎儿宫内发育迟缓的特征之一，容易发生胎儿窘迫和新生儿窒息。医疗过错行为表现为未及时行B超检查。B超诊断羊水过少的敏感性为77%，特异性为95%，所以B超检查对于诊断羊水过少尤为重要。

（6）胎头位置异常：胎位异常是造成难产的常见因素之一，导致第二产程延长和手术助产概率增加，常出现胎儿窘迫和新生儿窒息。医疗过错行为表现为未及时行B超检查以明确诊断、未及时行剖宫产、胎吸指征不明确。

（7）脐带因素：分为脐带长度异常、脐带先露与脐带脱垂、脐带缠绕。脐带因素均可导致胎儿宫内缺氧和窒息。医疗过错行为表现为未及时行B超检查、未监测胎心及观察宫缩。

（8）胎盘因素：分为前置胎盘和胎盘早剥。胎盘早剥对母婴预后影响较大，胎盘早剥出血可引起胎儿急性缺氧，而且胎盘早剥新生儿可有严重后遗症，表现为显著神经系统发育缺陷等并发症。前置胎盘出血多也可致胎儿窘迫甚至缺氧死亡；前置胎盘的治疗原则是抑制宫缩、止血、纠正贫血和预防感染。医疗过错行为表现为未及时终止妊娠、未及时行B超检查、应用抗生素不及时。

2. *产时因素* 包括巨大儿（fetal macrosomia，FM）、催产素使用适应证、NST试验、CT试验、羊水污染程度、分娩方式、胎心率基线等。

（1）巨大儿：巨大儿经阴道分娩对母婴均有较大伤害，胎儿方面可造成颅内出血等并发症。医疗过错行为表现为对胎儿大小估计错误，胎吸指征不明确。

（2）催产素使用适应证：关于催产素的使用是诊疗过程中最首要的问题。催产素用于催产时，常用滴注浓度为2.5~5 U的催产素加于5%葡萄糖500 mL内，缓慢静脉滴注，一般不超过40滴/min，以防止引起胎儿窘迫。如果在催产过程中，催产素浓度过高、滴速过快，势必引起强直性宫缩、过强过频的宫缩，使子宫肌壁持续紧张，紧裹胎体，胎盘血循环受阻，胎儿在子宫内缺血缺氧，容易发生窘迫，可导致新生儿缺血缺氧性脑病。所以，滴注催产素之前必须测量骨盆，判定是否存在头盆不称的情形，在滴注的过程当中要密切监测胎心，判定胎儿是否存在宫内缺氧的情形。医方存在的过错行为主要表现为催产素使用指征不明确、发现胎儿窘迫后未能停止使用催产素、使用催产素之前未进行骨盆内测量。

（3）NST试验：是在无宫缩、无外界负荷刺激下，对胎儿进行胎心率宫缩图的观察和记录，以了解胎儿储备能力。医方存在的过错行为表现为未予检查NST试验，出现异常时，未能及时终止妊娠。

（4）CT试验：是了解胎盘于宫缩时一过性缺氧的负荷变化，测定胎儿的储备能力。医方存在的过错行为表现为未予检查CT试验，出现异常时未能及时终止妊娠。

（5）羊水污染程度：是反映胎儿在宫内有无感染和窒息的指标之一。医方存在的过错行为表现为产程中未予监测胎心及观察宫缩。

（6）分娩方式：临床上终止妊娠有两种分式，即阴道分娩和剖宫产。剖宫产适用于骨盆明显狭窄、胎位异常（肩先露、足先露、高直后位、前不均倾位、颏后位）、巨大儿、连体胎儿、胎儿窘迫、先兆子宫破裂、潜伏期延长、宫缩乏力采取措施后无效且伴胎儿窘迫时。医方存在的过错行为主要表现为未能及时正确的诊断病情，胎儿窘迫后未及时终止妊娠、有手术终止妊娠的指征时未采取剖宫产。

（7）胎心率基线：波动活跃则频率增高，基线平直则频率降低或消失，基线摆动表示胎儿有一定的储备能力，是胎儿健康的表现。晚期减速一般认为是胎盘功能不良、胎儿缺氧的表现。医方存在的过错行为主要表现为发现胎心率基线异常时，未能及时终止妊娠。

产时因素中的过错行为总结和归纳：未及时行剖宫产、医患沟通不够、对疾病早期认识不足、胎吸指征不明确、产程中未予监测胎心及观察宫缩、应用抗生素不及时、对胎膜早破重视不足、使用催产素之前未进行骨盆内测量、使用催产素时未进行阴道检查、胎儿窘迫后未及时停止使用催产素、催产素使用无指征、产前未行B超、对窒息的发生及估计不足、地诺前列酮的使用不规范等。

3. *产后因素* 包括Apgar评分、医患沟通和告知义务等。

(1) Apgar评分：产后因素当中Apgar评分被认为与医疗损害病例发生有因果关系，原因在于Apgar 1 min评分和Apgar 5 min评分是鉴定专家组判定胎儿在宫内有无窒息及新生儿复苏效果的重要指标，也是判断诊疗行为中有无过错的依据。

(2) 医患沟通和告知义务：脑瘫的早期诊治对疾病的治疗及预后极为重要，尤其在1岁以内的早期干预极为重要。由于婴儿期特殊的发育规律，脑瘫早期症状常被家长忽视，从而错过最佳治疗时机。所以，应加强对高危儿的早期追踪和监测、加强健康教育、普及脑瘫常识，引导家长早期发现高危儿的异常表现，及时带患儿就诊，最大限度地提高脑瘫儿生存质量，降低致残率。如果医方对于高危儿未能做到及时的告知，出院医嘱当中也未交代高危儿需要随访，判定存在医疗损害责任。

产后因素中的过错行为主要有对患儿构成高胆红素血症的危害性认识不足、未及时转院、未予观察有无黄疸、医患沟通不够、新生儿出生后对窒息的处理措施不当等。

4. *其他因素* 如病历书写不规范、医务人员无资质等。

三、医疗过错及原因力分析

目前脑瘫确切的发病原因依然不明确，脑瘫的发生有可能是医务人员的医疗过错行为引起，也有可能是疾病自然地发生、发展及转归。因此，在认定责任时需综合考虑多方面因素，结合临床经验和知识加以认定，分析医疗机构的医疗过错行为是否为医疗损害发生的必要条件，是否实际上增加了医疗损害结果发生的可能性。

1. *产前医疗过错行为原因力的判定* 产前危险因素当中，医方经常会出现使用无资质医务人员的情况。

(1) 产生使用无资质人员可能的原因在于：行政机关对乡镇一级卫生院医务人员的资质审查、把关不严；医疗机构对于虽然经过乡村医生学习或者进修的人员，在未取得资格之前，未按照《中华人民共和国执业医师法》的相关条例不允许其在医疗机构执业的规定，违规聘用此类人员。虽然无资质医务人员从事医疗活动属于非法行医，但并不是判定医疗损害责任的前提。患者的就诊行为是一个连续的过程，往往在诊疗过程当中有多名医务人员实施了诊疗行为，实践当中难以清楚地划分一个没有资质的医务人员是否造成了患者的损害后果，所以在医疗损害鉴定过程当中，还是需要判定具体的医疗过错行为是否导致了损害后果的发生或者是否参与了损害后果的发生。

(2) 诊疗义务有无实施：在诊疗行为过程中，医务人员对患者应负有谨慎诊断的义务。

构成医疗损害责任的判断依据为医方有无实施基本的诊疗义务。产妇入院时应进行全面的检查以了解和评估病情。医疗损害的发生与胎膜早破和胎盘因素有关。胎盘因素当中的胎盘早剥处理应及时诊断并积极治疗。纠正休克、及时终止妊娠、处理并发症。对于胎盘早剥的患者鉴别诊断并不难,根据病史、症状、体征,结合 B 超检查即可确诊,医方如果未及时行 B 超检查,必然不能及时诊断胎盘早剥,从而判定与损害后果发生之间存在因果关系。胎膜早破时常诱发早产,早产儿易发生呼吸窘迫综合征。治疗原则为期待疗法和终止妊娠。胎膜早破是产前的高危因素,诊疗过程中医方如果未能及时有效地进行治疗,会被判定存在医疗过错行为。

（3）不构成医疗损害责任的判断依据：具有胎盘高危因素的病例未及时行 B 超检查的责任不在医方,如患方未能及时住院检查,来院时已属于急产,或者医方已及时诊断和治疗胎盘早剥和前置胎盘,但是仍然有脑瘫患儿的出生。

综上,如果产妇存在产前危险因素,原因力的判断上会更多地考虑产妇自身因素与脑瘫发生之间的关联性。

2. 产时医疗过错行为原因力的判定　产时的医疗过错行为是鉴定专家判定医疗损害责任的主要关键点,判定存在医疗损害责任基于以下几点：有无实施基本检查义务、有无实施基本诊疗义务、药物使用是否规范。

（1）有无实施基本检查义务：产时的相关检查主要包括 NST 试验、CT 试验、胎心率基线、骨盆测量、胎心监测。它们是产妇入院后基本的检查项目,若医方未能实施基本的检查义务以了解和判断胎儿在宫内的情况,则判定存在医疗损害责任。

（2）有无实施基本诊疗义务：产时的诊疗义务包括护士对母儿病情的观察和医生对产妇阳性检查结果的诊疗。鉴定过程中,主要判断医方有无及时诊断胎儿在宫内是否缺氧,缺氧后是否能及时采取有效的措施终止妊娠。如果未能及时诊断和采取有效措施,判定存在医疗损害责任。

（3）药品使用是否规范：催产素的使用和地诺前列酮的使用必须按照药品说明,如果未能遵守药品说明书使用药物,从而导致胎儿宫内缺氧,那么判定存在医疗损害责任。

综上,如果在产时过程中,医方违反了相关的诊疗常规和规范,在原因力的判断上面会更多地考虑医方诊疗过错行为与脑瘫之间的关联程度。

3. 产后危险因素中医疗过错行为原因力的判定　判定医方在产后危险因素的原因力,主要基于以下几个方面：有无新生儿观察不仔细、未予观察有无黄疸、出院指征不明确、新生儿出生后对窒息的处理措施不当、对患儿发生高胆红素血症的危害性认识不足、不及时转院等医疗过错行为。

不构成医疗损害责任的依据：出生后 2 周内 CT 示脑白质有异常,提示胎儿先天发育不良,可作为免责的重要依据。新生儿期因素包括新生儿期疾病史,如新生儿颅内出血、呼吸窘迫综合征、新生儿黄疸、新生儿出血症、缺血缺氧性脑病窒息、新生儿感染等疾病。对于伴有新生儿期因素的患者,如果与产程中的诊疗行为无关,也是作为判定不构成医疗损害责任的依据。

综上,产后医疗过错行为原因力大小主要从新生儿有无先天性疾病,医方在产后有无医疗过错行为等方面进行综合判定。

四、案例

【案例 1】

1. 病情摘要

产妇王某,28 岁。2009 年 11 月 4 日 21: 30 因“妊娠足月、下腹阵痛 1 h 余”入住某医院妇产科。产科检查: 宫高 34 cm,腹围 98 cm,胎方位 LOA,胎心 140 次/min,先露头,位置 S,衔接浅,胎膜未破,子宫颈质地中,宫颈扩张 1 指。骨盆测量: 髂前上棘间径 23 cm,髂嵴间径 26 cm,骶耻外径 19 cm,坐骨结节间径 8.5 cm。诊断为 G1P0 妊娠 39^{+2} 周 LOA 临产。11 月 5 日 01: 15 人工破膜,羊水清。02: 25 因宫口开全约半小时,先露位置较高,棘平,胎方位枕后位,考虑持续性枕后位,建议行剖宫产术,向产妇及家属做了交代并签字同意手术。02: 55 麻醉操作实施后,查胎头棘下 1 cm,胎方位转为枕横位,考虑可予试产。03: 40 胎心从 130 次/min 降为 110 次/min,03: 50 胎心 70 次/min,03: 55 自娩出一男婴,Apgar 评分: 1 min 3 分,5 min 6 分,10 min 9 分。新生儿出生后重度窒息,予吸痰、吸氧、人工呼吸、纳洛酮、维生素 K_1 治疗后,新生儿一直未有大声啼哭,急转某市医院儿科,当日因“窒息复苏后抽搐 6 h”又转至某大学附属儿童医院,诊断为新生儿窒息、新生儿缺氧缺血性脑病、新生儿肺炎,予吸氧、抗感染、营养脑细胞等治疗,11 月 20 日出院。2010 年 3 月 19 日某大学附属儿童医院 CT 示: 头颅 CT 平扫未见明显异常。

2010 年 6 月 28 日~7 月 14 日,患儿因“至今不能抬头、独坐”至某市医院住院治疗,诊断为脑瘫。后患儿一直在多地治疗。2013 年 6 月 6 日某儿童医院康复评估报告示: 大运动 11 个月,精细运动 33 个月,认知能力及语言 36 个月,社交行为 24 个月。

2. 分析论证与鉴定意见

产妇王某因“妊娠足月、下腹阵痛 1 h 余”就诊,医方经常规处理后,根据产程中孕妇宫口开全约半小时、头先露棘平、胎方位枕后位,诊断为 G1P0 妊娠 39^{+2} 周临产、持续性枕后位,决定行剖宫产处理正确。

目前患儿神志清,被动体位,查体尚合作,语言表达不清。四肢徐动样动作,双下肢分开角(股度)小于 90°,弓背屈膝坐,扶站尖足姿势,扶站足扁平外翻,扶走剪刀步态,膝过伸步态,拇指内收。

医方存在以下医疗过错行为:

(1) 麻醉操作实施后,经治医生再次检查发现胎儿胎头下降、胎方位转为枕横位,可试行阴道分娩,但如果枕横位持续存在,可致难产、产程延长、宫内缺氧,医方对此认识不足,致使胎儿未能在短时间内娩出(02: 55 决定行阴道试产,03: 55 胎儿娩出)。

(2) 在手术室观察产程,由于未行产时持续胎心监护,听诊胎心仅一次异常(03: 40 胎心 110 次/min,03: 50 胎心 70 次/min,03: 55 胎儿娩出),致使未能尽早识别胎心变化。

(3) 新生儿出生时 Apgar 评分 3 分,属重度窒息,医方未记载羊水情况。

(4) 医方在产程处理中,由剖宫产改为阴道分娩,未与产妇及家属进行沟通。

(5) 新生儿出生即诊断为重度窒息,与胎儿宫内缺氧、娩出时间长有一定关系。新生儿缺血缺氧性脑病与重度窒息有关。患儿目前诊断为脑瘫,与重度窒息有关。专家阅片 2013 年 5 月 16 日某大学附属儿童医院头颅 CT 示: 松果体区小囊肿不除外。

综上,医方的过错与患儿的脑瘫有一定的因果关系,为主要因素。

3. 评析

本例主要为产时因素中的医疗过错行为,根据病史,未见有明显的产前危险因素和产后致病因素(包括先天性因素),新生儿出生后即诊断为重度窒息,与胎儿宫内缺氧时间过长有一定的关系。

因医方未能及时行剖宫产手术,故与新生儿的重度窒息之间存在因果关系。该患儿后经某医院摄片提示松果体区小囊肿存在,自身存在先天性因素,故综合考虑原因力为主要原因。

【案例2】

1. 病情摘要

产妇张某,1988年3月出生。因"停经31^{+1}周,阴道流液6 h"于2011年8月14日在某大学附属医院就诊,产科彩超示:双胎,一头一臀位,胎儿存活;前壁胎盘,成熟度Ⅱ级;羊水量正常;第二胎脐带绕颈。诊断为G1P0妊娠31^{+1}周;双胎妊娠;ROA/LSA;胎膜早破,予收住入院,入院体检:宫高39 cm,腹围106 cm,胎方位ROA/LSA,胎心音140/145次/min,先露头,未衔接,胎膜已破,宫口未开,骨盆测量各径正常。入院后予保胎抗感染治疗。

9月8日02:00左右出现阵发性腹胀痛,予硫酸镁治疗。08:00左右宫口开一指,先露头-1.5,胎方位为ROA/LSA,胎心140/155次/min,宫缩间隔3 min,持续30 s。产妇要求剖宫产,予术前准备。10:15产妇刚推入手术室,经检查宫口开全。10:16破膜,行左侧会阴切开术。10:38顺娩一早产活男婴,Apgar 1 min评分8分、5 min评分10分,体重2 500 g。第二胎羊膜已破,无羊水,检查胎位为肩横位,在全麻下行内倒转术,因无羊水,倒转困难,即在全麻下行子宫下段横切口剖宫产术,将胎儿转为臀位,按臀位分娩机制助娩一早产活男婴,体重2 300 g,Apgar 1 min评分4分,经吸痰、吸氧、胸外按压、气管插管等治疗,Apgar 5 min评分4分,诊断为早产儿肺炎,呼吸衰竭,缺氧缺血性脑病,败血症,低出生体重儿,早产儿窒息收住新生儿病区,予抗感染及对症支持等治疗。10月11日出院。

2013年3月1日某医学门诊部脑血流多普勒检查报告示:双侧大脑中动脉及前动脉血流速均减低,提示脑供血不足可能;康复评估示:训练评估7分(总分54分),GMFM 22.6分,ADL评定2分(总分100分),Berg平衡评定0分(总分56分),关节活动度评价(各关节被动活动范围正常),肌张力评定(四肢双踝张力1^-级),肌力评定(上肢2级、下肢3^-级)。

2. 分析论证与鉴定意见

产妇因"停经31^{+1}周,阴道流液6 h"于2011年8月14日在某大学附属医院就诊,产科彩超示:双胎,一头一臀位,胎儿存活;前壁胎盘,成熟度Ⅱ级;羊水量正常;第二胎脐带绕颈。医方诊断为G1P0妊娠31^{+1}周;双胎妊娠;ROA/LSA;胎膜早破明确。入院后予保胎、抗感染治疗符合双胎及胎膜早破诊疗常规。

《妇产科学》(人民卫生出版社)教材写明:双胎妊娠有下列情况之一,应考虑剖宫产:第一胎儿为肩先露、臀先露;宫缩乏力致产程延长,经保守治疗效果不佳;胎儿窘迫,短时间内不能经阴道结束分娩;联体双胎妊娠周数>26周;严重妊娠并发症需尽快终止妊娠,如重度子痫前期、胎盘早剥等。本例虽为双胎,但依据入院时及住院期间检查胎方位均为ROA/LSA,体温、血象和C反应蛋白检测均正常,骨盆径线正常,医方拟选经阴道试产,符合产科诊疗常规。

目前患儿抬头不稳，不能坐、立、走，不认识人，不会喊人，不会主动取物，下肢肌张力稍高，运动及智力发育明显落后于同龄儿童。

医方在诊疗过程中存在的过错：

（1）9月8日02:00产妇出现不规则宫缩后，医方未意识到产妇可能即将临产，未主动就分娩方式与患方沟通，直至08:00正式临产后才沟通。患方拒绝阴道试产，要求剖宫产，医方接受患方的剖宫产要求后，术前准备时间过长，至10:15产妇推入手术室时宫口已经开全，先露头已达“+2”，分娩在即，从而失去了剖宫产的机会。

（2）《临床技术操作规范-妇产科分册》列明内倒转术禁忌证：① 估计头盆不称，不能经阴道分娩的活胎。② 子宫瘢痕，易发生子宫破裂或已有先兆子宫破裂者。③ 子宫颈未开全或未接近开全，宫腔内无足量的羊水存在。④ 忽略性横位，羊水流尽。

医方在处理第二胎儿的过程中，首先胎位固定失误，导致横位的发生，给第二胎的娩出造成困难；其次，阴道检查已确诊羊膜腔内已羊水流尽，不适宜行横位内倒转术，应选择剖宫产术，但医方却选择了全麻下内倒转术，结果内倒转术失败，术中胎心减少至120次/min，客观上延长了胎儿宫内窘迫的时间。

（3）因果关系分析：双胎、胎膜早破均属于产科的高危妊娠范畴，可导致早产、继发性羊水过少、胎儿宫内窘迫及宫内感染等并发症。本例第二胎胎膜早破导致羊膜腔内羊水流尽，宫壁压迫胎体和脐带，从而可引起胎儿宫内缺氧；由于宫壁紧裹胎体，即使是剖宫产术，术中胎体的倒转和娩出也较困难，也可能会对胎儿造成一定损伤。

目前患儿的新生儿缺氧缺血性脑病后遗症主要与胎膜早破、羊水流尽、脐带绕颈、宫内感染等因素引起的胎儿宫内缺氧有关，但医方在诊疗过程中存在的过错与患儿目前的状况之间存在一定的因果关系，为次要原因。

3. 评析

凡遇有先兆子宫破裂、骨盆明显狭窄或明显畸形、肩先露、颏后位、高直后位、前不均倾位、初产妇混合臀位或足位、臀位伴有骨盆狭窄、巨大儿、连体胎儿等，均应考虑剖宫产术。医方未能及时结束妊娠，在羊水流尽时，选择横位内倒置术不当，故与新生儿窒息之间存在因果关系。该患儿存在双胎、胎膜早破等高危因素，且有脐带绕颈、宫内感染等情况，故综合考虑原因力为次要原因。

【案例3】

1. 病情摘要

2010年9月3日7时产妇陈某因“停经39周，感下腹部坠胀1 d，瘢痕子宫”入住某卫生院，4年前曾行剖宫产术。查体：血压110/70 mmHg，体重75 kg，诊断为G2P1妊娠39周待产LOA，瘢痕子宫。术前准备后硬麻下行子宫下段剖宫产术。08:40剖宫取出一女婴，体重4 100 g，Apgar评分：1 min评分9分、5 min评分10分，产妇胎盘剥离完整，术中出血200 mL，手术顺利。9月9日上午新生儿因“面黄5 d”收住某医院，查血糖示：1.40 mmol/L（↓）（3.95~6.11 mmol/L）。诉新生儿出生后2.3 d开始出现皮肤黄染，逐渐加重，近2 d明显加重，伴吃奶少，查面部及全身皮肤金黄色，巩膜中度黄染，查白细胞17.3×10^9/L，总胆红素641.7 μmol/L，直接胆红素25.1 μmol/L，诊断为新生儿高胆红素血症、败血症？建议转院治疗。当日下午患儿因“皮肤黄染5 d,少吃少哭2 d”入住某第一医院,皮肤重度黄染,巩膜黄染,肌张力偏低,原始反射弱,查CMV－IgG(+)。入院诊断为高胆红素血症、结膜炎、重度感染、败血症?行抗感染、换血、蓝光、白蛋白等治疗,胆红素逐渐下降。9月13日脑部MR示:室旁脑白质稍长T1长T2信号。2012年11月13日患儿因“已2岁2个月仍独坐不稳”入住某市儿童医院,诊断为脑瘫,给予PT、肌痉挛、脑循环、经络导平、头针、脑功能障碍等综合康复治疗。

2. 分析论证与鉴定意见

2010年9月3日,产妇因“停经39周,感下腹部坠胀,瘢痕子宫”入住某卫生院,行剖宫产术,娩出体重4 100 g女婴,Apgar评分:1 min评分9分、5 min评分10分,手术过程顺利,医疗行为未违反医疗规范。

根据鉴定材料,患儿存在:① 先天性TORCH感染(即Toxoplasma弓形虫,Others其他病原微生物,如梅毒螺旋体、带状疱疹病毒、细小病毒B19、柯萨奇病毒等,风疹病毒,巨细胞病毒,单纯疱疹病毒Ⅰ/Ⅱ型)可能(2008年9月11日某第一医院CMV－IgG阳性)、② 新生儿低血糖,上述两种情况均可导致脑损害。低血糖和先天性TORCH感染均可导致脑的不可逆损害,宜早期干预以预防出现后遗症。患儿自某医院出院后医嘱“出院1个月、2个月、3个月、6个月随诊”但未见相应就诊随诊记录,导致脑瘫未能及时诊断以致错失了最佳康复时机。专家鉴定组分析认为患儿目前的损害后果根本原因与先天性TORCH感染有关。

患儿神志清,头颅未见畸形,躯干及臂部皮肤见青色斑。双侧瞳孔等大,鼻唇沟对称。四肢肌张力高,肌力3级,腱反射亢进,足尖着地,内收肌角<90°,巴氏征未引出,布氏征(－)。

医方存在以下医疗过错行为:患儿2010年9月9日在某医院查总胆红素达641.7 mmol/L,考虑患儿在医方出院前已经存在皮肤黄染等临床表现。医方对新生儿黄疸认识不足,未能引起足够重视,未能告知家属转往上级医院及时治疗。医方诊疗中存在的过错行为与患儿的损害后果存在一定的因果关系。原因力大小为轻微因素。

3. 评析

医方主要存在产后因素中的过错行为,对新生儿黄疸认识不足,未能引起足够重视,也未能及时告知患方及时转院治疗。新生儿黄疸是因胆红素在体内积聚引起的皮肤或其他器官黄染。部分高未结合胆红素血症患儿可发生胆红素脑病,一般多留有不同程度的神经系统后遗症,重者甚至死亡。但该新生儿存在先天性TORCH感染可能,自身先天性疾病是造成患者脑瘫的根本因素,故综合考虑医方过错行为的原因力为轻微原因。

【案例4】

1. 病情摘要

产妇孙某,1984年8月出生。2011年2月28日因“停经40^{+1}周,不规则腹胀1 d”收住某市妇幼保健院,查体:宫高35 cm,腹围99 cm,胎方位LOA,胎心140次/min,先露头,位置S－3,衔接浅入,胎膜未破,骨盆测量各径正常。诊断:G1P0妊娠40^{+1}周待产LOA。予观察胎心等处理,征求分娩方式,患方考虑尽可能经阴道分娩。3月1日08:30病程记录:孕妇无规律宫缩,胎头下降受阻。16:30无明显腹痛,胎动、胎心138次/min,患方要求次日手术终止妊娠。

3月2日07:50胎心率132次/min。09:00在腰硬联合麻醉下行子宫下段剖宫产术,

09: 04手术破膜，羊水性状清，量约 1 000 mL。女婴娩出时间为 09: 06，体重 3 000 g，身长 50 cm，Apgar 评分：1 min 评分 9 分、5 min 评分 10 分。09: 40 婴儿送返病房。12: 55 新生儿气急、呻吟，全胸部 X 线示：两肺纹理增多，心影稍增大。请儿科会诊，诊断为新生儿肺炎，即转入该院新生儿科。查体：体温 37℃，脉搏 126 次/min，呼吸 66 次/min，反应可，哭声响，呼吸促，轻度吸气性三凹征，两肺呼吸音稍粗，实验室检查示：白细胞计数 27.37×10^9/L，中性粒细胞比例 80.4%，钾 7.6 mmol/L，谷草转氨酶 109 U/L，碱性磷酸酶 203 U/L，GGT 470 U/L，乳酸脱氢酶 871 U/L，肌酸激酶 2 166 U/L。予抗感染、心电监护、暖箱保暖等治疗。3 月 4 日患儿皮肤黄染，测皮胆红素示：15 mg/dL，予蓝光照射；臀部硬肿予肝素钙改善微循环治疗。头颅 CT 示：双侧大、小脑半球及脑干形态正常，脑实质内未见异常密度区；脑沟、脑池及脑室系统形态、大小及位置未见明显异常；中线结构居中。3 月 9 日患方签字要求提前出院。

2011 年 5 月 19 日至某第一医院就诊，查体：患儿时有双眼凝视，食欲缺乏，消瘦，四肢肌力可，反应稍差，哭声低。2012 年 4 月 20 日某市儿童医院康复评估报告示：小儿脑瘫。2012 年 11 月 5 日某市医院 MRI 诊断示：结合病史，缺血缺氧性脑病后改变，提示脑发育不良；双侧额颞部硬膜下少量积液。

2. 分析论证与鉴定意见

医方对产妇“G1P0 妊娠 40^{+1} 周，LOA，待产”的诊断明确，该产妇无明确的剖宫产指征，3 月 2 日在征得产妇及家属同意并签字后，予行剖宫产术。病历记载示：剖宫产术前，无胎心率异常，剖宫产术人工破膜，羊水量 1 000 mL，性状清，均提示胎儿无宫内缺氧，新生儿 Apgar 评分 1 min 评分 9 分、5 min 评分 10 分，提示新生儿不存在缺氧、窒息。医方在手术操作过程中无操作不当，符合手术规范。新生儿出生后因“呻吟 4 h 伴气急”收住该院儿科，根据患儿的症状、体征、胸片等辅助检查结果，新生儿肺炎的诊断明确，医方相关的治疗措施恰当、有效，用氧有指征，符合新生儿肺炎的诊疗常规。2011 年 3 月 9 日患儿经治疗后，病情有所好转，但尚未痊愈，患方提出提前出院的要求，并签字确认。

患儿面色较苍白，皮下脂肪薄，营养状况较差，头围偏小，视线追踪欠灵敏，抬头 45°，拉坐明显后滞，不能独坐，双下肢无支撑，双侧上下肢肌力 3 级，四肢肌张力低，不能表达，能理解简单的字，能区别生人与熟人，认知能力低。

医方存在以下医疗过错行为：

（1）新生儿观察不够：3 月 2 日 09: 06 患儿娩出，10: 00 患儿观察记录单示患儿面色红润、哭声响亮，呼吸平稳；12: 55 记录单示：新生儿呼吸较快汇报医生。随即以新生儿呻吟 4 h伴气急，拟新生儿肺炎转入儿科诊治。从新生儿出生至转科，共观察2 次。从 10: 00~12: 55 近3 h 中，患儿曾有过什么表现，无任何记载。

（2）转入儿科后，儿科对患儿多项异常的实验室检查结果未能适时复查，对患儿的病情变化和预后评估可能会有一定影响。

（3）医患沟通不够到位：3 月 9 日患方要求提前出院，在当日病历和《医患沟通备忘录》既无规劝患者继续住院治疗的内容，又无出院后的注意事项交代等内容。

目前，患儿脑瘫的诊断成立。脑瘫通常是指在出生前到出生后 1 个月内各种原因引起的非进行性脑损伤或脑发育异常所导致的中枢性运动障碍。临床上以姿势与肌张力异常、肌无力、不自主运动和共济失调等为特征，常伴有感觉、认知、交流、行为等障碍和继发性骨骼肌肉异常,并可有癫痫发作。脑瘫的发病率为1.2‰~2.5‰(每千活产儿)。引起脑瘫的原因很多,但找不到原因者可能达1/3以上。有时一些病例也可能存在多种因素。产前因素最常见,包括遗传和染色体疾病、先天性感染、脑发育畸形或发育不良、胎儿脑缺血缺氧致脑室周围白质软化或基底节受损等。妊娠早期致病因素主要引起神经元增殖和移行异常,可发生无脑回、巨脑回、多小脑回、脑裂畸形及神经元异位。根据现场复阅医学影像片:双侧大脑、小脑半球及脑干形态正常,脑实质内未见明显异常密度,中线结构居中,脑灰白质结构显示不清,结合该患儿出生时Apgar评分,羊水清,当时诊断患儿脑瘫的依据不足。故医方医疗行为中存在的过错与患儿脑瘫之间无因果关系。

3. 评析

医方的过错行为主要为新生儿观察不够,转入儿科后儿科对患儿多项异常的实验室检查结果未能适时复查、医患沟通不够到位。但该过错行为并不会直接导致患儿宫内缺氧,故其诊疗过程中存在的过错行为与患儿脑瘫之间无因果关系。

(唐弘)

第十八节 新生儿窒息死亡的医疗损害鉴定技术指引

一、概述

新生儿窒息(asphyxia of newborn)指新生儿出生后1 min内无自主呼吸或未能建立规律呼吸而导致低氧血症和混合性酸中毒。据报道,我国每年出生的新生儿中,有7%~10%新生儿发生窒息。窒息及其并发症占整个新生儿死亡原因的33.5%。在窒息初期即能予有效的复苏,常可较快恢复正常的呼吸及循环,不至损害。复苏延迟时间越长,呼吸恢复越晚,缺氧缺血越严重,受损害的器官常越多,损害越严重。本节主要讨论因新生儿窒息导致死亡的医疗损害案例。

新生儿窒息的临床诊断,目前我国新生儿窒息的诊断及程度判定多仍沿用Apgar评分(表3-3)。

表3-3 新生儿Apgar评分法

体征	评分标准		
	0分	1分	2分
心率(次/min)	无	<100	>100
呼吸	无	慢、浅而不规则	正常、哭声响
肌张力	松弛	四肢略屈曲	四肢活动好
弹足底或导管插鼻反应	无反应	有些动作如皱眉	哭,喷嚏
皮肤颜色	发绀或苍白	躯干红,四肢紫	全身红

表中每项0~2分,共10分。Apgar评分1 min评分8~10分为正常,4~7分为轻度窒息,

0~3 分则为重度窒息。出生后 1、5、10 min 各评分 1 次。1 min 评分反映窒息严重程度，5 min 评分除反映窒息严重程度外，还可反映窒息复苏的效果及帮助判断预后。

1986 年美国妇产科医师学会与美国儿科医师学会联合指出，单以 Apgar 评分诊断窒息是错误的，Apgar 评分不应作为评估低氧及预测神经损伤的唯一依据。1996 年美国儿科学会和妇产科学会共同制订窒息诊断标准：① 脐动脉血气分析结果为严重的代谢性酸中毒或混合型酸中毒（pH<7）；② Apgar 评分 0~3 分，持续 5 min 以上；③ 新生儿早期有神经系统表现，如惊厥、肌张力低下、昏迷等；④ 出生早期有多脏器功能不全的证据。

2013 年中国医师协会新生儿科医师分会制订了新生儿窒息诊断和分度标准建议：① 产前具有可能导致窒息的高危因素；② Apgar 1 min 评分或 Apgar 5 min 评分≤7 分，仍未建立有效自主呼吸；③ 脐动脉血 pH<7.15；④ 排除其他引起低 Apgar 评分的病因。其中②~④为必要条件，①为参考指标。

新生儿窒息可有多种原因，包括孕妇疾病、胎盘异常、脐带异常、胎儿因素、分娩因素等。

（1）孕妇疾病：① 缺氧，呼吸功能不全、严重贫血及一氧化碳中毒等。② 胎盘循环功能障碍，心力衰竭、血管收缩（如妊娠高血压综合征）、低血压、心动过缓等；此外，年龄≥35 岁或<16 岁及多胎妊娠等窒息发生率较高。

（2）胎盘异常：前置胎盘、胎盘早剥和胎盘老化等。

（3）脐带因素：脐带受压、脱垂、绕颈、打结、过短和牵拉等。

（4）胎儿异常：① 早产儿、小于胎龄儿、巨大儿等；② 某些畸形：如后鼻孔闭锁、肺膨胀不全、先天性心脏病等；③ 宫内感染：如神经系统受损；④ 呼吸道梗死：如胎粪吸入等。

（5）分娩因素：难产、高位产钳、胎头吸引、臀位；产程中麻醉药、镇痛药及催产药使用不当等。

新生儿窒息的临床表现包括：① 胎儿宫内窘迫，首先出现胎动增加、胎心增快，胎心率≥160 次/min；晚期则胎动减少（<20 次/12 h）甚至消失，胎心减慢，胎心率<100 次/min，严重时甚至心脏停搏；窒息可导致肛门括约肌松弛，排出胎便，使羊水呈黄绿色。② 窒息程度判定，通过客观、快速及准确的评估（出生后的 Apgar1 min 评分、Apgar 5 min 评分）来判定出生窒息程度。注意胎龄小的早产儿成熟度低，虽无窒息但评分较低，应用镇静药等的孕妇评分可较实际评分低。

二、鉴定指引

本节主要讨论的为产时及产后因素所致的新生儿窒息。新生儿窒息可以是几种病因同时存在，也可是一种病因通过不同的途径而起作用。发生新生儿窒息死亡在医疗损害鉴定过程中需要注意以下几个方面。

1. *重视产妇既往病史、尽量避免因母体原因引起的新生儿窒息* 导致新生儿窒息的各种高危因素几乎都可通过既往病史、产前体检、实验室检查、B 超、胎心监护等而被明确。因此做好产前筛查、转诊及产程中监护有助于及时发现这些高危因素和警惕发生胎儿窘迫的可能性，并及时采取适当措施，防止窒息的发生和恶化。

2. *产前及产中及时、恰当地选择合适的分娩方式* 分娩方式分为阴道分娩与剖宫产术。（1）阴道分娩：过程中常采取产钳术、胎头吸引术、臀位牵引术、内倒转术助产。① 产钳术主要用于第二产程延长或因胎儿、产妇情况需主动缩短第二产程时，应用时需注意不同类别产钳的选择，确保存在施行产钳术的必备条件，严格按照手术步骤实施。② 胎头吸引术的指征与产钳术是相同的，吸引器对母体伤害小，但是如使用不当对胎儿损伤将超过产钳术，建议严格控制施行。③ 臀位是一种并不少见的异常胎位，一般产前检查时尽量用手法纠正为头位，若在分娩时仍为臀位则应严格遵照指征选择是否使用臀位牵引术，臀位接生第一要点即在胎儿脐部露出后 8 min 内娩出头部，否则可导致胎儿严重窒息。④ 内倒转术即足式内倒转术，因剖宫产术的广泛运用，现适应证已明显减少，仅在某种紧急情况下用作抢救胎儿，应在具备必备条件的情况下施行。

（2）剖宫产术：是指妊娠 28 周后，切开腹壁与子宫壁，取出体重 1 000 g 以上的胎儿及胎盘。剖宫产术的适应证为产道异常、产力异常、胎儿异常、妊娠并发症。若发生潜伏期产程、第一产程、第二产程过长的情况，应结合产妇既往病史，产前检查结果等因素，综合后适当放宽剖宫产术适应证，及时调整改变分娩方式。

除合理正确选择分娩方式外，还应避免以下分娩时因素引起的新生儿窒息：① 在产程延长（第一产程>24 h，第二产程>2 h）时应及时采取措施，以剖宫产终止妊娠。② 宫缩异常可分为子宫收缩乏力与子宫收缩过强。协调性收缩过强导致急产。③ 应结合产妇既往史及产检情况，排除禁忌证，正确选择，合理适量应用催产药物。④ 脐带存在问题易引起死胎，在临产后或分娩过程中，胎儿下降时，因牵拉影响血循环或致死者更多见，产检时提示有脐带问题的可综合考虑后适当放宽剖宫产适应证。⑤ 产妇采取仰卧位分娩时妊娠子宫压迫下腔静脉，产妇可出现仰卧位低血压，从而激发宫缩乏力和胎儿窘迫。⑥ 硬膜外麻醉因镇痛效果好、腹壁肌肉松弛、对母儿影响小而成为我国剖宫产术时的首选麻醉方式，其不足在于麻醉诱导时间较长，易引起血压下降，且胎儿对母体血压下降甚为敏感，可因此导致胎儿窘迫。

其中，催产素的运用临床较为常见，但必须严格按照指征使用，确保无禁忌证的情况下使用。在非手术引产常见的药物有蓖麻油、缩宫素、前列腺素。缩宫素主要用于引产和催产，引产指征包括：① 胎膜早破，妊娠周数≥37 周，破膜超过 6 h 尚未临产者；② 过期妊娠；③ 某些妊娠期并发症经治疗后效果不满意。催产指征包括：① 原发性低张性子宫收缩乏力；② 继发性子宫收缩乏力，使用前需要做阴道检查，排除头盆不称及异常胎方位。禁忌证：① 中央性前置胎盘；② 高张性子宫收缩；③ 头盆不称；④ 胎儿宫内窘迫；⑤ 胎位异常，如臀位、横位；⑥ 软产道异常；⑦ 重度妊娠高血压综合征而子宫颈成熟度低；⑧ 经产妇有急产史及高产次者（分娩次数≥3 次者）；⑨ 严重心血管疾病合并妊娠者。应用缩宫素时应注意：① 引产、催产指征明确，用药前应做全身健康评估及子宫颈 Bishop 评分；② 尽量应用输液泵调节滴速，滴注过程中应有专人负责观察并记录胎心、宫缩、药液滴速、浓度及主诉、血压、心率；③ 用药期间予胎心电子监护；④ 缩宫素静脉滴注补液如为葡萄糖液，应注意葡萄糖总量及缩宫素剂量，防止引起产妇及新生儿血钠和渗透压下降。

3. 产后及时明确新生儿窒息的诊断以便迅速采取措施　虽然不能作为决定是否需要复苏的依据，Apgar 评分仍是临床评价出生窒息程度的经典而简易的方法。生后 Apgar 1 min 评分、Apgar 5 min 评分、Apgar 10 min 评分各评分 1 次，Apgar 1 min 评分反映窒息严重程度，Apgar 5 min 评分除反映窒息严重程度外，还可反映窒息复苏的效果及帮助判断预后。评分

应注意客观、快速及准确，并考虑早产儿胎龄小、孕妇是否曾应用镇静药等可能影响评分结果的因素。

除 Apgar 评分外，应急诊进行脐动脉血气分析、观察新生儿是否存在早期神经系统表现及多脏器功能不全的证据，以明确诊断及后续用药等。

4. *发生新生儿窒息后的及时规范处理* 发生或疑似发生新生儿窒息后的复苏必须分秒必争，由产、儿科医生合作进行。复苏采用国际公认的 ABCDE 复苏方案：

（1）尽量吸净呼吸道黏液，建立通畅的呼吸道：如羊水清或稍浑浊，应立即吸净口和鼻腔的黏液，因鼻腔较敏感，受刺激后易触发呼吸，故应先吸口腔，后吸鼻腔；如羊水混有胎粪，吸净口腔和鼻腔分泌物后心率<100 次/min，无自主呼吸，肌张力低，应立即气管插管吸净气道内的胎粪。

（2）建立呼吸，增加通气：包括触觉刺激和正压通气。① 触觉刺激：清理呼吸道后拍打或弹足底 1~2 次或沿长轴快速摩擦腰背皮肤 1~2 次，如出现正常呼吸，心率>100 次/min，肤色红润可继续观察。② 正压通气：经触觉刺激后无自主呼吸或无规律呼吸建立，或<100 次/min，或持续性中心性发绀，均应采用面罩和复苏囊进行正压通气。通气频率 40~60 次/min，呼吸之比为 1∶2，压力为 20~40 cmH_2O（2.0~3.9 kPa），以胸廓起伏适中和听诊呼吸音正常为宜。若面罩正压通气 30 s 后，仍无规律性呼吸或心率<100 次/min，需进行气管插管正压通气。

（3）维持正常循环，保证足够的心搏出量：即胸外心脏按压。如气管插管正压通气 30 s 后，心率<60 次/min 或为 60~80 次/min 不再增加，应在继续正压通气的条件下，同时进行胸外心脏按压。通过采用双拇指或中示指按压胸骨体下 1/3 处，频率为 120 次/min（每按压 3 次，正压通气 1 次），按压深度为胸廓前后径的 1/3。

（4）酌情选用药物：① 肾上腺素，经过胸外心脏按压 30 s 后，心率仍然<80 次/min 或为 0，应立即给予 1∶10 000 肾上腺素 0.1~0.3 mL/kg，静脉推注或气管内注入，5 min 后可重复 1 次。② 扩容剂，如有急性失血或伴有有效血容量不足的表现时，应给予扩容剂如生理盐水或全血、血浆和 5%白蛋白等。剂量为每次 10 mL/kg，静脉输注。③ 碳酸氢钠，如疑似或血气分析证实代谢性酸中毒存在时，在保证通气的条件下，给予 5%碳酸氢钠 3~5 mL/kg，稀释成 1.4%后缓慢静脉推注（代谢性酸中毒是否需要碱性药物纠正尚存在争议）。④ 多巴胺，应用上述药物后，仍有循环不良者可加用多巴胺，开始剂量为 2~5 μg/（kg · min）静脉点滴，以后根据病情可增加剂量。⑤ 纳洛酮，如窒息患儿的母亲产前 4 h 内用过吗啡类麻醉或镇痛药，应给予纳洛酮，每次 0.1 mg/kg，静脉或肌内注射，也可气管内注入。

（5）对小儿情况进行评价、监护。复苏后需监测体温、呼吸、心率、血压、尿量、肤色、血气、血糖和电解质等。如并发症严重，需转运到 NICU 治疗，转运中需注意保温、监护生命指标和予以必要的治疗。

三、医疗过错及原因力分析

针对新生儿窒息死亡的鉴定病例，在鉴定过程中应该分析是否因新生儿窒息造成死亡、发生新生儿窒息的原因，分析医疗行为中是否采取适当措施防范新生儿窒息的发生，是否能及时发现新生儿窒息的发生并及时处置。因为引发新生儿窒息的原因较为复杂，母体原因与胎儿自身原因均可导致，因此在确定医疗机构存在医疗过错后，对医疗过错行为与损害后果之间的原因力大小的判断上应综合分析，要考虑产妇既往病史、分娩方式的影响、产后对新生儿窒息的诊断、窒息抢救措施的有效性等的影响，对医疗过错行为在损害后果中的原因力大小应当予以明确。

分娩过程中常涉及手术资质，这是医疗行为合法性的前提。《中华人民共和国执业医师法》、原卫生部印发的《医疗技术临床应用管理办法》《医疗机构手术分级管理办法（试行）》《医疗核心制度》中的手术分级管理制度等对医疗机构、医务人员所能开展的手术均有明确规定，这是判断医疗机构医疗合法性的依据。建议对涉及医方资质问题不在鉴定报告书中进行认定和分析，应由办案单位调查后确定。

四、案例

【案例 1】

1. 病情摘要

产妇李某，2014 年 12 月 1 日上午至医方一门诊就诊。超声提示：单胎头位，胎儿脐带绕颈 1 周可能。电脑胎儿监护分析报告：NST 评分 7 分，产妇回家。12 月 3 日上午产妇再次到医方一门诊就诊。09:20 电脑胎儿监护分析报告：NST 评分 6 分，医生评分 4 分。暂定诊断：G1P0 妊娠 35^{+5}周待产，胎儿窘迫？建议住院，但产妇离院，前往医方二门诊。当日医方二门诊胎心检查异常，14:22 因“停经 36^{+4}周，胎动减少 2 d”被收住医方二产科。15:45 在连硬麻醉下行子宫下段剖宫产术，15:48 娩出一男婴，术中诊断：胎盘早剥，胎儿窘迫，子宫胎盘卒中，早产，脐带扭转，脐带绕颈，G1P1 妊娠 36^{+4}周已产 LOA，早产新生儿，新生儿轻度窒息。

患儿于 12 月 3 日 15:58 因“呼吸不规则，口周发绀 10 min”入住医方二新生儿科。入院后予进暖箱，吸痰，持续气道正压通气吸氧，心电、血氧饱和度监测等处理。12 月 4 日患儿病情恶化，因抢救效果不佳，当日 15:15 出院后患儿死亡。出院诊断：新生儿呼吸窘迫综合征，新生儿缺氧缺血性脑病，Ⅰ型呼吸衰竭，代谢性酸中毒，肺出血，右侧气胸，早产适于胎龄儿，新生儿窒息，肝功能损伤，肾功能损伤，新生儿硬肿症，低钙血症，心肌损伤，贫血。

2. 鉴定意见

医方诊疗行为中的过错与患儿李某之子死亡之间存在一定的因果关系，其原因力为同等原因。其中，医方一承担 90%，医方二承担 10%。

3. 评析

医方一在首次接诊产妇行胎心监护时即出现异常：李某 12 月 1 日 14:14 胎心监护提示基线达 170 次/min，高于正常值；且基线率搏动幅度平直，宫缩后胎心率下降提示晚期减速改变，应考虑存在胎儿宫内窘迫。但医方未能予以足够重视并将产妇收住入院，且无书面证据表明医方一在接诊期间就分娩可能存在的风险与患方进行必要的告知说明，医方一未能及时发现胎儿窘迫，存在一定的过错。

医方二在接诊产妇时，未能对其已存在的胎心监护异常引起足够重视，12 月 3 日因外院胎心监测异常，产妇近中午到达医方就诊。医方进行了常规处理如听胎心等，但在接诊时医方未对外院 NST 低评分引起重视，直至下午行 NST 检查评分 3 分，并见多次大减速；其后办理住院手续。鉴于从产妇来院挂号直至住院大约 2 h，时间较长，医方二在一定程度上存在处理不及时。

根据病史资料，推定死亡原因系胎儿宫内窘迫、早产出生后新生儿呼吸窘迫综合征、多脏器功能衰竭、急性呼吸衰竭。根据医方二剖宫产术中所见及术后胎盘病理检查记载，窘迫原因考虑为胎盘发育欠成熟、绒毛血栓形成伴周围绒毛梗死、胎盘早剥、子宫胎盘卒中伴脐带扭转。分析认为，产妇自身存在的病理生理因素与患儿死亡之间亦存在一定的因果关系。最终认定两医方诊疗行为中的过错与产妇自身因素共同导致了患儿的最终结局。

【案例2】

1. 病情摘要

产妇王某，因“停经 37^{+3} 周，发现臀位1个月，下腹痛4 h”，于2014年10月21日04:25入住医方科室待产。因尚未足月，医方予持续胎心监护，NST评分为7~8分，胎动无明显加速反应，基线狭窄，予吸氧、左侧卧位处理后无明显好转；急查彩超示：羊水暗区8.8 cm，胎儿一侧侧脑室增宽1.2 cm，胎儿头皮厚约0.8 cm，皮肤厚0.6 cm，S/D 2.95。提示诊断为臀位单胎，羊水多，胎儿侧脑室增宽，胎儿皮下水肿。10月21日08:39产妇在腰硬联合麻醉下行子宫下段剖宫产术，术中见羊水Ⅱ度、稀，量约2 500 mL，以左骶前位娩出一活男婴，重2 900 g，Apgar评分：1 min评分5分、5 min评分7分，新生儿皮肤发绀，水肿，无自主呼吸，予气管插管等抢救后转入儿科。术后胎盘病理诊断为妊娠晚期胎盘示缺氧性改变，间质血管增生，管壁增厚，脐带见三根血管。

患儿转入儿科查体：神志清楚，反应欠佳，全身皮肤水肿，僵硬，早产儿貌，自主呼吸20次/min，两肺呼吸音低，四肢张力偏低，阴囊空虚，双侧睾丸未扪及，原始反射未引出；入院后予保暖、重症监护、呼吸机辅助通气、抗感染、补液等处理。检测脑功能提示明显异常，电压低下，予亚低温脑保护治疗。多次血气分析提示代谢性酸中毒，予扩容、纠酸等处理。患儿自主呼吸弱，神志不清，反应差，全身皮肤水肿，可见散在瘀斑，两肺呼吸音低。10月22日15:00患儿家属要求自动出院，患儿出院诊断为早产儿，中枢性呼吸衰竭，新生儿水肿，新生儿窒息。患儿当日死亡。

新生儿尸检报告单示：男性死婴，身长45 cm，全身(包括头部)皮肤呈紫褐色。额部头皮水肿，左颞部及顶枕部淤血。胸腔少量血性液体，心脏、肺脏均呈紫褐色，心腔内见凝血块。各胸/腹腔脏器位置正常。镜检肺脏呈已呼吸，肺泡腔内见羊水吸入物(角化上皮及胎粪)与肺泡上皮，间质淤血明显。致死原因为宫内窒息。病理解剖诊断为双肺肺泡腔羊水吸入。

2. 鉴定意见

医方诊疗行为与患儿死亡无因果关系。

3. 评析

本例根据胎心监护所示，无急性胎儿窘迫的诊断依据，但胎心在胎动后无明显加速反应，基线狭窄，NST评分7~8分，有一定异常；在吸氧、左侧卧位等对症处理后无明显好转的情况下，结合B超检查结果，应考虑慢性胎儿窘迫；医方06:10、07:30关于胎儿窘迫可能与患方进行了书面沟通，履行了基本的告知义务，家属为了进一步明确诊断要求观察。但医生针对胎儿窘迫的谈话内容较简单，存在不足。

根据产前B超检查所示，胎儿水肿，一侧侧脑室增宽，羊水过多；产后胎盘病理诊断妊娠晚期胎盘示缺氧性改变，间质血管增生，管壁增厚；新生儿出生后 Apgar 评分 5~7 分，全身水肿，经新生儿科治疗效果不佳，存在严重脑损伤表现。根据尸检报告，胎儿肺功能发育不良，侧脑室增宽，再加上胎盘病理诊断妊娠晚期胎盘示缺氧性改变，综合以上因素，考虑胎儿在宫内发育异常。医方在诊疗过程中存在的不足，但与患儿死亡无因果关系。

【案例 3】

1. 病情摘要

产妇孔某，于 2016 年 1 月 12 日 04: 25 因“停经 38^{+6}周，阴部流水 25 min”入住医方。入院诊断为 G4P1 妊娠 38^{+6}周 LOA 待产，胎膜早破，胎盘低置？入院后以催产素静脉滴注试产。08: 30~14: 30 催产素静脉滴注下胎心为 130~145 次/min，14: 30 宫口开全。15: 30 宫缩 40/2，胎心 60~110 次/min，15: 35 宫缩 40/2，胎心 110 次/min，15: 55 宫缩 40/2，胎心 78~113 次/min，16: 08 宫缩 40/2，胎心 89~100 次/min。16: 33 在腰硬联合麻醉下行子宫下段纵切式剖宫产术，新生儿 Apgar 评分：1 min 评分 0 分，5 min 评分 0 分，15 min 评分 1 分，直接转入上级医院，诊断为新生儿窒息（重度），缺氧缺血性脑病（重度），代谢性酸中毒，低钠血症。1 月 13 日患儿家属放弃治疗出院，出院当日死亡。

2. 鉴定意见

医方诊疗行为中存在的过错与新生儿死亡之间有一定的因果关系，其原因力为主要原因。

3. 评析

本例产妇破膜后宫缩良好，医方使用缩宫素静脉滴注无指征。缩宫素静脉滴注适用于协调性宫缩乏力、胎心良好、胎位正常、头盆相称者。应用缩宫素时，应有医师或助产士专人观察产程进展，监测宫缩、胎心及血压。

产妇 14: 30 宫口开全进入第二产程，15: 35 医患沟通中记录先露+4 的情况，说明医生对产程观察及风险评估不到位、胎方位判断不明确且未采取其他阴道助产措施，助产不及时。第二产程又称胎儿娩出期，即从宫口开全到胎儿娩出的过程。初产妇需 1~2 h，不应超时 2 h；经妇产通常数分钟即可完成，也有长达 1 h 者，但不应超过 1 h。第二产程宫缩频而强，需密切监测胎儿有无急性缺氧，应每 5~10 min 听 1 次胎心，有条件应用胎儿监护仪监测。若发现胎心减慢，应立即行阴道检查，尽快结束分娩。

根据病史、出生后 Apgar 评分：1 min 评分 0 分、5 min 评分 0 分、15 min 评分 1 分及相关鉴定资料，临床判断新生儿死亡为宫内窒息、新生儿出生后窒息及缺血缺氧性脑病的发生、发展及转归。

因医方未能及时助产、未能及时结束妊娠，催产素使用不当导致宫缩过快过强等过错，与胎儿宫内窒息、新生儿出生后窒息直至死亡之间存在在一定的因果关系，原因力为主要原因。

【案例 4】

1. 病情摘要

产妇邱某，因“停经 42^{+2}周，下腹坠胀 3 h”于 2015 年 6 月 15 日 15: 30 入住医方。医方结合产妇孕史、既往病史、专科及实验室检查，诊断为 G3P1 妊娠 41^{+2}周待产 LOA、乙肝病毒无症状感染，并予阴道试产，进入生理分娩临床路径。6 月 16 日，医生查房时 Bishop 评分 6 分，予宫腔内置入球囊促子宫颈成熟，后行人工破膜，并静脉滴注催产素引产。查雌三醇 6.61 μg/L（>40 周参考值为 19.3~30.0 μg/L）。6 月 17 日 09: 10 行人工破膜术，并静脉滴注催产素引产。15: 00 胎心监护 20 min 持续 160~200 次/min，宫缩弱，短时间内无法阴道分娩，继续试产会加重胎儿宫内窘迫，反复建议立即行剖宫产终止妊娠，邱某及家属坚决要求阴道分娩，并签字。16: 35 胎心监测提示胎心波动在 160~200 次/min，胎心过速，宫口开 2 cm，建议行剖宫产术，17: 10~17: 40 于腰硬联合麻醉下行子宫下段剖宫产术，手术记录记载：羊水性状Ⅲ度，黏稠，羊水量 500 mL；Apgar 评分：1 min 评分 5 分，5 min 评分 5 分；羊水呈胎粪样，胎膜及宫腔内蜕膜均黄染。新生儿生后医方立即予气管插管清理呼吸道，同时予复苏囊正压通气，Apgar 评分 5 min 评分仍为 5 分，后拔除气管插管，继续复苏囊正压通气并转新生儿科。

2. 鉴定意见

医方诊疗行为中存在的过错与患儿出生后发生新生儿窒息、胎粪吸入综合征、Ⅱ型呼吸衰竭、肺出血、高血糖之间有一定因果关系，其原因力为次要原因。

3. 评析

本例医方对胎儿宫内窘迫诊断存在误判，未及时诊断，对剖宫产时机的选择产生一定影响。据产妇分娩当日（2015 年 6 月 17 日）15: 00 病程记录记载：胎心监护 20 min 持续 160~200 次/min。滴注催产素产程记录：14: 40 胎心 187 次/min，停滴催产素。但医方在催产素引产中发现胎心增快，未注意观察羊水性状。2015 年 6 月 16 日雌三醇报告：6.61 μg/L（>40周参考值为 19.3~30.0 μg/L），已提示产妇存在胎盘功能下降情形，医方对此危急值（提示胎盘功能异常）认识不足。

医方在新生儿娩出后的窒息复苏过程中也存有一定缺陷。据子宫下段剖宫产术记录记载：羊水性状Ⅲ度，黏稠，羊水量 500 mL；Apgar 评分：1 min 评分 5 分、5 min 评分 5 分；羊水呈胎粪样，胎膜及宫腔内脱膜均黄染。新生儿出生后医方立即予气管插管清理呼吸道，同时予复苏囊正压通气，Apgar 评分 5 min 评分仍为 5 分，后拔除气管插管，继续复苏囊正压通气并转新生儿科。而患儿系转入医方新生儿科抢救后自动出院，次日（2015 年 6 月 18 日）死亡，分析导致其最终死亡结局的原因，为患儿出生时的窒息及其不良预后的预判致使家属做出放弃治疗的决定所致。

综合分析认为，医方诊疗行为中存在一定过错，与患儿出生后发生新生儿窒息、胎粪吸入综合征、Ⅱ型呼吸衰竭、肺出血、高血糖之间有一定因果关系，鉴于该产妇自身存在乙肝病毒无症状感染，入院后有要求自然分娩的意愿，同时考虑分娩过程本身变化较快、风险较高、较复杂，建议其原因力为次要原因。

（邓戎，赵海森）

第十九节　新生儿臂丛神经损伤的医疗损害鉴定技术指引

一、概述

臂丛神经由 $C_{5\sim8}$ 神经根前支和 T_1 神经根前支组成。臂丛神经从椎管内的脊髓发出，通过锁骨上区到腋窝处，经过反复的汇合、分支，最终在腋窝处发出5条大的神经，分别为正中神经、尺神经、桡神经、肌皮神经、腋神经。臂丛神经损伤是周围神经损伤的一个常见类型，对臂丛损伤的认识，最早是1768年Smeillie首次描述的1例臂丛神经麻痹。新生儿臂丛神经损伤是指分娩过程中多种原因导致臂丛神经根牵拉性损伤引起的上肢运动障碍，难产、臀位、肩娩出困难等因素可使臂丛神经过度牵拉受损，足月、大于胎龄儿多见。新生儿臂丛神经损伤是新生儿产伤中一种常见类型，分娩时由于胎儿巨大、胎位异常或产程中牵拉等导致新生儿臂丛神经受压迫或撕裂，发病率为0.5%~0.85%，也是医疗损害鉴定过程中常见的案例类型。因新生儿臂丛神经损伤需要考量的因素较多、情况复杂不一，各位专家对其意见不一，有时相差甚远，导致鉴定意见难以统一，医患纠纷难以解决。

新生儿臂丛神经损伤的临床诊断包括临床症状体征、神经电生理检查、影像学检查等。

1. 临床症状体征的定位诊断

（1）臂丛神经根损伤

1）臂丛（$C_{5\sim7}$）神经根损伤：腋、肌皮、肩胛上神经及肩胛背神经麻痹，桡、正中神经部分麻痹。肩关节不能外展与上举，肘关节不能屈曲，腕关节虽然屈伸但肌力减弱，前臂旋转亦有障碍，手指活动尚属正常，上肢伸面感觉大部分缺失。肩部三角肌、冈上肌、冈下肌、肩胛提肌、大小菱形肌、桡侧腕屈肌、旋前圆肌、肱桡肌、旋后肌等出现瘫痪或部分瘫痪。

2）下臂丛神经（C_8、T_1）损伤：尺神经麻痹，臂内侧皮神经、前臂内侧皮神经受损，正中、桡神经部分麻痹。手的功能丧失或发生严重障碍，肩、肘、腕关节活动尚好，患侧常出现Horner征。手内肌全部萎缩，骨间肌尤其明显，手指不能屈伸或有严重障碍，拇指不能掌侧外展，前臂及手部尺侧皮肤感觉缺失。尺侧腕屈肌、指深浅屈肌、大小鱼际肌群、全部蚓状肌与骨间肌出现瘫痪。而肱三头肌、前臂伸肌群部分瘫痪。

3）全臂丛神经损伤：早期整个上肢呈迟缓性麻痹，各关节不能主动运动，但被动运动正常。由于斜方肌受副神经支配，耸肩运动可存在。上肢感觉除臂内侧因肋间臂神经来自第2间神经尚存在外，其余全部丧失。上肢腱反射全部消失，温度略低，肢体远端肿胀，Horner征（+）。晚期上肢肌肉显著萎缩，各关节常因关节囊挛缩而致被动活动受限，尤以肩关节与指关节严重。

（2）臂丛神经干损伤

1）上干损伤：其临床症状与体征和上臂丛神经根损伤相似。

2）中干损伤：独立损伤极少见，但可见于健侧C_7神经根移位修复术切断C_7神经根或中干时。仅有示、中指指腹麻木，伸肌群肌力减弱等，可在2周后逐渐恢复。

3）下干损伤：其临床症状与体征和下臂丛神经根损伤类同。

（3）臂丛神经束损伤

1）外侧束损伤：肌皮、正中神经外侧根与胸前外侧神经麻痹。肘关节不能屈，或虽能屈（肱桡肌代偿）但肱二头肌麻痹；前臂能旋前但旋前圆肌麻痹，腕关节能屈但桡侧腕屈肌麻痹，上肢的其他关节活动尚属正常。前臂桡侧缘感觉缺失。肱二头肌、桡侧腕屈肌、旋前圆肌与胸大肌锁骨部瘫痪，肩关节与手部诸关节的运动尚属正常。

2）内侧束损伤：尺、正中神经内侧根与胸前内侧神经麻痹。手内部肌与前臂屈肌群全部瘫痪，手指不能屈伸，拇指不能掌侧外展，不能对掌、对指，手无功能。上肢内侧及手部尺侧感觉消失。手呈扁平手和爪形手畸形。肩、肘关节功能正常。内侧束损伤和C_8、T_1神经根损伤表现类似，但后者常有Horner征，肱三头肌、前臂伸肌群部分瘫痪。

3）后束损伤：腋、桡、胸背、肩胛下神经麻痹，三角肌、小圆肌、伸肌群、背阔肌、肩胛下肌、大圆肌瘫痪。肩关节不能外展，上臂不能旋内，肘与腕关节不能背伸，掌指关节不能伸直，拇指不能伸直和桡侧外展，肩外侧、前臂背面和手背桡侧半的感觉障碍或丧失。

2. *神经电生理检查* 肌电图检查及神经传导速度检查作为新生儿臂丛神经损伤重要的辅助检查，对有无神经损伤、估计损伤的程度及判断预后有重要的参考价值，一般在出生后2周以上进行检查。检查方法是用同心圆针电极对患儿患肢臂丛五大神经及主要支配肌肉进行肌电诱发电位和神经传导速度测定，以明确损伤部位。感觉神经动作电位和体感诱发电位有助于节前节后损伤的鉴别。节前损伤时感觉神经动作电位正常，体感诱发电位消失。节后损伤时两者均消失。完全臂丛神经损伤表现为相应神经根或其分支支配肌群的肌电诱发电位出现大量自发电活动，无运动单位电位，电刺激无诱发电位，测不出神经传导速度。不完全臂丛神经损伤表现为相应神经根或其分支支配肌群的肌电诱发电位出现大量自发电活动，无运动单位电位或个别肌肉出现少量运动单位电位，电刺激存在诱发电位，神经传导速度减慢，波幅降低，潜伏期延长。

3. *影像学检查* MRI于20世纪80年代开始应用于臂丛神经损伤的诊断，它能很好地显示神经周围软组织结构，具有多平面成像功能及强大的后期图像处理能力。目前MRI在臂丛神经麻痹诊断中主要用于评估神经根情况、早期评估椎旁肌功能状态及判断臂丛神经远端病灶。臂丛根性撕脱伤时脊髓造影加计算机断层扫描（CTM）可显示造影剂外渗到周围组织间隙中，硬脊膜囊撕裂、脊膜膨出、脊髓移位等。一般来说，脊膜膨出多数意味着神经根的撕裂，或者虽然神经根有部分连续性存在，但内部损伤已很严重，并已延续到很近的平面，常提示有足够大的力量造成蛛网膜的撕裂。同样，MRI除能显示神经根的撕裂以外，还能同时显示合并存在的脊膜膨出、脑脊液外漏、脊髓出血、水肿等，血肿在T1WI和T2WI上均为高信号，脑脊液及水肿在T2WI上呈高信号，而在T1WI呈低信号。MRI水成像技术对显示蛛网膜下隙及脑脊液的外漏更为清楚，此时水（脑脊液）呈高信号，而其他组织结构均为低信号。

造成新生儿臂丛神经损伤的因素很多，包括外界因素、产妇胎儿自身因素。医疗损害鉴定的主要任务在于对医疗行为正确与否的判断，新生儿臂丛神经损伤与医疗行为有关的因素主要包括：① 产前评估不够系统全面；② 产程观察处理不当；③ 接产操作技术不规范；④ 未早期给予合理治疗方案的建议。

二、鉴定指引

新生儿臂丛神经损伤在医疗损害鉴定过程中需要注重对以下几个方面的把握。

1. *产前评估是否系统全面* 产前评估包括产前检查、产前诊断。产前检查是指为妊娠期妇女提供一系列的医疗和护理建议和措施，目的是通过对孕妇和胎儿的监护及早预防和发现并发症，减少其不良影响，在此期间提供正确的检查手段和医学建议是降低孕产妇死亡率和围产儿死亡率的关键。根据《中华医学会围产科指南手册》要求，推荐无妊娠并发症者妊娠10周进行首次产检并登记信息后，妊娠期需7次规范化产检，分别是16、18~20、28、

34、36、38、41 周；既往未生育过者，还应在 25、31、40 周分别增加 1 次，共计 10 次。低危孕妇产前检查的次数，整个妊娠期 7~8 次较为合理，高危孕妇检查次数增多，具体情况按照病情不同个体差异大。

随着妊娠期的不同需要进行的产前检查项目也不尽相同。

（1）妊娠早期（1~3 个月），没有特殊情况无须进行相关检查，尤其是 B 超检查，早期过多的 B 超检查可能是胚胎细胞分裂与人脑成形异常及胎儿骨骼发育不良、畸胎或死胎的“凶手”。如果孕妇在早期出现阴道流血、突然腹痛等特殊情况，可行 B 超检查，尤其是异位妊娠、葡萄胎等，B 超是最直接和可靠的检查手段。

（2）妊娠中期（4~6 个月）：① 常规检查，胎龄越大，超声波对胎儿的影响越小，因此正常情况下，孕妇在 20 周后做第一次 B 超，能准确地诊断胎儿是否畸形、观察脏器的活动状态。② 特殊检查，妊娠中期发生阴道流血现象，这可能是胎盘前置或胎盘早剥的征象，应立即询问医生。如果孕妇的腹部在一段时间内增大的幅度超出了正常的增长速度，最好借助 B 超或其他手段明确是羊水过多、多胎妊娠，还是胎儿畸形。

（3）妊娠晚期（7~9 个月）：① 常规检查，孕妇一般要做 2 次 B 超，分别被安排在妊娠第 34 周和第 37~38 周，目的是监测羊水量、胎盘位置、胎盘成熟度及胎儿有无畸形，了解胎儿发育与妊娠周数是否相符，最后一次 B 超检查将为确定生产的方式提供可靠的依据。② 特殊检查，在 38 周以前，如果有“早破水”现象，需要平躺并立即上医院。对于新生儿臂丛神经损伤来说，临近生产的最后一次 B 超检查对于分娩方式的选择及后期判断有至关重要的作用。

产前评估还应包括询问详细病史、全身检查（身高、体重、血压等）、产科检查（测量宫高与腹围、胎心音听诊、阴道及宫颈检查）、辅助检查（血常规、尿常规、肝肾功能检查、妊娠糖尿病筛查、超声检查、胎心监护、心电图检查等），及特殊人群的相关检查。

产前诊断是指在遗传咨询的基础上，主要通过遗传学和影像学检查，对高风险胎儿进行明确诊断的过程，对于降低出生缺陷率和围产儿死亡率及提高人口素质有着重要的意义。按照原卫生部《产前诊断技术管理办法》，产前诊断门诊设立在由卫生行政机构认可的医疗机构内，由经过专业培训的医生进行遗传咨询或者妇产科产前咨询，医师应了解孕妇的个人史、既往史、产前诊断指征，帮助孕妇正确理解胎儿可能罹患染色体病的风险及该染色体病的临床表现。同时，还应让孕妇理解采取介入性取材手术可能发生的各种并发症的风险。对于年龄在 35 岁以上或者符合其他产前诊断指征的孕妇，均应推荐其做产前诊断。

通过系统的产前评估，可以及时发现高危因素，选择更合适的分娩方式，或者选择及时转诊，以减少分娩过程中的风险。

2. *产程观察处理是否得当*　从规律宫缩开始至胎儿胎盘娩出为止称为总产程，总产程可分为第一产程（宫颈扩张期）、第二产程（胎儿娩出期）、第三产程（胎盘娩出期）。在此过程中医务人员的观察处理是否符合操作规范至关重要，需要观察产力、产道、胎儿及产妇精神心理因素。产程延长会增加产妇和胎儿的危险，故而在此过程中，催产技术必不可少，也容易产生问题。

催产是指正式临产后因宫缩乏力需用人工方法加强宫缩促进产程进展，减少由于产程延长而导致母婴并发症。催产素催产主要用于无明显头盆不称及胎位异常的低张力性宫缩乏力所导致潜伏期、活跃期延长、宫口开张延缓、胎头下降延缓等情况。产程中不正确地使用催产素是臂丛神经损伤的危险因素，因此待产过程中不能盲目干预产程，使用催产素一定要严格掌握其适应证、使用方法。

产程异常是臂丛神经损伤的危险因素之一。在产程延长、胎头下降受阻或继发性宫缩乏力情况中，绝大多数为胎儿相对大或相对性头盆不对称，此时要进一步分析原因，适时改变分娩方式。产钳和负压吸引是肩难产有关的臂丛神经损伤的危险因素，因此使用器械助产一定要谨慎，严格掌握其适应证。产程观察处理不得当是新生儿臂丛神经损伤的重要影响因素之一。

3. *接产操作技术是否规范* 接产过程中助产人员的操作技术是否规范也是臂丛神经损伤的发生的重要影响因素之一。肩难产是一种分娩并发症，是指胎头娩出后，胎儿肩膀卡在骨盆出口处，不能娩出的情况。肩难产的发生率为0.15%～1.7%，通常发生在巨大儿身上，而且随着胎儿平均体重的增加，肩难产率也有所增加。另外，胎儿经过产道时没有调整到最佳位置，也会引发肩难产。肩难产虽然发生概率不算高，但是一旦发生，如果贻误时机或处理不当，对孕妇和胎儿都会造成很大的伤害。肩难产一旦发生，一般的助产手法难以奏效，通常采用屈大腿法、压前肩法、旋肩法、牵后臂娩后肩法、断锁骨法。肩难产发生臂丛神经损伤的风险相对较大。接产操作过程的判断是医学鉴定中的难点，由于操作过程的不可重复性，需要根据病历资料及现场调查进行分析，有时还需要通过损害后果进行综合判断。

4. *早期是否给予合理治疗方案的建议* 新生儿臂丛神经损伤的治疗是通过固定、按摩等进行患肢纠正；必要时进行手术矫正，处理上相对来说比较容易，但是这个过程中需要医务人员细心观察，及时发现新生儿异常情况，做好医患沟通交流，让患儿得到及时诊治，减轻损害后果。患儿损害的遗留后果对于医疗过错的判断也是重要影响因素之一。由于普通的民众对医学知识的匮乏，即便医护人员详细说明仍存在相对性和局限性，依据《最高人民法院关于审理医疗损害责任纠纷案件适用法律若干问题的解释》第五条“如果医疗机构提交患者或者患者近亲属书面同意证据的，可以认定医疗机构尽到说明义务。”所以，医务人员的沟通交流过程需要形成书面材料，有备无患。

三、医疗过错及原因力分析

针对新生儿臂丛神经损伤的鉴定案例，在鉴定过程中应该分析新生儿臂丛神经损伤的原因，分析医疗行为过程中是否采取措施防范新生儿臂丛神经损伤的发生，是否注意新生儿臂丛神经损伤的及时发现，是否注意新生儿臂丛神经损伤的及时处置。

臂丛神经损伤不完全是由于产伤所致，部分臂丛神经损伤与胎儿发育异常有关，分娩前胎儿与母体骨盆不相适应或产力压迫也可引起臂丛神经损伤，肩难产时产妇内在力量对胎儿不对称推力也可导致臂丛神经损伤，胎儿在宫内的体位也是可能原因之一。在判断医疗过错行为对臂丛神经损伤后果的参与程度时，应针对具体的案例综合分析，既要考虑医疗行为是否存在过错，又要考虑孕妇和胎儿的自身因素。

综上，鉴定时需要注意，首先需明确遗留后果与医疗行为是否存在因果关系；其次需明确医疗行为是否存在过错；再次需明确过错与后果间的因果关系原因力大小。

四、案例

【案例 1】

1. 病情摘要

产妇季某,26 岁。因"停经 38^{+4} 周,阴道流水 1 h"于 2015 年 2 月 11 日 05:00 入住某医院,入院诊断为 G3P0 妊娠 38^{+4} 周待产 LOA,妊娠糖尿病,胎膜早破。入院当日约 04:00 无明显诱因自觉阴道流水,无下腹阵痛,未见红,来院待产。妊娠 36^{+2} 周(2015 年 1 月 26 日)产检时发现血糖升高,予以控制饮食等措施,复查血糖控制不满意,后予以胰岛素治疗。妊娠晚期无胸闷、心悸,无全身皮肤瘙痒史,无尿频、尿急、尿痛,饮食可,夜寐安,二便畅。

入院检查:产检:宫高 38 cm、腹围 115 cm,估计胎儿 3 800 g(出院记录记载:产检:宫高 38 cm、腹围 115 cm,估计胎儿大小 4 500 g),胎位 LOA,胎心 144 次/min,先露头,已入盆,胎膜破,羊水色清,子宫颈质地软,宫口扩张 2 cm,已容受,骨盆外测量正常,空腹血糖 7.6 mmol/L,B 超示:双顶径9.6 cm,(2015 年 2 月 9 日)胎心监护示:正常。

2 月 11 日 08:20、08:30 的住院患者病情谈话记录记载,医方向患方告知产前情况,一般情况好,可以予以试产,但自然分娩存在可能风险如新生儿畸形,新生儿损伤,产妇本人签字确认已知病情,要求试产,尽量阴道分娩。但笔迹鉴定文书认定,上述两份签字均非产妇本人所签。

2 月 11 日医方 09:30 予以地西泮 10 mg 静脉推注,09:40 予以催产素静脉滴注引产,14:30宫口开全,15:00 在会阴侧切下顺利娩出胎头,胎头娩出后胎肩娩出困难,扩大侧切口,予以屈大腿、耻骨上加压法等措施后娩出胎肩及肢体,新生儿体重 5 050 g,Apgar 评分 1 min 评分 7 分(呼吸、皮肤颜色、肌张力各扣 1 分)。鉴定会现场,患方陈述出生后发现患儿上肢存在异常,医方建议前往上级医院保养治疗。

17:37 患儿转某市妇幼保健院,入院诊断为新生儿轻度窒息,巨大儿,臂丛神经损伤,心肌损伤,糖尿病母新生儿,面先露。

2 月 18 日患儿出院,出院时右上肢肌力 1 级,肌张力消失。

6 月 24 日患儿在某大学附属儿科医院行右臂丛神经探查修复术,术中查明患儿 C_5、C_6 断裂,C_7、C_8 撕脱,T_1 不全损伤。

2. 分析论证与鉴定意见

(1) 医方在诊疗行为中存在的过错

1)《妇产科学》要求有条件的医疗机构,在妊娠 24~28 周及以后,应对所有尚未诊断糖尿病的孕妇进行 75 g OGTT。

本病例,产妇停经 10 周建卡,在医方定期产前检查,妊娠 28 周未做 OGGT,至妊娠 36^{+5} 周(2015 年 1 月 26 日)发现血糖高,予以胰岛素治疗,医方对于该产妇的高危因素未及时评估及诊治。

2)《妇产科学》对于巨大儿章节记载,产前高危因素包括:① 产妇肥胖;② 合并糖尿病;③ 父母身材高大等。目前尚无方法准确预测胎儿大小,通过病史、临床表现及辅助检查可以初步判断,具体表现为孕产妇多有巨大儿分娩史、糖尿病或过期妊娠。产妇多肥胖或身材高大,妊娠期体重增加迅速腹部明显膨隆,宫高>35 cm 在分娩期的处理上估计胎儿体重≥4 000 g 且合并糖尿病,建议剖宫产终止妊娠在妊娠期血糖控制不好,胎儿偏大,适当放宽剖宫产手术指征。该产妇有糖尿病病史，血糖控制不佳，并行胰岛素治疗；产妇肥胖，体重100 kg，身高173 cm；产前检查宫高38 cm，医方未能充分考虑到巨大儿的可能性。

3）医方违反病历书写规范。出院小结中记载估计胎儿4 500 g，与入院记录中估计胎儿大小3 800 g不一致，并且现有资料证实医方存在侵犯患方知情选择权的情形，对于不同分娩方式的利弊未做全面衡量，未与患方告知。

4）《妇产科学》对于使用催产素方面记载，加强宫缩前需要评估宫缩的频率、持续时间及强度，同时需要全面了解宫口的扩张情况等。该产妇入院时胎膜已破，宫口已开2 cm，骨盆外测量系正常范围，在宫缩不明显的情况下，医方使用催产素指征不明确。

5）《妇产科学》记载，产程进展缓慢或停滞时，胎头先露部软组织长时间受产道挤压或牵拉使骨膜下血管破裂，形成胎头水肿或头皮血肿。

依据某市妇幼保健院2015年2月11日新生儿入院记录中体格检查记载，胎儿头顶部弥漫性水肿、血肿？影像学检查示右侧颞顶枕部及左侧额颞顶部头皮下血肿，提示胎头在产道持续受压。医方在产妇宫口开全时行阴道检查，但检查内容不全，无病历记载，未充分评估胎头情况，进而未能适时选择分娩方式。

（2）因果关系分析

1）某大学附属儿科医院2015年6月24日手术记录证实患儿存在$C_{5、6}$断裂，$C_{7、8}$撕脱，T_1不全损伤，患儿右臂丛神经损伤诊断明确。

2）《妇产科学》对于肩难产的记载，一旦诊断肩难产，立即召集有经验的产科医师、助产士及儿科医师到场援助。予以屈大腿法、耻骨上加压法、旋肩法及牵后臂娩后肩法等。医方未能按上述要求，存在过错。

3）《中华妇产科学》对于臂丛神经损伤的记载，臂丛神经是由$C_{5\sim8}$及T_1脊神经组成。在分娩时，如为头位产、巨大儿或肩难产困难时过度压肩或用力牵拉小儿头颈部，使臂丛神经处于过度紧张状态而造成损伤，胎儿头娩出时，如将胎儿头向肩部侧方牵拉过度，可发生臂丛上干或全臂丛损伤。

医方的产时记录描述了肩难产发生时的处理过程，结合患儿在外院的检查结果，不能排除医方在处理过程中存在牵拉过度等操作不规范情形，在新生儿娩出后的记录单填写亦存在不完整、不规范等过错。

综合以上分析，医方在接诊产妇期间，产前、产中及产后均存在过错，对于妊娠糖尿病的高风险性认识不足、分娩方式选择不恰当、产程处置亦存在不当，其过错与患儿目前状况之间存在因果关系，建议原因力为完全原因。

【案例2】

1. 病情摘要

患者朱某，男性，15个月。2016年1月10日产妇蒋某因“停经40^{+5}周，阴道流液1 h余”入住某医院。体格检查：体重76 kg。产科查体：宫高40 cm，复位103 cm，估计胎儿体重4 320 g，ROT，先露头位S－3，未衔接；胎膜已破，羊水清，量多，子宫颈中位，子宫颈长约1.0 cm，宫口未开，骨盆各径线正常。随机血糖4.2 mmol/L，B超示胎头位于宫口上方，双顶径94 mm，腹围348 mm，股骨长75 mm，胎心率137次/min，前壁胎盘Ⅱ级，羊水指数100 mm，胎儿颈部见“U”形压迹，S/D小于3。入院诊断为G4P1妊娠40^{+5}周，待产ROT，胎膜早破，脐带绕颈，巨大儿，阴道炎。

入院当日产科病情交代协议书记载：巨大儿经阴道分娩有发生肩难产，臂丛神经损伤、锁骨骨折、颅内出血、缺氧等可能且有羊水栓塞等可能。产妇及其家属签字表示知情。

医患病情书面沟通书记载：再次向孕妇及家人交代巨大儿经阴道分娩风险巨大，已在多种病情交代中说明，孕妇及家人表示理解（字迹不清），仍要求阴道分娩。

产时记录记载：该产妇第一产程进展顺利，于1月11日05:12在常规消毒下会阴侧切娩出一成活男婴后娩出胎肩困难，行屈大腿法、耻骨上加压法娩出胎儿，羊水清，量约300 mL，重约4 900 g，Apgar评分1 min评分9分，查体：左上肢不能抬起，左手肌力欠佳，胎盘胎膜娩出完整，术后诊断为G4P2妊娠40^{+6}周，已产ROA，胎膜早破，脐带绕颈，巨大儿，肩难产，阴道炎。

新生儿记录记载：新生儿左上肢活动受限，左手活动有握力，肌力弱，请儿科及骨科会诊后，行X线检查未提示骨折，考虑左臂丛神经损伤。医方将上述情况作为医患沟通内容书面告知患方，并建议至外院专科检查，患方表示知情。1月14日出院。

1月15日患方至某大学附属儿童医院就诊，新生儿经皮胆红素示152 μmol/L，心脏彩超示卵圆孔未闭，左心室收缩功能正常。入院诊断为左侧臂丛神经损伤，新生儿黄疸，巨大儿，先天性卵圆孔未闭。经治疗后，1月25日出院。

4月25日肌电图示左侧臂丛神经部分损伤之电生理表现，上中下均有累及，以上中干为重，副神经功能可。

4月27日入住某大学附属儿科医院行臂丛神经探查修复+副神经移位术。

9月6日再次入住某大学附属儿科医院行左锁骨下臂丛神经探查修复+上臂桡神经探查修复术。

经过鉴定会现场调查，产妇身高约159 cm。妊娠期在医方建卡，发生肩难产时，医方援救人员包括产科医师、助产士等。

2. 分析论证与鉴定意见

产妇因"停经40^{+5}周，阴道流液1 h余"入住某医院。入院诊断为G4P1妊娠40^{+5}周，待产ROT，胎膜早破，脐带绕颈，巨大儿，阴道炎。入院后医方向患方交代巨大儿经阴道分娩可能出现的风险，患方表示接受阴道分娩。1月11日05:12在常规消毒下会阴侧切娩出一成活男婴（即朱某），产程中发生肩难产，医方行屈大腿法、耻骨上加压法娩出胎儿。产后发现新生儿左上肢活动受限，左手活动有握力，肌力弱，请儿科及骨科会诊后，考虑左臂丛神经损伤，建议外院专科检查，后患儿多次在外院就诊，目前患儿仍处于功能锻炼康复阶段。

（1）医方的诊断、治疗。产妇于2016年1月10日入院待产，根据入院病史、专科检查所得及客观辅助检查结果，医方入院诊断为G4P1妊娠40^{+5}周，待产ROT，胎膜早破，脐带绕颈，巨大儿成立。

产妇在娩出胎头后胎肩娩出困难，即肩难产。临床上，处理肩难产有屈大腿法，耻骨上加压法及旋肩法等。回顾本病例，医方在肩难产发生时予以屈大腿法及耻骨上加压法娩出胎儿，现有病历资料反映医方助娩方式未违反巨大儿肩难产助产的操作规范。

新生儿娩出后出现左上肢活动受限等异常表现，医方请相关科室会诊可行。鉴于X线提示未见骨折，医方考虑左臂丛神经损伤合理；医方将此情况告知患方，并建议至外院专科治疗，其诊疗行为未违反原则。

（2）医方在诊疗行为中存在的过错

1）《妇产科学》记载，巨大儿的分娩方式选择依据由是否合并糖尿病及预测胎儿体重决定。巨大儿的胎头双额径往往会大于10 cm，此时需测量胎儿肩径及胸径。若肩径及胸径大于额径者，需警惕难产发生。临床上，预估胎儿体重≥4 000 g且合并糖尿病者，建议剖宫产终止妊娠；预估胎儿体重≥4 000 g而不合并糖尿病者，可阴道试产，但需放宽剖宫产指征。产时应充分评估风险，同时需做好肩难产的处理工作。

本病例，医方入院诊断为G4P1妊娠40^{+5}周，待产ROT，胎膜早破，脐带绕颈，巨大儿，阴道炎。医方对于分娩方式未做全面评估；病历中未见产妇第一胎生产情况的描述；此次预估胎儿4 320 g，未行B超检查测量其肩径及胸径；对巨大儿分娩中存在的风险评估不全面。虽然书面告知患方阴道分娩巨大儿可能发生的风险，但未明确告知剖宫产终止妊娠对巨大儿分娩的利弊。

2）产妇在发生肩难产时，医方虽予以常规助娩方式，但经过现场调查发现，儿科医师及麻醉医师未能到场援助。

（3）因果关系及原因力大小分析：依据现有资料，患儿左侧臂丛神经损伤诊断明确。目前患儿2岁余，鉴于臂丛神经损伤需继续康复治疗，经对症处理后，本病例患儿最终损伤状况目前无法明确。

回顾本病例，产妇为经产妇，妊娠期在医方常规建卡，定期产前检查，医方对于其妊娠期的体重控制不力（入院待产时已有76 kg，产妇身高159 cm）。产前未按常规做OGGT试验，无法掌握其是否存在妊娠糖尿病，故医方未能全面衡量妊娠糖尿病对分娩造成的高危因素。此外，在产前已考虑胎儿系巨大儿的情况下，医方未将可供选择的分娩方式完全告知患方并阐述其中优劣，未能明确建议患方行剖宫产术以便规避阴道分娩对巨大儿可能造成的意外；医方在产前书面告知患儿巨大儿采取阴道分娩可能发生肩难产、臂丛神经损伤等风险，现有资料反映患方书面确认要求阴道分娩；产妇为经产妇，产程中胎头下降较快，胎儿双肩不能及时顺应骨盆径线，产道的压力对胎儿容易造成不均匀的推动力。专家鉴定组认为，患方对于分娩方式的选择及产妇的生理因素与肩难产的发生存在一定的相关性，故患儿目前遗留的左侧臂丛神经损伤也与患方自身因素存在一定的因果关系。故专家鉴定组认为患儿目前损害状况主要与医方的过错之间存在关联性，建议医方承担责任的原因力为主要原因。

【案例3】

1. 病情摘要

患儿张某之母李某，2015年12月1日因“妊娠39^{+1}周，产检发现血糖偏高5个月”入住某医院。妊娠期定期产检，OGTT餐后2 h血糖10.66 mmol，饮食控制后监测血糖可。入院产检：宫高38 cm，腹围98 cm，LOA位，胎心140次/min，强度中，先露头，衔接S－3，子宫颈60%受容，胎膜未破，宫口容1指。骨盆外测量24 cm－28 cm－19 cm－9 cm。B超：宫内单胎存活（头位），双顶径91 mm，胎盘Ⅱ～Ⅲ级，羊水稍浑。血常规：血小板93×10^9/L。入院诊断为G1P0妊娠39^{+1}周，LOA待产，妊娠糖尿病，妊娠合并肝损伤，妊娠合并血小板减少。

入院后监测胎心、宫缩。2015年12月4日09:00胎心145次/min，人工破膜，羊水清。11:00宫缩开始，19:30宫口开全，21:20娩出胎头，见胎头回缩，前肩娩出困难，抱大腿，压耻骨联合,用手在耻骨联合下拨动胎肩方位,先娩出后肩,再娩出前肩。娩一女婴,重 3 700 g, Apgar 评分 5~8 分,发现一侧上肢抬起困难。建议转上一级医院就诊。

后患儿多次在其他医院检查就诊,并于 2016 年 3 月 2 日在该院行右锁骨上臂从神经探查修复+副神经移位术。

2016 年 5 月 31 日患儿再次入住某大学附属儿科医院。入院查体:右上肢肩外展约 60°,肌力 3 级;屈肘约 40°,肌力 2 级;腕部屈曲可,肌力 3 级;前臂旋转差,手指抓握可,肌力 3 级。肌张力不高,Horner 征(-)。2016 年 6 月 1 日行右锁骨下臂丛神经探查修复+上臂桡神经修复术。

2. 分析论证与鉴定意见

(1) 医方诊疗中存在的过错

1) 该孕妇属于妊娠糖尿病患者,体重 126 g,身高 152 cm,相对于孕妇的身高、BMI 值,胎儿属于偏大,且双顶径仅 9.1 cm 时更易发生肩难产,医方对此临床表现关注不够,未对孕妇及胎儿进行很好的评估,对可能发生的巨大儿导致肩难产等并发症沟通不足,导致对孕妇可能发生的肩难产预估不足,预防不到位。

2) 对于产妇发生肩难产时,医方在处理的及时性、规范性上存在不足,对于具体操作过程的书面记录书写不规范,如抱大腿,压耻骨联合等的描述;胎儿娩出的具体时间不清楚,无经过时间记录;会阴Ⅲ度裂伤未描述等。

3) 新生儿 Apgar 评分无详细评分记录,过于简单。

(2) 因果关系及原因力大小分析

医方根据相关检查诊断妊娠糖尿病成立,饮食控制后监测血糖可,且当时没有巨大儿的诊断依据,因此,不存在绝对的剖宫产指征,医方给予阴道试产符合规范。

肩难产是一种分娩并发症,是指胎头娩出后,胎儿肩膀卡在骨盆出口处,不能娩出的情况。肩难产虽然发生概率不算高,但一旦发生,如果延误时机或处理不当,对孕妇和胎儿都会造成很大的伤害。根据现场调查:在孕妇分娩时第一时间仅一名助产师在场,出现异常情况后,医方有多名医护人员到场,处理积极,经屈大腿、压前肩无法娩出时行旋肩法,先娩出后肩再娩出前肩,但记录中书写不规范。

由于医方对孕妇入院时评估不足,对可能发生肩难产预估不足,接生准备不充分,在孕妇发生肩难产时,医方处理欠规范(病历记录上表现不规范)。因此,医方与肩难产后并发右侧臂丛神经损伤的发生有一定关系。但考虑到肩难产本身难以预料,是一种分娩并发症,并不是医疗原因所致,且在发生肩难产的过程中难以避免胎儿挤压、受力,难以完全避免臂丛神经的损伤。同时,根据现场调查和临床资料分析,患儿在后肩先娩出后发生前肩(右)臂丛神经损伤,此为肩难产发生后,为了挽救胎儿生命,医方必须要采取的娩出紧急措施,此时发生前肩臂丛神经损伤可能难以避免,据此分析,医方的诊疗行为存在过错,与患儿目前的人身损害后果存在因果关系,其原因力为次要原因。

【案例 4】

1. 病情摘要

2015 年 11 月 26 日 04:40 患儿之母因"停经 40^{+1} 周,规律腹痛 5 h 40 min"入住某医院,超声报告示:胎儿双顶径 96 mm,股骨长 78 mm,头围约 349 mm,腹围约 370 mm。产科检查:宫高 38 cm,腹围 115 cm,估计胎儿体重 4 500 g,胎方位 LOA,胎心 136 次/min,胎心强,先露头,位置固,已衔接,胎膜未破,子宫颈软、扩张 8 cm,髂前上棘间径 24 cm,髂棘间径 26 cm,骶耻外径 19 cm,坐骨结节间径 9 cm。入院诊断为 G6P2 妊娠 40^{+1}周,临产 LOA,巨大儿。2015 年 11 月 26 日住院患者知情谈话记录示:医方告知家属顺产风险,因巨大儿建议尽快行子宫下段剖宫手术终止妊娠,产妇及家属要求顺产并签字;产科阴道分娩知情同意书示,产妇及亲属要求顺产并签字。当日 07:00 经阴道分娩;术中出现肩难产,医方给予屈大腿法、压前肩法,于 07:40 娩出一男婴(4 800 g),重度窒息,立即给予清理呼吸道、心肺复苏、保暖等抢救措施,Apgar 评分:1 min 评分 3 分、5 min 评分 7 分。产后诊断:G6P3 妊娠 40^{+1}周,已产 LOA,巨大儿,肩难产,臂丛神经损伤?2015 年 12 月 2 日出院。2015 年 12 月 16 日外院 DR 报告示:考虑左侧锁骨陈旧性骨折。

2016 年 2 月 29 日患儿入住某大学附属儿科医院,肌电图报告示:左侧臂丛神经部分损伤的电生理表现,累及上中干明显。诊断为左侧臂丛神经损伤。2016 年 3 月 2 日在全麻下行左侧臂丛神经探查修复+副神经移位上干前股。2016 年 3 月 3 日出院。后 3 次于某市儿童医院行康复治疗。2016 年 6 月 1 日在某大学附属儿科医院行左臂丛神经锁骨下探查修复+上臂桡神经松解术。

2. 分析论证与鉴定意见

根据患儿之母停经 40^{+1}周,规律腹痛 5 h 40 min 病史,结合产科检查及超声,医方诊断为 G6P2 妊娠 40^{+1}周,临产 LOA,巨大儿明确,预估胎儿体重 4 500 g。因孕妇既往有巨大儿分娩史(第一胎 3 800 g,第二胎 4 000 g),医方在产前告知其巨大儿经阴道分娩的风险,建议其剖宫产,符合产科诊疗常规,但孕妇要求顺产并签字。

根据病历记录,孕妇入院 04:40 宫口开 8 cm,到 07:40 胎头娩出后出现肩难产医方予压大腿法、压前肩法助娩,处理方法正确。患儿为巨大儿,左侧臂丛神经损伤为经阴道分娩的并发症之一,医方在产前已告知巨大儿阴道分娩的风险,并建议剖宫产,产妇及家属要求顺产并签字。在分娩过程中出现肩难产时,医方予以屈大腿法、压前肩法,处理得当。

但诊疗过程中存在以下过错行为:

(1) 3 h 的产程观察过程中无产程进展记录及病程记录,产程进展后未再次交代顺产风险。

(2) 肩难产时采取屈大腿法、压前肩法无详细的具体操作记录,且产时记录及病程中亦无当时助娩人员签名。

综上,不排除助娩过程中医方存在不当助娩操作,且助娩操作与患儿臂丛神经损伤有因果关系,鉴于巨大儿发生肩难产时发生臂丛神经损伤风险较大,故酌定医疗过错行为的原因力为轻微原因。

(吴雪,樊江波)

第二十节　错误出生的医疗损害鉴定技术指引

一、概述

错误出生是指因产前诊疗失误致使有缺陷的婴儿出生,本质上是因医疗过失而使错误出生婴儿的父母失去了避孕或终止妊娠的机会，被剥夺了其生育选择权。错误出生的发生既增加了家庭、社会的抚养成本，造成巨大经济压力，父母承受精神打击，又在一定程度上减少了新生儿寿命，或降低了其生活品质，属于医疗损害鉴定领域中的特殊问题。因错误出生的案例涉及新生儿先天缺陷导致伤残/死亡与医疗过失行为因果关系争议，故在涉及错误出生的案例中，医疗过失行为虽然易于明确，但医疗过失行为与损害后果的因果关系及参与度难以有统一的认识。

我国目前在孕妇妊娠期主要通过产前筛查和产前诊断两种手段减少错误出生的发生。产前筛查是指通过经济、简便和无创的检测方法，从孕妇中发现怀有某些先天缺陷儿的高危孕妇，以便进一步明确诊断，最大限度地减少异常胎儿的出生率，目前所说的产前筛查通常是指通过母血清标志物的监测来发现怀有先天缺陷胎儿的高危孕妇，其技术手段主要包括血清生化筛查、无创产前 DNA 检测（non-invasive prenatal testing，NIPT）和产前筛查超声。产前诊断又称宫内诊断，是指在胎儿出生前对胎儿宫内感染和出生缺陷进行诊断，包括免疫学诊断、B 超影像学诊断、细胞遗传学诊断和基因诊断等。通过直接或间接地对妊娠期胎儿健康进行检测，防止具有严重遗传病、智力障碍及先天畸形的患儿出生。

为了减少出生缺陷的发生，我国制定了一系列配套法律法规及行业标准，以规范产前医疗行为，保障新生儿父母的生育知情选择权和新生儿的健康权，包括《人口与计划生育法》《母婴保健法》《母婴保健法实施办法》《产前诊断技术管理办法》《〈产前诊断技术管理办法〉相关配套规定》《开展产前诊断技术医疗保健机构的设置和职责》《开展产前诊断技术医疗保健机构的基本条件》《从事产前诊断卫生专业技术人员的基本条件》《遗传咨询技术规范》《21 三体综合征和神经管缺陷产前筛查技术规范》《超声产前诊断技术规范》《胎儿染色体核型分析技术规范》等，除此之外，还有中华医学会的《临床技术操作规范-超声医学分册》及中国医师协会公布的《产前超声检查指南（2012）》。这些法律法规及行业标准从法律、制度、管理、技术等方面，对产前筛查和产前诊断工作进行了规范化要求，同时也对超声检查技术的局限性、影响因素、目前国内外文献报道的部分胎儿畸形产前超声检出率等进行了说明。上述法律法规及行业标准正是错误出生类案例医疗过失行为司法鉴定的鉴定依据。

二、鉴定指引

错误出生在医疗损害鉴定过程中需要注重对以下几个方面的把握。

（一）产前超声检查是否规范

产前超声检查分为早期妊娠超声检查和中、晚期妊娠超声检查。其中，早期妊娠超声检查是指妊娠 13^{+6} 周以内的超声检查，分为早期妊娠普通超声检查和 11～13^{+6} 周 NT 超声检查，前者对于胎儿本身主要是为证实宫内妊娠、临床可疑异位妊娠、评估妊娠周数、诊断多胎妊娠、了解胚胎或胎儿存活情况等，已在医院广泛开展，后者主要是为了估测染色体异常的风险，鉴定时需注意医疗机构及超声医师是否具有相应资质。

中、晚期妊娠超声检查分为Ⅰ～Ⅳ级产前超声检查。Ⅰ级产前超声检查为一般产前超声检查，主要进行胎儿主要生长参数的检查，不进行胎儿解剖结构的检查，不进行胎儿异常的筛查；Ⅱ级产前超声检查是常规产前超声检查，按《产前超声技术管理办法规定》，初步筛查六大类畸形，即无脑儿、严重脑膨出、严重开放性脊柱裂、严重胸腹壁缺损伴内脏外翻、单腔心、致死性软骨发育不良；Ⅲ级产前超声检查为系统产前超声检查，通过对胎儿解剖结构的详细检查来提高异常胎儿检出率，以上是根据不同医院级别、不同医师水平、不同检查妊娠周数而选择不同胎儿产前超声筛查级别，属于产前超声筛查，而Ⅳ级产前超声检查即针对性产前超声检查，属于产前超声诊断。产前超声筛查有其局限性，不能检出所有胎儿结构异常，亦不能检测胎儿智力及评价胎儿生理功能，不同胎儿结构异常检出率也不同，有一定的漏诊率，且有些胎儿的异常是一个动态形成的过程，随着妊娠周数增加才逐渐表现出来。

鉴定过程中需要注意的是，《产前超声检查指南(2012)》对上述各类产前超声检查的适应证、检查内容、注意事项及存留的超声图像均做出了详细的要求。超声检查不规范可以是违反检查要求的任意一类或几类，检查要求包括：① 检查过程漏诊要求必须排除的致死性疾病；② 遗漏相应级别超声检查的要求部位；③ 超声检查报告单描述和事实不相符；④ 应该保存的图片未保存；⑤ 未能识别图像中应该识别的体表和内脏畸形。

（二）检查时机的选择是否恰当

此处检查时机的选择主要是指产前筛查。产前筛查包含3方面：① 血清生化筛查是通过生物化学方法检测母体多种生化筛查指标的浓度，并结合孕妇的年龄、体重、妊娠周数等预测胎儿患唐氏综合征、13－三体综合征、18－三体综合征、神经管缺陷的风险，根据筛查妊娠周数，分为早期妊娠和中期妊娠血清生化筛查。早期妊娠血清生化筛查在妊娠 $11 \sim 13^{+6}$ 周进行，中期妊娠血清生化筛查在15～20周进行。② NIPT，也称无创产前筛查，其原理是通过采集孕妇外周血，利用新一代高通量测序技术，对母体血浆中游离DNA片段，包括胎儿游离DNA进行测序，并进行生物信息学分析，得出胎儿患唐氏综合征、13－三体综合征、18－三体综合征的风险率，从而预测胎儿患这3种综合征的风险。NIPT的检查时机为妊娠第10周起即可，最佳妊娠周数为 $12 \sim 22^{+6}$ 周。③ 产前筛查超声，《产前超声检查指南(2012)》对各类产前超声筛查时机做了明确规定。

（三）对异常结果是否进行了必要、充分、正确的分析及合理建议

由于产前筛查方法不可替代产前诊断方法，对于筛查结果阳性者，仅仅意味着风险高，医疗机构需对高风险者进行遗传咨询及入侵性产前诊断方法以明确诊断，而不能通过产前筛查结果做出终止妊娠的临床决定。这一过程包括两个方面：① 医疗机构是否对筛查结果进行了正确、充分的解读、分析和告知(即妊娠或遗传咨询)。② 医疗机构是否针对异常筛查结果给予了合理建议。例如，针对产前超声筛查发现的胎儿异常或可疑异常，医师需要向孕产妇说明上述异常或可疑异常的意义，建议其进行有系统的、有针对性的检查，并提供影像学的诊断，我国Ⅳ级产前超声检查即属于产前超声诊断范畴，除此以外，还包含MRI；对于在产前筛查中怀疑存在染色体异常或提示高风险者，建议其通过有创或无创取样获得胎儿DNA样本以进行产前诊断。

（四）对各类产前检查的告知是否充分

在产前筛查中，血清生化筛查可以在不增加胎儿丢失率的情况下，对胎儿患唐氏综合

征、13－三体综合征、18－三体综合征、神经管缺陷的风险进行预测评估，但敏感性和特异性有限。NIPT 相对血清生化筛查的敏感性和特异性高，虽然其假阳性率低，但由于该项监测的胎儿游离 DNA 是来自胎盘而非胎儿本身，因此，仍存在一定假阳性率，且对于双卵双胎，NIPT 检测仅能检测整体风险，却无法明确哪一胎风险高。产前筛查超声中，各类超声筛查内容和目的不同，且对于中、晚期妊娠超声，Ⅰ～Ⅲ级产前超声检查各自具有局限性。例如，Ⅰ级产前超声检查主要进行胎儿主要生长参数的检查，不进行胎儿解剖结构的检查，不进行胎儿异常的筛查；Ⅱ级产前超声检查是常规产前超声检查，初步筛查六大类畸形（无脑儿、严重脑膨出、严重开放性脊柱裂、严重胸腹壁缺损伴内脏外翻、单腔心、致死性软骨发育不良）；Ⅲ级产前超声检查为系统产前超声检查，通过对胎儿解剖结构的详细检查，提高胎儿异常检出率。以上是根据不同医院级别、不同医师水平、不同检查妊娠周数而选择不同胎儿产前超声筛查级别，医疗机构需要针对上述各类检查的目的、检查内容、检查局限性向患方进行充分告知。需要注意的是，按照《产前超声检查指南（2012）》的规定，Ⅲ级产前超声检查需要签署知情同意书。

产前诊断主要包含针对胎儿结构和遗传疾病两方面的诊断，胎儿结构的诊断方法主要通过影像学技术，包括超声和 MRI，遗传疾病的产前诊断方法主要包括胎儿组织的取样技术及实验室诊断技术。产前超声诊断亦有其局限性，针对不同疾病有不同误诊率，需要注意的是，超声诊断不能等同于临床诊断，更不能替代病理诊断。有创取样技术（羊膜腔穿刺术、绒毛穿刺取样、经皮脐血穿刺取样）主要涉及取样风险及并发症的告知（如感染、羊水栓塞、周围脏器损伤、Rh 阴性孕妇溶血风险、对胎儿的影响等），绒毛穿刺取样取材的病例中大约 1%会因为胎盘细胞局限性嵌合现象出现遗传学检测结果的不确定，需要进一步行羊水的检查。实验室技术是指对各种来源的胎儿组织进行遗传学检查，包括细胞遗传学技术、生化遗传学技术、分子遗传学技术等，传统染色体核型分析对于有一些染色体病难以发现或确诊，如微缺失或微重复综合征、标志染色体等；染色体微阵列分析不能区分平衡易位与正常核型，也不能检出低比例的嵌合体；荧光原位杂交技术和荧光定量 PCR 只用于特定染色体异常的快速检出，是核心分析技术的补充；DNA 测序技术目前主要应用于某些常见单基因疾病的筛查和诊断。

（五）有创产前取样禁忌证的把握

有创取样（羊膜腔穿刺术、绒毛穿刺取样、经皮脐血穿刺取样）是获取胎儿生物信息以进行产前诊断的方法，实施时需要严格排除相应的手术禁忌证，以保证产妇及胎儿的安全，上述取样都有共同的禁忌证：① 孕妇有流产征兆；② 孕妇有感染征象；③ 孕妇凝血功能异常。

（六）其他方面

如病历书写是否规范，检查医师是否具有相应资格等。

三、过错及原因力分析

在司法鉴定实践中，分析判定错误出生类案件是否存在过错，依据的法律法规及行业规范在基本概况中已经说明，不再累述。

错误出生与一般医疗侵权或人身损害侵权案件不同，产前检查主要是预防保健和诊断，此种医疗过失行为并不是引起新生儿先天缺陷的原因,即医方的过错行为并不直接造成新生儿的先天缺陷,它的不良后果是错误出生,使胎儿父母对胎儿是否继续妊娠或引产做出了错误的认识和判断,亦即新生儿父母被剥夺了生育选择权。

在一般医疗侵权类案件,医疗过失行为主要包含未充分履行注意义务和未履行告知义务两个方面,注意义务要求医疗机构在对患者进行疾病的诊断、治疗和预防保健过程中,应当按照最优化原则,选择合理的医疗、预防、保健方案,尽可能地避免诊疗手段带来的不良影响,最大限度地维护患者的健康利益。告知义务则保障的是患者的知情选择权,患者在就医过程中,有权了解医疗机构对其自身病情的诊断和治疗情况,告知的信息主要是对患者有决定作用的信息,包括治疗前医疗机构的治疗水平、技术状况、患者的病情及治疗中存在的风险,患者病情的发展情况、治疗方案及其变动情况等,告知义务的履行是为了患者能在充分了解相关医疗信息后能做出理性的决定。

基于上述可以发现,在错误出生类案件医疗过错鉴定中,医疗过失行为分为两种,一种是漏诊胎儿缺陷,使得父母丧失及时终止妊娠的机会,产下有缺陷的新生儿,违反法律法规要求的高度注意义务,属于作为的侵权行为;另一种是医师应当对高危孕妇就其潜在胎儿畸形进行告知与提供建议,却没有履行充分告知义务,属于不作为的侵权行为。但无论是作为的侵权行为,还是不作为的侵权行为,它们对不良后果的影响均是通过未充分告知胎儿父母胎儿的真实情况而发生,而告知的内容则体现在医疗机构对检查结果的数据及其意义予以正确说明及建议。

但是,需要注意的是,错误出生类案件,其伤残或死亡都是胎儿先天缺陷所致,与医疗过失行为无关,医疗过失行为仅是未能发现胎儿的发育缺陷,使得父母丧失及时终止妊娠的权利,从而产下缺陷患儿,因此,伤残和死亡均不宜认定为医疗过失的损害后果,此处医疗过失损害后果应为错误出生(或缺陷出生)。由于医生未履行法定义务与父母决定生育存在时间和事实上的因果关系,医疗过失行为是缺陷新生儿诞生的必要条件,因此,医疗过失行为与缺陷新生儿错误出生的因果关系应予以认定。在确定了医疗过失行为后,对损害后果之间的原因力大小的判断上应综合分析,虽然目前飞速发展的产前检查技术极大提高了现代医疗在出生前诊断胎儿畸形的能力,但考虑到技术本身的局限性、技术使用时的客观限制条件、使用技术的人员和医疗机构能力的差别,期望产前检查技术能够百分百检出胎儿畸形也是不现实的,这些技术设计和技术实践的局限性正是医疗机构减免过失责任的立足点,因此,对医疗过失行为和损害后果之间的因果关系进行鉴定时,要考虑到相应技术对该缺陷的检出率、告知情况、孕妇产检时的配合程度等对不良后果发生的影响。

另外,鉴定时应审查检查医师的资质是否符合相关规定,对于存在检查医师或机构的资格不符合规定的情况,应在鉴定报告中明确指出,但对于资质问题和损害后果之间的因果关系可以不作分析。

四、案例

【案例 1】

1. 病情摘要

孕妇黄某,妊娠期于某医院办卡产检,妊娠 22^{+} 周时行彩色多普勒超声检查,显示四腔心、左心室流出道、右心室流出道、三血管气管切面未见明显异常。妊娠 39^{+4} 周时因不规律下腹痛入院待产，产科超声检查发现胎儿内脏转位可能。39^{+6} 周自然分娩一活男婴张某，经患儿心脏及腹部彩超检查显示：先天性心脏病复杂畸形：右位心，完全性大动脉转位，室间隔缺损，右位主动脉弓，卵圆孔未闭，动脉导管未闭，内脏反位。张某 50^{+}d 时，行大动脉调转术+室间隔缺损修补术，术中发现：心脏呈镜面右位心，心房反位，心室左袢，心脏大血管呈并列位置关系，主动脉位于左侧连接解剖右心室，肺动脉位于右侧连接解剖左心室，肺动脉增宽。

2. 分析论证与鉴定意见

（1）本案中，患儿张某手术记录显示大血管呈并列位置关系，主动脉位于左侧连接解剖右心室，肺动脉位于右侧连接解剖左心室，肺动脉增宽，其主动脉、肺动脉、双室解剖位置相对关系明显异常。但孕妇黄某妊娠 22^{+4} 周被告医院彩超报告显示"CDFI 显示：血流信号分布正常，颈部可见一'U'形血管压迹，胎儿胃泡、腹前壁、双肾、膀胱、四肢可见，左心室流出道、右心室流出道、三血管气管切面未见明显异常"。故分析认为，医疗机构在对黄某产前排畸检查过程中，对胎儿内脏的相对位置观察欠仔细。另外，该彩超报告单中，未查见针对各种产前筛查方法的功能、局限性、对胎儿疾病的识别范围、检出率进行了告知的文书材料，故分析认为，医疗机构在对黄某产前筛查过程中，就该院 2 级超声排畸筛查的局限性告知不足，存在过错。

（2）本例中，孕妇黄某妊娠后在该医院办卡并定期产检，妊娠 22^{+} 周时对心脏四腔及各流出道均进行了观察，但未发现明显异常。患儿出生后行"大动脉调转术+室间隔缺损修补术"时发现：心脏呈镜面右位心，心房反位，心室左袢，心脏大血管呈并列位置关系，主动脉位于左侧连接解剖右心室，肺动脉位于右侧连接解剖左心室，肺动脉增宽。上述异常均系先天发育所致，与医方医疗过错无因果关系。

本例患儿主动脉、肺动脉、双室解剖位置相对关系异常较明显且内脏反位，反观 22^{+} 周排畸检查，此次检查虽然只是常规产前超声检查（Ⅱ级），但本例患儿胸腹腔内脏反位，操作医师观察时，只要稍仔细，通过体表与脊柱的相对位置关系，不难发现胎儿胸腹腔内脏反位的事实，继而可能进一步发现心脏异常的可能，且医疗机构在对唐某产前筛查过程中，就该院Ⅱ级超声排畸筛查的局限性也存在告知不足。但是，心脏畸形通过常规超声检查存在一定概率的漏诊（并不是有畸形就一定能检出），且受超声检查仪器、母体腹壁厚度、胎儿宫内方位、羊水多少及检测者的经验等诸多因素影响。综上所述，医方的医疗过失致使唐某对胎儿发育情况产生了错误认识，与张某错误出生之间存在因果关系，以直接因素认定为宜，参与度拟为 50%~70%，其原因力为主要原因。

【案例 2】

1. 病情摘要

孕妇李某，妊娠期在某医院建卡定期产检，多次行 B 超检查，上述 B 超检查均未提示足缺失。妊娠 24^{+5} 周时行四维彩超检查，报告单显示：胎儿双侧股骨、胫腓骨、肱骨、尺桡骨可见，双手、双足可见；超声提示：妊娠中期，单胎存活，预测妊娠 24^{+5} 周。本次超声检查不能排除所有胎儿畸形，胎儿畸形或异常是动态发展的，具有许多不可预见性，本次检查仅说明目前胎儿的状况。妊娠 40^{+6} 周经阴道分娩一活男婴夏某，发现右足自踝关节以上缺失。鉴定过程中经要求补充拷贝上述超声影像图。

2. 分析论证与鉴定意见

(1) 医方对李某行胎儿系统超声检查的过程中,超声检查设备不具备完整的图像记录系统和图文管理系统,不能提供完善的图像分析和资料管理功能,不符合超声产前诊断技术规范及产前超声检查指南的要求;拷贝光盘中关于胎儿四肢的截图与产前超声检查指南的要求及报告单中对胎儿四肢的描述不完全相符;在产前超声检查知情同意书中没有明确告知李某,医方产前超声检查实际的资质情况及产前超声检查的服务内容,由于医方没有如实告知上述情况,致使李某丧失了选择有资质筛查机构的权利和机会,终使李某丧失了在产前筛查时发现胎儿异常的机会,存在过错。

(2) 本例患儿右足缺失系其先天发育异常,与医疗机构的医疗过错无因果关系。孕妇李某妊娠24^{+5}周时行四维彩超检查显示:胎儿双侧股骨、胫腓骨、肱骨、尺桡骨可见,双手、双足可见。与右足缺失(自踝关节以上)事实不符,鉴定时调取存留超声图像,发现医方超声检查设备不具备完整的图像记录系统和图文管理系统,不能提供完善的图像分析和资料管理功能,光盘中关于胎儿四肢的截图亦与报告单中对胎儿四肢的描述不完全相符,医方事实上漏诊了胎儿右足缺失,而医方对胎儿右足缺失的漏诊导致李某丧失了产前筛查时发现胎儿异常的机会,与患儿夏某的错误出生存在直接因果关系,参与度拟为100%,原因力为完全原因。除上述外,医方还存在未如实向李某告知医方产前超声检查实际的资质情况及产前超声检查的服务内容的过错。

【案例3】

1. 病情摘要

孕妇姜某,妊娠6^{+5}周于某医院建卡产检,妊娠12^{+6}周,医院对姜某行B超检查,提示宫内单活胎,但未测定NT值,于16^{+5}周采血后委托某第三方检测机构对姜某行染色体疾病优生筛查,报告显示唐氏综合征及开放性神经管缺陷均呈低风险,表明孕妇胎儿唐氏综合征或神经管缺陷的概率较小,属低危人群,同时报告附有说明"本检验报告不能确诊,报告中出具的风险评估为统计学近似结果,供临床诊断时参考。低风险提示胎儿患相应遗传缺陷的可能性较小;高风险提示胎儿患相应遗传缺陷的可能性较大"。姜某妊娠足月时分娩一男婴。新生儿出生后经检查系唐氏综合征合并复杂先心病。

2. 分析论证与鉴定意见

(1) 妊娠期检查项目包括:妊娠9~13^{+6}周唐氏综合征筛查Ⅰ期,妊娠11~13^{+6}周彩超(NT),妊娠14~26^{+6}周唐氏综合征筛查Ⅱ期或羊水检查,唐氏综合征筛查Ⅰ期+Ⅱ期联合彩超NT测定检出率90%以上。姜某之子唐氏综合征系自身染色体疾病,依据现有医学技术和水平,通过产前筛查检出该疾病在客观上存在漏诊率,医院在对姜某行产前筛查的过程中,早期妊娠没有做唐氏综合征筛查Ⅰ期及NT测定,医方未告知患者为何不做,中期妊娠行血清学筛查时采用二联筛查模式(年龄+甲胎蛋白+HCG),医方没有告知只做唐氏综合征筛查Ⅱ期及采用二联筛查模式的检出率和假阳性率等重要信息,筛查报告未充分告知重大出生缺陷发生的概率。故分析认为,该医院在对姜某行产前筛查的过程中存在多环节、多方面的未告知或告知不够充分,终使姜某丧失了在产前筛查时发现胎儿异常的机会,存在过错。

(2) 姜某之子唐氏综合征系自身染色体疾病,与医疗机构的医疗过错并无因果关系。本例孕妇姜某妊娠期产检仅停留在产前筛查阶段,医方的过错行为主要为未对姜某进行系统的唐氏综合征筛查，而仅做了中期妊娠血清学二联筛查，且也未对仅行此种筛查的检出率和假阳性率对患者进行必要的告知和说明。由于患方和医方存在高度的专业知识不对称，患方对于医学的认知，主要来自对医疗机构及医务人员指导的依赖，即本例中医疗机构并未采取所有常规的产前筛查手段对孕妇姜某进行必要的筛查，致使姜某丧失了可能在产前筛查阶段发现胎儿异常的机会，与患儿姜某之子的错误出生存在直接因果关系，参与度拟为60%~90%，原因力为主要原因。

【案例 4】

1. 病情摘要

孕妇叶某，妊娠期在某医院多次进行产前检查，妊娠 40^{+1} 周在该医院分娩出一活女婴余某，查体发现余某骶尾部见一长约 3 cm、直径约 2 mm 的条状物，经 MRI 发现背侧中线部位脊柱裂，脊髓及其神经根未膨出，脊膜自骨裂缺损处呈囊状膨出，但未暴露于外界。

2. 分析论证与鉴定意见

（1）本例孕妇叶某妊娠 17 周在医疗机构行产前筛查，结果为低风险，且叶某年龄未超过 35 岁，初产妇，无胎儿神经管缺陷的高危因素，故转入常规产前检查途经，符合诊疗规范，医方不存在过错；患儿余某背侧中线部位神经组织（神经基板）通过椎裂，但未暴露于外界，脊髓及其神经根未膨出，脊膜自骨裂缺损处呈囊状膨出，无脑脊液外渗，表面覆盖有皮肤，无论以神经外科学的角度或是以超声医学的角度进行分类，均不属于系统产前超声检查应该检查出来的开放性脊柱裂，即便以产前诊断的标准衡量，该病也不属于应当诊断的疾病，叶某在多次产前超声检查中，胎儿的脊柱超声影像均表现为双光带平行排列，未提示有脊膜膨出的影像学线索出现，故医方对叶某不存在医疗过错行为，余某的错误出生（缺陷出生）由现阶段医学科学实践的局限性导致。

（2）本例患儿余某出生后查体发现骶尾部见一长约 3 cm、直径约 2 mm 的条状物，经 MRI 发现背侧中线部位脊柱裂，脊髓及其神经根未膨出，脊膜自骨裂缺损处呈囊状膨出，但未暴露于外界，且无脑脊液外渗，表面覆盖有皮肤，属于显性脊柱裂中的硬脊膜膨出型。《黄家驷外科学》认为脊柱裂分为两大类：隐性脊椎裂和囊性脊椎裂，前者指椎板呈各种程度的闭合不全，但无任何组织向椎管外突出，故无神经系统症状和体征上的改变，少数病例也可以出现脊髓神经功能障碍症状，后者指在椎板闭合不全的基础上，椎管内组织向椎管外突出，使局部形成大小不等的囊状隆起，其中即包含脊膜膨出。影像学教科书上将脊柱裂分为隐性脊柱裂和显性脊柱裂，前者指椎板缺损小，缺损处有软骨或纤维组织存在，椎管内容物不向外突出，一般不引起神经症状，常在 X 线检查时偶然发现；后者指有脊髓、脊膜从椎板缺损处向外膨出，常有明显神经症状。原卫生部《产前诊断技术管理办法》提到的产前应该诊断出的六大类致死性畸形包括开放性脊柱裂，但是上述分类方法中，对于开放性脊柱裂的定义及临床表现、胚胎发育、诊断与鉴别诊断等均无明确说法，产前诊断领域开放性脊柱裂和闭合性脊柱裂是根据是否有神经组织（神经基板）暴露在外或病变部位是否有完整的皮肤覆盖来区分，开放性脊柱裂是指病变部位皮肤连续性中断，椎管内成分部分或全部经过脊柱缺损处向后膨出，常伴有背部肿块，脑脊液通过缺损处漏出。故本例患儿无论以神经外科学的角度还是以超声医学的角度进行分类，均不属于系统产前超声检查应该检查出来的开放性脊柱裂，且叶某在多次产前超声检查中，胎儿的脊柱超声影像均表现为双光带平行排列，未提示有脊膜膨出的影像学线索出现，故医方在对叶某的产前检查过程中不存在医疗过错行为，与余某的错误出生（缺陷出生）无因果关系。

（龚道银，邓振华）

第二十一节　临床病理诊断相关的医疗损害鉴定技术指引

一、概述

临床病理学检查是临床医师与病理医师为确立疾病诊断而进行的合作行为，是有关临床科室与病理科之间特殊形式的会诊。临床病理诊断通常包括活体组织检查和细胞学检查。活体组织检查，简称活检、外检，即运用局部切除、钳取、穿刺针吸和搔刮等手术方法，采集活体病变组织进行病理诊断，是目前诊断疾病广为采用的方法，具有一定的权威性和客观性。此种方法的意义在于组织新鲜，能基本保持病变原貌，有利于及时、准确地对疾病做出病理学诊断，协助临床医生选择最佳治疗方案和判断预后。必要时还可以在手术中做冰冻快速诊断，协助临床医生选择最佳的手术治疗方案。目前还可采用免疫组织化学、电子显微镜技术、基因检测等方法对疾病进行更深入的诊断，且不仅仅局限于组织形态的变化。细胞学检查是指采集病变部位的细胞，制成细胞涂片，进行显微镜检查的方法，但最后确定是否为恶性病变尚需要进一步做活检证实。

正确的临床病理诊断结果需要病理医生根据标本大体观察、常规 H－E 染色、免疫组化、特殊染色、基因检测等结果，并结合临床诊疗特点综合分析得出。病理活检一般的流程为：① 标本的接受查验登记与组织固定；② 标本的观测记录与取材；③ 脱水与石蜡包埋；④ 切片及 H－E 染色制片；⑤ 临床病理医生读片，查阅相关临床资料，出具诊断结果、签字；⑥ 报告制作、核对、签发报告。其中任何一个环节出现差错都会导致病理诊断错误。为减少病理诊断错误，规范临床诊疗行为，2009 年卫生部印发《病理科建设与管理指南（试行）》（卫办医政发〔2009〕31 号）和《临床技术操作规范-病理学分册》，从制度上和管理上有效提高了病理诊断的水平。

临床医疗行为是多科室、多人员的合作行为，临床科室对病理诊断的理解和认识偏差、沟通不畅也是相应医疗过错产生的原因之一。病理诊断行为同其他医疗行为一样，也是多人实施的行为，诊断并不能绝对正确，此外正确的病理诊断还受到很多外来因素的影响。它不仅依赖于病理医师，在标本到达病理医师之前，重要的参与者还包括临床医师和技术人员。临床医师取材不规范致使病灶缺失，未及时固定标本会造成腐败，未向病理医师提供必要的患者临床信息都有可能造成病理诊断错误的出现。制片技术人员如果存在标本固定、包埋、制片及染色环节上操作不规范，均会增加诊断难度甚至造成错误。

二、鉴定指引

病理诊断差错在医疗损害鉴定过程中需要注重对以下几个方面的把握。

1. *病理技术* 临床科室将标本送检到病理科技术室，由技术室技师对标本查验登记，并查看组织固定情况。然后由病理医生完成取材，技师完成切片制作。该操作过程中需要注意以下问题：① 巨检（大体肉眼观察）和取材须由病理医生完成，技术员负责记录。对于送检的小标本应全部包埋、深切和连续切片，小标本还应以最大面进行切片，易于增加发现微小病灶的概率；大标本需要结合临床所见仔细查找病变部位，手术切缘，并详细查找淋巴结，取材包埋。② 各种类型病理切片制作和质量要求需要符合2009年卫生部办公厅颁布的《病理科建设与管理指南（试行）》基本要求。

2. *术中快速活检* 是指临床医师在实施手术过程中，与手术方案有关的疾病诊断问题请求病理医师快速进行的急会诊，尤其需要临床医师与病理医师间的密切合作。较常规石蜡切片的病理诊断相比，快速活检会诊则存在更多的局限性和更大的误诊的可能。有的病例难以快速诊断，需要等待常规石蜡切片进一步明确诊断。因此，术前应向患者或授权人说明其意义和局限性，取得其知情和理解，并签署知情同意书。负责快速活检的医师应当是经过该项工作训练的主治医师以上的病理医师主持，需了解患者的临床情况、手术所见和既往有关的病理学检查情况。

术中病理的使用范围包括确定病变性质、扩散情况、手术切缘有无肿瘤组织的残留、确认切除的何种组织，但慎用与涉及截肢和其他严重致残的根治性手术切除标本，需进行此类手术的患者，通常于手术治疗前通过常规活检确定。不宜应用的范围包括怀疑为淋巴瘤、检材长径小于0.2 cm、术前易于进行常规活检者、脂肪组织、骨组织和钙化组织以及主要依据生物学行为特征判断良恶性的肿瘤。

3. *常规石蜡切片病理诊断* 主要结合H－E染色、免疫组化及基因检测等综合判断。病理医师进行病理诊断时应查看临床资料、巨检所见等，应全面细致地阅片，注意各种有意义的病变，应在活检记录单上签署医嘱，告知技术员进行必要的深切片、连切片、特殊染色及其他相关技术检测。主检医师根据常规切片的镜下观察，结合巨检、相关技术检查结果、有关临床资料和参考病理会诊意见等，做出病理诊断或提出病理诊断意见，并将其清楚地书写于活检记录单的有关栏目中，并亲笔签名，对于打印的病理学诊断报告书，应审核并亲笔签名。

4. *活检病理诊断报告书的基本类型* 有4类。

（1）Ⅰ类：检材部位/疾病名称/病变性质明确和基本明确的病理诊断。

（2）Ⅱ类：不能完全肯定疾病名称/病变性质，或是对于拟诊的疾病名称/病变性质有所保留的病理诊断意向，可在拟诊疾病/病变名称之前冠以如病变可“符合为”“考虑为”“倾向为”“提示为”“可能为”“疑为”“不能排除（除外）”之类的词语。

（3）Ⅲ类：检材切片所显示的病变不足以诊断为某种疾病（即不能做出Ⅰ类或Ⅱ类病理诊断），只能进行病变的形态描述。

（4）Ⅳ类：送检标本因过于细小、破碎、固定不当、自溶、严重受挤压（变形）、被烧灼、干涸等，无法做出病理诊断。

临床医师应当知道病理诊断实质是临床科室与病理科之间的一种特殊会诊，要达到会诊的目的，临床医师应当能够正确解读病理医师的诊断结果，如有疑问应当与病理医师积极沟通，有助于临床做出最终诊断和下一步的诊疗方案。

5. 细胞病理学诊断及诊断报告书　细胞病理学诊断可为临床医师诊断疾病(尤其是肿瘤)提供重要参考依据。细胞病理学诊断报告书必须由具有主治医师以上的注册病理医师签署后发出。

细胞病理学诊断表述的基本类型分为两大类。

(1) 直接表述性诊断,适用于穿刺标本的细胞病理学诊断报告。根据形态学观察的实际情况,对于某种疾病/病变做出肯定性(Ⅰ类)、不同程度意向性(Ⅱ类)细胞学诊断,或是提供形态描述性(Ⅲ类)细胞学诊断,或是告知无法做出(Ⅳ类)细胞学诊断。

(2) 间接分级性诊断：用于查找恶性肿瘤细胞的诊断。Ⅰ级：未见恶性细胞；Ⅱ级：查见核异质细胞；Ⅱa：轻度核异质细胞；Ⅱb：重度核异质细胞；Ⅲ级：查见可疑恶性细胞；Ⅳ级：查见高度可疑恶性细胞；Ⅴ级：查见恶性细胞。

细胞学检查的细胞数量少,细胞、组织容易受到挤压,所以细胞病理学诊断的局限性很大,一般用于筛查。细胞病理学检查的阴性结果并不能否定临床医师的恶性肿瘤诊断。

另外,即使在非恶性肿瘤患者的有关标本中查见了"恶性细胞",也需要结合临床资料判断,对于临床上未考虑为恶性肿瘤患者的阳性细胞学诊断应持慎重态度。必要时或条件允许时,可酌情就细胞病理学诊断及其相关问题附加某些建议(如进行其他有关检查、再做活检、病理科外病理学会诊、密切随查/随访等)或注释。

三、医疗过错及原因力分析

判断病理诊断是否存在过错,主要是依据法律法规、诊疗常规规范,分析形成差错的原因,是否尽到了病理专科医师的高度注意义务,常见过错形式可表现为以下几个方面。

1. 阅片前的过错　① 标本混淆;② 非病理医师取材;③ 取材制片未按照要求,如小标本未连切、深切、未按照最大径取材、未按最大径包埋切片,遗漏阳性病变,导致临床做出错误医疗行为。

2. 诊断结果的过错　① 未识得形态学图像所提示的病变,主要包括恶性肿瘤的形态学表现诊断为良性或良性肿瘤的形态学表现诊断为恶性;② 形态学图像显示病变无误,但与临床资料显示不符,报告中应加以标注和建议,而实际未提示临床医生,导致临床医生错误理会报告的真实表达意思,从而做出错误的医疗行为。

3. 病理报告书的过错　① 未签名或非医师签名;② 报告内容重要文字错误,导致不良后果发生,如"腺瘤"误写为"腺癌"。病理医师资质是医疗行为合法性的前提,建议资质问题应如实在鉴定报告书中明确指出,对资质与损害后果之间的因果关系可以不做分析。

4. 关于医院间病理报告互认的情况　病理诊断被认为是疾病最终的诊断,确诊的诊断,又称诊断的金标准,但临床医师误认为只要是病理诊断报告书都应该是准确无误的,这种想法是不恰当的,对外院的任何诊断应持审慎的态度,应当予以核实、确认。例如,甲医院临床医师仅凭乙医院的病理报告和"确诊"的疾病诊断,即实施有损害患者身体或致残的诊疗操作实质上未尽到医师的高度注意义务,存在诊断错误、实施操作前准备不充分的过错。

由于病理诊断往往是临床实施重要操作(放化疗、手术方式和切除范围)的重要会诊意见,一旦出现差错,可能会导致不同程度的损害后果。主要包括：① 器官组织的误切;② 切除范围扩大;③ 错误的放化疗手段;④ 恶性肿瘤延误诊断,丧失早期确诊恶性肿瘤的机会,丧失早期治疗的机会，丧失生存机会(生存期缩短等)，丧失保守治疗的机会等。

四、案例

【案例 1】

1. 病情摘要

患者张某，女性，65 岁。2009 年 10 月 14 日某医院胃镜检查，胃镜报告：胃窦黏膜充血水肿，红白相间，以红相为主，窦前壁见一溃疡，约 0.5 cm×0.5 cm，表面盖薄灰白苔，大弯侧可见 2 个溃疡，直径约 0.6 cm×0.6 cm、0.8 cm×0.8 cm，表面盖薄白苔，周边黏膜水肿，未见黏膜隆起。初步诊断为胃窦溃疡。2009 年 10 月 15 日病理报告为胃窦腺癌。

随后入某大学附属医院初步诊断为胃癌。入院后第 4 天行胃癌根治术。手术经过，胃壁柔软，色泽正常，未触及明显肿块。于胃体远侧前壁剖开胃壁探查，于胃窦前壁见溃疡 2 个，直径均约 0.2 cm×0.2 cm，胃黏膜中断，术前胃镜病理已证实为胃癌，遂决定行胃癌根治术……将远端胃大部分包括肿瘤、大网膜及第 3、4、5、6、7、8、9 组淋巴结整块切除。

2009 年 11 月 5 日病理报告：胃窦慢性溃疡(2 个)，部分腺体轻度不典型增生，淋巴结 5 枚，呈反应性增生。2009 年 11 月 13 日某医院病理科病理会诊报告：胃黏膜呈充血、水肿，轻度慢性胃炎。

2. 分析论证与鉴定意见

(1) 本例患者在某医院胃镜检查提示胃窦溃疡，病理检验结果为胃窦腺癌，至某大学附属医院就诊，医方术前诊断为胃癌并施行胃癌根治术。术后病理检验结果为胃窦慢性溃疡，部分腺体轻度不典型增生。

本例中，该大学附属医院仅依据患者提供的某医院胃镜检查报告单和病理报告单，在未复阅其组织切片或再次活检的情况下，即术前确诊诊断为胃癌，施行了侵害性极大的胃癌根治术，也未根据术中所见采取术中冰冻急会诊，进一步确认诊断，医方的术前诊断错误，术前准备不充分，存在医疗过错。

病理诊断被认为是权威诊断、确诊诊断，甚至临床的最后诊断，但其准确性仍受到医学知识发展瓶颈、诊断医师的能力、良好的标本、病理技术等多种因素的制约。在我国，目前病理医师严重不足，医师水平也参差不齐。在实施侵害性和决定性方案时，临床医师应充分认识病理诊断的优势和不足，对其持审慎的态度，提高警惕。

(2) 本例患者术中证实胃窦前壁见溃疡 2 个，直径约为 0.2 cm×0.2 cm，可保守治疗，如保守治疗失败或怀疑恶变，也可手术治疗。医方的术前诊断错误，准备不够完善错误，施行胃癌根治术，存在过错。该过错导致患者胃大部分切除和小肠修补吻合的损害后果。二者之间存在直接因果关系，原因力为主要原因或完全原因。

【案例 2】

1. 病情摘要

徐某，女性，37 岁。因“病理检查发现子宫颈癌 1^{+}d”于 2010 年 2 月 23 日入某医院。现病史：2^{+}年前外院检查为子宫颈糜烂。2^{+}d 前腰部隐痛而来院妇科门诊取子宫颈病理检查提示子宫颈高分化鳞癌。查体：外阴发育正常，阴道畅，子宫颈Ⅱ度糜烂，6～7 点钟方向处触血明显。平位子宫，正常大小，双附件(－)。盆腔余未见明显异常。辅助检查：2010 年 2

月22日子宫颈高分化鳞癌。入院诊断为子宫颈高分化鳞癌。无手术禁忌,经告知沟通后,2010年2月24日09:00行经腹次广泛子宫切除术。术中见子宫正常大小。双附件外观正常。子宫颈Ⅱ度糜烂。子宫颈管及子宫腔均未见异常。宫旁组织未探及明显异常。术后诊断为子宫颈癌Ⅰa期。2010年3月3日:患者今日一般情况可,给予顺铂、平阳霉素化疗。

2010年2月22日病理诊断报告(病理号100224):病理诊断结果为子宫颈高分化鳞癌(术前活检的标本)。

2010年2月26日病理诊断报告(病理号100265):病理诊断结果为子宫颈早期浸润性高分化鳞癌,分泌期宫内膜(手术的标本)。

2010年3月6日起,施行3次化疗。

2010年7月8日某大学附属医院门诊就诊。2010年7月9日放射科会诊报告:盆腔平扫+增强扫描,子宫颈癌术后:① 子宫缺如,未见盆腔占位,阴道残端、膀胱和直肠未见明确异常;② 盆腔内少量积液;③ 直肠旁脂肪间隙昏暗,子宫骶韧带稍厚;性质为放疗后反应可能性大?请结合临床;④ 双侧髂外血管旁多个淋巴结显示。2010年7月19日会诊病理诊断报告:原病理号100265;子宫颈轻度慢性子宫颈及子宫颈内膜炎伴鳞化,疑合并HPV感染;建议:妇科门诊取TCT标本送病理科做HPV分型检测。2010年8月17日会诊病理诊断报告:原病理号100224;慢性子宫颈及子宫颈内膜炎伴糜烂、鳞化,鳞状上皮显著乳头状瘤样增生伴中度非典型增生,高度怀疑为尖锐湿疣;建议借蜡块或切白片8张于清洁容器内做HPV分型检测,协助确认。

2. 分析论证与鉴定意见

(1) 2010年2月22日某医院病理诊断报告(活检,病理号100224)子宫颈高分化鳞癌。入院诊断为子宫颈高分化鳞癌。2010年2月24日行经腹次广泛子宫切除术。术后诊断为子宫颈癌Ⅰa期。2010年2月26日病理诊断(术后,病理号100265)子宫颈早期浸润性高分化鳞癌,分泌期宫内膜。术后化疗3次。

2010年7月19日将术后病理号100265的组织切片送上级医院会诊,诊断为子宫颈轻度慢性子宫颈及子宫颈内膜炎伴鳞化,疑合并HPV感染。2010年8月17日将术前活检病理号100224的组织切片送上级医院会诊,诊断为慢性子宫颈及子宫颈内膜炎伴糜烂、鳞化,鳞状上皮显著乳头状瘤样增生伴中度非典型增生,高度怀疑为尖锐湿疣。

本次鉴定重新复阅送检病理号100224的组织切片(2张)(子宫切除术前活检组织切片),组织构象呈子宫颈上皮乳头状增生,鳞状上皮不典型增生(中度),未见确切子宫颈高分化鳞状细胞癌变。复阅送检术后100265号组织切片中未见确切子宫颈鳞状上皮乳头瘤状增生改变,仅见子宫颈炎症改变。故术前子宫颈活检病理诊断错误,该过错导致错误治疗,包括次广泛子宫切除和3次化疗。且未告知其他的替代治疗方案及相关治疗方案的优劣。术后大标本的病理诊断应为子宫颈炎性改变,该案例被误诊为子宫颈早期浸润性高分化鳞癌,存在术后病理诊断过错,该过错导致随后3次化疗。

(2) 该案例患者的术前活检提示存在鳞状上皮中度不典型增生,在当时的医疗情况下,该疾病一旦发展至重度不典型增生,可以实施保守治疗或部分子宫切除手术。但因为医方的术前病理诊断过错,导致患者丧失选择保守治疗的机会,丧失知情权及治疗方案的选择权,以及导致患者子宫切除范围过大。术后诊断错误,从而导致患者接受了3次化疗的侵害。故损害后果表现为子宫切除范围扩大、丧失保守治疗的机会、丧失知情治疗选择权、接受了3次化疗的侵害。术前病理诊断过错与子宫切除范围扩大、丧失保守治疗的机会、丧失知情选择权之间存在直接因果关系,原因力为主要原因或完全原因。术后诊断过错与3次化疗侵害之间存在直接因果关系,原因力为完全原因。

【案例3】

1. 病情摘要

李某,女性,40岁。因"发现右乳包块1^{+}年"于2009年8月11日入某医院。入院1年多以前患者无明显诱因无意间发现右乳内上象限一包块,质硬,无压痛,无明显周期性疼痛,包块生长缓慢,无消瘦。专科检查:双乳对称,右乳乳头凹陷,无分泌物,右乳内上象限见一约3.0 cm×2.0 cm大小包块,质偏硬,无压痛,边界欠清,活动度欠佳,双侧腋窝、锁骨上下、胸骨旁未扪及淋巴结肿大。2009年8月11日B超报告示右乳3点钟方向腺体边缘查一大小约1.9 cm×2.3 cm的低回声包块,边界欠清,形态不规则,提示:右乳实质性占位。依据专科查体及辅助检查结果,患者入院时诊断为右乳包块:① 右乳纤维腺瘤;② 右乳腺癌。

患者无手术禁忌证,于2009年8月12日行右乳包块切除术,术中见右乳内上象限一约3.0 cm×2.0 cm大小包块、质硬,边界不清,与周围组织粘连,活动度欠佳。完整切除包块及包块周围正常腺体组织及薄层胸大肌,术后送冰冻切片至某临床病理诊断中心。

2009年8月12日(当日)某地区临床病理诊断中心出具病理诊断报告结果:术中冷冻切片报告,考虑为(右侧)乳腺低度恶性癌,建议局部广切或单纯乳腺切除。某医院根据术后病检,于2009年8月13日采取全麻下对患者行乳腺癌改良根治术,术中未发现肿瘤样组织及肿大淋巴结。术后切除右侧乳房标本送病理检验。

2009年8月13日某医院收到某临床病理诊断中心石蜡切片病理诊断报告:(右侧)乳腺颗粒细胞瘤,多数为良性生物学行为,极少数可复发及转移,未见癌。2009年8月15日某医院患者乳房标本病理检查报告为右侧乳腺肿瘤根治术后未见肿瘤细胞。患者于2009年8月23日出院。出院诊断为右乳颗粒细胞瘤。2009年8月27日某大学附属医院院外会诊病理报告:右乳包块颗粒细胞瘤;免疫组化:瘤细胞S－100(+)、CD68(+)。

2. 分析论证与鉴定意见

(1) 病理诊断是最终、权威的诊断,是临床肿瘤性疾病实施何种治疗方案的一种会诊,而且常规石蜡切片和术中冰冻各有其适应证。石蜡切片常规病理诊断,准确率高、适用范围广,但周期较长,需要2 d左右时间。而术中冰冻诊断实质上是临床医生应采取何种手术方案请求病理科在30 min左右做出的急会诊,其准确程度与适用范围受限,众多疾病不能做出全面准确的诊断,所以对于破坏性手术或术前能够通过活检确诊的不应当采取术中冰冻的方式。

本例患者乳腺包块确切,临床可以采取无侵害性的常规活检石蜡切片的方式确定诊断,再考虑下一步的实施方案。而采用包块切除术作为一种诊断治疗手段,也无不当。但是,临床此时申请术中冰冻进行急会诊存在过错,因为该诊断性切除手术已经完成,不需要30 min内得出冰冻诊断这一可能不准确的会诊结果,故将包块送至某临床病理诊断中心进行冰冻切片检查不符合诊疗常规,应当进行常规石蜡切片,等待最终准确的诊断,再采取下一步的手术治疗。然而,临床依据这一倾向性冰冻诊断结果,对患者行乳腺癌改良根治术这一侵害性手术方案,存在错误使用冰冻会诊、错误认识冰冻诊断结果、最终导致选择错误手术方式的医疗过错。且未向患者及其家属告知任何关于冰冻切片诊断率较低的风险信息。当然,临床诊断中心并无医疗不当的行为。

(2) 本例最终诊断为乳腺颗粒细胞瘤,该肿瘤是一种少见的乳腺良性肿瘤,针吸细胞学和冰冻难以做出准确诊断,经手术广泛切除后也有极少部分复发甚至恶变。损害后果为乳腺切除范围扩大、伤残等级程度增加,且医方的过错与该损害后果之间存在直接因果关系,原因力为主要原因。

【案例 4】

1. 病情摘要

姜某,男性,13 岁。因"右大腿疼痛 4 个月,加重 1 个月"入住某医院,现病史:患者诉 4 个月前无明显诱因出现右大腿疼痛,间断发作,活动后稍加重,无畏寒发热、咳嗽咳痰、低热盗汗等不适。近 1 个月来感疼痛加重,休息后无缓解,在当地医院拍片考虑右股骨骨髓炎,今来求治。2011 年 6 月 25 日当地医院 X 线示:考虑右股骨骨髓炎。查体:体温 36.5℃,右大腿中下段轻度肿胀,压痛,皮温稍高,右下肢感觉活动可。本院 X 线示:考虑右股骨骨髓炎。入院诊断为右大腿疼痛待查,化脓性关节炎?骨髓炎?骨肿瘤?

治疗经过:患者入院后给予对症治疗。2011 年 6 月 26 日查房记录:慢性骨髓炎急性发作,有经久不愈可能;若为肿瘤,可复发或转移。于 2011 年 7 月 13 日行病灶清除+灌洗引流术,术中见右股骨中下段明显增粗,有葱皮样隆起,在增粗部位钻孔有少量脓液流出,在粗糙周围钻孔开窗,见骨髓腔闭锁,清除病灶。使骨髓腔通畅后预置引流管、冲洗管等。手术病理标本送某市医院,病理诊断报告:送检右股骨下段骨组织,镜下见分化良好的板层骨,骨间有少量慢性炎性细胞浸润,周围软组织中炎细胞较多,未见肿瘤图像,请结合影像学资料分析。

2011 年 8 月 12 日查房记录:仍有右大腿疼痛。2011 年 8 月 19 日查房记录:诉右大腿中段前侧肿胀疼痛。影像学检查:2011 年 6 月 25 日 CT 片考虑右股骨中下段慢性骨髓炎,建议进一步检查以排除成骨性骨肿瘤。2011 年 6 月 28 日某市医院 MRI 检查报告:右股骨中下段异常信号,考虑慢性硬化性骨髓炎(炎症活动期)并周围软组织水肿,建议治疗后复查。2011 年 7 月 12 日 CT 片示:诊断意见为右股骨中下段骨髓炎。2011 年 9 月 7 日 CT 片示:诊断意见为右股骨骨髓炎术后改变。2011 年 6 月 26 日实验室检查白细胞计数、中性粒细胞百分比、中性粒细胞计数、红细胞沉降率及超敏 C 反应蛋白均在正常范围。出院诊断为右股骨慢性硬化性骨髓炎。

2011 年 10 月 8 日某医院影像报告,影像表现:右股骨中下段骨皮质增厚,边缘毛糙,余无特殊;诊断结果为右股骨骨髓炎复查表现。

2011 年 11 月 23 日某医院影像报告,影像表现:右股骨中下段表现较前片大致相仿,其周围软组织内斑点状骨质密度影范围较前片略增加;诊断结果为右股骨骨髓炎复查表现。

2011 年 12 月 26~27 日某三甲医院出院小结:外院 X 线(某大学附属医院,2011 年 12 月 22 日)示右股骨中下段骨髓腔及骨皮质破坏,可见大量骨膜反应,周围可见大块软组织肿块影,考虑尤文肉瘤可能,不除外慢性骨髓炎恶变。治疗经过:于 2011 年 12 月 26 日行右股骨骨肿瘤穿刺活检术。诊断为右股骨骨肿瘤(性质未特指)。病理标本检查报告:(右股骨骨肿瘤穿刺）恶性肿瘤，可见成骨和成软骨，可见侵蚀宿主骨现象，考虑为骨肉瘤。

2012 年 1 月 6 日某综合医院医学诊断证明书，诊断意见：右股骨中下段骨肉瘤，双肺未见转移。医嘱意见：于 2012 年 1 月 1 日以顺铂联合阿霉素方案行全身化疗 1 周期。后医嘱意见：鉴于病情较前进展，家属放弃病灶超声消融及化疗等进一步治疗。

2012 年 1 月 16 日某大学附属医院病理会诊报告书：切片编号为 11－08854，4 张 H－E 切片。病理会诊意见：送检组织内见增生的编织状骨小梁，间杂异型的增生的骨母细胞，局灶性瘤样成骨可见。结合影像学及组织学，诊断为骨母细胞型骨肉瘤。

鉴定时复阅 2011 年 6 月 25 日当地医院左、右股骨正侧位 X 线示：右股骨干中段骨皮质增厚，骨髓腔内隐约可见斑片状骨质致密影，股骨外软组织内未显示软组织肿块影。2011 年 6 月 25 日某医院胸部 X 线示：两肺未显示异常征象。双股骨 CT 片示：右股骨干中段增粗、髓腔闭塞且显示斑片状致密影，股骨干中段局部显示环形低密度影。2011 年 6 月 28 日某市医院双侧股骨 MRI 片示：右股骨干中段可见髓腔内信号不均匀，骨皮质增厚，股骨中下段后侧可见骨皮质局部破坏。2011 年 9 月 7 日双股骨 CT 片示：右股骨中下段开窗引流术后改变，右股骨骨皮质周围可见放射状骨膜反应，周围可见软组织肿块。2011 年 10 月 8 日和 11 月 23 日某医院右股骨 X 线示：右股骨中下段周围可见放射状骨膜反应，股骨后侧软组织肿块影。2011 年 12 月 29 日某综合医院胸部 CT 片示：两肺未显示明显结节状转移灶。2012 年 3 月 19 日某综合医院胸部 CT 片示：两肺未显示明显结节状转移灶。

2. 分析论证与鉴定意见

（1）骨肉瘤的诊断应通过一系列手段综合判定，临床医生应结合影像学和病理学检查等综合判定。其中影像学检查对于骨肉瘤的诊断有一定价值，但尚不能够完全确诊，影像学检查的主要价值在于确定病变范围、累及程度及转移情况等。而准确的术前穿刺活检及病理检查能够确定病变性质，并为骨肉瘤的诊断提供可靠信息，但软组织肿瘤的确诊诊断难度相对较大，对病理医师的能力要求高，病理医师一方面需要有很好的识图能力，另一方面也需要结合临床表现、影像学结果综合判定，而不是仅根据部分的病理图片信息给予诊断。影像学检查对于此类疾病的初步诊断及鉴别诊断具有非常重要的价值，因此应熟悉骨肉瘤的典型影像学表现及其与其他骨性疾病的鉴别方法。一般而言，骨肉瘤的典型影像学表现包括骨质破坏、肿瘤骨形成、软组织肿块和骨膜反应。然而，慢性骨髓炎多有急性骨髓炎、开放性骨折或外伤史，绝大多数都是急性骨髓炎迁延所致。因此既往史对于本病的鉴别诊断较重要。

本例中，姜某最终被诊断为右股骨骨肉瘤，即某医院右股骨慢性硬化性骨髓炎诊断依据不足，不能成立。尽管患者的术前影像学资料不具有典型的骨肉瘤特征，但是结合其临床表现和既往病史等分析，应当考虑存在骨肿瘤性病变的可能并与慢性硬化性骨髓炎进行鉴别诊断。同时，可以进一步选择病理手段加以鉴别。然而，经治医院在对其施行手术前未能做出准确的鉴别诊断，并因此做出了错误的治疗。且术后的病理检查会诊，也未做出准确诊断（而上级单位对相同切片进行病理会诊后诊断为骨肉瘤，但软组织肿瘤诊断难度较大）。另外，术后 4 个多月内，患者多次到经治医院复查，影像学资料均已显示出典型的骨肿瘤特征，但是某医院仍未做出准确诊断。故某医院存在误诊、误治的医疗过错。

（2）本例根据患者的临床表现、影像学检查及病理检查分析，其右股骨干中段骨肉瘤属于 Enneking 分级和 AJCC 分级的ⅡB 期,即高度恶性、无转移、已突破局部解剖间室的骨肉瘤。此种类型和分期的骨肉瘤,可采用上文所述的标准化治疗方法,即外科手术切除联合化疗的方法。

然而,该骨肉瘤在目前医疗水平下仍属无法根治的高度恶性疾病,本身进展非常迅速且极易复发和转移,因此即便其早期得以接受正确、有效的治疗,按照理论上的 5 年生存率,其也仅能争取较目前稍长的生存期。因此,就现有材料分析,姜某自身所患疾病是目前不良后果的根本因素和主要因素。当然,经治医院存在误诊误治的医疗过错,以致姜某的右股骨肿瘤早期复发伴明显局部浸润和转移时才得到相应诊治,从而加大了治疗难度且导致其生存期在一定程度上缩短。故该医院的医疗行为与患者的不良后果之间存在一定的因果关系,原因力为次要原因。

(龚道银,邓振华)

第四章
《医疗损害鉴定意见书》的制作与评析

司法鉴定对于解决医疗损害责任纠纷案件中涉及的专门性问题往往起着至关重要乃至决定性的作用,其中《司法鉴定意见书》就是司法鉴定人对委托鉴定事项做出法医学专业意见的具体体现,也是人民法院审理此类案件的关键证据。鉴定意见作为科学证据,除了符合一定的形式要求以外,还应当具备严谨的分析论证和清晰的逻辑判断,只有经过充分论证并经得起审查的鉴定意见,最终才能被采信。

第一节 《医疗损害鉴定意见书》的基本要求

一、《医疗损害鉴定意见书》的形式与程序正义性

医疗损害鉴定实施过程中,司法鉴定人需制作《鉴定意见书》。《鉴定意见书》首先应当符合文书格式与程序正义性的要求,这也是鉴定意见最终形式合法的关键。

(一)外在形式要求

2016 年 11 月 21 日,为贯彻执行《全国人民代表大会常务委员会关于司法鉴定管理问题的决定》和修订后的《司法鉴定程序通则》(司法部令第 132 号),司法部发布了包括司法鉴定意见书在内的 7 种文书格式,新文书格式自 2017 年 3 月 1 日起开始执行,同时 2007 年 11 月 1 日印发的司法部《关于印发〈司法鉴定文书规范〉和〈司法鉴定协议书(示范文本)〉的通知》[司法通(2007)71 号]同时废止。根据该通知,《医疗损害司法鉴定意见书》与其他《司法鉴定意见书》相仿,至少应当包括以下基本内容。

1. 基本情况　应当简要说明委托人、委托事项、案件受理(鉴定)日期、鉴定地点、鉴定材料、被鉴定人信息等情况,如被鉴定人已经死亡,还应当在被鉴定人基本信息中记录其死亡时间。

2. 基本案情　应当简单概述被鉴定人的临床就诊经过,如患者在医疗单位就诊前曾在外院诊治的,也应当记录在案。若本案属于重新鉴定的,还应当简要记录初次鉴定机构及其鉴定意见。必要时,应记录医患双方的争议焦点。

3. 资料摘要　应当摘录与委托鉴定事项有关的鉴定材料,如摘要记录发生争议的临床诊疗病历,必要时,还应包括临床随访过程的病历。鉴定实践中,司法鉴定人应当重点摘录被鉴定人的症状、临床检查的阳性体征、必要的阴性体征、病情演变过程及与损害后果有直

接关联的诊疗记录等。应注意避免原封不动地照抄、照搬临床病历，取舍摘录内容的原则是围绕鉴定、特别是围绕《鉴定意见书》的分析说明与鉴定意见。

4. 鉴定过程　应当客观、详细、有条理地描述本次鉴定活动发生的过程，包括人员、时间、地点、内容、方法，鉴定材料的选取、使用，检查、检验、检测所使用的仪器设备、方法和主要的检验结果等。使用时，应说明采用的技术标准、技术规范或者技术方法。组织医患双方召开听证会的，还可将医患双方陈述的主要观点记录在案。在鉴定过程中，就专门性问题咨询临床专家意见的情况，建议予以说明。

5. 分析说明　应当详细阐明根据有关科学理论知识，通过对鉴定材料以及检查、检验、检测结果（如有）、临床诊疗规范、专家咨询意见等进行鉴别、判断、综合分析、逻辑推理，从而得出鉴定意见的过程。分析说明要求具有良好的科学性、逻辑性。

6. 鉴定意见　鉴定意见应当针对委托鉴定事项，正面回答委托人需要司法鉴定人解决的专门性问题。鉴定意见应符合准确、科学、清晰、简约的基本原则。

7. 附件　必要时，可以将其对被鉴定人实施临床检查的照片及医学影像学阳性发现作为附件附于《鉴定意见书》，以支撑鉴定意见的真实性和科学性，方便委托人及相关利益方审查。

8. 落款　司法鉴定人应当在《司法鉴定意见书》上署名并加盖鉴定专用章，这是明确出具《鉴定意见书》的主体和责任人的必要条件。

需要说明的是，对于鉴定人署名问题，不同法律做出了不同规定。《司法鉴定程序通则》第三十七条规定："司法鉴定意见书应当由司法鉴定人签名。"《关于司法鉴定管理问题的决定》第十条规定："鉴定人应当独立进行鉴定，对鉴定意见负责并在鉴定书上签名或者盖章。"《中华人民共和国刑事诉讼法》第一百四十七条规定："鉴定人进行鉴定后，应当写出鉴定意见，并且签名。"据此，不同法律对《司法鉴定意见书》署名问题的规定稍有不同，有的规定是签名，有的规定是签名或盖章，甚至有的地方性规章中甚至规定鉴定人既需要签名同时又需盖章。对此，笔者认为，由完成司法鉴定的鉴定人在最终《司法鉴定意见书》上签名是必不可少的，也符合法律规定，至于是否盖章，可视具体情况而定，对于鉴定人有印章的，可以在签名之后加盖印章。当然，地方规章有特别要求的，司法鉴定人也应当予以遵守。

（二）程序的正义性

程序的正义性主要体现在鉴定时限、鉴定材料、鉴定方法 3 方面，在《鉴定意见书》中既应有所体现，同时又应避免违反相关法律、法规、规章的规定。

1. 鉴定时限　按照《司法鉴定程序通则》的规定，司法鉴定通常的鉴定时限为 30 个工作日，疑难复杂案件可以延长到 60 个工作日，委托人与鉴定人有特别约定的，可从其约定。因此，司法鉴定人应注意不得违反鉴定时限的规定或约定。鉴定过程中，确实为技术上的原因（如无法及时获得专家咨询意见、鉴定人之间意见争执不下等情形）不能在法定或者约定期限内完成鉴定的，应及时与委托人沟通延长鉴定时限的事宜，获得委托人的同意，并保留相关记录。

2. 鉴定材料　《司法鉴定程序通则》规定，委托人应当向司法鉴定机构提供真实、完整、充分的鉴定材料，并对鉴定材料的真实性、合法性负责。因此，在鉴定受理时，鉴定人应注意向委托人确认鉴定材料,必要时还可以征询医患双方对鉴定材料的意见,存在争议时,应要求委托人确认。与此同时,鉴定人有义务协助委托人对鉴定材料进行必要的审查,必要时提供专业意见。对鉴定材料的确认过程应保留相关记录,必要时可以在《鉴定意见书》中加以适当体现。

3. *鉴定方法* 《司法鉴定程序通则》规定,司法鉴定应当依下列顺序遵守和采用该专业领域的技术标准、技术规范和技术方法:国家标准,行业标准和技术规范,该专业领域多数专家认可的技术方法。然而,当前尚未见有医疗损害司法鉴定技术相关的规范发布实施,针对鉴定中的多数技术问题也缺乏专门性的技术标准或规范,故实际鉴定中多数会采用上述规定中属于第三层次的该领域内多数专家认可的技术方法,这时就需要鉴定人充分注意方法的权威性与适用性,并尽可能在《鉴定意见书》中有所体现。

4. *鉴定人回避* 《司法鉴定程序通则》规定,以下情形下可能对司法鉴定的独立、客观、公正产生影响,司法鉴定人应当回避:① 鉴定人本人或者其近亲属与诉讼当事人、鉴定事项涉及的案件有利害关系。② 鉴定人曾经参加过同一鉴定事项鉴定的,或者曾经作为专家提供过咨询意见的,或者曾被聘请为有专门知识的人参与过同一鉴定事项法庭质证的。

司法鉴定人发现存在上述情形的,应当主动向所在司法鉴定机构提出回避;委托人在委托受理或者鉴定过程中发现存在上述情形的,可随时向司法鉴定机构提出回避;案件有关的当事人或者利益相关方发现存在上述情形的,应当向委托人提出,由委托人审核并确认后向司法鉴定机构提出。司法鉴定机构经查证属实的,应当同意回避,并安排本机构其余鉴定人实施鉴定;若本机构除回避的鉴定人以外无法安排足够的鉴定人继续鉴定的,可以根据相关规定拒绝受理或者终止鉴定。

有必要指出,司法鉴定人的同学、师生、校友、亲朋及曾经的同事、同行与所从事的鉴定案件存在利害关系的,并不是司法鉴定人应当回避的法定情形。委托人、案件当事人以此为理由提出回避申请的,司法鉴定机构可酌情处理。

5. *鉴定终止* 医疗损害鉴定案件往往具有相当的技术难度,涉及的专业问题较多,甚至有些技术问题本身就可能存在学术上的争议,加之医患双方均高度关注,处于不同的立场和角度会持有不同的观点甚至矛盾尖锐对立,因此司法鉴定人在鉴定过程中,遇到一些特殊情形时可以按照《司法鉴定程序通则》的规定终止鉴定,这些情形包括(但不限于):① 委托人拒不履行应尽的义务、被鉴定人拒不配合鉴定实施或者鉴定活动受到严重干扰,致使鉴定无法继续进行的;② 委托人因各种理由主动撤销鉴定委托,或者委托人、诉讼当事人拒绝支付鉴定费用的;③ 鉴定过程中发现鉴定材料不真实、不完整、不充分或者取得方式不合法的;④ 发现鉴定用途不合法的;⑤ 鉴定要求所涉专门性问题超出鉴定机构技术条件或者鉴定能力的;⑥ 提出的鉴定要求或者鉴定技术标准、规范超出司法鉴定执业规则或者相关鉴定技术规范规定的;⑦ 委托人就同一鉴定事项同时委托其他司法鉴定机构进行鉴定的;⑧ 因不可抗力致使鉴定无法继续进行的。司法鉴定机构拟采取终止鉴定处置的,应当书面通知委托人,说明理由并退还鉴定材料。

6. *鉴定的善后* 医疗损害鉴定案件往往具有复杂性,医患双方对鉴定意见的期待常有天壤之别,鉴定意见出具以后,很可能形成一方甚至双方不理解、不满意的情形,此时就需要司法鉴定人围绕《鉴定意见书》继续履行鉴定人的义务，包括(但不限于)：① 发现《鉴定意见书》的委托鉴定事项因各种原因存在遗漏，或者委托人就原委托鉴定事项提供了新的鉴定材料时，需要进行补充鉴定。补充鉴定是原鉴定的补充和完善，当确有新的鉴定材料或者新的检验发现时，补充鉴定可以对原鉴定意见进行适当的完善或修改，在形式上应与《鉴定意见书》一致，由所有鉴定人签名。② 委托人、案件当事人或者利益相关人发现《鉴定意见书》中部分表述不够清晰、完整，理解上容易引起歧义时，可以要求司法鉴定人加以说明，其中案件当事人或者利益相关人提出说明请求的，应经委托人批准并由委托人向鉴定人提出。此类说明是对《鉴定意见书》的说明和解释，与补充鉴定不同，不能改变原鉴定意见，同时可以由原鉴定人完成，也可由鉴定机构指定有关人员完成，一般需要鉴定机构(或其职能部门)盖章确认，可无须鉴定人签名。③ 委托人、案件当事人或者利益相关人发现《鉴定意见书》中部分程序或者技术性问题需要向鉴定人当庭询问或者由鉴定人进一步当庭说明的，可以要求鉴定人出庭质证，其中案件当事人或者利益相关人提出鉴定人出庭质证请求的，应经委托人批准并由委托人向鉴定人提出。司法鉴定人收到出庭通知时，除非有正当理由，否则均不得拒绝出庭。

二、《鉴定意见书》的内在要求

作为人民法院裁判医疗单位所需承担责任比例的重要证据，在实体方面，《医疗损害鉴定意见书》还应当具备科学性、严谨性，具体体现在以下方面。

(一) 鉴定所依据的标准必须适格

医疗损害鉴定的关键在于判定有无医疗过错、有无造成损害后果及两者之间是否存在因果关系，这种分析和判断往往带有较大的主观成分，但还是应当遵循一定的标准。各种卫生法律、行政法规、部门规章、临床诊疗规范及行业指南、专家会议纪要或者专家共识、权威的教科书(如卫生行政部门、教育行政部门组织编写的教材)、业界权威专家的专著等，可以作为判定医疗过错的标准和依据；公开发行的医学专著、科技文献及同行专家对涉案医疗事件的评价意见，在前述标准和依据不够充分时亦可以作为参考性依据；而实验室检验与动物实验结果，一般不能直接作为鉴定的依据，但在相关性得以准确论证的前提下，也具有一定的参考价值。

鉴定人在《医疗损害鉴定意见书》中应当对据以得出鉴定意见的医学、法医学标准或者相关依据加以必要的说明，以便于同行评议、结果追溯和复核检验、鉴定。若经审查发现《鉴定意见书》存在下列情形的，可认定其所依据的标准不适格，鉴定意见很可能存疑。

1. *未按照位阶原则采用更高阶的标准* 鉴定过程中，鉴定人可依据标准的位阶原则采用较高阶的标准，也可根据与委托人协商一致的原则选择、确定鉴定标准。例如，当教科书载明的对某疾病的手术适应证与同时期的专家共识中的相应具体规定存在不一致时，鉴定人在未说明理由的情况下采用了专家共识的观点，则应当被认为其违反了位阶原则的要求，属鉴定依据采用不当，鉴定意见很可能不被采信。

2. *未按照适时性原则采用更相近的标准* 鉴定过程中，鉴定人应当采用案发前与案件发生时间最为接近的标准，避免采用陈旧的标准做出判断。例如，当教科书载明的对某疾病的手术适应证与医疗纠纷事件发生前最近的专家共识中对某项诊疗活动的具体规定存在不一致时，鉴定人因未及时检索到后者的规定，采用了较为陈旧的教科书的观点，则应当被认为其违反了适时性原则的要求，同样也属于鉴定依据采用不当，鉴定意见很可能不被采信。

3. *未采用与案件事实所涉专门性问题最接近的标准* 鉴定人所采用的标准与待鉴定案件相关性不足，事实上还存在相关性更佳的技术标准。例如，对某种创伤性疾病同时存在中医伤骨科的诊疗指南与西医骨科的专家共识，鉴定人对一起中医伤骨科医疗纠纷采用了西医骨科的专家共识进行鉴定，直接导致鉴定意见不利于医疗单位，遭到医疗单位严重质疑，鉴定意见很可能无法被采信。

4. *直接采用动物实验或实验室检验结果* 直接采用动物试验或实验室实验结果但在《鉴定意见书》中未行必要的相关性论证。例如，一例在对假酒（甲醇）中毒抢救的医疗损害案件鉴定中，鉴定人引用了大鼠甲醇中毒后免疫学指标变化的实验结果，并直接以此论证患者病理生理演变过程与甲醇中毒具有高度符合性，但却未就大鼠与人体因叶酸代谢的不同对甲醇中毒的耐受性有明显差异这一事实加以必要的说明，导致其他专家对鉴定意见的科学性提出质疑。

5. *采用的标准不符合时效性和地域性的要求* 鉴定人在选择鉴定所依据的理论或标准时，除遵循位阶原则以外，还应高度关注理论和标准的时效性和地域性要求。法律一般不具有追溯性，因此也不能以医疗纠纷事件发生以后的医学标准去评价医疗行为，当然也不应依据显然过时的知识、理论或者方法进行检验、分析、判断。随着信息技术的爆炸式发展，人们获取信息的渠道大致接近，因此对标准的地域性要求目前已经不再过于强调，但也应注意有些地方性法律、法规对某些特殊医疗活动有具体的指导意义，例如，某省卫生行政部门明文规定，在该省医疗单位使用头孢类抗生素前须行药物过敏皮试，那么在对该省医疗单位类似医疗活动的鉴定中必然需要考虑该规定的要求。

（二）鉴定所采取的原理和方法务必科学、客观

医疗纠纷的检验、鉴定活动是一项综合的工作，包括对病历材料的审阅，对医学影像资料及其他实验室检验数据、辅助检查结果的图像描述与数据的观察与鉴别，对病理组织切片的观察乃至对蜡块、组织块、大体标本的制片与观察，对活体进行必要的体格检查与实验室检验和辅助检查，对尸体的病理学检验，对疾病（包括损伤）的鉴别与认定，鉴定人之间的沟通、讨论与必要时咨询相关专家等过程。对鉴定材料的检验就是运用医学和法医学原理和方法的过程。鉴定人应当在与委托人达成一致的前提下，尽可能采用科学、客观的方法，并据此分析推理得出鉴定意见。在所采用的鉴定方法缺乏足够的科学性与客观性时，鉴定人应加以说明，确实难以解决的，有必要及时通知委托人，必要时终止鉴定。

鉴定方法的科学性要求鉴定人所采用的是国家标准、行业标准或者部门技术规范。由于医疗行业本身在医药与诊疗技术方面进步越来越快、专业领域分科越来越细，加之我国地域辽阔，各地发展水平存在很大差异，许多疾病并没有统一的国家性或者行业性技术标准，往往需要采用《司法鉴定程序通则》所规定的“该专业领域内多数专家认可的标准或者方法。”那么，什么样的标准或者方法可以被认为已经被专业领域内多数专家认可的呢？笔者认为，包括行政管理部门或者行业协会发布的针对某种疾病的诊疗路径、指引，行业内公认

的医学教科书、行业协会发布的指南或专家共识、权威专家的学术专著、权威期刊的专家综述、知名学术专著与权威期刊的普遍观点、一般学术专著与期刊的多数观点，均可以被认可为达到了上述标准。当然，标准或者方法的来源不同，其权威性也显然不同，一般位阶较高的标准其权威性也高于位阶较低的标准。

鉴定方法的客观性要求司法鉴定人应尽量采用能够获得数据、图像结果及可以准确分度、分型、分级的检验方法，供同行评议或者复核，尽可能避免使用定性的、模糊的表述。当没有上述方法或者鉴定机构、鉴定人不具备相应设备、技术条件时，应当向委托人说明，必要时终止鉴定。例如，一起死亡案件的医疗损害鉴定中，未行尸体病理学检验，但因鉴定需要又必须进行死因分析。首先，鉴定人应评估在缺乏尸检资料的前提下是否仍有条件得出死因分析意见。其次，鉴定人应向委托人说明，病理学检验是死因分析的"金标准"，未行尸体病理学检验给死因分析带来一定的困难。再次，在征得委托人及相关利益方书面同意仅依据现有病历材料进行鉴定的前提下，鉴定人还应在《鉴定意见书》中说明其死因分析结果仅对送鉴病历负责。

（三）鉴定过程的说明应当完整、可追溯

《鉴定意见书》应当客观反映鉴定人得出鉴定意见的全过程。医疗纠纷的法医学鉴定主要的鉴定过程包括：① 对所提供的案情材料进行必要的总结，厘清申请鉴定的案情背景、案件的争议焦点及所提出的委托鉴定事项。② 对所提供的鉴定材料进行必要的总结，厘清诊疗过程中患者临床表现的变化过程及病情重要转变节点的具体情况，经治医生的总体诊疗方案及在病情重要环节的具体诊疗措施。③ 对检验过程的说明，如对检验方法的说明，活体体格检查或者尸体解剖与法医病理学检验，阅读医学影像资料的所见描述与影像学认定意见，其他必要的辅助检查与实验室检验结果等。

在需要通过尸检明确死亡原因，需要进行活体检验明确生理状态、功能障碍程度或者了解其他后遗情况，需要对病理组织学检材进行检验以明确病理诊断，需要对送鉴医学影像学资料进行复核阅片以明确影像学诊断，需要对其他送鉴医学图像或实验室结果进行复核以鉴别检验结果的真实性、可靠性的案例中，鉴定过程应当包含对检验方法和判断标准的说明以及依据该方法、标准进行检验、做出判断的具体步骤，通过具体的检验方法所获取的客观数据、图像或者所见，以及对检验、判断结果的必要说明。

全面、完整、充分地描述鉴定过程，是后续分析论证、获得鉴定意见的前提和基础，是鉴定意见的根本依据，也是今后对鉴定意见进行同行评议、复核鉴定和法庭质证的重要保证。不包含鉴定过程说明的《鉴定意见书》是不完整的，难以说服裁判者与各方当事人，因而难以直接被法庭采信。

（四）鉴定意见的分析说明务必充分

业内公认，分析说明部分是《鉴定意见书》的"眼"，最能体现鉴定人的业务水平和鉴定能力。分析说明部分应当包含对鉴定过程中所获得的各种信息及检验结果的分析，对鉴定所依据的理论和方法的说明，得出鉴定意见的演绎推理过程。《鉴定意见书》的分析说明部分首先应依据所提供的鉴定材料，结合检验所见，对待证事实（即委托鉴定事项）展开充分、

全面的论证。要做到“以理服人”，鉴定人就要对具体医疗行为进行充分的分析论证。

可以从以下方面判断分析说明是否充分：① 医疗行为是否为患者带来利益；② 医疗活动是否为患者带来风险；③ 是否还有其他可供选择的医疗措施和方案；④ 其他医疗措施和方案可能带来的利益和风险；⑤ 所实施的医疗措施是否当时最佳或较佳的选择；⑥ 是否充分告知，是否知情同意；⑦ 所选择的医疗措施是否符合经济原则；⑧ 医疗行为实施过程中是否符合现有医疗法规、诊疗规范或已经公开发行的经同行评议的学术刊物、著作的要求；⑨ 具体医疗行为的实施者是否具备了与其年资相当的知识、技术和经验，是否有能力胜任此患者疾病的诊治；⑩ 具体医疗行为实施时是否注意防范可以预见的风险。

当然，这并不是要求每一例医疗损害《鉴定意见书》的分析论证都必须覆盖上述全部要素，但起码对据以得出鉴定意见有关的要素必须在分析说明中有所涉及并有清晰阐述。对于绝大部分的医疗损害鉴定案件而言，鉴定人可以从上述 10 个方面进行审查，判断医疗单位的医疗行为，继而展开更为深入、充分的分析论证。

（五）鉴定意见的分析论证应符合逻辑性要求

司法鉴定过程就是一种演绎推理的过程，其中原理和标准是推理的大前提，案件中的事实和检验结果是推理的小前提，司法鉴定意见就是推理的结果。在每一个具体问题上，这种演绎推理的影子同样处处可见。虽然并不一定要求所有的推理过程都要列明大前提、小前提和结论，但必须遵守这种规则却是毫无疑问的，这就是《鉴定意见书》对逻辑有效性的要求。

除了推理过程必须符合逻辑有效性以外，鉴定意见的表述应当尽可能明确，指向应当唯一，避免模棱两可的用语。在鉴定实践中，由于客观条件和人们主观认识能力的限制，有些案件尚无法得出明确的鉴定意见，所得出的鉴定意见可能是一种或然性或者条件性判断，或者鉴定意见尚不完全具有排他性。对此，《鉴定意见书》均应加以说明，避免裁判者对鉴定意见产生错误认识，影响裁判结果。

另外，逻辑严谨的《鉴定意见书》还应当从医学科学的角度出发，检验推理过程和结果的客观性、可靠性。笔者曾遇到一例混杂有交通事故损害的医疗侵权责任的民事案件：原告为一 34 岁的女性，于 2011 年 7 月 16 日因交通事故致头部外伤，伤后行颅脑 CT 检查被诊断为左部硬脑膜外血肿、右颞叶脑挫裂伤、蛛网膜下腔出血等，临床予行左颞部去骨瓣减压+血肿清除术及其他对症治疗。术后 1 周左右，行颅脑 MRI 检查提示左侧颅骨缺损、右颞叶脑挫裂伤及蛛网膜下腔出血吸收中改变，部分空蝶鞍。出院后诉月经不规则，时有头痛、头晕、记忆力下降、睡眠欠佳、易出汗且乏力等主诉，复查颅脑 MRI 提示部分空蝶鞍，垂体较前变薄，多次垂体激素、性激素及其他内分泌激素检验均提示部分指标异常。某司法鉴定机构据此鉴定认为：该例头部外伤史及手术史明确，术后多次复查颅脑 MRI 显示脑垂体逐渐变薄，符合外伤后的病理改变，故分析其与交通事故所致颅脑外伤或者外伤后手术治疗史存在因果关系。然而，经过法庭庭审质证、法庭辩论后认为：本案的焦点在于空蝶鞍综合征与交通事故损伤及医疗行为之间是否存在因果关系，而《司法鉴定意见书》中的分析说明不能作为认定因果关系的依据，理由如下：① 直接而贸然地提出鉴定意见，表述过于简单，缺乏充分的论证过程，不具备足够的说服力；② 以术后多次检查提示存在所谓“动态变化”为由，即认定其符合病变由外伤性因素所致,缺乏足够的科学性;③ 除分析说明部分对因果关系有所涉及以外,在鉴定意见部分却未见说明,且即使是分析说明部分也未对究竟是交通伤与医疗行为中何种因素或者两者兼而有之造成了何种程度的具体损害做出必要的说明。

(刘冬梅,夏文涛)

第二节 《医疗损害鉴定意见书》中因果关系的论证

判断医疗过错行为与损害后果之间的因果关系,是《医疗损害鉴定意见书》的核心内容,应当引起鉴定人的充分重视。因果关系分为事实因果关系和法律因果关系,前者是鉴定人需要解决的问题,后者是司法审判人员的任务。鉴定人要想对因果关系做出准确的判断,不仅需要全面审查和鉴别委托人提供的鉴定材料,还需要熟练掌握因果关系的判定原则及原因力大小的评定方法。

一、对鉴定材料的审查

医疗损害鉴定是对医院的诊疗过程进行全面、科学、客观地评价,凡是委托人提供的、经过医患双方质证的、能够反映医院对患者的诊疗过程及患者病情发生、发展、转归的材料均可作为鉴定材料使用。根据《司法鉴定程序通则》第十二条“委托人委托鉴定的,应当向司法鉴定机构提供真实、完整、充分的鉴定材料,并对鉴定材料的真实性、合法性负责”的规定,鉴定机构对鉴定材料的真实性、合法性不负责,但考虑到鉴定材料是客观反映诊疗过程的重要资料,是形成司法鉴定意见的重要依据,因此鉴定人有义务、有责任对鉴定材料进行必要的审查,以保证鉴定意见的客观、公平。鉴定实践中,可从以下几个方面进行审查:

(一) 鉴定材料的符合性

鉴定材料的符合性是指委托人提供的鉴定材料是否符合委托鉴定事项的要求。为解决医疗纠纷案件中的医学专门性问题,委托人委托司法鉴定机构对医疗单位的医疗行为是否存在过错,该过错与损害后果之间是否存在因果关系及原因力大小这一委托事项进行鉴定。鉴定人要完成委托鉴定事项,需要委托人提供的鉴定材料符合一定的要求。一般而言,委托人为法院或者人民调解组织,不具有医学专业背景,难以分辨鉴定材料是否符合委托鉴定事项的要求,往往将所有与本案有关的资料均提供给鉴定机构,实际上,与医学问题无关的材料并不属于医疗损害鉴定审查的范畴。鉴定材料的符合性应在鉴定正式受理之前进行审查。

鉴定人应当依据符合委托鉴定事项的鉴定材料开展鉴定活动,具体体现在以下方面。

1. 鉴定材料是否与委托鉴定事项相关　鉴定人应当收集与委托鉴定事项有关的材料。凡是能够反映诊疗过程的材料,如诊疗过程中形成的临床病历、检验报告、摄片甚至与患者疾病有关的生物学组织、蜡块、病理切片等,均是解决医疗损害鉴定委托事项所必需的鉴定材料,应当提供给司法鉴定人。

2. 鉴定材料是否包含完成委托事项所需的前置材料　在死亡案件的医疗损害鉴定中，明确死亡原因是行医疗过错鉴定的前提条件，而法医病理学检验是确定死亡原因的“金标准”。因此，在案件受理之前，鉴定人应当审查委托人提供的鉴定材料是否已经包含死因鉴定的结果。若经审查，被鉴定人死后未行尸体解剖，且仅依据现有病历材料亦无法明确死因，鉴定人应当及时与委托人沟通，必要时终止鉴定。

（二）鉴定材料的完整性

鉴定材料的完整性是指委托人提供的鉴定材料能够全面反映案件事实的全部过程。一般而言，医疗单位提供的住院病历是关于患者疾病及其在本院就诊经过的全部记录，既具有专业性，又具有全面性。而患方通常持有的病历往往不够全面、完整，存在重大缺漏。因此，鉴定人应当要求委托人提供完整的病历材料，包括纸质病历材料，也包括医学影像学资料，必要时还应包括住院费用结算清单、医药费发票等看似与医疗过程并不直接相关的资料，但这些材料也可以反映诊疗过程，在病历多处记录不一致或者相互矛盾的情况下，这些材料也是诊疗过程中的有力佐证。

鉴定人应当依据完整的鉴定材料开展鉴定活动，具体体现在以下方面：

1. 鉴定材料能否完整反映患者病程　患者在医疗单位就诊前，有可能在其他医疗机构已经就诊，接受了辅助检查，就诊单位对其形成了客观记录。或者，患者在涉案单位就诊后，对诊治结果不满意，转至其他医疗单位就诊，做进一步的检查和治疗。虽然上述记录和资料并非医疗单位在诊疗过程中所形成，但是其能反映患者病情的发生、发展和转归，也应当被收集使用。另外，疾病及其诊疗过程并非孤立的，对疾病的认识也需要一定的过程，因此鉴定人应当尽可能收集全部的关于患者疾病的病史材料，包括纠纷发生前后患者在医疗单位或者其他医疗单位形成的与本案疾病有关的就诊记录。完整的病历材料有利于鉴定人运用循证医学的思维方式进行分析、判断。

2. 鉴定材料能否完整再现诊疗过程　除了临床医生形成的主客观病历外，鉴定人还应当尽可能全面地收集能够反映病变与诊疗经过的其他材料，如医学影像学资料、各种检验报告的原始图像、病理组织切片、蜡块乃至组织块大体标本、尸体与活体等。司法鉴定本身就是对临床诊疗过程的复核，应当尽量使鉴定人回到当时的诊疗实境中进行思维，而这种思维和评价的基础就是基于与当时情况相当的病历材料，从而对乙方当时的诊疗行为做出更为客观的评价。

3. 鉴定人应当独立分析、客观判断　鉴定人应当对所收集的材料加以必要的核对，并依据医学标准进行观察、检验和描述，得出自己的医学意见，而非简单地照搬、照抄临床医生的意见。事实上，鉴定人对上述材料的核对、检验过程，也是对鉴定材料的完整性进行审查，如检验过程中发现还有遗漏或者需要提供其他病历资料予以佐证，鉴定人应当及时通知委托人。

4. 鉴定材料不完整的处置　当鉴定材料不够完整时，鉴定机构应当通知委托人，要求其进行补充和完善，必要时可中止或终止鉴定。根据《司法鉴定程序通则》的规定，司法鉴定人有权要求补充鉴定材料，如补充提供已经实施的医疗活动的相关记录，补充实施新的医学检查或检验；若委托人能够及时补充材料，鉴定机构应当继续实施鉴定；

若委托人未按照要求补充材料且判定将直接影响鉴定意见的，鉴定机构有权中止或终止鉴定活动。

（三）鉴定材料的充分性

鉴定材料的充分性是指委托人提供的鉴定材料是否满足委托鉴定事项的要求。委托人提供的鉴定材料应当是足以进行检验、鉴别的，并且可据此得出鉴定意见。医疗纠纷案件的检验客体包括病历资料、医学影像学资料、病理组织切片、蜡块、组织块、大体标本、尸体与活体等，通常只有这些材料均能提供检验时，鉴定活动才能进行。

鉴定人应当依据充分的鉴定材料开展鉴定活动，具体体现在以下方面。

1. 鉴定材料的内容和数量　送检的鉴定材料在内容上应充分，当病历材料记录的内容相互矛盾时，鉴定人应当根据具体情况做出判断。例如，患方坚持认为医疗单位提供的入院记录中现病史部分对其发病过程的描述有误，尤其对门急诊诊疗过程的回顾与事实存在偏差，但患方又不能提供门急诊病历予以证实，经委托人核实，门急诊病历始终是由患方自行保管，因患方保管不善导致该病历不慎遗失，在诉讼过程中未能作为证据提交法庭，司法鉴定人在获悉上述事实后应当告知患方，由于其无法提供门急诊病历进行佐证，无法对其所述事实进行判断，若其坚持上述主张，则可能造成因医患双方对病历存在重大争议而致鉴定材料内容不充分，导致无法继续鉴定的风险，后患方经慎重考虑后不同意变更主张，鉴定人做出终止鉴定的决定。

2. 鉴定材料的质量　送检的鉴定材料在质量上应充分满足检验要求，可以清晰辨识、观察。实践中，经常遇到患者对医影像学摄片保管不当，因过度暴晒或者受潮导致图像破坏。例如，在一鉴定案件中，被鉴定人认为医疗单位对其肺癌存在误诊并提供了其在医疗单位及其他医疗机构拍摄的影像摄片和报告，但鉴定机构发现胶片严重毁损，无法对其进行阅读和检验，被鉴定人亦无法提供数字档案，导致鉴定人无法判断医疗单位是否存在误诊，不得不终止鉴定。

3. 鉴定中的检验　充分的尸体或者活体检验，有利于明确死亡原因或者查明损害后果。在法医临床活体检验时，在被鉴定人的“求偿心理”驱动或者其他因素作用下，其对法医检验的配合性差，直接导致检验无法继续、检验结果不准确，难以得出明确鉴定意见。例如，在眼科医疗损害鉴定时，需要对被鉴定人的视觉功能进行检验和评定，然而被鉴定人往往十分不配合检查甚至出现伪盲、诈盲行为，导致鉴定人难以准确地评估其视觉水平。又如，在法医病理死因鉴定时，受封建、传统习俗的影响，患方拒绝进行尸体解剖的情况时有发生，这将直接导致死因分析难以进行，鉴定人因无法出具明确鉴定意见而不得不做退案处理。

4. 鉴定材料的耗损　当需要消耗送检材料进行检验时，能够得到委托人及相关利益方的同意。因病历资料系医疗单位形成，患方往往对病历资料的真实性产生质疑。随着法医生物学技术的发展，对病理切片、蜡块乃至组织块、大体标本进行 DNA 鉴定已经成为可能，但该检验需要消耗原本就不充足的检材，若不能得到委托人及相关利益方的同意和配合，鉴定将无法正常开展。

5. 鉴定材料不充分时的处置　当鉴定材料不能充分满足鉴定所需时，应当及时通知委托人，必要时终止鉴定。司法鉴定是一个动态的过程，在鉴定的任一环节，鉴定人均应对鉴定材料能否满足鉴定事项的充分性要求做出判断，委托人及各方当事人对此应予理解和配合。当然，鉴定人也应当在鉴定过程中对此有充分、全面的判断，并与委托人保持良好沟通，避免因委托人或者各方当事人对此不理解而投诉。

（四）鉴定材料的关联性

鉴定材料的关联性是指委托人提供的鉴定材料是否与委托鉴定事项存在必然的（内在的）联系。委托人应当提供与委托鉴定事项有内在关联的材料，尤其是与本次涉案疾病有关的鉴定材料。凡是在诊疗活动中形成的，能够反映病情发生、发展、转归的客观记录，均是与医疗损害鉴定有关的材料。

鉴定人应当依据与本案有关联性的鉴定材料开展鉴定，具体体现在以下方面。

1. *鉴定材料是否在诊疗活动中形成* 送检病历中所记录的临床症状和体征，手术记录中的所见描述与操作经过，实验室检验数据，辅助检查收集到的图像与所见结果的数据或者描述，医嘱内容及起止时间的记录，护理记录中关于患者生命体征、医嘱执行情况表述，医务人员根据上述结果进行的病情分析与讨论、鉴别诊断与临床诊断，各种会诊意见及病情告知，等等，凡在诊疗活动中形成的记录及资料均是与本案有关的鉴定材料。

2. *鉴定材料是否与本次涉案疾患有关* 只有与损害结果相关的病历材料，才能作为鉴定材料使用。例如，一女性患者因子宫肌瘤行子宫大部分切除术时被误伤输尿管，同时该患者因有老年性白内障转入眼科行白内障摘除、人工晶体植入术，术后视力恢复理想，但患方坚持将眼科病历同时作为鉴定材料使用，笔者认为本案属于妇科、泌尿科的纠纷，根据侵权构成三要件，因眼科没有损害后果，故医疗单位对该患者的视觉不构成侵权，也就无须对眼科病历材料进行过多审查。

3. *内在联系的相对性* 有些材料看似与医疗过程并不直接相关，如医药费发票、住院费用结算清单等，但也能反映医疗单位对患者的诊疗情况。笔者曾遇到一起过敏案件，鉴定人发现医疗单位在使用青霉素前无做皮试的记录，但医疗单位坚持其确对该患者做了皮试，后经委托人核实，皮试结束后由于经治医生疏忽导致未及时做书面记录，医疗单位提供了住院费用结算清单予以证实，患方对此亦予以认可。

（五）鉴定材料的真实性、合法性

鉴定材料的真实性、合法性是指由委托人提供的鉴定材料是否由委托人确认并提供合法性声明。根据《司法鉴定程序通则》的规定，鉴定材料的真实性、合法性由委托人负责，但司法鉴定机构也应当进行一定的审查。

司法鉴定人应当依据真实的、合法的鉴定材料开展鉴定，具体体现在以下方面。

1. *鉴定材料是否经过法庭质证* 质证笔录是委托人对鉴定材料真实性、合法性的书面确认形式之一。在案件受理阶段，鉴定人应当审查鉴定材料是否经过法庭质证、是否提交质证笔录。原则上，只有经过委托人确认的鉴定材料才能作为鉴定证据使用。任一单方提供的鉴定材料，由于未经法庭质证，鉴定机构应当拒绝接收。

2. *鉴定材料是否经过医患双方认可* 多数鉴定材料往往由医生书写形成并由医疗单位

保管,并不在患方控制的范围内。而且,随着近年来医患关系的日益紧张,医患矛盾不断恶化,患方更对病历的真实性产生怀疑。笔者遇到数起医疗纠纷案件,患方认为医疗单位存在篡改、伪造病历的现象,有些患者甚至能够提供监控录像,证明抢救记录的形成时间竟然在相关设备进入抢救室之前。一旦发现患方对病历的真实性不予认可,鉴定人应当及时中止鉴定,待法庭调查核实后再决定是否继续鉴定。

(六) 对鉴定材料异议的处理

医疗损害责任纠纷案件的鉴定通常以病历资料作为鉴定的关键依据,但病历资料主要由医疗单位形成并保管,患者出于不知情或不理解,经常可能引发对病历真实性、客观性的异议,而医疗单位病历资料中确实也时常存在不同形式、不同日期形成的资料所反映的内容不相一致,或者主、客观病历记录内容相互矛盾的情形。此时,鉴定人应根据《司法鉴定程序通则》的规定,针对争议焦点,对病历材料进行严格审查,把握鉴定资料的适用性和有效性,避免自行草率做出取舍的决定。

由于鉴定人不可能回到案件事发时的情境,只能通过各种主、客观病历查明诊疗过程的事实情况。笔者认为,在病历资料内容有争议时还可以通过以下手段做出判断:① 审阅与本案争议无关的第三方医疗机构的病历内容;② 对被鉴定人进行必要的医学检查;③ 建议采用其他鉴定技术(如笔迹鉴定、文件形成时间鉴定、切片或者组织块的DNA身源鉴定)。

当鉴定人审核发现,病历材料所记录的内容确实存在前后不一致的情形时,应向委托人说明,并根据以下原则进行相应处置:① 当事人所提异议不至于影响鉴定事实的,鉴定人在会商委托人后,可以继续鉴定。② 当事人所提异议可通过鉴定材料中其他内容得以解决的,鉴定人在会商委托人后,可以继续鉴定。③ 鉴定人根据当事人所提异议,结合其他相关材料,综合评价认为,该异议对鉴定的实施具有实质性影响的,应当向委托人说明,由委托人决定是否继续鉴定。④ 当鉴定人审核发现病历材料记录中对同一内容确有不一致的表述时,原则上应采信对患方较为有利的记录作为鉴定依据。

二、因果关系的分析论证

因果关系既是一个哲学问题,又是一个实践运用问题。在医疗损害侵权责任认定中,医疗过错行为与损害后果之间必须具有因果关系,侵权责任才能形成,即因果关系是医疗损害侵权构成必不可少的要素,其中因果关系的分析论证是医疗损害《鉴定意见书》的核心内容,也是最能体现司法鉴定人技术水平的部分。

(一) 医疗损害鉴定之因果关系的特点

1. 因果关系的隐蔽性　医疗损害的因果关系隐蔽性很强,需要通过多种科学手段来揭示和解释。人体是一个非常复杂的器官,至今仍有很多尚未被人类发现的秘密,很多机体现象都难以得到合理的解释。即便是已经被人类研究清楚的人体的生理现象和规律,也因其带有极强的专业性,没有经过专门训练的人是难以了解的。甚至,有时为了揭示人体生理、病理规律,还需要借助一些辅助性的科学仪器、设备。透过人体现象去发现其中的规律,是一个由已知的表象探索未知的规律的过程，也是一项科学研究的过程。因此，司法鉴定之因果关系的分析是一件十分复杂的、专业性极强的工作，需要司法鉴定人具备全面的知识储备和较高的职业素质。

2. 因果关系的复杂性　医疗损害鉴定之因果关系往往表现为多因一果。医疗纠纷发生在医疗机构，医疗纠纷损害事实发生在患者身上。患者是身患疾病或者身体遭受损伤的人，医疗机构出于“救死扶伤”而对患者所罹患的疾患或者遭受的损伤进行专业性干预。在整个医疗过程中，影响诊治结果的因素很多，医师的诊疗行为、医院的设施、患者的病情、患者的体质、患者的行为、第三人行为等都可能成为损害后果发生的原因，也就是说患者身上发生的损害后果往往不是单一的致害因素造成的，而是多种因素造成的，多因一果是医疗损害因果关系的重要特点。正是由于存在多种致害因素，使得医疗侵权案件的因果关系难以判断，尤其在多种因素共同参与造成损害后果的情况下，更是难以分割各个致害因素在损害后果中的比例，因此需要司法鉴定人从医学专业角度来划分。

3. 因果关系的排他性　如前所述，医疗损害鉴定技术复杂性的一大原因就是其往往呈现为多因一果的表现形式。在随着医疗行为而发生的损害后果中可能存在的影响因素包括(但不限于)：① 诊疗中的实质性过错行为，如治疗适应证与禁忌证的把握、治疗时机的把握、具体治疗操作过程中的注意、预见与防范；② 诊疗过程中与知情说明有关的过错行为，如治疗方案的选择和确定、治疗后果与替代方案的说明、治疗与康复过程的随访及其他相关说明；③ 患者自身疾病或者既往存在的其他伤残情形对疾病预后的影响；④ 患者自身存在的隐匿性病理基础对疾病预后的影响；⑤ 患者在诊疗过程中的依从性及其配合程度；⑥ 当时当地的实际医疗水平，包括医务人员的理论与经验水平及医疗单位的实际技术、设备水平；⑦ 当前实际医疗过程中存在的不确定性，包括技术手段、设备器材乃至人为操作中可能存在无法预料甚至无法准确确定原因的意外因素；⑧ 患者的个人体质因素，如性别、年龄、体形特点、健壮程度及各种人体结构与功能的变异情形。

法医临床的因果关系分析，如果确定了某一具体的医疗过错行为，是否需要排除其他所有的可能因素方能确定该过错行为就是损害后果的原因？也就是说，我们在鉴定中应该做出的究竟是“排他性判断”(也即“必然性判断”)还是只需要做出“符合性判断”即可？

例如，在一例机动车驾驶人在车祸中因转向器撞击导致腹部闭合性外伤引起诊疗纠纷的鉴定案件中，鉴定人发现医方的主要过错是在发现腹部存在急性腹膜炎的症状、体征后未及时行腹腔穿刺检查，仅依据超声与腹部立卧位 X 线片检验，即排除了腹部实质与空腔器官的损伤，待近 30 h 后病情危重时匆忙剖腹方才发现回肠两处穿孔伴肠内容物溢出、弥漫性腹膜炎形成，术后继发腹腔感染、肠瘘等一系列并发症，从而导致了病程延长的损害后果。那么，在这一份《鉴定意见书》中，鉴定人从损伤后早期病历记载的临床症状、体征发现，结合外伤史即应高度怀疑存在腹腔器官损伤，应密切观察病情并行腹腔穿刺争取及时明确诊断的角度，论证了医疗单位存在的过错诊疗行为与损害后果的“符合性”，同时也论证了本例确实存在超声与 X 线片结果阴性导致的诊断上存在一定的困难，最终确认医疗过错为损害后果的主要因素。如果从本节我们讨论的“排他性”来看，我们是否还需要证明患者自身肝血管瘤、肾脏多发性囊肿、膀胱结石等疾病对损害后果是否存在影响，患者自身的配合因素可能带来的影响。事实上，在医疗损害的鉴定中，试图根据临床病历资料反映的有限的信息全面分析所有可能影响因素对患者损害后果造成的影响,实在是一件难以完成的工作,如果鉴定人进入这一误区,难免使鉴定变成“不可知论”。

因此笔者认为,《医疗损害鉴定意见书》最为关键的是证明“因”与“果”在病理生理学上的“符合性”,这也正是司法鉴定中需要解决的专门性问题。

4. 因果关系的盖然性　一方面,医疗损害鉴定中因果关系的“盖然性”实质就是我们通常所说的“可能性大于不可能性”。通俗地说,当“因果关系成立的可能性”大于“因果关系不成立的可能性”时,我们就认为因果关系可以成立。另一方面,医疗损害鉴定中因果关系的“盖然性”也就是流行病学资料在实际鉴定中的应用。虽然个案中的各种可能性与流行病学资料所反映的统计结果并不存在内在的联系,但鉴定实践中经常以此作为因果关系证明、原因力大小分析的重要依据。

例如,在一起早产儿视网膜病变的鉴定案件中,鉴定人审查病历资料未发现医方在对胎龄仅为27周的极低体重早产儿的救治过程中存在氧疗适应证与具体操作、氧疗过程中血氧浓度的观察与控制等方面的过错,在早产儿住院期间也实施了本院眼科会诊行早产儿视网膜病变的“筛查”,但鉴定人发现该“筛查”仅为一般的眼科检查,且眼底检查效果不满意,未按卫生行政部门有关早产儿视网膜病变筛查的技术规范进行,在患儿出院时也未向其家属进行必要的随访告知,在患儿4个月大时家属偶然发现其双眼不能追光,经眼科仔细检查后发现已属于早产儿视网膜病变4期,双眼盲目,失去了进一步治疗的价值。鉴定人据此认为,医方未行规范眼科筛查的过错行为与患儿的盲目后果之间存在因果关系,原因力为同等原因。

笔者认为,上述鉴定意见中的因果关系分析与原因力大小判定很大程度上就是基于“因果关系成立的可能性大于不可能性”。如流行病学资料已证明,经规范的眼科筛查一般能够明确早产儿视网膜病变的诊断,经规范的治疗能够有将近50%的患儿保持有用的视力,因此据此做出了上述判断。

(二) 医疗损害鉴定之因果关系的检验方法

在上述复杂的致害因素中,鉴定人要想合理地区分医疗过错、患者自身体质、疾病疑难复杂程度、医学技术手段的局限及其他不确定的影响因素之间的作用,科学确定医疗过错行为在损害后果中的所占的作用比例,必须掌握一定的因果关系检验方法。《英美侵权行为法》在检验事实因果关系方面探索出了“必要条件”理论、“实质要素”理论等,并形成了一套相应的检验方法,值得我们学习和借鉴。

1. “如果没有”检验(but for test)　适用于“必要条件”理论,是因果关系中的最低要求。在大多数情况下,如果被告的行为可以定义为原告损害的“事实原因”的话,如果被告的行为适当,原告的损害将不会发生。换句话说,“如果没有”医疗单位的医疗过错行为,患者的损害后果将不会发生。

在应用“如果没有”检验时需要去分析患者的损害是如何发生的?同时要分析在特定条件下“如果没有”医疗单位的医疗过错行为患者将会发生什么?如果我们相信没有医疗过错行为患者的损害不会发生,则患者损害的事实原因要件是充分的,医疗过错行为将被视为患者损害后果发生的事实原因。

2. “实质性因素”检验(substantial factor test)　适用于“实质性因素要素”理论。对于大多数案件来说,因果关系都可以通过“如果没有”检验方法加以检验,但对于那些可能存在2个或2个以上的致伤因素的案件中,每一个致伤因素都足以引起患者损害,或者缺乏任何一个致伤因素损害后果仍将可能发生,在此情况下,仅根据“如果没有”检验将无法认定事实原因。

所谓“实质性因素”是用来表示这样的事实,被告的行为在引起的损害中有这样的作用,即一个合理的人认为它是一个原因。对于“多个充分原因”案件,有些法庭应用“实质性因素”检验替代“如果没有”检验,即如果医疗单位的医疗过错行为是引起患者损害的原因时,则将医疗过错行为视为患者损害后果发生的事实原因。

3. *盖然性学说* 在涉及中毒性民事侵权案件中,英美国家的法院较多采用了数理统计和社会流行病学的统计方法,即概率权衡(balance of probability)。实际上,它对发生损害的可能性进行证明:若发生损害的可能性超过50%,即“可能性大于不可能性”,则认为两者之间存在因果关系,反之则认为不存在因果关系。例如,WHO国际药物监测合作中心对可疑不良反应的因果关系按概率权衡分成以下级别:① 肯定(certain),一种临床事件,包括实验室检测结果异常,其在时间上与用药存在可能的关联,不能用并发的疾病和药物来解释,该事件在药理学和现象学上必须是肯定的,必要时再用激发反应予以确定。② 很可能(probability,有学者译为“盖然性”),一种临床事件,包括实验室检测结果异常,用药后存在一个合理的时间次序,不太可能是并发的疾病或其他药物或化学药品所引起的结果,在撤药以后会出现一个合理的临床反应,无须通过激发试验予以确定。③ 可能(possible),一种临床事件,包括实验室检测结果异常,用药后存在一个合理的时间次序,但也可能用并发的疾病或其他药物或化学药物来解释,撤药反应可能没有或不明确。④ 不可能(unlikely),一种临床事件,包括实验室检测异常,与用药之间存在短暂关联但不可能形成因果关系的关联,可能用其他药物、化学药品或疾病本身加以解释。⑤ 条件的/无法分类的,一种临床事件,包括实验室检测异常,报道为副作用,尚需要更多的资料加以评估。⑥ 无法评估的/无法区分的,一种提示为副作用的报告,因为资料的缺乏或相互矛盾而无法对其进行判断,也无法进行补充或检验。盖然性学说的因果关系理论克服了传统侵权行为法对于受害人的专业知识、资料等要求过高的缺点,对于保护受害人特别是处于弱势地位的受害人的利益,实现真正的社会公平正义具有重要的意义。

(三)医疗损害鉴定之因果关系的分析和判断

医疗损害因果关系鉴定,应当在查明各种医疗损害因果关系相关理论的前提下,采用科学的方法进行分析,对各种可能引发损害后果的原因加以判断,区分各种致害因素在损害后果发生上各自发挥的作用,再参照法医学界有关因果关系鉴定的理论,对各个致害因素的因果关系做出定性、定量判断。实践中,司法鉴定人在分析和判断医疗损害因果关系时可以采用以下步骤进行:

1. *理论检索* 患者身体上出现的任何损害,往往都是有因可查的,而损害发生的机制和具体原因,一般都有学者做过相应的研究。尤其是近年发展起来的循证医学,更是要求临床医师既要努力寻找和获取最佳的研究证据,又要结合个人的专业知识包括疾病发生和演变的病理生理学理论以及个人的临床工作经验,同时还要结合其他同仁的意见和研究结果,既要遵循医疗实践的规律和需要，又要尊重患者的个人意愿和实际可能性，之后再做出诊断和治疗上的决策。循证医学的核心思想就是在医疗决策中将临床证据、个人经验与患者的实际状况和意愿三者相结合。

另外，流行病学已经建立起较为完备的病因调查与病因分析的机制，这种机制对医疗损害因果关系鉴定具有非常重要的借鉴意义。尤其是通过流行病学调查得到的数据和确认的发病规律，更是可以直接为医疗损害因果关系分析所采用。经过现代医学几百年的研究和经验积累，很多疾病的发生、发展规律都已经搞清楚，并已经形成了系统的学说和理论，这些学说和理论已经成为指导临床医师诊治疾病的重要依据，也是开展医疗损害因果关系鉴定的重要理论根据。因此，在实施医疗损害因果关系鉴定之前，鉴定人应当对相关的医学理论学说、临床资料、流行病学调查数据等进行收集，对相关的理论和知识进行梳理，找出其中有用的信息，用于具体案件的鉴定。

2. 经验咨询　医学是一门实践性非常强的学科，没有实践就没有医学，很多医学理论和学说都是在临床实践的基础上逐渐摸索、总结出来的，很多学说也是在临床实践过程中先提出假设，然后进行临床试验，经过多次试验、校正，最终上升为医学理论。同样，临床医生也是依据长期医疗实践的病例总结而获得的有关的基本知识和经验。况且，现代医学发展迅速，各种理论学说提出的速度也非常快，理论和学说更新的速度也非常快，这些学说和观点是否符合实际情况，尤其是实践中会否出现例外情况，恐怕就不是理论学说能够解决的了，此时具有丰富临床经验的医生应该更有发言权。因此，在医疗损害因果关系的鉴定过程中，向有经验的临床专家咨询是十分必要的程序。即便现成的医学理论已经将医疗行为与损害后果发生之间的因果关系阐述清楚，仍然有必要向资深的该学科的临床专家进行咨询，咨询是否有例外发生、发生的可能性及是否有避免的措施。

3. 分析论证　除了前述英美国家的"如果没有"检验、"实质性要素"检验、"盖然性学说"三大检验方法外，事件树分析法、鱼骨图分析法对医疗损害鉴定因果关系的逻辑分析和推理也有重要参考价值。

（1）事件树分析法（event tree analysis）：是一种时序逻辑的归纳法，是指在给定一个初因事件的情况下，按照事件发展的顺序，分析与初因事件相关联的各种事件序列的结果，从而定性、定量地评价系统的特性，帮助人们获得正确的决策。具体方法：① 确定初因事件，将可能导致相同事件发生的初因事件划分为一类，确定和分析这些初因事件。② 找出可能相继发生的后续事件，进一步确定这些后续事件发生的先后顺序。③ 按后续事件发生或不发生分析各种可能的结果，找出后果事件，从而建立事件树。由此可以看出，事件树的建造过程也是对系统事件的一个再认识过程。

（2）鱼骨图分析法：1953年，日本管理大师石川馨先生所提出的一种把握结果与原因的极方便而有效的方法，他将影响问题特性的因素逐一找出，并将这些因素与特性值一起，按相互之间关联性的大小整理成层次分明、条理清楚并标出重要因素的图形，即因果图或者特性要因图。例如，在医疗损害事件中，引发医疗损害后果发生的原因包括患者体质因素、疾病因素、药物因素、检查因素、环境因素、医师因素、护士因素等，每一个因素中又有许多中间因素，这些中间因素可以进一步发现下一级因素，如果探寻下去，就可以把所有可能引发损害后果的因素全部找出来，并在此基础上进一步分析单个因素在损害后果发生上的作用和贡献。这是一种寻找产生问题根本原因的有效方法，是一种透过现象看本质的分析方法，因其形状很像鱼骨，也被称为鱼骨图（图 4 - 1）。

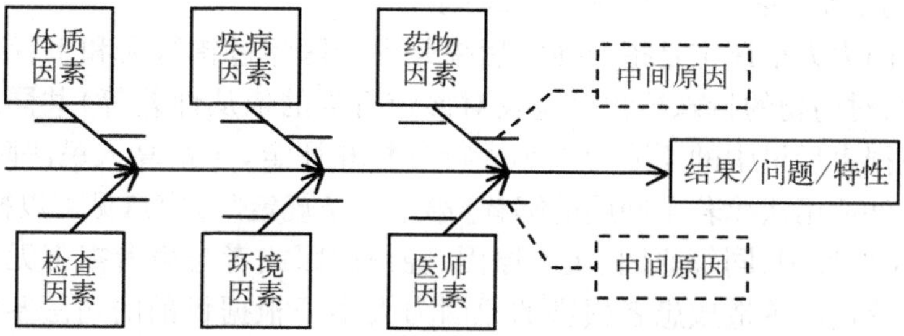

图 4 - 1 鱼骨图法分析致害因素在医疗损害发生中的因果关系

4. 实案验证　通过上述方法判断的医疗过错行为与损害后果之间因果关系的结论是否准确，是否符合医学科学理论和医学规律，有必要进一步通过以往的鉴定案例加以检验。目前“中国法律服务网”已经着手建立司法鉴定业务案例库，收藏鉴定案例近 2 000 例，其中有部分全国知名的医疗损害鉴定机构的成功案例可供参考。但笔者也注意到，该案例库中关于医疗损害纠纷案件并不多，难以满足目前医疗损害司法鉴定的需求，笔者相信随着大数据和人工智能技术的不断发展，越来越多高质量的医疗损害鉴定案件会被纳入案例库，这对不断规范和提升医疗损害鉴定质量具有重要的推动作用。另外，法院系统已经建立了完善的“全国法院裁判文书网”，鉴定人可在此获取到既往类似医疗损害案例的鉴定结论及法庭的采纳情况，这对医疗损害鉴定因果关系的分析和论证具有重要的指导意义。

三、原因力大小的认定与排除性判断

目前鉴定实践中对于因果关系的定量评估，大致存在医疗过错的损伤参与程度、责任程度、原因力大小 3 种方法。损伤参与程度主要是借鉴日本法医学者的理论建立起来的一整套体系。1980 年，日本法医学家渡边富雄教授提出事故寄予度概念，用于评价事故在损害结果中所起作用的大小。1986 年，事故寄予度的概念引入我国法医学界，并改为损伤参与程度，用于评价在不法行为造成的损伤与受害人自身疾病共同存在的情况下，不法行为在损害后果中的介入程度。损伤参与程度的概念引入我国法医学界后，在法医临床学人体损伤程度鉴定及伤残等级评定的实践中，得到了广泛重视和全面应用。在此后的鉴定实践中，损伤参与程度也被引入医疗纠纷的法医学鉴定，也即医疗过错参与程度。损伤参与程度的优点在于以百分比数值的形式表示过错对损害后果的作用大小，清晰明了，缺点是缺乏具体的计算方法，数值大小容易引起当事人的质疑。责任程度主要是医学会鉴定采用的表述方法，用文字的形式确定医疗过错在损害后果中应当承担的责任。其优点是鉴定意见中不直接出现百分比数值，仅对过错进行分级描述；缺点是所谓责任的表述容易与法律责任相混淆，容易让人理解为鉴定人“越权”。2017 年出台的《最高人民法院关于审理医疗损害责任纠纷案件适用法律若干问题的解释》（法释〔2017〕20 号）较好地解决了这一问题，其采用原因力这个比较中性的名词，表示医疗过错在损害后果发生中所起的作用力大小，既能够回避损伤参与程度百分比数值的尴尬，又能将其与法律上的责任程度区分开来。

（一）医疗损害原因力大小的评定原则

医疗损害原因力大小评定是指当损害后果是由于医疗过错行为和患者自身原因（如自身疾病的严重性、对药物的特殊异常反应及对诊疗行为的依从性差等）共同所致时，需要对医疗过错因素在损害后果中的原因力大小进行分析和评定。《最高人民法院关于审理医疗损害责任纠纷案件适用法律若干问题的解释》第十二条规定“鉴定意见可以按照导致患者损害的全部原因、主要原因、同等原因、次要原因、轻微原因或者与患者损害无因果关系，表述诊疗行为或者医疗产品等造成患者损害的原因力大小。”根据目前的司法鉴定实践，法医学界主张将医疗过错因素在损害后果中的原因力分为 6 种不同的形式，医疗过错的原因力按大小自低到高依次为没有作用、轻微作用、次要作用、同等作用、主要作用、完全作用，并赋予原因力大小的理论参考数值范围及参考均值：0、10%、30%、50%、70%、100%。

（1）医疗行为在患者的损害后果中没有作用：即损害后果完全是由患者体质的特殊性、疾病病情本身特点或者限于当时医疗水平等因素造成的。建议医疗行为的理论参考值范围为 0~4%，理论参考均值为 0。

（2）医疗过错行为在患者的损害后果中起轻微作用：即损害后果主要是由于患者体质的特殊性、疾病病情本身特点或者限于当时医疗水平等因素造成，医疗过错只在损害后果的发生或进展过程中起到了一定的诱发、促进或加重作用，即使没有医疗过错，损害后果仍然会发生。建议医疗过错的理论参考值范围为 5%~15%，理论参考均值为 10%。

（3）医疗过错行为在患者的损害后果中起次要作用：即损害后果主要是由于患者体质的特殊性、疾病病情本身特点或者限于当时医疗水平等因素造成，医疗过错只在损害后果的发生或进展过程中起到了诱发、促进或加重作用，即使没有医疗过错，损害后果仍然很可能会发生。建议医疗过错的理论参考值范围为 16%~44%，理论参考均值为 30%。

（4）医疗过错行为与其他损害因素共同造成患者的损害后果，且医疗过错行为与其他损害因素在损害后果中所起的作用基本相当，属同等作用：即损害后果与医疗过错以及患者体质的特殊性、疾病病情本身特点或者当时医疗水平等因素均密切相关，如没有医疗过错或没有自身因素（包括医疗水平因素）同时存在，损害后果一般不会发生。建议医疗过错的理论参考值范围为 45%~55%，理论参考均值为 50%。

（5）医疗过错行为在患者的损害后果中起主要作用：即医疗过错是导致患者损害后果的主要因素，患者体质的特殊性、疾病病情本身特点或者当时医疗水平等因素只是次要因素，如果没有医疗过错，损害后果很可能不会发生。建议医疗过错的理论参考值范围为 56%~95%，理论参考均值为 70%。

（6）医疗过错行为在患者的损害后果中起完全作用：即医疗过错行为是导致患者损害后果的直接原因，没有医疗过错，损害后果必然不会发生。建议医疗过错的理论参考值范围为 96%~100%，理论参考均值为 100%。

（二）认定性判断

医疗纠纷案件属于民事诉讼的范畴，而民事诉讼采用高度盖然性的证明标准，是将盖然性占优势的认识手段运用于司法领域的民事审判中，在证据对待证事实的证明无法达到确实充分的情况下，如果一方当事人提出的证据已经证明该事实发生具有高度的盖然性，人民法院即可对该事实予以确定。最高人民法院在《中华人民共和国民事诉讼法》解释的第一百零八条规定“对负有举证证明责任的当事人提供的证据，人民法院经审查并结合相关事实，确信待证事实的存在具有高度可能性的，应当认定该事实存在。”这就是我国对高度盖然性证明标准的明确规定。

从民事证据证明角度分析，鉴定人由于受到时空的限制，不可能返回到原始医疗状态下去查明事实真相，只能凭借委托人提供的鉴定材料做出分析判断，而当事人由于证据意识的欠缺、客观障碍的存在或利己思想的作祟，所提供的鉴定材料往往只能证明医疗行为的一部分，相当一部分医疗行为由于缺乏证据或者证据之间相互矛盾而处于真伪不明的状态，且临床医学本身就较为复杂，即使司法鉴定人通过客观、科学的分析论证，基本能够确定医疗过错行为的原因力大小，也可能因证据材料或者其他种种原因导致该结论与客观医疗事实不符合的情形。鉴于此，鉴定人应当恰当地使用法医学用语，严谨、准确、科学地分析论证鉴定意见。

经过全面分析和论证，鉴定人可以使用下列法医学术语对医疗过错在损害后果中的原因力大小做出认定性判断。

（1）足以认定：根据委托人提供的鉴定材料，经过临床医学和法医学标准检验，能够得出充分的、肯定排他的结论，属于足以认定的情形，鉴定意见可以表述为“足以认定医疗过错与损害后果之间存在因果关系，医疗过错原因力为完全原因”。

（2）可以认定：根据委托人提供的鉴定材料，经过临床医学、法医学标准检验，能够得出接近充分但并不完全肯定排他的结论，属于可以认定的情形，鉴定意见可以表述为“可以认定医疗过错与损害后果之间存在因果关系，医疗过错原因力为主要原因”。

（3）很可能成立：根据委托人提供的鉴定材料，经过临床医学、法医学标准检验，医疗过错与损害后果之间存在因果关系的可能性大于不可能性，属于很可能成立的情形，鉴定意见可以表述为“医疗过错与损害后果之间很可能存在因果关系，医疗过错原因力为主要原因”。

（4）可能成立：根据委托人提供的鉴定材料，经过临床医学、法医学标准检验，医疗过错与损害后果之间存在因果关系的可能性存在，但也还有其他可能性，属于可能成立的情形，鉴定意见可以表述为“医疗过错与损害后果之间存在因果关系的可能性成立，医疗过错原因力为同等原因”。

（5）难以成立/依据不充分：根据委托人提供的鉴定材料，经过临床医学和法医学标准检验，医疗过程虽有过错，但过错与损害后果之间无关，或者仅依据现有材料，证明医疗过错与损害后果之间存在因果关系的依据尚不充分，均属于难以成立/依据不充分的情形，鉴定意见可以表述为“医疗过错与损害后果之间难以存在因果关系”或“医疗过错与损害后果之间存在因果关系的依据不足”。

（6）不能成立：根据委托人提供的鉴定材料，经过临床医学和法医学标准检验，医疗行为不存在过错，发生不良后果的原因完全是由患者体质特殊性、病情本身特点或者限于当时医疗水平等因素所致，属于不能成立的情形，鉴定意见可以表述为“医疗行为与损害后果之间无因果关系”。

（三）排除性判断

如前所述，医疗损害鉴定使用高度盖然性的证明标准，而使用高度盖然性标准同时要求推论结果能够排除合理怀疑。排除合理怀疑是指任何一个理性的人都不会怀疑，即推论结果具有唯一的可能性。司法鉴定属于事后评判，是从损害后果出发，分析致损原因是否与医疗过错行为有关。鉴定实践中，难免碰到虽然不能得出肯定的结论，但也无法排除损害后果与医疗过错有关的情形。本着尊重客观事实的原则，司法鉴定人应当客观表达观点，如经充分论证后，仍然无法排除因果关系的，可以做出排除性判断以供法庭参考。

经过全面分析和论证，司法鉴定人可以使用下述法医学术语对医疗过错在损害后果中的原因力大小做出排除性判断。

（1）不能排除/无法排除：根据委托人提供的鉴定材料，经过临床医学和法医学标准检验，倾向于肯定医疗过错行为单独存在时损害后果会发生，但也不排除损害后果不发生的情形，属于不能排除/无法排除的情形，鉴定意见可以表述为“不能排除/无法排除医疗过错与损害后果之间存在因果关系，医疗过错原因力为同等原因”。

（2）难以排除：根据委托人提供的鉴定材料，经过临床医学和法医学标准检验，虽然倾向于接近肯定医疗过错行为单独存在时损害后果会发生，但也很难排除损害后果不发生的情形，略低于不能排除，属于难以排除的情形，鉴定意见可以表述为“难以排除医疗过错与损害后果之间存在因果关系，医疗过错原因力为次要原因”。

（3）难以完全排除：根据委托人提供的鉴定材料，经过临床医学和法医学标准检验，倾向于肯定医疗过错行为与损害后果之间存在因果关系的可能性成立，属于难以完全排除的情形，鉴定意见可以表述为“难以完全排除医疗过错与损害后果之间存在因果关系，医疗过错原因力为轻微原因”。

（4）可以排除：根据委托人提供的鉴定材料，经过临床医学和法医学标准检验，倾向于否定医疗过错行为与损害后果之间存在因果关系，属于可以排除的情形，鉴定意见可以表述为“可以排除医疗过错与损害后果之间存在因果关系”。

（5）足以排除：根据委托人提供的鉴定材料，经过临床医学和法医学标准检验，可以充分地否定医疗过错行为与损害后果之间存在因果关系，属于足以排除的情形，鉴定意见可以表述为“足以排除医疗过错与损害后果之间存在因果关系”。

总之，在鉴定实践中，鉴定人应当掌握分析和判断因果关系及原因力大小的原则：① 严格把握“专门性问题”的处理原则；② 掌握鉴定中“方法的有效性”与“逻辑的有效性”；③ 不能想当然地认为所有过错与损害后果之间都必然存在因果关系；④ 尽可能从更高层面对因果关系做出论证；⑤ 采用适当方法呈现鉴定中分析与判断的过程；⑥ 适当“遵循先例”，提高鉴定意见的证明力；⑦ 无法判断是否存在因果关系时，应当向委托人说明，必要时终止鉴定；⑧ 不可将原因力大小视为过错责任程度。

（四）需要说明的问题

在《最高人民法院关于审理医疗损害责任纠纷案件适用法律若干问题的解释》出台后不

久,2018 年国务院颁布了《医疗纠纷预防和处理条例》,该条例却采用了医疗过错责任程度,其在第三十六条规定:“医学会、司法鉴定机构做出的医疗损害鉴定意见应当载明并详细论述下列内容:(一) 是否存在医疗损害以及损害程度;(二) 是否存在医疗过错;(三) 医疗过错与医疗损害是否存在因果关系;(四) 医疗过错在医疗损害中的责任程度。”委托人为“方便”结案,往往据此要求鉴定人明确参与度范围,这给鉴定人的工作带来一定困难。笔者认为,医疗损害原因力大小与责任程度是两个完全不同的概念。前者是事实因果关系,是司法鉴定人应当予以分析、判定的内容,属于医疗损害鉴定的范畴;而后者是法律因果关系,是审判人员的职责,属于法庭裁判的范畴。司法鉴定人决不能越权,其在医疗损害责任纠纷案件鉴定中所做的因果关系与原因力大小的分析,说到底是协助解决诉讼中的专门性问题,也就是诉讼中法官与普通人无法通过自身生活经验与日常知识做出判断的医学科学问题。当然,法庭也不应该“以鉴代审”,医疗单位应当承担的责任比例,法庭应当综合包括鉴定意见在内的所有证据做出判断。

(刘冬梅,夏文涛)

第三节 医疗损害鉴定意见书评析

一、典型案例评析

(一) 甲醇中毒导致死亡引发医疗纠纷

1. 案情及病情摘要

武某因“饮用大量散装酒后双眼视物不清 2 d”就诊于某大学附属医院,入院查体:右眼视力 0.04,左眼视力 0.04,双眼角膜透明,晶体透明,直接对光反射(+),间接对光反射(+),双眼压 Tn,双眼底:小瞳孔下未见明显异常。初步诊断为视神经炎(OU)(中毒性)?酒精中毒?处理:内科会诊(神经内科)。同日上午,武某突然出现意识不清,对光反射迟钝,咬肌稍紧,进而出现呼吸、心搏骤停,急查血淀粉酶 81.7 U/L(参考值:<100),胆碱酯酶 9 778 U/L(参考值:4 650~12 220),血气分析示 pH 6.722,血氧饱和度 91.6%。临床即予吸氧、纠酸等处理。2 h 后突发心跳、呼吸停止,即刻予持续胸外心脏按压、气管插管呼吸囊辅助呼吸等心肺复苏措施,抢救过程中多次出现心室颤动。请多学科会诊,并予连续性肾脏替代治疗。次日,武某的意识障碍不断加重,呈深昏迷状态,双侧瞳孔散大,对光反射消失,压眶无反应,后经抢救无效,第 3 天凌晨宣布死亡。

2. 鉴定意见

某大学附属医院在对被鉴定人武某的诊疗过程中不存在医疗过错。

3. 分析讨论

(1) 关于死亡原因:本案武某在发病后短期内死亡,死亡过程急。因未见尸体解剖与病理组织学检验,其确切死因已难以明确。仅根据现有病历材料进行死因分析,存在一定困难。临床实践中,多种疾病均可能引起短期内死亡,主要病种包括以下类型:① 急性重症胰腺炎,常见的病因为暴饮暴食(尤其大量饮酒)或者胆源性因素,往往以剧烈腹痛为主诉就诊，伴有明显的消化道症状，发病后 6 h 血清淀粉酶即可升高，尿淀粉酶 24 h 后上升。本案武某并非以腹痛为主诉而就诊，血清及尿淀粉酶无异常显著升高，故考虑其系急性重症胰腺炎致死依据不充分。② 急性心肌梗死，是可以引起危重症状与急性死亡的心脏疾病，多发生在冠状动脉粥样硬化狭窄基础上，不少患者由暴饮暴食诱发，常以心绞痛为首发症状，心肌坏死血清生物标志物可于发病 3~6 h 开始增高，与心电图特征性改变一样，具有诊断价值。本案武某并非以心绞痛为主诉而就诊，心肌坏死血清生物标志物检验结果及心电图检查均不支持其存在致命性急性心肌梗死。③ 脑卒中，尤其是出血性脑卒中可以导致患者在短时期内死亡，此类患者多以意识障碍、偏瘫、偏盲等症状就诊，神经系统检查可出现明确的定位体征，根据临床表现较易诊断。本案武某首诊虽诉视力下降，但双眼几乎呈均衡性下降，双侧瞳孔均散大、固定，不符合典型的出血性脑卒中。④ 中毒也可以引起短期内死亡，其中饮用掺有甲醇的假酒致急性甲醇中毒的事件并不罕见，口服甲醇中毒的潜伏期为 12~24 h，少数可长达 2~3 d，若同时摄入乙醇，潜伏期可延长，大量摄入者死亡率高，临床表现主要以代谢性酸中毒、视力障碍及神经系统症状最为突出，部分中毒者可并发急性胰腺炎、心律失常、转氨酶升高和肾功能不全等，视神经损害很少能恢复正常，严重的代谢性酸中毒可导致呼吸困难，并最终死于呼吸麻痹，临床检查缺少特异性指标。

仅就本案现有材料而言，武某本次首发症状是视力下降，其次为神经系统症状及代谢性酸中毒，较符合甲醇中毒的临床表现。其双眼瞳孔散大、固定，符合甲醇中毒致双眼视神经损伤后改变；并出现心跳、呼吸骤停，虽经急救处置恢复心跳，但呼吸仍依赖机械维持，这提示其呼吸功能衰竭为主要矛盾。故分析其较符合急性甲醇中毒致视神经损害、严重代谢性酸中毒，最终呼吸循环功能衰竭死亡；而不甚符合致死性急性重症胰腺炎，或者心源性疾病致死，更不符合急性脑卒中致死。

(2) 关于医疗过错：武某至医疗单位就诊后，首诊医生考虑到其存在"中毒"或者"酒精中毒"可能，其突发昏迷后，医疗单位难以进行更加详细的病史询问以获得更多对诊断有利的信息，为医疗单位及时正确诊断带来很大困难。同时，本案发生于十年前，当时情况下，医疗机构恐难以具备进行人体内甲醇含量相关检测的条件，也为诊断带来了难以克服的困难。就本案而言，医疗单位对武某进行了血液、尿液等相关的化验检查，并针对检验结果及病情变化给予相应对症处理，符合诊疗常规。采取连续性肾脏替代治疗亦有利于体内毒性物质的清除及酸中毒的纠正，符合诊疗常规。

被鉴定人武某发病时距饮酒已有 2 d 之久，治疗效果将受到极大影响。同时，病历材料显示武某发病后血气分析示：pH 6.722、HCO_3^- 3.4 mmol/L 等，提示其发病时病情已比较危重，即便确定其为甲醇中毒且医疗单位亦及时诊断为甲醇中毒，仍不能确保可以挽救其生命，医疗单位所采取的各项治疗措施不会导致其病情加重，并在一定程度上可以起到"解毒"的治疗作用，武某的死亡系自身病变发展的严重性所致。综合分析，经治医院在对被鉴定人武某的诊疗过程中不存在过错。

4. 评析

死亡作为医疗纠纷常见的损害后果，往往是患者家属涉诉的直接原因。对于此类医疗损害鉴定案件，明确死亡原因是科学、客观评价医疗行为的前提条件。但由于受我国传统封建习俗的影响，仍有相当一部分死亡案例未能进行尸体解剖，这给医疗过错鉴定带来很大的困难。当然，因各种因素未行尸体解剖，并不一定意味着鉴定人不能对死亡原因进行分析。案情材料、病历材料、生前的医学影像学资料等，同样可以成为分析死亡原因的重要依据。由此得出的死因分析意见的准确程度与经系统尸体解剖所得出的结果当然不能等同，毕竟尸体解剖才是死因分析的“金标准”，这就像临床诊断与病理诊断的比较一样，前者是印象诊断，后者是确诊手段。对于此类确切死因不明案件，鉴定人也可以根据现有临床病历材料进行死因分析，在所有可能的因素中，推断可能性最大、最符合具体案例的致死因素，但需征得委托人及医患双方的同意，并在《司法鉴定意见书》中对此加以必要的说明，以引起裁判者的重视。本例患者在就诊时短期内死亡，由于未行尸体解剖，其确切的死因难以明确。本例鉴定意见是基于临床病历材料做出的，其准确性可能较低，但考虑到案件的实际情况，鉴定人据此进行鉴定也是可行的。依据现有临床病历材料，鉴定人从可能引起短期内死亡的常见病因中，寻找比较符合武某的类型。本例武某因视力障碍就诊，具有大量饮用散装酒史，结合其病情进展变化，在排除了其他常见的短期内致死的疾病后，鉴定人分析认为武某死于急性甲醇中毒的可能性较大。医疗单位首诊医生已然考虑到其存在酒精中毒的可能，即使在未能明确诊断的情况下，医疗单位仍采取了清除毒性物质等针对甲醇中毒的处理措施，未见不妥当之处，武某的死亡系严重的甲醇中毒所致，与医疗行为无关。

（二）阑尾炎术后出现输尿管损伤引发纠纷

1. 案情及病情摘要

万某于2014年6月19日因“右下腹疼痛6月余”入住某大学附属医院，入院诊断为慢性阑尾炎并阑尾周围脓肿，右肾合并上段输尿管积水，查尿常规：隐血(++)(↑)，尿蛋白(+-)(↑)，红细胞计数374/μL(↑)；腹部增强CT示：盆腔少量积液，右侧髂窝回盲部见囊实性团块影，密度不均，不均匀强化，边界欠清，较6月6日CT范围变小；右侧输尿管中段受压，右侧肾盂及近段输尿管扩张，较前减轻，阑尾显示不清，周围脂肪间隙模糊。于6月26日行阑尾切除术+腹膜后肿物活检术，病理检验示：“慢性阑尾炎，(回肠系膜)大量增生的纤维组织呈慢性炎病变，局灶伴钙化，(后腹壁)增生的纤维组织呈慢性炎病变”，术后5 d出院。出院后因“腹痛伴发热”于同年7月10日入住某市医院，经检查诊断为腹腔脓肿，右侧输尿管损伤，行腹腔引流见大量脓性液体引出，予抗感染治疗。7月29日再次入住某大学附属医院泌尿外科，8月6日行右侧输尿管镜检查，因进镜7 cm处输尿管管腔狭窄，无法放置双“J”管，行抗感染治疗后出院。9月26日再次入住某市医院，因盆腔引流管堵塞，行肾穿刺造瘘术。2015年8月24日转入某省医院泌尿科，入院诊断为右输尿管狭窄，右肾积水，肾造瘘术后，阑尾炎术后，疝修补术后，瘢痕体质，于9月1日行右输尿管膀胱瓣吻合术，术中留置双“J”管，术后恢复可。9月24日因血尿再次入住某省医院，诊断为腹膜后出血伴腹膜后血肿，右输尿管损伤，膀胱肌瓣代右输尿管术后，急诊行髂动脉造影+髂动脉腔内成形术。2016年1月、9月先后两次在某省医院复查，提示右侧上尿路引流不畅。万某认为某大学附属医院在诊疗过程中存在过错行为并造成损害，遂发起诉讼。

2. 鉴定意见

某大学附属医院在对被鉴定人万某的诊疗过程中存在过错，该过错与万某的不良后果之间有因果关系，过错的原因力应属同等原因，建议参与度拟为45%~55%。

3. 分析讨论

在本例案件中，根据万某的临床表现，医疗单位考虑符合阑尾炎症迁延形成慢性炎症伴阑尾周围脓肿，并给予相应处置方案有一定依据。但是，万某的病情比较复杂，属于阑尾病变蔓延至腹膜后压迫右侧输尿管致其受压变窄并形成右肾积水的情形，这在临床上较为少见，且万某尚存在血尿症状，医疗单位未行进一步检查，未邀请相应临床专科医师进行全面会诊，存在一定的不足。

万某入住某大学附属医院时，CT扫描见盆腔少量积液，右侧髂窝回盲部见囊实性团块影，考虑阑尾炎并回盲部脓肿形成，右侧输尿管中段受压变窄合并右肾、近端输尿管积水。医疗单位考虑到病情的特殊性，在采取剖腹探查切口的情况下行阑尾切除术+腹膜后肿物活检术，因炎症致肿块粘连较重，在证实为良性肿块的前提下仅取活检（即使为恶性肿瘤，可能也难以切除而仅能取活检）。医疗单位当时的临床诊断可以成立，但其在该次手术前的准备阶段与手术方案制订环节未能充分认识到疾病的复杂性，未考虑到以下情形：① 术前检查提示万某存在后腹膜占位，脓肿不除外，此时除存在阑尾脓肿外，还应考虑存在其他疾病（如结肠肿瘤）的可能性，宜行纤维结肠镜或其他相应检查加以排除。② 对于右侧输尿管受压变窄伴右肾及输尿管积水应邀请泌尿外科会诊，必要时行进一步检查或者请该科医师术中协助显露输尿管加以妥善保护。③ 如果在制订手术方案时能够充分考虑到炎症病灶可能造成右输尿管与回盲部解剖结构改变，术前可先在右侧输尿管内放置输尿管导管（双“J”管），一方面对输尿管起到支撑保护作用，如发生输尿管损伤，能够防治尿液外渗，避免引发腹水感染；另一方面也能在术中起到指引作用，使得解剖结构更加清楚，减少意外损伤发生的机会。由于某大学附属医院的盲目自信，以致未能避免本来有机会避免的不良后果，存在对疾病复杂严重程度估计不足的过错。

当然，目前也不能完全排除万某自身存在泌尿系统解剖结构变异的可能性，也不能排除腹膜后纤维化病变存在的可能性。腹膜后纤维化系结缔组织疾病可引起腹膜后广泛纤维增生性病变，可累及输尿管致输尿管梗阻、肾积水，重者可引起腹腔内纤维组织形成腹腔或盆腔肿块。但由于目前缺乏相关检查资料，故难以就此做出进一步判断。因此认为，本案在术前鉴别诊断方面，医疗单位亦存在不足之处，应属医疗过错。

因限于现有资料，我们同样难以对万某术后输尿管瘘及髂血管出血等表现究竟是否与本次手术操作直接相关做出准确判断，但根据病程特点及上述分析，我们也不能排除医疗单位术中操作对疾病的进程会产生一定的不利影响。同时应当指出，万某此后出现的各种病情及其临床采取的相应治疗措施与输尿管瘘疾病发展密切相关。

据此，某大学附属医院在对万某的诊疗过程中存在术前准备及鉴别诊断不够充分、手术方案制订考虑不够全面等医疗过错，该过错与万某病程迁延等不良后果之间存在因果关系，分析医疗过错应属不良后果的同等原因（过错参与程度拟为45%~55%）。

4. 评析

医疗结局受多种因素的影响，医疗因素、疾病因素、患者的自身体质特异性等均可能成为损害后果发生的原因。当医疗过错行为与患者自身原因共同导致同一损害后果时，就需要对医疗过错行为的原因力大小进行评定，这是医疗损害鉴定的热点，也是难点。鉴定人在撰写医疗损害《鉴定意见书》时，应遵循法医学因果关系判定准则，科学、客观地阐述各种可能性。在论证过程中，掌握一定的检验方法和分析方法对厘清鉴定思路具有很大的帮助。本案件中万某的损害后果是由于医疗单位的术前准备及鉴别诊断不充分、手术方案制订考虑不全面的过错行为所致，没有医疗过错行为，万某的不良后果不会发生。同时由于鉴定材料的局限性，鉴定人也不能排除万某自身解剖变异的可能性，亦对输尿管瘘的发生是否与手术操作直接相关难以做出准确判断，也就是说，患者的损害后果是医疗单位的过错行为与自身原因共同所致，两者在损害后果中的作用基本相当，缺乏任一要素时损害后果可能发生也可能不发生，综合判定为同等原因较为妥当。

（三）羊水栓塞死亡引发纠纷

1. 案情及病情摘要

陈某，女性，1990 年 3 月出生。2017 年 2 月 14 日因“停经 9 月余，阵发性疼痛 12 h 余”入某县医院。病史记载，曾于妊娠 7 月余因阴道少量出血就诊于当地医院，未治疗。2017 年 2 月 9 日彩超示：妊娠晚期，单胎，胎儿存活（头位），胎盘成熟度Ⅱ°，胎儿脐带绕颈 1 周；既往心电图示：窦性心律过速。此次入院 12 h 前无明显诱因出现阵发性腹痛，行相关检查后，予以入院诊断：“G1P0 妊娠 38^{+6}周，头位临产，轻度贫血，子宫颈糜烂，巨大儿，胎儿脐带绕颈 1 周”。病程记录记载，10: 30 胎膜自破，羊水Ⅰ°污染，11: 50 宫口开全入产房，给予高流量吸氧，于 12: 22 侧切助娩一男婴后给予宫体肌内注射 20 U 缩宫素，静脉滴注 10 U 缩宫素，产妇子宫收缩欠佳，阴道流血约 150 mL，给予舌下含化米索前列醇 1 片，肛塞 2 片米索前列醇，肌内注射卡前列素氨丁三醇 1 支加强宫缩，子宫收缩较前好转，阴道出血不多，血压 127/76 mmHg；13: 55 突然胸闷，呼吸困难，面色苍白，口唇发绀，烦躁不安，呕吐，医疗单位考虑羊水栓塞，给予高流量吸氧，静脉推注甲泼尼龙琥珀酸钠 2 支，另一路静脉滴注多索茶碱，按摩子宫，清理宫腔，见暗红色不凝血 100 mL，患者呼吸由急促变浅慢，血压由 100/59 mmHg 急剧下降到监测不出，心率变慢，心音低钝，推入手术室，气管插管、止血、升压抢救性治疗，16: 00 患者恢复自主呼吸，急查血 D－二聚体增高。持续输血、输液，后患者于 18: 00 呼吸、心跳停止，予以持续抢救无效，18: 40 宣布死亡。出院诊断为 G1P1 妊娠 38^{+6}周，头位已产；羊水栓塞、弥散性血管内凝血、多器官功能衰竭；死亡。

2. 鉴定意见

某医院的医疗过错行为与陈某死亡之间存在一定的因果关系，医疗过错的原因力为次要原因。

3. 分析讨论

根据陈某的病史及诊疗、产后抢救经过考虑其符合羊水栓塞引发弥散性血管内凝血终因多器官功能衰竭而死亡。根据病历记载，陈某在经侧切助娩一男婴后因子宫收缩欠佳，医疗单位给予子宫宫体肌内注射及静脉滴注缩宫素，舌下含化及肛塞米索前列醇，肌内注射卡前列素氨丁三醇加强宫缩等处理。其中关于缩宫素的应用，医疗单位记录为“抢救记录记载：给予子宫宫体肌内注射 20 U，静脉滴注 10 U”与护理记录记载“缩宫素 20 U 宫底注射，缩宫素 15 U 静脉滴注，给予缩宫素 10 U 子宫颈注射”的用药数量不符。缩宫素为产后因宫缩乏力使用，已为目前预防产后出血的常规处理。医疗单位抢救记录的使用剂量尚可；而在护理记录的使用剂量则超出常规剂量。在鉴定听证会上，医疗单位表示抢救记录为医生术中领取量，产房另有部分备药，合计为护理记录记载量。不排除医疗单位存在使用超量的情况，若宫缩过强可引起宫内压骤然增高使羊水进入裂伤的血管发生羊水栓塞。

上述诊疗过程中医疗单位缩宫素应用记载存在差异，不能排除医疗单位存在未尽谨慎注意义务的过错。考虑羊水栓塞是产妇最凶险的产后并发症，病情发展迅疾及预后差，建议医疗单位过错行为与陈某的死亡原因之间存在次要因果关系，过错责任范围为16%~44%。

4. 评析

临床医疗病历是诊疗活动的记载，是医疗损害鉴定的前提和基础，脱离病历，鉴定很可能成为“无源之木”。鉴定实践中，各种各样的原因作用下经常会出现主、客观病历前后记录不一致的情形，病历的规范性问题往往成为争议的焦点甚至导致鉴定难以继续。虽然病历不规范应属于医疗过错，但并非可据此判定医疗单位应当承担赔偿责任。司法鉴定人在判断时，应当重点考虑病历不规范的问题是否影响鉴定的实施及是否与患者的损害后果之间存在因果关系。针对本例，鉴定人审查材料时发现抢救记录与护理记录的缩宫素使用剂量不一致，抢救记录上的使用剂量尚在临床允许的范围之内，但护理记录上的使用剂量则超过了常规剂量。临床上，缩宫素使用有严格的规范，必须正确运用把握适应证，合理选用安全的给药途径、给药剂量和给药速度，若使用不当，则可能引起严重的并发症如新生儿窒息、子宫破裂、羊水栓塞等。本例若经查证，医疗单位实际使用的确是护理记录记载的剂量，显然存在过错。超剂量的缩宫素可以引起宫缩过度，从而导致宫内压骤然升高，羊水进入破裂的血管从而发生羊水栓塞。据此，判定医疗过错与死亡之间存在因果关系较符合鉴定原则。

（四）麻醉管理不当导致纠纷

1. 案情及病情摘要

2013年8月16日，刘某因“右卵巢囊肿”入住某医学院附属医院，于2013年8月19日在全麻+喉罩下行腹腔镜下右侧卵巢囊肿剥除术，术程顺利，返回病房时发现其无自主呼吸，无心率，面部发绀，瞳孔散大、对光反射消失，当即给予心肺复苏，随后转入ICU治疗。出院至某精神病医院就诊，病历记录其神经系统查体未及阳性体征，但仍存在精神症状，诊断为器质性精神障碍；缺氧缺血性脑病后遗症。

2. 鉴定意见

某医学院附属医院在对刘某的诊疗过程中存在医疗过错，该过错与其损害后果之间存在因果关系（过错为损害后果的主要原因）。

3. 分析讨论

据送鉴病历分析，刘某妇科疾病诊断依据充分，其所患卵巢囊肿具有手术适应证，某医学院第一附属医院予行腹腔镜下卵巢囊肿剥除术符合临床医疗原则，选择全身麻醉亦无不妥，麻醉记录单中显示的麻醉诱导用药不违反临床规范，从手术记录中也未发现医疗单位术中存在明显操作不当之处。

一般说来，对于全身麻醉的患者，术后须完全复苏，并应有相应记录。患者在转运回病房的过程中应由麻醉科医护人员陪同，且需要有与病房医护人员的交接记录。但审阅本案送鉴麻醉记录单可以发现医疗单位记录存在诸多不完整之处，如未见喉罩型号与通气效果是否满意的记录，未见呼气末二氧化碳的记录（对于全身麻醉以及二氧化碳气腹的腹腔镜手术，应记录术中呼气末二氧化碳）；送鉴材料中未见术后监测记录，也未见出手术室时的生命体征记录，还未见使用肌松药物拮抗剂的记录（按照中华麻醉学分会发布的《肌松药物使用规范》，在全麻使用肌松药物的患者需要考虑常规使用拮抗剂或者有肌松完全恢复的体征记录）。上述情形应属医疗过错。

因刘某系在术后转回病房途中突发病情突变，由于缺乏病情突变过程的详细记录，无从了解其心肺骤停及其缺氧持续的确切时间，故目前仅能根据送鉴病历对其病因进行分析、推断。我们认为，其病情突变的最可能病因是麻醉苏醒不完全，很可能与麻醉药物和（或）肌肉松弛药物的残余作用有关。医疗单位根据当时病情考虑其为心肺骤停致缺血缺氧性脑病，其后病历记录所反映的病情变化可符合该疾病的转归，综合本案现有送鉴材料中未见足以导致刘某发生上述病情突变的自身因素，故认为其目前后遗症应系脑组织较长时间缺血缺氧所致功能损害的临床表现。从影像学资料分析，未见遗留典型的缺血缺氧性脑病征象，目前未及神经系统异常体征、后遗精神症状，提示其脑功能较当时已有明显恢复。

由此可见，本案刘某发生麻醉后并发症的主要原因与麻醉管理尤其是麻醉苏醒期间的处理有关。如果能严格按照规范要求进行操作，能够及时发现其病情变化并及时开展有效抢救，此类不良并发症在通常情况下应可避免。当然，现代医疗条件下实施麻醉仍存在一定的风险和不确定因素，少数患者对麻醉药物可能存在超敏反应，因此也不能完全排除此类客观因素与本案不良后果的发生之间存在一定的关联性。综合认为，某医学院附属医院在对刘某的诊疗过程中存在医疗过错，该过错与其损害后果之间存在因果关系，过错为损害后果的主要原因，过错参与程度拟为70%~90%。

4. 评析

根据原卫生部《病历书写基本规范》的要求，病历应当客观、真实、准确、及时、完整、规范。但临床实践中，难免出现病历书写不规范的情形，这属于医疗损害鉴定应当审查的范围。就本案而言，刘某是在妇科手术完毕后突发病情突变，纵观医疗单位对刘某的妇科疾患的诊治过程，未发现有违反临床诊疗规范之处。根据刘某出现的病情变化特点，应当考虑其与麻醉有关。医疗单位在病历书写方面存在诸多不完善之处，从而导致刘某病情突变过程的详细记录及对麻醉苏醒期的抢救处理是否妥当均不得而知，而医疗单位也未提供其他证据证明其对刘某的病情变化尽到了注意义务，故其过错与损害后果有关。有临床专家指出，鉴于医师工作负荷较大，难以完全按照《病历书写规范》的要求进行病历记录是可以被原谅的。诚然如此，但医疗损害鉴定就是对涉及争议的医疗行为进行评价，无非就是按照行业规范或者医学标准的要求，不存在其他指标作为参考，违规的行为应当被视为过错或者不足，但至于其是否与损害后果存在因果关系，需要具体案件具体分析。

（五）心脏术后死亡引发纠纷

1. 案情及病情摘要

2016 年 3 月 14 日被鉴定人由某因“胸闷气促 4 年，加重 1 周”入住某大学附属医院，有高血压史 10 年，糖尿病史 8 年。入院后心脏彩超检查提示左心室扩大、射血分数 62%等，冠状动脉造影检查提示冠心病、3 支血管病变。于 2016 年 3 月 30 日行非体外循环冠状动脉旁路移植术，术后 1 h 余突发恶性心律失常，继而心搏骤停，血压测不出；紧急行床旁心脏按压，并给予正性肌力药物及血管活性药物，同时进行纠正酸中毒治疗，但效果不佳，紧急行床旁开胸按压：沿原切口，切开皮肤皮下，拆除固定钢丝，撑开胸骨，发现：心包腔少量积液，无心脏压塞，心肌色泽红润，桥血管通畅，积极行胸内心脏按压，同时使用正性肌力药物及血管活性药物，并给予纠正酸中毒治疗，患者心跳不能恢复，临床宣布死亡。

2. 既往鉴定情况

(1) 2016 年 6 月 29 日某司法鉴定中心法医病理《司法鉴定意见书》解剖检验：左侧第 3、4、6、7 肋骨骨折，心包敞开，上壁缝于胸前壁及膈肌上；心脏暴露，浸于红色液体中，心包内见红色不凝液体，约 120 mL。右心室前壁有一 4.5 cm 切口，缝合严密。分析说明：由某心脏搭桥血管吻合端缝合严密、管腔未发现堵塞，可排除是搭桥血管的原因而致心肌缺血死亡。心脏搭桥手术可以是心肌缺血再灌注损伤原因之一，心肌缺血再灌注损伤可致心脏功能障碍。心包腔内血性液体达 120 mL，可对心脏功能造成一定影响。抢救期间血钾浓度 3.0 mmol/L(正常值 3.5～5.5 mmol/L)、血钙浓度 0.79 mmol/L(正常值 2.25～2.75 mmol/L)，存在一定的水、电解质代谢紊乱。鉴定意见：被鉴定人由某心肌缺血再灌注损伤及自身心功能低下为主要死因；水、电解质代谢紊乱及心包积液为辅助死因。

(2) 2016 年 12 月 12 日某司法鉴定中心关于由某死亡原因鉴定补充及更正说明：① 关于左肺萎缩程度、左肺萎缩与死亡是否存在因果关系，在解剖过程中目测左肺萎缩约 1/3。患者病历资料显示：术后患者返回心脏外科重症监护室(CSICU)，持续使用呼吸机进行辅助呼吸，血压 120/75 mmHg、呼吸 25 次/min、脉搏 70 次/min，当日 14:45 血氧饱和度为 99%，以上生理指标基本正常，故认为左肺萎缩程度与死亡无因果关系。② 关于右心室前壁缝合切口只提到切口长度，并未描述切口深度，该切口与死亡是否存在因果关系，解剖时见右心室前壁表面肺动脉瓣下有一纵向弧形缝合线，缝合线中段室壁环扎缝合。本次重新对右心室前壁缝合切口进行进一步检查，自右心室取材切口处打开右心室见：缝合线上段缝合于心室壁全层，下段缝合于室间隔的中外 1/3 处。拆除室壁环扎缝合线见：有一心脏全层破裂口，破裂口内侧长度为 0.3 cm，外侧长度为 0.6 cm。根据以上检查所见，认为右心室前壁缝合切口描述不准确，应为右心室前壁破裂口缝合。鉴于送检病历资料并无右心室前壁缝合记录，且手术开始至死亡整个过程仅有几个小时。根据目前病历资料及尸检结果，不能准确判断右心室前壁破裂口形成时间及原因，无法判断其与死亡之间的因果关系，死亡原因存在不确定性。

3. 本次鉴定意见

某大学附属医院对由某的诊疗行为存在医疗过错，该过错与由某死亡之间存在因果关系，但具体因果关系类型及参与程度目前无法明确。

4. 分析讨论

(1) 关于死亡原因：审阅由某术前的影像学资料显示双肺未见明显异常。某司法鉴定中心对其行尸体解剖时目测左肺萎缩约 1/3。根据由某的病历记载并结合尸体剖验发现的左侧 4 根肋骨骨折，由某左肺萎缩发生在抢救时的可能性较大，且根据现有材料，由某因肺源性因素死亡的可能性较小。根据尸体解剖所见并结合送检病历材料显示的诊疗经过，综合分析认为由某系心源性因素死亡的可能性较大。

(2) 关于医疗过错及因果关系：根据由某入院时的临床表现及辅助检查结果，其冠心病、3支血管病变诊断明确，具有行冠状动脉旁路移植术的手术指征。临床上，对该疾病行手术治疗主要有常规体外循环心脏停搏下和非体外循环心脏不停跳下两种手术方式。前者无血术野便于操作，但心脏跳停可能对人体造成一定损伤，并发症较多。后者不使用体外辅助设备，术后恢复快，对术者技术水平要求较高。在桥血管的选择上，最常用的是大隐静脉，但术后可能发生堵塞，其他有乳内动脉、桡动脉。乳内动脉的远期通畅率明显高于静脉，且吻合于前降支的效果最好，吻合对角支和回旋支的效果均较差，存在壁薄、腔隙、质脆、易痉挛且长度有限的缺点。根据送检材料，虽然经治医院将搭桥手术的相关风险进行了告知，但未就手术的替代方案及各方案的优缺点进行详细告知，存在不足。

根据病历记载，由某在冠状动脉旁路移植术后1 h余出现恶性心律失常。根据护理记录单，由某从16: 04突发恶性心律失常，经治医院多次给予应用肾上腺素等药物处理，16: 10、16: 20床旁心脏按压，16: 28除颤1次，17: 00床旁开胸，18: 23心电图呈一直线，宣告死亡。经治医院对由某的抢救是及时的，抢救措施是基本符合规范的。但抢救记录记载过于简单，其间未见由某生命体征的相关记载，也未见补充的开胸探查的手术记录，说明经治医院病历记载不规范，存在过错。

某司法鉴定中心经尸体解剖发现"右心室前壁有一4.5 cm切口，缝合严密"，但纵观经治医院的诊疗记录中未见相关记载。由于经治医院病历书写不规范，该心脏破裂口形成的确切时间和原因目前已无从考量。根据现有材料，心室破裂口的形成有两种可能性：① 该破裂口发生在冠状动脉旁路移植术中，分析可能是经治医院术中操作不当直接损伤心脏所致；② 该破裂口发生在术后的抢救过程中，分析可能是在行胸外心脏按压时发生的肋骨骨折刺破心脏或者开胸探查术中操作不当损伤所致。但无论何种原因，这一心脏破裂口(心肌损伤)增加了术后不良结局的风险，对术后恢复及抢救均是不利因素，故该不利因素与由某因心源性因素死亡存在因果关系。由某具有行冠状动脉旁路移植术的适应证，该手术固然存在一定的发生恶性心律失常的风险，且由某系老年女性，且合并高血压、糖尿病、冠心病，基础疾病较多，系其自身不利因素，与死亡亦可存在因果关系。但根据现有材料，由某心脏破裂口发生的时间及原因均无法确定，故医疗单位的过错在死亡后果中的原因力大小无法确定。

5. 评析

根据《最高人民法院关于审理医疗损害责任纠纷案件适用法律若干问题的解释》的规定，原因力大小可以作为医疗损害鉴定的委托事项，鉴定人需解决这一专门性问题。由于受到各种各样因素的影响，即使接受过系统医学教育的司法鉴定人，其在判断医疗过错在损害后果中的原因力大小时也存在诸多困难，在各种检验手段、分析论证方法的帮助下，也并非都能准确判定原因力大小的范围。同时，也不排除部分鉴定人在把握原因力大小时存在一定的主观因素。且目前鉴定学界对原因力大小的评定尚属于学理性探讨阶段，鉴定人对于原因力大小的评定仅为供审判参考的意见，而非确定审判赔偿程度的法定依据。因此，司法鉴定人切不可抱着必须出具原因力大小的想法，超过鉴定能力范围而做出不科学、不客观的鉴定意见。就本案而言，医疗单位病历记载过于简单及某司法鉴定中心尸体剖验的疏忽导致鉴定人无法准确判断由某心室破裂口的形成原因及形成时间，而这一问题恰是评定医疗过错的原因力大小所必须明确的。此种情况下，司法鉴定人应当在《鉴定意见书》中说明鉴定过程中遇到的障碍，并阐述无法明确原因力大小的原因，便于裁判者做出法律因果关系上的判断。

二、医疗损害鉴定意见书中存在的问题

《最高人民法院关于审理医疗损害责任纠纷案件适用法律若干问题的解释》对医疗损害责任纠纷案件中涉及的专门性问题的鉴定环节给予了高度的重视，就鉴定启动、鉴定事项、鉴定中对因果关系的表述、鉴定人的出庭质证等诸多事项都做出了具体规定，这无疑体现了审判机关对此类案件中鉴定的至关重要作用的认可。但是，该“解释”对鉴定机构、鉴定人的资质并未予以明确。国务院于 2018 年 7 月 31 日发布并自同年 10 月 1 日起施行的《医疗纠纷预防和处理条例》(国务院令第 701 号)明确规定，医疗纠纷案件需要进行医疗损害鉴定以明确责任的，可以委托医学会或者司法鉴定机构鉴定，显然这一规定维持了医学会组织的医疗损害鉴定与在司法行政主管部门登记的司法鉴定机构实施的医疗过错鉴定的“两元化”模式，这也是目前我国医疗纠纷案件鉴定的现状。

笔者作为两种鉴定模式的参与者发现，上述两种鉴定模式从程序到鉴定人的选择及鉴定依据和理论方法均存在相当的差异，这可能导致不同鉴定模式对同一案件的鉴定意见的不一致。通过自身鉴定实践或者阅读案件材料、审核《鉴定意见书》，笔者认为两种鉴定模式形成的《鉴定意见书》中均存在一些共性问题，有相当部分往往与缺乏系统、统一的鉴定理论与方法，以及鉴定人思维和认识的局限性密切关联。这些问题将严重影响司法鉴定人对鉴定意见的准确理解与把握，更有可能导致司法裁判不公，甚或引发缠诉、缠访，应当得到业内同仁的高度重视。

(一) 缺乏确定的损害后果

1. 案例摘要

患者，男性，28 岁。因“包皮过长”求治于某男性专科医院，医疗单位于术前问诊时获悉其尚自感有早泄，即予行包皮环切术+阴茎背神经切断术。术后近 2 年，某男诉龟头“发凉”并有麻木感，自觉勃起硬度下降，遂提起诉讼，行医疗事故技术鉴定。鉴定中未行任何特殊检查，专家组讨论认为，医疗单位有关早泄的诊断依据欠充分，手术适应证掌握过宽，存在过错，但不构成医疗事故。

2. 评析

依据医疗损害侵权理论，构成侵权责任的三大要素是过错行为、损害结果及过错行为与损害后果之间的因果关系。实践中，损害后果的发生往往是患者提起诉讼的关键原因与始动因素。鉴定时，损害后果通常也是比较容易确认的，如患者死亡或者身体器官切除、截肢，以及遗留器官或者肢体功能障碍等情形，但有时损害后果主要表现为患者的主诉，若鉴定中并未得到有效的确认，易导致对鉴定结果的争议。

针对本例，临床上对早泄有明确的诊断标准，阴茎背神经切断术虽然被相当部分专家认为是治疗早泄的有效手段，但应严格掌握手术适应证，一般需要经控制射精训练无效后方能实施。该手术的目的在于降低阴茎的感觉，但有引起勃起功能障碍的可能，所以手术主要适用于阴茎(龟头)极度敏感的患者。本案鉴定中，已经认定某男性专科医院在早泄的诊断及

阴茎背神经切断手术适应证的把握方面存在过错，但同时未针对某男主诉的勃起硬度下降进行针对性检查，未确定该后果是否确实存在，事实上忽略了错误实施的手术导致该后果的可能性，鉴定意见难免引发患者的争议。笔者认为，有必要对该患者的阴茎勃起功能状况进行全面检测，发现确实存在障碍的，还应查明其病因究竟是神经源性的，还是其他原因引起的，方可明确其与手术的关联程度，如此才能使鉴定意见更具说服力。

（二）损害后果确认不当

1. 案例摘要

患者，女性，37岁。自停经12周起在某产科医院就诊，病史显示其为G1P0。产前多次检查结果均未见任何异常，于足月后在该医院行剖宫产分娩一男性新生儿，经初步观察考虑为唐氏综合征，后经基因诊断确诊。追查产前检查过程中，医疗单位未行唐氏综合征筛查及其他相关产前检查与诊断。鉴定人认为：本案患者具有妊娠的高危因素，医疗单位在产前检查中未行必要的产前检查与产前诊断，存在过错，该过错与缺陷新生儿的错误出生之间存在直接因果关系。

2. 评析

本案的过错在于医疗单位未能对存在高危因素的孕妇进行必要的有针对性的产前筛查、产前检查与产前诊断，失去了在产前了解胎儿是否存在先天缺陷可能性的机会，当然也使某女失去了选择是否终止妊娠的机会。但即使医疗机构按照规定行产前筛查，其结果一般也仅能给予胎儿存在缺陷的概率，并不能进行确诊，虽然产前基因诊断有助于明确判定，但目前多数地区尚未广泛开展，且检查技术对胎儿也存在一定风险。新生儿缺陷从本质上来说终究属自身疾病，与医疗单位的医疗行为之间不存在任何关联性，且该患者在获悉胎儿存在缺陷概率的结果后，是否选择终止妊娠也无从知晓，故简单地将缺陷新生儿的错误出生视为本案的医疗损害后果是不妥的。若鉴定人能够科学、客观地阐述对上述事实，相信法庭应能理解并依据生活经验和社会常识做出判断。

部分同仁可能会以机会丧失理论来驳斥上述分析。笔者认为，机会丧失理论是在医学文献资料及流行病学统计结果的基础之上，对丧失机会的概率进行分析，而流行病学统计所显示的不同疾病分期、分级对应的不同生存期与本案的产前筛查后终止妊娠的概率并非同类问题，前者属于科学问题，后者则属于无法预知的选择问题。类似本案的错误出生从本质上来说是一种特殊的机会丧失，因其缺乏大量流行病学调查资料的支持，也就不适用于鉴定中的机会丧失理论。

（三）病历资料的确认与采用不当

1. 案例摘要

患者，女性，32岁。因"腰痛伴左下肢放射痛3个月，加重半个月"入院，而护理记录显示其为腰痛伴左下肢放射痛3个月，加重2 d，两者对症状加重时间的描述不一致。鉴定人分析认为，根据入院前4 d门诊病历中"患者仍感腰痛伴左下肢放射，站立时明显，行走可"的记载，参考医患双方在意见陈述会（时常被称为"医疗损害鉴定听证会"）中医疗单位所述"患者术前病情加重快而急，入院时行走困难，轮椅推入病房"的情节，认定护理记录中病情

“加重 2 d”的描述较切合实际。

2. 评析

医疗损害责任纠纷案件的鉴定，通常是以病历资料作为鉴定的关键依据，但病历资料主要由医疗单位形成并保管，患者出于不知情或不理解，经常可能引发对病历真实性、客观性的异议，而医疗单位病历资料中确实也时常存在不同形式、不同日期形成的资料所反映的内容不相一致，或者主、客观病历记录内容相互矛盾的情形。且医疗损害责任纠纷案件所涉及的事实内容往往较多，事件经历时间可能较长，医疗措施反复且不断有变化，病历记录又有不同医务人员分别独立形成，故对某一事实的记录出现差异的情形并非少见。此时，鉴定人应根据《司法鉴定程序通则》的规定，严格审查，把握鉴定资料的适用性和有效性。若一旦发现双方对关键事实存在争议，鉴定人应立即与委托人进行必要的沟通，告知争议内容及其对于鉴定的影响程度。当然，鉴定人也应将材料审核中的发现及分析意见告知委托人，协助其做出判断。本案鉴定人的上述分析自然有其依据，技术上似乎并无明显不当，但显然已有“越位”之嫌，鉴定人不是裁判者，不能代替法官做出判断。

实践中，鉴定人对争议病历资料做出认定时可以把握以下原则：① 一方陈述所涉事实通过其他材料足以印证时，鉴定人在说明理由后可以采信并作为鉴定的依据，但宜采用适当的方式说明。② 双方陈述所涉事实均无法通过其他材料佐证时，鉴定人宜采用对患者一方有利的陈述，其依据是“证据距离说”，系因病历资料形成、保管的权利和责任均在医疗单位，故材料内容不一导致鉴定必要依据不能确定的利益理应归患方。③ 类似本案医、护病历的描述内容均不够清晰、明确，证据内容可能使鉴定结果处于一定的“模糊地带”，鉴定人把握时宜特别慎重，最好在告知法官并在其授权下决定资料的取舍，可能更有利于减少争议。

（四）适用鉴定依据不当

1. 案例摘要

患者，女性，10 岁。近 2 d 来有发热伴左侧颌下淋巴结肿痛等病史，在全县统一安排的风疹病毒疫苗注射中，县卫生防疫站接种人员知情后以手触摸某女额部，表示“问题不大，应该可以接种”。注射后 3 d，某女出现抽搐症状，入院后诊断为病毒性脑炎。经两级预防接种异常反应鉴定小组鉴定均认为：患者病毒性脑炎属于接种风疹疫苗过程中出现的偶合其他疾病；患病毒性脑炎与接种风疹疫苗无因果关系，不是接种风疹疫苗的异常反应。某女的家属对鉴定结果不认可，再诉至当地人民法院后坚决要求再次鉴定，经准许后，某司法鉴定机构鉴定认为，接种风疹疫苗之前出现的应属病毒性脑炎的前驱症状，从接种疫苗到发病时间小于风疹发病的最短潜伏期，故无法认定为疫苗接种直接导致发病；而预防接种者已经事先知道某女正在感冒、发热，故不属于未被发觉的偶合其他疾病；但县卫生防疫站在某女已有发热等症状的情况下，仍对其实施风疹疫苗接种，接种对象选择不当，存在过错，不排除该过错可对某女的病毒性脑炎病症产生一定的不利影响。

2. 评析

卫生法律、行政法规、部门规章、诊疗规范是判定医疗过错的“具体标准”，也是“红线”规定，但在医疗实践中，可能存在理解与执行上的差异。根据本案事发当时适用的《预防接种后异常反应和事故的处理试行办法》，“偶合其他疾病”是指：某一急性传染病的潜伏期或前驱期，或患有某种慢性病症状不明显者进行预防接种时未被发觉，成为与预防接种偶合发生的某种疾病。该办法附件二“预防接种后异常反应的诊断及处理”中亦规定“在预防接种工作中应该正确选择接种对象”。针对本案，某女在接种前有不适主诉，接种人员曾有简单查体（触摸额部），提示其事先已经了解某女当时可能患有疾病，故不应属于“未被发觉”的“偶合其他疾病”，两级预防接种异常反应鉴定小组对“偶合其他疾病”的概念理解有误，并据此做出错误的鉴定意见，属于适用鉴定依据不当。实践中，如何有效地甄别和判定是否属于过错行为，需要鉴定人精准把握。笔者认为，鉴定中应该结合当时的实际情况，以及相关行业多数权威专家的意见，具体情况具体分析，既要避免“一刀切”的僵化理解，又要防止“各唱各的调”，使得同类案件的鉴定结果五花八门，让人无所适从。因此，有必要建立行业内的“示范案例库”，作为“具体标准”的延伸，更好地指导全国的鉴定工作。

（五）混淆损伤参与程度与责任程度的概念

1. 案例摘要

患者，男性，51岁。因病至医院施行微创手术，术后出现了意外情况，其坚持认为术后的意外情况是由手术医师经验不足、操作不当所导致，且经治医生与医院均没有取得实施微创手术的资格，存在非法行医的嫌疑。鉴定人经鉴定认为：医疗单位对患者的手术适应证把握恰当，术后出现不良后果主要是由病变严重、病情复杂所致。当然，医疗单位在手术操作中也存在一定的过错，使本来可能避免的不良后果最终未能得以避免，故医疗单位应当承担次要责任。但鉴定人考虑到患方所述医疗单位手术资质的问题，经上网查询，本案经治医师与医院在本案发生时确实均未列入当地卫生行政部门公布的微创手术相关名录，故综合考虑医疗单位应承担主要责任。

2. 评析

表面上看，上述鉴定似乎考虑得非常周到，但实际上却存在着明显的欠妥之处。根据《司法鉴定程序通则》，司法鉴定是指“在诉讼活动中鉴定人运用科学技术或者专门知识对诉讼涉及的专门性问题进行鉴别和判断并提供鉴定意见的活动。”本案需要解决的“专门性问题”显然是指本例微创手术是否符合手术适应证以及是否其病情是否存在手术禁忌证、医疗单位选择的手术方式是否当时该患者的最佳选择、有无替代治疗方案、是否满足知情告知和知情选择的要求、术中操作有无过错、术后处置是否及时、规范等，而经治医院与手术医师是否具有相应资质的问题并非需要鉴定人解决的“专门性问题”，法庭通过咨询卫生行政部门即很容易得到明确回复。所谓鉴定人就是“科学法官”，非常容易引起误导，其实鉴定人远不是“科学法官”，只是法官的“助手”，他们所起的作用仅是协助法官理解专门性问题；同样的，医疗损害责任纠纷案件中的鉴定人所说的过错原因力大小也远不是医院应当承担的过错责任程度，前者是司法鉴定人应当帮助法官解决的“专门性问题”，后者是法官需要解决的法律问题，鉴定人绝对不应该“越位”。

（六）机械采用流行病学数据作为鉴定的理论依据

1. 案例摘要

患者，女性，37岁。因自诉“大便不成形伴有脓便”近3个月内多次就诊于某医院门

(急)诊,经治医师均考虑其为肠功能紊乱或慢性腹泻予以一般调整肠道菌群、抗感染等对症治疗,未行超声、CT、纤维结肠镜乃至大便常规等辅助检查。该患者病情始终未见缓解,反而呈明显消瘦、无力且大便不适症状加重,出现脓血便,再次于该院门诊就诊时,经行大便常规检验示隐血试验阳性,纤维结肠镜示横结肠近肝曲处癌,遂即收入院行右半结肠切除术,术中证实肿瘤侵犯近 7 cm 肠段,累及结肠全周并浸润结肠壁全层,伴周围淋巴结广泛转移、肝转移,术后经化疗无效,于半年后死亡。鉴定认为:该患者本身癌症病情已属晚期,即使医疗单位能够提前检查确诊,根据肿瘤倍增时间及生长规律,也不能改变其肿瘤分期,故其死亡系本身病情严重所致,根据相关临床流行病学调查数据,无法判定提前诊断能够提高该患者的治愈机会或延长其生存期,故该患者死亡与医疗行为之间不存在因果关系。

2. 评析

流行病学调查数据是判定医疗过错程度的重要学理依据,但在实践中也不能将其“神化”。目前已有相当多的文献报道了各类癌症不同分期下的生存率或治愈机会,但这些毕竟是统计学分析结果,于具体个案并不一定完全适用。流行病学资料的应用,在癌症患者的生存机会分析方面,往往受到高度重视。鉴定人通常愿意据此估计个体患者的生存机会,在无法科学“推算”该患者生存概率的前提下,固然有其合理性,但也不能过于迷信,否则就会陷入“机械唯物主义”的陷阱。

肿瘤倍增时间其实就是根据流行病学统计资料进行估算的结果,已有学者对其在医疗损害鉴定中的重要作用做出了精辟的阐述,但其毕竟只能是一种大致估计,患病年龄不同、肿瘤性质不同、治疗方法不同、个体体质不同,可能就会有迥然不同的结果。就本案而言,该患者在门(急)诊就诊阶段,医疗单位未能及时实施必要的辅助检查,医师过于自信,存在明显的过错。而通常来讲,恶性肿瘤越到晚期,其生长越是迅速,治疗后果也越是更差。因此,虽然根据现有流行病学统计数据判定医疗单位延误诊断导致该患者肿瘤疾病分期发生变化的依据并不充分,但显然也不能排除由于医疗单位明显的医疗过错对该患者的病情造成一定的不利影响,故应当认为不能排除医疗单位过错行为与该患者死亡后果之间存在一定的因果关系(如医疗单位的过错促进了死亡的提前发生)。

从医疗损害侵权理论而言,过错无非“疏忽大意”或者“过度自信”,但同样均属过错,其“疏忽大意”或“过度自信”的情形必然会有轻重之分,有些属于接近可以“原谅”的程度,有些则几乎不能获得任何“谅解”。本例根据病历资料反映的本案该患者早期的临床表现及其反复就诊过程,医疗单位“疏忽大意”或者“过度自信”地连续误诊误治显属“严重”过错,因此笔者认为原有的鉴定意见显失公平。当然,笔者也不认同由此即判定存在过大的医疗过错原因力,因为通常而言,提前确诊对该患者的病情带来逆转的可能性也几乎是不存在的。因此,鉴定人在论证医疗鉴定因果关系时,应当从医学角度全面分析其中的利与弊,帮助法官正确理解医学的不确定性。

(七)机械理解“当时的”诊疗规范

1. 案例摘要

患者,女性,56 岁。因颈内动脉血栓形成,至医方就诊并予以微创介入治疗,术后当晚发生脑出血,后遗对侧肢体偏瘫。鉴定时,患方强调根据案发当时的诊疗规范,“微创介入治疗颈内动脉血栓形成的指南”指出，当颈内动脉腔狭窄大于95%时一般不宜实施该手术，本案患者右侧颈内动脉血栓形成致相应血管腔狭窄达98%~99%，故不存在手术适应证，选择实施该手术是完全错误的，医疗单位应当为错误实施手术所造成的手术并发症承担全部责任。医疗单位强调经多年经验积累和不断进步，微创手术适应证已逐渐放宽，临床上一般认为即使狭窄达99%以上，也并非手术的绝对禁忌证，此前发布的“微创介入治疗颈内动脉血栓形成的指南”规定的原则已不符合临床实际情况，只是未及时修订而已。鉴定人经分析认为：医疗单位违反当时的临床诊疗规范，选择微创手术治疗存在明显过错，因该过错导致术后发生严重的脑组织缺血再灌注损伤，直接引发脑出血，且在脑出血发生以后，诊断救治措施不够及时、有力，以致遗留肢体偏瘫的后遗症，故医疗单位应承担主要过错。

2. 评析

现代临床医学进步迅猛，新的诊疗措施层出不穷。在新方法诞生的早期，其适应证往往把握较为严格，但随着应用的增多、医师们经验的积累，其适应证也会不断拓宽。临床诊疗规范实质上是临床同行专家就一些专业问题达成的一致意见，相当于通常所说的技术标准，而技术标准其实就是不同认识最终“妥协一致”而形成的产物，虽然有其必要性与合理性，但同样也可能呈现出其相对的“滞后性”。此种现象，越是在对某种疾病的认识或者诊疗方法出现的初期，越是明显。当然，随着时间的推移，对某一疾病与诊疗方式的不断积累，人们的认识将逐步趋于深入，因此不断修订的诊疗规范也必然会不断趋于完善。

针对本例，颈内动脉血栓形成的微创介入治疗在本案发生当时仍属于较先进的术式，因此该术式的共识显然可能存在前文所述的问题。本案中，医疗单位的陈述符合当时临床认识的实际情况，虽然公认的行业专家共识可能认为本案患者已经不适宜行此类手术，但毕竟该共识系于多年前达成，与最新的临床认识业已不完全适应。如果医师总是禁锢于既有的共识，可能也就无法实现医学的进步。因此，鉴定人应当不断追踪临床医学的进展，真正寻找到每个案件发生当时该临床专业多数医师对专业问题的认识情况，并据此作为判定是否存在过错的基本依据。当然，仔细审查该案件，医疗单位在术后对患者病情的观察和处置方面也确实存在不少过错，该过错一定程度上减少了患者功能康复的机会，因此认为医疗单位的过错与损害后果之间存在一定的因果关系并无不当，综合判定过错原因力应为次要原因。

（八）混淆过错与因果关系

1. 案例摘要

患者，女性，54岁。因“外伤后右膝关节肿痛”急诊入住某医院，查体见：右膝部略有肿胀，局部压痛(+)，活动明显受限；经MRI检查示：右股骨前下端少量骨挫伤信号，右膝关节腔及髌上囊积液，右膝关节外侧半个月板撕裂；5 d后行关节镜探查术，术中见髌下脂肪囊肥厚增生，滑膜增生退变出血，髌股关节与内、外侧胫股关节软骨退变，前、后交叉韧带可见陈旧性出血点，内侧半个月板前角部分撕裂，外侧半个月板呈盘状改变且松动，余未见明显异常，遂行滑膜清理术+半个月板成形术。术后该患者仍感右膝关节活动不利并多次就诊，1年后于外院就诊，考虑为右膝关节紊乱。该患者认为医疗单位术前告知不充分，术中剔除过多关节软骨，直接导致术后遗留关节功能障碍。医疗事故技术鉴定认为：根据该患者临床表现，行关节镜探查并无明显不当，但医疗单位术前检查不够仔细，重要体征记录不全面，且术中改变术式却未行告知,存在过错;该患者术后膝关节症状加重主要与其自身退变有关;因该患者未到场接受现场查体,故难以准确评估其膝关节功能情况。综合分析本例属医疗事故,医疗单位承担次要责任。

2. 评析

《最高人民法院关于审理医疗损害责任纠纷案件适用法律若干问题的解释》虽然明确了“医疗机构是否尽到了说明义务、取得患者或者患者近亲属书面同意的义务”作为医疗损害鉴定的7项内容之一,但在排篇布局时却将其独立于“医疗过错”之外。我们可以看到,该7项鉴定内容中第一、第二项分别是“实施诊疗行为有无过错”;“诊疗行为与损害后果之间是否存在因果关系以及原因力大小”,上述关于说明义务则属于第三条。可见医疗单位在告知方面的过错显然不同于一般的医疗过错,告知不足的过错固然可能造成患者在选择与同意诊疗方式时出现误解而影响预后,但其与预后不佳之间的因果关系却难以从医学科学与医疗技术角度做出判定,因此实际上也不再是需要鉴定的科学问题。但是,鉴定机构很多情况下都愿意越俎代庖地做出因果关系的鉴定意见,此种情形的出现,归根结底还是未能掌握科学的分析方法,未能把握鉴定分析中逻辑的有效性。当然,这也与鉴定规则的设置存在很大关系,毕竟在现行的医疗事故鉴定框架下,一旦认定过错且存在损害后果,似乎就必须将两者之间联系起来且做出关联程度的判断。

就本案而言,医疗单位考虑该患者为膝关节附属结构外伤而考虑选择关节镜探查术本身并无不可,且家属已经签字同意,履行了术前告知义务。但当术中发现与术前MRI所见存在较大差异,其膝关节病情显然以先天改变伴退行性变为主,此时若拟改变术式显然应将关节镜下所见告知家属并取得其知情同意,不可贸然处置。依据《民法典》第一千二百一十八条的内容,足以认定医疗单位存在过错,法庭也可以据此判定医疗单位承担赔偿责任。但是,医疗事故技术鉴定毕竟不是司法裁判,而是就医学专门性问题提出专家意见,本案的专门性问题应当是:① 医疗单位术前检查是否充分、全面,是否可能得出更为清晰、准确的诊断意见;② 医疗单位实施的手术是否具有适应证;③ 医疗单位术中是否存在操作不当(如该患者指出的剔除过多关节软骨);④ 该患者术后遗留膝关节功能障碍是否与医疗单位的过错行为存在因果关系。毕竟医疗单位关节镜下探查明确后即使做出充分的说明,该患者(或其家属)是否选择同意手术是鉴定人事后无法做出判断的,在此情况下,本案鉴定所认定的医疗过错“承担次要责任”的判断显然应属臆断。

三、期望

通过研究上述案例,我们发现当前医疗损害鉴定意见缺乏稳定性和可预测性,使医疗损害诉讼案件的最终裁判结果存在相当的不确定性。在实际鉴定中,即使是再专业的鉴定人在分析时也经常无法提出医学上确定的证据,而鉴定人经常容易犯的错误就是其在出具鉴定意见时经常会采取与临床诊疗或者医学研究中经常采取的态度,一味追求从医学角度做出明确判断,当判断存在困难时又茫然无措,甚或做出主观臆断,脱离了本来应当遵循的科学原则,当然也不排除少数鉴定人存在敷衍了事的现象。事实上,鉴定人的责任其实只是补充法官知识的不足,协助法官完成对已有证据的调查和判断而已。因此,鉴定人更应当以客观事实为依据,以医学标准为准绳,规范、科学地出具鉴定意见。

“两元化”的医疗损害鉴定模式存在已有数十载,其中的利弊也逐渐显现。有学者建议,可以将司法鉴定专家与临床医学专家有机地组合起来,充分利用临床医学专家对疾病诊疗的专业特长和司法鉴定专家对鉴定思维的把握能力,使鉴定意见到对同一专门性问题在认识上与在法律规定的把握上及其在最后的语言表述方面均高度一致,从而才能彰显鉴定意见本身应当实现的公平和正义。当然,医疗损害司法鉴定的“两元化”朝着“一元化”的方向努力,并非就是其中的“一元”消灭“另一元”,而应当是两者的取长补短和逐渐融合。笔者相信,通过不断的实践和总结研究,在全体同仁的共同努力下,有望建立一个更为完整、科学的医疗损害鉴定理论体系与统一、规范的医疗损害鉴定操作规范。

(刘冬梅,夏文涛)

第五章

医疗纠纷尸检概述

医疗纠纷发生后，合理合法表达诉求、解决纠纷是建设法治社会的必然要求。要从源头上减少“医闹”行为的发生，保护医患双方的合法权益，医方在医疗措施实施前、医疗进行过程中、在医疗纠纷发生后，要有风险告知意识，履行告知义务，告知患方一旦发生纠纷后的法律救济途径。当患者在救治过程中死亡，医患双方不能确定死因或者对死因有争议的，医方应当及时告知患方尸检的重要性和尸检的程序，争取尽快进入尸检程序。

医疗纠纷尸检的作用在于3个方面：① 查明死因，许多疾病通过现有临床观察和检查仍不能确诊，而尸检是查明死因最直接、最有效的手段，是确保医疗事故鉴定或医疗损害鉴定科学性、准确性及客观性的重要环节之一。特别是对于死亡发生在门诊或入院不久，全面体检尚未开始或刚刚开始，临床病历资料少、死后不能明确死因的医疗纠纷，尸检显得尤为重要。② 缓和医患矛盾，进入尸检程序后，患方由对亲人的突然离去不能接受、情绪激动，逐渐转变到慢慢接受事实，不再过分冲动；医方则可以恢复正常医疗秩序，反思对患者的救治过程，总结经验教训。③ 提高医疗水平，促进医学发展，根据尸检反馈的结果，寻找、搜集临床和病理学证据，总结、改进原有技术方法或采用新技术、新手段，逐步获得更敏感、更可靠的临床诊断方法，获取更有效、更安全的治疗方案。建立起在循证医学基础上的现代临床思维模式，提高整体医疗水平，促进医学发展。

一、医疗纠纷尸检的规定和尸检机构、人员条件

（一）医疗纠纷尸检的行政法规

《医疗纠纷预防和处理条例》第二十六条规定：“患者死亡，医患双方对死因有异议的，应当在患者死亡后48小时内进行尸检；具备尸体冻存条件的，可以延长至7日。尸检应当经死者近亲属同意并签字，拒绝签字的，视为死者近亲属不同意进行尸检。不同意或者拖延尸检，超过规定时间，影响对死因判定的，由不同意或者拖延的一方承担责任。尸检应当由按照国家有关规定取得相应资格的机构和专业技术人员进行。医患双方可以委派代表观察尸检过程。”

（二）医疗纠纷尸检的机构和人员条件

为保证医疗纠纷中尸检的科学性、准确性、时效性，国家卫生健康委员会发布了《关于做好〈医疗纠纷预防和处理条例〉贯彻实施工作的通知》（国卫办医函〔2018〕798号）附件中明确了医疗纠纷中尸检机构及专业技术人员条件：

1. 医疗纠纷可以委托下列机构进行尸检：

（1）卫生健康行政部门批准设置具有独立病理解剖能力病理科的医疗机构；

（2）设有具备独立病理解剖能力的病理学教研室或法医学教研室（系）的医学院校，或设有医学专业并具备独立病理解剖能力的病理学教研室或法医学教研室（系）的高等普通学校。

2. 承担医疗纠纷尸检任务的机构应当具备下列条件：

（1）至少具有2名符合条件的尸检工作专业技术人员，其中至少1名为主检人员；

（2）解剖室业务用房面积不少于15平方米；

（3）具有尸检台、切片机、脱水机、吸引器、显微镜、照相设备、计量设备、消毒隔离设备、病理组织取材工作台、储存和运送标本的必要设备、尸体保存设施以及符合环保要求的污水、污物处理设施；

（4）省、自治区、直辖市卫生健康行政部门、司法行政部门规定的其他条件。

3. 承担医疗纠纷尸检工作专业技术人员应当具备下列条件：

（1）具有良好的业务素质和执业品德；

（2）具有病理解剖专业中级以上技术职务任职资格；

（3）省、自治区、直辖市卫生健康行政部门、司法行政部门规定的其他条件。

主检人员还应当在取得病理解剖专业中级以上技术职务任职资格后，从事本专业技术工作5年以上。

4. 根据实际工作需要，设区的市级以上卫生健康行政部门可以指定符合条件的医疗机构承担尸检任务；也可以会同同级公安、司法机关指定公安机关、人民检察院、人民法院设置的具有独立病理解剖能力的法医机构承担尸检任务。

二、医疗纠纷的尸检程序

医疗纠纷的尸检程序包括委托、受理与风险告知，浏览病历资料、听取医患双方陈述，尸体解剖和组织病理学检验，检材的提取、保存和送检等步骤。

（一）委托、受理与风险告知

1. *委托* 为避免组织自溶和尸体腐败，在患者死亡后，医患双方若商定尸检，委托手续应尽快办理，医疗纠纷初次尸检的委托主体一般为医院所在地的区级卫生行政部门。当一方或双方对尸检结果不认可，申请重新鉴定时，若走医疗事故鉴定途径，委托主体一般是卫生行政部门，若走医疗损害鉴定途径，委托主体一般是医院所在地人民法院。

2. *受理* 尸检机构应根据委托人的委托要求、鉴定材料状况和本机构能力条件等进行评审，决定是否受理，并尽快通知委托人，决定受理的，应尽快向医患双方了解情况。

3. *风险告知* 尸检机构在决定受理后，应履行与法医学鉴定相关的司法程序，如签署委托书/协议书及风险告知，尤其器官的提取、标本的保存及处理、鉴定时限、重新或再次鉴定程序等应充分告知医患双方，并签字确认。在不影响尸体解剖的前提下，告知双方可以派代表见证尸检过程，以增加尸检透明度和双方对鉴定的信任度。当尸体已经腐败时，应告知尸检可能不能明确死因的风险。

尸检机构非鉴定机构的，应参考鉴定机构的委托、受理、告知程序，规避法律风险。

（二）浏览病历资料、听取医患双方陈述

尸检机构在受理委托后，尸检人员应详细浏览委托人提供的全部病历资料，包括客观病历和主观病历，如门诊病历、住院病历及病程记录、会诊记录、长期及临时医嘱、护理记录、检验报告、影像学资料等。

尸检人员在初步浏览病历资料后，要尽快向医患双方了解情况，以确定尸检的重点。向双方了解情况可以参考医疗事故鉴定或医疗损害鉴定的模式，召开解剖前听证会，分别听取医患双方陈述，并对关注点进行提问。

向患方着重了解：患者性别、年龄、职业、既往史、嗜好、发病经过、入院前表现、就诊经过、所用药物，患者家属在陪护过程中的所见，患者家属的诉求，患者家属掌握的病历资料等。

向医方着重了解：医方的诊断、治疗措施、医方的死因分析等。

医患双方若对抢救过程有争议，而现场有监控时，应通知委托人提供视频监控资料。

（三）尸体解剖和组织病理学检验

尸体解剖一般应解决的问题包括诊断主要疾病及并发症、发现潜在性疾病、检查脏器有无中毒的病理变化、查找侵入式医疗措施及器械的客观表现，初步分析死因。

尸检人员应在充分浏览病历资料、详细了解临床救治经过的基础上，制订相应的解剖方案，解剖检验时既要全面避免遗漏，又要有重点，必要时应邀请相关临床专家对尸检进行指导。解剖检验过程应全程摄像。重点部位应详细解剖，进行细目照相或摄像；必要时应做气胸试验、空气栓塞检查，肺动脉、下肢及盆腔大血管可能存在的栓塞或血栓形成等时应进行原位切开检查。

尸体解剖时提取脏器应全面，对脏器进行常规取材制片，进行病理组织学检验，对重点脏器应尽多地常规取材制片，避免遗漏。除此之外，必要时应选择组织化学、免疫组织化学染色甚至电子显微镜技术进行检验。

（四）检材的提取、保存和送检

临床检验剩余的血样、尿样、脑脊液，剩余药品、输血或输液的器具、注射器等生前物证应尽快通知医方提取封存，尽快送检；血、尿、胃内容物、玻璃体液、部分脏器等尸检检材应按规范提取及时送检。检材转送或接收时应核对种类、数量，描述检材的性状（如固定、自溶、色泽、气味等情况），检材的保存应符合相关检材保存规范，确保检材不发生腐败、变质、污染、丢失；提取的器官保存时限应以协议书形式明确告知死者家属，并完成签字手续。对于需要进行细菌学培养的检材，提取后应尽快送检，避免污染；对于需要血清进行生化或免疫等检验的，如怀疑药物过敏性休克、心肌梗死、预防接种等死亡或需进行艾滋病病毒等病毒检测的，应尽快提取血液检材，尽快对血液进行离心分离血清，将血清送检或保存，一旦发生血细胞自溶将难以取得血清。

医疗纠纷的尸检，应常规做所在地区常见毒物和毒品的筛查检验，对检材中检出治疗中不需要使用的药物或治疗中虽使用但检材中超量的，应提高警惕。部分患者在住院期间被他人投毒或过量注射药物杀害的情况时有发生，患者因中毒或吸食毒品入院后死亡而医方没有及时诊断，发生误诊、漏诊的情况也较为常见。

三、几类特殊医疗纠纷的尸检

（一）死亡疑似与麻醉相关

疑似麻醉中或使用过麻醉药物后死亡者，应常规提取脑脊液、血液、尿液检测麻醉药物及其代谢产物。连续硬脊膜外麻醉术后死亡者，应注意锯开脊椎检查硬脊膜有无穿孔或损伤，同时应从远离麻醉部位的小脑延髓池、腰椎间隙或侧脑室提取脑脊液比较麻醉药物的浓度。局部麻醉或封闭治疗中，疑似麻醉药物注入血管导致的死亡，应进行局部解剖，提取局部组织做药物化验，尽力查找血管注射破口，血管破口处常见出血、血肿或血凝块。

（二）死亡疑似与输血反应相关

输血反应按其产生机制分成两类：免疫反应和非免疫反应。免疫反应中可导致死亡的常见原因有 ABO 血型或 Rh 血型不符合引起急性溶血性反应导致的急性肾衰竭、非溶血性的过敏性休克、输血相关性急性肺损伤。非免疫反应中可导致死亡的常见原因有输血速度过快、超量引起的急性心力衰竭和肺水肿、微生物污染血液引起的感染性中毒性休克。

疑似与输血反应相关的尸检，要注意检查皮肤有无荨麻疹等皮疹、面部有无水肿、血液是否凝固。着重检查有无肺水肿的病理学改变，镜下检查有无血红蛋白性肾病，检查肾小管管腔有无血红蛋白管型，检查髓袢升支、远曲小管及集合管上皮细胞有无变性坏死。应常规提取死者血液、头发、指甲及肋软骨以鉴别血型。疑似过敏性休克死亡的，应参照药物过敏性休克的检验重点进行检验，提取血清做相关抗体检测。疑似感染性中毒性休克死亡的，应提取输血剩余的血样和尸检取得的血样进行细菌培养。

（三）疑似药物过敏性休克死亡

可引起过敏性休克的常见药物有青霉素类抗生素、头孢类抗生素、中药注射剂等。疑似药物过敏性休克，应着重检查喉头、声门、会厌是否有水肿，镜下检查喉头、胃肠黏膜、肺、脾等器官是否有嗜酸性粒细胞浸润，但要注意与支气管哮喘及寄生虫病鉴别。应常规提取剩余药物及其溶液、血液、血清、尿液、肝脏及局部皮肤、肌肉等检材做相关药物或其代谢产物的检测；还应及时提取血液分离血清检测血清 IgE、类胰蛋白酶水平及做肥大细胞脱颗粒试验。

过敏性休克常系急性发作，从用药到死亡常较为快速，导致过敏性休克的药物用量有时仅为微量，故相关检材中并不一定会检出该类药物及其代谢产物，所以，在判断死因为过敏性休克时，检材中是否检出该类药物并不是诊断过敏性休克的必要条件。

迟发性的过敏反应死亡，表现为重型药疹，如全身剥脱性皮炎、大疱性表皮松解型药疹等，故应注重皮炎、皮疹的发现、固定，应常规取皮肤检材做病理学检验。

（四）疑似双硫仑样反应死亡

患者在应用头孢菌素、甲硝唑、呋喃唑酮、甲苯磺丁脲、氯磺丙脲等药物期间或在用药前后数日饮酒或接触乙醇，均可发生双硫仑样反应，严重者可导致休克死亡，临床上常因病史采集不充分、不全面，易误诊为急性冠脉综合征、心力衰竭等。对于疑似双硫仑反应死亡者，除了参照过敏性休克死亡的检验重点进行检验外，还应化验血中乙醇浓度，患者血中乙醇浓度的高低或有无对于判断是否存在双硫仑样反应并不是必要条件，双硫仑样反应的发生并不依赖于生前摄入乙醇的多少，在应用相关药物期间，可能极为少量的乙醇即可诱发双硫仑反应，如外用酒精棉球皮肤消毒。此类死亡应注意与药物的过敏性休克相鉴别。

（五）疑似输液发热反应死亡

输液发热反应，患者在输液后短时间内，一般 15 min~1 h，出现发冷、寒战、发热反应，严重者可出现休克死亡，致病菌以释放内毒素的革兰阴性杆菌为主。应注意保存疑有致热源的液体，包括未输完的液体、同批号的液体及输液用具，对液体和输液用具做致热源检查；还应提取血样进行细菌培养。此类死亡应与药物过敏性休克相鉴别。

（六）疑似过度输液死亡

患者入院后，过快、超量输液及入量大于出量时，可在原有疾病的基础上导致急性肺水肿和急性心力衰竭而死亡。尸检时着重检查全身的水肿表现，特别是肢体的皮下水肿表现，有无胸腔积液和腹水，着重检查有无肺水肿的病理学表现，如双肺有无肿胀，重量有无增加，有无实变，表面有无散在出血点或出血斑，切面是否膨隆、有无淡红色泡沫状液体渗出，镜下检查肺间质毛细血管是否扩张、充血，检查肺泡腔和肺间质内有无大量含蛋白质浆液等。

（七）疑似医院感染（院内感染）和医源性感染死亡

医院感染指住院患者在医院内获得的感染，包括在住院期间发生的感染和在医院内获得出院后发生的感染，但不包括入院前已开始或者入院时已处于潜伏期的感染。院内感染可发生于医院各科室，以老年人多见，多表现为坠积性肺炎，是院内感染患者死亡的最常见原因；医源性感染亦属于医院感染的一部分，但属于特殊类型，是指医学服务中因病原体传播引起的感染，常发生于侵入性的诊断、治疗或预防等措施后（如外科手术、介入手术、插管、注射、留置各种导管、机械通气、输血、血液净化、烧伤治疗等），在侵入性措施前没有感染指标的出现，但在措施开始后 24 h 内出现发热、寒战、白细胞计数增高等表现并迅速出现感染性中毒性休克而死亡的，应考虑到医源性感染，这类感染可是因医疗器械消毒灭菌措施不力带来的病原体，也可是因机体正常定值菌群异位至其他部位引起的感染。疑似医院感染和医源性感染导致的死亡，尸检重点在于尽快尸检，大体和镜下检查侵入操作部位的炎症表现，要及时取血液、相应侵入处组织、引流液及侵入器械进行革兰染色和细菌培养，提取检材时应注意防止污染，培养结果应注意与死后腐败菌落相区别。

【案例 1】

2019 年 4 月 1 日起，某大学附属医院新生儿科陆续出现多例患儿不明原因发热，至 4 月 14 日停止接收患儿。在此期间，医院共收治患儿 120 例，其中 27 例出现不同程度发热症状。9 日起，医院开始分批向外院转送患儿，先后安排 37 例患儿转至其他医院治疗，但未如实告知接收医院转诊原因。4 月 3~20 日，有 5 例新生儿相继死亡。后经查明，该事件是一起由肠道病毒（埃可病毒 11 型）引起的医院感染暴发事件。

【案例 2】

2019 年 4 月 12 日，某医院血液净化中心 1 名血液透析治疗患者因出现消化道临床症状，分别于 4 月 15、19 日送检丙肝抗体和丙肝病毒核酸检测，检测结果均为阳性。该院遂对血液透析患者进行乙肝、丙肝病原学检查，至 5 月 12 日，接受病原学检查的 38 例患者中有 11 例丙肝抗体检测结果阳性。5 月 13 日，某医院向所在地卫生健康委员会报告该院疑似发生院内感染。经筛查，在该院接受血液透析治疗的全部 161 例患者中，共确诊新增诊断丙型肝炎病毒感染患者 69 例。经调查认定，该事件是一起因感染预防与控制工作制度落实不到位等引起的严重院内感染事件。

（八）死亡疑似与预防接种相关

接受委托后，应与卫生行政部门、疾控中心或医学会沟通，邀请临床、流行病、医学检验、药学相关专业的专家参与解剖前的会诊，商量具有针对性的解剖方案，按疫苗特性提取、保存有价值的组织、分泌物标本送检。

（九）死者疑似为传染病患者或传染病病原体携带者

该类尸体，应当参照《传染病患者或疑似传染病患者尸体解剖查验规定》实施消毒、隔离和防护措施，严格遵守技术操作规程，采取有效措施防止交叉感染、环境污染造成疫病播散。对尸体、运输工具、停放场所及储藏冰柜、解剖器材、解剖现场及周围环境进行严格消毒处理。解剖产生的医疗废弃物，应按照《医疗废物管理条例》等有关规定进行处理。检材的采集、保存、携带和运输应参照《病原微生物实验室生物安全管理条例》规定执行；需要做病原学检测的，应提前与当地疾控中心联系沟通，提取相关检材送检。

四、医疗纠纷的死因分析

（一）医疗纠纷死因分析的一般方法

死因分析即死亡的因果关系分析。死亡为后果，可导致死亡的疾病、暴力、中毒、不当诊疗手段等为死亡的原因，简称死因。死亡可为一因一果或多因一果，在入院患者中，多数患者存在多种基础性疾病，如同时存在糖尿病、高血压、冠心病等，当某些内在因素或外来因素导致机体衰弱到一定程度时，自身基础性疾病、医疗因素等就可能成为死亡后果的参与因素。因此，在院内死亡的患者，多因一果最常见。

死因分析是由果索因，是先建立死因假设（假说）后验证的过程。一个假设被否定了（验假），就再建立一个假设再验证，直至一个死因假设被肯定（验真），这是一个动态的思维反馈过程，符合形式逻辑推理的一般规律。一般来说，鉴定人员在初步浏览病历资料或听取医患双方陈述后就可对患者的死因形成一个或数个假设，那么接下来的工作就是去验证这些假设是否成立。

在死因分析时，一般是在先查找到直接死因后，接着追根溯源查找根本死因，然后再分析可能存在的辅助死因和诱因。根本死因、直接死因、辅助死因和诱因可能是单一的，也可能为多个并存。例如，某男性患者，自身存在高血压、糖尿病、冠心病，因与他人争吵，冠心病引起冠状动脉内急性血栓形成，导致急性冠脉综合征，入院后医方在进行抗血小板、抗凝治疗中用药过量，药物不良反应导致患者急性脑出血，最终抢救无效死亡，且在住院期间血糖一直控制不佳。在该案例中，冠心病导致急性冠脉综合征可分别为根本死因和直接死因，药物不良反应导致急性脑出血也可为根本死因和直接死因，争吵为诱因，糖尿病可为辅助死因。

明确了导致死亡的各种参与因素后，需进一步判断各因素的先后关系、内在联系、主次关系。例如，上述案例中的两个直接死因，急性冠脉综合征和脑出血发生的先后关系，有无内在联系，谁主谁次？这些判断直接决定了医方责任比例的大小。

因此，要正确分析死因，必须全面搜集资料，要结合医患双方陈述情况、临床病历资料、尸检情况、毒物毒品化验情况、药品检验情况、细菌培养情况、抗原抗体检测情况等进行综合分析。

（二）临床病历资料的辨证应用

不容置疑，临床病历资料对于死因分析具有重要的作用，但对于临床病历资料也不能不加以审查就直接使用，要采取一分为二的观点，辨证应用。

部分临床病历资料完备的案例，仅根据临床病历资料即可推测出正确的死因，尸检和化验则可进一步佐证该死因。当然，部分案例临床病历资料不完善或缺乏，根据系统的尸检和化验等辅助手段也可明确死因，如肺栓塞、主动脉夹层破裂等。有少数案例，即使经过详细的解剖、组织病理学检查及化验结果，也不能找到确切的死因，如冠状动脉痉挛、喉痉挛、迷走神经抑制、先天性长 QT 间期综合征（long QT syndrome，LQTS）和 Brugada 综合征诱发的致死性心律失常及过渡输液等。此时结合医患双方陈述情况提示的事发经过和临床病历资料来综合分析死因就尤为重要，即使不能明确死因，只得出死因的倾向性意见对于医疗纠纷的后续处理也是有益的。

部分案例因医方存在误诊、漏诊、误治甚至篡改、伪造病历等行为，仅根据临床病历资料分析，有时不仅不能明确死因，反而会得出错误的意见。一般来说，在临床病历资料中，实验室检查、影像学检查等辅助检查及护理记录相较于病程记录更能客观地反映患者在住院期间的病情变化，当病程记录与护理记录等存在矛盾时，或当根据医方临床诊断和死亡病例讨论记录等资料推测的死因与尸检结果存在矛盾时，对于临床病历资料要注意加以甄别，审慎使用。

（孙栋）

主要参考文献

陈聪富.2006.因果关系与损害赔偿.北京：北京大学出版社：166，177.

陈夏，寿慧晶.2019.86 例严重多发伤伴腹部创伤病人应用损伤控制性外科原则的体会.浙江创伤外科，24（06）：1191－1192.

陈孝平，汪建平.2013.外科学.第 8 版.北京：人民卫生出版社：61－69，237－289，626－717.

陈学谦，王德成，贺志亮，等.2019.桡骨远端粉碎性骨折应用外固定支架联合有限内固定手术治疗后关节功能以及并发症分析.解放军预防医学杂志，37（10）：60－61.

陈元凯，刘鸿圣，艾斌，等.2015.新生儿臂丛神经损伤的 MRI 序列选择.广州医药，46（5）：72－74.

丁俊涛，张连阳，汪学伦，等.2012.肠道暂时性造口与还纳方式及适应证选择 90 例分析.中华普外科手术学杂志（电子版），6（03）：291－295.

杜昕，郭伟，刘小平，等.2008.升主动脉及主动脉弓部病变的腔内技术应用.中华现代外科学杂志，5（5）：350－353.

樊尚荣，林小妹.2014.死胎病因及管理.中国实用妇科及产科杂志，30（6）：413－414.

范丽华，刘瑞珏.2004.分娩性臂丛神经损伤原因及因果关系分析.中国司法鉴定，（2）：13－15，59.

葛均波，徐永健，王辰.2018.内科学.第 9 版.北京：人民卫生出版社：218－246，270－271.

桂永浩，薛辛东.2015.儿科学.第 3 版.北京：人民卫生出版社：108.

韩秉艳，王皓，邓佳敏.2016.小儿脑性瘫痪的危险因素与 MRI 检查结果分析.中国临床医学影像杂志，27（2）：87－89.

何俊，钱晨，陈国庆.2015.急性肠梗阻患者不同手术时机的效果及并发症的研究.实用临床医药杂志，（05）：65－67，71.

何燕梨.2015.腹腔镜下子宫全切除/次全切除手术并发症的原因分析及防治.现代中西医杂志，24（11）：1213－1215.

介入治疗指南.2016.中华心血管杂志，44（5）：382－400.

冷金花，郎景和，李志刚，等.2002.腹腔镜手术并发症及其相关因素的分析.现代妇产科进展，11（6）：430－433.

李飞，高西玉.2020.急腹症中腹腔镜技术应用的临床优势分析.医学理论与实践，33（04）：577－579.

李鹏，王拥军，王文海.2018.中国 ERCP 指南（2018 版）.中国医刊，53（11）：1185－1215，1180.

李世民，党耕町.1998.临床骨科学.天津：天津科学技术出版社：504－516.

梁振雄.2020.腹腔镜胆囊切除术治疗急性胆囊炎手术时机及手术技巧研究.临床医药文献电子杂志，7(4)：40－41.

刘冰莹，朱连成，丛建平，等.2017.腹膜播散性平滑肌瘤病7例临床病理分析.现代肿瘤医学，25(24)：4037－4041.

刘小琴，杨益国，朱加祥，等.2019.新生儿臂丛神经损伤医疗纠纷鉴定16例分析.中国法医学杂志，(3)：298－300.

刘鑫，马千惠.2018.医疗损害鉴定面临的挑战与对策.中国法医学杂志，33(1)：1－5.

刘彦.2006.实用妇科腹腔镜手术学.北京：科学技术文献出版社：6.

马双，施亚锦，李永宏.2014.急性重症病毒性心肌炎死亡引发医疗纠纷3例.法医学杂志，(3)：221－223.

彭书雅，夏文涛.2013.机会丧失医疗纠纷因果关系及参与程度鉴定分析.证据科学，21(3)：354－359.

戚丽，董崇波，杜珊珊，等.2015.经阴道子宫切除668例手术并发症分析.解放军医药杂志，27(2)：56－59.

任付晃.2014.预防甲状腺手术并发症的临床研究.大家健康(学术版)，(20)：124.

孙瑞迪.2014.肌电图结合临床诊断新生儿臂丛神经损害严重程度的临床观察.中国康复，29(1)：45－46.

唐烽明，王景贵，苏学涛，等.2008.激素药源性股骨头坏死及骨质疏松50例分析.职业与健康，(11)：1107－1108.

唐庭轩，邓海.2018.严重多发伤患者长骨骨折内固定手术时机选择.生物骨科材料与临床研究，15(06)：66－69.

田伟.2008.积水潭实用骨科学.北京：人民卫生出版社：349－505.

王贺，林萍，吴琦，等.2015.腹膜播散性平滑肌瘤病诊疗进展.中国妇幼保健，30(22)：3923－3924.

王慧君.2017.医疗纠纷与司法鉴定.济宁医学院学报，40(3)：163－166.

王平，谢秋萍.2018.全腔镜甲状腺手术并发症及防治.中国实用外科杂志，38(6)：52－55，59.

王平凡.2006.主动脉夹层瘤的诊断与治疗.医学信息：手术学分册，19(5)：3－5.

王卫平，孙锟，常立文，等.2018.儿科学.第9版.北京：人民卫生出版社：97.

王亦璁.1980.骨与关节损伤.北京：人民卫生出版社：602－603.

王志龙.2019.腹腔镜技术治疗普外科急腹症的临床分析.世界最新医学信息文摘，19(90)：67，69.

吴恩惠.1991.放射诊断学.第2版.北京：人民卫生出版社：62.

夏文涛，朱广友，杨小萍.2015.医疗纠纷的鉴定与防范.北京：科学出版社.

夏文涛.2015.机会丧失医疗纠纷//司法部司法鉴定科学技术研究所/上海市法医学重点实验室.医疗纠纷的鉴定与防范.北京：科学出版社：280－282.

夏文涛.2018.当前医疗损害鉴定意见书常见问题剖析.中国司法鉴定，(4)：18－25.

夏芸.2009.日本医疗诉讼改革及对鉴定结论的评价.证据科学,17(3):261－287.

谢幸,孔北华,段涛,等.2018.妇产科学.第9版.北京:人民卫生出版社:183.

胥少汀,葛宝丰,徐印坎.2012.实用骨科学.第4版.北京:人民军医出版社:677－915.

许少榆,江少如,吴素芳,等.2016.腹腔镜下全子宫切除术并发症的影响因素及其防治策略分析.中国医药科学,6(18):25－28.

薛颖.2013.脑瘫患儿主要致病因素的分析和预防措施的研究.中国医药指南,11(4):127－128.

殷荣.2011.锁定钢板治疗股骨远端粉碎骨折的疗效分析.西部医学,23(08):1474－1475.

苑春超.2019.锁骨骨折的手术治疗与并发症控制.医学信息,32(21):46－48.

张华.2016.新生儿窒息危险因素及临床处理对策.临床合理用药,9(3):150－151.

张建华,邹冬华.2017.法医病理学医疗损害责任司法鉴定实务.上海:科学技术文献出版社:298－301.

张宁守,赵恩锋,苏雅琴,等.2018.早期宫颈癌局部巨块型患者行阴式广泛子宫切除术的并发症相关研究.中国医师杂志,20(1):83－86.

张新宝.2007.侵权责任构成要件研究.北京:法律出版社:253.

赵乐.2019.股骨近端抗旋髓内钉内固定治疗老年股骨粗隆间骨折的效果观察.临床合理用药杂志,12(31):145－146.

中国康复医学会脊柱脊髓专业委员会基础研究学组.2019.急性脊柱脊髓损伤围术期管理临床指南.中华创伤杂志,35(7):577－587.

中国医师协会骨科医师分会显微修复工作委员会,中国修复重建外科专业委员会骨缺损及骨坏死学组,中华医学会骨科分会显微修复学组.2016.成人股骨头坏死临床诊疗指南(2016年版).中华骨科杂志,(36):945－954.

中华医学会.2007.临床技术操作规范心血管病学分册.北京:人民军医出版社:73－78.

中华医学会.2011.临床技术操作规范麻醉学分册.北京:人民军医出版社:14－19.

中华医学会.2014.临床诊疗指南妇产科学分册.北京:人民卫生出版社:265.

中华医学会骨科学分会.2016.中国骨科大手术后静脉血栓栓塞症预防指南.中华骨科杂志,36(2):65－71.

中华医学会神经病学分会,中华医学会神经病学分会脑血管病学组.2015.中国急性缺血性脑卒中诊治指南.中华神经科杂志,48(4):246－257.

中华医学会神经病学分会,中华医学会神经病学分会脑血管病学组.2018.中国急性缺血性脑卒中诊治指南.中华神经科杂志,51(9):666－682.

周陶成,王训.2014.脑性瘫痪的危险因素研究进展.安徽卫生职业技术学院学报,13(1):17－18.

朱广友.2005.医疗纠纷鉴定:损害后果判定的基本原则.中国司法鉴定,(1):32－34.

朱宏议.2019.损伤控制性手术在严重创伤性肝破裂中的应用效果分析.浙江创伤外科,24(6):1184－1185.

注射用阿替普酶(爱通立)使用说明书.进口药品注册证号:S20160054、S20160055,

Boehringer Ingelheim Pharma GmbH & Co.KG.

AZAR F M, BEATY J H, CANALE S T. 2006.坎贝尔骨科手术学.卢世璧,王岩,等,译.北京：北京大学出版社.

Canale S T,Beaty J H. 2015.坎贝尔骨科手术学.第12版.王岩,张永刚,译.北京：人民军医出版社：1693－1753.

C. L. 科尔顿,A. F. 德尔奥卡,U.霍尔兹,等. 2003.骨折治疗的AO原则.王满宜,杨庆铭,曾炳芳,等,译.北京：华夏出版社.

CRONENWETT J L, JOHNSTON K W.2003.卢瑟福血管外科学.郭伟,符伟国,陈忠,等,译.北京：北京大学医学出版社：1911

KAVIC M S, LEVINSON C J. 2002. Prevention & Management of Laporoen-doscopic Surgery Complications.长沙：湖南科学技术出版社.

MACHIN J T, HARDMAN J, HARRISON W, et al. 2018. Can spinal surgery in England be saved from litigation：a review of 978 clinical negligence claims against the NHS. European Spine Journal,27：2693－2699.

MONTALVA I A, ALCANYIS A M, GRAO C C, et al. 2017. Risk factors iniatrogenic spinal cord injury. Spinal Cord,（55）：818－822.

PULOS N, SHIN E H, SPINNER R J, et al. 2019. Management of iatrogenic nerve injuries. The Journal of the American Academy of Orthopaedic Surgeons,（27）：e838－e848.